University of Missouri Studies LVII

University of Missouri Press
Columbia, Missouri

MANUEL GUTIÉRREZ NÁJERA
ESCRITOS INÉDITOS
DE SABOR SATÍRICO
"PLATO DEL DÍA"

Estudio, Edición, y Notas
de
Boyd G. Carter
Mary Eileen Carter

ISBN 0-8262-0122-9
Copyright © 1972 by
The Curators of the
University of Missouri
Library of Congress Catalog
Card Number 75-158074
Printed and bound in the
United States of America
University of Missouri Press
Columbia, Missouri 65201
All rights reserved

PALABRAS DE AGRADECIMIENTO

Vaya nuestro profundo reconocimiento a varias personas que nos han facilitado la preparación de esta obra:

A Doña Cecilia Gutiérrez Nájera, "la airosa niña de honda mirada y paso leve" del poema "La cuna de Cecilia" que compuso José Martí en la misma casa de Manuel Gutiérrez Nájera cuando el gran escritor y patriota cubano estuvo en México en 1894. Doña Cecilia la otrora tierna niña de cuatro años en quien Martí tenía fijados los ojos al escribir dicho poema, vive todavía en Nueva Orleans, adonde se trasladó con su familia en 1916. Allí en su casita, tan llena de recuerdos piadosos y tiernos, Cecilia no deja de venerar con incansable fidelidad la memoria de sus seres amados desaparecidos: su padre (1859–1895), su madre Cecilia Maillefert (1865–1957), y su hermana Margarita (autora de *Reflejo*, deliciosa obra anecdótica de imprescindible consulta), fallecida el 22 de febrero de 1965. Tuvo Doña Cecilia la amabilidad de facilitarnos la consulta del archivo familiar en todo lo que concierne a la preparación de este manuscrito. Por su valiosísima ayuda le quedamos hasta más no poder endeudados y agradecidos;

A la señora Laura H. Mapes quien, de acuerdo con el deseo del Dr. E. K. Mapes me entregó, a raíz del fallecimiento de este noble prócer de la investigación del Modernismo, su archivo de microfilm de la obra de Manuel Gutiérrez Nájera;

A la doctora María del Carmen Millán, hasta recientemente Directora del Centro de Estudios Literarios de U.N.A.M., por el habernos proporcionado la oportunidad de consultar los textos de setenta "Platos del día", transcritos y editados por el Dr. Mapes que se guardan en el archivo del Centro, ahora bajo la dirección de la distinguida licenciada Ana Elena Díaz Alejo.

Otras personas a quienes les agradecemos su apreciable ayuda son el Dr. Jenaro Artiles, Southern Illinois University; Don Rafael Carrasco Puente, antiguo Director de la Biblioteca Nacional; el Dr. Edmund de Chasca, de la Universidad de Iowa; la Dra. Dorothy Foreman, Jefe del Departamento de Lenguas Modernas de Lincoln Memorial University; Luis Fuertes Ruiz, de la Hemeroteca Nacional; El Lic. Carlos J. Sierra, Jefe de redacción del *Boletín Bibliográfico* de la Secretaría de Hacienda y Crédito Público; Arnold R. Ulner, Southern Illinois University; Nelson DeVega, de Eastern Michigan University (Ypsilanti); y Catarina Vera, de Columbia, Missouri.

B. G. C.
M. E. C.

Columbia, Missouri
Febrero, 1972

ESTUDIO PRELIMINAR

Entre los seudónimos de Manuel Gutiérrez Nájera, de mayor importancia en cuanto al número de artículos que suscribe, es el de *Recamier*. La serie, "Plato del día", que lleva esta firma se inició en *El Universal* el 8 de abril de 1893 y siguió publicándose allí hasta el 10 de enero de 1895.

Dice el Dr. Mapes que *Recamier* figura como "firma de doscientos veinte y siete artículos y poemas".[1] Margarita Gutiérrez Nájera consigna en *Reflejo* que hay en "el Álbum de Recortes coleccionados por Santiago Gutiérrez Nájera y hoy en poder de las hijas del poeta, doscientos treinta y dos *Platos del día*".[2] La verdad es que tanto Margarita como el Dr. Mapes se equivocaron con respecto al número de "Platos" en la serie. En el archivo de microfilms del benemérito catedrático de la Universidad de Iowa se hallan varios "Platos" que no están en el Álbum de Recortes, y vice versa. Además, en los fondos de la Hemeroteca Nacional hay algunos "Platos" que no están ni en el archivo Mapes, ni en el archivo familiar. Así, contando los de los archivos de la Hemeroteca, junto con el familiar y el del profesor E. K. Mapes, hemos podido reunir, en total, 264 "Platos", de los cuales todos, menos uno, están suscritos con el seudónimo *Recamier*. El "Plato" en cuestión,[3] titulado "Las prometidas. Princesita", lleva la firma, *Crysantema*, nombre identificado[4] por Margarita como uno de los seudónimos de su padre. Este escrito se destaca como una anomalía en la serie por ser un cuento modernista del tipo de aquellos que figuran en *Cuentos frágiles* (1883), el único libro de *El Duque Job* que se publicó durante su vida.

De los 264 ensayos aparecidos en la serie "Plato del día", sólo dos de ellos, que sepamos, han sido recopilados: "Rataplán" y "Casi veinte años después—Historia de un pantalón", ambos en *Cuentos completos*.[5] Si consideramos que Gutiérrez Nájera solía reproducir el mismo escrito,[6] con o sin cambios y con dis-

tinta firma, en la prensa de la capital, es posible que alguno que otro de los artículos que integran la serie sea versión de otro aparecido anteriormente. Ya sabemos por ejemplo que el escrito "Pierna de Palo" se publicó en *El Universal* el 24 de septiembre de 1892 como una de las "Cartas de Junius" antes de aparecer como "Plato" en el mismo periódico el 7 de diciembre de 1894.

Por desgracia, los escritos en el Álbum de Recortes no llevan fechas, descuido de Salvador Gutiérrez Nájera que no nos permite fechar sino aproximadamente mediante evidencia cronológico-temática, los "Platos" siguientes:[7] "¡Un tal Jannet!" (257); "Puchero doméstico" (258); "Rascar después de muerte" (259); "Sirva Vd. sopa al señor" (260); "Por un olvido" (261); "El tesoro escondido" (262); "La señorita matemática" (263); "Menudencias" (264).

Como periodista profesional que se ganaba la vida casi exclusivamente con la pluma, se le impuso a Gutiérrez Nájera la necesidad de no dejarse esteriotipar como escritor con criterios, opiniones, y conceptos invariables, expresados dentro de normas y formas rutinarias, habituales, conocidas de todos. No quiso adquirir personalidad tan fija que se le quitara originalidad y prestigio ante el público. Tampoco quiso acabar por ser víctima monótona de estrechez estilística y temática. Para sus fines de periodista y de escritor le importaba tener múltiples enfoques para poder cambiar su nombre y al mismo tiempo, cambiar en cualquier momento de personalidad, de tema, y de punto de vista. Por esto, hizo tan copioso uso de seudónimos. Gracias al empleo de seudónimos—en total se valió de treinta— pudo proyectar un conjunto de perfiles proteicos, encaminados a despertar la curiosidad del lector con respecto a la identidad del autor. Además, bajo la anonimidad de sus seudónimos podía colaborar al mismo tiempo en varios periódicos, necesidad evidente para quien como Gutiérrez Nájera, —escritor de cabal integridad que no vendía su pluma, —tuvo que defenderse constantemente de la pobreza, ganándose cada día el pan. Con respecto al uso de seudónimos, el propio Gutiérrez Nájera opina "que escribir sin seudónimo es como salir a la calle sin camisa. Para que las ideas de un escritor sean estimadas, es preciso que nadie le conozca. Ninguno cree que puede ser un hombre de talento el amigo con quien acaba de jugar al billar".[8]

El mismo Larra afirmó en su artículo, "Mi nombre y mis propósitos", al referir el origen y significado de su seudónimo *Fígaro*, que "esto de decir *yo soy fulano* tiene el inconveniente de ser claro, entenderlo todo el

1. E. K. Mapes, "Los seudónimos de Manuel Gutiérrez Nájera", *Revista Hispánica Moderna*, Año XIX, 1–4 (enero–diciembre, 1953), p. 153.

2. Margarita Gutiérrez Nájera, *Reflejo*. *Biografía anecdótica* de Manuel Gutiérrez Nájera. México: Instituto Nacional de Bellas Artes, 1960, p. 108.

3. Este "Plato", fechado 29 de julio de 1893, se publicó en *El Universal* cuatro días más tarde (2 de agosto).

4. En *Reflejo*, p. 37.

5. Prólogo, edición y notas de E. K. Mapes, con estudio preliminar de Francisco González Guerrero. México: Fondo de Cultura Económica, 1958.

6. Dice Mapes que "en algunos casos se reprodujo un escrito dado hasta cinco veces y bajo varios seudónimos". "Los seudónimos . . .", *op. cit.*, Nota 11, p. 137.

7. Los números después de los títulos designan su ordenación en la serie, en el caso los últimos textos del libro.

8. "Ignotus" en *La Libertad* (12 de febrero de 1884).

mundo y tener visos de pedante; y aunque uno lo sea, bueno es y muy bueno no parecerlo".

Para *El Duque Job*, el cambiar de seudónimo no se limitaba meramente a cambiar de nombre. ¡Con el nuevo seudónimo el autor cambiaba también de personalidad! Dice Margarita en *Reflejo*: "Los seudónimos que calzan esos artículos: *Puck, Recamier, M. Can-Can, Pomponnet, Perico el de los Palotes, El Cura de Jalatlaco, El Duque Job*, etcétera, dan como la nota temática del sujeto tratado, porque, qué cosa más natural que... *El Cura de Jalatlaco* dicte sus 'Pláticas doctrinales', que *Perico el de los Palotes* satirice en 'Las cosas que hacen falta', que *Recamier* hable, casi prosaicamente, pero en prosa salpicada con las fuertes especias de un *humour* picante y de un *esprit* exquisito de los sucesos diarios en 'Los platos del día', que *Puck*... discurra sobre *Manon Lescaut*...."[9]

El seudónimo *Recamier* se relaciona, en cuanto a su origen, con la *cuisine* de Carlos Récamier, a la sazón famoso *restaurateur* francés en la capital, a quien *El Duque Job* había descrito ya en 1880, así: "El Enrique V de la cacerola... Récamier es un verdadero artista.... Sus pequeñas obras maestras... merecen una medalla de oro con el busto de Heliogábalo grabado".[10] Dos años más tarde le califica de "primer *cordon bleu* de México" y observa que "ha dispuesto un espléndido café alrededor del Kiosko".[11] En 1893 fue Récamier propietario de *La Maison Dorée*, lugar predilecto de los gastrónomos de la capital.

En el número de *El Universal* del 21 de junio de 1893 se publicó una carta en el "Plato del día" titulado "Recamier el apócrifo y D. Carlos Récamier" suscrita con el nombre de dicho *restaurateur* francés. He aquí la carta en cuestión, ¡quizás tan apócrifa como el mismo Recamier mexicano, cocinero éste de platos verbales de sabor agridulce!

"SR. DIRECTOR DE *El Universal*
Muy señor mío:
Habiéndose acercado a mí algunas personas que se han creído aludidas en los artículos que bajo el título de "Plato del día" y subscritos por un Sr. Recamier están publicando Vdes., les he de merecer tengan la bondad de manifestar en su apreciable diario, que ese señor articulista no soy yo, pues jamás he tenido las pretensiones de ser escritor.
En espera de que se dignarán ustedes obsequiar mis deseos, les anticipo las gracias y me subscribo como su afectísimo atento
S.S. CARLOS RÉCAMIER".

Sea auténtica o no dicha carta, la esquela del Récamier[12] con hueso y carne le ofreció al

9. En *Reflejo*, pp. 44–45.
10. M. Gutiérrez Nájera en *El Nacional* (Tomo I, 1880, p. 14).
11. "*El Duque Job*" en *La Libertad* (1º de enero de 1882).
12. Nótese que el nombre de Recamier el apócrifo no tiene acento agudo en la letra *e* de

Recamier de los "Platos" festiva oportunidad para entregarse a fantasías verbales y a jugosos juegos de palabras. Dice: "no tengo inconveniente en declarar que no soy D. Carlos Récamier. Si lo fuera, comería mejor y mi firma valdría más en la Plaza. El Sr. D. Carlos Récamier hace Platos y platas. Yo soy un platónico de los platos; yo platico". En otro lugar, ruega que no le "confundan con Madame Récamier, la musa de Chateaubriand. Ni familiar tengo. Me llamo Récamier como el Chateaubriand que sirve Récamier el legítimo se llama Chateaubriand". Dice que lamenta lo de no ser el verdadero Carlos Récamier por la calidad de sus platos. Pero en cambio dice: "me alegra y hasta envanece el que algunos confundan los mal sazonados platos que yo sirvo con esos otros que aderaza tan a pedir de boca mi refocilador y apetitoso homónimo; buen tufillo tendrán los míos pues a gastrónomos engañan".

El intento satírico de Gutiérrez Nájera, aderezado en la nueva serie con personalidad y piel de *Recamier*, no es "quitar el pellejo" a la víctima como se hace en español con los verbos "despellejar" y "desollar". ¡Por el contrario! Se proyecta la sátira como propósito antropófago y gastronómico con el sentido en inglés de los verbos "to roast" (*asar*) y "to grill" (*poner a la parrilla*). Para alguien tan amigo y tan conocedor de vinos y platos exquisitos, como lo fue *El Duque Job*, no sorprende que se le antojara desarrollar una serie de escritos en torno a asunto con perfil esquemático tan apetitoso y tan emparentado con su genio de humorista. Tampoco extraña que, de acuerdo con la idea de estructurar la serie sobre comestibles, varios de los artículos lleven títulos que designan viandas y platos; así, por ejemplo los siguientes: "Olla podrida", "Plátanos fritos", "Bacalao a la vizcaína", "Ensalada rusa", "Macarrones con garbanzos", "Frijoles guatemaltecos", "Pucheros a la Penotti", "La sopa de los conventos", "Liebre con gatillos fríos", etcétera.

Los "Platos" de Manuel Gutiérrez Nájera ofrecen cierto grado de parentesco estructural y de tono con las *Tradiciones peruanas* de Ricardo Palma. En carta a Rafael Obligado, el propio inventor del género las define así: "La *tradición* es romance y no es romance; es historia y no es historia. La forma ha de ser ligera y recogida; la narración rápida y humorística". Parafraseando a Palma, sostenemos que el "Plato" de Gutiérrez Nájera es fantasía y no es fantasía; es crónica y no es crónica. La forma de los "Platos" si no siempre ligera, es sí recogida y la narración, rápida y humorística. En el comentario siguiente tomado del "Plato" titulado "La cuestión de los Platos" (163), *El Duque Job* no sólo se sirve del término *humorismo*, para caracterizarlos sino que se identifica indirectamente como el autor de

la primera sílaba; mientras que lo tiene la *e* de la misma sílaba del nombre del *restaurateur*.

ellos. "Mi amigo y compañero *Monaguillo*, replicando a no sé qué periódico, explicó el carácter y defendió los fueros de este *humorismo* (le llamaremos así para no echarnos a la rebusca de otro nombre) que por acá nosotros cultivamos".

Quizás el artículo sin firma, titulado "La obra de Manuel Gutiérrez Nájera", que se publicó en la *Revista Azul* (II, 245–246), poco después del fallecimiento de *El Duque Job* el 3 de febrero de 1895, lo escribió el mismo *Monaguillo*, seudónimo de Carlos Díaz Dufoo, co-fundador con Gutiérrez Nájera de dicha revista. Allí leemos: "Poeta, escritor político, humorista, crítico, artista, todos los géneros los acometía con igual facilidad; pasaba de la sátira fina, nerviosa, incisiva, al artículo de arte y al boletín de combate". En el mismo lugar se dice que son "sus 'Platos del día', artículos de crítica política y social, repletos de ingenio y donaire". Para *Micrós*, seudónimo de Ángel de Campo, el verdadero Gutiérrez Nájera no es *El Duque Job*, "poeta de estirpe francesa" y tampoco *Puck*, "el charlador inagotable de boulevard".[13] Afirma que a su modo de ver "el Gutiérrez Nájera espontáneo, sincero, legítimo, es *Recamier*", cuyo estilo "es la última expresión de la destreza y de la fuerza. *Recamier* no escribía, improvisaba; ni él mismo se dio cuenta de su obra...". Por esto sin duda, junto con la diversidad y naturaleza de los temas, ha brotado tan depurada de "literatura" esta serie de artículos llenísimos de auténtica realidad mexicana que supo distilar el autor en novedosas esencias literarias de permanente significado y valor humano.

Manuel Gutiérrez Nájera fue un hombre sincero y honesto, tan dotado de inteligencia analítica, que no pudo menos de ser herido en lo más hondo de su idealismo por el contraste entre el mundo tal que lo soñaba como joven, y el mundo que le cupo conocer como hombre maduro, y especialmente como periodista. No habría disentido sin duda de la opinión del Alceste de Molière cuando éste dice: —*Je ne trouve partout que lâche flatterie, / Qu'injustice, intérêt, trahison, fourberie.*— Sin embargo, en cuanto a personalidad y a su actitud frente a la vida, compartía *El Duque Job* el criterio de Philinte más bien que el del misántropo Alceste. Pero al contrario de Philinte cuando dice: *Je prends tout doucement les hommes comme ils sont*,[14] Gutiérrez Nájera quiere, si no cambiar a su semejante, sí disciplinarle con motivo de transformarle en un ser culto y civilizado, amigo de la justicia y de la compasión.

La personalidad de Gutiérrez Nájera sintetiza hasta cierto punto la polaridad que dramatiza Molière en los dos personajes: por una parte, la resignación comprometida del cínico y escéptico Philinte aun cuando está convencido él de que la naturaleza floja y pecaminosa

del hombre, por ser innata, no se cambiará nunca; por otra parte, el deseo nostálgico de evasión de Alceste, el optimista, cuyo hastío y decepción proceden de su creencia en la perfectibilidad del hombre. Al decir Rubén Darío en el "Prefacio" de *Prosas profanas* (1896), "Yo detesto la vida y el tiempo en que me tocó nacer" y al expresar Charles Baudelaire en su poema, "Le Reniement de Saint-Pierre", el anhelo de trasladarse desde un mundo impuro *où l'action n'est pas la soeur du rêve* hasta aquellas lejanías donde reina "la castidad del Azul", tanto el nicaragüense como el francés parecen darle razón a Alceste.

Al contrario de Darío y de Baudelaire, Gutiérrez Nájera hizo todo lo posible por poner su *yo* al servicio de la cultura patria dentro de su "circunstancia", tal que le cupo recibir, conocer, y vivirla en su tiempo. *El Duque Job* fue un comprometido (empleo la denominación hoy en boga), un esforzado de la pluma, que acabó por ser un vencido del periodismo y del medio ambiente en que le tocó luchar. Mientras vivió desplegó celo extraordinario e hizo cuanto pudo como escritor y diputado, dentro de los medios de que disponía para contribuir al progreso y bienestar cultural y social de su país. Y cuanto pudo lograr, tuvo que llevarlo a cabo bajo el aprieto del cajista, teniendo siempre presente en la mente la observación de Larra: "¡Si Vd. es hombre que se cansa alguna vez, no sirve para periódicos!"

En la misma página de la *Revista Azul* (I, p. 341) de que está tomada la cita, Díaz Dufoo describe la vida del periodista en estos términos:

Hay que confesar que los directores tienen razón. Para llegar a ser redactor, se necesita, ante todo, desconocer el reposo, estar apto a cada momento del día... a forjar un párrafo de gacetilla o un primer artículo, una crónica de teatros o una revista de modas, a gusto del director, reloj en mano, con el cajista encima de la última cuartilla, el compañero en frente que os habla, el regente que os dice *lo que le falta*, el importuno que os espera.... Y hay que citar al autor que no se recuerda, y consultar el Diccionario que hojea el compañero, y el tiempo urge, y no hay que cansarse, ¡eso nunca! ¡Si usted se cansa alguna vez, no sirve para periódicos!

Bajo tales circunstancias aderezó Manuel Gutiérrez Nájera su "Plato del día". En el artículo de la *Revista Azul* al que se aludió previamente, el autor anónimo llama la atención sobre la larga colaboración de Gutiérrez Nájera en *El Partido Liberal*, de que fue el redactor por muchos años. Observa que en los veinte tomos empastados de esta publicación, "casi no hay número en que no aparezca huella de su pluma. En el *Universal* escribía a diario, amén de las deliciosas crónicas dominicales firmadas *Puck*, sus "Platos del Día"... y en la *Revista Azul* daba sus estudios de arte, verdaderos modelos de gallardía y gentileza".

---

13. En *El Universal* (4 de febrero de 1896).
14. Molière, *Le Misanthrope*, primera escena.

La vida agitada de Gutiérrez Nájera como escritor, como político, como hombre aficionado a los bulevares, a los clubs, a los teatros, a las cantinas, así como sus ávidas lecturas de libros y de publicaciones periódicas le proporcionaron nutridas fuentes de material para los "Platos". Asombra la diversidad temática de estos artículos: el duelo, la salubridad pública, derechos de autor, el juego, malas traducciones, estatuas, el crimen, la Exposición de Chicago, charlatanes, el periodismo y periódicos, escribanos y notarios, la baja de la plata, la cremación, impuestos, el comercio, la estadística, legaciones en el extranjero, prestatarios, estudiantes militantes, propietarios e inquilinos, burócratas, médicos, el teatro, actores, y actrices, literatura patriótica, límites con Guatemala, la libre portación de armas, pulquerías, la sífilis, letrinas, pronunciamientos, bomberos, fuegos artificiales, políticos, los científicos, bancos, elecciones, el orden público, la Iglesia, el positivismo, la prostitución, suicidios, "pintar venado", la locura, cantinas, la justicia, lenguas extranjeras, etcétera, etcétera.

Recamier no se limita a comentar temas generales de la índole de los dados arriba. Tiene también en su repertorio temático varias cabezas de turco, tanto personas específicas como burócratas anónimos a cargo de servicios gubernamentales o integrantes de comisiones. Vapulea con regularidad al ingeniero de saneamiento, Ricardo Orozco; al actor español, Leopoldo Burón; al escritor y diputado, Juan A. Mateos, notado por sus prolongados discursos; al arqueólogo oficial del porfirismo, Leopoldo Batres; a los periodistas *Anabasis* de *El Tiempo*, periódico católico, y a los Alvas (o Albas) de *El Monitor*, órgano de los liberales de la oposición; a los hermanos Gayosso y otros.

El Ayuntamiento fue blanco predilecto de Gutiérrez Nájera. Lo despelleja por descuidar sus responsabilidades: "Este Ayuntamiento se parece a la mujer de César: no da nada que decir" (22). Se mofa de la "Comisión de Flores y Versos", establecida por el Ayuntamiento para fomentar la poesía patriótica. "En mi opinión la Comisión de versos podría ser reemplazada por una segunda comisión de limpia" (78). El Ayuntamiento hizo construir tribunas a lo largo de la Alameda para el 16 de septiembre de 1893 y otros edificios en el Zócalo para el día de Todos Santos y Día de Difuntos. El autor se queja de que se derroche inútilmente tanto dinero para pagar los gastos de estas tribunas. Al hacerlas construir, afirma que el Ayuntamiento despide, sin razón, al pueblo "del sitio céntrico y habitual de su paseo" con motivo de "halagar a la clase media" (80). El tema "A mi hogar", propuesto por el Ayuntamiento para un certamen literario, le parece "algo cursi" (82). Caracteriza a las tribunas erigidas por El Ayuntamiento de "hermoso cercado de pálidas tablas con que está acorralando el jardín de la plaza" (85).

Las describe como una "suntuosa fábrica de pulmonías" (88). Pregunta: "¿En provecho de quiénes vino a redundar el salón del Zócalo? Incuestionablemente en provecho de los muy estimables hermanos Gayosso" (91).

Algunas semanas más tarde emite juicios desdeñosos sobre aquellos ricos que "no fomentan la agricultura, no se emplean en la industria, son demasiado nobles, demasiado hidalgos para emplearse en cualquier cosa" (120). Dada la crisis económica causada por la baja de la plata, a *Recamier* le parece inconveniente que el Gobierno invite un grupo de actores para presentar el *Don Juan* de Mozart. Refiriéndose al Ayuntamiento del momento, el que en nada se distingue del anterior, dice:

Hasta me atrevo a suponer que el Honorable Ayuntamiento subvencionará la compañía. ¿No dijo el otro, es decir, éste o sea, el que pasó y volvió a venir, no dijo en su *memoria* que estableció los conciertos en el Zócalo porque el pueblo tenía hambre y *era preciso divertirlo*? Aquí el que no come se divierte. Porque las diversiones son alimenticias. Y ya que no en funciones digestivas, ejercítese el pueblo en las funciones acrobáticas (120).

En otro "Plato" observa que "La cámara de Lores que aquí llamamos Ayuntamiento está a punto de crear algo... de dotar a México de un... sota-alcaide" (125).

Gutiérrez Nájera censura la "intervención o inspección del Estado en los asuntos más íntimos del individuo" (161). Con causticidad observa:

En una ciudad donde se expende leche adulterada, vino salicilado, cognac falsificado, etc., etc., es muy consolador que hay algo legítimo, algo auténtico, algo garantizado por el Gobierno: ese algo es la prostitución. En cualquier fonda, café o tienda, puede el comerciante envenenarnos; los comestibles, los artículos de primera necesidad se venden *sans garantie du gouvernement*; pero si queremos pecar en agradable compañía, podemos hacerlo sin temor alguno: el Gobierno garantiza la pureza de la prostitución (150).

En otro "Plato" da a entender que la policía por estar corrompida, no quiere impedir la conducta atrevida y escandalosa de busconas y meretrices callajeras. "A la policía nada le importa que esas mujeres sean escandalosas: lo que la interesa es que gocen de cabal salud" (202).

No sólo el Ayuntamiento y la policía son el blanco de su sátira; dirige rehiletes y barbillas a prestatarios, agiotistas, coroneles retirados, dueños de casas de alquiler, literatos ignorantes, abogados, magistrados que piden fuero, charlatanes, etcétera. Por otra parte defiende a los empleados contra impuestos y reducción de sueldos. *Recamier* consigna que "el empleado no nada en la abundancia... no nada... ¡nada tiene! Hay algunos que parecen ya palillos de dientes.... El empleado que ya ahora no puede comer, en lo sucesivo no podrá ni ser comido por el agio" (56). *El Duque Job* se indigna de que el Estado se preocupe más por el torero que por el hombre inteligente. "Hasta ahora ningún torero ha sido apóstol, gran inventor, sabio, estadista, ni poeta.... Expuesto a morir joven está el hombre de suma inteligencia, así como también el que trabaja con exceso, y sin embargo, el Estado no se desvive por cuidarles la existencia. Sólo para el torero... queremos que el Estado sea solícito, acucioso, paternal" (119).

En este comentario hecho en el "Plato" del 25 de enero de 1894, se encierra no sólo una nota amarga de autenticidad autobiográfica, sino también el anticipo profético de su propio fallecimiento. El mismo Gutiérrez Nájera habría de perecer en la brecha casi exactamente un año más tarde, herido en medio de la vida, víctima de su abrumadora labor intelectual para ganarse, como peón de la pluma, el pan de cada día.

Para *Recamier*, el acorralar a "ratas" conocidos durante los días 14 a 17 de septiembre para proteger a los *fureños*, no quería decir que por tanto se los encarcelara a todos considerando que hay distintas especies de ratas. Con respecto al asunto, dice que le asalta una duda:

¿Serían ratas verdaderos los que hospedó el Distrito Federal, o los ratas auténticos los que robaron en honra de la Independencia, serían los que se quedaron fuera de la ratonera? ¿Qué señas tienen los ratas? ¿Usan reloj? ¿Llevan billetes de banco en la cartera? ¿Tienen fuero? (215).

¿Débese inferir de las citas precedentes que Gutiérrez Nájera se oponía al régimen de Don Porfirio y al porfirismo? ¡Quién sabe! La naturaleza misma de los "Platos" le permitía al autor disimular su verdadero intento prodigando disparates, juegos de palabras, antífrasis y posturas de abogado del diablo. Por esto, nada fácil es saber cuando habla en serio y cuando en broma. Lo cierto es que no dice nada abiertamente en contra de Don Porfirio y a veces le defiende, como por ejemplo en lo tocante a su derecho de aceptar presentes. "Podemos regalar lo que gustemos al señor Arzobispo, a los señores obispos, al Sr. Agüeros, a la Srta. Penotti, etc. El Presidente hasta hoy, es la única excepción" (50). Con respecto a la política de oposición editorial de *El Tiempo*, que dirige Victoriano Agüeros, afirma: "Subsiste una tiranía superior a todos, vivimos bajo la tutela de un periódico, a cuyo cuidado están nuestras vidas y haciendas" (50).

En la Recepción del Ministro de Guatemala, el Presidente leyó un discurso que aplaudió el público. Esto, según *El Monitor*, no era diplomático. *Recamier* opinaba de manera distinta. "Y cuando el General Díaz expresa, como el sabe hacerlo, ideas patrióticas y levantadas; cuando habla con la elocuencia sana, vigorosa y sin afeites que tiene él, aplaudimos aunque se enoje y se enfurriñe nuestro tío de regañón,

el viejo soldado que padece de gota, *El Monitor*" (253).

Aunque el nombre del Gral. Díaz no aparece sino cinco veces en los "Platos", no deja de hacerse presente Don Porfirio en ellos, indirectamente, a través de referencias a los Científicos, al positivismo, a Tuxtepec, a los periódicos de oposición, *El Tiempo* y *El Monitor*, y a otros asuntos. *El Monitor* y sus redactores fueron blanco predilecto de Gutiérrez Nájera. *El Monitor*, órgano del radical liberalismo intransigente, había combatido durante su larga trayectoria, a Juárez, a Lerdo, a Díaz y a Manuel González. En el "Plato" del 31 de mayo de 1893, el autor dirige alfilerazos a ambos periódicos: al *Monitor* que "llora por la muerte de la libertad, por la muerte de la justicia, por la muerte del derecho"; y al *Tiempo* cuya "redacción es un velorio de velas de sebo. Don Victoriano Agüeros es el encargado de las despabiladeras. Todos los que allí escriben están amarillos y como que se escurren". En otro lugar del mismo ensayo leemos:

En algo sí están de acuerdo *Tiempo* y *Monitor*: primero en aborrecer a *El Universal*, y segundo en decir que la Constitución de cincuenta y etcétera no sirve para nada. Esta blasfemia bien cabe en *El Tiempo*: ahí cabe todo; el colega es de manga ancha. Pero no encaja en *El Monitor* constitucionalista, acérrimo antes del parto, en el parto y después del parto (14).

Si Gutiérrez Nájera echa la culpa al *Monitor* por su rígida adherencia a la Constitución de 1857, al *Tiempo* le reprocha su inflexible clericalismo. El autor toma el partido de Limantour contra las censuras de *El Tiempo*, periódico que caracteriza de "diario clerical". Observa que para "el *Tiempo* Santo" es Limantour "un ministro positivista, es decir, un ministro que sólo ve lo que hay, lo positivo, lo verdadero, lo de carne, lo de números", y esto no sirve para los fines de este periódico. *El Tiempo* exige nada menos que "ayune el Sr. Limantour, haga penitencia, entre a un convento y despache en sus éxtasis religiosos, los asuntos de Hacienda" (158). Refiriéndose a los problemas del ingeniero de saneamiento, Ricardo Orozco, a raíz de una inundación de la capital, alude al *Tiempo* y su director mediante el juego de palabras que sigue: "¡Ah! ¡Yo bien sé que él dispone del *Tiempo* y aun de Agüeros (221); pero no de los aguaceros ni del tiempo" (221).

¿Qué se propone lograr Gutiérrez Nájera lanzando dardos contra *El Monitor* y *El Tiempo*? ¿Defender el porfirismo? ¿Desacreditar el liberalismo intransigente de los "jacobinos"? ¿Identificar el positivismo de los Científicos con el liberalismo progresivo? ¿O tendría otra razón que se nos escapa? ¿No quiere el mismo autor vincular el positivismo con el liberalismo, cuando dice, "Soy liberal convicto y confeso; pero leo el calendario, tengo reloj y voy caminando"? (93).

Si fuera sólo su intento ser defensor y apologista del porfirismo, ¿por qué pasó por alto otros periódicos de oposición como lo son por ejemplo: *El Demócrata, Gil Blas, El Hijo del Ahuizote, La Patria, La República, La Tribuna?*

Los artículos en *El Hijo del Ahuizote* y en *Gil Blas* ejemplifican bien la actitud de la prensa de oposición frente al porfirismo y su política. A Don Porfirio y su régimen les censura *El Hijo*, a comienzos de enero, en un recuento imaginario, poco elogioso, de lo que habría de acaecer en México en 1893. Publicaba a menudo poemas y caricaturas contra el Gobierno, junto con artículos en defensa de la prensa y otros escritos de interés polémico. Llama la atención del estudioso del asunto, el artículo titulado "¿Por qué se persigue a la prensa?", publicado en el número del 7 de mayo.

Basta sólo leer los títulos de los siguientes artículos, aparecidos en *Gil Blas* durante 1893, para darse cuenta del alcance de la campaña que hizo el Gobierno contra los periódicos de oposición, mediante fianzas, encarcelamientos, acosamientos y otras medidas. El autor anónimo del artículo, "Periodistas en libertad bajo fianza", afirma que, a la sazón, había fianzas pendientes contra los directores de *El Tiempo*, de *Gil Blas*, y de *El Demócrata*. En el "Plato" del 5 de mayo, se refiere el autor a los acontecimientos de Tomochic (8). A propósito de esta tragedia, conviene recordar que *El Demócrata* incurrió en la animadversión del Gobierno de haber publicado la novela *Tomochic*, por Heriberto Frías.

He aquí los títulos de algunos artículos publicados en *Gil Blas*, en 1893, que se refieren a la libertad de imprenta y a las tribulaciones de periodistas de aquel tiempo: "La suspensión de *El Demócrata*" (29 de abril); "Agresión de Sr. José Gándara de Velasco, director de *La raza latina*" (24 de agosto); "Petición de libertad para los periodistas presos de *El Tiempo*" (25 de agosto); "La prensa y el gobierno. Consecuencias del desprecio al periodismo" (26 de agosto); "Amnistía, gracias, no" (30 de agosto). (Este artículo por Román R. Peña trata del problema de los periodistas en la cárcel de Belén.) "La libertad de los periodistas independientes y *El Monitor Republicano*" (31 de agosto); "Escándalo en la casa del director de *Gil Blas*". Tres individuos trataron de atacar físicamente al director (6 de septiembre); "Plebiscito nacional en favor de los periodistas presos en la Cárcel de Belén" (9 de septiembre); "Libertad, ¿Dónde te escondes? Los periodistas cautivos" (14 de septiembre); "Petición a favor de los reos políticos" (21 de septiembre); "Patriotas tened fe. A los que sufren por la violación de derecho; a los que lloran la muerte de la República" (28 de septiembre); "La petición de las señoras en favor de los presos políticos" (29 de septiembre); "Clausura de la imprenta 'Don Quijote'. Prisión de su director y cajistas" (1º de octubre); "*El Universal* sin careta. ¿Propone la dictadura? ¡¡Que hable!!" (11 de noviembre).

En época de tan descaradas violaciones de la libertad de imprenta y de los derechos del individuo, no extraña del todo que se pusiera *El Duque Job* la máscara del humorismo como un recurso para salvar sus medios de subsistencia. Mediante el empleo de ambigüedades, palabras de doble sentido, juegos de palabras, retruécanos, homónimos, parodia, antífrasis, y otros artificios por el estilo, pudo mantenerse en precario equilibrio, andando a tientas, en la cuerda floja del periodismo polémico, diciendo sus cuatro frescas acerca de lo que y de quien se les antojaba decirlas, soslayando así a la persecución. Claro está que tuvo que ser circunspecto, no exceder los límites de la coqueta prudencia, y dar siempre la impresión de ambigua objetividad, nunca descuidando la poiítica de igualar barbillas en contra de servidores del Gobierno con rehiletes en contra de portavoces de la oposición. Pero atacar al Régimen, ¡esto no! Nunca pudo olvidarse de que en casa estaban su esposa Cecilia, su primogénita del mismo nombre, y a partir de junio de 1894, Margarita, todas dependientes de su pluma, para subsistir. Poco antes de morir, escribía a Justo Sierra: "Mi hijita duerme sosegada en la pieza contigua... ya la besé en los rubios rizos, sin que me sintiera.... Trabajaré más ¡oh Dios! para que ella ría, para que ella juegue.... Allí está toda la vida mía; duerme tranquila.... ¡Una infinita felicidad llena de lágrimas mis ojos!.... *¡Trabajaré más para que ella ría!... Su beso matinal paga a mi alma el pan de cada día....*"[15]

¿Con qué alternativa se enfrentaba un escritor necesitado, recto y honesto si optaba por no ofrecer, de cuando en cuando, algunas gotitas de jarabe de pico al porfirismo? ¡A lo mejor la de pasar hambre! Y si se identificaba con la vociferadora oposición jacobina, le esperaba quizás la inhospitalaria cárcel de Belén, o por lo menos, fuertes fianzas, persecuciones y molestias.

Gutiérrez Nájera fue no sólo devoto padre de familia sino también escritor de raza con imperioso impulso creador de tal naturaleza que le mantenía constantemente bajo el signo de la palabra, la chispa de la idea y la magia de la imagen. De manera que hallándose entre la espada y la pared, entre ofrecer unas lisonjas al porfirismo y pasar hambre o, a lo menos, probar la inhospitalidad de la cárcel de Belén, optó por la sabia prudencia que se define en el consejo de Rabelais, de que al acercarse a la hoguera, ¡no hay que dejarse chamuscar! *Jusques au feu exclusivement*, aconsejaba el jovial sacerdote. ¡Cuando no del lobo el pellejo, por lo menos un pelo! Así opinaba, sin duda, el autor de los "Platos".

En gran parte de los "Platos" Manuel Gutiérrez Nájera pone al servicio de temas ocasionales una lengua graciosamente mordaz cargada de intento didáctico. A través del cuadro histórico de los años 1893–1895, hasta

15. *El Mundo*, I, 6 (10 de febrero de 1895), p. 3.

en vísperas de su fallecimiento, se ocupaba en reflejar, interpretar y cuajar lo absurdo de su época en cuadros a veces caricaturescos, encaminados a "enmendar riendo" las costumbres de su tiempo. A primera vista, dichos "Platos" parecen sencillos y casuales; pero en verdad, no lo son. Tienen la estructura estrecha de obras elaboradas con la exigente pericia de los genios.

Como se ha dicho anteriormente, el mismo Gutiérrez Nájera admitió la palabra *humorismo*, a falta de otra mejor, para caracterizar los escritos que comentamos. Dice que los llama así para no echarse "a la rebusca de otro nombre". El hecho de que el mismo autor se excusó de definir lo cómico de los "Platos" y se contentó, *faute de mieux*, con término tan complejamente genérico como lo es el de *humorismo*, sugiere el grado de dificultad que se plantea para quien quiera aclarar la forma zumbona de los "Platos". Considerando que existen tantas teorías acerca de lo *cómico* como autores que se hayan ocupado en comentarlo; y para prescindir de atascarnos en definiciones, a continuación no perfilamos sino la problemática del asunto, citando a Juan José Arreola y a Baldomero Sanín Cano.[16]

El colombiano define su propósito en el ensayo, "El 'Grande humor' " como el de "aplicar las teorías de Hoeffding[17] a las manifestaciones humorísticas en la obra literaria". Precede el ensayo como lema una oración tomada de *Back to Methuselah* por George Bernard Shaw, que reza: "Si una cosa tiene chiste, regístrala en busca de una oculta verdad".

Sanín Cano no disiente de la tesis de Hoeffding de que el humor puede dividirse en dos clases que el profesor califica de "grande" y de "pequeño". De acuerdo con su idea de lo cómico, el "grande humor" se arraiga en "un concepto general de la vida" y "sólo es posible en los hombres de una sola vida espiritual, dominada... por una sola pasión intelectual". En la época contemporánea comparten esta categoría George Bernard Shaw por la protesta casi orgánica en su obra "contra el carácter falaz e hipócrita de la vida moderna" y Ángel Ganivet que protesta "más bien la imbecilidad incurable que la hipocresía de los hombres". Entre los "grandes luminares de la filosofía y del arte" que caben en la categoría del "grande humor" están Sócrates, Shakespeare, Cervantes, Kierkégaard.

El "pequeño humor" para Hoeffding es una burla apacible cuya "benignidad puede tener muchos grados, pasando por los cuales el humor puede revestir las formas de la ironía, de la sátira o el desdén".

Afirma Hoeffding que "el humorista verdadero no suscita la risa", siendo el caso que "la obra del humorista genuino es la sonrisa interior". En la risa falta piedad o simpatía "para con la bestia irracional o la bestia humana. En el humor, por el contrario, la nota predominante es la de simpatía para con el género humano".

Opina Sanín Cano que "el estrépito de la *gaité gauloise* en Rabelais, la ironía en Montaigne, el grueso y demoledor sarcasmo de Voltaire no están incluídos en las categorías humorísticas". Este mismo autor afirma que "Galdós habría sido un grande humorista si su piedad hubiese sido más sincera y si hubiese excusado las tentaciones de la propaganda". En cuanto a Larra, aunque murió antes de dar a la posteridad la plenitud de su temperamento, "en él estaban reunidas la simpatía hacia el género humano con la aptitud para percibir las incongruencias de las acciones ajenas y representarlas en el plano usual de la vida".

Si en dicho ensayo (en que no se puede distinguir a veces entre los conceptos de Sanín Cano y los de Hoeffding) se admite que "el ironista puede en ocasiones inspirarse en la simpatía", y por tanto ser humorista; en el mismo escrito, por otra parte, se tiene en menos "el retruécano, el *calembour*, y las frases de vario y torpe sentido". Aun se dice que tales dispositivos estilísticos "merecen reprobación unánime en las esferas distinguidas de la inteligencia". En cuanto a la sátira violenta y personal excluye ella "la imitación o las actitudes admirativas".

Observa Sanín Cano que en un principio, la palabra *humor* expresaba la idea de fluidez o humedad. Por esto un escritor que carece de mobilidad y de gracia resulta un espíritu seco.

Para Juan José Arreola, "el humorismo pone de manifiesto la existencia de dos mundos vigentes: el mundo de los solemnes, de las convenciones, de los formalismos y formulismos, y el mundo de Quevedo, que es el que se ve a través de una rendija o de una mirada: el humor". En otro lugar nos dice el mismo autor: "El buen humor nos administra cierta dosis de antídoto para que podamos resistir todas las falsedades de la cultura y de la civilización contemporánea". "El humor es el detonante capaz de hacer estallar una sociedad decadente".[18]

Consideremos ahora la naturaleza del humor de Manuel Gutiérrez Nájera en los "Platos" desde los puntos de vista de su estructuración (como veremos en muchos de ellos, devana la madeja de un asunto dándole todas las vueltas posibles) y de su estilo.

Con respecto a estructura, por regla general se inspira el "Plato" en lo contemporáneo: sucesos políticos o sociales, actualidades, gacetillas, *faits divers*, etcétera. Por ejemplo,

16. Véase: Baldomero Sanín Cano, "El 'Grande humor' ", en E. Anderson-Imbert y E. Florit, *Literatura hispanoamericana*, II, pp. 23–29. New York: Holt, Rinehart and Winston, 1970.

17. Harald Hoeffding (1843–1931), psicólogo y filósofo danés. Autor de *Humor als lebensgefühl* (*Der grosse humor*). Versión alemana por Heinrich Goebel. Leipzig: O. R. Reisland, 1930.

18. Véase *Nivel*, 2a Época, No. 93 (25 de septiembre de 1970).

el "Plato" titulado "Chícharos a la Mondragón" (67) tiene como punto de partida la opinión expresada por el ciudadano, Palemón Bribiesca, en el sentido de que sustituyendo el fusil Remington por el fusil Mondragón, se podría vencer el problema hacendístico causado por la baja de la plata. "El fusil–Mondragón— calcula el nuevo sabio —dispara 60 tiros por minuto. El Remington, hoy en uso, sólo dispara diez en igual tiempo. En consecuencia, un soldado con fusil Mondragón vale por seis soldados con fusiles Remington". Para *Recamier* la deducción es clara: "...con el nuevo armamento podría el ejército quedar reducido a la sexta parte".

Al llegar a este punto el autor suelta pluma e imaginación, y procede a representar la potencia de la nueva invención proyectando su concepto de ella en novedosas dimensiones de fantasía basadas en sofísticos postulados lógicos. Así logra dar plausibilidad en un principio a conceptos exagerados que no deja de manejar posteriormente mediante diversos artificios estilísticos y falsa lógica hasta hacerlos rematar en lo congraciador absurdo. Échase de ver hasta qué punto los escritos de este tipo corren parejas con "El guardagujas" y cuentos semejantes de Arreola.

Veamos ahora las posibles consecuencias de dicha invención. Primero, si reducen el ejército a la sexta parte, como la lógica aconseja, al Sr. Mondragón "reducido, como coronel, al dedo gordo del pie izquierdo, dirá, no sin justicia y sin motivo, que el tiro le salió por la culata".

Ahondando todavía en el asunto, se pregunta *Recamier* si a Bribiesca se le ha ocurrido pensar que son iguales los fusiles Mondragón y los fusiles Remington cuando no disparan y, en tal caso, no sirven para nada. Si se admite esto, "pues, ¿para qué, en tiempos de paz, quiere un ejército de Mondragones? Y aun, para el remoto evento de una guerra, ¿no cree fácil formar grandes ramilletes de fusiles Mondragón con el gatillo común en la parte inferior del portabouquet, a fin de que pudiera dispararlos un solo hombre?".

Pero no se contenta el autor con sólo reducir el ejército mexicano, primero a la sexta parte, y, luego, a un sólo hombre. Quiere realizar ahorros aún más ventajosos para la economía del país por medio de asombrosas conquistas tecnológicas. Dice: "Acaso, acaso llegaríamos a obtener un ejército a la diez millonésima solución, un ejército de botiquín portátil, de bolsillo, tan eficaz como el que formen diez millones de hombres. Reduzcamos cuarenta mil soldados a la diez millonésima parte, y la economía será mucho mayor".

Claro que no todos los "Platos" se estructuran de acuerdo con el modelo que ofrece "Chícharos a la Mondragón". A veces los mismos temas definen y dictan el tipo de estructura que convenga a un "Plato" determinado, trátese ya de entrevistas, monólogos, divagaciones, escenarios costumbristas, fingida

identificación del autor con personajes y situaciones, o de otros artificios por el estilo.

En cuanto a estilo, ora lo domina Gutiérrez Nájera con la experta disciplina que gobierna los movimientos de títeres; ora le da rienda suelta dejándolo vagar a capricho de fantasías verbales y de libre asociación de ideas, haciendo brotar de paso juegos de palabras, retruécanos, aliteraciones, disparates homónimos, epítetos irónicos, y otros artificios característicos de lo que Hoeffding denomina el "pequeño humor".

La mayor parte de estos recursos retóricos son antífrasis y retruécanos. Especialmente desempeña una finalidad humorística la antífrasis, tratándose en estilo travieso de Gutiérrez Nájera del contraste entre el sentido literal de un adjetivo y su sentido como epíteto acompañando substantivos de sentido opuesto o incongruente.

He aquí algunos ejemplos: refiriéndose a ladrones: "seres invisibles para la vigilante policía"; a un ex-cajero culpable de robos: "distinguido economista"; al Ayuntamiento que tenía en menos: "El Ilustre Ayuntamiento", "el Honorable Ayuntamiento"; el incapaz burócrata de salubridad: "el apreciable ingeniero D. Ricardo Orozco"; a Dardelín, contagiado de sífilis y víctima del infeliz remedio de un charlatán: "el caballero Dardelín", "el honorable sifilético"; a la Paniagua, mujer viciada, compañera de asaltantes: "la amable Paniagua".

Además de los ejemplos dados anteriormente ofrecemos los siguientes juegos de palabras que destacan el papel e importancia de equívocos retóricos como recursos estilísticos del autor en la serie, "Plato del día".

Al cumplir veintiún años— opina *Recamier* —el individuo debería estar libre para elegir el nombre que le plazca. "¿Por qué se ha de apellidar Dondé, el Lic. Donde, si al Sr. Don Dé no se le da la gana de dar nada? Bien hace cierto libelista de *El Tiempo* en firmar *Anabasis*. Ese nombre de perro no despierta la codicia de ninguno" (17). Dice que el director de *El Tiempo*, el "beato Don Victoriano Agüeros... tiene algo y algos de agua en el apellido y en la sangre" (12).

Le cayó en gracia a *El Duque Job* el nombre del Presidente de Guatemala: "El Presidente Reina Barrios, el Rey-Reina Rey porque manda, y Reina por el apellido" (51). Otro apellido que le encantaba era el de la actriz Luisa Martínez Casado. Se refirió una vez a los inolvidables programas que redactaba su padre "cuyos hijos nacieron todos ya casados". En uno de sus programas apareció la oración supra-informativa de que, "El drama de esta noche terminará con el último acto" (208).

En el "Plato" correspondiente al 9 de octubre de 1894 se ocupa Gutiérrez Nájera en comentar la contención de Francisco G. Cosmes, de que el verdadero padre del país fue Cortés y no Hidalgo. Por desgracia el juego de palabras sugerido por estos dos nombres por poco, y aun sin poco, remata en el mal gusto, si no en lo cursi. Hay que perdonárselo, sin duda, al tomar en cuenta hasta que punto se deleitaba en equívocos por el estilo. Dice: "¿Quién fue nuestro padre? ¿Nos apellidamos Hidalgo o nos apellidamos Cortés? Como se ve, de cualquier modo resultaremos perfectos caballeros. O hidalgos o corteses". Advierte, sin embargo, que lo de ser padre plantea problemas. Hidalgo era cura, "y a todos los curas se les dice padres. Pero no todos los padres tienen hijos. De lo cual se desprende que el Sr. Hidalgo puede no ser el padre de la Patria. Y en tal caso, ¿por qué no había de serlo Hernán Cortés? Aceptado eso, resultaría la patria cortesana".

Al contrario de los ejemplos precedentes, inspirados en apellidos, los equívocos que se dan a continuación comprenden apelativos y verbos.

He aquí un ejemplo de retruécano que ofrece contrastes inesperados mediante la introducción de conceptos, de tono ligero y hasta impertinente, que son ajenos al asunto en cuestión. En el caso se trata del encuentro imaginario del autor con un peso que le acusa de desconocerlo, ya que ha venido a menos debido a la baja de plata y poco vale en El Paso, Texas: "Ahí estaba aquel peso, que si pesara en los bolsillos de *Anabasis* le quitaría a este distinguido hombre de luto un gran peso de encima. Ahí estaba ese peso que en el Paso no pasa, aunque le pese, como en el pasado" (143).

También en relación con la baja de la plata y deuda pública, comenta el proyecto de Fulano de Tal para salvar el país vendiendo plátanos en los Estados Unidos. Con el proyecto plátano, se puede decir a los extranjeros: "¿Plata no? ¡Pues, plátano!" Agrega: "Yo no desconozco la utilidad de todos cultivos. Estos me parecen más importantes que los cultos. Pero no incurro en el culteranismo financiero de suponer que con naranjas y con plátanos vamos a pagar nuestras deudas".

Gutiérrez Nájera no deja pasar oportunidad de condenar la violencia y de quejarse de la libre portación de armas, y especialmente de la veleidad de tirarlas en público. Observa que el hacerlo "está en nuestras costumbres. Somos tiradores. Tiramos dinero, tiramos gobiernos, tiramos la casa por la ventana, y cuando no tenemos que tirar, tiramos tiros" (244).

Por último ofrecemos como ejemplo de humor inspirado en homónimos, un "Plato" que adopta la forma de entrevista sobre la baja de la plata, con el "conocido banquero Carteritas, individuo de número (amarillo) de la academia de a real" (34). Carteritas es hombre proteico con distintos seudónimos basados en variantes del nombre cartera. Así a Carteritas se le llama también D. Cartera, el Sr. D. José Manuel Carteras, Don Práxedes Mateo Carteras y El Excmo. Sr. D. Antonio Cánovas Carteras. (¡Por milagro no figuran allí los nombres Cartero o Carterista!) En este "Plato" se hallan los verbos *acarterar* y *cartear*, que se emplean en las oraciones siguientes: "El Sr. de Carteras... se acarteró". Carteras dice refiriéndose a la baja de la plata: "Además, me estoy carteando con la India, que suele concederme sus favores".

El personaje *Cartera–as–itas*, tipo caricatural del burócrata engañoso, con genio de cuchufletero y especialista en lenguaje ambiguo, no da sino respuestas tuertas y disparatadas a las preguntas que le hace *Recamier*. En respuesta a la pregunta de si la baja de la plata fue general en el país, contestó: "En este país todos son generales". A veces se enreda el habla de *Cartera–as–itas* en ambigüedades dignas del mismo *Cantinflas* (Mario Moreno) y de los maestros contemporáneos del lenguaje obscuro y confuso. He aquí un ejemplo de ello:

De las carteras que tengo la que más estorba es la de Hacienda.

No hay quien me la tome. Y la cartera que me da más guerra, es la de Guerra. Todos van contra esta, arguyendo que es muy cara. Cuanto a la de Fomento, la he guardado, porque en las actuales circunstancias vale más no menearla. Quédanme Justicia, Relaciones y Comunicaciones. ¿Cuál es en ellas el efecto de la terrible baja de la plata? Las relaciones se han enfriado notablemente por el descenso de la temperatura de la bolsa, y por lo mismo, las coristas de la ópera ven con pena profunda que México y otras potencias les retiran el cuerpo diplomático acreditado cerca de ellas.

Siguen varios párrafos tan desatinados como éstos. En relación con este "Plato" conviene observar el hecho de que José Yves Limantour fue nombrado Ministro de Hacienda el 9 de mayo de 1893, dos meses antes de la publicación de este artículo (11 de julio). Posteriormente siempre defendió el autor a Limantour. Otra observación. ¡Qué coincidencia más rara el mofarse así, por anticipo, de la raíz–fonético–homónima del nombre de uno de sus más adictos críticos y exégetas!

No pretendemos en estudio de tan poca extensión como el presente dar más que una idea general del contenido, forma y tono de los doscientos sesenta y cuatro "Platos" que integran la serie. Aun así no queremos dejar el asunto sin añadir algunas consideraciones sobre la originalidad de estos ensayos, su significado en la obra de Gutiérrez Nájera así como algunas fuentes nacionales de su inspiración satírica.

Aun cuando sea simplista la teoría de Hoeffding, no por ello carece de utilidad. El esquema ayuda a concebir la problemática del humor en grande y a plantear puntos de contraste como normas de clasificación y de análisis. Si es cierto en relación con esta teoría que los recursos estilísticos que emplea Gutiérrez Nájera con mayor frecuencia en los "Platos" son los del "pequeño humor", no lo es menos que en ellos se encuentran tanto la risa como la sonrisa, la simpatía como la ironía, la piedad como el sarcasmo.

Como se anotó anteriormente, el "grande humor", en opinión de Hoeffding, es posible sólo en los hombres "de una sola vida espiritual dominada... por una sola pasión intelectual". Conforme a este principio, ¿le faltaba a Gutiérrez Nájera, escritor genial —complejo, ecléctico, artístico, sabio, poliédrico— los requisitos necesarios para escribir obras de "grande humor"? De ninguna manera. Se afirma en el mismo ensayo de Sanín Cano que "el 'grande humor' es sin duda, el resultado de una apreciación de los valores humanos, según la cual la vida es una obra de arte". Pues, si no resultó la vida para Gutiérrez Nájera una obra de arte, ello no fue por falta de anhelo, de aspiración, de voluntad, y de agotadora labor como periodista. La vida entera de este gran mexicano, la parte que se identifica en sumo grado con su obra de escritor comprometido era si no obra de arte, sí modelo de dedicación al arte, al ideal de la justicia y de la dignidad para todos y al bienestar y grandeza de su país. ¿Quién entre sus coetáneos le superaba en "apreciación de los valores humanos"? ¿Qué escritor de categoría se indignaba más que él ante la explotación y malos tratamientos de niños, la desconsideración y abuso de los humildes y de los buenos, la inercia y arrogancia de las autoridades, la estupidez burocrática, el mal gusto y descortesía de ciertos elementos cursis del público, la corrupción de los funcionarios, el atraso y hasta desprestigio de la alta cultura? ¿Teniendo en cuenta lo dicho merecen los "Platos" que se les clasifique con la literatura del "grande humor"? No afirmamos tanto. Pero sea lo que fuere la clasificación que les corresponda en cuanto al humor de su contenido, no cabe duda alguna de que, tomados en su conjunto, constituyen realizaciones de excepcional originalidad. Decimos esto porque nadie antes de Gutiérrez Nájera (o después de él, que sepamos) logró tan felizmente transmutar actualidades y *faits-divers* en lecturas fascinantes, infundiéndoles insuperables rasgos de interés y de significado de tipo insólito en escritos de este género. Entre las actualidades que transmutó en su propio producto, la principal tal vez fuera la novedad de la literatura francesa de su tiempo. "Su bagaje artístico era sólido y amplio; puede asegurarse sin temer a incurrir en una equivocación, que nadie como él ha llegado en México a profundizar la literatura francesa contemporánea".

Es cierto lo que dice el autor anónimo de este comentario.[19] Sin embargo, conviene notar que lejos de limitarse a la literatura francesa contemporánea, los vastos conocimientos artísticos y culturales de *El Duque Job* abarcaban también la literatura francesa de todas las épocas, así como la inglesa, alemana, latina, griega y la de otras naciones. Esto lo confirman ampliamente el índice alfabético y las notas que acompañan la presente edición. Cuanto leía, parece como si quedase impreso en su memoria y pudo reproducirlo a voluntad en sus composiciones.

Sorprende la diversidad, naturaleza, y alcance de su información sobre aspectos complejos de la estadística, política, historia, finanzas, gobierno, arqueología, y demás asuntos sin nexo evidente con la alta cultura. Al lector no advertido no se le ocurre imaginar que quien escribió los "Platos" fue también autor de los poemas "Mis enlutadas", "Mariposas", "La serenata de Schubert", "Ondas muertas", así como de los cuentos "La mañana de San Juan", "La hija del aire", "La balada de año nuevo", ¡y de cuántas composiciones más en que domina la nota de tristeza y de desánimo! En verdad, sorprende a primera vista, cuanta tristeza haya en sus escritos. Así, para quien se acerque por primera vez a la obra de Gutiérrez Nájera a través de los "Platos", el descubrir después tanta melancolía en sus poemas, relatos, y cuentos no puede menos que ser motivo de sorpresa. Pero al pensarlo bien, esto no representa tan gran falta de lógica como parece, considerando que la tristeza es ingénita al talento del humorista, siendo este último ordinariamente un idealista defraudado en su expectativa de la vida, quien en un principio se vuelve amargo, luego triste y por fin purga su desilusión por medio de la sátira. Podríase decir que así como el Fígaro de Beaumarchais, se da prisa Gutiérrez Nájera a reírse de todo por miedo, si no lo hace, a tener que llorar.[20]

Falta evidencia en los "Platos" que fije con precisión las específicas fuentes del humorismo, en cuanto a autores y textos, a las cuales debe Gutiérrez Nájera su formación como satírico. Con respecto a los maestros de la risa y de la sonrisa consagrados, no se encuentran allí sino dos referencias a Cervantes (169, 223) y una sola a Voltaire y otra a Rabelais (134).

A *Recamier* no le caye en gracia que un tal Alva del *Monitor* se tomara la libertad de decir que no le "encuentra la gracia" en cierto escrito suyo. Agrega Alva que en la redacción de *El Universal* "no ha entrado la chispa volteriana ni siguiera la sarcástica de Rabelais". *Recamier* contesta, preguntando: "¿Conque Voltaire era un hombre de chispa... así... de chispa?... ¿Conque la chispa de Rabelais era 'sarcástica'... digo, chispa muy chispeante? ¿Y conque a esta redacción no han entrado esas *chispas*...."? Por lo demás, dice que está de acuerdo: "en el *Universal* no escribe Vol-

---

19. "La obra de Gutiérrez Nájera", *Revista Azul*, II, 16 (17 de febrero de 1895), p. 245.

20. "Je me presse de rire de tout de peur d'être obligé d'en pleurer." *Le Barbier de Seville*, Acto I, escena 2.

taire, que tenía su chispa,... ni Rabelais que era muy maldito y muy zumbón".

Las verdaderas fuentes del humorismo de Gutiérrez Nájera hay que buscarlas en obras y revistas nacionales: así en *El Periquillo Sarniento*, de Fernández de Lizardi, y en *El Gallo Pitagórico*, de Juan Bautista Morales; en los escritos de Guillermo Prieto, Riva Vicente Palacio, Ignacio Ramírez, y otros escritores opuestos a la Intervención; en las colaboraciones de satíricos[21] publicados en *La Orquesta, El Padre Cobos, La Chinaca, La Cuchara (El Cucharón)* así como en *El Siglo XIX, El Monitor,* y otros periódicos. En el particular cabe recordar también a José Guadalupe Posada, llegado a la capital en 1887, cuyos grabados divertidos aparecieron en varias publicaciones de aquel tiempo incluso en *El Ahuizote* y *El Hijo del Ahuizote.*

Nacido en 1859, Manuel Gutiérrez Nájera, como niño precoz, era ávido lector de cuanto le caía en manos. Así muy joven pudo haber leído, aun dentro del clima conservador de su familia en la misma biblioteca paterna, *El Gallo Pitagórico* y hojeado las revistas, *La Orquesta, La Cuchara, La Chinaca,* y otras publicaciones periódicas por el estilo. Lo cierto es que la esencia del humorismo satírico que caracteriza e integra el contenido de dichas revistas, volvemos a encontrarla en los "Platos del día".

Si para Ángel de Campo (*Micrós*), el verdadero Gutiérrez Nájera no era *El Duque Job*, "poeta de estirpe francesa", sino *Recamier* cuyo estilo "es la última expresión de la des treza y de la fuerza", para Justo Sierra fue la divisa literaria del mismo poeta "pensamientos franceses en versos españoles".[22] Por desgracia, se desconoce la opinión de *Micrós* sobre Gutiérrez Nájera *prosista*, mientras el juicio de Don Justo Sierra sobre Gutiérrez Nájera *poeta* se cita como verdad palmaria, se acepta como estimación literaria aplicable a su obra entera, y se repite por críticos mal informados como evidencia de su *francesismo* y, por tanto, de su falta de nacionalismo, de cultura hispánica y de identidad con el Nuevo Mundo latino. Ansiamos que la presente obra contribuya a desacreditar tan falsos conceptos y a reflejar con más precisión las verdaderas realizaciones de este excelso escritor nacional y espíritu cosmopolita.

B. G. C.

21. El Dr. William H. Nelle de la Universidad de Wyoming es autor de una obra importante, todavía inédita que merece ser traducida al español y publicada por ser aportación tan pertinente a todo lo que concierne a la expresión satírica del decenio de Juárez y de Lincoln. Se trata de "Satirical Writings in Mexico 1860–1870", tesis de Ph.D., inédita, University of Nebraska. Lincoln, 1955.

22. Véase "Prólogo" de *Obras de Manual Gutiérrez Nájera, Poesía*, p. VIII. México, 1896.

El deseo de conservar la unidad temática
de los "Platos" ha presidido la decisión de
disponerlos cronológicamente, dando a cada
uno un número. De acuerdo con este sistema
de ordenación los números de las notas se
refieren al del "Plato" y no al de la página del
libro. Normalmente el número de la nota
indica el del "Plato" en que aparece por primera vez el asunto que se comenta en la nota.
La fecha de publicación se da al fin de cada
"Plato".

Por regla general, se hace caso omiso en
las notas de personas de importancia, sean
ellas mexicanos o extranjeros, cuyos nombres
son bien conocidos. Aun así, no ignoramos
que para los lectores mexicanos, tal vez digamos lo obvio, y para lectores extranjeros, no
digamos lo bastante o todo lo necesario.

En el "Indice de Materias" se reproducen
los títulos de los "Platos" con el mismo número que les corresponde en el volumen. Cada
título va seguido (en paréntesis) de un subtítulo de nuestra invención, encaminado a
indicar el contenido del "Plato", siempre que
el mismo título del autor no revele la naturaleza del ensayo.

El "Indice alfabético" ofrece el inventario
más completo y dentro de lo posible del contenido de los "Platos" dado el espacio de que
disponemos, aun cuando a veces peca de
incompleto por faltarnos datos sobre determinados artículos.

Es de esperar que las "Notas" y el "Indice
alfabético", junto con el "Estudio preliminar",
contribuyan a dilucidar el sentido de aquellos
"Platos" que sean de difícil comprensión
por la densidad alusiva de su contenido.

MANUEL GUTIÉRREZ NÁJERA   "PLATO DEL DÍA"

[1]

La Cámara Federal pide la cabeza de un diputado.

Han hecho al Sr. Payno académico, y ya hay quien solicita la vacante. Porque el Sr. Payno nació por el año de 10. Y es por cierto figura curiosísima, tanto como terrible Ministro de Hacienda, cuanto como literato. En tiempo del Sr. Payno la Hacienda pública era un rancho, o, mejor, un ranchito. Lo cual no obstaba para que se les negara el *rancho* a los empleados. El y Don Higinio Núñez fueron los dos Ministros de Hacienda más temidos por los préstamos forzosos, y otras operaciones quirúrgicas que duelen tanto al paciente como la extracción de una muela.

Siempre se distinguió por su aborrecimiento a los ingleses y como diputado por su locuacidad. La palabra no es plata, como dice el proverbio árabe, porque, si lo fuera, el Sr. Payno habría llenado del metal, no depreciado entonces, las arcas nacionales. Cierta vez el Sr. Payno habló durante tres días consecutivos. Como quien dice, las tres horas de a veinticuatro horas cada una. Las siete palabras elevadas al cubo.

Cuando el golpe de estado de Comonfort, pidieron en la cámara la cabeza de Payno; pero este señor contestó, seguramente, que no tenía cabeza para nada. El caso es que no la dio. Es muy cabezudo.

Como literato, allá en sus mocedades—¡uy! ¡uy! ¡uy!—hizo versos el Sr. Payno. Algunos muy bonitos, con peluca y todo. Colaboró copiosamente en la prensa. Para todo era chubasco el Sr. Payno. Inundaba. Después publicó las *Tardes de Invierno,* frías como de invierno. Entre ellas figuraba un cuento bastante gracioso; *El Cura en la ópera.* Más tarde le hizo al Diablo un *Fistol* endemoniado. Y si no, que lo diga el Padre Larra. O *El Tiempo,* que es el mismísimo diablo, según dice el Arzobispo.

Ese *Fistol del Diablo* se publicó por entregas, dando provecho a los editores y el autor. Y es curioso saber cómo escribió esa novela. No tenía plan ninguno, se le olvidaban hasta los nombres de los personajes que ponía en juego, y cuando iban de la imprenta a pedirle original, le hallaban siempre sentado en un hueco cuyo nombre callo y que, por más señas, huele mal. Allí entregado a dos ocupaciones simultáneas, escribía sobre una tabla puesta en las rodillas, la *entrega* del día siguiente.

Si ha habido tubos ventiladores en aquél entonces se escapa el *Fistol del Diablo.*

Después de hacer esa prenda de corbata, el Sr. Payno ya no volvió a hacer nada. Se estuvo quieto en Barcelona. Ya ha de hablar catalán, y por lo mismo es acreedor a que le nombren académico de la Lengua.

8 de abril de 1893

[2]

La Libertad de los mexicanos. Su compasividad.

El Globo cautivo es una prueba más de que México es el país clásico de la libertad. Aquí no puede existir el cautiverio. Aquí no hay esclavos. Hasta algunos opinan que de un clavo no se diga: *es clavo,* sino *era clavo.*

El globo, dando un grito de Dolores, se desinfla. Prefiere la muerte al cautiverio.

Esto nos halaga a todos los que estamos por la libertad de la prensa, por la libertad de sufragio, por la libertad de los microbios, representada en los gloriosos tubos ventiladores; por la libertad de los microbios, representada por Burón, que es el tubo ventilador de la dramaturgia española; y por todas las libertades que se toman los señores diputados en la Cámara, riéndose a carcajadas y contando cuentos.

Este país ama la libertad. Por eso es desgraciado. Aquí, como algunos piensan, no debía de haber ningún preso. A la cárcel se le llama Bastilla. Y a lo que más llegan los mexicanos es a locos; ¡nunca criminales! En el jurado enternece mucho la desgracia de los pobres huérfanos que asesinaron a sus padres. En la sociedad, a las adúlteras se las llama tiernas histéricas. En el teatro arranca lágrimas Burón, siguiendo igual procedimiento al empleado por Merolico para arrancar muelas, con quijada y todo, a lo que debe el que le llamen actor de fuerza. Somos libres y compasivos. El Ayuntamiento le dice al agua: ¿no quieres subir? pues está bien; ¡no subas! Y el mismo globo, al sentirse mexicano, hace lo que todos los mexicanos: se enflaquece y duerme.

El comunismo, tan combatido por el Consejo de Salubridad, único cuerpo que le repugna en esta tierra, será la fórmula social que prevalezca. El *tuyo* y el *mío* son el perro y el gato. Pero el *mío* gana. Desde niños decimos *mi colegio,* y ese colegio es del Sr. Baz, o del Sr. Fournier o del Gobierno.

Nuestro sistema hacendario es enemigo acérrimo de la filosofía de Taine y pone en práctica la filosofía de Daca.

Así es la libertad, aquella en cuyo nombre se han cometido tantos crímenes, según la frase de Madame Roland, aquella libertad que invocó el globo cautivo para desinflarse y que invoca el proteccionismo para desinflar al pueblo mexicano.

11 de abril de 1893

[3]

Ingratitud de Burón. La propiedad literaria.

En los corrillos se habla del café que piensan darle al café, y del propósito que tiene

D. Trinidad García de fumarse el tabaco.

El henequén está que tiembla, y los cueros en riesgo de quedarse encuerados. En suma, los nuevos impuestos son el tema de todas las conversaciones entre la gente seria, esa gente que no paga jamás con buena voluntad.

Después de los impuestos, se habla de Burón, que es otro impuesto. El Sr. Burón, con todo patriotismo, explota a los autores españoles, y no es partidario de ningún tratado literario entre México y España. El es como nosotros: libre cambista absoluto. Sólo que nada cambia, porque no hay cambio. Les gana a los autores españoles: le gana al público de México, y a sus paisanos les da, en cambio del metal depreciado, buenas palizas artísticas, y a los mexicanos, muchos gritos.

Los periódicos que se indignan cuando alguien habla mal de D. Leopoldo o desconoce la virtud de *Mariana*, hija de D. José Echegaray, deben fijar su atención en que, mientras se celebra un tratado literario con España, son los actores españoles quienes por patriotismo están obligados a dar el ejemplo, pagando los derechos respectivos a los dramaturgos de su tierra que les dan de comer. El gobierno absolutamente nada gana con que D. Leopoldo Burón gane. Y si este caballero es tan patriota, tan español, ¿por qué disfruta el usufructo de un capital que no le pertenece y que es de españoles?

A él sí puede perfectamente, en caso tal, aplicársele la frase de Alfonso Karr, relativa a la abolición de la pena de muerte: "Estoy por ella; pero que empiecen a cumplirla los señores asesinos". Nosotros estamos por el tratado de propiedad literaria; pero que empiecen los señores Burones.

A ese punto debían encaminarse los esfuerzos de ciertos periódicos semi-peninsulares, que tanto se amohinan cuando se censura a Echegaray y se critica a Burón. El Sr. Echegaray quiere dinero, aunque no tenga elogios. De modo que lo patriótico, no lo patriotero, es que Don Leopoldo dé a Echegaray lo que le toca por derechos de autor. Que no, para negárselos, sea mexicano y para todo lo demás sea español. Echegaray come y si está mal que le roben su trabajo los extraños, peor está que se lo roben los de su casa.

Puede Burón conformarse con representar pésimamente algunos dramas de sus compatriotas; pero ya que tal hace, debe en recompensa darles parte de lo que gana con ellos. A los franceses, por aquello del 2 de Mayo, Zaragoza y Bailén, puede darles recio ¡pero, hombre, a los españoles!

Que les pague; pero que les pague. Este será un buen ejemplo y quizás, en viéndolo, se resuelva el Gobierno a admitir el principio de que la propiedad literaria es una propiedad.

El Sr. Taboada, hombre tuerto y caballero de gracia, se queja con muchísima razón de que en América lo roban, copiando sus artículos. Tiene razón; pero a los escritores españoles, amén de los americanos, les roban sus paisanos. Todos somos de la misma piel.

12 de abril de 1893

[4]

El Natalicio de Burón.

Burón no nació ayer. Nació antes. Y esto no significa que naciera antes de ayer. No, nació *antes*, en el sentido más kilométrico de la palabra. Por lo mismo debía de haber cobrado experiencia. Y si la cobró, no se la pagaron. Pues que, amigo Burón, ¿todavía no sabe Vd. que las comedías de Blasco, buenas en tiempo de D. José Valero, ya son malas en tiempo de la bicicleta? Han corrido los años, como si fueran generales en campo de batalla, y a fuerza de saborear los mismos chistes ya éstos nos saben a pasas.

El mismo Sr. Blasco ya cambió de oficio, dedicándose a escribir cartas consuetudinarias en un idioma parecido al francés, pero que, sin embargo están más en cristiano que las de Don Emilio Castelar. Estas últimas están en moro. Gastan turbante y se pasean —"Arrastrando su alfanje por la arena".

Y ahora que cito este verso de Carpio, me viene a la memoria esto que traigo en mientes decir desde hace muchos años. Dice el Sr. Carpio en un famoso cuarteto que saben de coro todas nuestras suegras: —"Bellísimo es tu cielo, patria mía / De un purísimo azul como el zafiro; / Allá el ardiente sol hace su giro / Y el blanco globo de la luna fría".

¿Creería el Sr. Carpio que nada más en el cielo de México hace el sol su *giro*? Pues se equivocaba. El sol la gira en todo. ¿Y por qué le llamaba a la luna *blanco globo*? Si está en creciente o menguante parece una hoz de plata como dijo Víctor Hugo. Otros poetas la han comparado a una góndola. Pero ni en la llena tiene forma de globo. Más bien de platón.

Tampoco me gusta eso de que el *sol hace su giro*. Primero porque la tierra es la que gira, y el sol se la va llevando hacia la constelación de Hércules; y segundo, porque la frase es muy prosaica. Pero en fin, el Sr. Carpio era muy dueño de tener mal gusto. Y lo mismo digo de Burón.

Este actor—y ya vuelvo a mi tema—pertenece a la raza de los de buena raza. Es de los que matan. Yo le he visto cometer muchos crímenes en el teatro. No es de ahora, de antiguo, desde que trajo aquella compañía en la que vino Paca, antes de la invención de Larrañaga, cuando no había en la escena herreros sino herrerías, D. Leopoldo hace atrocidades en los dramas. Yo le ruego encarecidamente y por lo que él más ame, por el Cid, por D. Pelayo, por las malagueñas y por las peteneras, que no nos dé la *Muerte Civil*. Ya la veo... ya se acerca... ¡que pase de nosotros ese cáliz!

Veremos si la competencia con la compañía que trae Luisa Martínez Casado, mejora algo a Burón. Se dan casos de alivio inesperado en ciertas enfermedades. Puede ser que Burón se case y ya Burón casado entre en orden. Es difícil, porque ya él no se cuece de un hervor, y a lo que se ha dedicado siempre, como el sol de Carpio, es a hacer su giro en México.

Y, a la verdad, que con buena fortuna, porque los mexicanos nacimos para los españoles, somos suyos. Que lo digan los empeñeros.

Resignándonos a esta fatalidad, lo único que podemos pedir a Burón es que en su empeño, atestado de comedías viejas, pongan de cuando en cuando en venta alguna cosita nueva. O que se quite el Bu y que nos dé el ron.

18 de abril de 1893

[5]

[Traduttore traditore.
Precio fijo de padrinos.]

En un álbum he leído lo siguiente: —Siento al estar a tu lado, / Y quizás me lo adivines, / Ser como Luisa Martínez, / ¡Casado!

*　　*　　*

Y apropósito de casamientos, hablaré de viudeces, ¿Qué drama de Alejandro Dumas (hijo) o comedia o lo que sea, es el anunciado con el título de *La Viuda de López?* ¡Si no hay López en francés! ¿Cuál viuda del callejón de López es la protagonista de esa producción dramática?

A la verdad estos traductores españoles tienen un *sans façon* (en castellano, sin vergüenza) que pasma. *Verbi gratia*, a *Le Monde où l'on s'ennuie* le llaman *Las Tres Jaquecas.* Y cuando no son los traductores, entran de suplentes los Burones. Entonces a la *Escuela de las Coquetas*, que tradujo Ventura de la Vega, la llaman *O a muerte o a vida.*

*　　*　　*

Esto de vida es lo que trae ahora preocupados a los jóvenes y obstruídos obstruccionistas. Ya se les va acabando el vocabulario rimbombante que gastan y el público entra en el *Mundo del Fastidio.* Ese globo se desinfla. Ya, dentro de poco, podremos cantar aquello de: —Tranquila está la venta, / No se oye ni un mosquito:

*　　*　　*

Cuando llueva tal vez acaben, moscas, tifo y duelos. ¡Cese, por Díos, el furor bélico y duerma el Cid sobre sus Lauros o, si no, sobre sus Carrillos! Los escritores han tomado muy en sério aquello de que "la letra con sangre entra". Hasta por el Globo cautivo se baten los niños cautivos.

Y en estos lances trágicos quienes pagan el pato (*canard* en francés) son los padrinos, porque en ir y volver, en llevar y traer recados, pierden su tiempo, que es precioso; ¡lo único precioso que suelen tener muchos padrinos!

Ese tiempo precioso debiera de tener un precio fijo.

*　　*　　*

Así son los precios en el Palacio de Hierro ¡y ojalá que así fueran en todas las casas de comercio! Da grima oír regatear; supone este hecho mala fe en el comerciante que procura engañar al comprador. Éste se defiende, y entáblase entre ambos una lucha. El cliente quiere que retroceda el enemigo; pero no sabe hasta qué punto puede avanzarle, cual es el sitio en que se haya la pared. Esto es de mala ley.

*　　*　　*

Y de mala califica *La República* la ley sobre alcoholes. Y, malamente se la atribuye al Sr. Limantour, cuando es del Sr. Romero. No da ninguna razón de peso en contra del nuevo impuesto; pero sí dice, de paso, algunas majaderías.

Va resultando que los enemigos del juego son amigos del alcohol. Se encierran en un círculo vicioso.

*　　*　　*

¿Con qué se perjudica más a la familia, a la sociedad y a la raza: con jugar o con embriagarse? Cualquier sociólogo afirmará que la embriaguez es mucho más perjudicial que el juego. Y sin embargo, los señores que con tanto ardor combaten el juego, son los señores que defienden a los borrachines.

26 de abril de 1893

[6]

[Los devotos del tapete verde y la sociedad.]

Se encuentra un jugador honrado—él dice que es honrado... yo, no lo garantizo, ni creo que haya tahures honorables en este caso de conciencia:—Para hacer que cese la cruzada contra el juego, lo mejor sería procurar, trampeando, que algunos de los enemigos más furiosos del albur ganaran al jugarlo. ¿Esto es lícito o no es lícito?

Si consiento en ello perjudico a los otros *puntos*, a menos que les advierta quién es el jugador enemigo del juego, que ha de ganar; y haciendo esto último, me arruino porque todos se irán a la *cargada*, y la peseta del jugador enemigo del juego, se convertirá para mí en miles de pesos, pérdida líquida bastante sólida. Le puedo decir a un *punto:* coma. Le puedo volver *punto y coma:* pero no puedo trocar en *comas* a todos los *puntos.*

Además, esto sí que no tendría, punto ni punta, porque en averiguándome el sístema, hasta los enemigos del juego que no juegan jugarían y yo sería el padre de los pobres, como San Juan de Díos, dándome al diablo. Ya me sé que en loor mío entonaríanse himnos, ditirambos y odas. Muchos poetas publicarían cantos *A las Puertas*, como aquél de Díaz Mirón. Pero yo me quedaría por puertas. Con ese medio se glorifica el juego, se convierte el montero en un Montero de Espinosa, pero los montoneros dejan al Montero de Espinosa en la última miseria.

No; ésta no es cosa de juego.

Y, sin embargo, no hallo otro recurso para acallar la gritería. Desde que la prensa ha declarado menores de edad a los señores que peinan canas, a los hombres de pelo en pecho y a todos los que han cumplido veintiún años; desde que les cuida y no consiente que se gasten los ochavos sino en obras de caridad o empresas útiles; desde que nos salió en el periodismo esta mamá política, a los dueños de casas de juego nos están poniendo como digan dueñas.

Se conduele el público de la inocencia de un anciano levanta muertos que va al garito a ver lo que se pesca; de la virtud reconocida de todos los tahures que solitos bajan al agua, sin que nadie los arree; llora la patria sobre la honradez nonnata de un empleado sin vergüenza que pone a la sota o al rey dinero ajeno, y se estigmatiza a los jueces porque no llevan con andaderas a esos niños de teta viciosos y corrompidos.

Oyen decir: ése juega, y suponen que se trata de un muchacho. No señor, no juega, ¡lo hace de veras! No juega a los soldados ni a decir misa: juega albures.

La intención de la sociedad debe ser la de acabar con el juego, conformándose resignada a ir obteniendo algunas *aproximaciones*; pero que empiecen los señores jugadores, esas víctimas voluntarias tan simpáticas para cierta prensa que, atacando a un tahur, defiende a todos los demás tahures.

Querer extirpar de la humanidad un vicio como se extrae una muela, es insensato. No tallen tanto a los talladores y tallen algo más a los devotos del tapete verde. Por ahí se va al fin.

28 de abril de 1893

[7]

[¡Pero esos son otros Daríos!]

Rubén Darío trae preocupados a los *repórters*. ¿Está o no está en México? El punto es... suspensivo.

Para algunos, este Rubén Darío es Don Darío Balandrano, disfrazado de Rubén, esto es, de judío con motivo de la Semana Santa. Y para la oposición tal conjetura es alarmante, porque la oposición suma así: —Balandrano. / *Diario*. / Rubén. / Darío. / Judío. / *Bleichroder*.

Suma: —Empréstito Ruinoso.

El Sr. Balandrano está alarmado con tales sospechas y exclama a solas—oyó la exclamación Enrique Santibáñez. —¡No, yo no soy Rubén! Yo no pertenezco a la tribú de Judá ni a la de Judas. Soy Darío a secas, o, lo que es lo mismo, Darío a *Diario*.

Respetamos la opinión del órgano de las tres garantías (únicas que hubo allá cuando Iturbide, si bien es cierto que salieron falsas) y desde luego decimos: el Sr. D. Darío Balandrano no es Rubén Darío.

¿Éste vino o está en México? Hé aquí lo que no puede averiguar el General Carballeda porque lo están peinando. Al Gobierno le tiene sin cuidado el que haya un poeta más en México, tierra de los poetas y de las enteritis; pero a los *repórters* sí les interesa averiguarlo y no pueden salir de su cuidado.

Cuentan que un ranchero le dijo al coronel y diputado Alberto Santa Fé, hombre, por cierto, que es la Santísima Trinidad, puesto que tiene fe en al apellido y esperanza y caridad en el ánimo: —Yo vine con un tal Rubén Darío— E inmediatamente se pusieron los *repórters* en busca de ese literato que literalmente se llama así.

Mas ¡todo en vano fue! como dijo D. Juan Tenorio. El Sr. Rubén permanece en la sombra, porque hace mucho sol. Y hasta hoy, sólo Balandrano es Darío. ¡El, sólo él!

Para colmo de angustias reporteriles anuncian los periódicos de Centro América que Rubén Darío se ha casado por segunda vez. Esta es una desgracia. Casi frustra nuestras esperanzas de estrecharle la mano en México. Sin embargo, se me ocurre y dígolo para que los *repórters* se pongan sobre la pista: ¿el Sr. Rubén Darío casado no habrá venido en la compañía de Luisa Martínez Casado, compuesta casi toda de casados? Búsquese al reincidente en el Teatro Principal.

El ranchero que propaló el rumor de marras, ya fue a traer la buñiga para que coma tío Pancho. De modo que no puede ya proporcionarnos datos de ninguna especie. Apelemos, pues, a los grandes recursos, ya que la policía está ocupada en perseguir no a los Daríos, sino a los Diarios. Que el círculo evoque el alma de Rubén y le pregunte en donde se halla y si conoce a un ranchero que es amigo de Alberto Santa Fé. Si por no haber muerto Rubén Darío, (israelita de nombre y persa de apellido) esa alma no se presenta, niéguesele terminantemente la excepción interpuesta, fundando la negativa en que un hombre dos veces casado ya está muerto.

Urge aclarar el punto y que se resuelva por manera categórica quien es ese compañero de viaje del señor que tiene un rancho, cosa que no tendrá Rubén hasta que sea soldado. Y conste una vez por todas, que Balandrano no es Darío. Mejor dicho, sí lo es: pero esos son otros Daríos.

30 de abril de 1893

[8]

Dos verdades.

En cierta parte de la prensa se ha despertado honda piedad por los pobrecitos asesinos y honrados ladrones de Temosachic. En Verdad, esas infelices gentes merecen cariño, son las teresianas laicas de la civilización criminal. Ayudan a la difusión de las luces incendiando pueblos. Y es muy extraño que el gobierno persiga a tales sublevados, en vez de festejarles. Los gobiernos probos y buenos son muy amigos de sus enemigos. Al buen gobernante le gusta mucho que le peguen y que les peguen a sus gobernados. ¿De cuándo a acá se combate con proyectiles? ¡No, señor! Ahora las fuerzas del gobierno organizan, para defenderse, un combate de las flores. Al enemigo le toca matar; a ellas, morir cantando, como la Traviata.

Esto de Temosachic ha sido un verdadero escándalo. Cuando Mateos sea fraile y yo me empareje he de escribir la historia de esos mártires. Y hoy, por hoy, el mártir más digno de lástima es el que anda por la calle a las dos de la tarde. Sudando tanto como sudamos es imposible condolerse de las otras víctimas del Destino. El dolor se nos escurre por los poros. Nos limpiamos la inspiración con una toalla. Apretamos el paso, como si apretáramos un peso, para volver pronto a nuestros lares y repetimos con el poeta: —"Quiero en la sombra entrar; tengo una inmensa / Necesidad de orchata".

El rocío está hirviendo y la lluvia no viene por temor al tifo. Este, según refieren, va bajando, lo cual alegra al señor Arzobispo Alarcón y asusta al Lic. Díaz González, el que no fue a Madrid. En cambio, la pulmonía sube y lo que no sube ni baja es el globo cautivo.

Hoy las únicas ascensiones y los únicos descensos son los de las candidaturas al gobierno del Distrito. Casí todos tenemos probabilidades de entrar: lo malo es que la puerta está cerrada. Ya casi es vergonzoso no haber llegado a candidato. Seguramente se procederá así: que cada nombre de aspirante corresponda con cada número de las bolas que entren en el próximo Sorteo de cincuenta mil pesos y... ¡decida la suerte!

Juego a nones.

El señor Domínguez ni disfrutar puede en calma de su luna de miel. Está bautizado; pero no está confirmado. Desde que se casó le consideran viudo.

Ahora sería tiempo de que Burón o Luisa anunciaran el *Señor Gobernador*. Así lo veríamos en escena. La actualidad en todo es lo que han de buscar los empresarios y los políticos. Con la *Dama de las Camelias* y con *Adriana Lecouvreur* nada se hace. Ya esas damas pasaron de moda. Estamos en Mayo y todo siente la necesidad de renovarse: el árbol, la planta, el césped, la temperatura... Hasta yo siento la necesidad de que renueven mi levita.

Este mes de las flores tiene un día temible: ¡Cinco de Mayo! ¡Cinco de espadas! En él perecen muchos héroes en agraz, heridos por el sol y los oradores clásicos se desgañitan en la Alameda. Afortunadamente para el próximo se ha dispuesto que no haya paseo cívico; que no den la función los funcionarios, que se reunan en el panteón, que allí soporten un discurso corto, que vayan luego a la Alameda y que allí aguanten otro discursito; y todo a primera hora, para que el desfile sea en las primeras horas de la mañana, si es que no lo suprimen. Madrugarán, pues, los funcionarios. ¡Y ojalá que le madrugaran al orador!

Por mí, nombren a un homeópata.

3 de mayo de 1893

[9]

El Duelo. Honorarios a los padrinos.

En atención a la frecuencia de los duelos y a los quebrantos que éstos ocasionan a quienes se dedican a concertar dichos lances; considerando que según el artículo 5°. de la Constitución nadie está obligado a prestar trabajos personales sin la justa retribución; yo, en vista de que los preliminares, convenios, etc., de tales desafíos acarrean a los llamados testigos no poca pérdida de tiempo, siendo como es dinero el tiempo, sobre todo para el valiente y digno Don Victoriano Agüeros, creo de justicia que se establezca una tarifa a la que hayan de sujetarse los hombres de honor, estipulando el precio que han de pagar a sus representantes por el trabajo que de ellos exigen.

Podría consultarse, *verbi gracia*, al Sr. D. Tomás Morán, para correlacionar esa tarifa con la de los coches de alquiler. Así tendríamos padrinos de bandera azul, padrinos de bandera colorada y padrinos de bandera amarilla, o sean padrinos calendarios.

Esta innovación escapó a la perspicacia del Sr. D. Antonio Tovar y barrunto que ha de haberlo deplorado en su larga práctica.

No es justo, no es humano, que se le obligue a uno a dejar sin comida a la familia porque dos caballeros algo caballerosos, sienten piquetes en su honra. Los ahijados aguardan impasibles, con la seguridad de que todo saldrá bien; pero los padrinos den el bolo. Ellos pagan coche, suelen pegarse una que otra comida con motivo de las conferencias, sudan, se acongojan, riñen y son los verdaderos mártires del duelo.

Insisto en decir que esta situación no puede prolongarse. El valor sigue subiendo en proporción a la baja de la plata. Los que no somos valientes sentimos verdadera complacencia con esto del tifo. ¿Se muere alguien? ¡Mejor! ¡Enemigo menos! Y como continúan los calores—¡ahora sí que el plural viene de molde!—como escasean las lluvias y los pesos, hay bastante hidrofobia.

—¿Cómo quiere usted los huevos?

—¿Yo? Batidos.

Todos se baten hoy: todos son como el chocolate. ¡Hasta Don Sebastián Lerdo resulta de chocolate! Y el que no está con duelo pendiente está de duelo. Por manera que urge buscar medios indirectos que nos ayuden a combatir la epidemia de combates.

Siendo de eterna verdad aquello de que los duelos con pan son menos, obliguemos a los ahijados a que les den pan a sus padrinos, y con eso irá la enfermedad disminuyendo.

Tal vez consigamos que se sosieguen esos "espíritus inquietos", de los que ha hablado tantas veces Don Agustín R. González. En cuanto los padrinos den floretazos o sablazos, comenzará la depreciación del duelo y ya podremos salir tranquilos a la calle, sin despedirnos tiernamente de nuestras esposas, ni depositar un ósculo de eterna despedida en la frente de nuestras suegras.

Por ahora esperemos las aguas, encerrados en nuestras habitaciones. Tal vez el paraguas matará al florete.

4 de mayo de 1893

[10]

[Cadáveres y bicicletas.]

Este mes de Mayo, mes de las flores, mes de María, mes de los rurales, mes de las pulmonías, mes de los discursos cívicos, se presenta amenazador. El tifo ha disminuido algo, pero esto es porque la población ha disminuido mucho. Juan Mateos, que es la última vela del tenebrario, según afirmó en cierto velorio de la Cámara, será el último ciudadano Nerón a quien le pegue la epidemia. Luego reinará la paz en Varsovia y bailaremos la varsoviana.

De enero acá han muerto diez mil jinetes, o hablando con elegancia, caballeros. Esta retirada de los diez mil, ha dañado al comercio, que ya no puede comer más que en el nombre. Ha subido el agua a algunas azoteas privilegiadas: pero no ha bajado. Ninguna nube se presenta en el horizonte, como diría (¡ahora sí que con razón!) cualquier diario gobernista. El sol está que arde, y por eso la autoridad providente pone a la sombra a algunos escritores.

Por añadidura, la afectuosa bronquitis entra en escena, como lo habrán notado ustedes al oír una zarzuela en el teatro Arbeu o en cualquiera otro lugar malo. Aumentan las *enteritis*, enfermedades muy enteras y verdaderas. El Dr. Buenrostro (¡apellido embustero!) se ha comprado un sombrero nuevo, por supuesto de paja, lo cual indica que le aumentaron los ingresos en cinco mil duros

mensuales. Los Gayosso ya no hablan ni saludan. ¿Cómo han de desear salud a nadie?

Nada más los pulmones de Burón se conservan muy buenos, para desdicha del público. Y es indudable, dada la hora de las sesiones, que el Presupuesto se votará en la Cámara a ojos cerrados. Cada diputado debía de llevar su *chambelán* para refrescarse o un despertador de movimiento continuo. Sólo el señor Sánchez, que es Mármal, está fresco.

En la fiesta del cinco sudó tanto el entusiasmo que parecía que lloraba. Se aguó la fiesta; pero no por la lluvia, sino por la transpiración. Hubo fuegos todo el día.

Sin embargo, nosotros continuamos impertérritos camino de Belén, para ver a la Virgen del niño también. Los suplentes de los diputados están de buen humor, esperando que San Expedito propague el tifo, etc., y organizan cenas y hasta han formado una regular orquesta típica.

Para el pueblo no pasa inadvertido el hecho de que este aumento alarmante en la mortalidad, coincide con el aumento de bicicletas. Cadáveres y bicicletas ¡eso es lo que vemos!

Aun se cree que algunos difuntos automáticos van al cementerio en velocípedo. Y en efecto, yo ví ayer a un bicicletista que tenía cara de muerto. Y piernas como charamuscas. Y olía mal.

Ese panteón de Dolores es ahora el punto de cita de nuestra más selecta sociedad. Allí se dará el grito de Dolores en el próximo quince de septiembre. Presumo que en esa fecha va a caer el día del Juicio.

9 de mayo de 1893

[11]

[Gayosso y ganancia.]

Sigue la rifa de gobernadores. Personas hay que se levantan por la mañana y le dicen a su mujer:

—Hija, remiéndame la camisa y ponle cuello limpio, porque tal vez hoy tome posesión del gobierno del Distrito.

Otros aplazan a sus acreedores para después de la protesta consabida. Un señor, de nombre Villalongín, porque se llama Longinos y vive en la Villa, se sitúa diariamente en el portal de la Diputación, esperando a que lo llamen. Y efectivamente, ayer lo llamó bruto una señora a la que él pisó por distracción.

Todos tienen programas. Yo, para no ser menos, ya ando con mi programa del circo en la bolsa. Este se propone quitar el juego; aquél piensa hacer reformas serias, o tal vez jocosas, en la prostitución pública; pero nadie se decide a quitarse de enmedio. Y será gobernador el más gallardo de los gallardos: lo verán ustedes.

Tal agitación ha sustituido a la que, por exceso de calor, sentíamos hace días (no *acedías* sino *hace días*). Empieza a llover y el ingeniero Orozco se propone sanearnos. Verdad es que ese ingeniero está obstinado en guardar su secreto, para que no se moje ni le dé el aire. Ha de ser cosa de espiritismo. Metiendo muchos espíritus en las atarjeas se purificará la atmósfera, por el apreciable conducto de los tubos ventiladores.

A éstos los teníamos olvidados porque son muy trompetas y disgusta hablar de gente así; pero los seguimos olfateando y no pasarán muchos días sin que demos con ellos. Ahora la atención se reconcentra en la agencia de inhumaciones que tienen establecida los hermanos Gayosso. Allí está Motzorongo, allí está el cerro Colorado, allí está Sierra Mojada, allí está el cultivo del hule, allí está el alza de la plata. Esa es la curtiduría que hace hoy mejor negocio. Ya se le había escapado el cadáver del Gral. González; pero al Sr. Buenrostro le hicieron mala cara, y Gayosso, al fin, cayó sobre su presa.

Actualmente, los que desentierran plata pierden plata; pero los que entierran muerto ganan plata. Aun hay quien diga que los levanta-muertos de los garitos están subvencionados por los Gayosso, con el objeto de ver si pueden enterrar de nuevo a esos difuntos.

Hermanos Gayosso y hermanos Orrin: esos son los que ahora predominan. No sé a punto fijo, si Orrin seguirá siendo hermano; pero me lo supongo.

La Cenicienta ha desaparecido del cartel y entra hoy "Aladino", con su lámpara maravillosa. Valla el Ayuntamiento a observar como son esas lámparas, porque las de luz eléctrica están bastante malas. Anoche un yerno besó a su suegra en la calle, por equivocación.

Amén de *Aladino* continúa en el teatro de Villamil esa señora que todo lo hace con los dientes. Será soltera probablemente o no besará nunca a su marido, si es casada, o el marido, si se arriesga a recibir el ósculo, será hombre de pelo en pecho. Porque esa señora, de una mordida, en la efusión del cariño, se lleva las narices de cualquiera. Es muy utilizable para la fabricación de chatos.

Mr. Spyer no hace de esas dentaduras. La de ella no está hecha: está construida. Es el Palacio de Hierro de las dentaduras.

16 de mayo de 1893

[12]

[El ingeniero Orozco,
Mágico de lo acuático.]

El Ayuntamiento, poco o nada dispuesto a subvencionar compañías dramáticas que le hagan competencia, se resolvió al fin a subvencionar al ingeniero D. Ricardo Orozco, quien, mediante la merced municipal, compuesta de no pocas mercedes de agua, hará suertes, escamoteos de inmundicias, juegos de manos y otras varias habilidades, entrando en ellas la de planear y dirigir algunas comedias de magia, con cuyos prodigios se entretendrán gozando a maravilla, los niños que pululan y retozan en el seno de la muy Ilustre Corporación.

El Sr. Orozco se propone limpiarnos, lo cual siempre es de agradecérsele; y aunque se resiste a enseñarnos que trae para el caso, por ser de uso secreto, tiénele él por utilísimo, como la ciudad verá más adelante. En ese papel misterioso, tan misterioso como el libro de los siete sellos, debe de haber, según barrunto, cifras y palabras cabalísticas, conjuros a Lucifer y otros mamotretos de la corriente hechicería. El Sr. Orozco tiene agua, agua que no es del lago, agua que no es de la ciudad, agua que no es de los particulares, agua que no es del cielo; en suma, el Sr. Orozco tiene agua adentro, y con ese precioso líquido tan despreciado entre los bebedores, va a aplicarle una necesaria a toda la población.

Correrá el agua del Sr. Orozco, por debajo de la tierra, llevándose todo lo que nosotros despreciamos; el estómago de la capital quedará como patena y podremos vivir, beber y caminar sobre las aguas, ya libres de cualesquiera enfermedades. El milagro se verificará en el plazo de cuarenta y un días.

Coincide la aparición de Don Ricardo Orozco con la de San Expedito. Parentesco ha de haber entre los dos y es de esperarse que el Sr. Zivy, una vez realizado el portento, venda a tres centavos la vera efigie de D. Ricardo Orozco, con novena escrita por el beato Don Victoriano Agüeros, quien asimismo tiene algo y algos de agua en el apellido y en la sangre.

Por ahora, no hay que hacer conjeturas: sabido es que se trata de un espectáculo, mitad comedia de magia, mitad tapada de gallos. El ingenioso hidalgo, desfacedor de cañerías, apuesta al gallo que trae tapado diez mil pesos. Si sale de arrestos y lo amarran bien y gana, pagará el Ayuntamiento cien mil. Si pierde (y puede ser que los habitantes de la ciudad pierdan con él) el Ayuntamiento ganará las diez talegas, y tal vez la apreciable defunción de algún distinguido concejal. La lid promete ser curiosa, a menos que sea *a pico.*

Conviene, entretanto, que se anuncie el programa de la comedia de magia, que viene a la zaga y como adlátere. No sería malo que durmiera la víspera de la función, en una de las torres de la Catedral, y que saliese de allí, cuando suene la del hora alba, con una lechuza en la mano y recitando algún salmo, para dirigirse, precedido de heraldos, al lugar del siniestro. En último caso, el pértigo de la Santa Iglesia Metropolitana puede prestarle su hábito morado. Y también le haría provecho el llevar la vara de Moisés, vara que no es difícil encontrar, porque o la tiene Moisés Rojas o está decomisada en las bodegas del Fiel Contraste.

Lo necesario es que se dé a la ceremonia toda la solemnidad y toda el agua debida. ¿Qué pasaría si el Orozco fracasara, si no pudiera hacer aguas que limpiaran los albañales? El Orozco se ha puesto en esta disyuntiva: o soy Colón, o peor que nada. Vedle encorbado bajo el peso de su secreto (que es de peso) dar pasos majestuosos en las salas consistoriales. Y ved a los munícipes, vueltos frailes franciscos, ayudar en su empresa al temerario corrector de la naturaleza. ¡ALEA JACTA EST!

¡Dios salve a Ricardo corazón de León!

26 de mayo de 1893

[13]

[Gayosso Hermanos: A su Agencia de Inhumaciones no les toca hueso porque cobran por adelantado.]

Pegados a las esquinas, junto a cartelones de teatro, aparecen grandes avisos de la Agencia de Inhumaciones Gayosso hermanos. Esta agencia entra, por lo visto, en la categoría de las diversiones públicas. Ha de estar subvencionada por el muy ilustre, cuerpo muerto y no enterrado, que está inmortalizando a varios ciudadanos célebres y mortalizando a los demás.

El Municipio Libre es el periódico del Terror. Comparado con él resulta insulso hasta el famoso *Monitor* de la revolución francesa. Bejarano fluctúa entre Marat y Robespierre. ¿Qué son los horrores de la guillotina, comparados con el estrago que causan las enfermedades diezmando la ciudad? A las carretas en que iban al cadalso los nobles, las damas de alta alcurnia, los clérigos y hasta los simples ciudadanos, han sustituído con ventaja los ataúdes labrados con primor por carpinteros dependientes de Gayosso. Y tanto es el primor de dichas cajas, que no sólo cuestan un ojo de la cara (los difuntos darían con gusto el ojo) sino centenares de pesos arrancados a la carne viva de los deudos. Deudos y deudas son las preocupaciones de Gayosso y familia. A veces les toca hueso. Al muerto le echan tierra sus afligidos parientes y a la cuenta... lo mismo. Por eso, en muchos casos, las agencias cobran adelantado. En cuanto el enfermo se agrava presentan el recibito. Ayer dio un Gayosso en la calle con cierto diputado muy flaco, muy amarillo y muy largo: y de manos a boca le espetó lo siguiente:

—Hombre, ¿no quisiera Vd. irme, pagando... para que le sea más cómodo?

—¿A pagarle qué?

—Pues el entierro.

Naturalmente, el diputado se enojó, porque esas no son cosas para dichas, sobre todo cuando se ha despertado en las enfermedades tan viva emulación y ya el tifo, a pesar de sus brios, se va quedando atrás.

La enteritis parece hoy la reina regente. Y la apacible pneumonía ha subido al rango de princesa de Asturias. Pero hay muchos partidos militantes, muchos caudillos revoltosos, muchos espíritus inquietos, como dice Agustín R. González, que les disputan el poder.

Es lastimoso, repito, leer el *Municipio Libre*. Cifra de la mortalidad en el día tantos: 80–75–82–79. ¡Caramba!

Iª *más se mueren mientras más se han muerto*
Iª *más se han muerto mientras más se mueren.*

* * *

—¿Qué día es hoy?— me preguntaban.

—¿Hoy? Día de muertos.

Así como el miércoles de ceniza perdurable, que decía D. Francisco de Quevedo, tenemos ahora una conmemoración de los difuntos inamovibles, ínterin llega la inamovilidad de la Magistratura, pedida por Justo Sierra. Hoy si conviene la inmigración de negros, para que funjan de dolientes en los entierros, porque con los negros del país que tenemos no hay bastante. Ya están muy fumados y les amarillea el cútis.

A primera vista, en una batalla muere mucha gente. Cuando leemos—para no entrar en clasisísmos que nos llevarían a la Academia Española, campo santo de escritores—el capítulo en que Víctor Hugo describe la batalla de Waterloo o las páginas en que narra Zola carnicerías de prusianos, el cuerpo se nos espeluzna. Pues, peinémonos el cuerpo. Hace mayores estragos cualquiera epidemia doméstica, rural o urbana, y más si se convierte en una intervención multipartita de epidemias como la que ahora nos agobia. En igual lapso de tiempo no perdimos tanta gente cuando guerreábamos contra los yankees, cuando guerreábamos contra los franceses, cuando andábamos a tiros con los mochos, como ahora que nos vemos en lid con los microbios. Esto se puede probar con cifras y lo haré, si a ello me provocan.

* * *

La guerra es una sangría, una sanguijuela aplicada a la humanidad. Lo que estamos sufriendo es una hemorragia declarada. Se vacían las casas y se llenan los nichos de los cementerios. Ya tienen que *hacer cola* los muertos a la entrada de Dolores, como si allí estuviera el falso Mayer vendiendo boletos para oír a la Patti. La corporación municipal es la que hasta ahora no ha recibido ningún golpe. Es natural. La trata la muerte como a aliada.

30 de mayo de 1893

Malos Agüeros. Las misas de Alva.
Encomendaos al Oróscopo.

Ya está el Sr. Orozco en el cielo. Apenas verificada su ascensión, en cuerpo y alma gloriosos, han comenzado los chaparrones. El aguador científico ha volcado sus cántaros sobre la ciudad, con tanto celo cuidada por el Ilustre Ayuntamiento, y ya corre el agua por las cañerías, y corren los que no tienen paraguas, y corren las nubes por el cielo, como disperso rebaño de ovejas más o menos sucias. Se conoce que ya el Sr. Orozco ha conversado con San Juan y que ambos llegaron a un arreglo definitivo. El agua subirá hasta la altura más inaccesible para el agua: hasta el primer piso del Monte Pío. La veremos bajar a las profundidades, arrastrando la palabra sublime de Cambrone, y los tubos ventiladores, aunque les huela mal la boca, entonarán un himno en alabanza del célebre San Ramón Nonnato de la ingeniería, del hombre que con un candado en los labios, huyendo de los curiosos, realizó el milagro de trasladar la Catarata del Niágara y el Salto del Tequendama al pintoresco lomería de Santa Fe.

Una vez puestos en la vía de los milagros, creo que no debemos limitarnos a favorecer únicamente los acuáticos. Ya Esteban Cházari multiplica los peces; ya los tenderos protejidos por el Consejo de mortalidad, tan respetuoso con los vinos salicilados, convierten el agua en zumo de uvas óptimas; ya anda por ahí resucitado Lázaro haciendo estudios biográficos de las personas que ganan buenos sueldos; ya Dimas—*El Tiempo*—va camino del calvario; y en este período evangélico por que atravesamos, todos los portentos son posibles; todas las maravillas, realizables; desde la aparición de Don Luis Alva, enterrado hace muchos años, hasta la huida a Egipto de Don Alberto García Granados.

* * *

El Monitor está entre dos albas: albea como un catecúmeno. Alva, D. Ramón, es el Teócrito de la pareja, el pastorcito de noche buena que, cubierto con su sombrerillo de paja, rodeado por un listón azul, entona villancicos. Alva, D. Luis, es el trágico: ese llora por la muerte de la libertad, por la muerte de la justicia, por la muerte del derecho, y por la muerte de una levita que él tenía.

El Tiempo presenta un aspecto diverso. Allí no hay albas sino crepúsculos. Su redacción es un velorio de velas de sebo. Don Victoriano Agüeros es el encargado de las despabiladeras. Todos los que allí escriben están amarillos y como que se escurren. Los sábados les dan su chicharrón y así cobran fuerzas para llorar EL HUESO durante la semana. Pero ¿cuántos han perecido ya en esa balsa de la Medusa? Desapareció Don José Hidalgo, ALCESTE, aquél de los 90 y pico de años, aquel caballero de buen pico que decía como cierto personaje de Bretón: —Comer bien es mi delicia / Cuando como en casa ajena.

Desaparecieron los cuerudos guerrilleros. Economizó *El Tiempo* a los economistas, a los *repórters*, a los padres jesuitas, y hoy, largo, descolorido, remendado, parece sotana de cura pobre salpicada de manchas de aceite.

En algo sí están de acuerdo *Tiempo* y *Monitor*: primero, en aborrecer a *El Universal*, y segundo en decir que la Constitución de cincuenta y etcétera no sirve para nada. Esa blasfemia bien cabe en *El Tiempo*: ahí cabe todo; el colega es de manga ancha. Pero no encaja en *El Monitor* constitucionalista, acérrimo antes del parto, en el parto y después del parto. ¡Hasta cuándo ha venido a caer de su asno el de Letrán! Síguese de eso que ha malgastado Dios sabe cuántos años diciendo majaderías en tono sibilino. Y ya no puede enmendarse el buen señor, porque la muerte le anda pisando los talones y no es hora ya de que contraiga segundas nupcias, porque la Constitución de cincuenta y etcétera será mala o buena, pero lo indubitable es que la constitución de *El Monitor* está ya agotada y consumida.

¡Hermanos, hermanos, de morir tenemos! Los Agüeros son fatales. Las misas de Alba perjudican a los viejos. Si alguien os mueve, caeréis hechos polilla. Vuestros antiguos amores ya os abandonan. Recurrid a Orozco por si él puede sanearos. Porque ved: llueve ya y, tras de la lluvia, las calabazas vienen siempre.

31 de mayo de 1893

[15]

El viaje de la Estatua de Carlos IV.

Me parece excelente la idea de mudar al Sr. Carlos IV, porque si bien este caballero de manto y corona estuvo perfectamente en el sitio que hasta hoy ocupa, mientras enfrente había una plaza de toros, no subsistiendo ya dicha razón parece de buen consejo cargar con el "monarca venatorio", como le llamó insigne poeta, y llevarle a otro paraje en donde jinetee a su antojo. Siempre ha sido esa estatua una obra de arte vergonzante, y el buen sentido popular, para no echarla abajo, le ha guardado el incógnito, llamándola "El Caballito de Troya", como pudo nombrarla el "Toro de Fálaris", o "Un borrego de Panurgo". El mismo artista, buscando en la extremada adulación, manera de presentar al personaje en forma tal, que resultara inconocible, le disfrazó de César Romano, y puso más tiento, más labor estética en la figura del caballo arrogante que en la del jinete. Mientras al rey menguado los servilones ponían con cuernos y todo en los cuernos de la luna, el monumento permaneció en la plaza de armas; mas luego que soplaron malos vientos para el marido coronado, ocultaron la estatua en el patio mayor de la Universidad, para vergüenza de Don Carlos III que allí está, muy pálido y enjuto, en el lienzo que decora el muro principal de la escalera. De ese patio salió muy paso a paso para ir a la plazoleta que por aquel entonces llamaban de Bucareli y allí, apostado a la entrada del paseo, ha visto pasar en coches y landós a muchos congéneres suyos, que todavía no tienen estatua ecuestre, pero que son tan dignos de ella como el muy estimable y nada quisquilloso Carlos IV.

Ya es tiempo de que despeje el sitio, cediendo el lugar a otra persona menos mansa y menos obradora de Paz en sí y en otra. En la calzada de la Reforma sólo deben alzarse monumentos a los grandes patriotas; bien está ahí Cuauhtémoc, porque de su heróica resistencia, de su abnegación sublime, tomaron ejemplo los que, más tarde, vinieron a luchar por nuestras libertades, y porque algo de esa noble sangre circuló por las venas de incontables defensores de nuestra autonomía y de la República. Esa estatua es tributo pagado a un sublime ejemplo de heroísmo humano, y no precisamente por la raza a que el héroe perteneció, casi aniquilada en el día o confundida con la española, sino por los nuevos señores del pueblo que antes fue de Cuauhtémoc, en quienes se sobrepone a toda otra consideración el deber de honrar la memoria de un glorioso vencido, prototipo del desarrollo a que llegó la planta-hombre en la remota civilización azteca.

Cumplido este acto de justicia histórica y humana, han de erigirse en esa calzada monumentos a Hidalgo y a Morelos, iniciador aquél, organizador éste del movimiento de insurgencia. Con Hidalgo estarán los que tuvieron fe ciega y esperanza en Dios; con Morelos veremos a los que ya consciente de lo que anhelaban supieron trazarse planes de campaña, desplegando en la guerra energías indómitas.

Después de la Independencia, la Reforma. Allí Juárez, el impasible y el estoico, significando el triunfo del Derecho soberano. Ese monumento no puede quedar, como descarriado en lo que fue Paseo de Bucareli; le pertenece por juro de heredad la calzada de la Reforma.

Otro monumento, amén de ése, debemos: el que conmemore la resistencia armada contra la invasión francesa; porque Juárez simboliza la resistencia de la Ley; es el ciudadano que no deserta de su puesto, es el Juez que instruye el proceso y fulmina la sentencia; pero hubo empeñados en la refriega, dispersos en las guerrillas, ocultos en los barrancos, ya formando cuerpos de ejército, ya reducidos pelotones; otros héroes que midieron sus armas con el invasor, haciéndole morder el polvo varias veces; hubo paladines, hubo mártires,

de la santa causa, y entre ellos la figura más comprensiva, más simbólica, la que ya rodea la auréola de la muerte: es la del general Zaragoza. En torno de ella se alzarán la de muchos otros que supieron cumplir con su deber y vencer y morir.

Queda otro monumento para el porvenir: el que conmemore los triunfos de la paz. Para alzarle hay que esperar la sanción histórica, el fallo de los postreros.

Entretanto, váyase el Sr. Don Carlos IV en su bridón al paseo de Bucareli, que es lugar apropósito para ejercicios hípicos.

En la calzada de la Reforma no queremos hombres hípicos, sino hombres épicos.

1 de junio de 1893

[16]

Los diputados en la Exposición.

He visto un cuadro que representa, en fotografía, a todos los diputados y senadores de la XVI Legislatura. Este cuadro figurará en la Exposición de Chicago, para que el mundo sepa cómo son las narices de Juan Mateos, cómo duerme la siesta Gochicoa y de qué modo tan airoso y tan ministerial toma rapé Chaverito. Hará sensación ese cuadro, que a los señores fotógrafos les salió redondo.

Conviene que no haya feos de incógnito en las Cámaras. Los feos deben tener el valor civil de no ocultarse; y si los yankees se asustan al contemplar esas efigies de exportación, mejor para el país: así conjuraremos la conquista pacífica y la invasión armada. Esto no quiere decir que en el cuerpo legislativo falten buenos mozos. El que le lleva agua todas las tardes a Don Darío Balandrano, es un mozo excelente; pero en aquel cuerpo tan retrechero, en aquel cuerpo que CADE COME CORPO MORTO CADE, hay no pocos lunares. Está compuesto el Congreso, sí, compuesto de eminencias; sólo que algunos son eminentes por la nariz, otros por los pies, algunos por el pelo y muchos por el pelaje. Estos eminentísimos señores harán buen papel en la Exposición de Chicago, cuando menos papel de mejor calidad que el elaborado en las fábricas nacionales.

*   *   *

Sería muy conveniente acompañar cada retrato de una nota, avisando si el original es soltero o casado. Puede ser que a las yankees les guste algún negrito, o moreno, o blanco, o amarillo, de los que siempre están diciendo que sí a todo, por bondad de carácter. Por este medio, si la novia es rica, desquitarán los diputados y senadores el dinero y trabajo que les cuestan los fotógrafos Schlattman.

Estos idearon un buen negocio; retratar a cerca de doscientos individuos, regalando a cada uno un ejemplar de la fotografía, o sean quince centavos, precio máximo del cartón.

Al que padece, diputado o senador, se le rebaja un peso por cada docena de retratos que para su uso particular mande hacer; o sea, se le cobra a razón de nueve pesos docena; y como una vez puesto en el burro los doscientos son pocos, para salir del paso, para no volver a subir, jadeantes, las escaleras de otra fotografía, inmediata vecina del cielo, y en atención a las instancias de la familia que desea ver reproducido al representante del pueblo, este hombre público manda hacer una docena o dos, y hasta casos se han dado de que vuelva a la fotografía con esposa e hijos para que en grupo los retraten.

*   *   *

Tomaremos un término medio y después tomaremos una copa: ciento cincuenta padres de la patria, para no contar sino la mitad, aproximadamente del Congreso, producen al fotógrafo $1,500.

Luego esos mismos retratos, en pequeño, forman el cuadro que representa las flaquezas y gorduras del Poder Legislativo. Allí los miembros del Parlamento parecen estampillas del Correo. Eso sí, los retratos están parecidos al original. A muchos Diputados del cuadro no les falta ni hablar, porque nunca hablan. Esa colección de timbres... gloriosos para la representación nacional, se vende a cinco pesos. Como hay más de cien personas que se desviven por decir al Universo, y particularmente a los vecinos del pueblo H.: —yo soy Diputado, éste es Justo; ese Rosendo; aquél, Benito— esas cien personas compran el cuadro en donde consta que pertenecen al Congreso, pues tal constancia no obra en el retrato aislado. $500 y $1,500, son $2,000.

Amplificado el mismo cuadro se vende a veinte, veinticinco y treinta pesos, y páganse el lujo de comprarlo los diputados garbosos, algunas legislaturas, algunos gobernadores de Estado, el Congreso mismo y el Gobierno Federal, que como dice con razón *El Tiempo*, es gobierno pagano. Pueden calcular, pues, los señores fotógrafos, una entrada de $3,000, por lo pronto.

*   *   *

Además, en efigie, sirven los diputados de aviso, de réclame, de bombo. Para que el fotógrafo gane, suben, sabe Dios cómo, nueve mil novecientos noventa y nueve escalones, se sujetan al martirio de la *afocación*, que es una positiva sofocación; se mandan hacer retratos que no necesitan y, expuestos en aparadores y vitrinas, quedan realmente expuestos a las burlas y sátiras de los transeúntes.

—Papá— decía un muchacho, al ver el cuadro —¿qué éstos son los de la ópera?

—No, éste es un orfeón de sordo-mudos. Mira: ahí está Don Trinidad García.

En los Estados Unidos también tendrá salida el cuadro, porque allí hay gente que colecciona hasta colillas de cigarros. Es otra remesa de tipos nacionales que enviamos a la Unión.

*   *   *

Cuanto al sobrante, (a los legisladores castigados en balance) hay que expenderlo en nueva forma. Por ejemplo, se puede convertir ese cuadro en una oca parlamentaria o en un coyote de nuevo género. Fulano será LA MUERTE; mengano EL TAMALERO; perengano, EL BORRACHITO... ET SIC CETERIS. Para mayor aliciente, los dados serán de veras dados. ¿Quién por veinte centavos no se dará el gusto de jugar con el Congreso?

La idea de los hermanos Schlattman, fue feliz. San Pedro se las bendiga... y permita que llueva.

3 de junio de 1893

[17]

¡Esos son otros López!

Ocurre un caso raro y es que a los hermanos Gayosso les ha salido un Gayosso; pero no un Gayosso legítimo ni perteneciente a la familia de los Gayosso solariegos; un Gayosso cuyo abolengo entronca o se vincula con el de ésos son otros López. Y es lo grave que ese Gayosso de segunda emisión ha instalado una agencia de inhumaciones, porque, decididamente, el apellido Gayosso está predestinado a la funebridad. Naturalmente, los Gayosso aborígenes protestan contra la tal homonimia peligrosa, que da lugar a lamentables confusiones. Hay muertos que se van muy tranquilos a la otra vida pensando que fueron enterrados por los Gayosso, y están en un error, pues quien los inhumó fue el singular y no el plural del apellido Gayosso. Poco importa cuanto digan los gramáticos respecto a que los nombres patronímicos carecen de plural: en este caso, sí lo tienen, y el plural está en la Mariscala y el singular en el Cinco de Mayo.

Este no es el primer caso de los trastornos que trae para el estado civil, para el militar y para el criminal, la comunidad de apellidos. Cuando las instituciones sociales se reformen, habrá que acudir a los ALIAS para que, puestos a la zaga de apellidos, distingan a un Mejía de Mejía el otro. Cada uno debe llevar su insignia propia y peculiarísima que le ponga a salvo de lo que llaman los ingleses un MISTAKE. Y nombre usado con anterioridad por alguien, no podrá ser usado por ninguno. Por tal motivo se evitarán los lamentables QUID PRO QUO a que suele dar margen la paridad de apellidos.

Hoy, por ejemplo, no puede nadie apellidarse Cárdenas sin que le pregunte algún majadero:

—¿Tiene usted algún parentesco con Leopoldo Cárdenas?

La pregunta es impertinente y escuece; más

vale, por lo mismo, impedir estos percances, dando a cada uno lo que es suyo, su *apellido* o su *alias*, pero de él privativamente y no de los demás.

El hombre, además, debe estar libre, en cumpliendo veintiún años, para elegir el nombre, apellido, alias, distintivo o mote que le plazca. A veces la madre, por devoción o el padre por deseo de perpetuar el nombre de su linaje, imponen al hijo nombre de pila y apellido de palo notoriamente infumables. En Parácuaro, Michoacán, existe un señor Dante Cursi que ha dado cien pesos para que compren medicinas a los pobres. Este Dante no ha hecho la "Divina Comedia" pero sí ha hecho una buena obra; y aunque el llamarse Dante—el Dante de Parácuaro—sea una desgracia, mayor lo es el apellidarse Cursi.

Un Dante Cursi es una abominación y sin embargo, el Dante de Parácuaro no tiene la culpa de la doble cursilería que cometieron sus señores padres.

Otros gastan apellidos que no les vienen: o les quedan anchos o angostos. ¡Vea Vd., que llamarse Palomo un empeñero es mucho cuento! Y todo proviene de esa tiranía a que nos sujetan nuestros progenitores. ¿Por qué se ha de apellidar Dondé el Lic. Donde, si al Sr. Don Dé no se le da la gana de dar nada?

Bien hace cierto libelista de *El Tiempo* en firmar *Anabasis*. Ese nombre de perro no despierta la codicia de ninguno.

Deténgase la sociedad a meditar un punto en las reflexiones que he apuntado, y escarmiente en la cabeza tripartita de los hermanos Gayosso. A estos caballeros les ha salido un divieso Gayosso,... digo, un diverso Gayosso, y ahí les tienen ustedes aclarando paradas para levantar muertos: ¡todo por el pícaro apellido! Conste que los verdaderos y reputados Gayosso no están ni estuvieron en el cinco de Mayo, ni en el dos de Abril ni en la toma de Querétaro.

6 de junio de 1893

[18]

Refugio Paniagua.

He ahí el retrato de Refugio Paniagua, la intrigante cómplice de los asaltantes de Mixcoac. Los *repórters* y los dibujantes de *El Universal*, han necesitado poner en juego grande actividad para darla a conocer a los lectores.

Refugio Paniagua—verdadero REFUGIUM PECATORUM—ha alcanzado su minuto de celebridad. Sin embargo, no la tengo por un monstruo de perversidad, ni la comparo con Margarita de Borgoña, con Lucrecia Borgia, con Tofana, ni con alguna otra criatura monstruosa. El monstruo sí tiene muchos congéneres, si pertenece a un grupo social en el que las deformidades morales y físicas, no constituyen una rareza, una monstruosidad, deja el monstruo de ser monstruo. La Refugio Paniagua es una de tantas en su clase. Es el residuo agrio del pulque absorbido por varias generaciones anteriores, expertas en el sport del cuchillo y destituídas de toda noción moral. El robo en ella es un derecho, como es un derecho para los obstruccionistas calumniar e insultar al jefe del Estado. Al gendarme lo ve como a la encarnación del despotismo. Y si para robar el asesinato es necesario, no retrocede ante él: lejos de ello, el asesinato le parece otro género de sport, la estimula, es un placer, y por eso lo perpetra con necesidad o sin ella: es un equivalente de los toros.

Para esa gente la cárcel no es aterradora: es un casino; el punto en que se reunen los académicos y los bachilleres de la criminalidad. El concepto de la propiedad lo tienen esas mujeres radicado en un hombre, en un macho. El soldado a quien mantienen, a quien le llevan mariguana, el que las golpea y las trata a patadas, ese es su hombre, ese es el suyo. Para defender esa propiedad, despliegan tanto heroísmo como las mujeres de Zaragoza para defender la patria. Para que el macho viva, beba y fume, acuden al robo como un recurso de derecho natural. Y en el cieno, en el estiércol de los cuarteles, esas hembras aman brutalmente al macho, desangradas, desmechadas, entre las ansias de las náuseas y el hedor de los harapos.

Refugio Paniagua ya no es la bestia simple: ha subido algo en la escala social, llegando a sirvienta, pero sin perder en el ascenso sus condiciones intrínsecas. Ha visto otro medio y se ha creado nuevos apetitos. Refugio Paniagua ve los vestidos de su ama y siente la tentación irresistible de robarlos, no tanto para ella, cuanto por impedir que el ama se los ponga, y por el odio instintivo de la hembra a la mujer. Su amante es un alcoholizado sin voluntad, sin conciencia, un paquete de vicios atado por una faja de soldadera. La Paniagua es su mariguana. Ella le empuja y él obedece como un borracho ya sin fuerzas a quien se llevan a la comisaría. En aquella hembra despunta ya algo femenino: la afición al trabajo; y algo todavía más femenino: la manía de enredar.

La Paniagua no quiere salvar a nadie, sino que el asunto se embrolle, que se moleste a muchos individuos; emplea el chisme; toma desquite de los que la han tratado mal y se entretiene con tan interesante pasatiempo. Ya hay, pues, algo de mujer en esa loba.

La mujer superior a ésta, la complicada, la complicadísima, también suele salir complicada en algún crimen como instigadora e impelida por el amor al trato. Hay cajeros, hay recaudadores de fondos públicos, hay pagadores, hay empleados de comercio que roban y juegan para que la señora tenga un traje blanco, como ese tan apetecido por la Refugio Paniagua. Y, sin embargo, esas destiladoras de pérfidas insinuaciones, esas responsables reales del delito, permanecen tranquilas, rodeadas por una aureola de santidad y se cubren la cara con abanico, horrorizadas, no creyendo posible tal perversidad, cuando leen lo que hizo la Refugio Paniagua. Hay maridos que han estado a punto de apellidarse Pacheco, aunque en una forma más elegante y productiva; como por ejemplo, robando la herencia de unos pobres menores o falsificando testamentos o de otros muchos modos.

Y cuenta que no hablo de la mujer pulpo, de la mujer vejigatorio, de la mujer que se echa por la calle de enmedio, que es una calle muy torcida. Esa no comprende que pordiosea, y eso es lo que hace, pedir limosna. No tiene noción de la propiedad. Todo es suyo. Esa pulsera bien vale un marido. Ese collar de perlas le cuesta un hijo de familia. Para comprar ese landó necesitó deshonrar las canas de un anciano.

Y todavía los latrocinios de esas ya mujeres son más repugnantes que los de la hembra Paniagua, porque ellas son el producto refinado de una raza superior y porque, siempre impunes, están a salvo de la policía, de Belén, de los Agentes del Ministerio Público y del Salvador que no vino a salvar a los pecadores sino a condenarlos, de D. Salvador Medina y Ormaechea.

¡Consuélate, Refugio Paniagua, no estás sola!

8 de junio de 1893

[19]

Un antiguo conocido.

No mucho tiempo ha, circulaba en México, tal como suele circular la moneda falsa, una especie de escrófula de Merolico, un hombrecillo, un HOMÚNCULUS, escapado de alguna redoma que fue antaño del Marqués de Villena, y cubierto de condecoraciones, cruces, medallas, colorines y cintajos, como los pomos de pomadas rancias expuestos en el escaparate de un droguero: ese homecillo, PAS PLUS HAUT QU'ÇA; ése que yendo en carretela parecía un ostión y brincoteando en la acera parecía una chinche del género humano; ese sacamuelas doctorado en la Universidad de Tirte Afuera, y Grande de primera clase en la Corte de los Milagros, decía llamarse Dr. Paungartner, sin duda por fidelidad póstuma a su antiguo amo, propietario real del apellido.

Ignoro cuántas muelas sacó ese minúsculo personaje; pero sí sé que fueron pocas, porque la verdadera especialidad de Maese Paungartner no es la de extraer muelas sin dolor, sino la de sacar dinero sin que lo sienta el paciente. Él no es de la talla de los dentistas, sino de la talla de los comadrones. Sus manos son ágiles, untuosas, y hay en todo él no sé qué del "eterno femenino" sublimado.

Lazarillo Paungartner se dedicó en México a la música, a la política, a la masonería; ratoneaba por todas partes, olfateando el queso; fue de los caballeros que se arman y nunca de los armados caballeros; era, en resumen, socio industrial de muchos negocios que no existen y cuyo socio capitalista no ha nacido.

En sus ocios se dedicaba, a la bigamia, ocupación amena e instructiva ajustada al precepto latino: "enseñar deleitando". Para bien de la humanidad, y como complemento de su educación médica, se dedicó al estudio práctico de los abortos, sacrificando a sus propios hijos en aras de la ciencia.

Contratar empréstitos era su fuerte, y como es infinito el número de las personas que creen en los Paungartner, no le faltó carne en el puchero ni vino en casa ajena. Empero todo acábase, hasta el número infinito a que antes aludí. La policía suele entrometerse en los asuntos de los dentistas, y el diminuto Paungartner, que ha sido siempre un peregrino a palos, hizo un viaje a la Tierra Santa, fue a Belén.

Perfeccionados allí sus estudios, se dio maña para engañar a una respetable señora, dos veces viuda, y se casó con ella. Quiso rehacerse una honradez por medio de ese matrimonio, que en realidad fue una gran estafa con abuso de confianza, y como salieron frustrados sus intentos, fuese a plantar sus reales y a sacar reales en el extranjero.

¿A qué nacionalidad pertenece Paungartner? ¡A ninguna! Paungartner es un hombre universal. Está domiciliado en varias cárceles, y recorre el mundo cambiando de ciudadanía como si mudara de vestido: ya es turco, ya es austriaco, ya es persa, ya es búlgaro, ya es herzegovino. La bandera no le importa; lo que le interesa es la mercancía. Ese grumete de un barco pirata que navega en tierra firme, canta aquellos versos de Espronceda: —¡Mío es el mundo! / Como el aire libre, / Otros trabajan / Porque coma yo.

Busca el escándalo, porque el escándalo es una RÉCLAME, es un anuncio. Es un hongo, saltapared, que hoy se prende a un muro y mañana irá a pegarse a otro. Hay que repetir al verle la burlona y proverbial frase francesa: ¡Qué talento! ¡Qué génio! ¡Qué dentista!

Y aquí tienen ustedes al Dr. Paungartner, Sylvestre, o como él quiera llamarse, que intentó poner en ridículo a nuestro Ministro en París. Conózcanlo bien por si lo encuentran.

9 de junio de 1893

[20]

El Primer barba de *El Tiempo.*

Una de las mejoras que el *Tiempo* ha introducido, es la de contratar al primer barba, "Conde de Coello". El señor de Coello plumea

[13]

largo y tendido: hay revistas de él que parecen revistas pasadas por el ejército alemán ante su Kaiser. Y como dijo el otro: —Para su carta leer, / Querido amigo Coello / Se necesita tener / Resuello ¡mucho resuello!

A unas cartas llama el apreciable y luengo Conde: *cartas vaticanas*; y a otras: *cartas Europeas*. En el fondo son las mismas: Coello nos refiere lo que por los telegramas hemos sabido hace más de un mes y por los periódicos extranjeros hace quince días. De aquí resulta una fatiga abrumadora para el lector que vuelve a oír lo que sabe ya de coro.

Esas cartas acerca de sucesos notables en la política universal o de incidentes sociales que interesan a muchos son útiles, son buenas—cuando quien las escribe, siendo competente en la materia y autoridad notoria para emitir juicios dignos de ser tomados en consideración, hace por su cuenta propia un resumen y análisis de los sucesos, concatenándolos lógicamente; cuando aprecia el mérito de los hombres sobresalientes o flagela sus vicios: así, por ejemplo, las cartas de Emilio Castelar, por la notoriedad del autor, por los conocimientos amplísimos que tiene de cuanto ocurre en el mundo, por la síntesis que encierran de un determinado instante histórico, por la copia de erudición y por los primores del estilo, son, si bien cansadas y tediosas para la mayoría de los que leen, tienen valía incontestable para el estadista, para el sociólogo, para el pensador que sigue de cerca el desarrollo humano.

Las cartas del "Conde de Coello" son frascos de noticias secas, botes de pasas. El criterio de ese noble cesante es criterio rancio, corteza de queso viejo. El estilo nada tiene de elegante y atrayente: es el estilo de los memoriales. ¿Con tales elementos cómo ha de hacerse un buen guiso? Sabrá, cuando mucho, a pavo frío, sin salsa (porque el Conde tiene algo y aun algos de pavo ya viejo) sabrá a arroz blanco y mal cocido; pero el tufillo que despide nada tiene de apetitoso, y, por lo mismo a ese platón antiguo, tan ancho, tan hondo y tan descascarado, nadie mete la cuchara.

En un tiempo ese "Conde de Coello", con golilla, venera y todo, fungió de bella Helena disputada por dos rivales amantísimos: por Don Gonzalo Esteva y Don Victoriano Agüeros. Ahora este último está en posesión quieta y pacífica del objeto amado. Ya entró al coro de los ancianos, allí en donde Telémaco Agüeros sueña en las ninfas de Huetamo, tutoreado por Ulises. ¡Un Conde, un verdadero Conde en el *Tiempo...*! ¡Qué honra para la familia! Los seminaristas gacetilleros se ruborizan. Los viejos redactores recuerdan los felices tiempos en que eran caballeros de Maximiliano. Y ya veremos como el Conde— si le pagan puntualmente sus correspondencias—le consigue a Don Victoriano algún título nobiliario, alguno de esos títulos que el Papa da a cambio de algunas monedas de oro.

Y tendremos a Agüeros Marqués de San Simplicio, o Caballero de la orden del Tostón de Oro. Para esos asuntos de correduría mucho sirve el Sr. Coello.

Como corresponsal es un trebejo arqueológico. Cuando no había cable submarino, ni telégrafos, ni llegaban los paquetes de Europa en diez y siete días, ni los periódicos de los Estados Unidos publicaban extensas cartas cablegráficas; cuando eran nones y no llegaban los que recibían aquí, muy atrasado, algún diario extranjero... entonces... las cartas del "Conde Coello" tampoco habrían sido notables, porque pecan de fastidiosas, pero habrían pasado siquiera. Hoy no pasan: parecen carretas atascadas.

Cuando cae en mis manos una de ellas, pienso que veo llegar a Veracruz la nao de China.

10 de junio de 1893

[21]

Los escribanos en las Comedias, junto a los Moribundos, en los Matrimonios y en... Belén.

Las recientes aprehensiones de algunos notarios (vulgo, escribanos) pone de nuevo en el tapete la personalidad de esos individuos, comunmente vestidos de negro, depositarios de la fe pública. Estos constituyen algo así como una casta sacerdotal; su palabra es sagrada; la verdad vive en sus labios. Ignoran todos quién les dio esa incorruptibilidad, quién los puso fuera del común de mártires, exentos de toda mácula o flaqueza; pero al observar lo grave de su aspecto no es posible poner en duda que son seres excepcionales. Y sin embargo, todas las literaturas, particularmente la picaresca española, han reído mucho de los escribanos, caricaturándolos y dudando de la honradez que se les supone. En las comedias de Calderón, en las de Tirso, en las de Moreto, en las de todos los dramaturgos españoles, abundan tipos como el del escribano Garduña y a todos los de su clase se les pinta como a urracas, como a aves de rapiña, como a pajarracos de mal agüero. Son viejos, avaros, sucios, de uñas gavilanescas y nariz de pico, larga y corva. Tosen, ven por encima de los anteojos, y hasta se dan sus mañas para seducir a mocetonas guapas con lo que roban a los pobres muertos.

Desde niños aprendemos a desconfiar de los escribanos y a burlarnos de ellos, porque en las comedias de magia (nuestro espectáculo favorito en aquella edad) siempre casi aparece algún escribano taimado y embustero, espabilador de herencias y espanto de las viudas, como en *Los Polvos de la Madre Celestina*, en *La Pata de Cabra*, en *La Almoneda del Diablo*, etc., etc.

En la novela moderna, el escribano, (ya

[14]

notario), tiene otro carácter: es un ladrón de guante blanco, un caballero bien vestido que va a los bailes, juega en los casinos y escribe en bufete elegantísimo, cuyos cajones tienen mil tretas y secretos, sólo de él conocidos. Montepin y Ponson du Terrail, han pintado así a muchos escribanos.

¿Por qué esa aversión de la literatura al respetable notario? ¿Por qué la justifica, celebrándola, el público? Ello no lo explicaré, pero así es. Los notarios en la novela y en el teatro hacen un papel muy desairado, cuando no muy odioso. Conozco a muchos notarios de honorabilidad indiscutible; creo que así habrá otros, a cientos; y sin embargo, no puedo escapar a la influencia de esa mala reputación dada por novelistas y poetas cómicos al escribano. Las suegras no podrán vindicarse nunca de los cargos que se les hacen, aunque se metan a monjas y sean más buenas que el pan bueno, desconocido hasta hoy en México. Y lo mismo pasa con los notarios.

Justo es decir que en mucho contribuyen a esa antipatía las apariencias de tales caballeros. Salvo uno que otro, y eso de poco tiempo a esta parte, los notarios despachan en accesorias que parecen cubiles, mal barridas, mal aseadas, con sillas que se están cayendo, aunque no de su peso. Todavía se ven algunos de esos cuartuchos en la calle de Cordobanes.

El notario se nos presenta cuando nos vamos a morir, cuando nos vamos a casar, en todos los trances más funestos de la vida. Pertenece a la familia de los zopilotes. Al verle pensamos en los *Novísimos o postrimerías del hombre*, en *Los Cuatro Senos o Lugares de las almas*, en los Hermanos Gayosso o en Gayosso el otro: en el usurero que nos esquilma, en las hipotecas que nos arruinan, y de alguna manera hemos de tomar el desquite. ¡Caramba! Aunque sea notario mi amigo Félix M. Alcérreca.

Esto no obsta para que yo simpatice personalmente con algunos notarios: la odiosidad cae sobre el gremio. Tiene este cierto vago parecido con las cofradías y archicofradías que figuraban antaño, con pendón y farolas, en las procesiones de Corpus.

De la poda que se está haciendo ahora, yo no trato. ¡Ojalá salgan bien librados los más para honra suya y bien de sus clientes! Por lo pronto, ya la "fe pública" ha estado en la cárcel. Y, es porque la fe sola, se maneja con honradez, como buena mujer; pero cuando es pública se entrega a quien le paga.

13 de junio de 1893

[22]

[El Ayuntamiento no da nada que decir.]

No ha vuelto a decirse nada del proyecto Orozco y hasta hay quien cree que lo soñamos. Los periódicos bien informados publican el retrato de Don Pedro Rincón Gallardo, nuevo Gobernador del Distrito, y todavía a nadie se nombra para ese puesto. Vivimos en un país de continuas incertidumbres, de secretos, misterios, apariciones y desapariciones. Quien desee no engañarse, nada afirme. A lo mejor resulta lo contrario de lo que todo el mundo creía probable. Por eso yo, que bebo agua en Chapala cuando voy a Chapala y tengo sed, no me atreví a asegurar por ninguna de estas nueve cosas que el proyecto de Orozco fuera irrealizable. Ahora que ha desaparecido, como notario por escotillón, sí empiezo a concebir mis dudas, única cosa que puedo concebir.

¿Estará el Sr. Orozco en las nubes, arreglando lo conveniente para la primera representación de su obra maestra? ¿Habrá bajado a los profundos abismos para que de él digan los pósteros: "y entró por un callejoncito y salió por otro callejoncito, cuénteme vd. otro más bonito"? ¿Irá en estos momentos flotando sobre las aguas, cual Moisés en el Nilo? ¡Vano es preguntarlo! No sabe nadie en donde está el Sr. Orozco. Del Ayuntamiento sí se sabe que está en Babia.

Ya va corrida casi la mitad del año y el Muy Ilustre, esto es, el Ilustrísimo, o sea el tocayo de Don Próspero María Alarcón, nada ha hecho digno de pasar a la Historia.

Ni un movimiento, ni una contracción muscular denotan vida en ese cuerpo arrinconado que los martes y los viernes días ¡fatídicos!—parece revivir por contados instantes a la hora en que las brujas van al aquelarre y los BRUJAS al empeño. Es un lagarto que dormita en el Palacio Municipal, a orillas del Ganges padre del tifo, de la viruela y de la escarlatina.

Este Ayuntamiento se parece a la mujer de César: no da nada que decir. Respetuoso, arqueólogo, conservador de ruinas como Batres, ve con veneración los viejos embanquetados; con cariño, los adoquines epilépticos; con amor los charcos de agua verde en donde asean sus cuerpecitos los microbios; y se divierte en los ensayos de la comedia de magia ideada por Orozco o en poner dos nombres a cada calle, por si alguno se pierde. El regidor Díaz Rugama, a cada paso tiene que emitir votos particulares, bien fundados siempre para no cargar el muerto. Y los concejales dejan sólo a Díaz Rugama, exclamando: ¡VAE SOLI!

¿Han progresado las escuelas municipales?

¿Tenemos algunas más para ir allanando el camino de manera que se celebre el cuarto centenario de D. Manuel Payno, empiece ya a cumplirse la ley de instrucción primaria obligatoria?

¿Se piensa en reflexionar si será conveniente ir meditando en elegir a una persona que estudie madura y detenidamente acerca de sí, corriendo el tiempo, llegará la hora de examinar con reposo los proyectos relativos al establecimiento, no prematuro, de un buen sistema de atarjeas?

Los ediles no abren los labios, mas, cuando los abran, quedaremos todos con la boca abierta. Hay la gestación de algo enorme en el vientre de ese lagarto-hembra amodorrado. Cuando menos tendremos el próximo dieciseis de Septiembre, si el tiempo lo permite y EL TIEMPO no se enoja, unos vistosos fuegos artificiales. No puede negarse que este Ayuntamiento, considerado como cohetero, es excelente.

14 de junio de 1893

[23]

Mentir y no pagar son
dos virtudes muy nacionales.

La posición más difícil que puede guardar un hombre es la de Ministro de Hacienda. Todos queremos vivir del gobierno y todos, en realidad, vivimos de él, porque hasta el oposicionista más cerrado ha menester que la Tesorería pague puntualmente a los empleados, para que estos compren, con natural regodeo, los periódicos que hablan mal de la Administración; pero, si todos quieren que el Tesoro pague, nadie está dispuesto a contribuir equitativamente para los gastos públicos y cada impuesto que se decreta, por sensato que sea, levanta remolinos de censuras y protestas. Aquí el mejor Ministro de Hacienda sería un hábil monedero falso.

Véase lo que pasa con el timbre: a primera vista el más posma colige que esta contribución es de las más bien pensadas y menos onerosas para el causante. El que pega la estampilla de ordenanza al margen de un recibo, está de buen humor porque va a recibir dinero; el comerciante que consume timbres en abundancia, es porque vende mucho... ET SIC CETERIS. Pero apenas se obliga a los señores borrachos a pagar algo en castigo del suicidio lento a que consagran sus afanes; apenas se le exige al fumador un desembolso de diez centavos mensuales para que no todo lo que gasta en el vicio se convierta en humo, el comercio se alarma, la moral pública se indigna, los periodistas de oposición rasgan sus vestiduras (sin mucho trabajo por supuesto, gracias a lo raídas que están) la Constitución se debilita y hay temblores frecuentes en las leyes de Reforma.

No puede negarse que la Secretaría de Hacienda ha empleado todos los mimos y coqueterías posibles para que trague el público las estampillas: ya las adorna con el retrato de Hidalgo, tan buen señor, tan blanquito, tan parecido a San Felipe Neri; ya, para que los liberales se entusiasmen, graba en ellas la efigie de D. Benito Juárez, el restaurador de la República, ya pone a Morelos, ya a Guerrero, ya a Gómez Farías, Don Valentín (y dígolo así para que nadie lo confunda con Valentín Gómez Farías, joven simpático, apreciable, y

que tendrá timbres de gloria, como el de ser nieto de quien es; pero que no anda en timbres todavía) ya les unta excelente goma para satisfacción de los gomosos, ya los presenta azules, ya color de chocolate... ¡inútil todo! la estampilla sigue siendo la estampa de la herejía para todos los liberales que son conservadores hasta de un maravedí.

El comerciante, además, tiene tanto horror a los visitadores como el que otros les tienen a las visitadoras. Se ofende el pudor de los libros mercantiles cuando alguno quiere abrirlos. Cuando tan ocultos se les tiene, infiero yo que algo no muy limpio han de tener. Sentirán lo que designa Catulle Mendés con esta frase: "el pudor del corsé súcio".

Si el visitador abusa, santo y bueno que los comerciantes lo acusen; si se extralimita en el ejercicio de sus facultades, natural es que se quejen. Pero ese miedo tan grande, indica, aunque así no sea, mala fe en el comercio. El gobierno tiene razón de ser desconfiado, porque, desde los más remotos tiempos, han pretendido todos engañarle. Y lo peor es que se salieron y continúan saliéndose con la suya. Todo caballero miente sin vergüenza, cuando responde al Gobierno: miente al decir su edad, miente al informar respecto al estado de su salud, miente si le preguntan qué capital tiene; ¡miente siempre! No es posible que a esos honorables embusteros se les crea bajo su palabra. De aquí la necesidad de los visitadores. Cuando las costumbres sociales se modifiquen, cuando entendamos que es deber nuestro el de contribuir al sostenimiento de la Administración, no habrá falsedades ni ocultaciones, y, por ende, no habrá visitadores.

Pero eso va largo. Mentir y no pagar son dos virtudes nacionales.

15 de junio de 1893

[24]

La incineración de *Recamier*.

Lo que es a mí no me quemarán. Bastante me han quemado la sangre en vida, para que entregue todavía mi esqueleto a las llamas. Digo al revés de Camoens: ¡Ingrata patria, poseerás mis huesos!

Que empleen la cremación en los personajes de la crema filosófica, política, literaria, etc., pase; pero en el *vulgum pecus* en los que, como este servidor de ustedes, morirán sin dejar más que una viuda consolable y dos docenas de inconsolables acreedores, tendremos que prohibir terminantemente el que nos incineren, si algún afecto conservamos a estos míseros cuerpos que tan buenos ratos nos han dado en ocasiones.

Supongan ustedes que a mí, concurrente consuetudinario al teatro Arbeu, por lo no delgado de Cecilia Delgado, me toca la rara gracia de no morir consumido por el fuego.

¡Es un suponer! Den por hecho lo inverosímil: que los bomberos llegan a tiempo de impedir que mi casa, y yo en ella, quedemos hechos brasas.

Si salvo de todos esos riesgos inminentes, posibles y probables ¿cómo por mi propia voluntad he de ordenar que me tuesten y retuesten después de muerto? Ya una vez que se despidan de mí en el cementerio los hermanos Gayosso o el Gayosso que no tiene familia, quedo en seguro por algunos años; pero si me hacen crema en el horno de incinerar; si me sacan de él como saco yo esos VOL-AU-VENT que se deshacen al tocarlos; si mi corazón queda como una trufa en el pastel o si todo se trueca en polvo menudísimo, el aire se llevará estos restos míos que yo les tenía ofrecidos a los gusanos, con la esperanza de encontrarme algún día bajo forma homeopática, se entiende, en el regazo maternal de un perfumado queso de Roquefort.

* * *

Durante algunos días me tendrán en mi caja, adornando el tocador de la señora mi viuda. Allí me confundiré con la polvera y con el colchoncito de los alfileres. Puede ser que de cuando en cuando, a impulsos del amor, me destape la compañera de mis días exclamando:

"¡He aquí las cenizas de mi esposo!"

Así creerán los criados que yo fui puro o cigarro, y hasta pudiera suceder que estornudaran, creyendo sentir cierto olorcillo a tabaco.

Y si, por descuido, dejan sin echar la llave el cajoncito, urna, cenicero o como se llama, no será difícil que una azafata azteca, creyendo cumplir con su deber, meta el plumero en ese adminículo de tocador, dando al viento lo único restante de mi suma de perfecciones físicas y naturales.

Tal suerte no es envidiable; y si no sucede lo que acabo de apuntar, nada extraño será que mi sucesor en el tálamo ponga mis cenizas en una caja de rapé, las absorba, y ¡cátenme ustedes en la nariz del enemigo, esto es, en una casa de vecindad mal habitada!

Yo quiero que me echen tierra: no pasar de mano en mano como una tabaquera. Si para que no estorbe y para destinar la cajita a otro uso, me echan en la hornilla, esta *poussecremación*, este *bis in idem* será altamente despectivo para mi persona. Ya que no he combatido por la integridad del territorio patrio, combatiré por la integridad de mi cadáver.

Transigiría, consintiendo en pasar al otro mundo cocido en mi propio jugo; pero no hecho polvo. De los aires colados me he de cuidar hasta después de muerto; y el aire se llevaría mis cenizas, Dios sabe a dónde. ¡Podéis descansar, amigos perros; os dejaré algunos huesos que roer!

* * *

Tengo, además, como cristiano rancio, otras razones que me vedan autorizar mi incineración: la Iglesia no admite esta manera de subir al cielo en forma de incienso; la Iglesia considera los camposantos como guardarropas, en donde al salir del mundo dejamos nuestro sobretodo de carne y nuestro bastón de canilla, para volver por ellos en el día del juicio final, en el único día de juicio que tendremos; la Iglesia condena terminantemente la cremación, y sería el colmo de la desgracia pasar por el fuego del horno crematorio para pasar después al fuego eterno.

Es verdad que a algunos santos los asaron a la parrilla; pero respetando sus huesos, que no quedaron calcinados, y que aun reciben culto devotísimo. El fuego, en la Biblia, llueve sobre los impíos, sobre los sodomitas, sobre los promiscuos habitantes de Gomorra. El fuego purifica, mas en el sentido de que vuelve puros de la costa a los humanos.

El fuego es obra del diablo, y no era conocido en el Paraíso, lugar en donde no se comía nada caliente. ¿Cómo, pues, he de entregar mis restos a esas llamas devorantes y de origen satánico?

Lo dicho, dicho: no me quemen.

16 de junio de 1893

[25]

El oro y el oropel. Cónsules y Ministros.

L'Echo du Mexique, anticipándose al anunciado bill-Mateos, que amputa varios miembros al cuerpo diplomático, propone la supresión de varias legaciones. En mucha parte la idea me parece justa. Nos salen bastante caros los rusos a razón de treinta mil pesos anuales. Para que vaya a tomar el fresco un mexicano en San Petersburgo, es mucho dinero ese. Los rusos no pueden dar más que lo que les sobra: judíos y nihilistas. De traernos judíos está encargada España, y nihilistas somos todos los que no tenemos nada; es decir, los que también aquí sobramos.

Serán buenos los aires de Buenos Aires; pero no estamos en condiciones de pagar a peso de oro la vida de un Ministro en la Argentina. Para Chile nos basta con el que aquí se da, y tenemos el agua cerca, y el Brasil no ha de darnos más que palos.

El colega francés no se fija, sin embargo, en que esas legaciones están peor ahora en receso. La de la Argentina fue borrada ya del presupuesto y ni en el Brasil, ni en Chile, ni en el Perú, ni en San Petersburgo, tenemos representantes en la actualidad.

Nuestro Ministro en Rusia está, según cuentan, como aquel de ¿caigo o no caigo? oscilando entre dos gobiernos: el gobierno del Distrito Federal y el Gobierno de Guanajuato. Lo seguro es que no volverá al imperio moscovita y que por largo tiempo no ha de nombrársele sucesor. Caso de nombrar a alguien que le sustituye, se consultará a la Sociedad Moscovita que presiden Gochicoa, Peniche, Redo, etc., a quien nada les hace daño. El Gobierno, pues, se anticipa a realizar los deseos del colega francés, suprimiendo de hecho algunas legaciones.

No huelga, a pesar de ello, cuanto contribuya a fortificarlo en su propósito. Los diplomáticos nos salen a menudo con alguna embajada, y nos cuestan, amén del dinero, muy frecuentes dolores de cabeza.

Acabamos de ver que nuestro encargado de Negocios en París, persona inteligente y estimable, saltó cantando la Marsellesa sin motivo, extemporáneamente, lo que le valió una agridulce reprimenda de la Secretaría de Relaciones. Y lo contrario de lo que le pasa al Sr. Baz con los franceses le ocurre al Sr. Romero Vargas con los alemanes: no congenia con ellos.

El servicio consular sí debe extenderse y estar mejor retribuido. Las relaciones comerciales son las que unen más a los pueblos. Cuando una nación le enseña a otra un peso, puede estar cierta de que la entenderán. Eso es más práctico que las caravanas.

Estas se han quedado para el desierto. Haciendo contratos de inmigración, dando a conocer los recursos del país, despachando mercancías, es como se es útil a México, no bailando un cotillón.

A ciertos países que no nos interesan mucho, por cumplir un deber de cortesía, podemos enviarles de cuando en cuando a alguien que los visite. Pero no establezcamos canonjías diplomáticas a perpetuidad. Dicen que estas suelen servir para alejar de la República a los díscolos, a los revoltosos, a los intrigantes. Yo entiendo que tal doctrina es inmoral. De aceptarla tendríamos que convenir en que la discolería es una profesión muy lucrativa. Lo puesto en razón es tener a raya a los díscolos, a los intrigantes, a los revoltosos, y no dar la representación de México a personas que, por sus defectos, no la merecen, y que pueden contribuir a nuestro desprestigio.

El oropel es útil a las naciones; pero el oro les aprovecha más. Una condecoración en el ojal de una levita rota sienta mal.

17 de junio de 1893

[26]

Cuentas y cuentos.
Multiplicación de los cinco panes.

La estadística es una hacienda con cuarenta mil sitios de ganado mayor, en cuyo perímetro se disfruta de todos los climas, se dan todos los frutos, se cría toda especie de ganado lanar, principalmente la de los borregos y se obtienen pingües utilidades con muy poco trabajo. Para los iniciados ésta es la ciencia madre, y en efecto, es la que más se multiplica, dando a la patria hijos que sólo existen en cifra, riquezas no vistas por mortal ninguno y exponiendo las poderosas razones que militan en pró de que 2 y 2 sean 22. La estadística, cultivada en el tibio ambiente del gabinete, es la rosa mística de las matemáticas.

Complaciente como pocas ciencias, mudable como todas las mujeres, acomodaticia como casi todos los hombres, por igual prueba la prosperidad y el atraso de las sociedades y siempre sirve los huevos al gusto. Si el autor es ministerial, en cada fracción de hombre halla la totalidad de un ciudadano; si es oposicionista, en cada individuo ve la partícula infinitesimal de un ser humano. Cuando quiere halagar, regala a la Nación ríos, canales, muelles, ferrocarriles, fábricas, colonos, etc.; cuando está malhumorada se cala sus gafas oscuras y suprime todas las vías de comunicación, inhabilita los puertos, decreta el hambre e infla la criminalidad para que abulte mucho.

*   *   *

La estadística es respetable. Hay algunos tomos de esa materia esponjosa que, por el volúmen, se parecen a Don Pomposo Verdugo. Otros se asemejan más bien a globos de lotería, pues tal es la cantidad de números que encierran. Todos se distinguen por una cualidad común a todos ellos: la virginidad. ¡Nadie los toca!

Hay estadística de busto: la de D. Emiliano, por ejemplo. La hay de cuerpo entero y hasta de cuerpo presente. Y según todas las que ocultan su doncellez en los archivos de los ministerios, debíamos de estar ricos, debíamos de ser felices, debíamos de causar envidia al mundo entero: deberes todos ellos que no están vigentes en este clásico país de los derechos.

También tenemos la estadística Gris, como tienen otros la gramática parda. Conforme a aquella, una naranja no es una naranja, sino una pelota henchida de pepitas de oro. Un hombre no es un hombre, sino un millonario. El subsuelo de México, explorado por Orozco, es el Potosí Submarino.

Con todos esos datos maravillosos se hace un cuento de cifras que nos llena de bienes a los necesitados. Yo, cuando el casero me cobra rentas atrasadas, le enseño algunas de esas estadísticas para demostrarle mi solvencia y ofrecerle algún milloncito de los que me sobren.

Ahora bien, ¿surten el efecto deseado esos anuncios del bienestar público? ¿Estimulan la inmigración? ¿Atraen el capital? ¿Catequizan a los incrédulos? Me sospecho que no. El inmigrante, si sabe leer, pocas veces tiene ganas de leer, y nunca lee infolios monumentales. El hombre de negocios no fía en la estadística, sino en las noticias que le dan sus corresponden, sus exploradores, sus amigos y colegas. El capital baja solito al agua sin que ninguno lo arree, siempre que haya tal agua. Y los signos cabalísticos, las sartas de números, los cómputos de progresos realizados, no influyen muy directamente en lo que pudiéramos llamar extranjero consumidor. El comerciante no tiene tiempo de leer gruesos volúmenes, y el que emigra de su tierra, camino de la nuestra, no pasa antes por la escuela preparatoria de la estadística.

* * *

Esto no significa que tenga por inútil ciencia tan fecunda como la estadística. Tan fecunda suele ser que, cuando le place, multiplica los panes y los peces. Creo en su benéfica trascendencia: lo que discuto es la dosificación de la estadística.

Si continuadamente y en forma dosimétrica, se dan noticias favorables al país, datos exactos respecto a salarios, cultivos, demanda de brazos, industrias explotables, etc., etc.; si se emplea para hacer tal propaganda el periódico leído y popular en las naciones propicias para el caso, o la hoja suelta de atractivo aspecto y profusamente derramada, el folleto descriptivo, la novela misma, es de esperarse que la publicidad sistemática y multiforme, nos sea beneficiosa. El *Catecismo* del Padre Ripalda, ha dado más prosélitos al catolicismo que la Suma Teológica de Santo Tomás de Aquino.

El periódico mexicano pagado por México e impreso en el extranjero para que allí circule, es simplemente inútil porque no circula.

Nuestro servicio de publicidad en el exterior, debe organizarse fiándolo a directores hábiles, con acceso fácil a la redacción de algunos diarios principales, para que éstos, mediante un precio convencional, inserten lo que a México favorezca, fomente su comercio y estimule su inmigración.

Los datos estadísticos, las cifras que resuman nuestros adelantos, divulgados en dosis homeopáticas, serán de innegable utilidad.

En una palabra: estoy por la estadística que pudiéramos llamar de exportación; pero siempre que sea en glóbulos.

20 de junio de 1893

[27]

Recamier el apócrifo y D. Carlos Récamier.

La Redacción de *El Universal* ha recibido la siguiente carta:
"C. de Vd., Junio 16 de 1893.
Sr. Director de *El Universal*
Presente.
Muy señor mío:
Habiéndose acercado a mí algunas personas que se han creído aludidas en los artículos que bajo el título de 'Plato del día' y subscri-

tos por un Sr. Recamier están publicando Vdes., les he de merecer tengan la bondad de manifestar en su apreciable diario, que ese señor articulista no soy yo, pues jamás he tenido las pretensiones de ser escritor.

En espera de que se dignarán ustedes obsequiar mis deseos, les anticipo las gracias y me subscribo como su afectísimo atento S. S. — Carlos Récamier".

* * *

No tengo inconveniente en declarar que yo no soy D. Carlos Récamier. Si lo fuera, comería mejor y mi firma valdría más en la plaza. El Sr. D. Carlos Récamier hace platos y platas. Yo soy un platónico de los platos; yo platico. Y no me ciega el amor de padre (y muy señor mío): entre uno de mis platos del día y un bacalao a la vizcaína, de esos que no se dan en la casa del Sr. D. Carlos Récamier, pero que sí los compra en ella el que tiene dinero, opto por el bacalao a la vizcaína. Así, pues, con mucha pena digo que yo no soy D. Carlos Récamier.

En cambio, me alegra y hasta envanece el que algunos confundan los mal sazonados platos que yo sirvo con esos otros que adereza tan a pedir de boca mi refocilador y apetitoso homónimo: buen tufillo tendrán los míos pues a gastrónomos engañan. ¡Lástima grande que dejo de amor paternal me vede hacer lo propio que Saturno, nutriéndome con la carne de mis hijos!

Hagamos un trato, caballero Récamier: yo me como los platos que Vd. hace y Vd. se come los míos. Esto es mejor que tirarse los platos a la cara por cualquiera quisicosa.

Respecto a que Vd. no tenga pretensiones de ser escritor, mucho habría que decir.

No en uno sino en varios periódicos leo todos los días, excepto el lunes, un menú que Vd. firma y que siempre me seduce. De aquí el que tenga al autor de ese aperitivo plato del día por el periodista más sustancioso de cuantos conozco. En esas breves líneas hay más jugo que en Albas o mañanitas del *Monitor Republicano*, equivalentes a hojas de naranjo, sin gota de catalán. Usted, tocayo, contribuye más al progreso de la República que los ideólogos constitucionalistas del partido liberal y los teólogos de *La Voz*. Usted enseña el arte de comer, ignorado por nosotros y más indispensable que la instrucción obligatoria y laica. Usted ayuda al Gobierno, porque la buena calidad, el buen sazón y la salsa incitante de sus platos del día, predisponen a la benevolencia y a ver todo color de rosa, disipando el mal humor oposicionista. Un pueblo que come carne sana y bebe cerveza o vino, nunca es un pueblo revolucionario. Acá, el chile hace las revoluciones; el pulque riega sangre en nuestros campos y la tortilla engendra seres pasivos, sin voluntad y sin decoro. Un *consommé* de usted es más trascendente que un editorial del *Siglo XIX*; y una ensalada es más poética, más fresca, más despertadora del sentido estético, que las poesías rurales de nuestros vates urbanos. Por todo lo cual se infiere rectamente que en ese *substratum* de ciencia social, a cuyo calce aparece la firma de usted, hay más cogollo que en las sartas de palabras tramadas por periodistas bombásticos para engaño de necios, y muy semejantes a los collares de cuentas, tan vistosos, tan frágiles e inútiles con que seducían los españoles a los indios.

Puede el tocayo creerlo a pies juntillas: él es un escritor de fondo, y de los más leídos que hoy tenemos.

Me honro, pues, con llevar su apellido; pero no quiero ocasionarle desazones (lo que sería ruinoso para él) y por lo mismo declaro que nada hay de común entre los dos; afirmo mi autonomía; determino y limito mi recamierato independiente.

Acudan a mí quienes algo tengan que tratar con el Recamier que no da, ni ha dado ni dará nunca de comer.

¡Ah...! También ruego encarecidamente que no me confundan con Madame Récamier, la musa de Chateaubriand. Yo soy solito. Ni familia tengo. Me llamo Récamier como el Chateaubriand que sirve Récamier el legítimo se llama Chateaubriand. Los apellidos están caros y uno sirve a varios individuos, señalando el oficio o profesión que tienen. El que hace los *Platos del Día* se llama Récamier; el que hace los ataúdes del día se llama Gayosso.

Este muy obediente servidor de ustedes guisa prójimo.

21 de junio de 1893

[28]

Notable entrevista con el diputado Mateos.

Para tomar lenguas y con motivo de lo que se ha dicho recientemente acerca de la utilidad de las Legaciones, me dirigí al Sr. D. Juan A. Mateos, ganoso de conocer su voto particular; y téngase en cuenta que de particular lo califico porque una de las particularidades que distinguen a Mateos, amén de la nariz y del talento, es la de ser siempre muy particular en todo, hasta en lo de opinar, como diputado, diversamente de sus compañeros. Este ciudadano singular jamás será plural ni general. Es el laico obligatorio y no gratuito de todos los Congresos.

Le encontré tan descamisado como lo pintan en *El Tiempo* los conservadores de huesos que roer; esto es, sin camisa SUPER IDEM porque acababa de levantarse el levantisco apóstol de todos los levantamientos anti-clericales. Cubrían sus carnes una bata democrática, por la multitud de colores que ostentaba, y holgados pantalones comunistas. Entre el pulgar y el índice de su mano derecha, ardía uno de esos cigarrillos, que Mateos, para fumar a todo su sabor, llama cuando los tuerce y

prende, FRAILES MERCEDARIOS. Sepan cuantos leyeren estas letras que Don Juan no fuma PUROS, fuma MOCHOS.

Interrogado por mí, que soy su más devoto oidor, me dijo estas o parecidas palabras:

—La pluralidad de legaciones es legado del régimen monárquico. Son patrimonio de los legos y de los arrepentidos en política. Al que no se le puede utilizar en el país, se le manda a paseo con el carácter de Ministro. Es un obispo IN PARTIBUS INFIDELIUM. La antigüedad clásica, la de Alejandro, la de Julio César, la de Augusto, no tuvo diplomáticos de esa clase. Todo era SOL en el Circo Romano y nada SOMBRA. Se necesitó que vinieran los reyes afeminados y corrompidos para que esa tusa llamada diplomacia cavara su agujero en las naciones. Fueron entonces las embajadas granjerías de favoritos, manera honrosa de pagar deshonras o taimado espionaje vestido a la oriental. ¿Qué podía esperarse de una Edad llamada Media? Sólo que muriera en el atadero de la horca.

En la baraja de las Repúblicas modernas hay dos palos de uso externo: el de oros y el de espadas; con el oro se compra al enemigo, con la espada se le vence. Los bastos y las copas se quedan para el interior. La riqueza de un país es su as de oros; su ejército es su as de espadas. Teniendo ambas cartas sale sobrando la diplomacia.

De nada nos sirve tener en las cortes calabazates de Guadalajara que hagan deferencias y monerías al paso del monarca. Esos Ministros tienen que preocuparse de si el rey estornudó o no estornudó; de si el embarazo de la reina avanza o retrocede; de cuántos centímetros han de tener los faldones del frac y hasta qué altura han de alzar el sombrero cuando saludan.

Todo esto no sirve para la colonización: es puro coloniaje. En *Los Diamantes de la Corona*, en *Los Brigantes*, en muchas otras obras clásicas, se ridiculiza el tipo de diplomático. Nosotros debemos dar una prueba de sencillez republicana, suprimiendo una gran parte de esas legaciones tan costosas y tan inconcusamente inútiles. Conservemos la de Centro América, la de los Estados Unidos y una en Europa. ¿Qué tenía Roma, señor? Nada más cónsules.

El mejor día, porque el Embajador de Persia pisó en un baile al Ministro de México y no quiso darle explicaciones, sobreviene un CASUS BELLI y tenemos que ir a matar persas o a dejarnos matar, por la callosidad número quinientos siete del dedo gordo del pie izquierdo de nuestro Ministro.

Mi viejo amigo Riva Palacio, desde que no sólo tiene palacio en el apellido sino palacio en Madrid, ya no es el ardoroso republicano que vestía la chaqueta de alamares: se dedica a la pintura, escribe cuentos, es una fuerza perdida para nuestra democracia. Yo no conozco más cortes que cortes de pantalón y heme aquí en la primera línea de combate, con la "Mamá Carlota" cascabeleándome en los labios.

* * *

Una bocanada de humo envolvió a Mateos y en esa nube desapareció. No cabe duda: Sor Oportuna tiene muchísima razón: Este Mateos es el diablo. La pieza en que creí haber conversado con él quedó oliendo a colilla.

22 de junio de 1893

[29]

No hay respeto al peso ajeno.
Lectores baldíos. Su Majestad la gorra.

Hecho innegable es que los mexicanos vivimos de prestado. Aquí no hay nadie sin familia ni exento de la dura obligación de mantener a otros. Todas las contribuciones que el gobierno invente serán insignificantes, comparadas con la que nosotros mismos nos imponemos para fomento de la vagancia, estímulo de la pereza y amparo de los vicios menesterosos. Nos pide dinero el amigo célibe que debe obsequiar a la novia; nos pide dinero el condiscípulo casado, que se propone dar un bailecito al jefe de su oficina "para ver si asciende"; nos pide el que siempre está a punto de colocarse, el que siempre está enfermo, el que siempre está borracho; y nosotros, para cumplir todos esos deberes artificiales que nos hemos forjado, importunamos con peticiones a los que ocupan posición más desahogada que la nuestra, al gobierno para que nos dé una canonjía, a los santos para que nos consigan el premio gordo del próximo sorteo; y así sucede, en fin de cuentas, que los padres de solemnidad son los mejor librados; porque el pobre con sueldo, apenas come; el pobre con buenos sueldos, pierde el sueño a fuerza de pensar en lo mucho que debe; el rico pierde la tranquilidad por tanto como le acosan los mosquitos y los zánganos; el gobierno se ve obligado a contratar empréstitos; y los Santos le piden tanto a Dios que ya Dios los manda al diablo.

Hay también otros préstamos forzosos, no pecuniarios en la forma, pero sí en la esencia, de los que somos víctimas pacientes. Un mexicano ilustrado, esperanza o realidad de la patria, ve, por ejemplo, un libro que le gusta y que acabamos de comprar. De cien casos en noventa ese mexicano ilustre no tiene empacho—¡bastantes empachos tuvo cuando niño!—en decir al dueño legítimo del libro:

"Préstame esa obra. La leo esta noche y mañana te la devolveré". Ese mexicano ilustre es un ladrón. Ustedes volverán a ver a Enrique Sort de Sanz en la canastilla del globo cautivo; verán los diez mil pesos que diez mil veces ha ofrecido el malogrado ingeniero Orozco; verán a Peral dando peras y no papas; pero no volverán a ver libro que presten. PRÉSTAME es sinónimo de DAME, como demostraré en el "Diccionario de mexicanismos" que estoy preparando. Devolver un libro es ignominioso, es sustraerse a las corrientes del progreso, es mirar con desdén las ciencias y las letras.

El paraguas también es otra prenda movible. Durante el tiempo de secas vémosle inamovible, como uno de esos magistrados que acaba de hacer D. Justo Sierra; pero apenas cae la primera llovizna, el paraguas se abre, vuela, abandona el hogar y entra al torbellino de la vida. A veces, ni siquiera es necesario que nos lo pidan prestado.

Nosotros MOTU PROPRIO lo prestamos, convencidos de que nuestra función en la vida social es, principalmente, la de impedir que se mojen los sombreros ajenos. Y no tan fácil es cumplirla, porque en los empeños suele presentarse el favorecido por nosotros, diciendo al noble hijo de Pelayo:

¿Cuánto me presta Vd. por este paraguas que me acaban de prestar?

Fíjese ahora el lector en otra materia obligatoriamente prestable: el periódico. La estadística de los que leen aquí la prensa diaria no puede formarse, porque ni las suscripciones ni los ejemplares vendidos dan el cómputo de las personas que disfrutan del periódico. Los suscritores que habitan casa sola, dan mayores garantías al dueño de la publicación, pero los que ocupan viviendas en una casa de vecindad, los oficinistas, los empleados en tiendas de comercio, los militares en servicio, etc., etc., son la langosta de los editores. *El Universal*, sin ir más lejos, será leído, sólo en la capital de la República, por veinticinco mil personas, que no contribuyen con un solo centavo a los gastos de la empresa. De aquí resulta una pérdida neta para el propietario, que puede ser tasada en diez o doce mil pesos mensuales, hecha la rebaja de los que no leerían si no leyeran gratis. Los restantes, por sus negocios, por sus aficiones, por curiosidad o por cualquier otro motivo, comprarían el periódico si no se lo prestaran. Así, pues, la costumbre de inclinarse ante la gorra, como se inclinaban los revolucionarios del noventa y tres ante el *gorro frigio*, priva al suscritor de todas las mejoras que se harían en el periódico, si a sus cajas entrara la suma susodicha, y quita al dueño de esta bien habida y legítima ganancia. Para esos lectores de limosna trabajan de balde los redactores, el editor, los tipógrafos, los litógrafos, los prensistas, los repartidores. Pase que un *Universal* sirva para saciar el apetito de toda una familia, con los respectivos apéndices de suegra, cuñados, nuera, yernos y concuños; pero es imposible que pasando de mano en mano pase el día hasta llegar a envoltura de pasas.

En los Estados, este hurto al trabajo honrado es todavía mayor y más escandaloso. Cuando el periódico sale del Correo, si es que mucho rezamos para que esa ánima nuestra salga del Purgatorio, comienza a recorrer la ciudad, peregrinando durante tres o cuatro días. Hay ejemplar que sirve para toda una población.

¿Qué exceso, qué despilfarro de caridad es el que señalamos? ¿Qué vocación tan irresistible es la que nos mueve a establecer gabinetes de lectura gratis? No se ayuda a la difusión de las luces apagando las velas y es apagar las velas impedir que escritores y editores y tipógrafos ganen lo debido a su inteligencia y a su laboriosidad.

Este es asunto serio, apreciable tocayo Récamier. Este es *consommé*. Nos han convertido en sopa de los conventos. Que lean, pero que paguen.

24 de junio de 1893

[30]

Soldaditos de San Juan.

Ignoro—o quiero ignorar—por qué es costumbre en el día de San Juan vestir a los chiquillos de soldados, porque el Bautista siempre fue de poca ropa y no gastó jamás arreos militares; entiendo, sí, que tiene su origen esta práctica en las órdenes religioso-caballerescas que tenían por patrono al Precursor y que, andando los tiempos, han venido a ser órdenes masónicas; y sea de ello lo que fuere, desentendiéndome de la razón de ser que el uso tenga, advierto que está en decadencia o, mejor dicho, que va perdiendo mucho en exterioridades y ganando en lo que constituye su valor intrínseco. Obedeciendo a la ley de la evolución, pase del período militar al período civil; las letras vencen a las armas y el niño que antes jugaba a militar, hoy juega a diputado y a ministro. Las memorables y no olvidadas contiendas que se empeñaban el día de hoy entre muchachos, con no pocos descalabros y descalabraduras de troyanos y tirios, ya no se traban por las huestes enemigas en plazuelas y barrios: ahora el campo de las maniobras es el periodismo, el campo de batalla ocupa todo el amplio porvenir, y las fuerzas beligerantes no se reclutan sólo entre arrapiezos, prófugos de la escuela primaria, sino entre jóvenes que ya cursan materias profesionales, en los poquísimos ratos de ocio que les dejan las faenas políticas. Signo de los tiempos es el apuntado: antaño, el estudiante dedicaba sus ocios a la poesía, a la novia o a pintar venado; hogaño, los emplean en hacer la felicidad de la República. No serán médicos, no serán abogados, no serán ingenieros, no serán notarios, y aunque esto sólo bastaría para hacer la dicha de la patria, ellos, más generosos, ponen remate a su abnegación (llamada ALTRUISMO

en la jerigonza filosófica) dándonos sabias leyes y ejemplos de valor cívico y moral.

El estudiante político vive en perpetuo día de San Juan y no tira piedras a sus iguales, sino, lo que es más lógico, a sus maestros y superiores. No cuelga a los tiranos; pero cuelga los libros.

—Decid, niño, ¿cómo os llamáis?

—Responderá su nombre, Dantón, Marat, etc.

¡Felices tiempos para el gremio estudiantil! Aquellos del manteo roído y la guitarra bien punteada, cuando se pelaba la pava con una buena moza a la luz de la luna o a la dormida claridad de sebosos mecheros; felices tiempos los de nocturnas escapatorias, ya con maña lograda, merced a la complacencia del portero, ya, a viva fuerza, conseguidas, saltando tapias o rompiendo rejas; tiempos felices los del rector avinagrado, con pasta de pergamino y alma de cántaro teológico; felices, una y mil veces, porque entonces los muchachos, que eran muchachos, y decidores, y alegres y traviesos; porque sabían mantear, reñir, besar con ganas... porque no pesaba entonces sobre sus rollizos hombros, más que la capa de diferentes colores y no, como en los días que corren, toda la enorme nave del Estado.

Cuando me encuentro con alguno de esos salvadores de la patria y de la libertad, sobremanera me entristezco. ¿Sabrá que hay chicas guapas? ¿Desconocerá las primicias del amor que se queda en primicias y no llega a pagar diezmos? Para él no tiene encanto la chinampa ni la canoa que rebosa flores. Lleva un timbre de a centavo en la imaginación. Piensa en las alcabalas, en las elecciones, en los empréstitos, en el editorial que va a escribir, en los más graves asuntos públicos.

La verdad, la verdad, los antiguos soldaditos de San Juan eran más felices que los nuevos.

25 de junio de 1893

[31]

Tocan a degüello. ¡Fuera Santos!

Un colega muy estimable, amigo de Tabasco, de la tierra del cacao, y enemigo personal de San Juan Bautista, propone que San Juan Bautista de Tabasco, se llame en lo sucesivo Tabasco a secas o Tabasco mojado con algún nombre liberal. En honor de la verdad debe decirse que el inteligente colega trata bien al Bautista calificándole de "caballero", epíteto que hasta hoy no se le había dado al santo. Lo que no le conviene es que el Precursor dé su nombre a la capital de una importante entidad federativa, representada en la Cámara de Diputados por D. Joaquín Casasús y en la de Senadores por D. Jesús Castañeda. Razones de peso y hasta de chocolate ha de tener el tabasqueño entusiasta que intenta decapitar al San Juan de Tabasco, quitándole hasta el santo de su nombre; y como en esto nada tenemos que ver los mexicanos del Distrito Federal, dada la independencia y soberanía de los Estados, tenemos que observar una conducta de completa abstención.

* * *

No así en lo que como corolario de aquel degüello plantea el articulista, esto es, en lo referente a que, por orden suprema, muden las calles de nombre, en México, suprimiendo cuanto de cristiano tenga aquél. A este propósito dice el innovador aludido:

"Lo mismo pasa con las calles: su nomenclatura en México nos recuerda las hazañas de San Sebastián, San Lorenzo, San Ramón, Santo Domingo y otros muchos, a los que maldito lo que les debe la nación, mientras se pierden en el olvido los de multitud de patriotas".

El plan del colega puede resumirse en esta forma: poner en la calle a los que algo deba la nación, o de otro modo, convertir en día de muertos el día de Todos Santos: en vez de bienaventurados, héroes difuntos. Así, por ejemplo, en lugar de las calles de San Juan tendríamos las calles de Degollado, quitando, por supuesto, a este insigne patriota el nombre de Santos, para que nada le huela a santidad. Se trata, pues, de un trastorno geográfico y callejero, del que penden, a juicio del articulista, la libertad, el sufragio libre, el alza de la plata y la abundancia de las cosechas. Puebla de los Angeles se llamará Puebla de los mil demonios; Veracruz, Verapilatos; San Luis, el Potosí Submarino; Aguascalientes, D. Agustín R. González, etc., etc. Con esto y otro poquito, la democracia queda asegurada.

* * *

El cambio, sin embargo, no me parece tan radical como debiera serlo. Me parece que también los nombres nos estorban. ¿Por qué se ha de llamar Virginia una señorita cuando se puede llamar *Pípila*? Todos llevamos, como sombrero puesto, un santo sobre el occipucio de nuestro apellido. Y mientras esto siga no habrá libertades públicas ni virtudes privadas. Hasta los mismos héroes, tan amados por el promotor de la novísima nomenclatura, van cargando a los santos. Todos tienen su santo patrono, como si el cura... digo, el Mata Hidalgo, no nos hubiera emancipado de todo patronato. Libertémonos del santoral y de los calendarios: esto sí que significará un positivo rejuvenecimiento.

Los rancios, los rezagados en la evolución social, entienden que nada altera las instituciones liberales el dejar a los santos en la calle; pero los fogosos e impermeables jacobinos, por cuya humanidad no pasa día y que se plantaron en el año de gracia de 1793, son de opinión contraria. Ellos están pintados en aquel zarzuelesco ciudadano Nerón, cifra comprehensiva de toda una escuela liberal que no frecuenta mucho las escuelas. Para los liberales rancios nada importa que San Lorenzo tenga espalda, ni Santa Catarina cuadrante; mas para nosotros sí conviene que viva el ciudadano en el 7 de la Constitución o en cualquiera otra calle ungida por la gloria. Esto es fundamental para ellos. El nombre de la calle en que esté la accesoria habitada por el ciudadano redimido, no es un simple accesorio del ritual democrático. Eso que parece un lugar común, es la piedra angular de la República.

* * *

En cuanto a mí toca, opóngome a esos cambios por razones particulares. Quiero saber positivamente en dónde vivo, y que no tan a menudo transladen mi casa los endiantrados Ayuntamientos, como transladaron los ángeles la casa de Loreto.

Ya la ponen en la letra B, ya en la calle 2, ya en las rejas de una iglesia, ya en la puerta falsa de algún Santo, y si ahora me colocan en la rinconada de algún héroe, acabaré de perder la noción exacta del punto en que está mi domicilio. Transijo con la decapitación de San Juan Bautista en el Estado de Tabasco, porque no me importa que juegue cualquier tabasqueño a quita y pon, pero no puedo transigir con el ¡monte y baraja! de las calles. Dice *El Combate*:

"Ciudades de positiva importancia existen en nuestra República, que cuando figuran en el mapa, parece que forman parte de un calendario; entre ellas, la capital del Estado de Tabasco, cuyo nombre trae a la memoria la figura de Juan el Bautista, hombre muy honrado y muy útil a Jesucristo, pero que ni a la patria ni a la libertad hizo bien alguno.

Su cabeza, desprendida del cuerpo por capricho de Herodías, nos habla de un caballero abnegado y valiente: el principio por el cual derramó su sangre, le debe mucho y justo sea quizá que inmortalicen tal memoria sus adeptos, elevándole altares en uso de su derecho, y consagrándole templos; pero el Estado de Tabasco que no le debe nada, no obra en justicia al guardar para su capital el nombre de ese señor, pudiendo darle el de multitud de ciudadanos tabasqueños que se hicieron acreedores al título de mártires de la libertad. Cuando la tradición es la huella de un gran fanatismo, sin remordimiento ni vacilaciones los Gobiernos deben romper con esa tradición."

¡Corriente! A ESE SEÑOR no le debe nada Tabasco, porque ESE SEÑOR nada le ha prestado; ESE SEÑOR es un caballero, (aunque no lo parezca por el traje) cuya cabeza habla desprendida del cuerpo; ESE SEÑOR... le llamaremos de una vez ESE BUEN SEÑOR, no hizo bien alguno a la patria; pero, —Si una niña

[23]

se suicida / Porque la engañó su amante, / ¿Qué tienen que ver con eso / Los fósforos de Cascante?

O dicho en romance: si el caballeroso Sr. D. Juan Bautista está mal en Tabasco ¿por qué han de mudarme, con casa y todo, a la calle de Tzilacatzin, a la de Ixcoatl o la de HUITZILIHUITL? Soy flaco de memoria, pues sólo me faltaba que en cuerpo tan canijo hubiérame engordado la memoria; y esos nombres revesados se me atoran. Además, ¿habrá reflexionado el colega en si hay gente para tanta posada? Aquí las cosechas de héroes han sido bastante buenas, pero también tiene México muchas poblaciones y las poblaciones tienen muchas calles.

Pepito, pues, que estoy por el STATU QUO. Vivo en la calle de la Providencia (calle que en la proyectada nomenclatura se llamará, probablemente, DE LA TESORERIA) y, lo dicho, dicho: yo mejor aquí me estoy.

28 de junio de 1893

[32]

Una muela de oro.

Juro por la salvación de mi alma que es auténtica la carta que en parte copio, y dice así:

"A las 3 o 4 leguas de la ciudad de Quezaltenango, hay un pueblecito llamado 'San Juan Ostuncalco', y en este insignificante rincón del mundo existe una niña de 6 a 7 años, que presenta el fenómeno más raro, pues hace poco tiempo, al salirle las muelas de leche, en lugar de que una fuera de éstas, resultó ser amarilla, de un color brillante muy hermoso.

Corrieron rumores sobre tal particularidad y habiendo venido de Quezaltenango un platero exprofeso para examinarla, después de haber verificado un examen minucioso y limádole la muela, confiesa clara y llanamente que es de *oro, oro macizo*.

Asombrados todos los vecinos de ese pueblo de tal fenómeno, corrieron los rumores cada vez con más animación, habiendo llegado a oídos del señor Jefe Político de aquel Departamento, D. Manuel Solórzano, quien en su visita llamada departamental, llegó a Ostuncalco deseoso de convencerse con sus *propios* ojos. Hizo llamar a la niñita afortunada y quedaron admirados de tan rara verdad, tanto él como la numerosa comitiva que le acompañaba, obsequiando a tan privilegiada criatura con una moneda de a 25 centavos que cada uno regaló.

Increíble parece tal fenómeno que aun me resisto a creer. Preguntando yo si sus padres eran ricos, (por suponerme un engaño al público para lucrar) resulta que son en extremo pobres, y por lo tanto, impotentes de hacer un desembolso que les proporcionara la hechura y demás gastos hasta ponerla en el lugar indicado.

Es tal el brillo y hermosura de la aurífera muela, que al abrir la boca la niñita, se observa inmediatamente una luz clara que llama la atención.

Se dice que varias personas de Quezaltenango piensan asociarse y llevar a la criatura a la Exposición de Chicago.

Seguiré dando a Vd. pormenores de cuanto ocurra sobre tan admirable asunto, según la veracidad e interés de las noticias que circulen."

*   *   *

Bernal Díaz del Castillo, en su *Conquista de México* y refiriéndose a la batalla de Otumba, asienta haber oído decir que en ella se apareció a los españoles el Apóstol Santiago, jinete en su caballo tordillo; más añade que él, sin duda por no hallarse *en estado de gracia*, no le vio. El diligente corresponsal de este diario (que es, entre paréntesis, el de mayor circulación) cuenta lo que le cuentan; pero tampoco ha visto la muela. Déjole en su buena opinión y fama, y entro, como Pedro por su casa, en el terreno de las conjeturas.

El asunto es serio. Una muela de oro no es una pepita cualquiera: económicamente considerada es toda una Doña Josefa Ortiz de Domínguez. No sorprende que la muela sea amarilla. ¡Una de tantas! Hasta verde me la imagino; pero no puedo figurármela de oro sin ponerme amarillo de envidia.

Tampoco tengo por concluyente la opinión del platero; porque éste entenderá de plata, pero no de oro; ni pesa mucho en la balanza de mi criterio (que es criterio de balanza y no de sol) el dictamen de un señor Jefe Político: antes bien, casi raya para mí en lo milagroso el que haya algún Jefe Político en el mundo, capaz de ver una muela de oro y no sacársela a su dueño. Y más raro es todavía que dicho funcionario democrático obsequiara a la poseedora de tamaña presea con una moneda de a ¡¡¡25 centavos!!! Con razón escribe a renglón seguido el remitente: "¡Increíble parece tal fenómeno que aun me resisto a creer!" ¡Sí, muy cierto; de esos jefes políticos longánimos hay pocos!

Empero, ¿como ha podido engañarse tantas y tan respetables personas? El oro no se confunde con el hueso ni con ninguna otra substancia amarillenta. El oro valía la plata en tiempos de Mari Castaña y ahora vale mucho más. De modo que alguna razón han de tener para tener esa muela famosa por de oro, tanto el platero como el Jefe Político y las demás personas de a dos reales. Sin embargo, lo extraordinario del suceso me conturba: el oro jamás ha andado en bocas; el oro, lejos de estar amolado, prepondera en la Bolsa, ya que no en las bolsas; ¿cómo avenimos la verdad económica a esta su antagónica verdad histórica?

¡Nada más quisiera yo! Me conviene que la palabra sea plata y que las muelas sean oro. ¡No se enmohecerán los muelles de mi palabra ni me dejaré sacar ninguna muela! ¿Pero será realizable este sueño, al parecer quimérico? ¿En la primera dentición de esa niña guatemalteca o guatebienteca se habrá descubierto la piedra filosofal?

De seguro, esa muela no es la del juicio, porque esa no le sale todavía a la mayor parte de la América Latina. Tampoco puede ser la de Santa Apolonia, porque sólo un amigo mío posee cuarenta muelas de Santa Apolonia, y no es posible que esa sierva de Dios siga amolándose. Me inclino, pues, a creer en el prodigio: ¿no hubo un Asno de Oro hecho por Apuleyo? ¿No hubo un Becerro de Oro, adorado por los judíos apóstatas? ¿No hay un Cuerno de oro en Constantinopla y en algunas cabezas bastante conocidas? ¿No hemos visto dentaduras montadas en oro y muelas orificadas? Pues, ¿por qué no ha de haber una muela de a pie o desmontada que sea de oro?

Ahora se ocurre preguntar: —¿Será esa niña de la muela alguna hijita de Don José Rufino Barrios?

—¿Será oradora?

—¿Será la personificación del oro comiéndose a la plata?

Rodea misterio impenetrable estos problemas.

Tal vez en la Exposición de Chicago los resuelvan, aunque, en mi concepto, harían mejor en llevar a esa criatura a la exposición de Chimuelas.

En Chicago hay muchos sacamuelas.

En fin, aguardaremos a que el señor corresponsal nos dé noticias más circunstanciadas. El hecho de que la muela consabida brille, arroja poca luz en el asunto. No es oro todo lo que reluce.

Si me consultaran a mí, como a hombre bueno, diría esto: no vean a químicos, ni a plateros, ni a jefes políticos; acudan a un empeñero. ¿Presta por la niña? Luego es de oro la muela.

A un judío de esa casta, que ya estaba agonizando, le pusieron en la mano un crucifijo de latón para ayudarle a bien morir. Lo palpó, se lo acercó a labios y en seguida dijo:

—Prestaré dos reales... es chagolla.

Los empeñeros, hasta moribundos, son personas de buen tacto y buen olfato.

29 de junio de 1893

[33]

El duelo nacional.
Desaparición de la plata.
Última lamentación de Lord Byron.

Acompaño a los pesos en su pena. Que me acompañen los pesos en mi soledad.

Mucha, mucha tristeza me dan esos ingratos amigos míos, a los que hoy puede compararse con Juana de Arco, porque son víctimas de los ingleses.

La Bolsa del mundo se ha desfundado. Mejor dicho, el inglés mete la mano en la bolsa del mundo.

Es verdad que han venido a tierra muchas tiranías: la tiranía franca, que se atreve a llamarse, en el gobierno, tiranía; la tiranía de las preocupaciones acumuladas en el transcurso de los siglos; la tiranía del dogmatismo, la tiranía del preceptismo, la tiranía del rito; pero hay una tiranía que no ha logrado sacudir el mundo y que se ensoberbece más y más la tiranía económica de Inglaterra.

¿Quién es el dueño, quién es el amo, quién es el encomendero de cada individuo? Es un Inglés.

¿Quién es la que ejerce hegemonía absoluta en las Bolsas de Europa? Es Inglaterra.

El pueblo de Israel se venga. El judío errante no es un mito. Ese judío, llamándose legión, clava en la cruz a la humanidad.

La nueva Cartago, árbitra de los destinos comerciales, desencadena las tempestades de las crisis en todos los mercados.

Y nuestro pobre peso, tan humilde, tan bueno, con su águila, con su sol, con... quién sabe qué otras cosas tendrá, se ve convertido ahora en pesetero.

Tuvo un tío en Indias; pero ya ni eso tiene.

Llevaba buenas amistades con los chinos, pero ahora es un mártir del Japón.

Ya ni él mismo sabe cuánto vale. Le dan capote en tiempo de verano; lo mantean, y el peso, a fuerza de subir y de bajar, golpeado, magullado, ha perdido la cabeza.

Nunca, sin embargo, había bajado tanto como ahora. Búsquenlo ustedes y apuesto a que no lo encuentran.

A su patria, a México, no vuelve: digno, altivo, mexicano en suma, prefiere perecer en tierra extraña, a darnos el espectáculo de su miseria.

Recorred las calles, no hay un peso.

Se oculta como el gran señor que viene a menos y que no se exhibe con su traje viejo.

Hasta en la misma calle de Plateros no queda ya un solo platero. Dentro de poco propondrá un munícipe, que se dé a toda la avenida cuyo principio está en la hambrienta boca del portal y cuyo punto extremo en el desierto callejón de López, el nombre mendicante de Avenida de San Francisco.

La plata se halla en poder de los plateados y el peso viaja de incógnito.

Hay quien sospecha que ha vuelto, como el hijo pródigo, a la casa paterna, al seno de las minas.

Suponen otros que a fuerza de bajar ha llegado al centro de la tierra.

Y Orozco—ese Julio Verne titulado por el Ayuntamiento—proyecta hacer un pozo artesiano, y que de el brote un chorro de oro, salpicando a los que se descuiden. Porque—

téngase esto en cuenta—cuando la plata baja mucho, el oro sale.

Lectores, orificaos.

Poetas, cantad el DE PROFUNDIS de la plata.

Todos, enfermos y asustados, claman: ¡MISERERE!

Dentro de poco, ya no trabajaré.

¡Ninguno comerá!

30 de junio de 1893

[34]

Reportazgos al aire libre
sobre asuntos de actualidad.

Con la debida oportunidad interrogó, entrevistó, interviuvó o lo que Vds. querrán, *El Universal* a los banqueros y demás personas económicas acerca de la baja de la plata. Yo he creído ser útil a mis conciudadanos sondeando la opinión de otros banqueros que suelen encontrarse en las bancas del Zócalo. Con tal fin me acerqué—no mucho, por supuesto—al conocido banquero Carteritas, individuo de número (amarillo) de la academia de a real.

El Sr. D. José Manuel Carteras estaba solo.... Es notorio que nunca se le ha visto en malas compañías. Además, estaba en la calle... como casi todos.

Desde luego le pregunté: —Apreciable Sr. de Carteras, ¿qué opina Vd. sobre la baja de la plata?

El Sr. de Carteras se recogió, no en la cama, sino en sí mismo; es decir, SE ACARTERÓ. Transcurridos algunos instantes, "el pecho sacó fuera" y "habló de esta manera" D. Cartera:

—He oído hablar de la plata y también algo me han contado, no de su depreciación, pero sí de desaparición. Por lo que a mí toca diré a usted que continúo apreciándola.

—Bien, pero ¿opina usted que subirá?

—No, de ningún modo. La plata y el Sr. de la Cantolla están condenados a no subir jamás.

—Según eso, la baja es definitiva....

—Lo será, por lo menos, hasta que San Juan baje el dedo.

—¿Y es general en el país?

—En este país son todos generales.

—En concepto de usted, ¿cuáles perjuicios causará al gobierno?

—¡Un momento! Desempeñando yo, y hasta empeñando a veces, diferentes carteras, me está vedado externar opiniones, que no serán de peso, pero sí de a dos y medio. Sin embargo, diré breves palabras.

(*Don Práxedes Mateo Carteras volvió a recogerse en sí mismo, porque siempre se anda recogiendo hasta los programas del teatro y luego dijo sentenciosamente:*)

—De las carteras que tengo la que más estorba es la de Hacienda.

No hay quien me la tome. Y la cartera que me da más guerra, es la de Guerra. Todos van contra esta, arguyendo que es muy cara. Cuanto a la de Fomento, la he guardado, porque en las actuales circunstancias vale más no menearla. Quédanme Justicia, Relaciones y Comunicaciones. ¿Cuál es en ellas el efecto de la terrible baja de la plata? Las relaciones se han enfriado notablemente por el descenso de la temperatura en toda bolsa, y por lo mismo, las coristas de la ópera ven con pena profunda que México y otras potencias les retiran el cuerpo diplomático acreditado cerca de ellas.

* * *

La justicia persigue en vano al metal prófugo y es de temerse que no vuelva. En cambio, el ramo de Comunicaciones está mejor para mí, por cuanto a que me dan las "vueltas" casi regaladas.

Lo deplorable es que muchas de ellas se queden en cartera o carteritas. Insisto, empero en afirmar, que el ramo ha mejorado, porque, suprimidas las subvenciones a los periodistas éstos me darán sus boletos de teatro a precios ínfimos y yo los revenderé, con regular ganancia, a los ingleses poseedores de oro.

—Pero, ¿no hay medios eficaces para producir el alza?

—Sí; gritar, como les gritan a las bailarinas: ¡arriba! ¡más arriba! Además, me estoy carteando con la India, que suele concederme sus favores. Probablemente resultará algo bueno.

(*El Excmo. Sr. D. Antonio Cánovas Carteras sacó el reloj que yo tenía en la bolsa, vio la hora, e hizo un mohín al devolvérmelo, porque también es de plata. ¡Era ya el momento psicológico del teatro! Inútil fue que formulara otras preguntas. El Sr. Carteritas me sacó la vuelta.*)

11 de julio de 1893

[35]

Raterías.

Un ratón—de nadie gato— / Que anda en tratos con mi gata, / Me dijo, hace poco rato: / "Si no hay plata para el plato, / Lo dicho, ¡me vuelvo *rata*!" // Y tiene mucha razón / El caballero ratón, / Porque no tiene ni un peso: / Y, estando el peso a tostón, / No es pecado robar queso. // El *rata* futuro y joven / Dice:—"Pues baja la plata, / ¡Robar para que me roben, / Que unos a otros joroben! / Y ¡zumba! ¡y siga la *rata*!" // "La baja del metal blanco / Es un problema complexo / Que no resuelve ni el Banco; / Yo sí, porque soy más franco; / Resuelvo cambiar de sexo". // "Ya se ven cuerpos de alambre / Y hombres nada más de nombre: / Sí andan con piernas de estambre, / Digan claro: ¡Yo soy hambre! / Pero no digan: ¡Soy hombre!" // —El ratón tiene razón, / Porque quieras o no quieras / Hay que meterse a ladrón; / No es muy bonito el danzón. / *Aguanta hasta que te mueras.* // Al que no le va peor / Por lo menos le va mal. / Ayer mismo un senador / Quiso cenarse al señor / Don Francisco Menocal. // ¡Las tales depreciaciones / Son, señor, depredaciones! / ¡No hay hombre que las aguante! / ¡Saldrán hasta los ratones / Como ratas por tirante! // Si baja el peso en el Paso / Ya no es tal peso un peso.... / ¡Yo no paso por el caso! / ¡Pido pan, me dan pambaso! / ¡Pido carne, me dan hueso! // El asunto, señor, *ésde* / Poner en el cielo el grito / ¡Y todo ha ocurrido desde / Que vino San Expedito!

Nota.—La última quintilla salió cuarteta; porque le tocó la depreciación.—*Vale.*

12 de julio de 1893

[36]

Bacalao a la Vizcaína.
Reformas a los Derechos del hombre.

Puesto que hemos llegado a la época de la economía impolítica, es preciso cuidar los intereses de la clase media, clase de tercera que se va quedando ya sin calcetines. Propóngome subdividir mi defensa en varios capítulos, relativos a los principales enemigos del hombre: *Mundo, Demonio y Carne.*

Estos tres, son más de tres, como lo demostraré con buena copia de razones. También la trinidad se compone de tres partes y, sin embargo, hay muchas Trinidades y algunos Trinidades como Don Trinidad Martínez, que es el representante de la opinión pública.

El pobre trina, porque le obligan a trinar los enemigos de su alma y de su cuerpo.

Entre ellos figura muy particularmente el caballero casero: ese es el *Mundo.* Por lo grande, por lo gordo, por lo pesado, ése es el *Mundo.*

Los preliminares requeridos para el alquiler de una casa o vivienda y los preliminares de un duelo son muy trágicos. El presunto inquilino se presenta al propietario, no sin haber rezado un acto de contrición y empieza el *Yo pecador.* Algunos se arrodillan. El propietario, con aspecto de canónigo, oye hasta por los ojos.

El inquilino siempre es el penitente. La mirada escrutadora del señor que tiene una casa vacía registra minuciosamente todas las exterioridades e interioridades del individuo que desea tomarla en arrendamiento; pasa de la levita al chaleco, en cuyos bolsillos se detiene pensativo; baja hasta la extremidad del pantalón y mide, con rapidez pasmosa, los ángulos de los tacones.

El inspeccionado siente que lo desnudan; y en efecto, aquel señor quiere dejarlo en cueros. Nada ha de quedarle oculto: pregunta a su futura víctima la hora, no para saberla, sino para cerciorarse de si tiene reloj; la interroga acerca de su abolengo, de sus costumbres, de sus amistades y después de capearla, durante largo rato, le clava la primera banderilla.

Ya el paciente, desde que pisó la casa de aquel dueño de casas, hizo formal renuncia de su dignidad. Ya sabe que su palabra no vale nada, ni hablando en plata, que es lo que menos vale. Dejó el honor afuera, como se deja el paraguas empapado por la lluvia. Va resuelto a exhibir, igual que el criado en busca de acomodo, su respectivo "papel de conocimiento."

Si no tiene fiador, pierde el tiempo. Y ese fiador ha de ser del comercio, porque todo propietario desconfía mucho de los propietarios, y entre un ministro y el dueño de un tendajón opta por el dueño del tendajón. Además, como todos los propietarios son antigobiernistas, aun cuando estén en el gobierno, tiene el candidato a inquilino que renegar de sus convicciones políticas, y oír, sin protestar, tremendas quejas contra la administración. Las contribuciones son enormes; la ley del Timbre es la ley de Caifás; no tiene cuenta poseer fincas urbanas; y, como resultado de todo esto, Lázaro es el que padece. Lázaro se llama el inquilino. Éste paga la renta, los timbres, las contribuciones, los vidrios rotos, el pato, y además, con pretexto de la cotorra —llámese estampilla o lo que sea—contribuye con algún dinero más para alivio del propietario.

Éste es el que se queja: al inquilino es al que le duele. Sobre él pesan todas las gabelas, todos los impuestos, todos los planes hacendarios, todos los rencores al pasado, todos los temores para el porvenir, toda la depreciación de la plata: es el último mono.

Pero, todo lo dicho es menos dramático que el acto supremo de firmar el acta, o sea el contrato de arrendamiento.

Este contrato antisocial es el restablecimiento de la esclavitud. El inquilino, después de aceptarlo, tiene que salir bailando un danzón como negrito cubano. Ya es siervo, con probabilidades de llegar a ciervo. Ya no se pertenece. Para él no están vigentes los derechos del hombre. Y como este asunto no es para tratado en 14 de Julio, dejo para mañana la continuación.

14 de julio de 1893

Duelos al gusto.

Al *Universal* ha llegado un aviso, que los editores de este diario no publican aún, temerosos de que se trate de una broma, y posponiendo el interés pecuniario al carácter serio y al buen nombre de la publicación; pero yo, que logré asgarlo y, que no ando con tan nimios, si bien respetabilísimos escrúpulos, doylo a la prensa por mi cuenta y riesgo. Dice así:

"AGENCIA DE DUELOS GALLO Y COMPAÑÍA. SIGILO. — PRONTITUD. — ESMERO".

"El notable desarrollo que han tenido los duelos o desafíos y las rémoras y molestias que sufren los interesados en tales asuntos, al concertarlos y al realizar el reto, exigen de capital tan culta y populosa como la nuestra, el establecimiento de una Agencia que cubra los expedientes necesarios y a cuyo cuidado se dejen los preliminares, arreglos, estipulaciones, vehículos, armas, socorros médicos y demás apéndices requeridos en tal género de lances. A llenar este vacío, sirviendo con discreción y baratura a los clientes, han tendido y tenderán nuestros esfuerzos, sin tener nosotros más aspiración que la de ser útiles a la sociedad, recibiendo, en cambio, la anhelada consideración de ésta y la módica retribución que merezcamos. Si el público nos ayuda proporcionándonos trabajo, prosperará nuestra empresa haciendo honor a la Metrópoli.

Desde luego aseguramos que la equidad presidirá todos nuestros actos.

La Empresa ha celebrado arreglos con la Agencia Gayosso y con los principales Tívolis de la Capital. En virtud de estos convenios los clientes tendrán, a precio de costo, entierros de buena clase y comidas hasta de cincuenta y cien cubiertos, perfectamente servidas.

Una de nuestras primeras preocupaciones ha sido la de contar siempre con un completo surtido de padrinos. La importancia de este artículo salta a los ojos de cualquiera. Un padrino es en casos tales como un segundo padre. Y aquí hemos procurado tenerlos, a precios módicos y convencionales, de varias clases, todas igualmente garantizadas. Hay, pues, a la disposición del público, generales en depósito, jefes veteranos del más antiguo y extinguido ejército, respetables diplomáticos de la época de Santa Anna, ex-Ministros de la acreditada reacción, escritores en receso y padres de familia cuidadosos de las vidas ajenas. Caso de que el duelo sea solemne, los padrinos se presentarán con levita negra cruzada, en buen uso y sombrero alto. El traje sólo causará un ligero excedente en el costo, por alquiler de las prendas susodichas. También se pactará en las estipulaciones si los padrinos han de concurrir a la comida o al entierro.

Los coches de bandera colorada, muy propios para duelos con resultado, harán una pequeña rebaja en su tarifa, en virtud de contrato celebrado con nosotros. Para duelos con herida en un dedo tenemos a nuestra disposición el competente número de carruajes con bandera amarilla.

La publicidad ha sido también objeto de nuestra atención: convencidos de que ésta es la médula del duelo, tenemos organizado un servicio inmejorable de repórters, gracias al cual, luego que el lance se verifique, publicarán sus peripecias los periódicos, con retrato de los contendientes o sin él, con *entrevista* o sin ella, con iniciales o con el nombre entero.

Hemos importado pólvoras de toda especie; desde pólvora para balas hasta para salvas.

Contamos asimismo con personas pobres pero honradas y honorables que mediante la justa retribución se dejarán herir en una mano o en otra parte carnosa, ahorrando así al adversario los disgustos que en lo sucesivo podrían sobrevenirle y ciñéndole, casi gratis, la corona del triunfo.

Y por último—esta es la última novedad—también podemos expender a nuestros favorecedores duelos hechos. A este fin en nuestras oficinas se encontrarán actas manuscritas y firmadas por cuatro caballeros, en las que sólo quedan por llenar los blancos en donde han de escribirse los nombres de ambos contendientes y el resultado del combate. De esa manera, el cliente, en un minuto, puede retar, batirse, herir o ser herido (caso de que el duelo tenga resultado) y exhibir y publicar el acta respectiva.

Creemos que este servicio de duelos al plato, será del agrado de los consumidores.

Nuestro lema es el siguiente:

PRONTITUD. — LIMPIEZA. — BARATURA".

* * *

Hasta aquí el aviso. En mi opinión, la AGENCIA GALLO Y COMP. llena de veras un vacío. Como todo lo nuevo, es susceptible de mejoras. Asesorada la Agencia por la Sociedad Protectora de Animales y por otras corporaciones igualmente benéficas, creo que hará un bien positivo a la culta y distinguida clase que cultiva el género de *sport* a que está la flamante empresa consagrada. Organizados así los duelos, contribuirán mucho al desarrollo físico de los mexicanos, a su buena alimentación y a nuestro crédito en el exterior.

Los valores de México podrán seguir depreciados; pero el valor de sus preclaros hijos subirá.

Únicamente me permitiré aconsejar a la Agencia que, para los días de fiesta, disponga duelos públicos, vendiendo con anticipación y a bajo precio boletos para SOMBRA y boletos para SOL.

El lugar indicado para tan amena diversión es la Hacienda de la Castañeda, por apellidarse Carrera el propietario de la finca. Estas lides caballerescas sustituirán a las carreras de caballos, ya hoy en decadencia. También podían prepararse duelos en bicicleta y hasta duelos embolados.

Creo—repito—que la idea de Gallo y Compañía es una verdadera idea feliz.

27 de julio de 1893

[38]

Fiambres batidos.

He recibido esta carta, que aunque está mal escrita, no es mía:

"Sr. Recamier: Recibí los riñones a la brocheta que sirvió Vd. ayer a los subscriptores de *El Universal* y preocupado como estoy, buscando medios de arbitrar reales al Gobierno sin menoscabo de mi sueldo ni aumento en el precio de los efectos que consumo, ese plato me ha sugerido una idea feliz, una idea que pudiera bien llamarse la idea más venturosa o el premio de la inocencia. Por principio sentaré—para que no se canse—este hecho consumado: no soy enemigo del timbre. Este impuesto me simpatiza, porque siempre que intimo relaciones con él, o sea, siempre que lo pago, es seña inequívoca de que voy a cobrar algo o de que aún quedan en mi bolsa algunos centavos, por milagro salvados del naufragio.

Otros timbres son los que me chocan: *verbi gratia*, el timbre de la escalera, anunciador constante de que un inglés está a la puerta, y el timbre de la voz de mi suegro que me parece un poco áspero.

Dicho esto, a nadie extrañará que proponga algunas ampliaciones a la ley del timbre, en provecho del Erario público (que es para mí el más privado de todos los erarios) y de los sanos intereses sociales, a los que Dios guarde por mucho tiempo la salud.

* * *

He leído que los anuncios insertos en los periódicos pagan ahora el impuesto del timbre, que entro a discutir si tal innovación es conveniente y productiva o ni una ni otra cosa, porque me faltan datos para emitir un juicio exacto. Barrunto, que es susceptible de reglamentación ese gravamen, aplicado al aviso, porque hay anunciantes y anunciantes. Así, por ejemplo, entiendo que el Dr. Spyer debía pagar cuotas diversas, ajustadas al valor y crédito en plaza de la firma que calza las sendas recomendaciones de la dentadura automática.

Ese aviso, por añadidura, es doble efecto, porque connota el mérito de los trabajos dentales y el vacío que han llenado en las bocas de conocidísimas personas. Quien a éstas invita a comer ya sabe a qué atenerse, porque son de buen diente.

Otros avisos pudieran aparecer sin pagar contribución, como los de los teatros, que siempre están sin dentadura... quiero decir, vacíos; pero hay en cambio muchos avisos disimulados que se cuelan en gacetillas, remitidos etc., sin hablar al portero, esto es, sin tocar el timbre.

* * *

Casi no hay semana en que deje de leer impresa alguna acta de duelo con resultado satisfactorio para los adversarios. Sucede que los duelos de hoy en día sirven, como los duelos de familia, para que se reconcilien los hermanos enemigos, para que se reanuden y anuden amistades, para que la prima se case con el primo, para que consiga el chico valiente algún empleo y para que la suegra bese al yerno. Son muy tiernas estas festividades domésticas subsiguientes al lance. Hay para llorar a lágrima viva cuando, pasado el susto, el padre abraza a la madre, la madre abraza al hijo; el hijo abraza a la costurera, la costurera abraza al mozo, el mozo abraza a la nodriza, la nodriza abraza al *Ordenanza* y el Ordenanza abraza a la que sube con la leche. Esta explosión de ternezas sustituye con ventaja a la que había Antaño, cuando en los colegios particulares se celebraban reparticiones de premios y volvían los muchachos al hogar estrechando contra sus pechos generosos a *Bertoldo, Bertoldino y Cacaseno*.

* * *

Siempre un duelo es satisfactorio. Muchacho hay que no habiendo conseguido acomodo ni por Dios ni por sus santos, le alcanza luego que se atreve a quemar un *infiernito* delante de cuatro personas obligatoriamente serias, que dan fe del caso. Unos aprovechan la ocasión para limpiarse las uñas; otros, para no ir a la escuela en toda una semana; pero, de todos modos, el resultado de estos juegos, sustitutos de la llamada cerbatana, siempre es satisfactorio.

¿No cree Vd., señor Recamier, que podría gravarse esta alegría? El acta en la cual se consigna que fulano salió de su cuidado felizmente, es un aviso, y no un aviso como otro cualquiera, sino aviso que debe pagar al fisco una suma respetable. Para no ser exigente fijaré una cuota que varíe de quinientos a mil pesos, según la condición de los duelistas. No creo que parezca a nadie excesivo el mínimum de ella. Por $500 sabrá el mundo que don Petate Quemarropa, escribiente milésimo de tal o cual Secretaría, es muy hombre y muy bravo. Y si es pudiente el héroe, mil pesos no significarán nada para él; se afirman su hombría de bienes y de arrestos.

Si pagan, gana el fisco; si no pagan, el acta quedará sin publicación, y una vez prohibido previamente que los gacetilleros y *repórters* den cuenta al público del lance, es seguro que el duelo, ya sin estímulo ni aliciente para los que en él intervengan, ni a conato llegará, ganando la Sociedad con el ahorro de una farsa.

* * *

Y vea usted, señor Recamier, ¿no sería conveniente expedir a la vez timbres de a cien duros, para tapar con unas cuantas estampillas las bocas de las pistolas, de manera que, aun cuando las cargaran solamente con pólvora, como sucede las más veces, el sacudimiento rompiera aquellos membretes del Estado?

A los floretes se les podría forrar también el puño con estampillas y a los padrinos podría obligárseles a que lucieran un timbre en el ojal y debidamente cancelado.

Creo, en suma, que mi idea, desarrollada con talento, tendrá, como los duelos, un resultado muy satisfactorio".

Por la copia,

Recamier

28 de julio de 1893

[39]

Las prometidas. Princesita.

El lacayo de librea verde bosque, con botones brillantes como luises nuevos esperaba junto a la portezuela del carruaje—un cupé azul obscuro, en el que bien cabían la Princesita sin título y el perrito predilecto, el perrito de las orejas como conchas nácar diminutas.

La Princesa sin título, pues vivimos, ¡pobres beocios!, en la más gris de las repúblicas, no tenía mucho oro; pero sí todo lo que la mujer bonita compra con el oro: el encaje y la seda; el guante que, como el amor, sólo una noche guarda su perfume, y el sombrero, cuyas flores salidas de habilidosa mano de mujer, duran una mañana y nada más, lo propio que las flores del buen Dios. Tenía todo la Princesita, todo, menos la séxtuple sarta de diamantes que como dogal apetecido luce en los grandes bailes y en la ópera la opulenta casada. Apenas la permitían usar en las noches de gala el collar de perlas, enfermizo y pálido, como una virginidad impaciente. Por eso titilaban fingiendo lágrimas, los dos brillantes prendidos siempre en las orejitas calientes de la princesa sin alhajas.

No tenía mucho oro la enamorada de la luz hundida en la obscuridad de la tierra; pero tenía mamá que la peinaba y papá que nunca decía: no. Sus caprichos, haz de pájaros en el aire deshecho, gorjeaban siempre alegres, y nacían y morían casi a la vez, sin que nunca lloraran.

Papá, el súbdito de la muñeca, ganaba mucho y lo gastaba todo en ella. Algunas noches, en la ópera, bajaba del palco, y desde el callejón obscuro de una puerta, en el patio, contemplaba a la Princesita. Era su novia.

*   *   *

Mientras el lacayo de librea verde bosque esperaba junto a la portezuela la Princesita en el tocador concluía de ataviarse. El tocador era un espejo octógono por dentro. Ocho grumos azulosos de luz eléctrica, presos en grandes campanillas de cristal, que parecían hechas con mondaduras transparentes de diamantes, alumbraban aquel camarín, lleno de ella, donde nunca hizo frío.

El agua en la fuente bohemia, salía enhiesta, se encorvaba al desunirse, cual abanico que apenas se entreabre y caía en chispas de gotas enseñando a reír. En el mármol de las aras paganas, la luz se vestía de diablesa al pasar por los pomos carmesíes; de segadora, al herir con su hoz de plata los frascos color de oro; de hermana de la caridad en la polvera azul de rebosante pompón. Los cepillos y peines de marfil descansaban en sus estuches, como si recién bañados se hubieran tendido sobre el musgo.

La Princesita estaba ya vestida. De sus hombros se veían dos mitades de durazno. Y de su nuca, de su cuello, de sus brazos, todo. Impaciente por verse de frente, de perfil, de espaldas, de *trois quarts,* movíase ella como las traviesas en las bancas del colegio. Y al moverse la Princesita alzábase al aire, como para asirla por la falda del vestido, como para verla mejor.

Entonces, de las polveras entreabiertas, salían partículas de vaho blanco, simulando el caer de menudísima nevada en un teatro de muñecos liliputienses.

Papá entró. La puso el abrigo espeso como para ocultar aquella juventud madura y tentadora; aquel cuerpo que no tenía las alas por detrás, sino en el pecho; cerradas, pero con ansia ya de abrirse.

Princesita y papá subieron al cupé. Cabían porque aquel frac era muy angosto y se apretaba, como la seda de un paraguas, para no ajar el vestido de la joven soberana. El lacayo alzó los vidrios, arrancaron los *poneys* y por el nuevo adoquinado que alumbraban con claridad hiperbórea los focos eléctricos, corrió el carruaje con la rapidez de un trineo sobre la estepa nevada.

¿Por qué mamá no asiste al baile? Mamá es joven; mamá es bella. Sí; pero mamá no tiene para hacerse un traje rico, porque todo se gasta en Princesita.

El negro y el lila han pasado ya de moda. Y mamá es joven, mamá es bella... suma: no quiere mamá que la vean fea. Allá, muy resignada, tristemente risueña, se quedó en la casa. No tiene sueño y borda... borda esos preciocísimos pañuelos que le traen de París a Princesita. A veces la fatiga acaso hincha sus párpados. —¿Con quién bailará ahora? ¡Y qué hermosa ha de verse! —Mamá no puede ser mamá de su hija.

*   *   *

Un galán, de paltó obscuro, vio pasar el cupé. Sintió un estremecimiento en su corazón como venido de otro.

Princesita se inclinó, para ver—quizás el pórtico del teatro.

—¡Qué bella, pero qué rica es! ¡Si fuera un príncipe!

*   *   *

Al salir del gran baile, a la hora en que la vida de los pobres se espereza, dos *clubmen*, dos futuros herederos, conversaban:

—La nuca es adorable.

—Chico, ¿y los brazos?

—¡Lástima...!

—Sí, es verdad.... ¡Si fuera rica!

Julio, 29 de 1893.

Crysantema

2 de agosto de 1893

[40]

Plátanos fritos.

Desde que arreció la crisis financiera han llovido proyectos para salvarnos. Tiene este conflicto el carácter de los dolores de muelas, porque cada quizque halla, tiene y vocea el remedio infalible para curarlo. De modo que por tontos no tenemos dinero, pues el oro abunda; vivimos en Jauja sin saberlo y ningún trabajo ímprobo nos costaría prestarle o regalarle a Bleichroeder cien o quinientos millones para que se retire en paz de los negocios. México se ha convertido en una Droguería—mala la comparación—donde sobran medicamentos que en un abrir y cerrar de ojos sanan a quien los compra y usa. Aparecen sistemas financieros de Monópolis, de Holloway, de Scott, de hígado de Bacalao, de Aceite de San Jacobo, etc., etc. ¿Por qué se encapricha el Supremo Gobierno en acudir a la cirujía, a las amputaciones y a esos emplastos emolientes que llama timbres y que constituyen para él la única tela de salud? La medicina verdadera es patrimonio de los curanderos, de las viejas, de los brujos y otras personalidades conspícuas en el gremio del empirismo. La cartera de Hacienda suspira por Merolico. El quid está en sacar dinero sin dolor.

Ya se burló *El Universal* donosamente de la grande y famosa teoría de los plátanos. Acaso, acaso no haya sido justo. El plátano les gusta a muchas personas. Decrétese que el plátano es obligatorio y estaremos al otro lado. Por de contado que ha de ser plátano largo. Mil millones de plátanos vendidos a centavo, son mil millones de centavos. Introduciendo, pues, el plátano en los Estados Unidos, ninguna falta nos hará la plata.

El Sr. Gris—no me refiero al Sr. Fuentes y Muñiz—ha demostrado sin que duda quepa, la utilidad de este comercio. Y cuenta que no es el plátano su especialidad o su monomanía. A él le gustan todas las frutas y todas las papas. Es el frutero y el papero de la economía política.

Se levanta y le dice al mozo, hombre que siempre amanece con cariz de cuero crudo:

—Vamos a ver, ¿cuántas naranjas tomas?

—Pues tres o cuatro, señor amo.

Gris se retira a su laboratorio de alquimista y dice para sus adentros:

—No quiero que me culpen de exagerado: pongamos el mínimum, tres naranjas por boca. Y sigo siendo parco en mis cálculos: población de México, 11 millones: o de otro modo: 33 millones de naranjas. A centavo cada una, son 33 millones de centavos. Exportemos ahora. Población de los Estados Unidos, 319 millones de naranjas. Más 33 de acá, resultan 343 millones de centavos. La fruta: he aquí el fruto de mis estudios.

Y el Sr. Gris, autor de las indigestiones internacionales, se retira satisfecho después de haber salvado a la patria.

Yo no desconozco la utilidad de todos los cultivos. Estos me parecen más importantes que los cultos. Pero no incurro en el culteranismo financiero de suponer que con naranjas y con plátanos vamos a pagar nuestras deudas. Allá cuando la higuera reverdezca y se compre un flux nuevo el Sr. Fuentes Muñiz, serán esas exportaciones manantiales de riqueza; pero mientras nos ahorcan ¿qué comemos?

Con remedios como los propuestos curaban las enfermedades en tiempo de mi abuela. Y, ya lo ven ustedes, todos los de aquella época se han muerto. Ahora necesitamos un tratamiento más enérgico. Si hago cien mil farolitos de papel y vendo a peso cada farolito, gano cuando menos unos noventa mil pesos. Pero antes tengo que hacer cien mil tontos que me paguen los faroles y éste es un trabajo hercúleo, superior a mis fuerzas.

Los señores grises que pululan en la prensa, suprimen de una plumada el factor tiempo, el factor espacio y todos los factores, inclusive la calle del Factor. Hacen agricultura de comedia de magia. Yo soy realista, aunque los reales ya no existan. Creo más en un real del Monte que en un real de plátanos.

Por lo demás, la argumentación del Sr. Gris (padre) no puede ser más lógica. El dice a los extranjeros:

—¿Plata no? ¡Pues plátano!

3 de agosto de 1893

[41]

Ensalada rusa.

Me informo al leer el *Monitor* de que mi amigo D. Leopoldo Batres tuvo la honra de conocer y acompañar en México al Coronel ruso Wladimiro Romanoff, del Cuerpo Imperial de Ingenieros. El Sr. Romanoff vino al mismo tiempo que *Keofar*, pero no es ni pariente ni prójimo de este moscovita, hijo legítimo del Sr. D. Gonzalo Larrañagoff. Tampoco, según dijo, es como se pensaba, hermano del Czar de Rusia. El Romanoff que fue nuestro huésped, simplemente es Coronel como el Sr. D. Agustín Lozano.

Ahora véase lo que hizo en México el distinguido viajero, durante su corta permanencia entre el tifo y la enteritis.

Jueves.—Visita a las Pirámides de San Juan Teotihuacán.

(En este lugar célebre es probable que el Sr. Batres luciera sus naturales dotes de elocuencia hablando mal del Sr. Chavero). Visitó el Museo, la Catedral y el Palacio Nacional. (En el Museo ha de haber pronunciado otro discurso el Sr. Batres, demostrando la autenticidad de la Diosa del agua, hoy sustituída por el apreciable ingeniero D. Ricardo Orozco.)

"Después de la visita, invitó al Sr. Batres a comer a la Concordia, y en la tarde se dirigieron a Santa Anita, embarcándose en una *chalupa*. Visitó las *chinampas*, que le llamaron mucho la atención, y como en ese día había fiesta en el citado pueblo, tuvo oportunidad de oír la música de la legendaria chirimía y del tambor, con sus monótonos y lánguidos aires, no sin haber saboreado antes los tamales y atole de leche, que no le disgustaron".

Lo más fructuoso de esta primera jornada, fue, para D. Leopoldo Batres, el almuerzo; y para Romanoff, el plato de tamales. Cuanto al primero, nada dice el eminente arqueólogo, ni siquiera agrega al sustantivo almuerzo el epíteto *opíparo*, que es adlátere nato de aquél; y de ello infiero que el Sr. Batres, hombre de buen comer, a juzgar por el aspecto, no quedó satisfecho.

Viernes.—Romanoff descansó. Ya lo necesitaba. Después de Pirámides, Museo, Catedral, chinampas, tamales y elocuencia, cualquier ruso cae rendido. Es muy sensible que el distinguido coronel no aprovechara ese día para admirar las pirámides de la Penotti, que son mucho mejores que las de San Juan Teotihuacán.

Sábado—"Vio anunciado en las esquinas el estreno de *Keofar* en el Teatro Principal, y como se trataba de una escena de su país, se dirigió en la noche a aquel Coliseo, pero no soportó más que un acto, a causa de haber comenzado muy tarde la función: a las nueve y tres cuartos, siendo que estaba anunciada para las ocho y tres cuartos".

Se duda de la causa apuntada, fue la única que determinó la huída de Romanoff. Conste que no soportó más que un acto. Y tiene la palabra para defenderse el caballero nihilista D. Gonzalo Larrañaga.

Domingo.—"Concurrió a la Alameda de 10 a 12 de la mañana para conocer a la sociedad mexicana y escuchar nuestras músicas militares.

Después del paseo fue obsequiada por el Sr. Batres con un almuerzo al estilo del país, cuyos platillos le agradaron bastante. Al tomar el mole de guajolote, hizo recuerdos de que en el Asia Menor se hacía un plato igual a éste.

Terminado el almuerzo, visitó el Bosque de Chapultepec".

Respecto a la noche, guarda Batres prudente silencio. Es de temerse que el mole de guajolote, mezclado con los recuerdos del Asia Menor, interrumpieran las funciones digestivas del viajero. Para México lo transcendental de esta tercera jornada fue enterarse de que también en el Asia Menor hay guajolotes.

Lunes.—"En la tarde visitó el Cuartel de Ingenieros, aplaudiendo mucho un asalto que presenció entre dos oficiales del cuerpo, ejecutado con toda maestría. Le extrañó mucho ver a algunos oficiales vestidos de paisanos, y que la tropa durmiera en el suelo, pues eso, a su juicio, además de ser sucio, es muy antihigiénico.

Le acompañaron en esta visita los Sres. Batres e Ingeniero Molera, quien en la noche lo obsequió con una magnífica cena en la Concordia".

Por lo visto, el Sr. Molera, pariente acaso del mole que sirven en el Asia Menor, trata mejor a sus comensales que Romanoff y que Batres. Este último, a juzgar por su artículo, quedó completamente satisfecho. No tendrá, por lo mismo, inconveniente alguno en sostener, ante la Sociedad de Geografía y Estadística, la novísima teoría de que dormir en el suelo es costumbre sucia y antihigiénica.

Con esta cuarta jornada dio fin la expedición del ameritado coronel. Pero falta el *bouquet*:

"Al despedirse del Sr. Batres lo invitó formalmente a que pasara el invierno en San Petersburgo, ofreciéndolo que lo llevaría personalmente a Moscow para que visitara las antigüedades de Rusia, que son muy interesantes, y concurriese a los salones de la aristocracia rusa, con cuya nobleza tendría mucho gusto en presentarlo".

Créame el Sr. Batres: no le gustó a Romanoff el mole de los recuerdos. Esa invitación a pasar ¡¡el invierno!! en San Petersburgo, envuelve una venganza nevada. ¡Guay de él si acepta! ¡No se deje seducir por la promesa de que entrará en la aristocracia rusa y estudiará las antigüedades rusas! Aquí hay princesas rusas, aquí hay antigüedades. Además, Batres tiene la arrogante facha de un noble polaco. No, ese invierno en San Petersburgo es la venganza de Romanoff. Que vaya Larrañaga. —*Leopoldo Batres,* / *Non te fidare,* / *Torna a tu mole* / *E a chinampeare.*

La empresa del teatro Principal es la que está de pésames. Ya había anunciado, y para la tarde, con el fin de que Romanoff no se desvelara, *Catalina de Rusia.* Irá Batres.

4 de agosto de 1893

[42]

Tenedores franceses.

Por estar a dieta sólo he leído *El Universal*, que es diario sustancioso. Lo primero que en él hallo es un asunto de mi competencia: asunto de tenedores. La cuestión es sencillísima: los tenedores franceses quieren ser iguales a los tenedores alemanes. Para esa germanización no encuentran inconveniente, ni se acuerdan de Alsacia y de Lorena. Desean, en una palabra, ser tratados como se trata a los tenedores más favorecidos.

Siendo el punto en litigio más de mi competencia que de la de algunas medias-cucharas adscritas a la albañilería económico-política, paso a dilucidarlo.

Ante todo ¿qué es un tenedor?

El tenedor, según la Academia, es un "astil con dientes, que sirve para comer con aseo". Por supuesto, es otra cosa. Tiene dientes ¡y dientes que suelen parecer colmillos! pero no sirve para comer con aseo, sino para comer, con o sin aseo, cuando hay qué, y para instrumento de suicidio cuando no hay qué ni canastos.

La Academia agrega que el tenedor "*se hace de plata u oro*". Tampoco es cierto. El tenedor lo único que *se hace* es el sordo, cuando le ofrecemos plata en vez de oro. Los tenedores de plata pasaron ya de moda.

El verdadero tenedor es de carne y hueso. Lo hacen en Alemania, en Inglaterra o en los Estados Unidos; tiene buenos dientes, y punza; se encaja mucho y saca sangre.

Cuando los tenedores muerden un país, se despachan con la cuchara grande. Y si el país resiste, los tenedores hacen lo posible para convertirse en cuchillos. Puede resumirse sustancialmente la definición en esta forma: tenedor es el que tiene lo que es nuestro.

*   *   *

México en las actuales circunstancias puede compararse con la imagen de Señor San Sebastián. Está desnudo, amarrado, y si no tiene herido el cuerpo todo por agudísimas saetas, sí tiene en él clavados muchos tenedores. Parece un *roast beef* de mesa redonda, chorreando sangre en el platón.

Los tenedores alemanes son los más fuertes. Han prendido las lonjas de jamón más gordas. Los ingleses, siempre pacíficos, se han germanizado.

Mas he aquí—¡oh poder de la fiebre imitativa!—que de súbito surgen tenedores franceses, muy limpios, muy brillantes y muy frágiles. Sus dientes son postizos; su astil, como le nombra la Academia, es quebradizo como un sombrero–Panamá; pero son al cabo tenedores, y tenedores de lo más popular que tiene Francia: el *Petit Bleu*.

Éste tiene el vino barato, el vino que remoza la sangre del obrero y del *canotier* en las giras campestres; el agua lustral del amor libre; la sangre que corre por las venas de la costurerita enamorada de todos y de todo.

Pero el *Petit Bleu* es también otra cosa; es un papelillo azul que allá en un tiempo significó dinero y que ahora sólo significa una de las más risueñas trampas de Morny.

Esos "azulitos" debían ser colorados, por la sangre que nos costaron, o *coloraditos* por la sanción que les dio el clero. Representan nada menos que deudas contraídas por los franceses y por Maximiliano para atornillarnos. ¡Gracia tendría que reconociera ahora México, por gratitud, esos papeles mojados con lágrimas y sangre! Querer que nosotros paguemos la intervención francesa es pretensión graciosa. Siguiendo ese sistema, me llevaré a la mujer de algún amigo, viviré con ella, y después que el amigo pague lo que ella y yo hayamos gastado durante nuestra vida marital.

*   *   *

No pasa esta ópera bufa.

Los tenedores de esas azules ilusiones pueden hacer con ellas colas de *papelote*.

Los azules están verdes.

Nosotros ya no necesitamos tenedores nuevos. Con los viejos, de buenas fábricas inglesas y alemanas, tenemos de sobra. Guarden los franceses sus tridentes para cuando tengan de habérselas con Inglaterra. Y no resuciten tenedores ya cadáveres, porque también eso puede acarrearles un conflicto. En la gran mesa de juego que se llama política europea, la única nación que tiene privilegio para levantar muertos es Inglaterra.

Los tenedores franceses ya sirvieron para trincharnos. ¿Quieren palillos para los dientes?

8 de agosto de 1893

[43]

Pucheros a la Penotti. PAN.

Embozada en un *se dice* ha salido la noticia de que el tenor Sadini, corto de vista, corto de voz y corto de genio, se ha quejado ante un Comisario de que la Srta. Pina Penotti le acarició de una manera tan intempestiva como brusca y estrepitosa; por lo menos, así lo cuenta el *Siglo XIX* en uno de sus números indebidamente no premiados. Tal hablilla ha de haber partido de algún contumaz concurrente a la opereta italiana, porque sólo un hombre herido por la voz del Señor Sadini, es capaz de vengarse calumniándole. Sadini será o no será tenor, pero es del tenor siguiente: un pluscuamperfecto caballero, subjuntivo de cantante (agregaré el *pluscuam* a lo perfecto, para no dejar fuera de cortadura los anteojos de Sadini). ¿Cómo, pues, el aludido había de presentar querella contra una dama? ¡No, imposible! El Sr. Sadini, en vísperas de cantar el *Trovador*, como quien dice, en vísperas de que lo maten, no puede cargar su conciencia con ese nuevo delito. Me explicaría, sin disculparlo, ese arrebato del tenor en subjuntivo, que cantara, cantaría o cantase, si sus muy conocidos y estimables lentes se hubieran roto en la contienda; pero tuve la honra de verlos anoche, jineteando en las narices del Sr. Sadini, y observé que disfrutan de cabal salud. Ni por un resquicio cabe la sospecha de que Sadini se haya quejado en la comisaría. El público es el que se queja cuando Sadini canta.

Desde tiempos inmemoriales viénese diciendo, con autoridad de cosa juzgada y no sentida, que manos blancas no ofenden. Las de la Señorita Pi-Na-Pe-No-Ti son de blancura tal que sólo al verlas nos ponemos colorados. Los conocedores agregan que son suaves; y muchos hay que andan bebiéndose los vientos por verse en esas manos, con esperanza de conseguir algún ascenso.

El Sr. Sadini, como hombre de buen gusto y no como cantante, tiene de reconocer estas verdades que no amargan. Él, aunque por circunstancias ajenas a la voluntad de ella, sabe a lo que saben esas manos. Varias veces el público le ha envidiado, no cuando canta, no cuando habla, pero sí cuando le sella los labios la mano de la Penotti.

Supongamos, momentáneamente, que esa mano, en arrebato artístico, haya lanzado un *Re...* sostenido. El Sr. Sadini en ese caso, debió lanzar un grito agudo, sí, un agudo grito de entusiasmo.

Todavía más: supongamos que ese *Re...* fue un bofetón: Sadini, como el inmortal Joseph Prudhomme debió exclamar: —¡Ese bofetón es el día más hermoso de mi vida!

Este es mi parecer,... y yo soy de la misma opinión. Precisamente para lances semejantes se hizo la frase evangélica: pon la otra mejilla.

El Sr. Sadini objetará que no es tenor de fuerza y que, por lo tanto, esa caricia de la Penotti ha sido para él un verdadero golpe. Pero, ¿cómo había de figurarse la deliciosa cantatriz que Sadini es tan frágil? De él se sabía antes que el timbre de su voz era tan desagradable como los otros timbres; pero estas debilidades de Sadini eran desconocidas. Ya que se han descubierto, la prudencia aconseja guardarle debajo de un capelo. Yo quedaré en su lugar para recibir la mano de la Penotti con todas sus pertenencias.

Por desgracia, conjeturo que el hecho es falso; y digo por desgracia, porque a ser éste verdadero, ya desde anoche habría cantado Sadini pegado a la partitura. Mas, si en realidad hubiera acaecido, alégrese el Sr. Sadini de que haya pasado en el seno del hogar doméstico. Si llega a cogerle tal percance en el teatro, y a la vista del público, de seguro que los espectadores gritan:

—¡Otro! ¡otro!

* * *

PAN.

El Supremo Gobierno tiene ahora para sus economías un nuevo auxiliar: el cólera. Este viajero a quien llevamos algunos años de estar esperando, aunque sin preparativos oficiales, para no ofender su modestia, está ahora veraneando en Italia, y dicha circunstancia impide, o más bien, aplaza la reunión del Congreso Médico a que fuimos invitados. Era de preverse esta contingencia. Antes se decía: el cólera sigue las mismas líneas que las vías de comunicación. Ahora está probado que esa y todas las otras epidemias siguen el mismo camino que los médicos. Habiendo dado éstos cita en Roma, lugar a donde se va por casi todo y por todas partes, el cólera, con la cortesía que en él es característica, se les anticipó con el propósito muy noble de darles trabajo abundante y las cumplidas gracias por los servicios que les debe. Ingratos, empero, los doctores, no acuden al reclamo, lo cual redunda en provecho del Tesoro federal y del de los Estados. Alégrense, pues, los caballeros farmacéuticos: quedarán los Médicos en México para recibir al cólera, digna y fastuosamente, cuando llegue.

La salud pública, sin embargo, va a tener algún tiempo de respiro. No oirán misa los doctores en la Basílica de San Pedro; no traerán indulgencias para la hora de la muerte; mas, en cambio, aprovechando siquier en parte, ya que no en su opípara totalidad, la munificencia del Gobierno, irán al Congreso Médico Pan-Americano de Wáshington.

El objeto de éste, a juzgar por el substancioso título de Pan-Americano, no puede ser más útil, y por diversos capítulos nos interesa. Considerado bajo su aspecto económico, salta a los ojos su transcendencia. Nuestra situación financiera quedaría salvada con lograr sólo esto: la multiplicación de los panes. Por lo que toca a la higiene, es claro como la luz del día que importa substituir el pan que nos venden caro y malo en esta plaza, con otro pan cualquiera, aunque sea pan-americano. Yo, por mis aficiones, orígenes y tendencias, estaría más a gusto si nuestros médicos fueran al Pan-Francés. Pero si esto es imposible hasta con el Pan-Americano me conformo.

En mi sentir hay omisiones importantes en nuestra delegación. Faltan, por ejemplo, los Sres. Albaitero, Arrache y Compañía. Y asimismo falta, por haber fallecido, el Sr. D. Pantaleón Tovar.

A pesar de estas deficiencias, estimo que la Asamblea será fructuosa y que gracias a sus disposiciones o decretos, comeremos un pan que no nos lleve al Panteón, convertidos en personas ilustres.

Los médicos de México deben fijar mucho su atención en lo que allí se diga; pero, jurando antes no decir palabra de lo que oigan al Consejo Superior de Salubridad. Este Consejo de los Diez no admite innovaciones. Se ocupa en probar el efecto de los venenos en el organismo humano y mientras no concluya sus estudios, será ocioso pedirle que nos preserve de la muerte.

Mientras dura este éxodo de los médicos ilustres, podría el Sr. Lic. Islas y Bustamante hacer un estudio de la mortalidad en México, limitado por el tiempo que corra desde que los doctores salgan de la Capital hasta el día de su regreso. Sabido es que están prontos a abandonarnos los médicos de más fama, los árbitros de nuestra salud, los hijos ilegítimos de Señor San Rafael, (adviértase que digo "ilegítimos" no por menosprecio, sino porque no consta que Señor San Rafael tuviera hijos legítimos). Nos quedamos, pues, sin nadie que sepa hacer milagros.

¿A quién volver los ojos? San Expedito, fatalmente, pasa hoy por un eclipse cuya duración no podemos calcular, y el hecho fortuito de que coincidiera la aparición de ese bienaventurado con la aparición de Mr. Noetzlin, con la rebaja de sueldos, con la baja de la plata y con Sadini, ha hecho que mengüe la devoción debida al santo.

En tales circunstancias, el viaje de los médicos ilustres es una calamidad social. O la lógica no existe, o vamos a quedar en peligro inminente de morir. Estúdiese, pues, el aumento que tenga la mortalidad en dicho lapso de tiempo, y si lo hay y es de calibre, la cifra que arroje será igual al mérito y pericia de los facultativos que nos dejan... en un petate, sí, señor, literalmente en un petate.

Por fortuna, como ya dije, no irán a Roma. Su ausencia será corta. De modo que, a mucho tirar, apenas la tercera parte de la población perecerá.

9 de agosto de 1893

[44]

Macarrones con garbanzos.

Estamos en pleno período shakespeariano. Una Julieta, que no tiene de Julieta más que el haber sido contratada por D. Julio Perié, languidecía de amor—según *El Nacional*—en los bastidores y en los no bastidores del teatro Arbeu. Romeo era un tenor que trinaba todas las noches en el Principal. Las familias de ambos enamorados o dicho en castellano, rancio, las empresas, eran enemigas como antaño lo fueron las castas de Capuletos y Montescos. Pero hubo al fin amor de vencer todo y la *Pata de Cabra* se representó con todo aparato fuera del teatro. Julieta huyó en brazos de Romeo, quien a la hora corriente ya ha de haberla tirado, porque debe de pesar mucho esa señora, y la familia de Romeo se dispone a oír el duo del ruiseñor y de la alondra en carne y hueso.

Esta es la versión recogida por *El Nacional* en el tabuco de una corista—Dido abandonada por los Eneas de ambos sexos.

*   *   *

Coincide con estos dramáticos episodios el anuncio de que la china Pi–Na–Pe–No–Ti, cantará—eso dice ella—hoy por la noche en el teatro Principal. Comienza, pues, la *Vita Nuova* de la actriz italiana, que en tres pat“ditas cancanescas, ha dado vuelta a los tres primeros teatros de la capital. La prensa, juzgándola al natural, ha sido con ella galante y obsequiosa. Hoy que va a verla traducida a nuestra lengua, tal vez no le prodigue el vino espumoso que tan facilmente se le ha subido a la cabeza.

Pí–Ná–Pé es adorable en italiano al lado de buenos cómicos en el género bufo.

Ya la *Paloma* le sienta mal, ya cantándola sólo consigue hacernos recordar que hubo una Concha Méndez, llena de gracia y que hay—¡muy lejos de nosotros!—una Theo encantadora, una Theo digna de Theócrito. Esto a Pí no se le había dicho antes de su huída a Egipto, país de Faraones y de momias. Pero hoy sí se le dice pensando con tristeza en los huérfanos de la Aldea, desamparados sin misericordia en el coliseo de San Felipe.

No es salero español el que gasta en su mesa la señora Pí. Le sienta mal la mantilla y ni siquiera me atrevo a figurármela en la *Tempestad*. Su traducción y su traición, le resultarán perjudicales.

Ella no ha tenido en cuenta que en Arbeu era única en gracia y garbo, ya que no en voz porque la suya y la de Sadini son primas segundas. Tampoco ha reflexionado que el Principal es un teatro del hogar, al que van con sus familias los buenos burgueses que aun tienen algunas pesetas en la bolsa, y que allí, por lo mismo, perjudica a la empresa lo que sabe hacer Pí tan donairosamente para solaz de los hombres libres y amantes de la libertad que van a Arbeu. Por último, Pí–Ná–Pé–Nó–Tí se desentendió por completo de que en el Principal hay quien compita con ella en guapeza, elegancia y donosura, ganándole en voz superabundantemente: Cecilia Delgado.

Esta, acaso por haber tenido más fortuna, viste más ricos trajes que Pí–Ná; es arrogante, hermosa, y canta bien. ¿Se resignará la voluble y prófuga *divetta* a figurar en segundo término?

El *Vendedor de pájaros* dejó que uno volara. Mejor para los cazadores.

*   *   *

En *L'Echo du Mexique* he leído un acceso en favor de Rusia, del Czar de Rusia, del hermano del Czar de Rusia, de Catalina de Rusia, de todas las Rusias y en mi contra.

Siento mucho la enfermedad del autor y deseo que pronto se restablezca.

10 de agosto de 1893

[45]

Ropa vieja.

He sabido que se venden discursos y poesías de medio uso para el próximo dieciseis de Septiembre. Los oradores oficiales no tendrán ya que hacer gasto de substancia gris para salir del paso. Sin embargo, aun no hemos adelantado bastante: el progreso exige que esas arengas cívicas no sea leídas o pronunciadas por sus autores ni por sus usufructuarios, sino que se repartan impresas a la concurrencia. De ese modo se protege la industria papelera, la industria tipográfica, se da trabajo a los repartidores, se protege el oído público y hasta pudiera ser que algunas personas se enteraran del contenido. Tal vez el Sr. Dr. D. Manuel Domínguez no sea partidario de esta innovación, porque dirige la Escuela de Ciegos; pero, en cambio, sí la sostendrá el Sr. D. Trinidad García, director de la Escuela de Sordo-mudos. Un sordo-mudo, en efecto, sería el mejor de los oradores oficiales.

* * *

Es increíble el atraso de la literatura patriótica entre nosotros. La hubo caliente, jugosa, allá cuando Guillermo Prieto era, como él dice, "La Guitarra de la Reforma", la hubo entusiasta cuando era la canción soplo de fronda; pero hoy, ¡cuán decaída y cabizbaja hace su cuarto de centinela en la puerta del Monte de Piedad, golpeando con su pierna de palo el umbral por donde pasan todas las glorias de este mundo! ¡Allá están sus archivos en baúles claveteados de plata o envueltos en tápalos de china, allá en los sillones de cerda y en las cómodas de mil y un secretos! Está empeñada y apenas si la refrendamos anualmente con unos cuantos ochavos, con el *vuelto* de las peluconas que se gastaron nuestros padres.

El orador por fuerza de los días solemnes, ensarta fechas como si ensartara longanizas; pilla, para dar color a la oración, algunas frases arrancadas al forro de terciopelo que tenía antaño la literatura patriótica; pone chapas ajenas a las cláusulas de su discurso; y repite como organillo, los hechos tan sabidos de la épica insurgencia. Su discurso es el organillo: él suele ser el mono. Un evangelista, no de los que esparcieron el cristianismo, sino de los que se sitúan en el Portal de Santo Domingo, le dicta las frases hechas, las fórmulas de epistolario que componen esa arenga eterna e inconsútil. El tribuno de ese día, en la mayor parte de los casos, no aspira a conmover ni a entusiasmar, sino a adular. Nada nuevo trae. Al verle, recuerda uno a esos vendedores de carnes frías empolvadas y duras que comercian en las alacenas del portal.

* * *

¡Y el poeta...! Ese viene con sus once ovejas; ¡pobrecito pastorcillo!, y con sus once mil vírgenas décimas. Estas tienen octava como algunas fiestas, es decir, para los dos últimos versos están escritos, rabiatados, los ocho anteriores. Ese inocente grita pensando que el pueblo se las pirra por oírle. Pero también su entusiasmo es de cuarta o de quinta mano: está descolorido, está chafado.

No es su poesía de la que brota como chorro de agua represa y corre luego fecundando. No; podemos compararla a un corista malo y pobre que se viste de romano para representar una tragedia dirigida por Estrada y Cordero. Si es muy joven, a lo que aspira es a que le oiga el Presidente, a que lo elijan Diputado; y mientras... a que le den alguna plaza de escribiente.

¡Pobre literatura patriótica!, ¡ya no estás presentable! Es mejor que no cantes ¡oh Guacamote de nuestra literatura! ¡Y ojalá que nunca despiertes, porque tú despiertas al estampido del cañón, entre el clamoreo de la guerra, cuando lloran las madres y ahogan sus quejas los agonizantes! Vuelve, sí, la cara a los tiempos de lucha e inmortaliza las glorias de los héroes. Entonces vivirás, no la vida del inválido, sino la vida de los homéridas, la vida que inagotable corre por el Romancero. Esculpe, como Augusto Genin, *Poemas Aztecas*; revive a los héroes de la Independencia, a los campeones de la Reforma: no vayas ridícula y vestida de fantasía a recitar tu lección o a declamar tu fábula en la tribuna que alzan para tí en las fiestas cívicas.

11 de agosto de 1893

[46]

Di Cardinali. La Penotti.

La diosa de los brazos blancos avanzó algunos pasos. Tumultuoso era el aspecto del Ágora. Gemía la tierra agobiada por la pesadumbre de las multitudes. Y como redoblase el clamoreo, los heraldos con voz sonora obligábanles a que de súbito callaran, para oír a los reyes divinos. Y la muchedumbre tomó asiento silenciosa. Permanecían de pie los reyes portacetros. Y acudían los pueblos. Como enjambres de innúmeras abejas, salidas siempre a la contínua de horadada roca y en arremolinadas legiones revolando, unas a diestra y a siniestra otras, sobre las flores primaverales, así las turbas de los pueblos, fuera de las naves, fuera de las tiendas por la ribera inmensa enderezaban su camino al Ágora.

La diosa de los brazos blancos, habla así:
—Yo soy Helena la Penotti. Por mí arde el mundo y chocan entre sí los carros bélicos. Desde los *clubman* domadores de caballos, hasta los viejos que espían con la pupila encandilada a las ninfas en el baño, todos me

pagan tributa y se acercan a mis aras llenas de las manos de preciosos dones. Vigil, terror de los troyanos, con fuerte brazo me sostiene y a los golpes de su terrible espada, agavillados caen los enemigos, tal como encinas que descuaja y abate el huracán. Frunce el entrecejo y Zeus potente el que aglomera nubes, sobrecogido tiembla de pavor. ¿De qué me acusáis, oh, ancianos? ¿Y vosotros, mancebos? De que no soy vuestra.

Inspirada por Venus, dejé a Menelao el de las caricias que enfrían, para remozar mi sangre con el vino virgen del amor. No me culpéis de ingrata porque cumplo la inexorable ley de mi destino. ¿Acaso la ingratitud y la mujer no dimanan de la misma indivisible esencia, y como Cástor y Pólux, los que en otros días me libertaron, no nacieron acaso el propio instante para vivir eternamente unidos? Si soy voluble como Iris, por voluble seduzco y como Iris resplandezco. Mi gracia alada está en el contínuo retozo de mi cuerpo, en no doblar la flor donde me poso, porque, apenas la toco, huyo ligera. ¿Qué tengo de común con las Euménides que furiosas me persiguen, desgarrando el aire con silbidos penetrantes, porque mi hermosura huyó de su fealdad? A Penélope, la fiel, dejóla Ulises hilando tela inacabable, en tanto que a mí, la tornadiza y la versátil, se me adhieren rendidos amores, como el áureo polvillo que deslumbra en las alas de la mariposa.

No soy madre de los coros gemebundos que anhelan estar siempre sostenidos por mis piernas. La inconstancia es mi filtro predilecto, el que corriendo por mis venas enardece las ansias de los que me aman. Soy el amor que pasa, el amor sin memoria, el amor sin celos, el amor que vive un día y en su propio fuego se consume para que el hálito del tedio no se apague.

Soy la que escancia en millares de cráteras, para apagar la sed de todos los guerreros, el néctar ofrecido como premio a los que prueban su pujanza en el combate. Soy Manon, la pérfida y traviesa; soy Carmen, la bohemia. No canto; pero cuando mis labios se entreabren, de ellos brota el eterno canto mudo. Huyo del dolor y la miseria; burlo al sátiro; desvío al joven. Que arda Troya; que Arbeu se incendie: encenderé mi cigarrillo en las brasas que humeen.

Al escuchar estas palabras los ancianos del Ágora, amigos de Menelao el abandonado, abrieron sus cajas de cerillos, para fulminar rayos y reducir a polvo el cuerpo de la hermosa tentadora. Entonces los *clubman*, domadores de potros rapidísimos, abrieron iracundos sus paraguas. Suspenso quedó el pueblo, cual si hubiera sabido que iban a pagar los sueldos íntegros.

Y el peplo de la diosa, hecho de cuatro obleas, muy bien majadas, fue cayendo, como en áurea edad el de Frínea, ante la vista de los jueces ya vencidos.

Ulises, sin haber prestado oída a la divina arenga, porque el varón prudente nada presta, jugaba a la baraja con Thersites. El peplo se deshizo, a la sazón que Ulises lanzó, sin volver la cara, aquesta voz:

—Penotti a la puerta vieja.

15 de agosto de 1893

[47]

Ensalada patriótica.

El I. Ayuntamiento, amigo, por lo visto, de organizar fiestas a escote, se dirigió, con mala suerte y peor consejo, a los representantes de las colonias extranjeras residentes en la Capital, con el objeto de pedir que cada una de las colonias mencionadas costeara un arco de triunfo, para mayor lucimiento de las fiestas cívicas que han de celebrarse en el próximo Septiembre. Las colonias, tomando en consideración el mal estado de los negocios, manifestaron que no podían erogar el gasto requerido; pero el Ayuntamiento vuelve a solicitar el favor que ya antes se le había rehusado. Esto, en mi humilde juicio, es de pésimo efecto. ¡Cada cual en su casa y Dios en la de todos! Si los extranjeros voluntariamente, porque les nace del corazón, quieren contribuir a nuestro regocijo patriótico, ¡santo y bueno! Pero pedirles que tal hagan, recibir una negativa por respuesta, e insistir como si tal cosa, ya es el colmo. Nosotros debemos limitarnos a solemnizar nuestros días fastos como mejor podamos, pero pagando todo del peculio propio, sin pedir a los extraños que nos ahorren dinero y trabajo. Si, por ejemplo, el 14 de Julio se gasta el Ayuntamiento unas cuantas docenas de duros en iluminar el jardín de la plaza, es porque se le da la gana, porque simpatiza con los franceses, y no porque éstos le acribillen a memoriales pidiéndole que encienda farolitos.

Tampoco apruebo, y por razones semejantes, que se solicite la cooperación pecuniaria de los Estados para dar mayor pompa a la fiesta patriótica. Harto harán los gobernadores, si se atiende a la general crisis económica, con salir avantes en sus respectivas capitales, festejando decorosamente el aniversario de nuestra independencia. ¿Por qué razón han de pagarnos nuestras fiestas? La Capital de México no es la Meca, no es la Tierra Santa, no es la Ciudad Sagrada. Toda la Federación tiene el deber de conmemorar la iniciación de la insurgencia, y no somos nosotros los únicos, los mayorazgos, a quienes compete disponer la fiesta con dinero ajeno.

Estatuas pasadas por agua.

Parece que el Sr. Orozco ha sufrido una ligera equivocación: En vez de hacer agua abajo de la tierra, ha hecho agua encima. Ahora ya no se necesita que él se remonte hasta las fuentes del Nilo para que de ellas nos traiga, por secretas cañerías, el líquido que limpia. Lo que necesitamos es papel secante.

Llueve de manera alarmante. Se dan casos de naufragios a domicilio, y hay sombreros de copa que bien pueden figurar en los altares de Dolores, ofuscando el verdor de los tradicionales cántaros de chía. De cada hoyanco, de cada atascadero, de cada losa floja, sale una blasfemia contra la honorable e incorpórea corporación municipal. Porque no es la lluvia que viene del cielo la aborrecida por los hombres, sino la lluvia vestida de negro, la lluvia hecha lodo, la lluvia presa en los mil y un estanques sucios de que están provistas nuestras calles. Saliendo de las calles—y cuenta que aun en éstas hay que andar con mucho tiento—da el transeúnte con veredas infranqueables, abiertas entre verdaderos precipicios. Algunas de las calles de México dan idea aproximada de la eternidad. No ha mudado ni muda nada en ellas. ¡Por ahí se va a la ciudad doliente!...

Tardes pasadas miraba yo melancolicamente en la calle de la Perpetua—nombre muy bien puesto, entre paréntesis—las estatuas de Hidalgo y Juárez, que acaban de llegar de Roma. Hidalgo, excomulgado por Roma, y Juárez, enemigo de Roma y también por ella excomulgado, de Roma vienen ahora. ¡Así es el mundo!

Ambas estatuas, tendidas boca arriba a un costado de la que fue antaño Inquisición, a un metro de altura sobre el nivel del lodo, recibían las violentas rachas de agua con que el temporal las favorecía. La Inquisición tiene todavía tétrico aspecto; sus paredones, gruesos y obscuros, han resistido el formidable empuje del progreso; y frente a ella, Santo Domingo, semeja un centinela vigilante apercibido a defenderla. (Por cierto que Santo Domingo tiene todavía varios trabucos, mal llamados canales, con los que martiriza a cuantos pasan por la acera.) Juárez e Hidalgo en aquella actitud de cadáveres, y a la puerta del sombrío edificio, parecían dos víctimas del Tribunal de la Fe, carbonizadas ya, cuyo sepelio iba en público a verificarse, para escarmiento de herejes y cismáticos. Y no otra suerte habrían corrido esos reformadores en pasados siglos. Hoy acaso quemaríamos fuegos artificiales en loor de ambos, pero ya se nos habrían anticipado los de la santa, quemando en vida a Hidalgo y Juárez, para mayor honra y gloria de Dios.

En puridad, la Inquisición, refiérome al palacio que tenía el Tribunal, no ha cambiado mucho de empleo. Ahora es Escuela de Medicina, o sea seminario de inquisidores. De allí saldrán las cuadrillas de la Santa Hermandad, armadas de termocauterios y demás instrumentos de tortura, en pos de herejes, llamados hoy pacientes, a quienes martirizan en nombre de la salud eterna. El gran inquisidor—y trazas de ello tiene—es Don Manuel Carmona y Valle. Los alguaciles son esos jóvenes practicantes, y el Comisario del Santo Oficio es el Dr. D. Rafael Lavista, actualmente el más famoso y hábil de los cirujanos.

Hidalgo y Juárez sí han cambiado. Han perecido. Y nosotros también debemos de haber cambiado mucho puesto que cuidamos de elevarles estatuas.

Desdichadamente, coincide la llegada de éstas con la baja de la plata, con la pobreza del gobierno y con el mensaje de Mr. Cleveland. ¿Cuánto tiempo transcurrirá para que veamos acabados esos monumentos? ¡Ay! Y uno de los ideales de mi vida es ver salir de Palacio, jubilado, a ese Juárez canónigo que sufre los horrores de la digestión en el patio de la Secretaría de Hacienda; ¡a ese Juárez de estampilla que está, a guisa de portero, junto a la puerta de las oficinas del Timbre! Quisiera decirle: ¡Levántate y anda, y corre y vuela, y nunca vuelvas!

Lo deseo como anhelo contemplar en añicos la estatua de ese Morelos capeador, de ese santo bonito y barato, que se alza en la plazoleta de San Juan de Dios, ¡defendiendo a las enfermas prostitutas!

Pero la época es mala. Hidalgo y Juárez tardarán todavía en ver concluídos los monumentos que nuestra gratitud les debe ha largo tiempo.

Cae la lluvia y la plata decae mucho.

19 de agosto de 1893

[48]

Comida de fantasía.

En estos días se han dedicado muchas personas distinguidas a buscar tesoros ocultos. Personas hay que a falta de otra cosa, se rascan a sí mismas, para ver si sale algo. Mi amigo D. Palemón de la Metralla dice con mucha prosopopeya:

—Desengáñense ustedes, mientras no enseñemos a hablar a los ratones todo será inútil. Ellos deben de saberse en donde hay peluconas.

Con lo cual, o sea, con la última frase, se sulfura Doña Remedios, mujer de edad provecta, que usa peluca de medio pelo y a la que nunca le agradan las burletas.

El Sr. D. Amaury González, pariente, por la Amaury, de Dumas (padre) y por lo González, de Don Manuel Fernández y González, jura haber dado con la clave de un subterráneo, parecido a aquel que tenía este rótulo a la entrada: *Por aquí Selim....*

El Sr. Vega Limón protesta contra semejante dicho, pues, como todos saben, él es el hombre de la clave. Sin embargo, cuando un señor tan de la escuela romántica, por el nombre y apellido, como el apreciable caballero D. Amaury González, asegura que al fin dio con la clave, no hay que clavar el pico.

[38]

Cuenta el mismo zahorí que ese famoso subterráneo va de la Escuela Correccional a la de Medicina, o vice versa, por modo que tanto puede servir para que los corrigendos pasen a Doctores cuanto para que las Doctores pasen a corrigendos. Refiérese, en efecto, y así lo narra el erudito ancian D. Luis González Obregón, en uno de sus códices, que en la que fue huerta del ex-colegio de San Gregorio y hoy es patio de la Correccional, "existe la entrada de unas bóvedas, a las que penetraron, hace años, siendo jóvenes, el General D. Miguel Miramón, y el Sr. D. José Guadalupe Lobato y el padre del que esto escribe.[1] La entrada parece que estuvo junto al sitio en que existieron los hornos de fundición para la estatua de Carlos IV, en una especie de sótano que aun se ve hoy día. ¿Qué objeto tuvieron esos subterráneos? Lo ignoramos.[2] Algunos, llenos de pavor, los hacen teatro de escenas misteriosas y otros con desenfado afirman que son restos de los primitivos edificios que se hundieron".

El mismo venerable padre D. Luis González Obregón, hablando de la Inquisición, dice: "En la cárcel secreta del Tribunal, en el patio llamado de los naranjos y debajo de la serie de calabozos que se encontraban hacia la parte Sur, hay una bóveda subterránea, que han visto algunas personas y que, según dicen, se prolongaba hasta el extinguido colegio de San Pedro y San Pablo".

El caballero Amaury supone que por esas asperezas y obscuridades se camina hasta dar con el tesoro. En trueque, opinan otros que tal subterráneo, anterior al milagroso invento de los paraguas, servía de pasadizo a los inquisidores, en el tiempo de aguas, para ir a comer manzanas o brevas en la huerta de San Gregorio (q. en p.d.).

Todo el perímetro inquisitorial desde Santo Domingo hasta Pedro y San Pablo ha sido hurgado y removido varias veces, en busca de tesoros escondidos. Y no desmayan los buscadores, a pesar de anteriores descalabros, convencidos de que a quien porfía llaman porfiado. Y además, pobre.

El oro está por las nubes, y no hay por ende que buscarlo en las entrañas de la tierra; primero, porque la tierra no tiene entrañas, es una madre desalmada; y segundo, porque a tenerlas se guardaría bien de darlo. Sólo muertos hay enterrados y éstos no sirven para maldita la cosa.

Los buenos mexicanos pudieran cultivar el café, el tabaco, la naranja, los pantalones, los zapatos, etc.; pero como buenos mexicanos sueñan en grandezas, aspiran a hacerse ricos por arte de magia, y gastan lo que van a ganar en la lotería o lo que van a encontrarse emparcdado.

Tiran la casa para descubrir un jarro con engrudo seco. Por esa propensión nuestra a buscar fortuna en lo maravilloso, ganan el prudente Ulises Bassetti y se desespera Don Carlos Gris hasta ponerse verde. Se ofende

nuestra dignidad cuando alguien nos propone algún negocio que produce cincuenta o cien pesos mensuales. Nuestra unidad es el millón. Y por eso mismo no tenemos un centavo.

¡Ay, yo sí que estoy bien convencido de que oro oculto sólo hay en dentaduras del Dr. Spyer!

[1] El Lic. D. Pablo González Montes
[2] Yo también [Notas de "Recamier", Ed.]
22 de agosto de 1893

[49]

Comida vocal e instrumental.

Protesto decir la verdad, porque aunque periodista, no soy de esos; quiero decir, de los que no oyen el Octavo, cuando toca éste en el decálogo. Hecha esta salvedad, haré en seguida otra: el aviso que inserto abajo no es aviso, porque se refiere a cosas pasadas: es historia. Lo advierto para que nadie me tilde porque no pago el timbre correspondiente. Ahora, tomo el tenedor y entro en materia.

El dueño de un restaurant muy céntrico tuvo la feliz ocurrencia de anunciar profusamente, para la mañana y la noche del domingo, almuerzos y cenas con música y acompañamiento. A este fin repartió programas verdes, color de lechuga, que decían así en el preámbulo o prefacio:

"Servicio extraordinario hoy por mañana y noche en obsequio de los señores favorecedores de esta casa, amenizado con un variado CONCIERTO, ejecutado a voces solas y coro, con acompañamiento de piano, por algunos artistas principales y cuerpo de coros de la compañía italiana de Opereta".

* * *

El propietario no sólo echó el resto en ese día solemne, echó los restos de una compañía de opereta descompuesta. La cosa era de poner tablados, porque ni los restos del general Arista, ni los restos de González Ortega, ni los restos de Don Sebastián Lerdo habían tenido la feliz idea de dar al público un concierto como el que dieron los restos mondos y lirondos de la opereta italiana. Algo de fúnebre o macabro prometía el espectáculo: una audición de los trinos, de las lamentaciones de Jeremías, de los salmos de David, cuando tiró el harpa; algo parecido al último adiós de los peregrinos al roastbeef. Sobre todo, las voces solas, clamando en el desierto, habían de partir el alma. ¡Y luego el piano, tocando *pianissimo*, el piano gimiendo y llorando con la boca abierta! No iba a ser aquello un concierto, sino un *Stabat Mater*.

* * *

Para la gente de mala alma tenía el festín otro atractivo: pues cuentan ellas que comer viendo no comer es delicioso. ¡Qué gran cuadro! En el plato un jamón: enfrente, una jamona. ¡Las siete vacas flacas girando en torno de la mesa de Baltasar!

En punto de las doce entré al salón. No cabía duda alguna: ¡estaban apetitosas las coristas, es decir, tenían apetito!

Las coristas cantarían o no, pero estoy segurísimo de que abrían la boca. ¡Y cómo...! Como diciendo: Comiéramos.

Fijé los ojos en el *menú* que decía así:

Sopa de Chilbombó.—Consommé—1. Marcia Triomphale.—Piano solo.

Huachinango a la veracruzana. —2. La mia bandiera.—Sigr. Palagi.

Vol-au-vents de ostiones. —3. Invocazioni Roberto il Diablo.—Capitelli.

Filete mechado y con trufas. —4. Nicola Cansone.—Gaillard.

Queso d'Italia. —5. Gran fantasía.—Piano solo.

Conejo a la francesa. —6. Duetto Rigoletto. —Cammilli y Capitelli.

Pavo en mole poblano. —7. Cansone dell' Usignuolo nel Vendedor de Pájaros, coro.— Palagi.

Beefsteak–Roastbeef. —8. Cansone.—Gaillard.

Alcachofas rellenas. —9. María di Rudeuns. —Cammilli.

Ensalada de pepinos. —10. Gran Valse.— Piano solo.

Fruta. Dulce. Café. —11. Cansone y Coro Campane de Carrión.—Cammilli.

*   *   *

Desde luego lo que más llamó mi atención fue la sopa de Chilbombó con marcha triunfal. Esto era algo así como la entrada del ejército trigarante. Y, para que subiera del punto el patriotismo, en seguida venía el Huachinango a la veracruzana con *La mia bandiera*. ¡Cómo pensarían en la *Italia irredenta* aquellos Ugolinos ante la *mia bandiera* y cara a cara con el Huachinango! Muy atinadamente y coincidiendo con el vol-au-vent, puso el autor del menú la Invocación a *Roberto el Diablo*. ¿Qué era el filete mechado y con trufas, para aquellos náufragos de la Penotti? ¡Una *gran fantasía*, como rezaban los programas! ¡Cómo no darse al diablo y entonar invocaciones a todos los demonios!

El Conejo a la francesa enterneció a algunas personas, que no llamaré del sexo débil, porque en aquellos momentos ambos sexos parecían igualmente débiles. Conejo a la francesa o sea *Lapin*, es una prenda de vestir bastante usada por acá.

La melancolía del coro se manifestó en la "canción del Vendedor de Pájaros". La música parecía decir: —Señor, Señor, el pájaro perdido / Puede hallar donde quiera su alimento....

En cambio, la ensalada de pepinos regocijó a los cantantes. Se imaginaban que habían puesto en aceite y vinagre los pedazos de Pepe Vigil.

Algunos de los parroquianos sufrían, entretanto, peligrosas equivocaciones. Hubo quien pidiera un alón de la Srta. Rascarini. A otro se le atoró una corista en el gaznate, por lo cual pide que en lo sucesivo le den música deshuesada. El Signore Palagi tuvo el contratiempo de que al entonar *la mia bandiera*, se le presentó su lavandera. Y, por último, sucedió lo que no estaba en el cartel: a la hora de los chícharos entró la música de viento apagando las voces de los cantantes. Este fue el bouquet de la comida.

Terminada ésta, hombres y hambres hicieron la colecta entre los concurrentes. Como quien dice: sirvieron a las coristas Huachinango frito. Por fortuna para ellos, la cuesta subió a más de cien pesos. Es probado: la música las fieras domestica.

24 de agosto de 1893

[50]

La sopa de los conventos.

El Tiempo ha puesto fuera de la ley social al señor Presidente de la República. Todo hijo de vecino y de vecina, puede admitir sin desdoro los presentes que le hagan sus amigos en tal o cual día de año. El Presidente, no. Para ese no hay santo en el cielo, ni parientes ni amistades en la tierra. Cada obsequio que recibe, es un robo hecho a la nación; un hurto escandaloso, un insulto a la miseria; casi—¿y por qué casi?—una violación constitucional. Sería ocioso buscar la razón de esa facultad que ejerce *El Tiempo* prohibiendo a los amigos del Presidente el que se gasten su dinero en lo que mejor les plazca. Esta es una prerrogativa pontificia concedida a ese diario por la Divinidad. Aun puede agregarse que se anda parco y parsimonioso en usarla, porque hasta el día corriente no veda obsequiar a más persona que al Jefe del Poder Ejecutivo. ¡Muchas gracias!

Podemos regalar lo que gustemos al señor Arzobispo, a los señores Obispos, al Sr. Agüeros, a la Srta. Penotti, etc. El Presidente, hasta hoy, es la única excepción.

*   *   *

Permítame ahora *El Tiempo* que le pregunte ¿cuál es la sanción penal que establece para que la ley por él dictada sea efectiva? ¿Se multará a los obsequiantes? ¿Se les condenará a tantos más cuantos meses de prisión? ¿Se les aplicará la última pena? Bueno es que los amigos del Presidente sepan de antemano a lo que se exponen. En mi humilde opinión, lo natural es que cuelguen a todo el que dé cuelga.

*   *   *

Ello es que, a los años mil, vamos saliendo con que no hubo tal Independencia, ni tal cura Hidalgo, ni se fueron los españoles, ni se fueron los yankees, ni se fueron los franceses; no estamos emancipados, no somos libres; subsiste una tiranía superior a todas, vivimos bajo la tutela de un periódico, a cuyo cuidado están nuestras vidas y haciendas. ¡Señor Alarcón, sólo eso nos faltaba!

Con igual derecho que hoy, nos prohibirá mañana *El Tiempo* que tomemos coches alquilones de bandera azul o que vayamos a la Ópera. Día llegará en que cada quizque entregue sus rentas o sus sueldos íntegros en la administración del colega, para que éste los distribuya como quiera. Esto no puede convenirle a Don Pomposo Verdugo, que ya no es un niño, ni al Sr. Horcasitas, a quien ya le salió bastante barba.

Lo más curioso es que el Presidente va a darse a todos los diablos en el día de su santo, para cumplir las superiores órdenes del *Tiempo*. Si les tira a la cara a sus amigos los obsequios que le lleven, pasará por un salvaje, por un Segismundo montaraz. Si les manda que no le den ni un alfiler, dirá la oposición, y con justicia, que es un déspota. Lo que el articulista quiere, en resumen, es que el General Díaz vaya con anticipación de casa en casa, entablando, sobre poco más o menos, el siguiente diálogo:

—Amigo mío, conque vamos a ver... ¡franqueza, amigo! ¿Qué se propone Vd. regalarme el día de mi santo?

El interpelado se quedará turulato, cuando no asustado. Luego que haya vuelto en sí, responderá, *verbi gratia*:

—Pues, señor... un reloj.

—¿Un reloj? No; mire Vd., yo sé ya la hora que es. ¿Cuánto gasta la señora?

—¿Mi...?

—Precisamente, la señora de Vd.

—Pues señor... quinientos pesos.

—Bueno, ya más tarde veremos si reduce Vd. esos gastos que al *Tiempo* le han de parecer exorbitantes. De esos quinientos quitará Vd. cuatrocientos para la compra del reloj.

—Pues... sí, señor.

—¡Malo, malísimo, rematadamente malo! Quite Vd. cien nada más y llévelos en plata a la Tesorería. De ese modo, la señora ganará cuatrocientos y el Erario cien.

* * *

Convenga el *Tiempo* en que esta manera de sacar dinero para el Tesoro público, no es muy adecuada ni decente que digamos. Sería mejor, ya que circula tanto el periódico dicho, que dijera: DESDE HOY DEJA DE PUBLICARSE ESTE PERIÓDICO. NUESTROS VEINTE MIL SUSCRITORES QUEDAN OBLIGADOS, Y MUY OBLIGADOS COMO EL FIEL CRISTIANO, A CONTINUAR PAGANDO LA SUBSCRIPCIÓN EL DÍA PRIMERO DE CADA MES, EN LA TESORERÍA DE LA NACIÓN.

Esto sería patriótico, señor Don Opas.... Así lograría Vd. contribuir al pago de la deuda con unos treinta mil pesos mensuales, por término medio.

25 de agosto de 1893

[51]

Frijoles guatemaltecos.

Guatemala ha descubierto un sistema primoroso para salvar sus crisis hacendarias; un sistema que podríamos llamar de exportación, por la buena acogida que le han dado ciertos diarios en México, pero de exportación que sólo encuentra plaza de consumo en la plaza de toros, donde da corridas nuestro periodismo obstruccionista.

Guatemala ha inventado la piedra filosofal y el Presidente Reina Barrios, el Rey-Reina; (Rey porque manda, y Reina por el apellido), sale de una redoma como el Marqués de Villena, enseñando a los hombres la nueva ciencia de hacer oro.

Aquiles tenía el talón vulnerable; no así Guatemala, que ha decretado, para su uso, el talón. ¿Cómo y cuándo halló en abundancia ese metal precioso y apreciado?

He aquí el secreto de los señores alquimistas, que en esas tierras desempeñan la cartera de Hacienda.

* * *

Mientras los Estados Unidos tambalean atarantados por el rudo golpe que asestó a sus finanzas la depreciación de la plata, Guatemala, nueva Jauja, ve con desdeñosa arrogancia la perturbación del comercio universal, y tarareando un airecito del "Valle de Andorra", se mece en voluptuosa y muelle hamaca, abanicándose. Esto se llama tener muchos calzones.

Toda la dificultad para ella, estriba en una simple cuestión nominalista; pues oro exige el mundo, pague en oro el contribuyente. Y como pagando oro paga más que si pagará en plata, como antes, Guatemala, altruista por naturaleza, convida a todos los hermanos en el presupuesto a un festín de familia, en cuya lista de manjares figuran contribuyentes a la brocheta, y que por su esplendor y suculencia maravilla a los buenos burgueses del inveterado *Monitor* y a los sacristanes gastrónomos del *Tiempo*. Guatemala, para decirlo de una vez, recibe la plaga que aflige hoy a los países productores de metal blanco, de igual manera que en los campos recibe la gente rústica una invasión de langosta: con repiques, cohetes y música de viento. El labrador se entrega a esas ruidosas manifestaciones con el fin de ahuyentar la plaga, asustándola; los guatemaltecos danzan, gritan, clamorean acometidos de un ataque económico-epiléptico.

* * *

A primera vista, la confección gubernamental es confortable: aumenta los sueldos de los empleados y los ahoga en un oceano de bienestar. Puesto que menguan las entradas y el Erario se empobrece, el Gobierno decide gastar más. Si esto no es echar la casa por la ventana, venga Dios y lo diga. ¿Qué más apetecen los señores presupuestívoros de Guatemala?

Parando mientes, sin embargo, en esta largueza extraordinaria, se echa de ver que no es tamaña como imaginábamos, puesto que el Estado cobra en oro al contribuyente y paga en plata a sus servidores, si bien con el aditamento de un quince por ciento sobre sus respectivas asignaciones. De modo que en la sublime Guatemala el oro, por lo escaso, por lo raro y por lo necesario, valdrá más que en toda América, al paso que la plata valdrá menos, porque si a ésta la deprimen los ingleses, los hacendistas guatemaltecos la apabullan.

¿De qué servirá al empleado percibir quince pesos más en cada ciento de su dotación, si cada botín le cuesta un ojo de la cara y él es tuerto? O se corta un pie y se queda, además, ciego, o no se calza.

Ya que esa liberal y libérrima república entró en el período de las prodigalidades; lógico es que pague en oro, pues en oro cobra.

* * *

Bien miradas las cosas, este procedimiento californio, tan admirado por los economistas de nacimiento que andan sueltos en la prensa evangélica y en la prensa evangelista de nuestro país, nada tiene de nuevo. Lo hemos visto en escena con el sabroso título de "Los pavos reales".

En Francia lo designan con esta frase: *jeter de la poudre aux yeux*. Es, en substancia, el mismo sistema que plantea un amigo mío, cada vez que va a pedir dinero prestado; toma un coche de lujo e invita a su futura víctima a almorzar. Los brasileños tronados lo conocen, y por lo mismo suelen pavonearse en los salones de París, chorreando diamantes falsos.

Por último, era el predilecto de aquella inolvidable Doña Baldomera, que fue la providencia de Madrid durante muchos meses: recibía ésta, por merced y gracia, los ahorros de los pobres, y como por artes milagrosas, sabía hacer que redituaran cantidades exorbitantes que ella pagaba puntualmente, recibiendo por ende cada día más y más sumas de dinero, que atraídas por el sebo de tan pingüe negocio, bajaban, como llovidas, a la caja de tan generosa y sabia dama; hasta que en fin de cuentas, cuando el caudal engrosó lo suficiente, Doña Baldomera y la totalidad de los ahorros desaparecieron.

¡Líbreme el Sr. Pérez de León de establecer paridad o parangón entre Guatemala y Doña Baldomera!

Pero ni el señor Pérez de León, ni el mismo Dios, pueden librarme de creer y jurar a pies juntillos, que una resta no equivale jamás a una multiplicación. Los náufragos de la "Medusa" no pensaron en dar ningún banquete. Un temblor no es un baile.

Decretar una lluvia de oro artificial es facultad solo reconocida hasta ahora, en el rey Midas. Guatemala, como de costumbre, se ha metido en Honduras. ¿Cómo saldrá del compromiso? Pues saliéndose de madre, para entrar en Guatepeor.

26 de agosto de 1893

[52]

Lengua ahumada.

Los que hayan concurrido a las tandas del teatro Principal (y supongo que, entre la gente que se divierte, raro será el que no entre en dicho número) habrán gozado con el gracejo de la Penotti, con la guapeza de Cecilia Delgado, con la gracia gentil de Vicenta Peralta, con las gestas y gestos de Perié, con las quijadas de Quijada, con los colmillos de un corista, que tiene boca de balcón corrido, y con la música, el público, las agudezas picantes y las coplas revoltosas; pero a la vez ese tal habrá observado que envuelve el salón una densa niebla de humo espeso, que la atmósfera toma color de padre fernandino, volviéndose irrespirable o punto menos; que las señoras tosen, se abanican, truecan sus cabezas en cabezas giratorias, cual si quisieran encontrar salida a la nariz; que algunos varones estornudan, y que en cada boca masculina arden el cigarrillo o el cigarro, despidiendo ese incienso que no sube a los cielos, porque es gordo, pero que sí trepa lenta y pesadamente hasta los palcos.

* * *

El humo de un tabaco fumado en la *serre* de un jardín, el que se alza llevando como en mantillas que azulean de blancas el alma recién nacida del café; el humo que se retuerce jugetón, abrazando tal vez a invisibles y serpentinas criaturas del aire; el que cae, a manera de flojo camisón, dejando desnuda la garrafa de *fine champagne*; el que se va adelgazando, a medida que asciende, igual que nuestros ideales; ése que suele servir de velo tenue a unos ojos de andaluza y a una boca de napolitana; ése que se prende en las hojas de acacia, se embarra en las columnas de jaspe o se confunde con los "hilos de la virgen", por sus caprichosas figuras, por sus colores efímeros, por su olor discreto, siempre es delicioso.

* * *

No así ese otro acanallado, ventrudo y mal oliente, que anda en malas compañías y al tú por tú con la gentuza; el que sin escrúpulo se mezcla al humo plebeyo, al populacho, ése de a legua se conoce que ha salido del cuartel, de la botillería; trasciende a malos humores, a ropa desconocida para la lejía, a sudor de trabajo, a copa de tequila; y por más que en esa masa tan baleante y torpe en el andar, vaya humo de buena familia arrastrado por la plebe, en conjunto el aspecto y el tufo de esa nube opaca es repugnante, nauseabundo. Y ese humo, señoras mías, empecatado de alma, desaseado de cuerpo y haraposo de vestido, es el que llena la sala del teatro Principal, cuando para bien y recompensa de los diligentes empresarios hay para cada asiento, por angosto e incómodo que sea, uno y medio espectadores.

* * *

Fumar en las tandas siempre ha sido lícito: primero, porque un acto de zarzuela mal cantado y que dura poco más de media hora, no vale el buen tabaco; delicia de los que pueden fumar tabaco bueno, ni el cigarrillo humilde y cariñoso de los pobres; segundo, porque en las tandas no es posible salir a los corredores, sin riesgo de perder el asiento; y tercero y principalísimo, porque a las tandas, de rompe y rasga, cual se dice por acá, no concurren las señoras propiamente dichas. Pero hay que fijarse en que tales ritos eran los de antaño, los prescriptos para *tandas* muy atrás de las actuales, para tandas no sé si más o menos escandalosas, pero más groseras que las de hoy. A éstas concurren las señoras de nuestra escogida sociedad; cantan en ellas artistas de real mérito: no son tandas, en suma, sino operetas por entregas.

De aquí el cambio y mudanza que ha de haber en las ritualidades precitadas. Si es señora o señorita la que está en la butaca delante de nosotros o próxima a nosotros en su palco, si tiene la estampilla legal de esposa o de soltera, ha adquirido el derecho de que no le arrojemos a la cara bocanadas de humo pestilente. La galantería impone al fumador un sacrificio.

Y es lo curioso que no osaría en su casa o en la ajena prender el puro ante señoras, aun con previo permiso que sólo acuerda la benevolencia en las más veces; no tiene escrúpulo en hacerlo delante de cien damas, constituyéndose en socio activo de una Sociedad infectadora de la atmósfera. Deja la buena educación en el vestíbulo y se entra en el salón, como jayán, echando humo. Las señoras protestan. Cada uno de esos rápidos movimientos de abanico que observáis, es un abanicazo asestado a los impenitentes fumadores; cada una de esas toses, equivale a una represión. Y sin embargo, el caballero continúa tiznando el aire, hasta que cada átomo se trueca en una partícula de hollín; y los hombres salen del teatro como fogoneros atareados; y las mujeres como aves que se ahogan.

* * *

¡Piedad, piedad, oh chimeneas humanas! ¡Dejadnos ver a la Penotti y la Delgado, envueltas por la nube que circunda a las diosas, no por el humo de los hombres! Y no me guardéis rencor, (señores) míos: el que esto escribe fuma puro, cigarro, toma rapé, cuando nadie lo ve, masca tabaco, y cuando está en su casa fuma pipa.

29 de agosto de 1893

[53]

Las tribunas de la Alameda.

En la Corporación municipal suele haber algunos eclipses de buen juicio. No la anatematizamos por ello; pero prudente es señalárselos. Todos nos equivocamos: a veces cree el Ayuntamiento que hay luna y está la ciudad a obscuras. ¿Qué le vamos a hacer? ¡Somos falibles!

En uno de los anteriores Cabildos (que otros llamarían sesiones, para no usar vocablos de canónigos) se autorizó el gasto de tres mil quinientos ochenta y seis pesos, destinados a construir una hilera de tribunas frente al costado Sur de la Alameda, para que en ellas, y mediante pago previo, viera la gente que quisiese el desfile de las tropas, carros alegóricos, etc., en el próximo 16 de Septiembre. Como negocio, el referido no puede ser peor. Poniendo la entrada a tales tribunas a tostón por cabeza, precio ya subido, necesitaríanse siete mil ciento setenta y dos idiotas que pagaran el boleto para compensar el desembolso hecho. Es fácil encontrar siete mil ciento setenta y dos idiotas; pero no es fácil encontrar siete mil ciento setenta y dos tostones.

Desde las susodichas tribunas se verá el desfile, con tanta o más incomodidad que en la calle y corriendo el peligro de romperse la crisma: igual resolana, iguales apreturas, caso de que se llenaran, y ninguna ventaja positiva, salvo la muy discutible de sentarse en una viga. Las personas acomodadas o miran desde un balcón la comitiva, o se quedan en sus casas. Fiestas de ese carácter son para el pueblo, para el pueblo andariego y bullicioso, para el pueblo que goza dando y recibiendo empellones, para el pueblo que nunca tiene cuatro reales. La gente de buena posición no trepa a las periqueras, no se convierte en gallo por su gusto, no va a perderse y rozarse con la plebe. Las señoras no habían de ir a ajar y manchar sus trajes en esos tendidos, muy semejantes a los de cualquier plaza de toros. Si no son esos, pues, para los ricos, ni para la clase media, ni para la clase que no tiene media, ni calcetines, ni medio, puede presumirse que son para los idiotas.

* * *

En ningún año se había mostrado el Ayuntamiento tan activo. El ha supuesto que va a desvivirse y desnudarse la ciudad, por ver los carros alegóricos. Y para que gocen de tan asombroso espectáculo, algunos individuos de a tostón, decidió afear nuestra avenida más hermosa, estrechándola por añadidura e impidiendo que el pueblo soberano, el que para dejar de concurrir a las tribunas, tiene la soberana razón de no tener una peseta, presencie la marcha de la comitiva desde la sombreada calle de la Alameda.

El Partido Liberal da la noticia de que esas tribunas no serán de paga, pues han reflexionado los munícipes en que sería eso injusto para el pueblo, sino de entrada libre. Tampoco estoy por el artículo: como aún no están concluídas, mejor sería que ahorrase el Ayuntamiento madera y trabajo, suspendiendo la obra. Gastar $3,586 pesos en las actuales circunstancias, para que se sienten un ratito los señores del callejón de los Parados, me parece, viendo la cosa de lejos y viéndola de cerca, una inconveniencia. Quede perdido lo que se ha gastado ya, y déjese descubierta la Alameda, que es un sitio muy hermoso, y expedita la mejor de nuestras avenidas.

*　*　*

Reconocer un error no es deshonrarse y supongo que los ediles no son bretones ni vizcaínos para llevar su terquedad y capricho hasta el extremo.

Y ¡ojalá que el conflicto de autoridades que ha habido en el asunto, según decir de *El Tiempo*, dé lugar a que se reflexione en lo mal definida que está la esfera de acción del Ayuntamiento! Ya que no se ha formado ni se formará el Estado del Valle, sepamos de una vez cuáles son las funciones legítimas del gobierno del Distrito, cuáles las del Ayuntamiento y cuáles las relativas del Ministerio de Gobernación.

30 de agosto de 1893

[54]

Liebre con gatillos fríos.

Cada vez que un homicidio perpetrado con arma de fuego conmueve a la sociedad, vuelve a señalarse por los periódicos lo urgente que es reglamentar la portación de armas; y en cada caso, al boletín o artículo respectivo sucede la consiguiente calma chicha. La pistola es un apéndice natural del mexicano perteneciente a la clase media, como la cola es un apéndice del mono.

La pistola y el primer cigarro que fumamos son gemelos. Sirve para varias cosas: para que la enseñemos; para que la empeñemos; para que cometamos un asesinato y para nada. Pocas veces sirve para defensa del que la usa, porque... aquí entra bien el cuento del cura.

*　*　*

Había un cura que muy a menudo decía a sus feligreses:

—Hijos míos, yo quiero comprar una pistola.

—¿Y para qué, padre?

—Para los ladrones.

Tanto lo dijo que se hizo una colecta en la parroquia para comprarle pistola al señor cura. A poco tiempo de haber recibido la pistola, salió el párroco a alguna de las andancias propias del oficio por las afueras de la población. Dieron con él unos ladrones descastados y en cuanto lo cuento dejaron al apreciable señor cura reducido a su mínima expresión. Y cuando, de regreso, refería a los fieles la malandanza sucedida, preguntábanle éstos:

—Padre, ¿y la pistola?

—¡Pues cargaron con ella! ¿No tenía yo dicho que deseaba comprarla para los ladrones?

Como esa pistola del respetable cura de almas es la mayor parte de las pistolas en circulación: para el empeño.

La parte mínima se emplea en matar al prójimo o fenece, tomada de orín, en la más sabrosa holganza. ¿A ustedes ha sacado de aprietos alguna vez una pistola? No, ¿verdad? Tampoco a mí. La única vez que me han robado... digo, a mano limpia, llevaba yo pistola como mis valientes compañeros, menos uno. Este uno tenía facha y hábitos de fraile. Hábitos, se entiende, moralmente hablando, porque los otros hábitos de trapo están prohibidos por las leyes de Reforma, en el capítulo que trata de sastrería. Asaltaron la diligencia en que viajábamos, y a todos nos dejaron como no quisieran vernos ustedes. Sólo el que iba sin pistola se salvó diciendo a los ladrones:

—¡Cuidatito, muchachos, cuidatito con este pobre cura! Ya que la necesidad les obliga, llévense lo que traigan estos señores. ¡No pierdan sus almas con poner la mano en un ministro del Señor!

Y que Dios los perdone y los saque de la mala vida y los libre de enredos con los jueces. ¡Y adiós hijitos!

Y les echó la bendición.

Luego, cuando furiosos le reñíamos, él contestaba socarronamente:

—Cada cual se defiende con sus armas.

—¿Y por qué les dijo que era el cura?

—¿Y por qué no dijeron ustedes que eran arzobispos?

Desde aquel percance inolvidable estoy convencido de que vale más llamarse a cura que tener pistola. Y por eso no la cargo. En una prendería la descargué.

Esta arma tan estimada por los mexicanos, tiene varios defectos: generalmente se dispara sola cuando menos lo teme el vecino; y cuando mata, mata a un amigo, a un compadre o a un primo que estaba papando moscas en virtud de las últimas economías. Es una arma felina, como observarán ustedes si se fijan en el gatillo que siempre la acompaña. Yo prefiero la navaja, instrumento que sirve para rasurar y para hacer de corista en una *Carmen* caserita.

* * *

A los extranjeros les llama mucho la atención ese apéndice-pistola. Primero creen que se nos ha zafado algún cuadril y luego suponen que somos de la policía o que en la Capital de México se vive como vivían en California los buscadores de oro.

Sin embargo, cualquiera se avergüenza de no tener pistola y de no llevarla al cinto. Le parece que sin ella no es hombre, y puede ser que acierte al sospecharlo, cárguela o no. Y por usar pistola el más pusilánime, el más cobarde, puede llegar a ocupar asiento de primera fila en un jurado y tener el gusto de oírse llamar loco, héroe o amante padre de familia por el caballero defensor de oficio, o sea por el que ofrece santos bonitos y baratos al respetable tribunal del pueblo.

Ahora que se trata de hacer economías, creo yo que podríamos economizar nuestras pistolas. O que el Gobierno—esto va muy en serio—grave la portación de esa arma con un fuerte impuesto. Sí; que cante el valor; pero que pague.

1 de septiembre de 1893

[55]

O locura o santidad.

Los defensores de oficio tienen para su uso particular y externo un vocabulario que no es precisamente el de la Academia, pero que no por ello deja de ser malo. Para estos padres de los pobres las lesiones son siempre ligeras, sin duda, porque pertenecen al género femenino; no hacen daño y pueden pasar inadvertidas como si fueran simples travesuras. ¿De qué acusan al reo?— preguntan muy orondos. —¡Pues, de lesiones nada más...! ¡Hombre, no valía la pena de que le molestaran por tan fútil pretexto! ¡Qué se vaya a su casa! ¡Qué tranquilice a su familia! ¡Qué no deje enfriar la sopa!

Y el jurado pacífico, a quien la ley arrebata a las dulzuras de la digestión, a los brazos de la esposa, al tierno trato de su jefe de oficina, se impacienta de veras.

¡Por lesiones, nada más por lesiones le han impedido tomar el dulce de membrillo con rebanadas de aguacate que la señora había dispuesto para los postres! ¡Pero qué falta de consideración!

El Sr. Guttman, en una carta que varios periódicos han insertado, se queja de que le juzguen delincuente cuando sólo está sentenciado por lesiones. Es decir, por una bagatela, por quítame allá esas pajas.

Y tiene razón: es un homicida infortunado. Le salen mal todos los asesinatos que proyecta. El pone todos los medios; por su parte no queda; asesta cinco cuchilladas con la mayor aplicación y con el mejor deseo de que surtan su efecto; pero tiene mala suerte. ¿No es cosa de partir el alma la desgracia de este joven? Las pícaras lesiones le salen siempre a la cara de los otros.

La defensa, naturalmente condolida, intenta conmover al auditorio explicándole que el presunto reo es un alocado, un hombre que hace muy de prisa las cosas más serias, y que por esta nerviosidad de su carácter, nunca logra sus fines. Alocados hay a granel, pero éstos de cuando en cuando aciertan aunque sea de casualidad.

Como Guttman hay pocos y por eso le asignan rango aparte y dicen: éste es loco.

* * *

A la sociedad no le importa el que sea loco o goce de cabal juicio el que anda repartiendo cuchilladas. No se interesa por la salud de los desequilibrados que matan o pretenden matar. Tampoco le interesa averiguar si los padres de éstos fueron dementes; los abuelos, borrachos; y las tías, histéricas. A ella se le da una higa lo que haya escrito M. Charcot. Y tampoco los parientes de los muertos, los heridos y los parientes de los heridos, perdonan al delincuente, en atención a que hace versos.

Cuando le muerde un perro, no se enternece al saber que este perro sufre indigestiones muy frecuentes. Y si tiene rabia el can, menos considera ésta como circunstancia atenuante. Vano será que le digan:

—Pero, amigo, se opone a las leyes naturales. ¿Qué ha de hacer un perro rabioso sino dar de mordidas? Cúrelo usted; es un pobrecito enfermo.

¡Nada, señor, por ese lado no oye! Mata al perro.

—Pero, ¿no piensa usted en que ya le curó el Dr. Licéaga, con las inyecciones antirrábicas? Fue una lesión esa mordida... ¡nada más una lesión!

Y ¡erre que erre! Mata al perro.

* * *

¡Oh, si los perros tuviesen defensores de oficio, qué perrerías dijeran de los hombres! ¡Cómo desconocemos los lazos que los unen a otros canes rabiosos; la influencia del medio, es decir, del calor que reina en la canícula; el atavismo, o sea el suplicio de estar atados en las azoteas! Y eso que los perros no hacen versos rimados, sino asonantados nada más.

Debe haber, ante todo, igualdad ante la ley. El caballero jurado (le llaman así porque no jura nada) no está en aptitud de apreciar el grado de inocencia, de virtud, de heroísmo, en que se halla el candidato a reo. El jurado ha comido bien, aunque precipitadamente; no está enfermo, no es alcohólico, no es neurótico.

¿Con qué derecho va a juzgar al acusado?

Este siempre casi es un candidato, porque aquí somos todos candidatos a algo. El que no es candidato a Gobernador, es candidato a diputado, candidato a yerno, candidato a cuñado, candidato a gloria nacional o candidato a loco. Y este es el caso: quien ocupa el banquillo es candidato a loco.

No lo eligen todavía, o se recibe aún, pero presenta su candidatura. ¡Hasta ser loco cuesta muchos pasos y mucho trabajo en esta tierra!

La función del jurado debe, pues, limitarse a dar el pase para que ese caballero entre a San Hipólito o a reprobarle declarándolo sano.

En el último caso, el candidato reprobado tiene que seguir perfeccionando sus estudios, tiene que matar a alguien o a otras, para que finalmente le den título. Las lesiones son los estudios preparatorios. La sociedad exige los profesionales.

Y vean ustedes cómo la desgracia persigue al Sr. Guttman. En este último examen que prometía ser más lucido, salió mal. ¡Le han dejado de candidato...!

¡Así les pasa a muchos mexicanos!

2 de septiembre de 1893

[56]

Zapotazos.

¡También hay economistas en Zapotlanejo! Se ha aparecido uno, "por lo menos" en la redacción de un periódico, así como se apareció por estos mundos la difunta alfajorera. Se ha aparecido uno, por lo menos, dije, y dije bien, porque a juzgar por el bulto, bien puede ser que sean dos.

Este Zapotlanejo dice en el preámbulo de su proyecto de ley que inicia, una medida salvadora. Acaso se engañe y sea la suya una medida guatemala. Añade también que si el periódico la acoge y la publica, el país lo agradecerá. ¡Pobre país! Le traen de Herodes a Pilatos; todos hablan en su nombre; y él se está callandito, "haciendo lomo". ¡Ahora salimos con que el país y el señor Zapotlanejo son la misma persona!

Por lo pronto y para que no me haga daño este recargo de conciencia, diré que Zapotlanejo escribe mal; ¡pero muy mal! Si piensa bien, díganlo arrieros.

En cambio, tiene afición decidida a las cosas ajenas. Hay que amarrarle las manos, porque apenas ve burro se le ocurre viaje. ¡No, es mucho Zapotlanejo este señor! Oigan ustedes tronar:

"PROYECTO. —Se impone una contribución de un diez por ciento sobre todos los capitales de la propiedad de los servidores del Gobierno, tanto general como de los Estados, a contar desde el año de 1880 a la fecha.

Este impuesto grava el capital adquirido durante o después del servicio, aun cuando sea por herencias o legados, siempre que su procedencia venga de algún servidor del Gobierno.

Se reducen a un cincuenta por ciento en general, todos los sueldos que señalan los presupuestos a empleados o servidores al Gobierno general o de los Estados.

Se concede acción popular para denunciar los bienes ocultos y que causen la contribución de que hablan los artículos 1° y 2°, abonando al descubridor un veinticinco por ciento sobre el impuesto".

Pues ¿qué se llama robar? ¡Hasta la camisa, señor! La desamortización, lo de manos muertas, lo de manos vivas, etc., todo, se quedó muy atrás. Zapotlanejo tapa el monte. ¡Ni huesos les deja a los usureros! Se come al empleado crudo, con plumas, familia y todo. El empleado que ya ahora no puede comer, en lo sucesivo no podrá ni ser comido por el agio. ¡Hace trece años que le está debiendo, sin saberlo, a Don Zapotlanejo, sabe Dios qué suma! ¡Era el cigarro de Zapotlanejo!; ¡el que irá convertido en colilla a los labios de su legítimo dueño! Para esto no hay efectos retroactivos más que en el billar; no tiene consideraciones; no tiene miramientos.

Seguramente el apreciable economista, que desciende de los zapotes por una rama y de los ejos por otra, allá en la escondida senda por donde va, se piensa e imagina que son los servidores del gobierno próceres, magnates y ricos hombres, poderosos terratenientes y negociantes millonarios. Piensa que hasta los meritorios tienen casas, cuando para el flacucho y triste empleado no hay más casas abiertas que la grande y la chica del tapete verde. Desengáñese el buen Zapotlanejo. Aquí los hombres de capital no son servidores del gobierno, ni servidores de Dios, ni servidores de usted. Lo último suele ser a secas, por escrito y de mentiras, cuando le cobran a uno algún piquillo. El empleado no nada en la abundancia... no nada... ¡nada tiene! Hay algunos que ya parecen palillos de dientes. Basta verles la cara tan chupada para comprender que nada les podrá chupar Zapotlanejo.

Muy al revés, no sería remoto que a él le mordieran una pantorrilla. Nadie sabe de lo que es capaz una hambre muy hambre. Ya se van ellos cansando de que les llamen ladrones, cuando por respeto a la propiedad ajena no se han comido a sus suegras; holgazanes cuando trabajan de luz a luz; y poderosos cuando no hay quien les preste una peseta. Ya les aburre servir de candelero.

Si en tales circunstancias viene Zapotlanejo a fastidiarles, puede ser que a éste le ocurra lo que al pato que salió a cenar y se lo almorzaron. Eso si el economista, satisfecho de su obra, tan bien acogida por el periódico, dice en el epílogo:

"El autor de estas líneas es profano en la materia, y por lo mismo considera que el proyecto de ley que antecede, debe estar plagado de defectos, defectos que perdonará la mayoría de sus conciudadanos, en vista de que solamente se propuso indicar el medio que en su humilde concepto ayudará al Gobierno para salvar la difícil situación en que se encuentra, y cuya idea será horriblemente combatida por una parte de la prensa y por algunos empleados que no se inspiren como buenos partidarios en sacrificar una parte de sus utilidades en beneficio de la patria.

Un hijo se da cuando la patria lo pide.

Con la satisfacción propia del que cree haber cumplido con su deber, se despide de ustedes, señores redactores, su afectísimo servidor, que se ofrece a sus órdenes".

Ya lo veis, señores empleados, inspiraos. Dad una parte, y un hijo.

El país, por conducto de Zapotlanejo, profano en la materia, da las gracias al diario.

¿Han visto ustedes que Zapotlanejo es este hombre?

5 de septiembre de 1893

[57]

El canto de los médicos.

Gracias a la diligencia de un *repórter*—únicos que tienen diligencia en esta época de ferrocarriles—estamos enterados de cuanto ocurre a los señores médicos en su expedición a Wáshington. No abre ningún doctor la boca, sin que el *repórter* diga algo. Éste lleva la estadística de los estornudos; se indigesta cuando lo que comen los médicos es dañoso; los retrata en las diversas posturas que van tomando camino del capitolio; avisa si roncan, descubre sus más secretas intimidades, y gracias a él puede descansar el mundo.

¿A dónde vas, oh joven médico? —Voy a Wáshington, capital de los dentistas. Pisaré el Capitolio de los sacamuelas y el pabellón de mi patria flotará sobre las venerables calvas que discuten la ley Sherman. Como los antiguos patriarcas, viajo con mis ascendientes y mis descendientes, con mis abuelos y mis nietos, con mis allegados y con mis amigos, con armas y con niñeras.

La tribu toda se ha puesto en marcha, y ya hemos perdido de vista la ciudad hermosa de los camposantos, la tierra santa en donde duermen los ancianos y los jóvenes, todos aquéllos a quienes devolvimos la salud para que la disfrutaran en el cielo. Nada temáis, ¡oh pueblos desesperados y ya ansiosos de abandonar el valle de las lágrimas!; ¡va la muerte con nosotros!

*   *   *

En el silencio de la noche se escuchan los ronquidos de Macouzet, como el eco distante de un tambor velado que redobla a la sordina. Seguid el penacho turbio de nuestra locomo-

tora, paludismos amarillos, pulmonías trémulas, tifos y fiebres de pupilas sanguinolentas. Os guiamos a la victoria, a la conquista de la Babilonia Americana, al desquite, a la "revancha".

Pacíficamente cortaremos esas piernas de siete leguas que se montan en nuestra línea divisoria; esos zapatos de siete suelas, ya sin pies, nos servirán de embarcaciones abrigadas para las regatas próximas del *Lakeside Club*; troncharemos esos brazos que ávidos se tienden a nosotros, cual antaño los del ogro.... Estamos completos; va entero nuestro gremio. ¡Somos la Enteritis!

Ría y cante la Nación opulenta, abanicada por una ala inmensa hecha de *cheques* y de *bank notes*. La sombra del manzanillo es la nuestra y el aire movido por ese abanico es el hálito de la eterna neumonía. ¡Sus, Pabellones negros, Chicago os brinda espléndido festín!

—Mientras así hablaban los doctores de la Ley de Caifás, el tren corría y de los pueblos, de las aldeas, de los cortijos, atravesados por el fúnebre convoy, alzábase un solemne *Miserere*.

En ese monstruo del Apocalipsis iba la muerte, secando con su vaho la exuberante vegetación, ahogando con sus mugidos las quejas e imprecaciones de los moribundos. Y no pasaron por Chihuahua, el país en que no hay perros; pero sí por los desiertos de Texas, refugio de los canes ladradores que a sí propios se llaman periodistas mexicanos. Y comieron en chino y se indigestaron en inglés, y el *wiskey* fue logrando la conquista pacífica de esos intestinos excursionistas, y el Ministerio Público de la humanidad doliente, continuó marchando.

*   *   *

El día 2 llegaron a Wáshington. Y Wáshington no estaba, porque murió hace muchos años. Ni Cleveland tampoco, porque, hallándose enfermo, huye, naturalmente, de los médicos. Cleveland, el poderoso Cleveland, se entrega a los placeres de la pesca en la costa de Massachusetts. Como lo asienta el *Mexican Financier*, Cleveland, el poderoso Cleveland es un filósofo.

¿Qué vieron los médicos en Wáshington? Vieron a unos locos que quieren convertir la plata en oro y que andan a la greña, buscando soluciones a la gran charada de este fin de siglo: a la crisis monetaria.

Tan atareados andan que no paran mientes en la vista de los sabios mexicanos. ¿Sabe Vd. curar un *dollard*? ¿No? ¡Pues, largo!

—Aquí traemos— dicen los sabios —unas memorias...

—Pues... ¡memorias! Traigan ustedes libras esterlinas y hablaremos.

En vano querrán hablar en el Congreso. Lo prohibe el buen sentido yankee, fundado en que el silencio es oro, y es el oro lo que se necesita. Y si hablan, irán por la respuesta a

Roma. Por eso, más previsor y socarrón que todos, ronca Macouzet.

* * *

Entretanto, nosotros descansamos. Los miembros más caros de nuestro cuerpo descansan mientras los miembros del Congreso Pan Americano amputan sus discursos. Vamos a celebrar de veras nuestra independencia.

Y sin embargo... señor cajista, acabo de sentirme un poco malo... ¿no me hace usted favor de ir por un médico?

6 de septiembre de 1893

[58]

Carne de muerto.

Ahora que los hermanos Gayosso, con el noble fin de evitar pasos a los difuntos y a los deudos y a las deudas de los difuntos, celebran igualas con el Ayuntamiento para servir entierros al gusto, creo oportuno apuntar la conveniencia de que los cadáveres vayan asegurados contra pesquisas judiciales y convictos y confesos de ser el consiguiente resultado de una muerte natural. Ahí tenemos, aunque muerto, al Sr. Rascón, de San Luis, víctima de ciertos rasguidos de ultratumba que no le han dejado hueso sano. Este señor falleció por causas que no me incumbe averiguar, y de males que no conozco; pero no fue muerto: es simplemente un muerto. En vida no le conocí; pero en cambio sí conocí a su hermano, el cual también ya murió. "En muerte— como diría Petrarca —le conozco muchísimo". Estoy por decir que es uno de mis íntimos amigos. ¡Tanto así han hablado de él!

* * *

Ha llegado a fastidiar tanto el trasiego de ese apellido, con puntas de aumentativo, que ganas entran de encararse o encalaverarse con el muerto y decirle en tono agrio: "¿Quiere Vd. hacernos la merced de morirse de veras? ¿Sí o no"? Lo desesperado del caso es que si contesta el difunto negativamente, no queda ni el recurso de matarle.

La razón natural basta para comprender— diré plagiando el catecismo de Ripalda—que Rascón murió tan naturalmente como vino al mundo. Pero ese cadáver, por quién sabe qué majaderías de la suerte, ha sido pasto de los médicos y palillo de dientes de los periodistas. Muerto Rascón, diéronse a fantasear los ociosos y los malentretenidos una novela sin pies ni cabeza que, como todo lo absurdo, tuvo creyentes y hasta fanáticos. "Rascón— decían los noveladores —ha muerto asesinado; Rascón era un Nabab; Rascón era un enemigo formidable del Gobierno; Rascón era un grande hombre; Rascón no podía morir como el común de los mortales".

Antaño eran abogados y notarios los que enredaban cualquier asunto; ogaño se encargan de ello los médicos. Éstos por poco no se fueron a las manos, disputando acerca de si Rascón murió de enfermedad que acaba en *itis* o de enfermedad que acaba en *otes*. Y como no pudieron entenderse resultó que o Rascón no había muerto o había muerto de una manera sobrenatural.

* * *

Curiosos son esos dictámenes de los facultativos, quienes ya empeñados en la lucha, se entraron a cazar en vedado, convirtiéndose en legistas y en jueces instructores. Instruyen el proceso, compulsan testimonios, dilucidan sobre la fe que debe darse a las declaraciones; hacen, en suma, todo aquello que no es de su incumbencia. A tal extremo llegó esta escena del *Médico a palos*, que fue preciso apelar a la Suprema Corte de Justicia médica residente en México. Y, efectivamente, ésta decidió que no tenía rabia el perro que mordió al Sr. Rascón.

Quedamos, pues, en que no hubo tal crimen, ni tal *rasconeo* ni cosa que lo valga. El finado se fue al otro mundo por los conductos legales, por el sistema antiguo. Y esto sabíanlo todos en San Luis antes de que un gacetillero tramase la novela sensacional que ha popularizado el nombre de Rascón.

Los doctores últimamente consultados, dicen con buenos modos y mejores razones, que no hubo en tal muerte nada que revele asesinato, suplicio, tortura o siquiera una mínima lesión hecha por mano criminal. Queda todo esclarecido; pero surge este problema: ¿cómo, ya que no podemos cuando vivos, salvarnos del reporterismo, podremos, cuando muertos, ponernos al abrigo de esa plaga? Mañana muero y si a un *repórter* se le ocurre asegurar que fenecí de modo trágico, presa de mis rivales y enemigos, exhumarán mis restos (que ya son verdaderas restas de individuo) y se gastará lo poquísimo que deje a mi familia en pagar médicos, cirujanos, desenterradores y corchetes. Desde hoy digo y declaro que moriré de muerte natural, aunque de mala gana. Si algo quieren conmigo, regístrenme vivo y de una vez: al cabo y al fin, se pueden ya contar todos mis huesos.

En último análisis, el Sr. Rascón y la pantera de San Cosme fueron de la misma familia. A la pantera viéronla muchos, entre ellos un músico de tres bemoles. Del cruento suplicio de Rascón fueron testigos Diez Gutiérrez, veinte González y cuarenta López. Y no hubo pantera, sino borrego o zorra, ni hubo tal suplicio.

Para llegar a ese punto final, sale de sobra tanta coma. Que se coman al muerto los gusanos, únicos invitados a la mesa; pero que no se lo coman las malas lenguas y los médicos. Piensen, pues, los auténticos Señores Gayosso, los Gayosso tocados al original, en el modo y forma de impedir que los cadáveres presten servicios personales sin la debida remuneración.

7 de septiembre de 1893

[59]

Lengua francesa.

Los últimos telegramas de Francia consignan una noticia rayana en milagrosa. Las últimas elecciones no han dado el triunfo a los oradores contumaces, a los maníacos de la elocuencia parlamentaria, a los maestros en la esgrima de la interrupción, a los diestros para interpelar a quema ropa. Ahora se reconoce en todo la verdad del proverbio árabe y por lo mismo acaso el elector francés ha preferido el silencio a la vocinglería.

Es increíble el tiempo gastado y perdido en hablar por las cámaras francesas. En los Estados Unidos se discute la derogación del *bill* Sherman en pocos días; las comisiones del Senado han celebrado juntas de veinte minutos de duración para tratar del mismo asunto: en Francia la sesión de la Cámara se encrespa, se alarga, se ensancha, se sale de madre, cuando se trata, por ejemplo, de golpes leves dados por un agente de policía a un estudiante revoltoso.

En Inglaterra muy raras veces hay tempestad en el Parlamento. En Francia el barómetro de las cámaras siempre anuncia tormenta; y, lo que es más raro, el barómetro nunca se equivoca.

*　　*　　*

Los españoles hablan mucho, y bien; pero largo y tendido. Son ampulosos, pródigos de figuras retóricas, enamoradísimos del período amplio, de la cláusula sonora, del discurso pomposo, fabricado en forma de catedral; son literatos, ante todo, pulquérrimos hablistas, donosos y corteses, como Donoso Cortés; pero sus contiendas oratorias, tienen mucho de las antiguas pistas caballerescas, de los torneos medioevales, son vistosas, galantes e inofensivas la mayor parte de las veces, porque usan, de preferencia, los campeones, lanzas embotadas.

En Francia la logomaquia reemplaza la tauromaquia. Como allá no hay toros, le dan al pueblo para que se entretenga corridas parlamentarias.

El bicho siempre es el ministerio. Lo capean los conservadores, listos y de buenas piernas; lo aturden a gritos y sombrerazos los diputados que ocupan los tendidos de sol; y luego saltan los banderilleros y le clavan interpelaciones, groserías, frases de punta, hasta que llega el primer espada o el de alternativa y, después de varios pases o sesiones, clava su estoque al gabinete.

*　　*　　*

Corrida de toros y palenque de gallos juntamente es una sesión de la Cámara francesa. Cassagnac es famoso para amarrar la navaja. Los monarquistas son muy hábiles para los tapados. Y el gobierno, entre esa confusión de lenguas, en medio de ese rehilete de palabras, braceando en el tumulto de las interrupciones, tiene que estar siempre sobre aviso, vigilando su campamento, pronto para ver la primera chispa que reluzca, para oír el primer disparo, para mover su caballería ligera con indecible rapidez.

La elocuencia que predomina en esos debates es la elocuencia de repetición, la elocuencia de revólver. Todos los diputados tienen la mano en el gatillo y todas las pistolas son de pelo.

*　　*　　*

Imposible es en esas cámaras el discurso majestuoso que se extiende y corre como caudal de río crecido en las cortes de España; imposibles son esas octavas, reales en prosa, esas arengas con exordio y peroración, con puños y conteras como varas de Alcalde: el orador francés, no jinete en caballo que escarcea brioso, recorre la historia, a manera de príncipe, pasando revista a sus ejércitos de gala; él, a medio vestir, pistola en mano, salta del lecho y hace fuego apuntando al primero o a la primera que se le presenta. Las oposiciones se baten en guerrillas. Su táctica está basada en la sorpresa.

*　　*　　*

¿Qué hará Francia con una cámara sin oradores de esa clase? ¿Qué hará sin Cassagnac, el que tan bien clavaba banderillas de fuego, y sin Clemenceau, el Frascuelo parlamentario?

Ya verán ustedes como se las compone al gusto, y resultan oradores los que no lo parecían. En Francia hasta Lázaro el mudo pide la palabra.

9 de septiembre de 1893

[60]

El globo siempre cautivo.

El Sr. D. Joaquín de la Cantolla y Rico, bajo todos los gobiernos, quiere siempre ascenso, y el Sr. D. Joaquín de la Cantolla y Rico se queda siempre sin ascender bajo todos los gobiernos. No hay en toda la República un solo mexicano de cuya salud cuiden las autoridades tanto como de la de este aeronauta infortunado. La patria conserva los restos de Cantolla con religiosa veneración.

A pesar de esto, el hijo predilecto del Gobierno del Distrito quiere subir. Lo llama el cielo. Solicita anualmente la licencia respectiva, y anualmente se la niegan. Por modo que, bien puede prometer que ascenderá a un millón de metros, y que, desde esa altura, se echará de cabeza o volará sostenido por los faldones de la levita: todo puede prometer. El Sr. D. Joaquín de la Cantolla y Rico no obtendrá la licencia requerida.

¿Para qué quiere subir el Sr. de la Cantolla? Seguramente quiere subir, como todo mexicano, para no hacer nada. Nadie ha visto que ese señor haga algo de provecho en la región de las nubes. Sube porque el globo se infla, y baja cuando se desinfla. Jamás lleva instrumentos consigo, porque según dice, con muchísima razón, él no es músico, sino aeronauta. Lo que le place es elevarse sobre todos, verles muy pequeñitos, ir como colgado de su chochocol flotante moviendo la bandera mexicana. Con eso cree ser útil a la patria, hombrearse con Hidalgo, con Morelos, con Zaragoza, dar muestra evidente de ese valor mexicano, que no corre, precisamente por ser valor en los mercados.

¿Por qué se opone la autoridad a que el Sr. de la Cantolla disfrute de ese placer inocentísimo? Todo lo que puede sucederle, es que se mate; pero ¿bajaría más la plata porque el Sr. Cantolla bajase de cabeza? ¿La muerte de ese señor significaría la pérdida de nuestra independencia? ¡No, señor! La muerte de Cantolla, acaecida en tales condiciones sólo será una gran calaverada.

* * *

Si le viéramos tamaños para descubrir la dirección de los globos, habría razón para no permitir sus ascensiones. Descubierta ésta, cambiarían las condiciones económicas, políticas y sociales de los países. El coche para el viaje aéreo existe ya: sólo falta el cochero. El día en que aparezca éste, ¡infelices de los propietarios, infelices de los ferrocarrileros, infelices de los marinos!

Ya no se nos dirá: "aquí tiene Vd. una casa a su disposición"; sino: "ahí tiene Vd. un globo a su disposición". ¿Qué harán los cobradores para que le paguemos? ¿Qué harán para correr los militares?

* * *

El Sr. de la Cantolla, por fortuna, no lleva trazas de inventar esa extraordinaria dirección, aunque todo él sea trazas.

Aeronauta pacífico y no revolucionario, sube tranquilamente y nada más a humo de pajas.

¡Y cuántos años hace que no le permiten ese desahogo! Le cortaron las alas como a los chichicuilotes, y él las arrastra por el suelo, convertidas en faldones. De orden suprema está enjaulado el respetable Sr. de la Cantolla.

Si mañana lo atropella un coche, le rebana una bicicleta, le traga una de las tribunas que han construído frente a la Alameda, Cantolla morirá en el destierro y de muy mala gana. ¿Por qué si de esos riesgos no le libran, hay tanto empeño en prohibirle un descalabro al plato, como el que tanto ha apetecido?

Señor, Señor el pájaro perdido / Puede hallar donde quiera su alimento, / En cualquier árbol suspender su nido / Y a cualquier hora atravesar el viento.

¡Y Cantolla, Señor, Señor, no puede hacer nada de eso!

Puede sí desafiar los peligros mayores; pasar por la Santa María de la Ribera / ... a donde nunca / Posó jamás su pie gendarme alguno.

Cuando en la parroquia suena el toque de ánimas, puede cenar en la Concordia; puede surtirse de vinos salicilados en las tiendas; puede ir a Oaxaca en el ferrocarril; subir en su globo panzoncito y con alma de cántaro no puede.

¡Si desea morir a gusto, tendrá que volarse la tapa de los sesos!

12 de septiembre de 1893

[61]

La muela de oro.

Los lectores del *Universal* habrán leído la carta (publicada ayer) de D. F. P. Cáceres, relativa a cierta famosa muela de oro que le ha salido a una chiquilla guatemalteca. El Sr. Cáceres, hombre muy verídico, a quien no tengo el honor de conocer, asegura que con sus propios ojos, que la tierra ha de comerse, vio ese prodigio de orificación espontáneo; y yo ni por un pienso (mucho menos por el pienso que le dio a su caballo el Sr. Cáceres), pongo en duda la palabra de tan respetable persona; algo, sí, me desanima: leer en la carta del Sr. Cáceres que la muela es de oro *o lo parece*. Este puñal de la duda, puesto al fin de la cláusula, me traspasa el corazón.

Espero en Dios, sin embargo, que la muela resultará de oro fino y que la villa de San Juan Ostuncalco pasará a la Historia por haber sido cuna de tan preciosa dentadura. Mi perrito *Anabasis* ha visto cosas todavía más raras.

* * *

Cuando por el carácter zumbón que el cielo me ha prestado, reí de la peregrina muela de oro, el Sr. Cáceres ni D. Rutilo F. Maldonado, ex-Caballero Cadete de la Politécnica de Guatemala, habían dicho cosa acerca del particular: ahora que ambos dan por real y positivo el hecho, ya no es lícita la duda. Cuando un ex-Caballero Cadete que se llama Rutilo dice: —¡Yo lo ví!— debemos todos quedarnos como si lo estuviéramos mirando.

Además, desde que publiqué aquel mi artículo burlesco hasta el día fecha, han pasado en Guatemala sucesos que, por sí mismos, mudan mi criterio. La vecina República del Centro se cree dueña de mucho oro, cree que el oro no vale nada y que los importadores no tendrán dificultad en darle cuanto oro pida. Este fenómeno, inexplicable para los economistas, no debe causar extrañeza alguna a los que conozcan el grave asunto de la muela. Se ha pensado acaso Guatemala que cada boca es una mina, y, como llegue a ser patente lo que ahora barrunta, con dar la cartera de Hacienda a un sacamuelas la situación financiera será próspera. Todo consiste en amolar primero a los guatemaltecos, luego en desmolarlos, y por último en acuñar las dentaduras.

Ya está hecho lo primero y se está haciendo poco a poco lo segundo.

* * *

El porvenir no puede presentar mejor cariz: si ya tiene Guatemala una muela de oro, ¿de qué será la muela de juicio que no le sale todavía? De ir como va, muy pronto cambiará de nombre, llamándose, en vez de Guatemala, Guatemuela.

Luego que se generalicen (en las repúblicas latino-americanas todo se generaliza, todo llega de un brinco a general) esas muelas preciosas, los novios denunciarán bocas en lugar de pedir manos.

El beso se considerará como un conato de robo, y las personas prudentes andarán como San Ramón Nonnato, con un candado en los labios. Con harta razón, el verídico Señor Cáceres, a quien no tengo el honor de conocer, sale en defensa de esa niña, precursora de la nueva edad de oro. La muchacha, según el mismo Sr. Cáceres, pertenece "a la clase ladina". ¡Así lo creo! Y sus padres, a mi juicio, han de pertenecer a la clase muy ladina. Agrega también que muchos curiosos acuden a verla y que a todos pasma el prodigio; mas no dice cuánto paga cada curioso por ver la muela de oro.

* * *

Ahora bien, pregunto yo: ¿las academias y sociedades científicas no han practicado ninguna vista de ojos (con las manos amarradas) en esa boca milagrosa? ¿El clero no reclama para sus templos a la niña?

De tales dudas quiero que me saque el muy amable Sr. Cáceres, aunque sea ayudado por el ex-Caballero Cadete de la Politécnica.

En estos momentos de crisis monetaria cuanto se relacione con la producción del oro es de suma importancia.

Desde que leí la carta del Sr. Cáceres, a cada rato me introduzco el dedo índice en la boca, por ver si da con alguna pepita de oro en figura de muela; y, hasta este instante, la única pepita que me he hallado es pepita de calabaza.

El oro, en México, ya no se ve ni en las casas de juego.

¡Ojalá que el Sr. Cáceres se trajera por esta su casa a la niña de la muela!

¡Una muela no más!... ¡Pero qué muela!...

Acá la probaríamos perfectamente, con agua fuerte, con todo lo que fuese necesario; y de probadita en probadita nos acabaríamos.

Esa niña, para abrir boca, es excelente.
13 de septiembre de 1893

[62]

Platillo-Programa.
Potpourri patriótico nacional.
La 9ª Demarcación.

La novena Demarcación, compuesta casi en su totalidad de personas adyacentes que no han cantado nunca en público ni pertenecido a ningún Congreso Científico, se propone celebrar de la manera más terrible y fecunda para la irrigación de nuestros campos, la fiesta del Sr. Hidalgo, Cura por desgracia, y padre del Continente mexicano, mayor todavía que el contenido. Apela, pues, al patriotismo ofensivo y defensivo de todo el vecindario y se limita a decir con nuestro glorioso himno nacional: —¡Mexicanos, al grito de guerra / La pistola empeñad y el cañón!

El fruto de las entrañas de la comisión está en el siguiente

PROGRAMA
Día quince.
Al rayar el alba, los cobradores de las casas habitadas en el perímetro de la Demarcación, se presentarán, recibo en mano, a los señores inquilinos, advirtiéndoles así que ya es llegado el día solemne de pagar la renta o cuando menos la mitad de ésta.

Un repique a vuelo en los portones de las escaleras, anunciará a los vecinos que ha comenzado la insurgencia de tenderos, sastres, panaderos y demás dependientes de los únicos independientes que nos quedan.

Las sobrecamas, después de haber cumplido al pie de la cama y algo más arriba, todos sus deberes, saldrán a lucir en los balcones, como preciada insignia de la paz doméstica.

Las señoras que tengan fotografías de sus abuelos, podrán colgar el del macho en medio de la sobrecama, habilitándole por esta sola vez de Cura Hidalgo. El de la hembra puede hacer de corregidora Domínguez.

A las 8 de la noche comenzará una función cívica de invitación en el elegante teatro de los agachados. Se advierte que la función es cívica para que los señores militares retirados, parroquianos y contertulios de la Velería no gasten en desempeñar las cruces de paciencia y mansedumbre reconocida con que les premió una tía segunda del General Bustamante.

El comisario de la novena Demarcación leerá en alta voz la novena del día, siendo al fin saludado por espontáneos, prolongados y frenéticos aplausos.

Acto continuo, un distinguido náufrago de la Penotti, el cual ya va en vía de comer algo, cantará el aria famosa: *¡Ésta será mi lavandera!*

El segundo actor mexicano D. Manuel Estrada y Cordero, vestido rigurosamente de luto por sí mismo, declamará unos versos expósitos, recogidos en el corral del Concejo.

La antigua y célebre primadonna Doña Altagracia, se ha prestado, como de costumbre, bondadosamente a cantar en unión del más respetable ex-escribiente de Guerra, el dúo de los paraguas.

(La demarcación da las gracias al Sr. Cura por la buena voluntad con que le facilitó uno de esos preciosos adminículos tan interesantes en la estación de lluvias, el que, conjuntamente con el del Comisario, forma la dualidad de los paraguas en el vecindario. La demarcación espera muy fundadamente, que ese paraguas del clero en manos del más barítono de nuestros hombres cívicos, sea el símbolo de la concordia entre la Iglesia y el Estado.)

El niño Pepito leerá una fábula, compuesta por un boletinista del *Monitor* (independiente).

Quince minutos de meditación.

A las once en punto de la noche, hora en que se acostaba el Venerable Palafox, Dolores dará un grito.

Día dieciséis.

A la hora en que despierte el campanero y dé el toque de alba, el Sr. D. Luis G. Iza, nombrado al efecto en atención a su apellido, izará todos los pabellones, con excepción del pabellón morisco.

Un llamado repique en los llamados campanarios de las llamadas iglesias, despertará a los vecinos, a sus mujeres y a sus hijos, anunciándoles que ha brillado un nuevo día de lucha con suegras, con cuñadas y con yernos.

Los músicos, con sus respectivas barrigas, harán la mañana en las casas de los patriotas más fermentativos.

A las diez en punto se dirigirá el Comisario, acompañado de todos los independientes, es decir, de todos los que no tienen colocación ni empleo, a la Plaza Principal, en donde de buenas a primeras leerá el Sr. D. Joseph Miguel Macías un discurso en cien partes y diversos cuadros.

Concluido el cientopiés, se desahogará el conocido poeta cívico Don Lucas Gómez, de una oda que tiene adentro hace diez años.

La comitiva, sin comer todavía, se dirigirá a la glorieta de Colón y allí el señor académico Don Rafael Gómez (no hermano, sino primo segundo del anterior), leerá el poema que ha escrito con el nombre de la glorieta y que no es inédito, pero como si lo fuera.

Esta lectura oída bastará para que se pase el día honesta y reposadamente en brazos del más dulce y apetecible de los sueños.

Por la tarde y para el pueblo habrá pelo ensebado en algunas de las más aristocráticas barberías.

Para la clase acomodada se han dispuesto carreras en chancletas y otros pasatiempos igualmente zoológicos.

En la noche se quemarán vistosos suegros artificiales, y al grito de "¡Mueran los gachupines!" hábilmente sofocado por la policía once horas después, los buenos mexicanos renovarán las épicas luchas contra la dominación española.

Para animar la contienda se dará un virrey a cada ciudadano.

*   *   *

La 9ª Demarcación cree y espera que su voz será oída. No es *La Voz de México*, no es *La Voz de Hipócrates*, es la voz de la patria. —EL COMISARIO.
14 de septiembre de 1893

[63]

Nuestra noche de Navidad.

La torre Eiffel, la enorme I cuyo punto es la luna—¡perdón por el plagio, oh sombra de Musset!—tiene trescientos metros de altura. Junto a ese armazón de un paraguas titánico, las torres de Notre Dame semejan las dos piernas de un pantalón obscuro, que el invisible gigante dueño del paraguas se quitó con desdén, porque estaba pasado de moda y porque ya le venía corto. Pero la torre Eiffel, la orgullosa torre Eiffel, la que mira a sus plantas las Pirámides de Egipto, la que no reza porque no puede entrar a ninguna catedral, es nada más el esqueleto de un paraguas que la ciudad levanta al cielo en ademán de ridícula amenaza.

A su extremo superior sube la golondrina sin cansarse, como subimos nosotros el tramo de una fácil escalera.

¡Como que la modesta y coquetuela golondrina, la que parece costurerita humilde en el reino de las aves, puede volar a 2,500 metros! No le es posible ascender a Treasure-City, en los Estados Unidos; porque Treasure-City está situado a 2,793 metros. Ya cuando llega al San Bernardo está cansada y allí la reciben los buenos padres y la curan.

El milano, que vuela más, porque es muy ambicioso, pero que, a pesar de ello, no puede subir en Bolivia a la ciudad de Portugalete, aletea, cuando quiere, sobre la española Maladetta y sobre el Pico de Tenerife.

Pero el milano nunca podrá planear sobre el San Elías ni sobre el Monte Blanco, ni sobre el Popocatépetl, ni sobre el Pico de Orizaba. A esas cumbres sólo llegan las águilas, las que suben sin fatigarse al piso último de la casa habitada por los hombres, a la ciudad más alta de la tierra: Thock-Djalung en el Thibet.

Nuestros dos grandes volcanes sólo ven a su altura un monte de África; y, más altos que ellos, los de Asia, y en América, el Aconcagua, el Cotopaxi, el Chimborazo.

*   *   *

¡Qué hermoso es ver a esos titanes de perpétua nieve en las diáfanas tardes que nos trae la caída del Otoño! ¿"La mujer dormida" no os parece el alma yacente de una raza mártir? ¿Por qué no han de morir las almas? ¿Por qué no han de tener cuerpo, cuando muertas, siendo el cuerpo de nieve? "La montaña que humea", o, más bien la montaña que humeaba, ya no levanta su penacho de guerrero, su penacho formado de enormes y ondulantes plumas grises; ya de su cráter no brota el humo de la sangre caliente ofrecida en holocausto a las divinidades; es la urna cineraria de una civilización extinta. El Pico de Orizaba se adelanta hacia él como espiando al enemigo.

*   *   *

¡Titanes patrios, sacudid el sueño y celebrad la fiesta de los libres! En la noche sagrada, en la noche de los conjuros misteriosos, preludia su himno el bosque inmenso; hálito de rey triste hiere las harpas eólicas y el chasquido de la hojarasca delata a los grandes evocados en la sombra caminan.

El mar tiende una alfombra de encaje blanco para que sobre ella pasen los que vienen bajando por el horizonte, revestidos de luz y con la oliva de la paz. Así se apareció Jesús a los apóstoles en la noche de la pesca milagrosa.

De improviso, el bosque se incendia. Cada árbol es una antorcha gigantesca. Las llamas que como haz de serpientes erige y tremola el Popocatépetl tiñen de rojo una colosal franja del cielo. Irradia blancura "la mujer dormida" y sobre estas dos cintas maravillosas, tiende la paz su verde, inmensa rama.

Mirad los tres colores reflejados en el augusto Pico de Cristal. ¡Allí en lo más alto, en la suprema cumbre, se desenvuelve!, ¡oh patria, tu bandera! ¡Allí tu águila abre sus alas victoriosas!

Esta noche hay navidad de gloria en las montañas.

15 de septiembre de 1893

[64]

Rataplán.

En estos días de aparatosos desfiles, de revistas y de grandes paradas, sin quererlo yo hago memoria de un tambor inválido que fue mi amigo, mi vigilante cuidador, el único héroe de quien tuve noticia y a quien conocí, palpé en mi infancia. A la sazón era ordenanza de mi padre. Cargaba mis libros cuando me llevaba a la escuela; volvía por mí a las doce; y en las noches me contaba lances de sus campañas. Ningún orador, ningún conferencista, ningún libro me ha entretenido tanto como aquel tambor que ya no tocaba. Me parecía muy grande, muy valiente, y cuando

más por ver los grabados que por leer el texto, repasaba yo la *Historia Popular de Napoleón*, buscaba entre aquellos soldados para mí tan vivos en la estampa, alguno que se asemejara al viejo amigo.... ¡Ya lo creo que era viejo!

¿Quién como él? ¿Quién tan bravo? ¿Quién tan generoso? Tal vez sólo Napoleón se le parecía. Los soldados que veía pasar desde el balcón en las festividades cívicas, me parecían pequeños, chiquitines. ¿A que no saltaban una trinchera como él? ¿A que no pasaban tres noches en vela como mi tambor, de pie, sin moverse de su puesto, frente al enemigo?

*   *   *

Aquel héroe sólo tenía una debilidad: delante de un ratón temblaba. También yo.

Él no tenía tambor, pero tocaba el mío; aquel que me dieron un día de San Juan y que él guardaba para dármelo en las fiestas grandes. Muchas veces pasaba horas y horas redoblando en aquel tambor de juguete, y solía poner cara muy triste, como si pensara en sus padres, ya muertos.

¡Pobre tambor! ¡Ahora interpreto aquella expresión nostálgica de su fisonomía! Veía pasar en su imaginación las noches frías del campamento; escuchaba la voz de ¡alerta! a cada instante dada por el centinela y que iba alejándose de boca en boca hasta perderse en el silencio de lo remoto; y fija la vista en aquel cuadro de los días pasados, no tenía miradas para las realidades vivas, en los instantes que corrían, aguijoneando, como turba de chicuelos, el majestuoso paso de las horas.

Él no estaba, ni podría estarlo, bien hallado con la paz; para él no eran soldados los que no se batían a cada momento; mas cuando un batallón o un regimiento pasaba, yendo de camino, mortal tristeza le invadía el semblante. ¡Ya no era de la partida, ya no era de aquéllos; la vejez teníale preso; su pierna era de palo y su tambor el de un muchacho! ¡La carne de cañón, desdeñada por el cañón y la metralla, servía para cocinar como mujer, para llevar y traer chiquillos a la escuela!

¡Y cómo le desazonaban las burletas de los mozos, los chistes con que se complacían en asaetearle las sirvientas! Le llamaban a veces mentiroso; reían de sus campañas, al mirarle enfermo, anciano y padre. Por eso buscaba refugio en mí, en el niño crédulo, en el único que aún abría desmesuradamente los ojos al oírle. Yo era su signo de admiración.

*   *   *

Una noche—ya estaba el infeliz en sus postrimerías y esto ocurrió precisamente en 15 de septiembre por la noche—se agravó su enfermedad y subí a verle. Tenía los ojos como dos cuentas de vidrio manoseadas, casi no hacía bulto en el jergón, y junto a esto, sirviendo como de mesa a la taza del medicamento, estaba mi tambor, aquel tambor que fue el consuelo de sus últimos años, el que redoblaba para despertar recuerdos.

Se iba él apagando. La llama de la vida lamía la arandela ósea de aquel cuerpo. Quiso hablarme, a punto que pasaban los soldados por la calle tocando la diana de las once. Entonces se incorporó, se le encandilaron las pupilas, cogió el tambor, tirando la taza puesta encima de él, y con sus dedos afilados, con sus canillas de esqueleto, redobló triste, muy tristemente y sus últimas fuerzas se perdieron en aquel último redoble.

* * *

Ya se alejaban las músicas; el ruido del tambor, como galope de un regimiento de notas compacto y uniformado; el toque de los clarines, como potente grito juvenil lanzado a campo raso el día de la victoria! ¡Ya se iban las músicas! ¡Ya se iba también la existencia de aquel hombre! Quedo... más quedo... lejos... todavía más lejos... ¡nada!

Desde entonces, cuando oigo el rataplán despertador de entusiasmos y energías, pienso en mi tambor de muchacho y en la agonía del pobre viejo.

20 de septiembre de 1893

[65]

Salsa borracha.

En la gran cartuja, según cuentan, salúdanse los reclusos de este modo:

—Hermano, de morir tenemos.

—Sí, hermano, ya lo sabemos.

Y tal parece que los encargados de cumplir las disposiciones superiores del Gobierno del Distrito se han aprendido de memoria la segunda parte de aquella salutación tan peregrina.

Quince días hará el señor Gobernador recordó algunas de las reglas vigentes, y olvidadas por lo mismo, a que deben sujetarse los expendedores de pulque; dictó otras, con el fin loable de prevenir escándalos y riñas en los tales expendios; y la prensa, estimando en lo que vale, y mucho es, el celo del señor Gobernador, tuvo a bien elogiarle merecidamente. Muchas medidas de policía se han tomado con el propio objeto desde épocas lejanas hasta la corriente; el Sr. Montiel y Duarte las codificó, si así puede decirse, reuniéndolas por separado en un cuaderno; mas todas ellas, a pesar de la sana intención con que las expidieron sus autores, jamás por jamás, llegaron ni tampoco han llegado a realizarse.

* * *

El Sr. Gral. Rincón Gallardo quiso que las recordaran sus inmediatos subalternos, y que cuidasen de su extricta observancia los agentes de éstos; dio nuevas disposiciones todas atinadas y fue de esperarse que lo no conseguido por sus antecesores, sí lograra él realizarlo, dada la energía manifiesta con que procedió. Lo malo es que los aludidos, empecatados, subalternos, sábense de memoria el: Sí, HERMANO, YA LO SABEMOS, y como los cartujos, continúan guardando la misma actitud meditativa, sin levantar cabeza y como si lo dicho nada se les diera.

Es de fundamental importancia impedir que en las pulquerías se reunan muchos parroquianos, formando verdaderas asambleas de ebrios y perdiendo el tiempo en algo peor, mucho peor que la holganza; ya es sabido que de esos centros tabernarios, en donde es natural la provocación a la embriaguez, parten camorras, pleitos e intentonas delictuosas; allí se fraguan crímenes y se aguzan los cuchillos que han de relucir en las riñas; allí fermenta la espuma del puchero social: por eso mismo quiso el señor Gobernador acabar de una vez con esas asociaciones de la intemperancia a la intemperie y previno lo conducente para el caso.

Y LO SABEMOS, contestaron los cartujos; y es de ver cómo continúan hacinándose y agavillándose los ebrios en los que llaman en gacetillas "antros de inmoralidad", cómo rebosan en el embanquetado impidiendo todo tránsito fácil; cómo dialogan y conversan en sendos bancos.

* * *

Los Diputados, al ir a la Cámara o al salir de ella, pueden observar cuan numerosa concurrencia asiste diariamente a las pulquerías abiertas en la primera calle del Factor; porque, podrá no haber *quorum* en la sala de sesiones, pero siempre lo hay en las pulquerías y en el Empeño de la calle citada. Hay en esas algunos bancos que de preferencia, se dan a las damas, como es de cortesía; las discusiones suelen acalorarse y por la rubicundez de los rostros (no de los Rostros de Roma) échase de ver el fuego que anima a los *leaders* del vilblanco.

Si esto sucede en calle céntrica y a las puertas del herrero que fragua leyes moralizadoras, despréndese que, en los barrios apartados, será, por fuerza, más flagrante aún la violación de lo preceptuado. En los Sepulcros de Santo Domingo, (calle que se llama así porque hay muchos cuerpos auténticos de Santo Domingo) existe (¡con que también las pulquerías existen!) un templo de Xochitl, frecuentado por todos los muchachos del comercio y por algunos otros mozos de cordel. Allí, cuando no funciona la comisión permanente hay sesiones extraordinarias, tan concurridas como las famosas que hubo cuando la conversión de la herética deuda inglesa. Los que a ellas asisten son obstruccionistas e impiden el paso a los transeúntes, o les obligan, cuando menos, a cederles la acera en señal de respeto.

* * *

Y lo mismo sucede en otros cien lugares que fuera largo enumerar.

¿Tiene la culpa de ello el General Rincón Gallardo? No, por cierto. El no es Argos el de los cien ojos; ni puede pasear, invisible, como el encantador Merlín; ni convertirse en *Le prince Caniche* cuyo reinado historió en amena forma el ingenioso Laboulaye. El señor Gobernador no puede hacer la luz con un fiat sino con un Knight. Le es imposible ir detrás de cada una de sus órdenes para cuidar de que sean cumplidas; porque el señor Gobernador tiene un cuerpo, como todos los mortales, pero ese cuerpo no es un cuerpo de gendarmes. A él le basta ordenar, mandar, preceptuar, reglamentar; a otros les toca exigir el cumplimiento de las medidas dictadas. La culpa ha de ser, pues, de tales o cuales subalternos, de tales o cuales agentes, de tales o cuales gendarmes; y como la prensa tiene cien ojos, y algo de Merlín y algo del *Príncipe Perro*, compétele a ella la tarea de ir señalando los abusos, los descuidos, las tolerancias, disimulos, etc., que impidan el cumplimiento de lo mandado. Esto es precisamente lo que hago. Le sirvo al Gobernador un plato para que trinche a los que no le obedezcan, por modorros o por encubridores.

Si lo mismo se hiciera en todos los casos, fuera mejor el servicio de la policía. Requiere este que todos ayudemos: el particular acatando lo mandado, el periodista denunciando los abusos de que tenga noticia. Se requiere confianza en la policía, fé en su eficacia, y ahora que tanta y tan merecida confianza se tiene en el Gobierno del Distrito y en los empleados superiores de la policía, aconseja la sana razón que procuremos cooperar en su obra, conspirando todos para que enteramente se realice.

Los gendarmes de la novena Demarcación, esos que tan justamente suprimió el General Rincón Gallardo, son útiles cuando nada cobran, cuando son voluntarios y trabajadores. Y todo buen ciudadano debe ser gendarme de esa Demarcación imaginaria... o no quejarse.

21 de septiembre de 1893

[66]

Bocadillos de arroz.

Un médico excursionista, chino de pelo y víctima del yankee que odia el Celeste Imperio, proyecta escribir un libro titulado; *Tribulaciones de un médico en los Estados Unidos,* a semejanza del que escribió Julio Verne con este nombre, *Tribulaciones de un chino en China.* ¡Y no da para menos el asunto! Recorra el pío lector la carta escrita por un doctor muy estimable de los que a Wáshington marcharon y publicada en reciente fecha por *El Nacional;* recórrala y verá como no todo es miel sobre hojuelas en la viña del Sr. Cleveland. Desde el viaje empezaron las penalidades.

"La Empresa del Nacional Mexicano— dice el doctor —no cumplió, por ejemplo, (*por mal ejemplo será*) lo que había prometido, y desde la cena del día de partida que nos sirvieron en Toluca, dio a conocer lo que se proponía hacer con nosotros en el resto del camino, (*seguramente se proponía cenárselos*).

Alguno de nuestros compañeros comparó, y con razón, aquella cena insuficiente y malsana a la de los figones de a 15 centavos, de México; pero si mala fue peor siguió la comida que nos sirvieron antes de llegar a San Luis Potosí; nada más que entonces la protesta pacífica de la noche anterior tomó mayores proporciones, y por poco reviste la forma de una sublevación". (*Por poco no le pasa al Dr. Lavista lo mismísimo que a Colón, cuando los tripulantes de la carabela se le sublevaron. ¡Y pase esta reminiscencia columbina!*).

"Hubo quien expusiera elocuente y muy expresivamente su descontento, y, secundado por la mayoría de los congresistas, llevó la queja al Dr. Lavista por medio de un delegado, con cuyo encargo fui honrado, y dicho señor arregló satisfactoriamente las cosas con el representante de la Empresa, que venía con nosotros a bordo, a grado tal que en la tarde de ese día se nos sirvieron ricos helados que acabaron de enfriar los ánimos exaltados, y aunque no tuvimos en lo de adelante *tête de veau à la vinaigrette*, ni mucho menos, los nacionales ya no parecieron como de rancho de tropa y los pavos olían menos a cosa podrida, aun antes de llegar a nuestro Hotel-Car improvisado".

*   *   *

Como se ve, el conflicto suscitado tuvo las proporciones de un *casus belli* y si la diplomacia no hubiera andado lista habríanse comido aquellos náufragos de la Medusa al caballero representante de la empresa empacadora.

"Un nuevo incidente— continúa el Doctor —ocurrió el día 30. Poco después de salir de Laredo, alguno de los congresistas echó de menos un alfiler de corbata, prenda de valor y de recuerdos de familia, que desapareció de un saco de mano en el vagón. Se instruyó desde luego un proceso a los negros que tienen bien acreditada la manía de tomar lo que no es suyo, pero sin resultado positivo para el dueño; todo se quedó de tal tamaño y los negros probaron la coartada, pero el alfiler no pareció".

*   *   *

Y esta no es la más negra, a pesar de que triste sea para cualquier médico llegar a Wáshington sin alfiler y sin recursos de familia: la más negra aconteció a otros doctores, a quienes desnudaron por arte de birlibirloque, como si de ajeno hubiéranse vestido. El cronista refiere tal percance como sigue:

"A pesar de haber entregado en el acto que

[55]

llegamos a los hoteles los *checks* que amparaban nuestros equipajes, no nos fueron entregados hasta el siguiente día y al abrirlos observaron algunos que venían fracturados y que una policía abusadora había entrado allí a saco. Aparecían libros de unos en las maletas de otros y el cambio fue tan desventajoso para algunos, que en lugar de una estropiadísima gramática inglesa, le faltaban prendas de vestir por valor de ciento cincuenta pesos y éstas, por cierto, no aparecían en la maleta del que había perdido la gramática ni en ninguna otra".

Échense ustedes a pensar: ¿qué cara pondrá un hombre al buscar sus calzoncillos y encontrarse, en lugar de éstos, una gramática inglesa? Santo y bueno que sufra tal percance un escritor, de tantos como hay, aficionado a manosear el inglés y hasta a citar trozos de Shakespeare, desfigurados truculentamente, porque del cambio, bien podrá redundarle algún provecho; pero ¿de qué le sirve, pongo por caso, a D. Manuel Carmona una gramática inglesa, suplente intrusa de un par de calcetines? Nadie se viste de gramática, ni el mismo D. Rafael Ángel de la Peña.

*   *   *

Y falta lo mejor; nos falta el postre. Sus mercedes oigan:

"Ví abrir la petaca de un compañero a quien su familia y buenos amigos obsequiaron con esos riquísimos bocadillos de arroz que constituyen una especialidad de nuestra costa de Sotavento y dice él que le consta que venían muy bien acondicionados.

Pues bien, aquellos bocadillos se esparcieron a su gusto por todas partes: lo mismo andaban entre las camisas que entre los faldones de las levitas; unos se redujeron a polvo y éstos fueron los que menos daño causaron; pero otros quién sabe cómo se reblandecieron y en esa nueva forma bordaron a maravilla muchas pecheras que parecían un mapa con relieves de las montañas de la Suiza. Sólo la lavandera pudo remediar el desperfecto.

A ese mismo compañero, asediado por terribles insomnios y que carga dondequiera el jarabe de cloral, se le estrelló uno de estos frascos dentro de su maletita de mano y como no se apercibió de ello hasta el siguiente día, daba dolor ver sobre de aquel saco, papeles, algunos de interés, peines, cepillos, estuches de cirujía, todo hecho una masa compacta e intangible, que hubo que echar en remojo para desagregarlos, perdiéndose siempre una buena parte de lo averiado."

No cabe duda: este hermano médico es el genuino rigor de las desdichas. ¡Y tan goloso que ha de ser! ¡Y tan sabrosos que serían los bocadillos! ¡Perderlos en un día, y con recuerdos de familia, y todo! ¡Y perder las camisas, o sentir la vergüenza de que manos *yankees* las lavaran! ¡La camisa de un médico!... ¡La camisa sabia que acostumbra a lavarse muy de tarde en tarde!

Pasado este primer arranque de dolor, que no he podido reprimir, reflexiono que acaso fue ese reblandecimiento de los bocadillos una advertencia providencial. ¿El señor doctor está seguro de que no le dañan esas golosinas con recuerdos de familia y con memorias de sus íntimos amigos? ¿No atribuye a esos bocadillos de Sotavento los trastornos que le suelen venir por Barlovento, ocasionándole insomnios? Un bocadillo no reblandece como cualquiera espina por quítame allá esas pajas.

Cuando el bocadillo hizo mapas en las camisas, sus razones debe haber tenido. Y no me diga el apreciable hijo de Hipócrates, y emparentado por ende con el hipo, que el bocadillo era de arroz: porque el arroz, aunque sea blanco, a veces tiene el alma negra.

Para mí, el bocadillo no es inocente. Para el Agente del Ministerio público, tampoco.

Aun viéndole hecho polvo tengo miedo al arroz. ¿Qué, no sabe el apreciabilísimo doctor, que ese polvo de arroz suele acarrear al hombre muchos lodos? ¿No sabe que esos bocadillos constituyentes de una especialidad costeña, por venir de Sotavento, pueden traer el vómito?

Cuanto a los peines que se perdieron, por bien perdidos délos el Doctor. Un Doctor que se respete, un Doctor con D. mayúscula, tiene que ser calvo o aspirante a calvo.

22 de septiembre de 1893

[67]

Chícharos a la Mondragón.

Parando mientes en el número infinito de infalibles panaceas que anuncian los drogueros—no así llamados por mal nombre sino por gusto de ellos—decía alguien que sólo el que quiere morirse, muere hoy; y hojeando la prensa diaria desde el alba hasta las oraciones, o lo que vale tanto, desde Alva Luis hasta la *Voz de México,* pienso para mi coleto que si el gobierno pasa apuros por la crisis, culpa es suya y no del público doctor que le ofrece medicamentos a porrillo. La medicina doméstica, en sus aplicaciones a la economía política, mucho ha adelantado, y si la *Voz* propone para remediar los malos financieros polvos tan milagrosos como los de la Madre Celestina, otros, sin recurrir a magias ni a milagrerías, decantan las virtudes de mil y un remedios, al alcance de todas las fortunas.

Ahí está, para no dejarme desairado, el Sr. D. Palemón Bribiesca, el de la pólvora económica, el de la pólvora en salvas, o, más dicho, el de la pólvora que salva.

*   *   *

Tan apreciable caballero, salido por el ojo de un cañón de escopeta, trae la solución

[56]

fulminante del conflicto hacendario. Quema un infiernito para limpiar la atmósfera y—yéndose derecho al bulto—mata el problema disparándole un tiro a quemarropa.

El fusil Mondragón—calcula el nuevo sabio—dispara 60 tiros por minuto. El Remington, hoy en uso, sólo dispara diez en igual tiempo. En consecuencia, un soldado con fusil Mondragón vale por seis soldados con fusiles Remington.

La deducción es clara; no tiene yema. Pero todavía este profesor de la balística económica, consiente en reducir sus cálculos biliarios o balearios, y supone que el Mondragón solamente vale por dos Remington. No puede ser más complaciente el distinguido armero de la desarmada Hacienda Pública. Y aun amputado así el invento Mondragón, resulta en buena lógica— él lo dice —que sale sobrando la mitad de nuestro ejército. A éste llama el nuevo Sr. Bribiesca reducir el ejército en una escala limitada.

* * *

Como se ve, la economía propuesta es digna de sincera estimación. No tiene tacha. Cien mil farolitos de papel, a peso cada uno, son cien mil pesos. Casi no es ni economía lo que propone este Sr. Bribiesca, hasta hoy no Secretario de la Honorable Corporación Municipal: es despilfarro de cinco hombres por cada soldado, porque el fusil Mondragón, según informe facultativo, dispara igual cantidad de tiros que seis Remington; así que, con el nuevo armamento podría el ejército quedar reducido a la sexta parte. Esta reducción sería en escala menos limitada.

Yo tuve siempre mis sospechas de que este asunto acabaría a balazos. El señor Bribiesca ha venido a confirmarlas en su primera visita pastoral por los dominios hacendarios. El Coronel Mondragón, por de contado, ni tan siquiera presumía todo el alcance de su magnífico fusil. Fue necesario que un Palemón viniese con sus once ovejas a patentizarle la utilidad magna de ese invento.

Bien podría, empero, suceder, que al Sr. Mondragón no le gustara la palemónica aplicación del arma suya; porque si reducen el ejército a la sexta parte, como la lógica aconseja, y Mondragón por ende queda reducido, como coronel, al dedo gordo del pie izquierdo, dirá, no sin justicia y sin motivo, que el tiro le salió por la culata. ¡Tal es la suerte de los grandes inventores! Colón no creía haber descubierto un mundo nuevo. El Dr. Guillotín murió en la guillotina. Al Sr. Mondragón le va a caer encima la escala limitada del Sr. Bribiesca.

* * *

Mas, todavía ahondaremos el asunto: ¿no le parece al nuevo Sr. Bribiesca que los fusiles Mondragón y los fusiles Remington cuando no disparan son iguales y no sirven para nada?

¿Sí, verdad? Pues ¿para qué, en tiempos de paz quiere un ejército de Mondragones? Y aún, para el remoto evento de una guerra, ¿no cree fácil formar grandes ramilletes de fusiles Mondragón con el gatillo común en la parte inferior del porta bouquet, a fin de que pudiera dispararlos un solo hombre?

Acaso, acaso llegaríamos a obtener un ejército a la diez millonésima solución, un ejército de botiquín portátil, de bolsillo, tan eficaz como el que formen diez millones de hombres. Reduzcamos cuarenta mil soldados a la diezmillonésima parte, y la economía será mucho mayor. "Las cenizas de Alejandro—dice Shakespeare —tal vez sirven ahora para tapar el agujero de un tonel." El polvo de nuestro ejército tapará la abertura por donde se va la vida del erario.

Presupone el Sr. Bribiesca, cual debe presuponerlo un mexicano, que nuestros soldados serán todos inmortales. El no cuenta soldados, cuenta mondragones. Pero, ¿a qué soldados y para qué mondragones?; vale más guardar el ejército en su caja, como guardan los niños sus soldados de plomo, y dejar en pie de oidor al Sr. Frago, para que apague con sus bombas las revoluciones.

Reflexiónelo bien el Sr. D. Palemón en la cabaña del tío Tomás, lugar que habita el único Palemón que yo conozco y declare la paz obligatoria.

Sin embargo de todo lo que decimos en este artículo de carácter ligero, la idea del Sr. Bribiesca queda intacta en cuanto al fin noble y patriótico que entraña.

23 de septiembre de 1893

[68]

Bobo fresco.

Está en Belén un individuo que mató a otro "por tontera". Cuando le preguntan si ha padecido alguna enfermedad, contesta que estuvo muy malo "de tontera". Todavía no escribe dramas ese tonto, pero ya los hace. Y la mayor tontería será creerle tonto como él dice. —A mí me llaman el tonto, / El tonto de mi lugar; / Todos viven trabajando, / Yo vivo sin trabajar.

Hay tontos de muchísimo talento, y hombres de talento excesivamente tontos. El tonto que está en Belén, puede ser que no esté tan en Belén y que sepa irse a su casa. Y tal vez "por tontera" saldrá absuelto.

* * *

No intento preparar la opinión en contra de ese tonto. Deseo que, de veras, sea muy bruto. Pero, sin poder remediarlo, me parece un hombre inteligente. Hay quien se finja burro por llevarse el aparejo.

Antes teníamos locos y desequilibrados irresponsables. Si ahora se les da a los tontos patente de corzo para que maten, ¡adiós de mi dinero! Ya me parece oír a los defensores en jurado: —Es cierto que este caballero mató a su hermano; pero dispénselo ustedes, es muy tonto.

Precisamente la cualidad que distingue a los borricos, es la mansedumbre. Si comienzan a dar cornadas, dejan de ser burros.

Un ciudadano puede morirse de tonto; por no ir, *verbi gratia*, al consultorio Lucio, para que lo curen. Pero el que mata por tontera, ya se pasa de tonto.

Yo conozco a un amigo que lo es de la cabeza y que a ninguno ha asesinado. He visto un Anabasis que nada más menea la cola. Hay tontos que no hacen nada. Otros tontos hacen versos.

*   *   *

El tonto de Belén es demasiado trabajador. Va a comer al restaurant Universal y se almuerza al mesero. —¿Por qué?— le preguntan.

—Porque soy muy tonto.

—¿Querría almorzarse al dueño de la fonda?

Malo es, lector, que empiecen con tonterías los homicidas. Prefiero homicidas cuerdos y para la cuerda.

Al tonto que dispare balazos y mate a alguien hay que enseñarle a leer de corrido, y la letra con sangre entra.

—Pero, ¿por qué me fusilan?— dirá.

—Pues, ¡por tonto, caballerito! Pues ¡por tonto...!

26 de septiembre de 1893

[69]

Caballería rusticana. El escándalo de la Maison Dorée.

Las frecuentes riñas en los *restaurants*, vienen dándome la razón y demostrando cómo estoy en lo cierto cuando pido que se limite, con prudencia y tino, la libre portación de armas. Las armas las carga el diablo, dice el adagio; pero esto no es lo malo, sino que las armas las cargan los hombres. En Siam, por ejemplo, es desconocida esta costumbre de los países civilizados (con pistola al cinto) a cuya cabeza marcha México. El estado de bloqueo perpetuo en que vivimos, no puede sostenerse sin grave perjuicio social. Y no se diga que le ampara un precepto constitucional, porque la Constitución no es infalible, y nadie está obligado a dejarse matar porque el artículo número tantos quede incólume.

Desde luego, la Constitución adolece del medio en que se hizo, radicalmente diverso del en que hoy vivimos. Porque el país acababa de sufrir la tiranía de Santa Anna se quería libertad en todo y para todo. De aquí el curioso caso de que en la Constitución

política de la República haya un artículo sobre portación de armas, que debiera estar en un código de policía.

Además en aquellos tiempos, todavía sacudidos por las revoluciones y los trastornos públicos de todo género; ante las amenazas de la reacción y cuando se deliberaba tumultuosamente en las asambleas populares, era preciso armar al ciudadano para que la fuerza no le impidiera el ejercicio de sagrados derechos. Entonces no teníamos, ni era posible que tuviéramos, organización de policía. Estaban, a la sazón, los buscadores de libertad como los buscadores de oro en California. Y para aquéllos, como para éstos, el uso del revólver era indispensable.

*   *   *

¿Estamos hoy en parecidas circunstancias? No, seguramente. Puede irse a Tacubaya sin hacer testamento, y la entidad gendarme ha adquirido su importancia legítima. Pero el artículo constitucional sigue sin que pase día por él, y tan no reglamentado como otros muchos que andan, o, más bien, que duermen la siesta en el Pacto Fundamental.

Recientes y deplorables hechos prueban la necesidad de poner coto a los desmanes de ciertos caballeros andariegos que renuevan las riñas de capa y espada, con la agravante de que en estas contiendas renovadas, Lázaro es el que padece y Lázaro se llama el inocente. Triste es decirlo; pero así es: la estadística de la criminalidad en México, prueba que son más caballerosas, más leales, las riñas en los figones que las pendencias en los *restaurants*. En los figones el lépero, comúnmente hablando, no pelea. Los contendientes salen a la calle y allí se hieren o se matan. Muy pocas veces resulta maltrecho un inocente, alguien que no tome parte en el pleito, aun cuando sólo sea para impedirlo.

En los *restaurants*, los caballeros que no usan cuchillo ni navaja, porque esas les parecen armas de mala ley, riñen, sin respeto a las damas, sin cuidarse del público pacífico, a balazos. Y así resulta, en resumidas cuentas, que la pistola es arma de peor ley que la daga o que el cuchillo, porque en la mayoría de los casos, sirve para herir o matar a los testigos por fuerza de la riña.

*   *   *

Cualquiera pensará que un caballero, por la simple razón de estar delante de señoras, deberá reportarse; pero lejos de ello diríase que les anima y estimula a hacer gala de valientes, aquella grave consideración, y no reparan en el mal que pueden hacer ni en el desacato que cometan. Preferible es, y con mucho, la hidalguía rústica de nuestros léperos; no sólo porque su falta de educación social les obliga a menos miramientos, sino porque, en realidad, son más caballerosas las pendencias de éstos.

Debe también tenerse muy en cuenta que

esas lides a cuchillo limpio no causan grave escándalo, porque se empeñan en los barrios, ante gente de trueno que pertenece a la misma clase social que los campeones y acostumbrada de antiguo a escenas de ese género. En un lugar céntrico, frecuentado por personas decentes y no por barateros, tales pleitos escandalizan en sumo grado y, si el desenlace es funesto, causan positiva alarma social. Por lo mismo que no son individuos de mal vivir o de *rompe y razga* los que concurren a esos sitios, la sociedad está vivamente interesada en que se den a aquéllos las debidas garantías. Calcúlese la transcendencia que tiene para el dueño de una fonda principal el que ésta haya sido teatro de escenas escandalosas, con la que tiene para el amo de un figón.

Ahora bien, los reñidores pueden alegar una disculpa, si bien leve: puesto que está permitida, autorizada, sancionada la libre portación de armas, claro es que también está permitido, autorizado, sancionado el uso de ellas. No se lleva pistola para lucir la cacha ni para sentarse con alguna más incomodidad que los que no la llevan. Y si a un insulto no se contesta con un bastonazo, y a un bastonazo con un pistoletazo, ¿para qué sirven bastones y pistolas? Ya el hombre que carga revólver dispone menos de su prudencia que otro cualquiera, por la sencilla razón de que le cae más ridículo que a los demás cuando tolera que le agravien de hecho o de palabra, sin hacer uso del arma que para tales casos lleva lista. Ese hombre pertenece en parte a su revólver, por cuya honra ha de velar.

*   *   *

Lo conveniente, pues, para cortar de cuajo el mal, es prohibir el uso de esa arma o limitarlo mucho. La Ejecutoria de 4 de Diciembre de 74 declaró de uso permitido el revólver. En consecuencia, la autoridad administrativa poco o nada puede hacer. Toca al Congreso reglamentar el artículo 10 de la Constitución o suprimirlo.

Lo que a la sociedad le interesa es que no continúen los pendencieros suprimiendo piernas, brazos o individuos en nombre de la Constitución de 57.

29 de septiembre de 1893

[70]

Olla podrida.

Las leyes de Reforma no se cumplen en el teatro Nacional. Se conoce que es nacional. Por la baja de la plata tuve tres pesos y fui a *Otelo*. Está lo mismo el telonaje—como diría mi inacabable amigo Don Agustín R. González. Todos son recuerdos de familia en aquel escenario. ¡Y qué viejas están las respetables sillas en donde tomaba asiento Doña María Pagliari! Mucho ha llovido desde en-

tonces. ¡Sí! Se nota esto en lo descoloridos y deslabazados que están los tapices. Hasta parece que por otras humedades han pasado.

Ni en los bazares, ni en los empeños se encuentran tantas antiguallas. Parten el alma, de veras, porque cada una nos trae memoria de un difunto. Por ahí ha de andar penando el alma de Zanini.

¿A quién presumen ustedes que ví en el último acto de *Otelo*? Pues a la Virgen del Pilar de Zaragoza, a la mismísima virgen que tenía mi bisabuela arriba de la cama. Estaba ahí, sobre el reclinatorio, con su cuadro de madera color de chocolate. Le faltaba el exvoto que colgaron del lienzo cuando mi abuelito se iba a morir de escarlatina y se murió de albuminuria.

Con razón mi vecina—la que oyó a la Sontag—en cuanto Desdémona comenzó el "Ave María", la contestó diciendo:

—*Santa María, madre de Dios, ruega Señora, etc.*

¡También mi vecina ha de haber tenido bisabuela!

*   *   *

La alcoba de Desdémona era de la época, con su bonita sobrecama floreada y sus dos almohadas de randas.

En cambio no eran de la época ni de la recámara los gobelinos que tapizaban las paredes. En estos aparecía Enrique IV a caballo saludando al pueblo.

La luna de Venecia colocada sobre una consola (estilo casa de sesión espírita) no era propiamente hablando, luna de Venecia. Conjeturas hay de que era la luna de Valencia. Notoriamente era luna en cuarto menguantísimo: luna en cuarto de pobre.

Por los demás muebles y adminículos de la escena no se podía dar con la época de la obra, aunque a juzgar por la vela que ardía sobre una mesa, es de presumirse que aquella pasa en la época del sebo.

Alguien preguntó si dirigía la escena Juan Mateos.

Con efecto, el escenario de la ópera, escenario en donde toda incomodidad tiene su asiento y los actores rara vez tienen asiento, es, por excelencia, el punto céntrico de los anacronismos. ¿Han visto ustedes en el *Trovador* una capillita a orillas de un lago, una capillita que parece huevo de Pascua y que se parece como un huevo a otro huevo a alguna que hay cerca de la Presa, en Guanajuato? Pues esa capillita es un gran monasterio. Está en el camino real porque es del Rey. Y hay agua junto porque las once mil vírgenes son muy limpias y bañan todas las mañanas a sus criaturas.

*   *   *

En *Favorita* hay frailes vestidos de druidas. Son frailes normales. Muy barbones o, como dicen en el *Dúo de la Africana*, muy barbianes. Sin mudarse de ropa cantan *Norma*.

Y los oíran los sordos, porque yo protesto no volver a oirlos.

La *mise en scène* de *Mefistófeles*, sí es muy lujosa. Aparecen varios ángeles, si bien dejan algo que desear porque no están suficientemente deshuesados. Endiantrados son, de veras, los demonios y en cuanto a las brujas puede asegurarse que están al natural y en su salsa. Para los relámpagos sí opino que debiera haber mayor largueza. Un cerillo de la *Abundancia* no simula bien un relámpago. A mi entender para cada relámpago debía gastar el empresario dos cerillos. Y cuando hay rayo de por medio tres.

El Paraíso anda mal. Es un paraíso perdido; un paraíso empeñado, que sus dueños no han sacado ni refrendado, por no perder el dinero. Fausto se va a él por chocho. ¡Qué nubes azules tan descoloridas! ¡Y que santas tan apropósito para santas!

Queda la esperanza de que Sieni haya traído telones nuevos para *Falstaff*. Ya no los quiero de terciopelo; pero sí de medio pelo. El público tiene— ...¡una inmensa / necesidad de olvido!

Desea olvidar esos trapos sucios, que también aprovecha el Ayuntamiento en las festividades cívicas; desea que la manteca vuelva a la manteca; el polvo, al polvo; y la basura a la basura. ¿Son eternas las decoraciones del Nacional? ¿Son reliquias?

¡Y pasarán los años y los siglos, y esos telones seguirán firmes en sus puestos! ¡Esos, no pasarán!

¿Culpo yo a la Empresa o a algún otro? No: lo único que hago es lamentarme.

30 de septiembre de 1893

[71]

Puerto en Escabeche.
Pasteur o Pastel Mexicano.

Tres días antes y muchos años después de que D. Agustín de Iturbide entrara a la capital de la nueva ex-Nueva España, a la cabeza del ejército trigarante, el Dr. D. Juan Puerto publicó un comunicado, escrito por él con dos fines honestos y ostensibles: primero, el de alabarse; y segundo, el de sostener la eficacia de cierta linfa que inventó para preservativo de la sífilis.

Muy plausible sería—para el prójimo, se entiende—que el Dr. Puerto hubiera dado con el puerto de salvación para los cultivadores de esa enfermedad. La vacuna de la sífilis es, propiamente dicho, la vacuna "fin de siglo".

No sé hasta qué punto será moral y ajustado a los designios providenciales tal preservativo, toda vez que, por intrínseca virtud, liberta al hombre, mientras viva, de grave pena merecida por la culpa; mas como el número de los pecadores y el de los aprendices de pecadores, supera al número de los justos,

debe colegirse que tendrá gloria en la tierra el inventor feliz de ese maravilloso *vade mecum*, que servirá de hilo de Ariadna en los revueltos laberintos del pecado.

Consiguientemente, y salvo mejor parecer de los más sabios, será digno del Dr. Puerto de que le alcen altares y hasta arcos de triunfo, cuando dé en el clavo. Y hé aquí el *quid* de la cuestión: ¿preserva de la enfermedad o la transmite esa linfa inventada por su señoría? Quejándose de su triste sino el Doctor Puerto, dice en el manifiesto a que aludí:

"Hé aquí la historia de la ingratitud humana; aparece un hombre y dice al mundo: después de estudios laboriosos, después de grandes trabajos y con sólo mis escasos recursos, creo haber encontrado un beneficio para librar a la humanidad de males que le diezman, y en recompensa de sus desvelos y afanes se le persigue como a un gran criminal".

No hay constancia de que el estimable Dr. Puerto haya sufrido persecución tamaña, desde que DIJO AL MUNDO: —¡Yo soy puerto! Pero sí consta de que, a seguida de ese ¡AQUÍ ESTOY YO! apareció otro hombre que también le dijo al mundo: ¡Yo soy Dardelín! A mí me quiso curar el Dr. Puerto y me enfermó—El mundo, hasta la fecha, no se da por enterado de la primera ni de la segunda aparición; pero la carne, que es flaca o suele serlo, vacila en darse al Dr. Puerto, mientras no se convenza de calumnia al honorable sifilítico M. Dardelín. Porque si este señor dice verdad, y nada prueba lo contrario, ¡lucidos quedarán cuantos fíen sus esperanzas de pecar impunemente a la traidora linfa del facultativo mexicano! Antes del pecado encontrarán la penitencia.

A París se va por todo y ya sabemos que fue a París el Dr. Puerto. ¿Por qué fue? No trae de allá certificados que acrediten la excelencia de su linfa o curaciones por él hechas. De manera que el conocido Dr. Puerto fue a París por Dardelín.

¿Cómo quiere ser profeta en su tierra, el que no ha logrado serlo en país extraño? Dardelín será un embaucador, será un falsario, sera un asesino, será un parricida; pero ¿nada más a Dardelín vacunó en Europa el Dr. Puerto? ¿Por la interesante salud de ese ingrato, que Dios confunda, hizo nuestro Doctor estudios tan prolijos, inventó maravillas, gastó en el viaje todos los ahorros que tenía, y se fue a Europa sin sueldo alguno del Gobierno, como él lo dice con retobo y todo? Contra Dardelín, Dardelón, querido Dr. Puerto. Oponga Vd. al testimonio de ese hombre el de otro u otros que canten las alabanzas y "gozos" de la linfa, en vez de atestiguar con Don Ramón Murguía, persona que no consintió en que usted la vacunara, porque conoce la "Moral Práctica" y no necesita de Puertos que le ayuden.

Comprenderá el Sr. D. Juan que cada uno es dueño de su miedo. Dice él que los Dres. Lavista, etc., son testigos de que con la vacuna en cuestión "prende la enfermedad"; pero esto no es consolador, porque lo mismo asevera el caballero Dardelín, agregando que no sólo "prende" sino que se queda como clavo remachado. También afirma el remitente que Pasteur y Ferrán han sido víctimas de chanzonetas e injusticias, cierto. Lo propio le pasa al Sr. Zúñiga Miranda, y no por eso el Peñón ha sepultado bajo sus cenizas a México.

A lo que se refiere el Dr. Puerto cuando habla de Pasteur, comparándose implícitamente con él, es al descubrimiento del microbio que origina cierta enfermedad en los gusanos de seda; y es evidente que el sabio francés pudo hacer en éstos cuantos experimentos fueron necesarios, sin perjudicar con ello al género humano. Pero M. Dardelín, aunque por gusano le tenga el Dr. Puerto, no es gusano de seda. Aquí se trata de hombres, y por ende no debe permitirse que Don Juan haga experiencias en criaturas de Dios como pudiera hacerlas *in anima vili*. Será excelente la tal vacuna; pero hasta hoy Su Excelencia viaja de incógnito.

Por lo mismo, aunque no le gusta al Sr. Puerto, la prensa ha dado la voz de alerta. Por los puertos se nos entran muchas epidemias; hay puertos infestados, y Puerto Juan es por ahora sospechoso. Pondremos su vacuna en cuarentena y... que mientras Dios da, le pongan al autor un cordón sanitario en la cintura.

3 de octubre de 1893

[72]

La manta de los manteles.

La cuestión de las mantas preocupa a todos los economistas que da la tierra. He leído muchas varas de artículos de manta que tratan exuberantemente del asunto. Pueden ustedes creerlo, nos están manteando los señores economistas. A algunos les conduele muchísimo la triste condición en que se hallan los dueños de fábricas. Cuentan que viven éstos de honradez, o sea que comen hambre. A ellos les cuesta la manta un ojo de la cara. ¡Pobres tuertos! ¡Pobres ensabanados de Getzemaní! Por vestir al desnudo pierden sus caudales y si no piden limosna es porque descienden de Pelayo. ¿Cómo ha de ser justo que paguen más contribuciones esos apóstoles de la caridad? Aquí no estamos impuestos a los impuestos, como dice un compadre que yo tengo. Todo gravámen se nos figura un gravámen de conciencia. Y el fabricante, español o judío para cobrar piezas de manta, es mexicano puro para protestar contra el impuesto. Así da muestras de su dignidad e independencia. A nosotros no se nos impone nada ni nadie, ni el virrey, ni el yankee, ni el francés, ni Maximiliano, ni el Gobierno. ¿Pagar...? ¡Qué desacato! El primer derecho del hombre nacido en México es deber.

Bastante hacen los señores industriales con proporcionarnos la honra de que haya manta mexicana. Esa es la bandera de nuestra autonomía, el calzón del indio emancipado, la enagua de la República triunfante. Toda nuestra civilización está cifrada en ella; es el mantel en los banquetes del progreso, y es la sábana que envuelve nuestros restos. Los calzones de manta son las columnas de Hércules de la raza indígena.

Manta, manteca y manteo componen la trinidad simbólica del pueblo.

Natural es que la indignación se subleve cuando un ministro osado se atreve a poner su mano sacrílega en la manta... es decir, en el manto nacional. Y los fabricantes deben clamar contra injusticia tan notoria. Los conquistadores nos poseían en cueros; los nietos de los conquistadores nos poseen en manta. Ellos siguen desnudándonos con el pretexto de vestirnos. Y a la vara del encomendero que azotaba ha substituido la vara de medir, menoscabada por el uso y el abuso con que el gachupín de la tienda vende manta. Siempre esa vara es signo de dominio. Allí está el Rey.

Gran desafuero ha sido, pues, el cometido por su Excelencia Don José Ives Limantour.

* * *

Contrasta con su conducta indigna la de los nobilísimos señores de la Manta Santa. Ellos no protestan; no se quejan; están decididos a perder más dinero y a seguir haciendo mayores desembolsos de honradez y de formalidad para poder vivir.

El cuadro es conmovedor. Merece marco... y vidrio. El cura de Jalatlaco, redactor en la actualidad de un diario católico, es el que clama en favor de los manteros. Parece también de manta ese distinguido periodista.

Mas aquí entra mi duda: si por la contribución van a subir el precio de los algodones hilados o tejidos, ¿qué salen perdiendo los dueños de las fábricas? O se compadece al fabricante o se compadece al consumidor; pero no a los dos. El cura de Jalatlaco se moría de pena porque a su vecino le hicieron un chaleco muy corto; pero no lloraba por el sastre. A estos curas de hoy todo les enternece: sufren por los que venden y por los que compran. Son los financieros que así suman: tlaco del agua y tlaco del aguador son tres centavos.

* * *

Antes de que el Sr. Limantour les dijera a los dueños de fábricas: ¡—con la vara que midiereis seréis medidos!—el precio de la manta no era fijo, invariable, como pudieran algunos suponerlo. Lo subían y lo bajaban los manteros a su antojo.

Entonces, sin embargo, los escritores independientes—es decir los periodistas que ni a dependientes han llegado—no ponían el grito en el cielo, profetizando miserias y calamidades. Santo y bueno que el público pague más para que se enriquezcan los manteros;

lo infame es que pague seis centavos al año para ayuda de los gastos que en provecho de él hace el gobierno. ¡Ni un centavo! Ni la décima parte de un centavo. ¿Para qué es el Gobierno? ¡Para dar todo de balde!

Yo juro no comer pan a manteles si la ley sale aprobada. Comeré en manteles de lino; comeré en casa de Don Lino Nava: ¡pero, en manteles de manta, ni pensarlo!

¡Tiró de la manta el diablo!

4 de octubre de 1893

[73]

Dúo de las pistolas.

Declaro con franqueza que éste no es artículo mío: es artículo de mis pistolas.

Cuitadas vinieron ellas a contarme sus malandanzas, y como no es de hombres bien nacidos—como yo lo soy, pues nací bien— desatender a damas agraviadas, puse en romance claro y limpio las quejas de ellas, y ahí van, para que las conozca y avalore el único gallardo de los gobernadores que tenemos. Dicen mis pistolas:

—Injusta en demasía es la grita que contra nosotras se levanta. Somos fogosas, es verdad; tenemos gatillo como casi todas las abuelas; y boca, pues sin ella no seríamos hembras. Nos carga el diablo, única persona que carga con las solteronas; solemos disparamos sin motivo, igual que otras mujeres irremediablemente envidadoras: mas no somos tan malas y perversas como el mundo supone. Nuestro pecado principal, el pícaro pecado que nos pierde, es el de meter mucho ruido. Por alharaquientas, por bullangueras; en una palabra, por mujeres, nos hacen culpables de todas las faltas que cometen las mátala callando y las mosquitas muertas. Del agua mansa, líbreos Dios.

¿Que nos gustan los tiradores? ¡Confesado! ¿A qué hija de Adán no le hacen mucha gracia los que tiran a manos llenas, como el eterno D. Juan, amor, promesas y caudales?

¿Que nos ocultan? ¡Bien a pesar nuestro! No querríamos otra merced que la de gozar licencia para pavonearnos en la calle. El hombre es celoso y por celoso nos esconde. Nos ama, y por amor a él nosotras le acorremos en sus penurias y pobrezas, dándole el dinero que nos ganamos en la prendería.

* * *

Consulte cualquiera la estadística de la criminalidad en México, y verá que no somos tan pecadores e infames como el vulgo dice.

Hay mujeres honradas como la chaveta, mucho peores que nosotras. Y por la chaveta sí hace el hombre lo posible y lo imposible, tanto que de aquel que pierde la razón se dice que ha perdido la chaveta. Hay personas tan formales como el formón, que hace atroci-

dades con la mayor seriedad. Formón y chaveta pasan por instrumentos de trabajo, por gente muy trabajadora, y a esa pareja debemos el noventa por ciento de los crímenes que en el Distrito se cometen.

* * *

¿Alguien, a pesar de ello, execra y excomulga a tan respetable matrimonio? El cuchillo del carnicero, la aguja del mozo de cordel—¡pendiera de éste...!—la navaja del lépero causan mayores y más frecuentes males que nosotras.

Para tener pistola, como para casarse, necesítase tener algún dinero; tener pantalones; en tanto que para tener chaveta se necesita menos que para perderla.

Esas de que hablamos se van con el truhán, con el desarrapado, con el ebrio de figón; ¡y así pasan por señoras!...

Cierto es que las que hacemos nosotras son sonadas; pero ello mismo indica aturdimiento, travesura, gana inocente de retozo, sin levadura de mala alma. Ya ni para suicidios servimos, porque nos desbancaron el cianuro de potasio y otras varias drogas. Y por gritonas únicamente nos condenan.

Tuviérannos bien guardadas, y menos culpadas fuéramos. Al que nos prostituye, al que nos lleva a la cantina, al que nos pone junto de la copa, al que nos pone en contacto con las meretrices, hay que castigarle, no a la pobre pistola que, cuando unida a un hombre honrado, encubre faltas de gendarmes y enmienda yerros de la astronomía municipal, trascordada a las veces, como, sin ir más lejos, al decir que hay luna, al punto que a la de Valencia nos quedamos.

* * *

Bien de grado veríamos que impidieran a nuestros amos y señores embriagarse en pandillas, siempre ocasionadas a camorras; ¿hay acaso algo peor que tener un marido borrachón? Si hasta a maridos tales somos fieles: prueba ello nuestra mansedumbre.

La tolerancia con que trata la sociedad a esos borrachos, a esos pendencieros, a esos valientes de cantina, es la censurable, es la punible.

Si la mujer viera con desagrado al que hace gala de llevar pistola al cinto; si no recibiera en los salones a ninguno de esos caballeretes que gastan revólver de bolsillo; si los hombres bien educados se apartaran de los que usan armas; y si al primero de estos últimos que en cantina, teatro, paseo o calle, sacara la pistola a relucir, ora por juego, ora por amenaza, le aplicase la policía un severo correctivo, no habría desgracias que deplorar ni andaríamos nosotros tan mal vistas.

¿Cómo hemos de oír con paciencia que el respetable Sr. Marroquí declare a las pistolas enemigas del orden, trastornadoras de la paz, etc. etc.?

El distinguido autor de la *Llorona* y de una

Gramática, o lo que tanto es, de dos *Lloronas*, dice entre otras cosas:

"La vida de los pacíficos habitantes de México se encuentra hoy a toda hora amenazada y en inminente peligro, y la paz de las familias profundamente alterada, porque puede uno salir a la calle sano, y no volver a su casa, puesto que en fondas y cafés, en los ferrocarriles, en las calles y en las plazas, sin miramiento ni consideración, dirimen los hombres sus cuestiones a balazos, amén de los casos fortuitos, que no son raros".

Tiene demasiada sangre ese Cristo, respetable Sr. Marroquí: no está Atila a las puertas de Roma. Compare Vd. las desgracias acaecidas por culpa de las pistolas con el número de víctimas que hacen los Ferrocarriles del Distrito, atropellando a transeúntes pacíficos, con el de los atropellados por coches de sitio o bicicletas, y echará de ver que no tenemos alma atravesada ni somos tan perniciosas como nos suponen.

Aceptamos el reglamento sobre portación de armas; pero tenemos que protestar contra aquellos que abultan y exageran nuestras faltas.

Y si aceptamos el reglamento, es suponiendo que la autoridad se propone asimismo corregir, reprender o castigar a los que nos desacreditan mal empleándonos; y que la sociedad entera ayudará a las autoridades en tan benéfica empresa. Dicho lo cual no seguiremos ya gastando en salvas nuestra pólvora.

* * *

Las pistolas callaron, si bien quedando con la boca abierta.

Comprendo su delicadeza: son de pelo.

Además, ¿dudará alguien de que es buena su mira?

Yo no doy mi opinión. Limítome a escribir lo que ellas dijeron. ¡Ojalá que no les haya salido el tiro por la culata!

5 de octubre de 1893

[74]

Capirotada.

Toda la prensa ha referido un hecho que no carece de significación. Por si alguien no hace memoria de los detalles, copio el suelto que lo cuenta:

"El domingo a las siete de la noche, al tomar el señor General D. Feliciano Rodríguez el vagón de la Tlaxpana, por el escalón opuesto subió un *caballero* envuelto en capa española; impidió con ademán resuelto que el Sr. Rodríguez penetrara al tren, le echó mano al fistol de la corbata y corrió; pero el agredido se afianzó de la capa, quedando en su poder. Pasó a dar cuenta de lo ocurrido a la 4ª Demarcación, en donde entregó la prenda.

Así es que puede ocurrir el *caballero* por ella, previa la entrega del fistol, que vale menos que la capa, pues su dueño lo estima sólo en doce pesos y aquella lo menos vale veinte. Así es que el caco 'fue por lana y salió tranquilo' ".

Desde los tiempos de la mujer de Putifar, en cuyas manos dejó la capa el casto José, hasta la fecha, no ha ocurrido lance semejante al narrado en la preinserta gacetilla. Dar capote a un ladrón quitándole la capa es peregrina travesura. Y quitarle la capa a un individuo que va embozado en ella, sin coger al individuo ni tirarle al suelo, también es prueba de muchísima destreza. Eso se llama desembozar por todo lo alto.

* * *

Pero estas observaciones de poco momento no son las que encomiendo a la meditación del lector: la gravedad del caso está en la prostitución a que han llegado las capas españolas.

La capa era sumamente respetable. La capa de antaño era emblema de la paternidad, símbolo del sacerdocio. A la capa se le besaba la mano. Había otras capas remendadas y parecidas a "jardín de flores", según reza la canción; pero éstas no eran las genuinas capas españolas, de anchas vueltas, sino capotes de estudiantes maltraídos. La capa castiza pasaba de generación en generación, era el abrigo de la familia. El que la llevaba tenía, para desembozarse, que girar sobre su eje, como una peonza, durante algunos minutos. Extendida cubría toda la cama matrimonial; ¡la capa de aquellos tiempos, en los que Dios bendecía los matrimonios dándoles muchos hijos y los buenos casados dormían con prole y todo!

¿Cómo prenda tan venerable ha venido a parar en hombros de ladrones? Porque española es la capa del que intentó robar al General Rodríguez; capa de oidor, capo de prebendado, capa de mayordomo de monjas. Tan es así que, usada como está, el General Rodríguez la justiprecia en veinte pesos.

Si hombres de tanta ropa en robar dan, ¡Dios nos asista! Diremos entonces que detrás de una buena capa se esconde el mal ladrón, porque "una buena capa todo lo tapa". Por el origen del vocablo, nada tiene de extraño lo acaecido: capa viene del latín *capere* que significa *coger*. Pero el uso ha dado cierta respetabilidad a esa prenda de vestir, la ha hecho *Magna, Pluvial, Consistorial*, etc. Al pobretón se le dice que "anda de capa caída" y otro proloquio enseña: "al que veas con capa de lamparilla por Navidad, no le preguntes como le va", por donde se ve que la susodicha buena capa es señal de buen acomodo o de riqueza. Cierto que se prestaba a ciertos deslices de so capa; mas la capa, no era capaz de raterías.

¡A qué vileza y abajamiento ha llegado en esta época! Felizmente el General Rodríguez se defendió a capa y espada y el ladrón se quedó como alguacil alguacilado. Surge ahora esta dificultad: como con el bellaco aquél no irá de capa y gorra a la comisaría, para que allí le den capa y capazo. ¿Qué hace el Sr. Rodríguez con la capa? ¿Se la pone? Esto es peligroso; puede el tunante que la perdió estarse a la capa y mascullando aquel refrán que dice: *"Donde perdiste la capa, ahí la cata".*

De más de esto, no se sabe si el Sr. Rodríguez usa capa. ¿Podrá, pues, venderla? El fistol que le robaron vale doce duros; y la capa, veinte, según el mismo General Rodríguez. Quedan, pues, ocho pesos baldíos y denunciables que deben ir al fisco o al cepillo de las ánimas, a menos que la jurisprudencia admita aquello de *ladrón que roba a ladrón ha cien años de perdón*. Mas, aún, concedido que lo admita, el Sr. Rodríguez no necesita perdones de cien años ni consentirá en pasar, aunque sea de mentirijillas, por ladrón. En consecuencia, el óbice queda en pie: puede el General hacer de su capa un sayo; pero no puede quedarse con la capa del ladrón, sin restituir los ocho pesos sobrantes.

*   *   *

Estudie Echegaray este peliagudo caso de conciencia en algún drama como "O locura o santidad".

Hasta ahora la doctrina o "finalidad" del enredo es inmoral, pues en cuanto al castigo merecido por el hurto, resulta lo que ya dijo el adagio: el que tiene capa, escapa; y en cuanto al derecho de propiedad, no hay duda de que sale vulnerado, porque el ladrón puede decir, y con justicia: "todos son caballeros muy honrados, pero lo que es la capa no parece".

7 de octubre de 1893

[75]

El Secreto de un Orozco.

Aunque todos estábamos preparados para recibir esta noticia, el golpe ha sido recio; la prematura muerte del proyecto del señor Orozco, ha conmovido hondamente la sociedad. Llegaba ya al altar, feliz esposo, la existencia le sonreía; ¡Gayol estaba ausente... y en impensado trágico momento, le perdimos! Aquel Ricardo corazón de León, cuyo espíritu flotaba sobre las aguas invisibles, no pertenece ya al género humano. ¡Su alma, desprendida de la materia torpe, está en Acuario! ¡Salid, sin duelo lágrimas, corriendo!

Santa, en verdad, fue la vida de este varón justo. No supo su mano izquierda lo que hacía la derecha, y desapareció de entre los vivos sin que lográramos ver lo que traía entre manos. Protomártir del siglo profesional, Secretario de la Divina Providencia, boca cerrada de la Sabiduría, pozo en lo callado y obrador de agua en sí y en otros, fue émulo digno de aquel egregio San Ramón Nonnato, tanto en lo nonnato de su invento, cuanto en el candado; emblema de silencio imperturbable. Tal fue la vida de Ricardo Orozco, a quien los venideros llamarán Ramón Orozco, profeta, apóstol, virgen y mártir.

Días vendrán, cuando vuelva el tiempo de aguas, en que suspiren los humanos por aquél seráfico ingeniero, mal comprendido y con rudeza lanceado por los sayones del Ayuntamiento. ¡Hemos perdido aquella esponja, aquel papel secante que iba a dejar como patena el subsuelo de México! Terminó su discurso sin haber dicho una palabra.

Sobre las ondas / Del manso río, / Su cuerpo frío / Flotando vi.

¿De qué manera pagará la humanidad lo que debe a Orozco? Nada más indicado, por ejemplo, que declararlo patrono de los aguadores. Él, como ellos, paseó por la ciudad un chochocol vacío. Él, como ellos, fue la víctima inocente de Gayol. Él, como ellos, ofrecía agua que ninguno le compró. A él y a ellos les aguaron el oficio.

Empero, otro grupo de bienaventurados, reclama para sí el patronato de Ricardo Orozco: el de los calvos que poseen algún secreto para hacer que crezca el pelo. Éstos, como Orozco, ni a sí mismos se dicen el secreto. Mueren calvos, viendo calvas; pero ufanos, satisfechos, porque pueden decir: ¡Tú te la pierdes!

Ni por promesas ni por amenazas habló Orozco. Le daban cien mil pesos, y no los quiso. Orozco menospreciaba la fortuna. Lo que quería era que tuvieran fe en él. Que cantaran: CREDO IN OROZCO. Y no estamos en la época del credo, sino en la época de El Pan Nuestro de cada día dánosle hoy.

Todo en aquel vidente era religioso, profético. ¡Hasta el plazo! ¡Cuarenta días! Pensaba acaso retirarse a la montaña, adonde se le presentaría el diablo... por de contado en la figura de Gayol. Viéronle algunos en actitud meditativa delante de la diosa del agua; y otros afirman que se unió a ella en matrimonio. Ésta se le parecía a él, y mucho, en lo callada. Y ni él ni ella fueron descifrados.

En vano Orozco liquidó todas sus cuentas. En vano devoró tantos aguacates. En vano le puso al agua cinco ceros para darle mayor fuerza. Cuando ya todo estaba prevenido; el agua, pronta; el río revuelto; hasta la misma plata por las nubes; cuando iba a llover a cántaros por debajo de la tierra y cundía el entusiasmo en el Callejón de Cantaritos; cuando la ciudad era otra Sierra Mojada y se humedecía la Pila Seca, Orozco el silenciario vio caer el castillo de sus sueños. Le pidió el Ayuntamiento que hablara y Orozco dijo con la fe del Mártir:

—¡Agua, sí; palabras no!

¡Oh santo patrono de los anónimos! ¡Oh beatífico abogado contra las mujeres! ¡Oh dulcísimo apóstol del silencio! No te pondré en el coro de las vírgenes, porque allí hablan mucho; ni en el coro de la ópera, porque allí chillan más; pero si te pondré a la izquierda del Altar del Perdón, haciendo juego con San Ramón Nonnato. Yo guardaré la llave de tu candado, para que en tu boca no entren moscas. Guardaste el secreto como San Juan Nepomuceno y preferiste el martirio a las falaces glorias de este mundo. Te aguaron tu agua; pero tú no dijiste: esta boca es mía.

¡Y sí, era tuya!

¡Que Dios perdone a Díaz Rugama y a Gayol y a Marroquín! Menos felices que Pilatos no se podrán lavar las manos. ¡Ya no hay agua!

(PLATO DE MAÑANA: *La juventud de Enrique IV*).

10 de octubre de 1893

[76]

La juventud de Enrique IV.

Sin producir ninguna alarma en la prensa, ha circulado profusamente esta noticia de carácter oficial: "A la Biblioteca Nacional, han concurrido durante los días transcurridos del 1° de Enero al día 3 del corriente mes, 47,232 personas.

LA OBRA QUE HA SIDO MÁS SOLICITADA POR LOS LECTORES HA SIDO *La juventud de Enrique IV*".

En otro orden, tiene esta noticia tanta importancia, como la de la baja de la plata. Indica una bajeza. En el corriente año fiscal de 1893–1894, gastaremos $25,833.50 cs., en propagar la *Juventud de Enrique IV*. ¡Y para ver tal situación se armó la gran revolución!

Las enormes sumas empleadas en reconstruir y hermosear el edificio; en compra de libros y periódicos, etc., etc., sólo han servido para establecer un Conservatorio Nacional de la *Juventud de Enrique IV*. El templo de San Agustín, convertido en templo de Ponson du Terrail, revela una barbarie no muy inferior a la de los sacrificios humanos.

La juventud de Enrique IV desde hace veinte años y algo más, está defraudando al Erario público. Esa obra detestable del más detestable de todos los novelistas conocidos, tuvo siempre admiradores entre los oficinistas o empleados del Gobierno. Los cuadernos de la *Biblioteca para todos*, que publicó tal culebrón, se escondían en todos los expedientes, obstruían el paso a todos los informes, imposibilitaban el despacho de todas las minutas. *La juventud de Enrique IV* ha costado a la Nación un dineral.

Pero, hasta ahora, la Nación no le había construído un templo. La masa alfabética de la población no le llevaba oficial y solemnemente millares de víctimas. Hasta llegué a sospechar que la *Juventud de Enrique IV* había pasado como casi todas las juventudes.

Por desgracia, coexistía y coexiste vigorosa, con el paludismo, con la pulmonía, con el tifo y la enteritis. México le paga cada día el tributo de las cien doncellas, y no ha habido hasta ahora nadie que denuncie ese foco de infección abierto en la Biblioteca Nacional.

El francés que haya leído la noticia copiada antes, debe suponer que México está situado en el entresuelo de la Patagonia.

* * *

Una clase media estudiantil (ésta compone la mayoría de los concurrentes a la Biblioteca) que se nutre de *Juventud de Enrique IV*, tiene que digerir a fuerza de alcohol y de balazos. El primer deber del ciudadano súbdito de Ponson du Terrail es, adquirir una pistola de a doce reales y dispararla en cualquier parte. El segundo deber de ese mismo ciudadano, es el de emborracharse. Y el tercero... el tercero es la mitad del sexto.

Es innegable que no toca al Gobierno impedir que los cursis y las cursis, los estudiantes enemigos del estudio y los vagos mal entretenidos lean la *Juventud de Enrique IV*. Tampoco puede impedir que el indio se alimente con tortilla y chile. Pero así como en los asilos oficiales se da al asilado una alimentación conveniente, así en las Bibliotecas debe darse al lector lo que le nutra, no charamuscas ni polvorones literarios.

La Biblioteca no es un gabinete de Lectura. No ha sido creada para hacer competencia al arsenal de culebrinas y de culebrones abierto en el callejón del Espíritu Santo. No debe gastar un centavo en comprar mamarrachos como las novelas de Ponson du Terrail, ni en empastarlas o encuadernarlas cuando las reciba gratis, ni en mantener dependientes que las suban a los estantes y las bajen de ellos.

Es evidente que no tiene derecho el Bibliotecario para ejercer previa censura, ni para imponernos una religión, una filosofía, una literatura oficiales. Es evidente que no debe prescribir la novela, ni forma alguna literaria: más a la adquisición de libros y al orden que se asigne a éstos, ha de presidir algún criterio, el cual, siendo recto, rechazará las obras baladíes, las rematadamente malas, las que no sirven para nada y estorban, ocupando el lugar que debían tener otras.

Existía—no sé si existe—una costumbre pésima en la Biblioteca: la de encuadernar y empastar los folletines de periódicos. Por eso medio se ha enriquecido con las obras de Pérez Escrich, de la Sinués de Marco, de Ortega y Frías, de Tárrago y Mateos, de Antonio de Pádua, etc. Y tal sistema es el que sirve para formar bibliotecas caritas, como la del escribiente, la del joven meritorio, la del anciano que canta o toca en las funciones de iglesia, pero no para formar una biblioteca pública.

Da grima que mientras yacen encajonadas muchas obras científicas y de consulta; mientras no se consigue el último ni el penúltimo, ni el antepenúltimo número de una revista extranjera, cuando del más reciente debieran estar listos varios ejemplares por el carácter de actualidad que tienen publicaciones semejantes; mientras hay libros de verdadera importancia sin alojamiento en los estantes, la *Juventud de Enrique IV* siga causando las delicias de muchos jóvenes que llevan camino de casarse con lectoras de la *Mujer Adúltera* para procrear criaturas que devoren *El Pan de los Pobres*.

Proporcionar al estudiante manera cómoda de perder el tiempo no es un fin social. No necesitamos escuela preparatoria de valientes de cantina. La Biblioteca no es el billar de los muchachos que no tienen dinero ni crédito para jugar carambolas.

Estoy porque se suprima la *Juventud de Enrique IV*; pero si no quieren suprimirla estoy porque no se diga oficialmente al mundo: "La obra más buscada en la Biblioteca Nacional de México es la *Juventud de Enrique IV*".

11 de octubre de 1893

[77]

Las pistolas invisibles.

El nuevo reglamento de portación de armas está motivando escenas singulares.

Anteayer un conocido actor dramático, y en verso, que por más señas pide siempre una peseta, lloró a lágrima viva, al separarse de la pistola que le había acompañado en todas sus campañas teatrales. ¡Fue preciso dejarla! El gran artista no tuvo para sacar la licencia respectiva, y tampoco le fue dable dejar en casa el arma, porque en la mañana, y como consecuencia de la depreciación de la *Pata de Cabra*, lo echaron de la casa.

Otras personas de la clase menesterosa de pistolas no se resuelven a retratarse. Le tienen miedo al fotógrafo, porque éste se ríe siempre que las ve, y además nunca salen favorecidas ni agraciadas en retrato. ¡Hay caras que tienen mala suerte!

—¿Trae Vd. las fotografías?— preguntaba el empleado respectivo del gobierno referente a un individuo de los aludidos.

—No, señor. Soy muy feo.

—Bueno, ¿y qué?

—¡Canastos! Que no me gusta retratarme ni verme en el espejo.

—Pues no expido la licencia. ¿Para qué quiere Vd. pistola? Esa carátula asesina.

*   *   *

Cierto joven a quien le han salido algunos versos malignos, solicitó del Gobierno del Distrito la gracia de presentar únicamente dos retratos de perfil. No quiere retratarse de frente porque tiene un ojo que siempre está con el pie en el estribo.

Los muchachos conocidos que oyen misa de doce los domingos en la Candelarita de los Patos, aprovechan la ocasión que se les ofrece para mandarse hacer media docena de retratos. Así satisfacen las necesidades de la novia, y le hacen creer que tienen pistola y que andan muy armados.

Edmeregardina hay que al despedirse de su amado, le dice en tono de rogativa:

—¡Por Dios, Pepe, que no se te caiga la pistola!

—¡No tengas cuidado!

—Me dejas con el alma en un hilo. Piensa en mí; piensa en tu chata; no vayas a hacer una barbaridad.

—¡No seas exánime ni tímida.... Yo sé bien lo que hago!

—Pero, ¿por qué no traes visible tu arma?

—Esa prevención no habla conmigo. El Gobierno y yo somos amigos. No faltaba más sino que fuera yo haciendo alardes de valor por esas calles. ¡La modestia sobre todo!

*   *   *

Pepe se aleja en el silencio de la noche, y Edmeregardina queda pensando en aquel pedazo de su alma con arma invisible.

*   *   *

Muchos otros Pepes que de veras portan pistola porque ya van en segundo año de *Juventud de Enrique IV*, han reflexionado que no les tiene cuenta sacar el permiso supradicho. Les cuesta más el caldo que las albóndigas. Porque la albóndiga, es decir, la pistola, les costó cinco reales nada más.

En consecuencia, se han licenciado, lo cual en este caso, equivale a decir que no tienen la licencia requerida por el bando.

Para que no anden cojeando y temerosos por sus intereses, les propongo que usen pistolas descargadas. ¡Es lo mismo! No darán fuego, pero sí dan gatazo. Y en todo caso no parecerá que les tocó el desarme general.

Esto, según cuentan, trae asustado a cierto caballero que se está desarmando desde el setenta. Ya le quedan pocos tornillos, y si uno más le quitan lo atornillan.

Los que se están armando son los fotógrafos. Algunos clientes piden también retrato de pistola sola, imperial, de cuerpo entero. Y con clientes de ese calibre cualquiera se hace rico.

El obstáculo mayor que hasta ahora se pone al reglamento, es el de la *visibilidad*. Las armas invisibles son las más cómodas.

A mi humilde entender pudiera subsanarse esto obligando a los portadores de armas a llevar un rótulo en el sombrero o en la espalda.

Dicho rótulo equivaldría a un LLEVA FAROL o a un ¡ESTE FAROL LLEVA PISTOLA!

Además, ahorraría a los gendarmes el trabajo de preguntar a los transeúntes:

—¿No tiene Vd. la bondad de decirme si trae arma y si tiene en su casa la licencia y el retrato de reglamento?

Porque ahora los gendarmes están como aquel médico que le decía al enfermo:

—Caballero: si tiene Vd. calentura, ¡por Dios, no me lo oculte!

Más vale que el portador lleve letrero.

O que al pasar por cada esquina toque la trompeta.

13 de octubre de 1893

[78]

Comisión de Flores y Versos.
Gastos de Festividades.

Relación de gastos hechos por la comisión de flores y versos nombrada por el H. Ayuntamiento para las fiestas cívicas del 16 del actual.

Por tres mil ramos de flores cuyo importe enteró la Tesorería directamente a los interesados	90	00
Por treinta y seis canastas de flores para arrojar al paso de los carros en la procesión cívica siendo entregado el importe directamente por la Tesorería Municipal a los interesados	54	00
Por doce canastones para los ramos según documento adjunto	6	00
Por treinta ayates y siete madejas de mecate según documento	6	06
Por cuatro libras de oropel y 6,000 obleas según documento	13	25
Por dos carretes de listón tricolor según documento	2	50
Pago de treinta y un peones que se encargaron de arrojar las flores en las calles y gratificación de tres empleados según documento	25	50
Por gratificación de mozos, timbres, corte de oropel etc., etc.	4	20
Total	$201	51

México, Septiembre 29 de 1893 —*Pedro Ordóñez. —M. Cervantes Imaz.*

Es copia. México, Octubre 9 de 1893. —*Ignacio Bonilla*, Oficial 2° —(*El Municipio Libre*)

* * *

No me parece exagerado ni mucho menos lo que gastó la Comisión en flores, oropel, cintas, timbres, canastones, carretes, indios y mecates. Es más: sinceramente digo que los señores comisionados cumplieron bien su encargo. Flora y Pomona, encarnadas en los Sres. Ordóñez y Cervantes Imaz, contribuyeron al lucimiento de las fiestas.

Lo que me deja preocupado es el nombre de la Comisión: *Comisión de flores y versos*. ¿Significa esto que los apreciables caballeros Ordóñez y Cervantes Imaz, son poetas y tal vez poetas siameses, como los Sres. Riva Palacio y Mateos, autores de *Las Liras Hermanas*,

tomo precioso que se publicó allá en el tiempo de los hermanos Lira? ¿A los ediles Ordóñez y Cervantes Imaz se les dió el encargo de comprar cuerdas de cáñamo y de hacer vibrar la cuerda de la patria? ¿Se les designó para que hicieran versos o para que compraran versos hechos?

Lo primero me parece increíble, porque la inspiración de los Sres. Cervantes Imaz y Ordóñez no es una persona conocida. No pongo en duda que la tengan; acaso unida la del uno a la del otro resulte un duo hermosísimo; pero la ciudad y a la ciudad representa el Municipio, ignora, debe ignorar que los Sres. Ordóñez y Cervantes Imaz son inspirados.

Queda, pues, en pie la segunda conjetura: se nombró a esos dos munícipes para que compraran o se cogieran versos hechos. Y he dicho "se cogieran", sin ánimo de herir en lo más mínimo al muy Ilustre Ayuntamiento: cogerse versos no es hurtar; eso hacen todos; eso han hecho, siguen y seguirá haciendo hasta D. Leopoldo Burón; eso es mucho más usual, mucho más recibido en los obispados, que comprar versos. Sin embargo, es de suponerse que la honorable Corporación no quiso convertir a los también muy honorables Cervantes Imaz y Ordóñez en abigeos del Parnaso. Entiendo, por lo mismo, que se les designó para que compraran algunas varas, algunos carretes, algunas canastas, algunas madejas, algunos ayates de poesía patriótica. Y esto sí me parece despectivo para la bella literatura nacional, para esa bella solterona atravesada. Sospecharán algunos que lo digo porque no creo idóneos a los Sres. Ordóñez y Cervantes Imaz para comprar buenos versos. Se equivocan. No creo que les puedan encajar un verso cojo ni un soneto falso. Estoy seguro de que habrían traído versos del pie de la vaca y que, en caso de duda, hubieran exigido que les calaran las octavas reales. Mi objeción es de orden superior.

Si por algo se singulariza el poeta mexicano, es porque a él nadie lo compra. ¿Creerá el Ayuntamiento que puede ir a Mixcoac el entendido caballero Ordóñez y pedir a cualquier indio una gruesa de versos? La poesía no se da en chinampas. Y tan cierto es lo dicho que no consta en la cuenta de los comisionados ni un solo dístico. Hay en aquella relación de gastos hechos, flores, indios, mecates y seis mil obleas; pero no hay un solo verso. La poesía patriótica, aunque ya matrona y sin colocación, resistió a Ordóñez y a Cervantes Imaz, como Lucrecia resistió a Tarquino.

Nada hubiera dicho acerca de la comisión de Flores y Versos, si tan graciosa denominación no me indicara que aun quedan en el Ayuntamiento, no por falta de inteligencia en sus miembros sino por la fuerza de la rutina, resabios de Ayuntamiento de poblacho. En los pueblos los llamados versos están en el mismo rango que cañaverales, cohetes, toritos y cámaras. Comunmente corren por cuenta del notario de la parroquia o de otro individuo que sabe leer y escribir con falsa.

Pero el Ayuntamiento de México no debe tener chirimía. Deje que los poetas canten a solas, en el seno de las familias, y no mande en busca de ellos al Sr. Ordóñez, que anda despacio y tiene muchas cosas de provecho que hacer.

La ciudad no tiene álbum ni quiere tener álbum; la ciudad no es la "beneficiada" ni el Ayuntamiento es el marido de la beneficiada; la ciudad, por lo mismo, puede vivir sin versos y hasta sin puestos de aguas frescas. En mi opinión la comisión de versos, podía ser re-emplazada por una segunda comisión de limpia.

14 de octubre de 1893

[79]

Revoluciones al minuto.

Todavía hay personas de buena pasta, de pasta de almendra, que se espantan cuando oyen hablar de pronunciamientos. Esas creen que va a volver a Santa Anna del otro mundo y que en un abrir y cerrar de ojos cambiará el gobierno. No pasa día por ellas: están como en tiempo de los polkos.

Y peor la cuento: hay generales retirados unos, retiradísimos otros, que confían en su prestigio y en su caballo. Se piensan que en montando y diciendo —¡Aquí estoy!— vencen y llegan a la presidencia. Hacen revoluciones como Juan de Dios Peza hace monólogos. Revoluciones de un solo personaje, en prosa y verso.

Pongo por caso: un héroe de esos se levanta de mal humor porque le han cobrado la casa; copia un boletín del *Monitor Republicano*, lo firma, lo envía a algún periódico para que lo publique, a guisa de manifiesto o de proclama, y se esconde en seguida debajo del lecho conyugal. ¡He ahí un jefe pronunciado!

*   *   *

La prensa discute si tendrá fuerzas o no tendrá fuerzas ese general; unos dicen que al frente de diez mil hombres entró a Guadala-jara; otros, que le pasaron por las armas; y entretanto el señor de las fuerzas o el señor sin fuerzas espera, siempre debajo de la cama, que la revolución vaya a buscarle.

Única ventaja que obtiene: la de escapar a la persecución de los ingleses.

Si me oyeran, para sorprender a tales jefes pronunciados, no se emplearían armas, sino plumeros y escobas. Hay algunos que se que-dan pegados al rincón de la cocina, como tela-rañas, y que se ocultan entre el ropero y la pared. Son revolucionarios domésticos, domes-ticados por sus respectivas suegras. Cierto que algunos suelen ser de buena alzada y asustan ladrando a los que no les conocen. Pero pue-den ustedes pasar; no hacen nada.

*   *   *

En algunos Estados hay también individuos que creen a pies juntillas en los patriarcas y suponen que estamos en el tiempo de los *Natchez*. El prestigio de que ellos disfrutan nunca ha sido probado con agua fuerte; pero es un prestigio de fe. Está el gobierno firme— piensan tales jefes de tribu —porque ellos no se levantan; pero si se levantaran....

Y se levantan... y se acuestan, como cual-quiera.

Algunos se levantan, y no se desayunan. Otros se levantan crudos, como dice el pueblo.

De la noche a la mañana resulta que cierto General está pronunciado. ¿Pronunciado por que? ¿Pronunciado contra quién? ¿Pronun-ciado con quiénes? ¡Nada, que está pronun-ciado!, se levantó y no fue a la escuela; anda paseando; pintando venado. El general supone que, en cuanto cunda la noticia, los pueblos se levantarán también; pero los pueblos piden su chocolate y se desayunan en la cama.

*   *   *

¿Cómo, no tiembla el mundo al saber que Don Canuto Neri se ha pronunciado? Y no, no tiembla. Yo, por ejemplo, sólo conocía a San Felipe Neri. Este Canuto me deja perfecta-mente frío. Será un militar muy aguerrido, muy valiente; pero hay muy pocos que se acuerden de él. De modo que nadie sacrifica sus intereses, ni abandona su hogar, ni ex-pone la vida, ni gasta el dinero por saber cómo se pronuncia Don Canuto Neri. Se pro-nuncia como se escribe, así: Canuto Neri.

La revolución unipersonal concluye pronto. Es una fiestecita enteramente de familia, que se acaba muy temprano. La función se sus-pende por enfermedad del público, y quedan chasqueados los que se disponían a presenciar escenas de sangre y exterminio.

—Usted no sabe lo hombre que es ese Canuto...

—¿Sí, eh?

—Se pronuncia solo.

—¡Vaya!

—Y está solo.

—¡Cáspita!

—Y sólo baja al agua...

—Pero hombre, ¿usted no sabe si ese Don Canuto es pariente cercano de Don Lolo?

Las revoluciones requieran coros. No en-tiendo cómo un aria o un brindis pueden ser una revolución.

Y sin embargo, lo único cierto en esa famosa revolución del Sur, es que el señor Neri se levantó.

¡Pues yo también!

17 de octubre de 1893

[80]

La Jalea Municipal.

Protesto no ser enemigo sistemático del Ayuntamiento, y si tal parece que soy de cuando en cuando, tengan entendido que mueve mi ánimo la intención más sana y que no quiero la muerte de los regidores, sino que se conviertan y vivan. Si discrepo en pareceres de las personas que redactan este diario, es circunstancia, que no sé ni me urge averiguar, porque yo, en este mi rinconcito, soy cabeza de ratón, por mis respetos campo, y guiso a mi antojo lo que da la plaza. Gozo, pues, de independencia, como viuda con dinero y sin prole; hago lo que me place y sólo yo soy responsable de mis actos. Ahora supongan ustedes que recé el introito y que paso a cantar el Evangelio.

* * *

Tiene el Ayuntamiento actual condiciones óptimas: es honrado a carta cabal, inteligente y laborioso. Creo que la ciudad fue bien con él: no está mal casada. Pero tiene algún defectillo ese real Cuerpo. Se desvive por dar reuniones caseritas. En todos los días de santos que celebra la familia echa la casa por la ventana. Es superabundantemente aficionado a lo onomástico.

Yo no le censuro que promueva paseos y diversiones que animen la ciudad dando a la vez utilidades al comercio; no le reproché, ¡cómo había de reprocharle!, que organizara festejos muy lucidos para solemnizar el aniversario de nuestra independencia, aunque sí dije entonces, como digo ahora, que las fiestas habrían quedado igualmente suntuosas sin las tribunas, que costaron poco menos de cuatro mil pesos, y sin ciertas invitaciones, que nos costaron un desaire feo; tampoco entiendo que debe ser tacaño, antes bien, mucho aplaudo que gaste, cuando gasta en orden, y que gastando alegre al vecindario, atraiga forasteros y estimule a todos a gastar; mas todo ello no empece que procure señalarle algunos yerros que comete con buen fin.

Así, por ejemplo, tengo por seguro que las próximas fiestas de Noviembre estarán este año, y gracias al Ilustre Ayuntamiento, muy hermosas; que el salón de la plaza quedará magnífico; pero ¿la ingerencia que en ellas ha tomado el Municipio es proporcionada a la función social de éste? No entro en cicaterías ni en regateos: ya sé que el Ayuntamiento, cuando es empresario, lleva todas las de perder; no se me esconde que carece la población de muchas mejoras indispensables; ni olvido la deuda que agobia al muy Ilustre; más, como quiera que éste no fue creado para que lucrase ni ahorrando seis u ocho mil pesos se desempeoran las calles o se salda el empréstito, juzgo que el desembolso requerido por las fiestas próximas es, para el caso, lo de menos. Sí habría querido que el Ayuntamiento hubiese calculado mejor. Resulta ridículo presuponer que se emplearán tres mil pesos en el salón de la plaza, y a seguida, pedir cinco mil más. La equivocación es gorda. Equivale a disponerse para ir al *Rosario* de Querétaro y salir con que, en vez de marcharse a Querétaro, marcha uno para Roma.

* * *

Pasemos por alto, sin embargo, este pequeño error de pluma, y vamos al cogollo: ¿qué tiene que hacer el Ayuntamiento con todas las santas ni con todos los muertos?

La costumbre exige de nosotros que, en la conmemoración de los fieles difuntos nos alegremos cuanto sea posible. El pueblo de Morelia, *verbi gratia*, toma ese día muchos dulces. El pueblo de la capital en esa misma fecha, bebe mucho pulque. También es uso en tal solemnidad, concurrir a *Don Juan Tenorio*. Unos compran jalea; otros alfeñique; muchos, copal y cera; la gran mayoría indígena pone su "ofrenda"; pero el Ayuntamiento de esta ciudad capital de la República, si no está para corregir malas costumbres, tampoco fue instituído acatarlas. Para el Ayuntamiento no es día de fiesta el día de todos Santos ni día de regocijo el día de muertos. No le toca impedir que la gente pasee y se divierta en dichas solemnidades religiosas; pero tampoco le atañe celebrarlas. ¿Quién le da vela en el entierro? La Iglesía tampoco repica en día de muertos.

Si se tratara de repartir a expositores mexicanos los premios que alcanzaron en Chicago, no me extrañaría que el Municipio organizara una gran fiesta. Dirá él que pocos pagarían por presenciar esa repartición en tanto que muchos pagarán por divertirse en Todos Santos. Bueno ¿y qué? El Ayuntamiento no debe ser empresario de salones ni de títeres. A él le corresponde contribuir a establecer verdaderas costumbres y solemnidades cívicas.

Cuide de que el pueblo no cometa desórdenes en luces, velorios, ferias y maitines; pero no aproveche esos regocijos tradicionales, esas verbenas, para instituir las fiestas de la ciudad. Así disgusta a Dios y al Diablo: al Diablo, que es el Estado, por cuanto a que no tiene religión; y a Dios que, por boca de sus Ministros, clama contra costumbres idolátricas que truecan los días de oración y de recogimiento en días de holgorio y de profanaciones.

El Ayuntamiento en este caso no trata de divertir al pueblo. Trata de fastidiarle, puesto que le despide, sin razón, del sitio céntrico y habitual de su paseo. A la que trata de halagar, restaurando una costumbre ya en desuso, es a la clase acomodada.

Pues bien, a esa clase hay que enseñarla a divertirse y a gastar en ocasiones patrióticas, en fiestas que conmemoren o celebren algo humanitario, algún progreso. El pueblo apren-

[69]

derá a divertirse en tales días, perdiendo otras costumbres viciosas, como ya ha perdido muchas.

18 de octubre de 1893

[81]

Yernos acaramelados.

Leo en un diario, que no es diario porque aquí a todos los diarios les falta un lunes cuando no les falta un jueves además del lunes, que Don Canuto Neri "no puede estar en desacuerdo con el General Don Diego Álvarez, porque éste es su suegro".

¡Ahora caigo en cuenta de que tenemos delante una verdadera, una gran revolución! Don Canuto Neri ha revolucionado las costumbres, las tradiciones, los instintos, los afectos, los refranes, el idioma, estoy por decir que el espíritu humano. El solitario Don Lalo de la Sierra Madre, viene predicando el amor dulce y castísimo de los yernos a los suegros. El viene borrando la mancha original que de generación en generación se transmite a todos los papás políticos, y diciendo a los hombres:

—¡Recordad que el primer yerno fue un hijo yerno de su propio padre!

¡Cómo había de estar en desacuerdo Don Canuto con el General Álvarez, si los une un parentesco tan político!

Pues, que, ¿no habéis oído decir cuando alguien mira tiernamente a otro: "ése está poniendo cara de suegro?"

¿No sabéis qué agradables, suaves, blandos, son para los suegros, esos yernos que están diciendo: —¡Comedme!?

¡Un yerno en salsa picante! ¡Suegros a la parrilla!...

¡Esos son los verdaderos platos del día!

Pongo por caso; yo no tendría inconveniente en tomarme a Don Canuto. Un canuto en tiempo de calor, es agradable. Y si fuera mi yerno ese Canuto, sentiría doble placer: uno el de refrescarme, y otro el de tenerlo dentro de mí, el de ser por algunos momentos casi madre de mi hijo político.

Tiene ese militar y yerno, un nombre que le predestina: Canuto.

Ese hombre se quedará siempre fresco.

¡Frescachón es el nombre!

¿Cómo ha de querer enardecer los ánimos, ni quemar, ni incendiar, ni achicharrar un Don Canuto a quien, si tales cosas pretendiera, le dirían: ¡Está usted fresco!?

*   *   *

Más noble es su misión, que sólo tiene de política lo que puede venirle por el parentesco de que hablamos ya; o viene como dije, a predicar el amor a los suegros, y por eso precisamente se arma contra el suyo, para tener el gusto de ser vencido por él; o aparece levantando una cruzada contra los padres de hijas ya casadas.

De todas maneras, esta revolución es un asunto de familia. Por eso habla de ella el *Diario del Hogar*, asegurando que los disgustos entre suegros y yernos nunca duran mucho. Sí, son nubes de verano. Las disipará un rayo de sol. Los canutos se derriten facilmente.

¿Y si corre la sangre?— dirá alguien. —No, no correrá. Los revolucionarios corren con sangre y todo.

El Sr. Neri y sus trece apóstoles (porque trece son los firmantes de la proclama), van camino de Acatempan, a ver a quién abrazan.

Uno de ellos ha de ser el apóstol trece que come y desaparece.

Juntos no pueden sentarse a la mesa, porque cuando comen juntos trece, muere uno de ellos en el año. No componen tampoco un buen número para sacarse la lotería. Trece es mal número.

Por eso buscaron al señor Canuto, que es el convidado catorce.

¿No tendrán nunca sus quince? ¡Dios lo sabe!

Lo único cierto es que la gran revolución ha conquistado un principio regenerador que ya consiga el *Diario del Hogar*:

"LOS DISGUSTOS ENTRE SUEGROS Y YERNOS DURAN POCO".

Esto es dulce.

20 de octubre de 1893

[82]

Décimas en Charamusca.

Con mucha pena vuelvo a estar en desacuerdo con el muy Ilustre, en cuanto al tema de las composiciones poéticas que entrarán al certamen municipal.

El tema es el que sigue: "A mi hogar".

Reflexione el Ayuntamiento que no todos los poetas tienen hogar. Unos viven en hotel; otros, en mesón; algunos en los portales. Esos poetas quedan sin justicia excluídos del concurso.

Los poetas con hogar—como quien dice, los caballeros de reloj—suelen no ser muy dichosos en él, por aquello de "en donde no hay harina todo es mohina".

Comunmente ese hogar es un *pandemonium*; allí viven suegros, suegras, cuñados, yernos, nueras, tías y tíos, gatos y perros. Es un hogar a escote. El hogar de la olla podrida cuando está la olla podrida en completo estado de putrefacción.

¿Cómo quiere el Ayuntamiento que le resulte buena una poesía a su hogar al poeta que vive en tales condiciones? Lo probable es que le salga inmoral... y no sería remoto que se le escaparan en ella algunas malas palabras.

*   *   *

Todavía si la corporación municipal hubiera querido que se cantara el hogar—el hogar así, en globo; el hogar del prójimo, el hogar cuyo "gasto" no da el poeta—habríamos tal vez hallado algunos alquilitos entusiastas, capaces de escribir versos muy tiernos. Pero no es así: el Ayuntamiento quiere que hable de la feria el que va a ella.

Excluye a los poetas sin hogar y a los poetas que sean desgraciados en su hogar. Se queda sin gente y acaso acaso se vea en la dura necesidad de importar poetas del limbo.

El Ayuntamiento, además, convendrá conmigo en que el asunto es algo cursi. Parece como que se trata de bordar pantuflas o de cualquier trabajo de chaquira. Y si no, ya verá el Ayuntamiento como alguna profesora de instrucción primaria es la que obtiene el premio. La estoy mirando venir. Se le han visto las patas a la sota.

Dulce sí es el tema. Sobre todo, infantil. Por eso, sumando una y otra cualidades, resulta caramelo.

El Ayuntamiento, con muy nobles fines, quiere que se propague el matrimonio, que se celebren las dichas de éste, desconocidas para los solteros, y hasta para algunos casados que todavía no se aclimatan; quiere que nazcan muchos niños... ¡y que bajen al Patriarca y todo se vuelva gozo!

Esto es noble, patriarcal y algo sanscrito. Es bueno que las virtudes de las matronas que pasan ya de los cuarenta años y de la media docena de hijos, salgan a lucir en los días de fiesta nacional, como por ejemplo, en la festividad de Todos Santos y en la de Muertos, fechas en que se celebran todos los grandes hombres y todas las grandes mujeres que hemos tenido.

Sí, es conveniente que no se apolillen ni se arrancien esas virtudes, guardadas en el ropero de la familia. Además, servirá eso de estimulante a las solteras para respetar los hogares ajenos, porque hay personas y cosas que infunden muchísimo respeto.

Cuando uno sepa que la esposa del poeta X remienda las servilletas con el hilo suavísimo de sus medias, el hogar de aquel santo varón será visto con profundo respeto.

*   *   *

Y tienen otra ventaja esas composiciones caseritas: lo mismo sirven día de muertos que para noche buena. Se sirven en jalea y en ensalada.

A mí lo confieso, me enternecen mucho esas poesías. Se me saltan los ojos cuando oigo aquello de: —El papá lavaba / La mamá tendía / El niño lloraba / De hambre que tenía.

Y me conmuevo cuando oigo decir a alguna niña, con el índice metido en la nariz: —Del cielo cayó un baulito / Claveteado de alfileres: / ¡Cójelo, José María, / Que me desvanezco!

Sí, me enternezco mucho, porque soy así... muy regidor... muy sensible.

¡De modo que en el anunciado concurso encontraré inagotable fuente de placeres... una fuente de natas!

¡Oh Ayuntamiento de Alejo el de la casita en el bosque, padre putativo de los "Huérfanos de la Aldea"! De hoy en adelante no se llamarán Cabildos tus Sesiones sino TARDES DE LA GRANJA.

Palemón presidirá y el negrito Francisco cantará en ellas sus canciones más tiernas.

¡Qué hermosa es la chirimía!

24 de octubre de 1893

[83]

Papas al vapor.

Leo en los papeles públicos que el Cuerpo de Bomberos se propone hacer un simulacro de incendio. ¡Bien pensado! Ese Cuerpo, no ha hecho, pero sí ha contribuído a hacer algunos incendios, y el que ahora se dedique a simulacro siempre es un adelanto, es un progreso.

El acto se dividirá en dos partes; mejor dicho, dos actos tiene la comedia: ejercicios, gimnásticos y simulacro. El primero es higiénico e indispensable. Los bomberos necesitan ejercicio, mucho ejercicio, porque están anémicos. Algunos de ellos parecen salir de los ejercicios espirituales de San Ignacio, tras nueve días o un mes de ayuno. Son desganadísimos. Unos van a los incendios porque no tienen gana de ir. Las llamas son las que devoran. Ellos jamás tienen apetito. Por eso cuando les dicen por la noche:

—En la madrugada se quemó tal casa— suelen ellos exclamar:

—¡Pues hasta ahora me desayuno yo con eso!— Es fuerza, vuelvo a decir, que los bomberos tengan fuerza. El hombre es débil, sí; pero los bomberos no deben ser hombres.

*   *   *

Hace pocas noches tuve el honor de verlos en el incendio de una fotografía. Llegaron correctamente vestidos, paso a paso, graves, circunspectos. Parecía que iban a retratarse.

Pudo el fotógrafo haber "sacado un grupo", como dicen los del oficio.

Era día de fiesta y, sin embargo, los bomberos llegaron, aunque tarde, al teatro de los acontecimientos, situado enfrente del teatro Nacional. Arrancados éstos al seno del hogar; ésos, al seno de las tandas; aquéllos, al cuarto seno, o Limbo, en donde estaban como depositadas las almas de los Santos Padres, iban todos al fuego, no con fuego, no fogosos,—¿a qué dar fuego al fuego?—Sino con la calma augusta del deber cumplido y no sacado.

Fue majestuoso en verdad aquel desfile.

Y fue luego de verse el acompasado, lento, académico, movimiento de brazos que correctamente ejecutaron, aunque sin conseguir que modestas, recatadas y pudibundas bombas funcionasen. Cada bombero era un Modesti cantando.

* * *

Cuadro como aquel sólo hay en Holanda, en aquella ciudad del *Doctor Ox*, tan quieta y tan pacífica, antes de que la oxhidrogenaran; a orillas del manso río que oyó este suavísimo duo de amor;

—¡Nuestra dicha se acerca!

—Sí, mi amado. ¡Dentro de catorce años, cinco meses, seré tuya!

Un incendio no es cosa de apaga y vámonos. Ha de verificarse con la debida solemnidad.

Y también ése se divide en dos partes, como ese simulacro que proyecta el Sr. Frago. No, ¡que digo! En tres. La primera se emplea en buscar a los bomberos; la segunda, en buscar agua; la tercera, en buscar el fuego, porque la aparición de aquélla coincide siempre con la desaparición de éste. Por eso las personas prácticas hacen una sola cosa verdadera: buscar a Bejarano.

El agua huye del bombero, como el bombero huye del fuego. Está oculta bajo siete llaves.

Más facil es en esta ciudad culta encontrar una toma de alcohol que dar con una toma de agua. Esta es épica, heroica, a modo de la toma de Malakoff. Después de nutrido bombardeo suele rendirse; pero ¡hay! entonces avienta el aire las cenizas de la que fue casa, de los que fueron muebles, de los que siguen siendo inquilinos, ¡porque aún no se cumple su contrato de arrendamiento!

Las bombas fúnebres se alejan pomposa y descansadamente. La noche cubre con su papel secante la tranquila calle. A poco, los bomberos duermen, soñando en próximo y glorioso simulacro.

Ahora bien, y para concluir: ¿no podría el venerando cuerpo de bomberos aprovechar el primer incendio que haya para hacer el simulacro? Haga de cuenta que una quemazón verdadera es simulacro y apáguela con prontitud y con destreza.

26 de octubre de 1893

[84]

Plancarte al Plato.

Ha ocurrido algo serio: diputados, senadores, periodistas y el público en general, tan respetable como es, no tenían noticia de que existiera en México un señor Presbitero Plancarte, distinguido, notable, hasta famoso por importantes trabajos arqueológicos. Para ese *mundo*— como dicen los franceses —no hay más que un Plancarte, autor futuro de un templo en construcción y autor pretérito de un verbo nuevo y útil. Y sin embargo, existe otro Plancarte, conocido en Europa, galardonado en Europa, colaborador de varias revistas euro-

peas de seria nombradía, y enteramente desconocido en México. Sirva esto de estímulo a los que seriamente piensan, seriamente escriben y seriamente son hombres de ciencia.

* * *

Parece que en nuestra plaza no circula un solo peso de talento: lo que circula es el vuelto de ese peso. Hay que convertir en moneda fraccionaria el peso a los pesos duros que Dios haya dado a los entendimientos para emplearlos en la tierra. Conquístase la celebridad escribiendo gacetillas, anunciando que tiene uno dientes postizos, alabándose con decisión, constancia y desvergüenza: por otros caminos, y particularmente por los ásperos, no se va de la inmortalidad al alto templo.

Apuesto a que nadie ignora quién es Adolfo Carrillo. En cambio, cuando el Sr. Canónigo Pagaza, poeta excelso, fue nombrado académico, diario hubo, y no de los vulgares, que dijo sobre poco más o menos lo siguiente: "La academia española, por consejo e influencia del Sr. D. Joaquín García Icazbalceta, nombró socio correspondiente al Sr. Pagaza, relojero e inquilino del mismo Sr. Icazbalceta". Al Sr. del Paso y Troncoso, arqueólogo eminente, le pasó en ocasión idéntica, punto menos de lo mismo. A ser los agraciados en lugar de los que fueron un escritorzuelo de la prensa menuda y un poeta de los que brindan por beber, no se habría representado en la prensa formal y sería esa *comedia de equivocaciones*.

* * *

Creo que ha de ser triste haber consumido muchos años en el estudio, para que, si alguien habla de uno; digan todos:

—¿Quién es ese?

Y acaso es peor darse a conocer, porque en tal caso, está expuesto el hombre consumido en el estudio a que le llame compañero (o maestro, y esta es la más negra) cualquier ganapán del periodismo. Los pensadores, los sabios, deben, por precaución, andar de incógnito.

Este caso del Padre Plancarte es, como ahora dicen, sugestivo. Tenemos a un hombre de verdadero mérito y de ciencia, enteramente ofuscado por la reputación de su hermano, que es un hombre de negocios. No tiene el primero domicilio conocido en la celebridad; es un quídam.

Cires Sánchez goza de más reputación que él. Y sobran en la República personajes "conspícuos, distinguidos, heróicos, admirables, indiscutibles", de cuyos hechos y gestos se hacen lenguas las gacetas sin que hasta ahora hayan dado algo de sí ni siquiera algo bueno de los otros.

Si sois mexicano, no seáis arqueólogo; y si sois arqueólogo, no os llaméis Plancarte.

El mismo Sr. D. Joaquín García Icazbalceta, a quien la reina de España acaba de conferir la misma distinción que al presbítero Plancarte, es más conocido por sus haciendas de tierra caliente que por sus obras históricas, siendo estas de mérito sobresaliente. Todos saben que el Sr. García Icazbalceta es súbdito español, hombre rico, muy rico, y seriote, muy seriote; pero fuera de un escogido círculo, pocos saben que ese mismo señor de tan poca dulzura en el semblante y de tanto dulce en sus haciendas, es un gran erudito y un pulquérrimo hablista.

* * *

Otro ejemplo tenemos en el general Canuto Neri, a quien llama hoy la gente del pueblo (por lo menos así lo oí gritar anoche) Don Canuto Nevado.

Probablemente este señor ha hecho algunas cosas en su vida. Ha de haber sido, o será tal vez, intrépido, arrojado, valeroso. Por algo mandaba las fuerzas federales en Guerrero.

Pues bien, casi todos ignoraban la existencia de Don Canuto Neri. Era hombre de fama en su Estado, lo que equivale a ser muy conocido en su casa, y nada más. Fue preciso que hiciera una gran barrabasada para que la República le conociese. Ahora sí ya es un tanto conocido.

27 de octubre de 1893

[85]

Las posadas de ciudad.

Cada vez que paso frente al hermoso cercado de pulidas tablas con que están acorralando el jardín de la plaza, un suspiro muy hondo brota de mi pecho. Esas pompas mundanas; esos lienzos históricos, esas fuentes maravillosas, esos tablones que desprecio al aire fueron, pasarán como los celajes del Otoño, y con las breves tardes del nivoso Noviembre. Volverá a ver el pueblo aquellos árboles a cuya casi sombra han redimido al mundo muchas veces los señores oficiales en depósito; volverá a ver el pueblo aquellas fuentes que jamás tienen agua y en las que se baña diariamente quien ya mis lectores se imaginarán; volverán a sentir las hojas secas, el fresco ambiente de la libertad; ¡y de aquel gran paseo mortuorio y religioso inventado por un Ayuntamiento que se dispone a bien morir, congraciándose con todos los Santos, no quedará más que el recuerdo en la *Memoria* de la afligida corporación municipal, y el eterno dolor en los bolsillos! ¡*Hic Troja fuit!* exclamarán los clásicos, y:

Estos, Fabio, ¡ay dolor! que ves ahora, Campos de soledad, mustio collado... murmurán los vates sospechosos de tener intenciones académicas.

¡Y cómo no sentir que se anublan los ojos y que el alma se compunge al meditar en la fragilidad de las casas de tablas, y en la inconstancia de los electores! ¡Adiós, caros tablones! ¡Munícipes carísimos, adiós!

* * *

Meditando en esta última estación, viendo el Zócalo, afeado su rostro y hecho el oprobio de los hombres, díme a urdir la manera de prolongar la efímera existencia de esa cabaña del Tío Tomás, de esa casita en los bosques, de ese jacal en el que tiene todas sus complacencias el muy ilustre y muy sensible Ayuntamiento.

—¿No podría— me dije yo —resucitar de entre los muertos? ¿No podría vivir para cerrar los ojos de los autores de sus días?

Vendrá el invierno con sus nieves, cano, "la excelsa cumbre del sagrado Ajusco" ceñirá de nuevo su invernal corona, y con las brisas de Diciembre, henchidas de olor a heno y pulmonías, vendrán las nueve noches de jornadas, los panderos, las ovejas de cándido vellón, ¡y aquellas primorosas pastorcitas, tan parecidas en inocencia y sencillez a los ediles!

¿No siente el Ayuntamiento que algo le brinca de gozo en las entrañas, al sentir que se acerca la Noche Buena? ¿No se regocija pensando en el róbalo, en la ensalada y en los tiernísimos nopalitos nadadores? ¿No se propone abrir un concurso de villancicos? ¡Ah! Bien sé yo que cantaréis entonces, ¡oh Munícipes! endechas conmovedoras al hogar y versos para pedir y dar posada; bien sé yo que preparáis íntimas fiestas y sabrosas cenas; pero, ¿no será por ventura más digno de vosotros el celebrar públicamente esas reuniones familiares y esas solemnidades religiosas? Ya que nos dáis ofrenda, y calavera y animitas, ¿por qué no darnos nueve noches de posadas? ¿acaso, decidme, nada más las ánimas animan el comercio? ¿No merecen los Santos Peregrinos que la ciudad les dé buen hospedaje? Si os metéis con los muertos, sin que ninguno os haya dado vela en el entierro, ¿por qué no tomáis también vuestra velita azul o colorada para salir cantando la letanía?

* * *

Precisamente el airoso edificio que ha levantado en medio de la plaza la honorable Corporación Municipal, más propio es de Noche Buena que de Todos Santos. Lo flanquea una hilera de portalitos, a los que no les falta más que una estrella en la frente para ser legítimos portales de Belén. Además, en Diciembre hace más frío que en Noviembre, de modo que en ese mes cuadran mejor los paseos de verano que el Ayuntamiento dispone en el invierno. En el salón sin techo que va a abrirse el primero del entrante, habrá, según rezan los programas, guardacapas. Pues bien, hasta ese gasto se ahorrará el Ayuntamiento en el mes de Diciembre, porque, haciendo en él más frío, irán todos al paseo sin capa, hechos unos Josés o unos Pepitos.

El *Nacimiento*, el *Misterio* quedará muy bien en el Portal de la Diputación. Puede servir de burro cualquiera de los caballos que a tirones tiran de los coches de sitio. Y será de ver cómo avanza la procesión, de dos en dos, con la gravedad y buen porte requeridos, dando cristiano ejemplo al vecindario.

En el salón, que hasta ahora cuesta ocho mil pesos, se bailará, con la honestidad debida, hasta las diez en punto. Si el Ayuntamiento se empeña, o está ya empeñado (lo último tiene visos de probable), bailaremos con piano. Poco, pero bien: rigodones, minués, contradanzas, la pavana, y, para romper el baile, las tagarotas de honor, con D. José María Servín de bastonero.

* * *

¿No seduce al ilustre cuerpo, al cuerpo que pide broma, este programa? ¡Todo, antes que consentir en que esas tablas tan pronto desaparezcan de la plaza! ¡Son las tablas de la Ley, las tablas de salvación, las tablas pitagóricas!

¡Que las edades las respeten... y que respeten ellas las edades!

28 de octubre de 1893

[86]

La República de los cohetes y los petardos.

La *Semana Mercantil* publica un excelente artículo titulado "Lo necesario y lo bello". Lo he leído, releído, gustado, saboreado y afirmo que tiene mucha razón quien lo escribió.

—Los cohetes que se queman en toda función cívica o religiosa— dice el articulista —son la imagen fiel de lo que acontece en los actos de nuestra vida privada o pública.

—En todos hemos de quemar un cohete de brillar efímero. Verdaderamente el certamen a que ha convocado el Ayuntamiento, es *cohete de luz*. Se premiará al autor de la mejor composición poética que se debe intitular *Mi hogar*, y al de la mejor composición musical. A más de que no es de la índole de los Ayuntamientos impulsar el progreso en la poesía, es posible que fracase el proyecto, y en tal caso se podrá afirmar que *el cohete no prendió*. Este certamen, de todos modos, habrá gastado recursos y energías que hubieran sido muy útiles aplicadas a fines mejores.

¡Sí, señor! Aquella arenga memorable que termina con esta frase célebre: "¡Y sobre todo, agricultura, mucha agricultura!", no nos la dijeron a nosotros. Lo que nos han dicho es: "¡Cohetes! ¡muchos cohetes! ¡Pirotecnia! ¡mucha pirotecnia!"

* * *

La agricultura está por los suelos en todas partes; pero en México, hasta metafóricamente está por los suelos. En cambio, la industria cohetera, ampliamente protegida, se halla en auge. A pesar de la reforma, todavía estamos en el siglo de las luces; en el siglo de las luces de Regina, de las luces de la Merced, de las luces de San Lorenzo, de las luces de los Ángeles. Hemos acabado temporalmente con los toros; pero no con los toritos. En la literatura, en la prensa, en el Congreso, en el teatro, en todas las manifestaciones de nuestra vida intelectual y social, brillan muchos cohetes.

Vamos en tumulto a las revoluciones como si fuéramos a los fuegos; y volvemos tristes de las revoluciones, como la gente que vuelve de los fuegos. Hubo muchos traquidos, resplandecieron y se apagaron muchas luces de colores, se gastó mucha pólvora, ardió un castillo, quemamos algunos soldados de cartón, apareció el cura Hidalgo entre fulgores deslumbrantes, silbó el gentío, y todos corrimos la misma, la mismísima suerte del cohetero. Los contusos van al hospital; los pobres no tienen al día siguiente con qué desayunarse, y quedan muchas varas de cohetes, mucha basura, mucha cáscara en el suelo.

* * *

Esa afición a lo que brilla mucho y dura poco; a lo que revienta, a lo que estalla, a lo que sube para caer, nos ha perdido siempre. Todo habitante de la República trae algún cohete más o menos de incógnito, entre manos. La prueba es que si a alguno le preguntamos:

—¿Tú qué piensas hacer?

Responderá invariablemente:

—¡Ya verás! ¡A ver si prende!

Pues eso que va él "a ver si prende", es un cohete. Suele con ello saltarle un ojo a alguien; suele "zurrársele", como se le zurró al amigo de ustedes Don Canuto Neri; pero no escarmentamos en cabeza ajena y seguimos con el "a ver si prende" en boca, empeñando interinamente, mientras aquello prende, nuestras prendas.

El mexicano que no tiene cohete listo, trae petardo oculto. Es petardista. Algunos de sus ocios los dedica a prender prendedores.

¿Veis a esa hermosa joven que sale del Conservatorio con cien coronas de laurel crudo y que tan aconsonantadamente vocaliza? ¡Es una esperanza! ¡Va a subir muy alto! ¡Da el SI con la mayor facilidad! ¡La aplauden, le hacen versos!

¡Es la gloria!...

Pero, hablando en familia, ¿saben ustedes lo que es? ¡Es un cohete! A poco esa voz se apaga, el humo se desvanece, la vara cae a las tandas... y la señorita comienza a dar el SI con mucha más facilidad que antes.

* * *

Cambia la escena. El teatro representa una mañana cívica. Sube un barbilampiño a la tribuna; destapa muchas décimas; ¡prum!...

[74]

pum... pum! ¡Celebrad al altísimo poeta! ¡Ha nacido una gloria nacional!

Meses más tarde, el genio deslumbrante copia minutas en su mesa de escribiente, copia versos de álbum, y le llama al tequila, tequilita. ¡Pobre genio! ¡Era un cohete!

¡Ah, cuando se ha asistido a muchos fuegos artificiales queda invencible cansancio en el espíritu! Yo he visto los fuegos artificiales del Ateneo, descubierto y vuelto a cubrir por Vicente Riva Palacio; los fuegos artificiales de la Exposición que no prendió; los fuegos artificiales del Congreso de economistas; los fuegos artificiales del Congreso pedagógico; los fuegos artificiales del ramié... y los ojos me duelen cuando oigo hablar de fuegos.

Sin embargo, todavía abro la boca y exclamo:

—¡Aaaaaah! —cuando revienta alguna bomba en el espacio. ¡Soy mexicano! ¡Soy cohetero!

Leed la prensa: ¡Cuántas frases deslumbrantes! ¡qué chispazos! ¡qué traquidos! ¡Llueve oro!

¿Y la plata?...

Oíd hablar a Mateos. ¿Sabéis por qué nos gustan tanto sus discursos? Porque son ruedas de cohetes. Por aquí, un escupidor; por allá, luces de Bengala; arriba, una estrella; abajo, algo como escoba. ¡Cric! ¡Crac! ¡Prum! ¡Rataprumprum! Y luego, ¿qué?... ¿Luego qué? ¡Nada!

¿Y la plata?

¡Oh filósofo incógnito de *La Semana Mercantil*, tienes razón! Lo que no tienes, puesto que a filosofar te dedicas, es dinero.

Tienes razón: vivimos en la república de los cohetes, de los tronadores y los buscapiés. ¿Oyes silbidos? ¿Tú también nos silbas? ¡Bueno! ¡Así se aplaude siempre a los coheteros!

31 de octubre de 1893

[87]

Calaveras.

Hubo un tiempo en que los poetas tomaron a su cargo las calaveras. Estas y la luna fueron sus imprescindibles confidentes. *¿Quién eres tú, desnuda calavera?*, preguntaba Zorrilla en verso y en disparate a una de esas eternas calvas de espejuelos negros y de boca abierta. La calavera no respondía y a la zaga de Zorrilla iban desfilando otros poetas románticos, ya increpándola, ya bendiciéndola, todos fúnebres, todos vestidos de negro, aunque con alguna grasa (no alimenticia desgraciadamente) en el traje.

Ahora ya no representan dramas las calaveras. Tampoco sirven de copas. Los poetas se cansaron de contarles sus cuitas y ahora se las refieren a cualquier ministro para que les saque de ahogos. La calavera que infundía pavor, la que cubrieron de siemprevivas los

románticos, la calva de espejuelos negros y de boca abierta, ha desaparecido de la tierra.

Con ella se extinguió también el macho: el calavera. Este era mozo avispado, tunantón, de ingenio; burlador galante y elegante: quedaba en ese tipo algo del Tenorio. El borracho de hoy; el mujeriego de hoy; el tramposo de hoy; el camorrista de hoy, son vulgares y sucias criaturas del vicio. La cantina ha degradado por igual a todos.

Ahora bien: pasó la calavera; pasó el calavera; pero no pasa la comedia del calavera; y de la calavera no pasa *Don Juan*. Y fíjense en esto mis lectores: la inmortalidad de aquel personaje no es obra exclusiva del genio. Obra genial es la de Tirso de Molina; obra espléndida del genio es la ópera de Mozart; y sin embargo, *Don Juan* en España y en los pueblos latino-americanos, que son, por decirlo así, los de su raza, no es inmortal por Tirso ni por Mozart, sino por Zorrilla. Este, en una calaverada lo engendró, y desde entonces el *Don Juan* de versos hermosos y de versos desatinados, el *Don Juan* sin pies ni cabeza, el *Don Juan* que no tiene hechura, el que se va al cielo de una manera muy anticatólica, es el que triunfa, el que resplandece, el único que resucita de entre los muertos para aparecérsenos cada año entre todos los santos.

La justicia eterna, burlada con travesura por Zorrilla, se desquita condenando a *Don Juan* a sufrir las penas del purgatorio en el teatro. Allí los malos cómicos son los "instrumentos de la Divina Providencia".

El que no haya visto a D. Gerardo López del Castillo en facha de Tenorio, no ha visto la maravilla. D. Gerardo es el mismo D. Juan... entrado en años... convertido en D. Diego. Un D. Juan viejo y... *rusticano*.

¡Con qué majestad brotan los versos de sus labios! Ya no son versos cuando hacen vibrar las ondas sonoras... no... ¡son párrafos enteros! Han crecido en el pecho generoso de D. Gerardo; han engordado. El los rellena, los trufa, los envuelve en mantos, y los hace suyos.

Estrada y Cordero, como lo indica su apellido, merece ser llamado Bellini de *Don Juan Tenorio*. López del Castillo es la calavera de ese papel; Estrada y Cordero es la animita. ¡Como lo canta! Las décimas le van saliendo como charamuscas. Pica las notas... es decir, hace picadillo el verso. Y cuando se indigna, ¡qué bien se equivoca! ¡Con qué imperio dice entonces: *Cierra la llave; tráeme la puerta!*

Otros donjuanes hay en los teatros, pero los castizos, los genuinos, los de Día de Muertos, son los que he citado. ¿Pasarán éstos como las calaveras y los calaveras? ¡Sí...! Gerardo ya se está apolillando. Cuando le cepillan, vemos brotar de su cuerpo nubes de palomilla. Está rajado Don Juan.

¡Estrada... se está desvaneciendo en lo infinito!

*   *   *

¡Pasad, sombras sepulcrales! No quiero parecerme a los poetas románticos de que hablé al principio.

Ya ahora no hay dobles en el día de Muertos. Todos son sencillos. Algunas personas mandan decir responsos; pero ya el año entrante harán los hermanos Gayosso un contrato con la Iglesia para monopolizar los responsos y encargarse del referendo y desempeño de las ánimas del Purgatorio. Ya no hay día de Muertos. El 2 de Noviembre es el día de la conmemoración de los Gayossos, vivos y vivísimos.

2 de noviembre de 1893

[88]

Fábrica de Pulmonías.

¿Qué efecto produjo el temblor en la suntuosa fábrica de pulmonías, levantada por el Ayuntamiento en medio de la plaza? He aquí lo que aun no se averigua.

Sospechan los sabios, y con fundamento, que en nada ha padecido esa galana construcción, porque, dado lo aéreo de ella, es poco probable que la perjudiquen los sacudimientos terrestres. Es, como dijo Balbuena en su *Bernardo del Carpio*: —Un castillo de aire fabricado.

Podremos, pues, sin riesgo ni temor alguno, concurrir esta noche, con nuestro óbolo, a esa exposición de personas particulares, exponiéndonos a todas las inclemencias del invierno.

Pero invitemos a José: ¡no hay que soltar la capa!

Personas recién venidas del interior de sus casas y no conocedoras de nuestras costumbres municipales, imaginan, por el aspecto del salón, que hay dentro de él una exposición de pinturas.

La Academia de Bellas Artes, por mi respetable conducto, desmiente esa mal intencionada suposición. Cierto que casi todos los pintores mexicanos pintan al fresco y sólo al fresco pintan; pero no pintan en la plaza de armas. Cuando hay exposiciones de pinturas, o sea, cuando hay para carne, éstas se verifican en la Academia. Los artistas ganan en ellas mucha gloria después de muertos, jamás el mismo día de muertos, ni tampoco antes.

El salón Municipal, en consecuencia, no tiene dares ni tomares con el arte de Murillo. Es un salón de conciertos: salón sin techo; salón sin alfombra; salón rústico, apropósito para que en él se toque y cante la *Cavallería Rusticana*.

*   *   *

Algunos piensan que al construirlo, tuvo el Ayuntamiento la honrada mira de hacer por vía de ensayo, otro *parián*, y juzgar del efecto que produce en el público esta sorprendente novedad. Caso de que tal intención haya tenido, debemos lealmente decirle que —Magnífica es en verdad / La idea del nuevo Parián.

Y no precisamente porque nos halague el pensamiento de tener un Parián sino porque abrigamos la esperanza de que haya otro saqueo. Dada la baja de la plata, aquel saqueo sería indudablemente de provecho para las clases menesterosas.

De todos modos, la calaverada del muy ilustre y honorable cuerpo concejil ha entretenido a la población. Ha dado mucho que decir, y esto, en tiempos como los que corren, cuando nadie da nada, siempre es algo.

¿Qué se propuso el Ayuntamiento, en resumen? Divertirnos. ¡Pues ya lo consiguió! ¡Y acaso, acaso superará el resultado a lo que se aguardaba! Tal vez el mismo Ayuntamiento salga divertido.

Yo—quiero dejar este importante punto muy en claro—no soy censor gratuito del salón de conciertos. Soy censor de paga. Daré mi dinero al Municipio; le daré acaso mi existencia, si atrapo alguna pulmonía.... ¿Puedo ser menos gratuito?

A tanto llegan mi valor y mi desprendimiento, que me alegra, que me alborota ese paseo. ¡Es una tienda en medio del desierto!

*   *   *

El móvil de mi censura es de esencia altruísta. Abogo por el Municipio mismo, a quien veo en peligro serio. Pero, ya que el *alea jacta est* se ha pronunciado, no volveré a formular un solo reproche; se me verá en la fiesta fúnebre con la risa en los labios; iré al grandioso panteón con mi sencilla ofrenda, y estoy cierto de que la ciudad dirá como Tenorio: —Mi buen padre empleó en esto / Entera la hacienda mía: / ¡Hizo bien! Yo, al otro día, / La hubiera a una carta puesto.

Es decir, la hubiera perdido; porque en México las cartas se pierden siempre.

Y aquí acabó el purgatorio de la honorable Corporación Municipal.

4 de noviembre de 1893

[89]

Revoltillo a la Mateos.

Mi amigo el Sr. Díaz, autor de un muy útil itinerario de los ferrocarriles se propone publicar otro libro destinado—¡feliz él!, dirá un cesante—a tener excelente aceptación. Respecto al título que ha de ponerle no está aún decidido: vacía entre llamarlo "Itinerario de los discursos con correspondencia del Sr. Mateos" o "Guía del viajero en los discursos del Sr. Mateos".

Los admiradores del grandilocuente orador estamos de plácemes; pero, más que nosotros lo están aquellos que todavía estudian segundo año de Mateos y nada saben de cálculo de las probabilidades ni de puentes y calzadas. Para tales personas un discurso de Juan Mateos es Londres. Se pierden; se engentan; se aturden; oyen hablar al rededor de ellos un idioma extraño; preguntan y nadie les contesta, porque nadie les entiende; y aturdidos, mareados, con dolor en los ojos, regresan al hotel sin darse cuenta de lo que han visto en el remolino incesante de la gran ciudad.

Un discurso de Mateos—repito—es Londres en días de Exposición Universal. Hay en él: congreso de religiones, congreso de médicos, congreso de acróbatas, el pabellón de la India, el pabellón del indio, torre Eiffel, juegos artificiales, regatas, gatas; el siglo de las luces, las luces de la Merced, mil panoramas, vistas disolventes, teatros de títeres, sinagogas, mezquitas, sacerdotes, armenios, globos aereostáticos, carreras de caballos, faroladas, periodistas en bicicleta, carros alegóricos y salón del Zócalo.

* * *

Por aquí pasa un chino; por allá parlotea una legión de papagayos; acullá repica el Cerro de las Campanas. Salimos de la Mosquea para entregarme a la danza del vientre; pasamos por el Puente de los Suspiros, desde la cruz del Sur hasta la Osa; hacemos columpio en lo infinito; y a ratos nos parece que algún mago nos ha convertido en volantes de vaqueta, en pelotas, en cohetes corredizos. Quiere uno parar, detenerse un momento: pero en vano: codean, empujan, arrollan... ¡es sábado de gloria en la Catedral!

Las balas disparadas por incontables jugadores de boliche van corriendo, saltando, con estrépito horroroso: de súbito, se oye estruendo mayor... han hecho un estropicio... ¡chuza! ¡chuza!

Es que acaba un período del discurso. ¿Cómo no desear que se publique la obra de mi amigo el Sr. Díaz? Hay muchos sitios admirables en los discursos del Sr. Mateos, pero no podemos gozar, bien al visitarlos, porque ignoramos qué lugares son y nos pasan por ellos a carrera tendida. Aparecen en esas peroratas personas muy ilustres; mas tan inopinadamente brotan que se dice al mirarles: ¿Quién es ése? ¿Por dónde salió aquél?

* * *

Cuando ya tengamos la guía y el itinerario dicho, podremos disfrutar del espectáculo. Dirá nuestro librito, verbi gracia: "están ustedes en la calle de Scipion de Médicis, frente a la casa del Médico de las locas. Por aquí se va a la plaza de Gutiérrez Zamora abierta en lo que fue, cuando mandaban los virreyes, Campo del Golfo de Nápoles".

Con indicaciones como éstas, ya será posible trazarse un derrotero y pasear por los discursos colgantes de mi querido amigo Juan Mateos. Sabremos en qué punto de ellos se toma el tren de Mariscala y la Santísima. Nos dirán en qué lugar se come. La guía dirá:

"Deja Vd. a Chavero; tuerce por la reina Victoria; da vuelta a la baronesa de Wilsón y andando la plazuela del padre Taranta, llega a la casa de Alejandro Magno".

Con esa seguridad camino por los boletines de Luis Alva. Ya sé que derecho del Napoleón están Pablo y Virginia, y que torciendo a la derecha llego a Tuxtepec.

El Sr. Díaz va a hacernos un servicio positivo. Sólo sí le aconsejo que se apresure: publique esa guía antes de que Mateos pronuncie su discurso contra la inamovilidad del poder judicial. Ese va a ser su discurso de más movimiento.

7 de noviembre de 1893

[90]

Jueces a la carta.

El asunto que está a la orden del día es el de la inamovilidad de los jueces. Un grupo de inteligentes diputados está contra el juez-mueble, el juez-mesa de estorbo, el juez-taburete, el juez-trinchador. Ese juez-mueble se mancha con el continuo manoseo, se quiebra, se rompe, suele gastarse en usos que no son aquellos para los cuales está destinado. El juez-inmueble, el juez-fincado, inspira más confianza a dichos padres de la patria.

Trabajo ha de costarles vencer la resistencia que las mayorías oponen a toda inamovilidad. México es la nación de las mudanzas. Es raro el ciudadano-inquilino que fija su domicilio en tal casa de cual calle. El ciudadano-inquilino, apenas arrienda una habitación cualquiera, dase a buscar otra, porque ya le disgusta la que acaba de ocupar. Notarán ustedes que en pocas familias hay criados que duren más de cuatro años, y esto a lo sumo. Tendrán la culpa de ello los tales sirvientes, pero también la tienen los amos. Ni unos ni otros se soportan por largo tiempo. Querer lo nuevo y confiar en lo inesperado, son vicios muy nuestros. Por eso hemos hecho tantas revoluciones y comprado tantos billetes de lotería.

Bien es verdad que podemos decir: ¡plus ça change plus c'est la même chose! Porque todas las cosas nuevas que encontramos, son cosas viejas que habíamos dejado de ver. Pero esto no impide que continuemos yendo en pos de novedades. Además, disputamos con mucha vehemencia el derecho a elegir. Conquistamos ese derecho y ya que lo tenemos no elegimos.

¡Pero ahí está el derecho firme de una pieza e inservible! Cualquiera al ver cuán elocuentes y fogosos defendemos la libertad del sufragio, supondrá que los días de elecciones son en la república jornadas de batalla. ¡Y nadie se mueve de su casa para ir a los comicios! Lo que nos enamora, lo que nos seduce es la palabra. Puede aquí hacerse todo, puede perpetuarse lo bueno y lo malo; pero con tal que no nos lo digan, que nos avisen. Con un: *mañana arreglaremos eso*, se compone todo.

* * *

Se me objetará que el matrimonio indisoluble, que es una gran inamovilidad, subsiste a pesar de lo que llevo dicho, en tanto que el divorcio tiene pocos prosélitos. Pero el matrimonio, generalmente hablando, es un período revolucionario. A los mexicanos les gusta desde su más tierna edad, porque éste les proporciona el gusto de pronunciarse diariamente.

Necesitan desobedecer a alguien, subvertir el orden público o el orden doméstico. Pero eso sí, ¡que no les nieguen el derecho de elegir mujer! ¡Libertad ante todo!

Hasta en las fondas se rinde culto al sufragio libre. La conquista de éste está representada por la lista, por la Carta, por la Carta magna, por la Constitución de 57 platillos.

Hay personas que gustan de comer en restaurant sólo por el placer de pedir la lista al mozo. Éste es un placer como otro cualquiera de los placeres tontos; es el placer de equivocarse.

La experiencia ha demostrado que cuando uno escoge lo que ha de almorzar, paga caro y se indigesta. Pero el hombre se complace en crearse conflictos, en columpiarse sobre el abismo, en sentirse atraído por una mayonesa de salmón y por un bacalao a la vizcaína. Afirma su individualidad y su poder cuando se resuelve y pide: —¡MAYONESA!—Lo cual no significa que esa libertad electoral no le dañe, porque, sin duda, le conviene más un buen *roast beef*.

Sé, pienso, creo que si el Gobierno quiere, como ha de querer, servirnos, buenos jueces, ganará mucho la sociedad. Pero también presumo que las mayorías han de oponerse a que se les arrebate el derecho (que no usan) de elegir jueces malos.

El mexicano pide siempre la Lista en mi restaurant y en los demás.

8 de noviembre de 1893

[91]

A quitar los manteles.

Se murió el calaverón

Se murió el calaverón / Se murió de pulmonía / Y lo fueron a enterrar / El domingo a medio día. // Se murió el calaverón / Se murió por dar un brinco / Y lo fueron a enterrar / El lunes como a las cinco. // Se murió el calaverón / Se murió por no comer / Y lo fueron a enterrar / Martes al obscurecer. // Se murió el calaverón / Se murió de puro tonto / Y lo fueron a enterrar / El miércoles pronto pronto. // Se murió el calaverón / Se murió diciendo, ¡adiós! / Y lo fueron a enterrar / El jueves, pero a las dos. // Se murió el calaverón / Se murió gritando horrores / Y lo fueron a enterrar / El viernes hasta Dolores. // Se murió el calaverón / Se murió de mala gana / Y lo fueron a enterrar / El sábado en la mañana.

¡Primera semana!

Ustedes me dirán si continuamos con la segunda semana, y luego con la tercera, y en seguida con la cuarta, porque esta canción tiene el mérito de que no se acaba; es de tira y afloja, puede hacerse larga, larga como el cuello de Don Folías. ¿No continuamos? ¿No? ¡Mejor! ¡Perfectamente!

Pues la canción que he tenido la honra de citar, es la canción tristísima, el soneto triste del salón que abrió el Ayuntamiento en mitad de la Plaza de Armas, con el honesto fin de enfriarse y en cuya segunda semana de Pasión estamos actualmente. Desde el primer día de la primera semana el calaverón estaba muerto, pero siguió el velorio y hasta llegó la música de cuerda, organizada por los Vega, al lugar del siniestro. Ya era tarde.

Tuvo dos semanas el salón; va a morir antes de cumplir los quince, en la primavera de la vida y en el invierno del año: ¡es de la madera de que se hacen los ataúdes de palo blanco!

Los que no comprenden la ternura infinita que expresa en monótono, lento, funerario ritmo, la "canción del calaverón" tampoco habrán gozado, ¡oh infelices!, en ese paseo admirable de las calaveras, en ese sitio de recreo y de frío, adornado con lujo por el Muy Ilustre y Muy Magnánimo, para honra y provecho de las enfermedades nacionales. ¡No disfrutaron esos míseros la dicha inmensa de estar solos, oyendo un solo de pistón, en medio de la pampa solitaria! No son dignos de leer las *Noches* de Young, traducidas al castellano por Escóiquiz.

¡Nunca serán viudos!

¡Ah! Aquel solemne tenebrario cívico, aquel miércoles de ceniza perdurable, aquel oficio de Difuntos, aquella misa de tres padres, dejará en la ciudad un gran vacío. Sí; un vacío de a ocho mil pesos. No volverá este Ayuntamiento, ni otro Ayuntamiento, ni ningún Ayuntamiento, a abrir sus salones, a "quedarse en su casa".

* * *

Ya no veremos otras animitas, ni otras muertes de alambre, tiritando a la sombra de los focos eléctricos. Seguirán los catarros gratis, las pulmonías gratis; pero las pulmonías y los catarros de a dos pesos, ya no volverán.

Ahora bien, un Ayuntamiento tan protector de la elocuencia, que se gasta cuatro mil pesos mal contados en levantar tribunas para el pueblo; un Ayuntamiento tan artista, que, muriéndose de hambre, da conciertos que le cuestan once mil duros, ¿no merece que los amigos salvemos de la miseria a su familia?

Propongo que se le den todos los palos que merece; todos los palos de tribunas, salón, portales de Belén, etc. Empalado así el Ayuntamiento, podrá pagar algunas deudas o meterse a carpintero. Estoy también porque le dejen las fuentes maravillosas; no son maravillosas ni son fuentes; no dan agua ni dan chispa: ¿para qué las queremos? Él sí debe guardarlas como recuerdo... como recuerdo de una reunioncita de familia.

* * *

Estos donativos, sin embargo, no bastarán a equilibrar los presupuestos del desequilibrado Ayuntamiento. Tendremos que apelar a otros medios, para convertirlos en reales.

¿En provecho de quiénes vino a redundar el salón del Zócalo? Incuestionablemente en provecho de los muy estimables hermanos Gayosso. Gracias a él han tenido, en estas dos últimas semanas, varios "días de muertos".

La mortalidad, según acusan los cómputos publicados por el Registro Civil, aumentó impensada y considerablemente. ¿No es razonable, no es equitativo que los compañeros de la Santa Hermandad, los agentes del otro mundo, los que inhuman con rebaja de precios, compensen, aunque sólo sea en mínima parte, los afanes y los desvelos del Ayuntamiento?

La consabida empresa puede fácilmente contribuir con cinco mil pesos a los gastos del salón. Estoy cierto de que daría con gusto diez mil pesos porque le permitieran continuar explotando en lo que falta de este mes. Acaso sería inhumano acceder a tal deseo; mas como la necesidad se sobrepone a todo, no se censurará a la corporación municipal si da el permiso. Supongo, sin embargo, que no accede: los cinco mil sí los tiene bien ganados. Los hermanos Gayosso, no pagándolos, se exponen a inhumarse con ese pecado en la conciencia.

Yo, por mi parte, he dado ya bastantes platos al Ayuntamiento. Y llevo a más mi generosidad: pido que se le dé una fosa gratis.

11 de noviembre de 1893

[92]

Pericos en mi-bemol.

Los pericos, hasta hoy, habían escapado al arte lírico. O para hablar con propiedad, pertenecían a él; pero con el carácter de agregados militares. Cada tiple de esas que nacieron en muy buenos pañales, se cree obligada a traer consigo un loro, como agente privado, secretario y maestro de ceremonias. Lo primero que hace dicha primadonna al desembarcar en un hotel es colgar la jaula del lorito en la parte más visible del balcón que da a la calle. Por las noches, cuida de que no se constipe, coloca la dorada cárcel del inteligente animal en una silla y le contempla con ternura como si fuera Lora. El animalito, con esa gravedad tan prematura que caracteriza los genios de su raza, va cerrando los ojos y entrando con pico y todo en el mundo del ensueño. De cuando en cuando el ángel abre un ojo, tuertea un rato y suelta con su voz de soprano sfogato alguna de esas palabrotas que rechinan mucho y que se pronuncian con todas las erres de su regimiento.

* * *

Esos pericos, agregados a las compañías de ópera, en calidad de vástagos, no son los que veremos dentro de pocos días. Estos son artistas en la más alta acepción de la palabra. Son verdaderos Periquinis.

Los loros de antaño se entregaban en cuerpo y alma a la oratoria. Eran muy Mateos. Pero han tenido contratiempos; y, más que nada, les ha herido en mitad del corazón lo que pasó hace poco en la Cámara de los Lores. Al saberlo se fueron todos ellos a los Comunes, irritados, corriendo y sabe Dios lo que hubiera acontecido en la Cámara baja a haber estado abierta en ese instante. Vino después la reflexión y con ella la calma. Los loros, ya tranquilos en lo que cabe, resolvieron correr la legua en el carro de Thespis. ¡Y ahí vienen aparejados, con su Sieni por delante y sus gallos por detrás!

¡Será de oír esta ópera de loros! Acaso venga como primer tenor aquel Lorini a quien tuvimos la honra de silbar en una de las estaciones de Sieni. Creo que fue en la quinta.

También vendrá de primera cotorra la respetable señora Calderazzi.

* * *

Ello es que vamos a gozar muchísimo. Ya me figuro un dúo de amor con esta letra:

—Lorito, ¿eres casado?

—¡Uy! ¡Uy! ¡Uy! ¡UY! ¡qué regalo!

El *Falstaff* de Verdi le ha de quedar perfectamente a la Compañía. Y también las *Walkirias*. ¡Wagner, mucho Wagner, eso es lo que cantan a gusto los pericos!

El empresario puede fijar precios módicos a las localidades. Desde luego traerá la *troupe* en una periquera, lo cual ya significa algún ahorro. Además, sabido es que los pericos no son exigentes, se conforman con poco y cogen mucho cariño a las personas de casa, como lo prueba aquella oda de Horacio o de Tibulo, que comienza así: —Perriquitis miquis, / ¿No me conosorum? / ¡Ego sum de casa / El estudiantorum!

Por recibir un sueldo insignificante, cualquier loro da el *do* y hasta la pata.

La primadona en su beneficio, no cantará la *Paloma* ni el *Palomo*, como otras Cotorras y Penottis que han venido, sino el *Periquito*. Este airecito nacional, de pulmonía, ha de entusiasmar al público.

* * *

De telón para dentro, tampoco tendrá disgustos el empresario. Los loros hablan y gritan menos que los cantantes entre bastidores; se desentonan al unísono y nunca pretextan enfermedades para no cantar. Yo conozco un tenor que es papagayo. ¿Por qué no ha de haber un papagayo que sea tenor?

En las compañías de ópera, suelen ponerse verdes las cantatrices. En éstas no tendrán que tomarse ese trabajo. La crítica las pondrá como Dios puso al perico; pero ¿y qué?

Lo único de temerse es que el público las mande a la perica.

15 de noviembre de 1893

[93]

Conservas no alimenticias.

Por un olvido que nunca dejarán de lamentar, en sus sepulcros unos y en el retiro otros, todos los ministros de Hacienda anteriores al Sr. Limantour, la industria de las ciruelas en su jugo y de los duraznos en almíbar, no ha gozado en México más que de la simple cuota prohibitiva sobre el similar extranjero. De aquí la triste consecuencia de que esa industria no haya prosperado en México. Pero como la cuota prohibitiva causa extraordinario encarecimiento en el artículo monitoriano de que hablo, él es el hecho que contadas personas pueden deleitarse con esas golosinas tan sabrosas y tan dignas de toda consideración. Ya son raras; suelen envejecerse en los anaqueles de las tiendas y, más que para otra cosa, sirven para gala y adorno de los aparadores.

A mí, sin embargo, sírvenme para algo: para traerme a la memoria la incorruptible efigie de los hermanos Alva, que son los santos Justo y Pastor del calendario periodístico, y para recordarme las caras de otros liberales que son la verdadera estampa de la herejía. Unos y otros pertenecen a la clase de artículos que tenía Mavamorcuende: a la que no se vende. Y no porque tales artículos sean caros, sino porque ya no gustan. Entre ellos y los duraznos en almíbar no hay solución de continuidad.

* * *

Existen liberales sanos, casados y con hijos; liberales que tuvieron una novia, como el Sr. Lafragua, la cual novia se murió, y a la que siguen dedicando, aunque estén viejos, endechas y elegías románticas; y liberales histéricos que padecen accesos alarmantes, más bien dicho liberales en brama intermitente.

A éstos suelen llamarles jacobinos. Yo que no latinizo las palabras ni convierto en Jacobo a Señor Santiago, les llamo sencillamente SANTIAGUITOS.

Los liberales sanos, con mujer e hijos, creen que la Constitución de 57 puede ser una buena madre de familia, una esposa fecunda. Procrean, educan a la prole, consienten en que sus hijos se casen, son útiles a la especie y a la sociedad. Para ellos la ley de vida es el movimiento. Trabajan y no se echan a otros como los santones, ni a rumiar como los bueyes, ni a dormir como los cerdos.

El liberal histérico, solterón y atravesado, no gimotea, vocifera. Ése detesta lo joven, lo nuevo, lo que rebosa vida y salud, ni más ni menos que las solteronas. Se han quedado para vestir imágenes. Por eso en sus discursos, en sus escritos, en sus conversaciones sólo hallamos imágenes vestidas con el lujo que a cada cual permite la imaginación, pobre o espléndida. ¡EL ARCA SANTA! ¡LAS TABLAS DE LA LEY! ¡EL DECÁLOGO DE LA LIBERTAD! ¡LOS MÁRTIRES DE LA DEMOCRACIA! ¡EL CALVARIO! ¡EL TABOR!

¡Imágenes! ¡Imágenes! ¡Un monumento de Jueves Santo con sus profetas y con sus apóstoles!

* * *

Estas conservas no alimenticias están grabadas con cuotas prohibitivas por el sentido común de las naciones. Nosotros sabemos que para afirmar nuestros orígenes liberales, no necesitamos hacer lo que Orígenes. Se puede fecundar una ley, debemos fecundarla, y mientras más robusta y sana sea la ley, mejor. La Reforma no se hizo en seis días, ni nosotros nacimos en el séptimo para descansar procreando hijos que también descansen desde el día de su nacimiento hasta el día de su muerte. Necesitamos cansarnos para descansar. Creemos que nada hay de esencia divina en nuestras instituciones, perfecto, absoluto y eterno. Siendo estas humanas, son, por su propia naturaleza, perfectibles.

Los liberales de... Llegaba ya al altar feliz esposa, / Allí la hirió la muerte, aquí reposa; / esos liberales del género durazno en almíbar y vestido de luto, son los viejos llorones de la democracia, los huérfanos de la aldea llamada Ayutla, los que se plantaron en siete jugando a la treinta y una. No hacen daño, como los duraznos consabidos; pero tampoco hacen otra cosa. Su fuerte es cantar responsos o el oficio de difuntos. Supongamos que hay tres y no dos Sres. Alva, en *El Monitor Republicano*: con tal terno tenemos una misa contada de tres padres y de cuerpo presente. El cuerpo es el de la Constitución, a la cual dicen los Alba: —El capitán te mató / A la puerta de tu casa.

* * *

Ni la Constitución ni la Reforma son tiendas de ropa. Nuestros padres nos dejaron paño de que cortar para hacernos trajes a la medida. Gracias al que nos trajo a las gallinas; pero hagamos que las gallinas pongan huevos. Entendemos que al pueblo le hace más provecho tener un pollo en el puchero de los domingos, como decía Enrique IV, que tener un fraile asado en el periódico a la hora de la cena. Libremente caminamos a la libertad. Caminamos: esta palabra dice todo.

A los señores de la conserva liberal les ha pasado lo que a un amigo mío que iba a Veracruz. Se apeó en Tepexpan y se le fue el tren. Este no tiene la culpa de haber llegado sin él a Veracruz; mi amigo es el culpable de haberse quedado papando moscas en Tepexpan.

No se enojen esos muy estimables caballeros porque les recomiendo la lectura de un libro que parece vulgar: el calendario. ¡Siempre es útil saber en qué año estamos!

Tampoco se enfaden si les aconsejo que compren reloj, ahora que un reloj no cuesta casi nada. Debe saberse la hora que es, y no es usual el responder si alguno la pregunta:

—Hombre, cuando yo nací eran las ocho menos cuarto.

Soy liberal convicto y confeso; pero leo el calendario, tengo reloj y voy caminando.

Además, no me gustan las conservas.

17 de noviembre de 1893

[94]

Pasen a tomar atole.

En un tribunal francés hubo cierta ocasión este interrogatorio:

—¿La profesión de usted?
—Ninguna.
—¿Su oficio?
—Ninguno.
—¿Vive usted de sus rentas?
—No, señor.
—¿Trabaja en algo?
—No, señor.
—De modo que es usted vago.
—Sí, señor.
—Y ¿pertenece usted a la Legión de Honor?

El acusado señalando su roseta. —Sí, señor, soy caballero.

El Juez. —Apunte usted, señor escribano: Paul Granier, vago de la Legión de Honor.

Dada la prodigalidad con que los yankees han concedido premios a los que algo exhibieron en el certamen de Porcópolis, cualquiera podrá escribir estas indicaciones en su pasaporte: *Fulano de tal, vago premiado en la Exposición de Chicago.*

En tiempo de Mesonero Romanos, se consideraba como una gloria tener derecho a este epitafio: —Aquí yace un hombre / Que no fue nada, absolutamente nada, / Ni siquiera Jefe Político.

* * *

Ahora yo aspiro a que no me premien en la Exposición de Chicago. No concurrí; pero tengo miedo... porque hay yankees muy bárbaros.

Esta famosa Exposición vino a substituir con ventaja los extinguidos premios de los colegios particulares.

En éstos, todos los niños salían premiados.

A los que no sabían sumar les declaraban aseados; y a los que ni aseados eran, los convertían en formales. El que menos, salía con su diploma de buena conducta. Esto era casi casi deshonroso.

En Chicago no sólo resultamos de buena conducta, sino guapos, bien parecidos, inspirados y sabios. A D. Miguel Serrano, comisionado de México, no sabiendo ya que darle más, le dieron primer premio de Serrano. Si va Mateos, le darán primer premio de nariz.

Premiaron el discuso pronunciado por D. Jesús María y José López en la apertura de las Cámaras. Premiaron el butaquito. Premiaron el *chilacate*, persona modesta que hasta hoy había vivido en el seno de la más cordial insignificancia.

¡Y todavía quedan premios! ¡Pasen a tomar atole todos los que van pasando!

Tenemos primeros tuertos, segundos cojos, mancos con medalla de oro, tortilleras con mención honorífica... ¡hubo jura en Chicago!

¿Quieren ustedes mayor esplendidez? Al yankee sólo un dar le agrada, que es el dar en no dar nada. Y por eso da premios que no valen nada. La Pina Penotti sacó P.P. y una V.; D. Ricardo Orozco se sacó el salón del Zócalo.

No se quebraron la cabeza los jurados calificadores. Lo que quebraron fue la olla. Vendados los ojos, daban palos de ciego, y ¡allá van confites, cacahuates, tejocotes!

A un señor Calderón, (de Morelia) lo premiaron *por rapé.* Probablemente a *Anabasis* lo premiarán por rapado.

* * *

¡Esto se llama dar, y dar en la herradura!

Queda todavía por averiguar si hubo en Chicago tantos expositores mexicanos cuantos fueron premiados, o si allá se multiplicaron los que presentamos. Por ejemplo, pudiera ser que el chilacate fuera hijo del chocolate.

Lleva construídos la empresa de Chicago treinta y dos mil kilómetros de premios en territorio mexicano: y aun no termina la línea.

¿Premiarán a los ferrocarriles del Distrito por la frecuencia con que atropellan a las gentes?

¿Premiarán a Don Canuto Neri por su capulín helado?

¿Premiarán alguna poesía "A mi Hogar", compuesta por el sentetón Ayuntamiento en una de sus *Veladas de la Quinta*?

¡No hay que desanimarse, jóvenes inéditos, autores dramáticos silbados, baritonos domésticos, bueyes que os fuisteis a la milpa: Chicago es la madre de todos los huérfanos!

Hay laurel para todos los asados en la gran Porcópolis. ¡Hay coronas-jaranas para todas las cabezas en esa gran sombrerería!

¡Todo barato! Pida usted la lista.

18 de noviembre de 1893

La Patti comadrona y Edison partero.

El Sr. Edison nos prepara una sorpresa más. Está en camino una sorpresa galante, un obsequio a las damas, un regalo de año nuevo.

Óigase de lo que se trata, según leo en un diario neoyorquino:

—Una revista dice que Edison ha inventado un aparato, por medio del cual puede alumbrar una señora sin advertir que ha pasado tan duro trance.

—El sistema no es aún conocido, pero se refiere lo siguiente:

—A los primeros síntomas, se acerca un fonógrafo en que canta la Patti.

—La dama toma los tubos para escuchar la encantadora voz de la diva y se produce una corriente eléctrica que la insensibiliza y le produce tal laxitud, que sólo se da cuenta del lance, cuando los gritos del bebé interrumpen el canto de la Patti.

Edison (Tomás *pour les dames*) va a ahorrar al bello sexo lo único que no es bello en ese sexo. Pasa una esponjita por la maldición genesíaca y borra el dolor que causa, cuando llega, el amor de los amores. Comprenderá el brujo de Mungo Park por qué no me creo obligado a decir ¡gracias!

¿Tiene derecho un cristiano para anular la penalidad de esa ley de vida promulgada en el Paraíso? Creo que sí, toda vez que el hombre, condenado a trabajos perpetuos en ese mismo acto legislativo, logró encontrar la chicana de la ley y ya no come, forzosa e ineludiblemente, con el sudor de su rostro.

Por un principio de equidad debe procurarse a la mujer rica lo que se tiene procurado el hombre rico: una dispensa de sufrir.

De hoy en adelante nada más los hombres tendrán hijos con dolores. Y dolores se escribirá con *d* mayúscula.

* * *

La brujería de Mr. Edison (Tomás *pour les dames*) da al desenlace del amor un carácter artístico. Las últimas notas de la Patti, diosa que se va, van a inmortalizarse uniéndose a los primeros vagidos de las generaciones venideras. Cambia la música del acto; se le suprimen los tres bemoles que tenía, y al *sí* natural, dado por Julieta en el balcón, responde, meses o años después, una *fermata* de la diva.

Las señoras están acordes, es decir que esto es divino.

* * *

¡Qué radical mudanza en el lenguaje! Una mujer no podrá en lo sucesivo oír sin ruborizarse esta pregunta sencillísima:

—¿Ha oído Vd. cantar a la Patti?

La artista que, para provecho propio, ha establecido la juventud inamovible, va a trocarse en Diana, en Selene, en la diosa que preside el nacimiento de los humanos. Ya no,

como en la antigüedad y como para algunos casos en los días corrientes, se inmolará un cordero, cuando esté proxima a nacer la criatura. La "Reina del silencio", (Horacio) la "Pupila de la noche", (Píndaro) la Urania de los orientales, la Isis del Egipto, la Astarte de los fenicios, la Mem de los hebreos, la Mylita de los persas, la Alilata de los árabes, la Selene de los griegos, la Diana de los romanos, es la Patti. Ante sus altares va a entonarse el ¡*Hodie nate salve!*

* * *

Mientras la esposa oye los gorjeos del ruiseñor posado en el almendro, podrá en otro fonógrafo el marido, oír la voz de Nicolini.

No hará el papel desairado que hace ahora, en la antesala incómoda de la paternidad.

En lugar de que él trine o dé un *re* sobreagudo, trinará con dulzura Nicolini.

* * *

La obstetricia fonográfica fin de siglo contribuirá a la propagación de la especie. La humanidad femenina, en las clases superiores, puede, gracias al nuevo invento, caminar sin temores para el porvenir.

Ahora bien: ¿la Patti está indisolublemente unida a ese fonógrafo que destrona el *cloroformo a la reina*? ¿No pueden venir al mundo criaturas, inofensivamente, sino envueltas en Chantilly de notas, picadas por la diva?

Hasta ahora, sólo se habla de ella. La vestal que ha consagrado al arte su esterilidad es la madrina encantadora que ha escogido Mr. Edison para los hijos de los ricos.

ADELINA PATTI,
PROFESORA RECIBIDA.

* * *

Ahora bien: ya Mr. Edison (Tomás *pour les dames*) había inventado algo delicioso, aunque no útil: la muñeca fonógrafo. Hacen esas muñecas al gusto del consumidor: rubias o brunas, de ojos azules o de ojos negros, parecidas a la persona que conviene. Las muñecas hablan; dicen *papá* indistintamente; cuentan lo que nosotros queremos que nos cuenten; callan lo que no les enseñan a decir; nunca riñen; jamás lloran.... ¿Esas muñecas o esos muñecos no son la prole de los futuros matrimonios? ¿No son los verdaderos hijos *fin de siglo*?

Ya en las civilizaciones refinadas, quintesenciadas, el hijo es un apéndice molesto, como la cola del mono que ha dejado el orangután o el tití humano por incómoda. En los países cultos los esposos recortan su descendencia, como manda el *sportsman* recortar la cola de su caballo inglés. El hombre civilizado no arrastra hijos.

¿Acaso no bastan esas figuras de porcelana para satisfacer, en la época presente, los nobles anhelos de paternidad o de maternidad? ¿Todavía nacerán criaturas de carne, cincuenta años después de Schopenhauer?

Temo que la extracción de familia sin dolor, cause este daño, que procuró remediar el pesimismo filosófico.

Mr. Edison (Tomás *pour les dames*) será el responsable de los venideros anarquismos.

21 de noviembre de 1893

[96]

Las leyes de sombrero ancho.

Se ha alegado como prueba de que la inamovilidad judicial es buena el hecho de que está admitida en todos los países cultos, salvo poquísimas y nada airosas excepciones. —¡ESE NO ES ARGUMENTO!— dicen algunos. Y en efecto no es argumento de zarzuela, ni "el argumento de la ópera para esta noche" únicos argumentos populares en ciertas clases que entran todas en la designación genérica de CLASE DE TROPA.

Para esos valientes (han de ser muy hombres) y pobres (desde aquí les veo la traza) para esos ciudadanos que poseen las dos cualidades características del patriota: el valor y la pobreza, todo juicio, toda costumbre, toda ciencia, todo ejemplo, toda experiencia que del extranjero nos llegue, es una intervención, es un ataque a nuestra autonomía. Esos se alegran y refocilan cuando baja la plata, porque así nuestros pesos no irán a enriquecer a los europeos; esos quieren que se conserve el derecho diferencial de bandera, aunque por causa de él paguemos a cinco duros las camisas de a tres pesos, con tal de que vengan a la sombra de nuestro glorioso pabellón, de que sean, casi casi, camisas tricolores; esos sustentan una doctrina de Monroe modificada: México para los mexicanos y los mexicanos para los empeños.

Ya han propuesto, con toda seriedad, que se forme una ¡¡¡"Economía Política Mexicana"!!! Ya han dicho, en ocasiones muy solemnes, que prefieren andar desnudos y vestir industrias andrajosas a conceder libertades al comercio de importación; y ahora, por último, declaran que México no se parece a ninguna otra nación, que no entra en el concierto de los pueblos civilizados, que es buey suelto y que... *non fecit taliter omni nationi.* Estos autonomistas del país son infumables.

Yo, *cordon bleu*, de profesión no sé si la inamovilidad es buena o mala. Me gusta en la esfera de los principios. Por ejemplo, un "principio" de albóndigas inamovibles, de albóndigas elevadas a la categoría de perdigones, habría de resultarme cómodo y barato. Pero aunque nada entienda de leyes, sí barrunto que el ideal de la República no consiste en darse leyes-tamales, leyes de chile, de dulce y de manteca, leyes que se pueden tomar con pulque y con tortilla.

La cocina y la política, y esto la han demostrado Don Juan Fastenrath y Castro y Serrano en su libro *La Mesa Moderna*—tienen grandes semejanzas. El secreto de una y otra está en dar de comer bien, en nutrir, en proporcionar alimentos sanos y fácilmente digeribles. En que daba pollo en el puchero de los domingos, en eso consistió la popularidad de Enrique IV. Porque no hubo harina, por eso hubo la mohina trágica que se llamó revolución francesa.

Ahora bien, la Mesa Moderna en todos los países, sin exceptuar a México, admite las viandas y los platillos que decreta el buen gusto. Se puede tener, *verbi gratia*, mucho patriotismo, y no tomar forzosamente en cada comida mole verde, pulque blanco y mole colorado, con el fin de enarbolar en el estómago la bandera nacional. La cocina francesa, la italiana, la inglesa, la española, etc. etc., han adquirido carta de ciudadanía. La yankee es la que sólo en nuestra cocina política ha logrado entrar.

¿Qué indica esa promiscuidad tan nutritiva y tan sabrosa? Pues inconcusamente nos enseña que el mexicano no es un hombre conformado de manera diversa que los otros hombres ya pulidos por intensa y larga civilización; que el *roastbeef* es verdad en Londres y verdad en México; y que no somos intervencionistas ni traidores los que servimos o comemos pan francés.

El hecho de que un principio de legislación pasa por bueno en Inglaterra y en la Argentina, en Bélgica y en Chile, en Francia y en Alemania y en casi todas las naciones, prueba que no está sujeto como el cultivo de la caña de azúcar o del algodón a condiciones climatológicas. ¿El *roastbeef* es indigerible, o no surte sus naturales efectos nutritivos en algunos pueblos? No, ¿verdad? Pues lo mismo pasa con ciertos principios fundamentales en la ciencia social. Se les podrá servir en una u otra salsa, pero son universalmente asimilables.

El asno es el que no aprende ni escarmienta en cabeza ajena; pero, aunque hay asnos mexicanos, el mexicano no es el asno. Cuando por verdadera reconozco la ley de la gravitación universal no reniego de mi patria ni me naturalizo italiano. La verdad es la Roma única: la ciudad y el orbe.

Evidentemente es necesario, si vestimos telas europeas, que nos hagan el traje a la medida. Pero no es necesario que vistamos de cuero ni que usemos sombrero ancho. Podemos comprar ropa hecha en buenos almacenes porque nuestro cuerpo no es deformo, ni monstruoso.

Una ley, no es un maguey. Todavía más: yo estoy porque se den leyes, aunque sean europeas, contra los magueyes, aunque sean los magueyes nacionales.

En cocina y en política, lo detestable es EL HUESO. ¡El hueso: he ahí el enemigo, he ahí el inamovible! Ese es el que han roído varias generaciones, el que ha pasado por muchos caldos, el residuo de los pucheros que no volverán, lo que nos queda de lo que fue en un tiempo olla podrida, lo que se nos atora en el gaznate, lo que nadie ha podido digerir. Mis parroquianos y la sociedad quieren carne fresca y pan caliente.

28 de noviembre de 1893

[97]

Las noticias de Pereda.

En los últimos días del Imperio decían los adictos a Maximiliano que se habían quedado en la Capital mientras su Emperador pasaba en Querétaro la pena negra:

—¡Qué buenas noticias tiene Pereda! ¡Lástima que sean falsas!

Positivamente, el Sr. D. Juan Nepomuceno de Pereda, antiguo ministro, perfecto caballero; partidario, leal y convencido del gobierno imperial; tertuliano constante de la que fue librería de Andrade, en el portal de Agustinos; hombre que ni por una de las nueve cosas consabidas salía a la calle sin guantes; y, para más señas, primo hermano del ilustre santandereño Don José María de Pereda, daba siempre a sus amigos y contertulios las mejores nuevas del sitio de Querétaro, pronosticando el inmediato triunfo de la agonizante monarquía. Esas eran las noticias que, con toda buena fe, daba el Sr. Pereda, y refiriéndose a ellas los imperialistas se decían:

—¡Qué buenas noticias tiene Pereda! ¡Lástima que sean falsas!

Años después, mi respetado amigo, el hoy senador Don Agustín R. González—lerdista por convicción y fiel hasta la pared de enfrente—cuando, a raíz del triunfo de Tuxtepec se encontraba con algún correligionario, solía decirle:

—Vamos bien: ha aparecido una gavillita por aquí, otra gavillita por allá, y una más acullá. Gavillitas... así las llama en el *Diario Oficial* Sánchez Azcona. ¡Gavillitas!... ¡Gavillitas!... ¡Hum!... ¡Ya veremos lo que sale de esas gavillitas!...

En los días de gracia que ahora corren han vuelto a aparecer las noticias de Pereda y las gavillitas de Agustín R. González. Nada más con una diferencia: aquéllas nacían de la sincera fe en el triunfo de causas políticas que, por sendas razones, creían buenas el conservador y el liberal; eran la expresión de un deseo que honra y enaltece al partidario, aunque cuando está engañado o sirva a mal señor; en tanto que éstas son hijas de pasiones malas o ganchos para asgar del público bobalicón.

Se enferma de una pierna el Gral. Ignacio Vázquez, amigo devotísimo del Presidente, y al punto cuchichean los listos, los malditos, los que tienen nariz larga:—¿Malo...? ¡Sí...! ¿Malo, eh? ¿Con que está malo...? ¡A mí no me hace tonto nadie! ¿Cómo ha de estar malo el Gral. Vázquez? ¡Aquí hay gato encerrado!

Y de veras, tienen mucha perspicacia, huelen mucho, (aunque no bien) esos señores.

—¿Saben ustedes lo de las Palomas?

—¿Lo de las Palomas...? ¿Qué pasó?

—¡Se han pronunciado...!

—¡Hombre! ¡Las Palomas! ¡Quien lo hubiera dicho! ¡Y tan inofensivas, tan inocentonas, tan mansitas que parecían las muy bellacas!

—Sí, señor. Es un hecho. Lo ladran hasta los perros en Chihuahua. Y no es un hecho cualquiera, no es un hecho aislado: coincide con el movimiento ocurrido en San Luis.

—¿Un movimiento?

—Sí, ni más ni menos. ¿Está usted acaso en Babia? ¿Ignora que le robaron sus mulas a un arriero?

—¿Esas tenemos?

—¡Claro está! ¡Los indicios son mortales! ¿Para qué son las mulas, sino para las revoluciones? Todo ello está ligado con lo del Sur, con lo del Norte, con lo del Oriente y con lo del Poniente. Nosotros, los que estamos en el centro, vemos claro. ¡Bonito yo para creer que el Coronel H. se ha mudado de casa por mero gusto! ¡Qué, hombre, qué! Ese jefe conspira; se lo noté en la manera de tomar la sopa. Además, la señora del gobernador X. está en camino para México. ¡Malo! ¡Malo! ¡Ya empiezan las señoras a venir! Yo tengo mucho ojo.

¿No se fijó usted en el tono con que dijo ayer tarde Balandrano: aquí está el gran Nicoli? Balandrano guarda algún secreto. Bien decía yo en Octubre, que tenía malicia eso de formar un salón de conciertos en la Plaza de Armas. Quieren impedir la entrada al Zócalo: sofocar el foco de las revoluciones. Y hay policía, mucha policía, muchísima policía secreta. A mi mujer siempre la van siguiendo varios hombres. Ella no les da qué decir porque es muy reservada; pero, eso sí, les da que hacer. El dueño de la casa en que yo vivo debe de estar afiliado en la secreta. ¿No es raro que durante todo el mes, a mañana y a tarde, se me presente con el recibo de la renta? Sí.... Sí.... ¡Pretextos para meterse por mi casa! Pero yo las pesco al vuelo. A ver: ¿qué ha sucedido con Montellano? ¿En dónde están los restos de Montellano? Cuando digo digo no digo digo sino Diego; y cuando digo Diego no digo Diego sino Don Diego Álvarez. ¿Quién podrá negarme que la Iglesia se mueve?

—¿Se está moviendo la iglesia?

—¡Inconcusamente! ¿A qué ha ido, vamos a ver, el Secretario de la mitra a Villa del Valle? Y pasando a otro orden de ideas, dígame usted, ¿qué significa el nuevo Hipódromo del Peñón con cuatrocientos caballos y cuatrocientos yankees adentro? Por ahí anda la mano de la Casa Blanca.... Rabos... hablan de rabos los periódicos ministeriales.... ¡Sí! ¡Ya veremos lo que sale de esos rabos!...

*   *   *

De la manera dicha raciocina un lector consuetudinario de los periódicos inamoviblemente oposicionistas. Hace pocos días, el mismo oyó decir que se pronuncia DDI. En el momento fue al corrillo, muy ufano, a contar que el general americano DDI—¡un hombre popular, sí, todo un héroe!—se había pronunciado en la Frontera.

Y nada de eso: lo que dijeron y él escuchó a medias que THE, *t. h. e.*, se pronuncia en inglés, DDI.

Esto me recuerda lo que me decía un amigo anglómano. Hablamos de la enfermedad de un hermano suyo y él me contaba así la gravedad de éste:

—Tan perdido se vio una noche que me dijo: ¡Me muero, en inglés!

En la República se están ahora pronunciando algunos... en inglés.

Y la revolución que tenemos va de incógnito; pero de incógnito semejante al de cierto personaje famoso en la historia de nuestros cuentos, quien, cuando se disfraza, dice a sus amigos:

—No me hablen... ¡voy de inepto!

29 de noviembre de 1893

[98]

D. Ilustre el emplazado.

Hay momentos solemnes en la vida de los pueblos y uno de ellos es el momento de la muerte. Hasta los niños, señor, ¡hasta los niños! saben que un punto de contrición salvó a Don Juan Tenorio. El colegio de infantes acaba de representar el drama de Zorrilla y bien comprende, por lo mismo, todo el valor del arrepentimiento. ¡Dios es grande! ¿Por qué no se confiesa el venerable Ayuntamiento? ¡Un golpe de pecho... nada más un golpe! ¡La familia toda se lo pide... sí... toda la gran familia mexicana, cuyo padre está en el patio de la ex-aduana, le ruega que se ponga bien con Dios y que muera cristianamente confesado!

¡Y como yo, que tanto he amado al Muy Ilustre; yo que en él tuve casi todas mis complacencias en el mes de Octubre, he de verle ya moribundo sin llevarle todos los auxilios espirituales!

¿Cómo no rezar por esa alma? ¿Cómo no salvar esa animita?

Hoy es día de San Andrés. Dentro de un mes será día de San Silvestre. ¡Y adiós entonces flámulas, banderas, gradas de sol para las fiestas nacionales, portales de Belén para la Noche Buena! ¡Adiós, hermosas tardes de la Granja! ¡Adiós! ¡ho! pastorcitos que pitasteis en las heladas noches del invierno! ¡Adiós, solos de clarinete, parecidos al *solo de cañuto* que tocó Neri el melifluo en las jornadas caseritas de Guerrero!

Númida errante, el raudo Ayuntamiento abatirá la tienda que ha plantado en el desierto.

Callado huyendo entre la sombra fría.

Las muertes de pulmonía que sembró en su última etapa, ya preparan en la eternidad arcos de Querétaro y discursos de toses para recibirlo. Orozco acaba de resucitar. ¡El emplazado se acerca ya a su último fin!

¿Será tan cruel que no le ayude a bien morir? ¡Ya no hay Camilos! Queda uno:— ¡Camilo el necesario!—pero ése se alza inamovible en la Secretaría de Hacienda, como el arcángel que Dios puso en la puerta del Paraíso, para que nadie entrara sin boleto. Permite, ¡oh grande y único y glorioso Camilo! que vaya a substituirte en este trance y exhorte al Muy Ilustre agonizante.

* * *

—Verdad es: fuiste Don Juan. Vivirás en la memoria del pueblo mientras haya en el año un día de muertos. Hiciste muchas calaveradas y no pocas calaveras. Por ti murió Doña Inés Maicati Mesa de Palo de Cazurro, víctima de un catarro pulmonar contraído en la serenata monstrua a que asistió con sus monstruosas hijas. Por ti no desagua todavía el Sr. Orozco, y ya te aguarda en el Panteón para servirte el fuego y la ceniza. Por ti, yo, varón provecto, justo y temeroso de Dios, tocado de tu impiedad hice platos con tus calaveras. Por ti el pueblo ha hecho pedazos los volcanes y las ruinas de Mitla. Por ti en kiosko de la Plaza de Armas —¡Los salmos penitenciales / Están cantando! ¡Por ti!

Y no sólo eres *Don Juan Tenorio*, sino una colección de dramas escogidos de Zorrilla: para Orozco, eres el *Eco del Torrente*; para el pueblo, el *Alcalde de Ronquillo, La calentura* y *Ganar perdiendo*. No quieres por todos los santos y por todos los muertos, *vivir loco* y *morir más*. ¡No! ¡*Un año* y *un día*, un mes y un día es el que te falta! ¡Arrepiéntete! ¡Arrepiéntete!

Dile, contrito y con potente voz al Zócalo: —¡Aparta, piedra fingida! / ¡Suelta, suéltame esa mano, / Que aun queda el último grano / En el reloj de mi vida!

Ilustre Ayuntamiento, desemplázate.

* * *

Post-data: Señor cajista. ¿Por qué en mi "Plato" de ayer puso Vd. *rabos* en lugar de *robos*? Yo nunca pongo *rabos* en mis platos. Siempre los dejo en la cocina.

VALE.

30 de noviembre de 1893

[99]

Nadie pase sin hablar al portero.
La campanilla de los apuros.

Continúa el Muy Ilustre Ayuntamiento en los panteones. A la luz de la luna, única luz que agrada al Municipio, o a la silente y flébil claridad de las estrellas, el Don Juan redivivo discurre cogitabundo bajo los cipreses. Horrible pensamiento le ataraza; como Hamlet se para a conversar con los sepultureros; ora recuerda a Poe y el "Enterrado vivo"; ora se dice pavorido como el loco: —¡No son todos los que están!—No; acaso acaso muertos todos los que están en el dormido campo santo.

¡Oh terror! ¡Oh terror! ¿Estará vivo alguno de ellos? —¡Y sentir una gota de rocío / Que se filtra y que rueda por la caja!— / ¡Y crujiendo los huesos con el frío / No poder ni arroparse en la mortaja!

"¡*About, my brains*"! ¡A trabajar cerebro mío! Y aquel cerebro, súbitamente despertado de muy largo sueño, diose a idear la manera atinada de impedir prematuros sepelios. Y he aquí lo que produjo el gran cerebro, contra los votos del Dr. Salinas y Carbó y del Dr. Ramírez Arellano.

* * *

En cada cementerio habrá una mesa; en esa mesa muchas campanillas eléctricas, y sobre las campanillas muchos muertos. Al menor movimiento que hagan los difuntos, pues suele haber difuntos cosquilludos, un repique a vuelo, el repique de Pascua, anunciará la resurrección del Señor... Pérez o López. Si el muerto está por la inmovilidad, lo enterrarán.

¡No más intrusos en los panteones! Hasta hoy ha habido personas muy malditas, aficionadas a colarse subrepticiamente en los sepulcros, allanando la última morada. Empero, el Ayuntamiento, que no duerme porque de los ya viejos huye el sueño, dijo para sí:

—No, no me emboban estos matuteros. ¿Por qué ha aumentado la mortalidad? ¿No dí acaso tubos ventiladores a la población para que el tifo salga al aire libre? ¿No abrí a porrillo zanjas pestilentes para que en ellas se ahoguen los microbios? ¿No mandé a paseo a las neumonías, franqueando para ellas los paseos de Todos Santos? ¿No hice del Día de Muertos mi fiesta tutelar y conmemorativa? ¡No! ¡Mentira! No mueren más que antes. Lo que sucede es que estamos enterrando a los vivos. Estos se hacen los muertos para perderme y desacreditarme. —Quien son los muertos veré / Y si a toparlos acierto, / No ha de quedar ningún muerto / Que sepa tenerse en pie.

* * *

Declamó así, con ripios, disparate y todo, los rimbombantes versos de Zorrilla, el Muy Ilustre, y al punto puso manos en su obra, esto es, puso mano en los cadáveres.

—Hay difuntos muy ignorantes—siguió pensando el Honorable—creen que están muertos porque el médico lo dice. Y hay muertos que no hacen ruido y son mayores sus penas. ¡Como si no supiera yo, intérprete augusto o inolvidable del Tenorio, lo que son estos engaños! Pensé que estaba vivo y el capitán me había matado y a la puerta de mi casa.

Otros en cambio, se creen muertos y están vivos. ¡Yo quitaré de la circulación esa moneda falsa de la muerte! Al menor descuido, al bostezo más leve, a la respiración más tenue de esos bellacos, la campanilla, repicando, avisará que hay mosqueteros dentro del convento. ¿Acaso hay otro indicio de la muerte? El latinista más latinista del *Municipio* muchas veces lo ha dicho: *Mortuus est qui non resollat!*

¡Contened el resuello, oh jóvenes cadáveres aficionados!

* * *

Está bien: no pasará nadie sin hablar al portero; sonará la campanilla de los apuros; pero el Ayuntamiento quiere que paguemos porque no nos entierren vivos y eso sí no está bien. Que entierren a todos con campanilla, hasta al señor que la dejó en Querétaro: pero que entierren así únicamente a las personas de muchas campanillas. Que sea gratuito el derecho al pataleo, como las demás derechos del hombre.

* * *

Ahora bien, y hablando en serio: los regidores se explicaron mal y por lo mismo no entendió bien la prensa esta sonora innovación. Lo que ha inventado el muy inteligente electricista D. Ricardo Mora Villanueva, son unas tablas propias para servir en el depósito de los cadáveres y las que, al más ligero movimiento, a la más débil respiración del encerrado en el ataúd que esté sobre ellas, producen una corriente contínua de electricidad, que hace sonar a larga distancia una fuerte campana, sin descanso, hasta que despertado o llamado por ella el vigilante, la enmudece. El Sr. Villanueva, en varias experiencias, ha probado la eficacia de su invento, y se propone hacer otra solemne, a la que invitará a algunos periodistas. No se trata, pues, de que no haya ninguno enterrado vivo, sino de impedir que quien vuelva a la vida en el depósito de cadáveres (puesto que casos hay de muertes aparentes) perezca asfixiado o de congoja, sin manera de impetrar auxilio. No levanta muertos el inventor: socorre a vivos.

1 de diciembre de 1893

[100]

La cuestión de los aparadores. Los inútiles.

APARADOR: *Especie de espejo que los comerciantes colocan en las aceras correspondientes a sus respectivas tiendas para que en él se miren los transeúntes y para que las personas de mala andadura se vean en ese espejo muy despacio o en él apoyen el derecho sacro de sus casi inamovibles espaldas.*

ANTICUADO: *Don Rafael Ángel de la Peña, padre de Reyes (Mecenas atavi caedite regibus) llama escaparates los aparadores. (Diccionario jacobino de la lengua que fue española en tiempo del coloniaje. Edición de 1893, año del Terror núm. 2. —Tip. fin de siglo XIX.)*

Tal es la admirable definición que dan de la palabra APARADOR los venerables académicos de la prensa que está bien conservada (en purísimo vinagre) y sin que pase día por ella. Esta es la última palabra del jacobinismo —llamado por algunos *Aceite de San Jacobo,* de uso recomendable para los reumáticos— y la última palabra del Credo. Esta es, para no cansaros, una definición *fin de Siglo* y fin de sentido común.

¿Qué objeto tiene el aparador?—dicen los jacobinos. ¿Seducir a nuestras esposas, a nuestras hermanas, a nuestras hijas, a nuestras amigas, a nuestras muy queridas enemigas, presentándoles irresistibles tentaciones?

¿Favorecer al comerciante?—¡un extranjero! ¡un conquistador! ¡un judío! ¡un Noetzlin! ¡un Bleichroeder al menudeo!—¿facilitando la venta de artículos que no son artículos constitucionales?

¿Presentar iniciativas peligrosas a todas las codicias femeniles? ¿Coartar la libertad de reunión en la vía pública?

¡No, y mil veces no!

El aparador— ha dicho Juan Jacobo en la parte más luminosa de su aceite —es el punto de apoyo que el comercio ofrece al hombre, según la naturaleza, al hombre libre. Un vago es un hombre que se acerca a Dios en tanto que vuelve a su pristino origen. El vago es sagrado en todas las religiones, llámese fakir, eremita, monje o Santón. El comerciante, en cambio, es el explotador, es el encomendero, es el que se enriquece en la trata de blancos, el que sorbe la sangre generosa de las naciones desocupadas. Para él no se han hecho los reglamentos de policía: es el contrabandista, es el gitano. ¿Qué menos puede hacerle un hombre libre, un hombre según la naturaleza, un hombre vago, que volverle las espaldas?

Hé aquí los principios del más puro jacobinismo en que se funda la protección a la vagancia. El comerciante paga religiosamente, aunque sea ateo, la contribución de aparadores. Es de suponerse, pues la paga, que los dichos aparadores le son útiles. En efecto, son las ventanas a que se asoma la curiosidad callejera y en las que suele desvanecerse y caer, cogido de vértigo, el dinero. Mas para que surta el aparador sus efectos absorbentes, preciso es que en él la mercancía esté a la vista; que se nos entre por los ojos, que seduzca a los que pasan. Los vagos, cubriendo con la parte menos noble de su vagancia el cristal de los aparadores, frustran los propósitos del comerciante; y la policía, permitiendo tal obstruccionismo, convierte al Municipio en un ladrón que roba el producto del gravamen impuesto a los aparadores.

Pero hay más: los saurios que se detienen a tomar el sol en las aceras; las cucarachas que

de noche toman luz eléctrica, posándose en los cristales mejor iluminados, estorban el paso, mortifican a las damas, privan a los viandantes del placer honesto, que consiste en ver aparadores, y monopolizan la calle que es de todos. En París, el agente de policía disuelve con sólo decir al paso *Circulez, messieurs, Circulez,* los grupos de ociosos que suelen estacionarse en la vía pública. En Nueva York se emplea procedimiento más sencillo: un empellón, que tiene mucho de abordaje o de choque de tren rápido con otro parado, arroja a veinte metros de distancia al ciudadano o a los ciudadanos que estorban.

Nosotros cedemos la acera al venerable ocioso. Si es preciso, para no molestarle en lo más mínimo, echamos a andar por en medio del arroyo. Las señoras, al pasar cerca de él, bajan los ojos. ¡Ahí está, firme, parado, esperando que pase alguien a quien no conoce! ¡Es el símbolo del carácter nacional!

Samson en el *Echo du Mexique* fustiga recio y bien a esos señores para quienes todos los días de la semana son días de descanso, y todos los aparadores puntos de reposo. Pero, ¡ay, oh *bouillant* y simpático Alberto! ¡Esos adoradores del sol y de la nada son eternos! Siempre hemos de tropezar con esos ciudadanos encurtidos, así en la calle como en los salones, así en el arte como en la política. El hongo, el lagartijo y el lagarto forman la trinidad de piedra que no podemos destruir. En el hongo está cifrado el indio; en el lagartijo la aristocracia; y el lagarto que duerme la siesta representa la burguesía directora.

Todos nos paramos volviendo la espalda al aparador de nuestras riquezas e impidiendo que otros las vean. Todos tenemos horror al movimiento. ¿Cuándo, en todo y para todo oiremos el *Circulez, messieurs, Circulez?*

7 de diciembre de 1893

[101]

El último mohicano.

Hace pocos días paseaba por esas calles que eran de Dios antes de que pronunciara su primer discurso Juan Mateos, un hombre receloso, cogitabundo, llevando bajo el brazo un ejemplar del *Misántropo* y en la mano derecha una linterna sorda y ciega. Aquel personaje era Diógenes Schopenhauer, director de un diario liberal.

¿A dónde iba el misterioso caballero? Andaba en busca, no del cuervo nácar ni del mirlo blanco, sino del cuervo más negro que la más negra noche y del mirlo con púas de jabalí: andaba en busca de un boletinista.

¡Boletinista! Esta palabra arcaica, tan caída en desuso, causó al nocturno explorador no pocas desazones. La especie de los boletinistas se ha perdido. Y así como en el batallador imperio de Napoleón I sólo tenían la palabra los boletines de campaña, ahora sólo tienen la palabra los boletines de la Bolsa.

Solía el noctámbulo dirigirse a algún trasnochador de capa caída preguntándole: —¿Es usted, por ventura, boletinista?— Y las más veces respondía el interpelado: —¿Boletinista? No, caballero. Soy cesante.

—Perdone— replicaba entonces el buscador de objetos raros —la misantropía que en la cara de usted veo reflejada, es la causa de mi equivocación.

Otros, al oír la pregunta, se enfadaban, creyendo que les tomaba aquel señor por boleteros. Y en efecto, tan raro es el oficio, tan pocos boletinistas van quedando, que ya suena hasta a insulto la palabra.

Por fin tropezó nuestro encubierto personaje con alguien que salía enlutado y triste, de la Agencia de Inhumaciones de Gayosso.
—¡He aqui mi hombre!— dijo Diógenes.

Y en efecto, aquel ciudadano era el último resto de un boletinista.

Huyeron ambos de la luz eléctrica y allá en la sombría, callada, vacía, solemne Alameda, hablaron de este modo.
—¿Es usted boletinista?
—¡Sí; yo soy el último boletinista!
—¿Conoce usted la Constitución de 57?
—¿Y cómo no...? Fui su Efraín y ella era mi María. Soy Pablo y ella fue Virginia. La amé de amor... Me han dicho que murió y a mañana y a tarde yo, el último boletinista, vengo con la última levita negra que me queda, a esperar que pase el entierro de mi amada. Son los Gayosso mis únicos amigos.
—Bien—muy bien.... ¿Y es usted sano?
—¡Como un roble!
—¡Malo... malísimo... rematadamente malo! Es necesario que se enferme Vd. del hígado. Yo necesito boletinistas que no tengan buen humor; boletinistas que sientan siempre un pisotón en cualquier callo; boletinistas con dolor de muelas; boletinistas con mujer de parto. Vamos a cuentas ¿y qué le parece a Vd. la luz del día?
—¡Oh... hermosa... muy hermosa...! ¡Al verla, el ave...!
—¡Silencio! ¡Ni una palabra más! La luz es amarilla; la luz hiere los ojos; la luz es insoportable. ¡Cuánto apostamos a que también digiere usted perfectamente...!
—¡Oh sí, perfectamente... cuando como...!
—¿Y quiere Vd. ser boletinista, hombre nefando? ¡Boletinista sin un mal dolor de estómago! ¡Boletinista sin magnesia en el bolsillo! ¡Boletinista sin ataques de hepatitis! ¿Cómo podría Vd. escribir sobre economía política, si no tiene cálculos biliarios? ¡Un hombre que come y que digiere lo que come, es un amigo de la tiranía! Yo lo adivino.... Vd. tendrá la desvergüenza de vivir sin suegros... cometerá la infamia de ir algunas noches a las tandas.... Me lo dice esa levita que apenas contará veinticinco años, que aun parece negra vista a media luz.... No; yo quiero boletinistas de levita negra; pero de levita negra que esté verde. Busco candidatos al suicidio. ¡*Vade retro!*

Y el señor de la levita, que fue partidario del tirano Lerdo, quedó solo, estupefacto, allá en la sombría, callada, vacía, solemne Alameda.

Diógenes encaminó sus pases al panteón de Santa Paula. ¡Sí...! Entre aquellos sepultureros encontraría lo que buscaba! ¡Sí...! Desenterraría, en último caso ¡algún boletinista!

Mas ¡oh dolor! ¡oh desesperación! ¡Ya no hay Santa Paula, Veremundo!

8 de diciembre de 1893

[102]

La Sociedad Anónima del Sr. Arroyo de Anda.

Se ha establecido en México una sociedad anónima, anticooperativa, sin razón social de ningún género, y cuyo representante, ante el Tribunal de Dios, es el Sr. Agustín Arroyo de Anda, abogado de nacimiento y joven de profesión.

Se apareció esta sociedad el último día 12 de Diciembre, al descreído Don Juan Diego Mateos, quien, al punto de verla, perdió el habla. Después desapareció la Sociedad.

Relataré cómo ocurrieron los sucesos: se levantó de su curul Don Juan Diego Mateos y con cara y voz de espantado dijo que no podía hablar, antes de que el Lic. D. Agustín Arroyo de Anda hiciera a la Cámara una grave revelación.

...¿Se han fijado ustedes...? ¡¡Revelación!! Con mudar dos vocales teníamos encima la revolución.

El Sr. Arroyo de Anda, a pie, como lo indica su apellido, rigurosamente enlutado para tan solemne acto y con los ojos bajos, subió a la tribuna. ¡Ahí estaba de cuerpo presente!... ¿Era el difunto? ¿Presidía el duelo? Era ambas cosas a la vez: muerto y doliente. Era aquél a quien Dios le dijo: ¡Levántate, Anda!

La oratoria del Sr. Arroyo es profunda y religiosa. Algunos la llaman oratoria de oratorio. Temblaban todos al oír aquellas frases cuyo ruido era el que producen los clavos cuando los remachan en la tapa de un ataúd. Muchas, muchas paletadas de tierra echó después sobre su discurso el Sr. Arroyo de Anda. ¡Sí...! ¡Sí...! ¡Fue fúnebre, muy fúnebre aquella triste e imponente ceremonia!

¿Qué dijo— preguntáis —el Lic. Arroyo de Anda?

¡Vais a oírlo!

Dijo:

Primero. —Se ha constituído en México una Sociedad desconocida.

Segundo. —Dicha Sociedad ha tomado la resolución heroica de guardar silencio.

Tercero. —La misma Sociedad, como el apóstol trece, come y desaparece.

Como se ve, la situación no puede ser más seria. Ya teníamos la Sociedad Anónima de Conciertos. No hacía falta, por lo mismo, la Sociedad Anónima del señor Arroyo de Anda. Aquélla se compone de músicos activos. Ésta de músicos que no tocan. ¿Cuál, pues, puede ser el objeto de la última?

Desde luego, toda Sociedad anónima inspira desconfianza. Casi todas quiebran. Además, el objeto de ellas siempre es la explotación de algo o de alguien. La constituída por el Sr. Arroyo de Anda no se propone explotar nada. ¿No es de temerse que sea una forma del nihilismo?

Hasta el día doce de Diciembre de 1893, a las cuatro y veinte minutos de la tarde, nadie sabía que existiera en México aquella formidable agrupación de personas y personalidades que están irrevocablemente decididas... a callarse. Cuando se le acabó la cuerda al Lic. Arroyo de Anda, la Sociedad Anónima desapareció sin dejar huella de su paso. Caló el chapeo, requirió la espada, miró al soslayo, fuese... ¡y no hubo nada!

¡Hemos aquí condenados para siempre a no saber quienes forman esa sociedad, ni en donde están, ni que quieren! La sombra y el silencio cerraron rosca. —¡Adiós! ¡Adiós! ¡Adiós, Miguel!— repite el eco!

¿Cómo se llama esa Sociedad? Según su representante ante el Tribunal de Dios se llama "Democrática-constitucionalista"; según algunos maldicientes, se llama a nana; y según otros, se llama Andana. Por esto la representa el Sr. Anda.

¿Quiénes la componen? Nadie. Todavía está descompuesta.

Por ahora, lo único que puede decirse es que cuenta con un arroyito líquido y un pirulito sólido.

¿Qué se propone? ¡Callar, callar, y más callar!

Si registráis vuestra memoria, encontraréis noticia de otra sociedad semejante constituída en el Olimpo. —Reunidos todos los dioses / En sesión acalorada / Resolvieron no hacer nada.

Pero esta nueva sociedad, aparecida el 12, no solamente se ha propuesto no hacer nada, sino también no decir nada. Es la Sociedad de ¡NAA.... ¡Es el Club del ¡CHIST... CHIST... CHIST! ¡Es la pólvora sin humo y sin pólvora! ¡Es una cajita de cerillos del silencio!

Se resigna a todo. Come y calla. La oración dominical de esta asociación ha de ser como aquella del casado: —*Señor, que no me engañe mi mujer; si me engaña, que yo no lo sepa; y si lo sé, que me conforme!*

Puede entrar cualquiera a esa Sociedad de temperancia y de abstinencia. Pasen ustedes. ¡No le tengan miedo! ¡No hace nada!

A la verdad yo entiendo que mi amigo Agustín Arroyo de Anda, cuyo talento reconozco—

hablando en serio—no cree tampoco en la existencia de esa Sociedad anónima formada para no dar ningún concierto. Agustín no cree en los espectros vivos e impalpables.

Por lo pronto, la anónima le rompió los muelles de la palabra a Juan Mateos.

¡Mateos convertido al silencio! ¡Mateos mudo...!

¡No puede ser! No crean ustedes en anónimos.

14 de diciembre de 1893

[103]

El dictamen Lorenzana.

No fueron sobre la Cámara tantos como sobre Flandes con Borbon por Carlos Quinto, para... etc.

No; fueron cinco nada más. Cinco de Puntos Constitucionales y Justicia.

Pero de esos cinco, uno, el Sr. Lic. Emilio Pardo, no tuvo la culpa de nada. Fue padre putativo, o más bien, padre por fuerza, de la criatura.

Quedaron cuatro, pues, con una cuarta federal de paternidad cada uno de ellos.

Y he aquí como los Santos Padres, todos cuatro, desconocieron a la criatura y ésta quedó sin padres y sin madre.

Lleváronla a la casa en donde acopia ripios humanos el Dr. D. Ángel Carpio. La pusieron en el torno; giró éste y los cuatro modestos padres de familia huyeron por la pampa solitaria, cuyo vasto desierto ennegrecía la noche.

El Dictamen—expósito fue creciendo. Canijo, desmedrado, chiquitín nació él; pero no obstante llegó a decir: —¡PAPÁ!

Y los cuatro autores del enfermizo cuerpo del delito se hicieron sordos.

Esperaban algunos que cualquiera de los cuatro por caridad dijese, al menos: —Yo soy tío de este chiquito.

Pero ni Florencio Flores, el Abril y Mayo de la Cámara, primaveral de nombre y apellido, tuvo compasión de la infelice criatura.

Huérfano, sin zapatos, llegó el dictamen a la discusión. Daba lástima el pobre. Pusiéronle papeles para indicar que se alquilaba, y nadie lo tomó.

¡Seguía vacío! Le adornaron con bandera amarilla expresando lo humilde de sus pretensiones.... ¡Ni por ésas! Los miembros mutilados de la Sociedad anónima le rechazaron. Los signatarios de la iniciativa sí le recogieron; mas haciendo ascos y disculpándose con estas o parecidas palabras:

—Este muchacho tan feote no es de nuestra familia. Será hijo de la cocinera, de la costurera, del mozo; pero nuestro no es. A ver si encuentra madre que lo envuelva.

¡Pobre dictamen! ¡Con qué sino tan triste vino al mundo! Los mismos que por piedad, le dieron abrigo, estipularon previamente

amputarle medio cuerpo. Decían de él a la Comisión, lo que Don Luis de Doña Ana:
—Imposible la dejásteis / Para vos y para mí.

Los cuatros padres, los cuatro Bejaranos, dejaron al niño mártir en desnudez y abandono. El quinto, el que servía por fuerza al Rey, como todos los quintos, a cada pregunta que le hacían respecto a su paternidad, contestaba sin pérdida de tiempo:
—¡Yo no fui!

Lo extrajeron con *forceps*; no hubo rodillas que lo recibieran ni manos que lo vistieran; fue aporreado desde antes de nacer y, para fin y postre, se quedó de busto porque le cortaron medio cuerpo.

¡Hay comisiones verdaderamente bejaranas! ¡Hay comisiones a las que deben aprehender las de seguridad! ¿También pertenecerá la madre de esa criatura a la Sociedad Anónima de los oradores que no hablan? ¿También habrá jurado guardar los diez mandamientos del Sr. Arroyo de Anda; los diez mandamientos que se encierran en dos: guardar la constitución de cuarenta y cinco diputados y guardar silencio?

¿Qué papel ha hecho la Comisión en el debate? Un papel muy ligero: el de *La Dama duende*. El papel que hacen ciertos maridos aficionados a pasearse cuando hay visitas en la casa. El papel en que Urías escribió cartas.

A habérselas habido la Comisión con la formidable liga Democrático-Constitucionalista, habríamos presenciado un drama nuevo de Echegaray: *Los dos mutismos*.

En realidad, no hubo en la Cámara discusión, hubo carreras. Corrieron parejas los señores comisionistas y los señores impugnadores. Sólo el diputado Castellanos quedó firme en las filas de los últimos.

La Comisión no estaba nunca en casa. Al capitán contrario no acabaron de peinarlo. Y canta y canta y nada de ópera. Y espera y aguarda y que no llegó a salir el argumento.

Los firmantes de la iniciativa estaban dispuestos a luchar con él. Pero no hubo argumento, ni hubo capitán, ni hubo Comisión.

Ya que mi distinguido amigo Arroyo de Anda hizo diez mandamientos nuevecitos, ¿por qué no hace también otro misterio de la Santísima y Calladísima Trinidad?

15 de diciembre de 1893

[104]

La Revolución anónima de la frontera.

Estamos en una época de charadas animadas de buena intención; charadas animadas de mala intención; y charadas *in anima vili*. La Sociedad anónima de los Sres. Arroyo de Anda y socios no está sola. Tenemos también una revolución anónima en la Frontera. Diariamente llegan a México trenes del Nacional y del Central, procedentes de Laredo y del Paso. Desembarcan los pasajeros, tomando antes la precaución de guardar cada uno los sesenta y seis mil pesos que los agentes del Banco acostumbran a traer en la mano, y ninguno de ellos da noticias alarmantes de la famosa revolución. Pero no hay que extrañar ese silencio: todos son miembros de la Sociedad anónima... miembros pasivos se entiende, porque esa Sociedad no tiene ni tendrá miembros activos. Generalmente llegan completos. Las señoras bajan del vagón en buen estado. ¿Verdad que esto habla, y muy alto, en favor de las buenas costumbres de los revolucionarios?

Y sin embargo, el movimiento existe. Así lo dijo el Sr. Sort de Sanz en plena Cámara. Poco importa que el *Diario Oficial* siga callando. También el muy estimable director de ese periódico, que, entre paréntesis, no es diario, pertenece a la dicha Sociedad anónima, como en la votación lo demostró. Poco importa, asimismo, que el General D. Juan A. Hernández y el Gobernador Ahumada digan que no hay revolución en la Frontera. También el Sr. Mateos no dijo que hablaría, y el hecho es que no habló. La revolución existe, como existe—¡sí existe, sí señor!—el capitán de los CUARENTA Y CINCO, novela de Dumás puesta en escena el martes último por cuarenta y cinco diputados de muy pocas palabras.

El *Monitor* y *El Tiempo* han visto esa revolución. Son sus amigos. Y hé aquí las noticias que de ella da el diario católico (*El Tiempo*):
—El Paso, Texas, Diciembre 3. — Personas llegadas de Chihuahua esta mañana confirman las noticias, *de origen revolucionario*, de un serio encuentro entre las tropas federales y los insurrectos. Saben de *fuente fidedigna* que el último jueves en la mañana fueron traídos del rumbo del Poniente, al Hospital Militar, los oficiales heridos. Se dice que están enfermos *de disentería*, pero se sabe de manera positiva que fueron heridos en una batalla. No se sabe aún en qué punto tuvo lugar la acción, ni el número de los oficiales que llegaron heridos.

Por lo anterior se ve muy claro que sólo se ignora cuál fue el punto del combate. Probablemente, fue algún punto suspensivo. El punto en que los oficiales fueron heridos sí es inequívoco. ¿En dónde han de haber herido a un enfermo de disentería sino en el punto final? La fuente del informe es fidedigna: con todas sus letras dice el despacho que sus noticias son de origen revolucionario. ¿Más fidedignas las querían ustedes?

—Ciudad Juárez, Noviembre 27. — Circulan rumores relativos al encuentro entre las tropas federales y los rebeldes. Se sabe con seguridad, que en el distrito de Roca Casa (?), tuvo lugar un combate, y que las tropas federales fueron completamente derrotadas.

¡Ahí está el punto que dejamos en suspenso! Un punto cacofónico y disentérico:

Roca Casa. ¿Qué mexicano no conoce *Roca Casa*? La que está junto a la casa de Tocame Roque es *Roca Casa.* ¡Allí fue la batalla!

—Noticias de origen revolucionario (*ya saben ustedes que el origen revolucionario es el origen fidedigno*) dicen que las tropas federales cayeron en una emboscada que les prepararon los rebeldes. Pérez Luján y Pacheco enviaron pequeños destacamentos en diversas direcciones, a fin de inducir a las tropas federales a seguirlos. Así lo hicieron; los rebeldes se retiraron a la sierra, seguidos por las tropas federales.

Pérez Luján, el célebre Pérez Luján, aquél Pérez Luján de quien hazañas cuentan los Lujanes y los Pérez; Pérez Luján, el vencedor de ROCA CASA, ha demostrado siempre que es gran estratégico. ¿Y Pacheco? ¿Qué me dicen ustedes de Pacheco? Pacheco el hábil, Pacheco el temerario, Pacheco el noble corazón de león, Pacheco el ídolo de los pueblos fronterizos, se mantuvo a la altura de su fama. Yo no esperaba nada menos de él.

Lo habéis leído: se retiró a la Sierra, se retiró a la Sierra Madre, seguido por las tropas federales, compuestas seguramente de perritos chihuahueños que son muy aficionados a seguir. Se retiró a la Sierra Madre el gran Pacheco, así como el Sr. Mateos se retiró ante Sierra el Padre, seguido por los compañeros del silencio.

—Los rebeldes dicen que ellos tenían (¡respiro! ¡ya no tienen!) 600 hombres y los federales pasaban de 400. Cuando las tropas federales se vieron cercadas, sin salida para ningún lado, abrieron los rebeldes el fuego. Los federales procuraron desalojarlos de sus posiciones; pero fueron recibidos con un fuego nutrido y tuvieron que emprender la retirada precipitadamente. Los rebeldes los persiguieron con un fuego nutrido en toda la retirada, y pocos de los soldados del gobierno escaparon con la vida.

¡Ahí tenéis trescientos noventa y tantos cadáveres! ¡Ahí están! ¡Insepultos, abandonados en el campo inmortal de ROCA CASA!

—¡Cuántas viudas quedaron en un día / A un solo golpe de la Parca impía!

Los hijos—ahora huérfanos—de esos soldados difuntos nada saben; las madres, todas ignoran, con excepción de la Sierra Madre; las esposas esperan al marido ausente ¡y ya son viudas! El Gobierno sí sabe lo ocurrido; pero ¡calla! ¡Los grandes dolores y los grandes oradores son mudos!

El Tiempo, comentando estas noticias, sólo dice: —Es verdaderamente triste e irritante que en un país que se llama *libre y democrático,* no se ponga al pueblo al corriente de acontecimientos que tan vivamente le interesan, como es la alteración de la paz pública.

Nosotros sabemos por noticias fidedignas, de origen revolucionario, que más irritante es todavía la disentería.

16 de diciembre de 1893

[105]

Lázaro el mudo.

Permítame al Partido Democrático-Constitucionalista que le dirija una pregunta: ¿falto a mis deberes de liberal oyendo la *Pastoral* de Beethoven?

Mi duda nace de dos razones. Primera: los autores de las Pastorales son obispos. Segunda: la *Pastoral* de Beethoven hace mucho ruido. Ambas consideraciones me inducen a creer, que rompe aquella sinfonía con el gran partido del silencio y con los más anticlericales fundamentos de la Carta Magna.

Ya sé que el Partido Democrático-Constitucionalista no puede contestarme verbalmente, porque le está vedado hablar desde que pronunció su última y enérgica palabra de uso interno; pero puede hacerme una seña con la cabeza.

Esto sí, no querrá negarme la misteriosa agrupación de los caballeros deslenguados, o sea, de los caballeros que no tienen lengua.

La Santa Ceremonia de la Seña entra en sus ritos, lo mismo que el Oficio de Tinieblas, introducido a ellos por el ensabanado Don Juan A. Mateos.

Yo soy neófito, catecúmeno, lubetón, pero sé lo que pasa en ese cuarto seno en donde están como depositadas las almas de los santos padres esperando el santo advenimiento. Sé *verbi gratia* que fue reprobado por unanimidad, en la última sesión, el credo propuesto por mi venerable Maestro Don Guillermo Prieto.

¡Tampoco es demócrata, tampoco es constitucionalista el Sr. Prieto! Prieto habla.

Y los "Compañeros del Silencio", los "Cuarenta y cinco" quieren mudos.

Supongamos que no logran señalados triunfos en política. Bueno ¿qué por qué? ¿Serán por eso menos útiles para hacer pantomimas? La pantomima es un género artístico, como otro cualquiera. La pantomima hasta ahora no ha sido aplicada a la política. ¿Les parece a ustedes poca originalidad la del partido de las pantomimas?

No puede ser más democrático: en él caben absolutamente todos los analfabéticos. No puede ser tampoco más anticlerical: el orador, ora; y el partido democrático está resuelto a no orar.

Y a no oír, porque quien escucha su mal, oye.

Es un partido de acción... todo de acción... es el partido de ¡Anda!

Y anda y anda y no encuentra lo que busca. Ya tenía su TODO FIEL CRISTIANO ESTÁ MUY OBLIGADO, etc., dicho en la Cámara por el Padre y Doctor de la Iglesia Señor San Agustín; pero faltábale un CREDO y este fue el que encomendó a Guillermo Prieto. No salió bien, y ahora se propone confiarle esa obrita al Señor Cosmes.

Así, dentro de poco tendrá CREDO Y PADRE NUESTRO.

¿Y EL PAN NUESTRO?.... Ése es el que anda y anda buscando.

En cuanto lo halla le quedará completa su DOCTRINA.

¡Dios le dé el habla para entonces!

¡Y ponga tiento en su lengua para que su primera palabra no sea como la última!

Porque si como ésta ha de ser, las personas decentes y de orden tendrán que formar el partido de los sordos.

Mejor sería, si no se halla con fuerzas para reprimirse, que empezara hablando en chino o en cualquiera lengua monosilábica.

Buena es la energía, pero no tan lacónica. Recuérdese lo que dijo la princesa que por un exceso de pudor había permanecido callada. ¿No será de temerse que el partido democrático, después de tan largo exceso de pudor, diga lo mismo?

Ahora está bien; muy quietecito y sin hacer ruido. La mamá le dirige cariñosas ojeadas de satisfacción. Pero ¿y mañana...?

Esté sobre aviso el Sr. Presidente de la Cámara, y cuando el partido pida la palabra, exíjale de antemano exprese que palabra es la que pide.

Ahora— repito —está muy bien ese Partido. Todos lo dicen: —¡No le falta más que hablar!

20 de diciembre de 1893

[106]

Frutas heladas.

Por unanimidad, señores, hace mucho frío. Personas hay que no recuerdan días de más crudo invierno que estos últimos; pero como eso pasa año tras año, no hay que tomarlas en serio. El agua se ha declarado inamovible. En vano abrís las llaves del baño, los bitoques del tocador: el agua no baja. Formando gruesos cilindros de cristal pegados a las pliegues de las cañerías ha resuelto permanecer en el estado sólido, segura de que la cohesión forma la fuerza. Es una mayoría compacta de gotas de agua. Está reunida por la fuerza del derecho y sólo la fuerza de las bayonetas podrá disolverla.

Cubre por las mañanas el pavimento de las calles denso barniz luciente, y con un poco de imaginación y otro poco de buena voluntad podemos figurarnos transladados a una ciudad del Norte. Los ebrios consuetudinarios están de plácemes, primeramente porque no podrían, aunque quisieran, tomar agua; y en segundo lugar porque la rubicundez de la naríz ya no es delatora del vicio: está así porque hace frío.

En ninguna casa se bebe agua, por lo menos de seis a ocho de la mañana. Los muy aficionados piden después del desayuno una rebanada del precioso líquido. Y casi da lo mismo masticar el vaso que tomar el agua. Constituyen el continente y el contenido, un matrimonio indisoluble. ¿Quién se lava? El que intentara hacerlo se expondría a romperse la cabeza. Las ballenas se han convertido todas en corsés.

La capa y la copa son los dos únicos remedios de la situación. Detrás de una buena capa debe esconderse un buen bebedor. El cognac es un veneno que fue sal. Y—¡he aquí una condición muy rara del alcohol!—se le toma en verano para refrescarse; y, para calentarse, en el invierno; se le toma cuando está uno alegre y cuando está uno triste. ¿Cambia según las estaciones, el efecto que produce, o es, yo así lo creo, que nosotros mudamos de pretextos para tomarlo en todo tiempo?

La capa sí tiene una posición definida y regularizada: es artículo de invierno. El célebre José dejó su capa en manos de la Sra. Putifar el once de Julio de hace mucho tiempo, a las tres en punto de la tarde. La escena aquella no pudo pasar en mes de invierno. A esta gélida estación del año la caracteriza el pudor, pero no el menosprecio de las capas. El pudor, porque nadie en ella se desviste sino con las necesarias precauciones. Las desnudeces del Olimpo son incompatibles con los rigores del invierno. Nada se dice ni se hace sin embozo en el mes de Diciembre. Colón no cometió la impudencia de descubrir un mundo en este mes.

Pasad, sin embargo, por cualquiera calle— ¡en toda calle hay prenderías!—y ved cuántas capas hay colgadas en las perchas de los empeños.

Da frío verlos. Allí dejaron sus dueños la mitad de la vida. Son cuerpos de almas en pena, que andan pidiendo oraciones para conseguir por medio de éstas, acercarse al purgatorio. Son pruebas irrecusables de que existen candidatos a la neumonía.

¿Sabéis cuántos murieron de esta enfermedad nacional y constitucionalista, en la última semana? Cuarenta y uno. Cuatro difuntos más, y se habría formado en el otro mundo una Sociedad Anónima y radicalmente silenciosa, sucursal del Partido Democrático-Constitucionalista. De tuberculosis pulmunar murieron diecisiete; de bronquitis diecisiete; de pleuresía, cuatro. ¡Pulmones se necesitan para vivir en esta ciudad que cuenta ya con diez ediles nuevos que han cantado en la HIJA DEL TAMBOR MAYOR!

Trescientos dieciseis murieron en la semana. Las tres Parcas, no Clotho, Lakesis y Atropos, sino Enteritis, Colitis y Enterocolitis, cortaron el hilo de cincuenta existencias. El Tifo se plantó en veintiún tantos. Y, a pesar de todo esto, los hermanos Gayosso siguen tristes.

Las tardes de Diciembre son breves, como la vida. La noche llega aprisa a semejanza de la muerte. Y desde lo profundo—¡DE PRO-

FUNDIS!—del partido Democrático y Etcétera, sale una voz que dice:

—Ya este capulín se heló.

21 de diciembre de 1893

[107]

La vuelta de los muertos.

Para dar pruebas de mi simpatía a la... ¡chist! de mi afecto a la... ¡pschut! de mi cariño, a la... que no puede decirse, sépase cómo imito su silencio: hace ocho días salí del ataúd y hasta ahora se los cuento a ustedes.

El hábil electricista Don Ricardo Mora Villanueva, con quien ha contratado el Ayuntamiento la construcción de tablas o mesas avisadoras para depósitos de cadáveres, me invitó a que personalmente probara la bondad de su invento.

Sobre la tabla ideada por él y que ya he descrito en otro *Plato*, se coloca el ataúd. Dentro de éste queda el muerto o, en su defecto, el aficionado a esa clase de posturas. Antes que yo, entró a la caja fúnebre el General Don Pedro Rincón Gallardo, Gobernador del Distrito.... Este simpático y valiente General no le ha tenido nunca miedo a nada.

Después—¡la emulación todo lo puede!— pasé yo.

Un repique a vuelo, estridente y entusiasta, anunció mi presencia en el Sarcófago. Agradecido, me incorporé con el loable fin de dar las gracias y fue entonces más fuerte, más continuo, más sonoro, más alegre el repiquetear de las campanillas eléctricas.

—¡Basta, basta de ovaciones!— exclamé atarantado; pero el vertiginoso voltear de las menudas campanas no cesaba.

Para callarlo es menester fingirse muerto, no respirar, no pestañear, no abrir los ojos, no mover los labios. Hasta el *tic-tac* del reloj de bolsillo basta a poner en movimiento la endiablada zarabanda. Sólo el muerto, el decididamente muerto, puede dormir el sueño de la tumba.

Me rindo, pues, a la evidencia y formalmente afirmo que los ataúdes con despertador son eficaces. En ellos no podrán pasar difuntos de contrabando al otro mundo, a menos que éstos sean compañeros del silencio y puedan pasarse cuarenta y ocho o cincuenta horas sin dar ni la más leve señal de vida. ¡Nadie pasa sin hablar al portero!

Ignoro si un magistrado inamovible correrá el peligro de que lo entierren vivo. Pero un hombre, no un Magistrado, un hombre común y corriente, necesitará ser muy terco y muy mañoso para engañar a los sepultureros.

El mecanismo es muy sencillo, es el usado en todos los hoteles: se oprime un botón, suena la campana, y cae en el cuadrante del llavero el número del cuarto en donde llaman. Sólo que en los ataúdes no se necesita oprimir ningún botón: basta respirar, para que al punto repique la bondadosa y complaciente campanilla. Y mientras no la callan a fuerza, continúa repicando y como diciendo: ¡Nos oirán los sordos!

Todo hasta aquí me parece perfectamente. El vivo que no quiera convencerse de que se está: "mejor que de pie, sentado; mejor que sentado, echado; y mejor que echado, muerto"; el vivo que se atreva a contradecir a los médicos, y a desprestigiar los certificados de defunción, volverá a ver la luz y a respirar el aire.

Pero hay vivos prudentes, que respetan las ciencias médicas, que pierden por no disputar y que no molestan nunca al prójimo. A éstos debían ponerles en ataúdes especiales, mucho menos sensibles que los demás, para que avisen o no avisen, toquen o no toquen, según lo juzguen conveniente.

Supongamos que alguien despierta en el cajón y piensa: —Ya me despedí de mi familia; ya me salvé de los doctores; ya mis amigos hablaron mal de mí en el trayecto de casa al campo-santo.... Mis acreedores están desesperados... mi mujer va a rabiar en cuanto se abra el testamento... dentro de pocos instantes quedaré bien muerto sin ayuda de la ciencia... ¡y esa endiablada campanilla, luego que yo pestañee, avisará que vivo y me sacarán de este ataúd que ya he pagado... ¿y vuelta a las andadas? ¿Todo para qué? Para que dentro de una semana, un mes, un año... etc., se repitan las mismas escenas que ya he pasado felizmente; para que médicos y boticarios me atosiguen, fámulos me trasieguen, pícaros me ronden, y vuelva, en fin de cuentas, ¡a contraer segundas nupcias con la muerte!

El que así reflexione, quien no guste de levantarse temprano ni de molestar a los vecinos, debe mirar con espanto las tablas avisadoras del Señor Villanueva.

Ya hizo la maleta; ya puso el pie en el estribo, y, pues al fin, tiene por fuerza de irse, ¡déjenlo partir!

Los resucitados siguen pareciendo muertos. Se les ve con pavor como a cadáveres prófugos. Ni pizca de confianza inspiran. Huelen mal.

Esos muertos con pasaje de ida y vuelta, alarman a los deudos. ¡Cuántas habrá que después del entierro de su esposo, pasen cuarenta y ocho horas de agonía mortal, pensando siempre!

—¡Dios mío... si sonará la campanilla!

¡Imposible que cumplan durante esas cuarenta y ocho horas sus deberes de viudas!

Para tranquilidad de los difuntos y de los vivos, creo que debe continuar vigente el sistema antiguo. La justicia no puede equivocarse como quedó ampliamente demostrado en el asunto Pérez-Estrella. ¡El muerto, al hoyo!

¡Desde la funesta invención de las campanillas, ya ni en la paz de los sepulcros creo!

Os lo aconsejo: Morid sin campanilla.

22 de diciembre de 1893

¿De dónde eres, pelón?—
De la cabeza, señor.

Leo un colega respetable de edad provecta:
"¿Usted no conoce, Monaguillo amigo, una
figura retórica que se llama *ironía*? Esa figura
consiste en decirle *pelón* al *pelado*" etc.

El amigo "Monaguillo" sabrá si se defiende
o no: este servidor y cocinero de ustedes, pide
la palabra:

"DICCIONARIO DE LA ACADEMIA (*Última edición*) PELÓN, NA adj. *Que no tiene pelo o
tiene muy poco. U.t.c.s.*".

"PELAR (*del pilare*) *Cortar, arrancar, quitar
o raer el pelo*".

Ustedes me dirán en dónde está la ironía de
la palabra *pelón*. Aplicada a Lee-Cook sí envuelve ironía; al *pelado* no, así como nada de
irónico tiene llamar cojo al falto de un pie
ni manco al falto de una mano ni chato al
Sr. Bucheli.

Diré ahora, en descargo del crítico y para
que no le tengan por tan pelón o tan pelado,
que algunos piensan malamente que es ANTÍ-
FRASIS (no ironía) llamar pelón al que tiene
poco pelo. Tal creencia es errónea.

El Sr. D. Pedro Felipe Monlau, en su
VOCABULARIO GRAMATICAL, dice lo que sigue:

"ANTÍFRASIS. f. De una voz g. que vale
contra frase: es una figura de estilo por la
cual y con fines varios, se emplea un vocablo
o frase en sentido totalmente contrario al
natural. Por *antífrasis* v. gr. llamaron los antiguos EUMÉNIDES (las benévolas) a las Furias.
CARÓN o CARONTE (el gracioso) al feísimo
barquero de su Infierno. —En castellano es
una ANTÍFRASIS llamar *huésped* al *mesonero*.
También suelen citarse como ejemplos de
antífrasis, en castellano, EL LLAMAR PELÓN
AL QUE TIENE POCO PELO, y *rabón* al animal
que no tiene rabo o cola, porque se lo han
cortado, suponiendo que *pel-ón* y *rab-ón* son
dos aumentativos en *on*. ESTO NO ES EXACTO;
pel-ón y *rab-ón* son dos diminutivos que también los tiene en *on* el castellano: ni otra cosa
que verdaderos diminutivos gramaticales y
de sentido son *al-on, carret-on, cor-azon, cordon, escal-on, infanz-on, lechon* (cerdo de
leche) *list-on, mont-on, piñ-on*, y otros.
El g. y el l. tienen también varios diminutivos en *on*".

Y paso ahora a asuntos de más pelo. Dice
el crítico:

"Y cuenta con que hay algunos de esos
científicos que ni siquiera la *ingestión* de
lecturas han tenido, al menos en materias gramaticales. Dígalo si no cierto sujeto que se
sorprende de que nuestro compañero Cosmes
quiera que se escriba *inamovibilidad* y no
inamovilidad, siendo así que quienes quieren
tal cosa son la gramática y el diccionario,
fundándose en que, viniendo esa palabra de
inamovible, debe ser *inamovibilidad*, como

infalifibilidad y no *infalidad* por proceder de
infalible.

Francamente ¿habrá quién en serio llame
científico, o por lo menos instruido en gramática, a quien se burla de quien pretende escribir con corrección"?

Los pretendientes "a escribir con corrección"
no son novios oficiales de la corrección. Nada
más la pretenden, y con mala suerte.

Vuelta al DICCIONARIO:

"INAMOVILIDAD. *f. calidad de inamovible*".

"AMOVILIDAD. *f. calidad de amovible*".

"AMOVIBLE. *adj. Dícese del empleo o cargo
de cualquiera clase de que puede ser remo-
vida libremente la persona que lo obtiene o
desempeña. vg.* BENEFICIO AMOVIBLE".

Tampoco doy en ninguna parte con la
vibilidad del señor crítico. Estará en el diccionario etimológico de los tartajosos. En el
de la lengua no parece. Del vocablo *amovilidad*, con el *in* negativo o privativo antepuesto,
se forma natural y rectamente, la palabra
inamovilidad.

Y nada digo de la *infalifibilidad* que me
espeta el articulista en el preinserto párrafo.
¡Échenle un galgo!

La gramática y el Diccionario, al revés de
lo que barrunta el inventor del *vibi*, están por
la *inamovilidad* sin *bi*. Y aunque parezca
raro: ¡hay quien llame instruido en gramática
al respetable diccionario de la Academia!

¡Se perdió el *bi* que anda buscando el
maestro censor!

¿Y por qué?

Acaso porque los griegos, enemigos de toda
expresión dura, áspera o disonante inventaron la palabra *eufonía* (compuesta de *eu*,
bien, y *phone*, voz, sonido) oponiéndola a la
de *cacofonía* (compuesta de *kakos*, mal, malo
y *phone*,) esto es mal-sonancia, disonancia.

"Las alteraciones eufónicas proceden generalmente de la necesidad de la verdadera
eufonía, tendiendo a suavizar la pronuncia-
ción y acomodar la estructura del vocablo a
la índole o constitución gramatical de la
lengua que lo forma o que lo admite". (MON-
LAU, *Diccionario Etimológico*).

El consabido crítico es partidario de la
amovibilidad y de la cacofonía.

Por fortuna, no es *infalifible*, como él dice.
27 de diciembre de 1893

[109]

Pan y Agua.

La Paniagua tenía una especialidad dramática: amar a los bandidos y delatarlos.
Hacer que el crimen nazca en el hombre, le
parece hacer al hombre digno de ella. Pero
no ama al criminal vergonzante, al criminal
cobarde ni al criminal afortunado; lo quiere
completo, altivo, a la faz del mundo, de pie
sobre el cadalzo. A esa cima lo encumbra: así

lo eleva. Querer el dinero de otro para gastarlo como cualquier persona honrada; asesinar a alguien con fines egoístas o para saciar un apetito, son deseo y acto indignos de un hombre amado por la trágica Paniagua. Esta ha de amar el crimen porque es crimen, y no ha de amarlo en la sombra, sino a la luz del día.
—Soy, debe él decir —¡Soy yo el culpable! Parad y ved al hombre que llevó a cabo el ardua empresa. ¡Manchadas de sangre están mis manos, porque la sangre es grata a mi querida!

Una mujer así es una verdadera madre de hombres célebres. Da héroes a la novela y satisfacciones a la vindicta pública. Precipita al hombre malo para que de una vez se pierda y pueda la sociedad eliminarlo. Porque—no lo dudéis—todos los amantes de esa señora Barba Azul, llevaban ya en gérmen el crimen, y a no haberla encontrado en su camino, hubieran sido acaso delincuentes anónimos, asesinos impunes, burladores de la justicia. Ella sabía por qué inflexible proceso psicológico tenían de llegar al hecho brutal penado por el Código; se doblegaba ante la fatalidad inexorable y en obvio de mayores males aceleraba la explosión del crimen en aquellos espíritus enfermos. ¡De una vez! ¡Mate el que ha de matar; no aguce ni perfeccione sus instintos con daño de la colectividad; déles salida franca y caiga luego bajo el hacha de la ley!

¡Qué auxiliar tan poderoso para la justicia! Y al mismo tiempo ¡qué grandeza de alma! Por la gloria del amado, consiente en deshonrarse. Por la vida de la sociedad da la vida del que ama. El canon estético de la Paniagua está en la frase de Shakespeare: LO HORRIBLE ES LO HERMOSO.

¿Habéis visto algo más tierno que el episodio del vestido blanco en el drama de Mixcoac? No es una mujer vulgar la que se enamora de ese traje, hasta el punto de organizar, para conseguirlo, un verdadero rapto. La Paniagua, como *Marion de Lorme*, quería hacerse una virginidad; vestir como las novicias y como las vírgenes, que, coronadas de azahares, llegan al altar; su ideal era casto; honesto era su amor.

¿Acaso es común en las cocineras con afición a vestir como la Beatriz del Dante? ¿No revela delicada sensibilidad? ¡Ella, toda de blanco, abrazada al hombre todo rojo... que gran cuadro!

Y, sin embargo, es más fácil imaginarse a la Paniagua con pantalones que imaginársela vestida de novia. No fue con ella benigna la Naturaleza. Desde luego, la condenó a Pan y Agua de por vida. Después, por interpósita persona, la condena a cinco años y meses de prisión. No será útil en todo ese lapso de tiempo a la sociedad ni a la justicia. Los jueces desaprovechan esa fuerza viva y la encadenan. El crimen sin temor a delaciones, paseará triunfante por la tragedia humana.

Solemnes, muy solemnes fueron las palabras de María Refugio Paniagua ante el Jurado. María Refugio... ¡Refugio de pecadores!

En ellas apeló de la justicia de los hombres ante la justicia de Dios. Se percibe en tales frases la conciencia del deber cumplido, al par que el desaliento de quien mira su abnegación desestimada. Los hombres no la comprendieron....

La misma defensa que vuelve locos a los presuntos reos siempre que gusta, no tuvo para ella ni una demencia de medio uso. La creyó cuerda y digna de la cuerda. Y, sin embargo, si no hubiera existido esa mujer ¿qué nuevos crímenes habrían ya perpetrado los asaltantes que ella delató? Acaso, lector, debes la vida a esa mujer.

Ahora ¿quién por nosotros velará? María Refugio, olvida y perdona.

28 de diciembre de 1893

[110]

Marruecos, Belice y *Yone*.

Es muy sensible que haya acabado tan pronto lo de Melilla. Tenía olvidado ese asunto desde que empezó a discutirse en familia lo de la inamovilidad; pero la desgraciada muerte de la Sociedad Anónima del Ruido, renovó en mí la llaga, convirtiendo mis ojos al concierto europeo. Los telegramas son tranquilizadores. No habrá más efusión de sangre y todo terminará en efusiones de cariño. El Sultán—¡ay... así se llamaba mi difunto perro!—ha dado a su hermano instrucciones, aunque no instrucción, muy concluyentes: con eso y con que Marruecos pague a España los sesenta millones de pesetas que ésta cobra por vía de indemnización, quedará todo como cuando España y Marruecos tuvieron la felicidad de conocerse.

El último punto—el de la indemnización— me parece un gran punto. Es un punto y ayuno, o un punto y no coma, para Marruecos. Tal vez con este motivo venda el Sultán algunas odaliscas con rebaja de precios o rife a los rifeños, que son feos pero formales. Por turcas más o menos o por quítame allá esos monos, esto es, por rematar odaliscas y suprimir a los del Riff no ha de pararse el Sultán... que casi siempre está sentado.

Tenemos, pues, una guerra menor en perspectiva y esto es malo, muy malo para varios amigos míos, que pensaban lanzarse a Melilla porque tienen su valor desocupado y no le han podido encontrar una modesta plaza de meritorio gratificado con la estimación y los sombreros cesantes del Jefe de Mesa. ¡Hay mucho valor sin trabajo en México! Podemos exportarlo, particularmente con destino a los países fríos, en donde se ha de necesitar mucho valor para salir a la calle. Aquí molesta porque estorba el tráfico. Con tantos tranvías, tantos carruajes, tantas bicicletas, tantos caballos, tantos asnos, tantos conquistadores y tantos valientes que hay, es imposible, en ocasiones, dar un paso. Y si no, ya verán ustedes cómo se arma la gorda y se desarma el flaco en este asunto de Belice.

Verdaderamente nadie se acordaba de esa colonia que no está por las de Santa María ni por las de guerrero; entre las mismas personas de suposición a quienes reza el Presupuesto, abundan las que ignoran por donde cae Belice; pero en cuanto oímos decir que Belice no es nuestro, los pelos se nos pusieron de punta. ¡Pues de quién ha de ser! ¡Bien claro lo dice su nombre! Y: de Isabel quitando el bel... et. O como en *Mi Secretario y Yo*. —Es consecuencia precisa / Que Belisa es Isabel.

¿Cómo hemos de renunciar a ese pedazo de nuestras entrañas? Para un buen mexicano todo es suyo. De aquí el que digamos todos: *mi colegio*, mi casa, mi opinión, cuando el colegio es de su dueño, la casa del propietario y la opinión... de cualquiera menos de aquel que dice: —¡mi opinión!

El Sr. Mariscal pierde su tiempo en querer demostrarnos, que los ingleses pueden ser dueños de algo. La generalidad es de la opinión del Sr. Lafragua aunque no tiene el gusto de conocerla e ignora si es opinión de cuello y sombrero altos.

Es de esa opinión porque la supone contraria a la del Sr. Mariscal y aquí nos gusta mucho la famosa pastorela de *Miguel y Luzbel pastores por contrarias opiniones*.

Váyase, pues, pensando en la expedición a Belice y a ver si de paso tomamos el peñón de Gibraltar para establecer allí un hipódromo.

Soldados nos sobran: esta tierra los da verdaderamente dados. Y ahora que pueden morirse tranquilos porque ya prohibió la Comandancia que les tocaran una mazurca o un danzón en el entierro, va a aumentar el ejército. Era, en efecto, incómodo aquel bailecito de cuerpo presente, a que tenían obligación de asistir los militares cuando llegaban a la inamovibi... vibi... vibi... vibi... bili... dad. Parecía que les iban cantando por detrás los jacobinos aquello del *Barón de la Castaña: Mirad, mirad que pavo, pavo, pavoroso porvenir*. Ahora, y por orden de la Comandancia, les tocarán marchas fúnebres para que mueran si no han muerto.

¡Ya tengo un dolor de *Yone* clavado en la boca del estómago!

Afortunadamente la disposición reza que la tocarán a la sordina. ¿No sería mejor que la tocaran a los sordos?

29 de diciembre de 1893

[111]

Un ministro metafísico.

El Sr. Limantour tiene para *El Tiempo* este defecto enorme: es un ministro positivista. El no ha expresado ni tiene para qué expresar cuál es su credo filosófico, pero en sus actos oficiales como Secretario de Hacienda ha aplicado el criterio científico, el criterio experimental, el criterio positivo. Y como todos comprenderán, esto es muy alarmante.

¿No sabe el Sr. Limantour que los ministros de hacienda tradicionales, aquellos que dieron honra a la humanidad, fueron siempre metafísicos? Ahí está el primero de los financieros mexicanos, el Sr. Pbro. Plancarte, para demostrarnos la utilidad de la teología aplicada a la hacienda.

Véase cómo sería el Sr. Lic. D. José Ives Limantour convertido a la metafísica. Desde luego tendría realidad subjetiva, pero no realidad objetiva. O de otro modo: sería realmente Limantour; pero en realidad no tendría un real. Sentado esto, queda completamente demostrada la inutilidad de la Tesorería. Suprimida dicha oficina, la Nación ahorra un pico regular, un pico de oro. Pero mayor economía es la que resulta del *Yo* y el *No–Yo* de D. José Ives Limantour. ¡Todo metafísico tiene un *yo* y un *no–yo*! Por ejemplo, para cobrar el Ministro de Hacienda diría: —"aquí está el *yo*",— y para pagar: —"yo soy *no–yo*".— Vamos a ver: ¿qué contestaría el Banco si el Sr. Limantour le dijera lo que Sanz del Río dice en el siguiente párrafo? (*Idealismo absoluto*, p. 37). "Aunque pensando esto mismo con pensamiento positivo y determinado (extrema absolutamente determinado) y, último, mas no ni nunca con pensamiento primero ni entero, *sino al revés de esto*. Y este orden y lugar real que en el pensamiento y su serie germina, derecha, tiene la idea abstracta y cuyo orden y lugar es formalmente inviolable, inconvertible (siendo como es necesario, *en la verdad de mí, en mí pensar y en la verdad asímismo de pensar lo pensado*) es el que no advierte Hegel, el que invierte y pervierte irreflexiblemente en el llamado Idealismo Absoluto. El pensamiento es del pensante y es pensamiento de lo pensado y en esto es tal pensamiento; y pensar y pensar en idea que dice, mas sin esto no es el pensamiento ni la idea que dice, si no su contradicción".

El Banco Nacional no tendría nada que contestar, absolutamente nada que contestar a lo anterior.

La metafísica es la ciencia madre y la ciencia macha. En ella está todo el ser, hasta el ser tramposo. Yo me presento, pongo por caso, al Ministro de Hacienda y le cobro cien pesos que me debe el Gobierno. El Ministro me dice:

—Quiero pagarle a usted. Puedo pagarle a usted puesto que aquí están los cien pesos. Los enseño, manifiesto mi voluntad absoluta de pagar, me los guardo y quedamos a mano. Porque, como dice el sutil Escoto: *Pudo quiso, luego lo hizo*.

Si, amén de metafísico, el Ministro de Hacienda es antinominalista, puede y debe no pagar ninguna nómina. También le es lícito ser *tomista*, tomando el dinero del prójimo.

Todo le es permitido, menos dar realmente, porque si diera, caería en realismo heterodoxo.

La distribución metafísica es como sigue:
—Estos eran doce padres, / Estas eran doce peras, / Cada cual cogió la suya / Y quedaron once enteras.

Cada cual se llama el ministro metafísico.

¿No reflexionáis en todas las ventajas de este sistema filosófico aplicado a las finanzas? ¿No veis que baratos resultan los empleados en unión hipostática, y solamente hipostática, con el Presupuesto?

¿Este peso es un peso?

Sí es.

¿Este otro peso es también un peso?

Sí que es.

¿Y este tercer peso es peso?

Sí es.

Pues no son tres pesos, sino un solo peso. Y vengan los dos que faltan.

En caso de pagar se procede a la inversa.

¡Y el pan nuestro de cada día dánosle hoy y perdónanos nuestras deudas!

Ministros de Hacienda metafísicos eran los que sumaban de este modo: mil y dos son mil dos, pongo dos y cojo mil.

Sólo a los financieros positivistas como el señor Limantour se les ocurre no cogerse nada. ¿Qué dice la metafísica? *Cogito, ergo sum.* O sea: *Cojo, luego soy.*

Cuando el Sr. Limantour se convierta a la santa filosofía, tendrá el Tesoro muchos caudales *en potencia.* Mientras el crea que dos y dos son cuatro, el *Tiempo* le dirá cuántas son cinco.

4 de enero de 1894

[112]

¡Le tocó hueso!

¡Ça me rend rêveur! La Paniagua quedó inhabilitada para recibir honores y para desempeñar cargos públicos. Así lo reza la sentencia. ¿Qué significa esto?— me pregunto. ¿Hay pueblos capaces de conceder honores a las Paniaguas, cuando no se les prohibe de antemano? ¿Qué cargos públicos corrían el peligro de ser desempeñados por la sacrílega que robó a Sanciprián? La Paniagua podrá desempeñar, si Dios la ayuda, algún sarape; mas nunca desempeñar un puesto público. Ella, a haber tomado por el buen camino, pudo, pues de puestos se trata, llegar a un puesto de aguas frescas. Pero esos puestos de aguas frescas, si bien públicos, muy públicos, mucho más públicos de lo que parece, no son los señalados en la sentencia. ¿De qué cielos, de qué paraísos, de qué canonjías, de qué prebendas se trata?

No creo que la impidan llegar a mujer pública. Ese derecho no es ninguno de los derechos del hombre; pero sí es el derecho izquierdo de las mujeres. Está en su constitución. Es de Derecho Natural. Y de Derecho de Gentes. No podemos negarles la publicidad a las mujeres.

La sentencia, por consiguiente, para lo que inhabilita a la Paniagua es para ser hombre público. Pero ¿no se había adelantado la naturaleza al señor juez? Un hombre público siempre es macho. La Paniagua es hembra. Se me dirá que ha usado pantalones. En la trágica noche del asalto los llevaba. Pero ¿no hay acaso muchos, y respetabilísimos hogares en los que la mujer es la que lleva los pantalones? Una cosa es que a la Paniagua le gusten los pantalones y otra cosa es que sea hombre. A los verdaderos hombres les gustan mucho las enaguas.

Pertenece, pues, la Paniagua, no por su rostro, pero sí por su condición y por sus hechos, al sexo hermoso que no tuvo ni madre que lo envolviera y que jamás estuvo solo porque nació con hombre al lado. Pertenece a ese sexo que llaman débil por sus infinitas debilidades. No tiene cara de mujer; pero es mujer. *¡Pérfida como la onda! Donna e móvile.* No ha estado nunca por la inamovilidad.

Así que, vuelvo a decir, la madre Naturaleza le había negado desde un principio—*in principium*—a la amable Paniagua lo que le niega ahora el Sr. Juez. La hizo mala como el pan; traidora como el agua; y, a pesar de ello, no la hizo hombre público. Mujer será hasta la consumación de este siglo, término probable de su airada vida.

Mujer, y mujer sin cargos en lo sucesivo. ¡Mujer feliz sin ningún peso encima! Para comer y para beber, para no morir de sed ni hambre y para ganar la bienaventuranza por medio del ayuno cenobítico, su apellido le basta. La providente justicia de los hombres la ha aliviado de toda carga; le ha quitado todo peso. Ahora nosotros somos los que cargamos con ella, manteniéndola en la cárcel. Ningún "honor" vendrá a turbar la calma de su vida. No está expuesta a dirigirnos la palabra en ningún quince de Septiembre. El Rey, el Pueblo, la hizo libre.

Probablemente se temió que alguien pusiera su delicado honor en manos de esa hembra, a quien puede aplicarse, por su hombría, aquello de: *esta mula es mi macho.* Lo temieron, acaso, porque hay hombres así... muy cegatones. Sabedlo, pues ¡ah jóvenes incautos! ¡No puede recibir honores la Paniagua!

Pero me ocurre otra duda: ¿Podrá darlos? De ello no dice nada la sentencia. Podrá, por consiguiente, honrar a su país cuando le plazca. No la permiten recibir honores; la han puesto como a los ómnibus, un rótulo que dice: COMPLET. Pero el dar honra sí le es lícito, ¡Practique la Paniagua el bien sin esperanza y su deshonra será entonces una deshonra que nos honre mucho, una deshonra sublime!

No puede cargar la cruz del matrimonio... ¡no puede cargar nada! Se queda para vestir santos y por eso, ladina y previsora, desnudó antes a otro, al señor Sanciprián. Pero ninguno la prohibe honrar a México. ¡Sea heroína! Las heroínas tampoco reciben honores ni desempeñan cargos públicos.

5 de enero de 1894

[113]

Roast Beef anónimo.

El día de los Santos Reyes (los cuales no fueron reyes de tierra alguna conocida ni son santos por obra y gracia de ningún pontífice) sirvió *el Monitor Republicano* a sus lectores consuetudinarios, un pastel (¡lo que se llama un pastel!) hecho de harina de costal y sin haba dentro de la masa, puesto que el pastelero Don Ramón L. (de *líquida*) Alva, no es haba sino *avo*, o sea, en romance, papá grande de todos aquellos a quienes mandan a moler a su abuelo. ¡Traguen ustedes el pan negro y oigan la misa de alva! Dice así el introito: "RESUMEN.—MISTERIOS.—EL DESTINO. LA INTERVENCIÓN DE LO DESCONOCIDO.— LOS PREDESTINADOS.—DÓNDE ESTÁN LOS NUESTROS. LO QUE NO SE VE.—LA ULTIMA ESPERANZA."

¿Conque RE... SUMEN? ¡Sí, pues sumen!

Misterios. / El Destino. / La Intervención. / Lo Desconocido. / Los Predestinados. / ¿Dónde están? / Lo que no se ve. / La última esperanza.

Suma: CHOCOLATE

¡Qué resumen ni qué resumen! ¡Ésta es la más negra, esto es el último mono, ésta es la cuarta pregunta, ésta es la última palabra del credo, éste es un *Re* sostenido, esto está oscuro y huele a queso! Probablemente el Sr. D. Ramón L. (de *líquida*) Alva se quita el alba para cantar estos salmos penitenciales, o sea: salmos para uso de los penitentes. Sin duda se quita el apellido y consiente en llamarse D. Ramón Huele de Noche. Porque esos *misterios*, esas *sombras*, esos *predestinados*, lo *desconocido* y *lo que no se ve*, sólo de noche salen de sus casas. Chocolate y chocolate muy oscuro es el boletín de D. Ramón. Si fuera sacerdote ese apreciable caballero jamás cantara un TE DEUM. Lo que él canta es un TÉ NEGRO.

Y bien puede ser que sea presbítero el caballero de la *Ele* líquida y de la Alva Sólida. Lo digo por el *¿Dónde están?* que sigue a *Los Predestinados* en el sumario de su boletín.

Ese *¿dónde están?* es malicioso y se parece mucho al *¿en dónde vives?* de cierto confesor.

—Acúsome, padre— decía a éste un penitente —de que me engaña mi mujer.

—Hijo, no tienes tú la culpa.

—Sí, padre, porque lo sé y no lo remedio.

—Pues procura remediarlo.

—Yo no puedo, padre.

—Vamos ¿y por qué?

—Porque es muy guapa mi mujer.

—Bueno, eso no hace al caso...

—Sí que le hace, porque me la enamoran todos los amigos.

—Pues, despídelos.

—No, padre, porque tampoco son culpables. Ella, a más de muy linda es muy más que coqueta... y ella es la los sonsaca.

—Vamos, hijito, calma... calma.... ¿En dónde vives?

—Acúsome, padre, que soy tonto; pero no tanto.

El Sr. Don Ramón de la L. Líquida anda como el confesor del cuento en busca de algunos predestinados. Mas, por desdicha, exclama:

"Volvemos los ojos a nuestro derredor, y no encontramos, no vemos a ninguno.

Y sin embargo, acaso anda por ahí, envuelto entre las sombras, cubierto por el velo impenetrable del porvenir. ¡Ojalá!"

Lo tengo dicho: Don Ramón no halla agua en el río ni predestinados en el mundo.

No veo a ninguno, dice. ¡Ahí está! ¡Lo que decíamos! No es un Alva que sale de día, es un Alva que sale de noche. Y él está cierto de que "por ahí anda" lo que busca; pero no lo encuentra. Está pues, como aquella dómina dibujada por Gavarni, de la cual decía un chico a su padre:

—Papá ¿y qué busca esa señora sola que pasa y pasa por aquí?

—Hijo, esa buena señora busca a un hombre; pero no sabe nunca a quien.

El Sr. Alva, de noche, sin linterna, buscando a un hombre sin saber a quién, parte el más duro y empedernido corazón. ¡A ver si entre los parroquianos de mi fonda hay algún caritativo que le ayude!

Dice D. Ramón:

"Cuando meditamos sobre esos cambios que se operan en la marcha y en la suerte de los pueblos por la intervención de seres predestinados para realizarlos, nos preguntamos: ¿Dónde está el hombre u hombres que habrán de salvar a nuestra patria de la desgracia, levantarla de su postración, libertarla de las garras del absolutismo que ha ido devorando una a una las conquistas de la libertad?"

A renglón seguido añade el Sr. Alvaricoque: "Volvemos los ojos a nuestro derredor y no encontramos, no vemos a ninguno".

Venga usted acá, infortunado Don Ramón. ¿Se acabaron los hombres? ¿No hay hombres alrededor de Vd., alrededor del mundo, en los alrededores de México o en los alrededores del *Monitor Republicano*? Yo creo que está usted buscando el sombrero y que lo tiene puesto.

¿Conque "en derredor" de usted no hay hombres que valgan dos cominos? Pues ¡ánimo y no andarse con modestias; véase usted al espejo!

Las solteronas son las que dicen eso: —¡Ya no hay hombres!— Pero la oposición no es una solterona, sino todo lo contrario. Al decirnos usted que no ha nacido el hombre destinado a salvarnos, lo que hace es emplear elegantísima perífrasis. No ha nacido: luego es Nonato. Es Nonato; luego es Ramón. Anuncia el "nuevo día"; ¡pues es el alba! ¿Puede decirse de manera más precisa que el esperado salvador del mundo es el señor Don Ramón Nonato Alva? Ni la L sobra, porque la aprovechamos para señalar al mesías ELE, es decir; ¡HELE! O sea: HELE AQUÍ.

No de otra suerte anunció Galileo, bajo uno de sus acostumbrados anagramas, que había descubierto la forma de Saturno:

Smaisrmiclmbpobtalevmibvneuvgttaviras.

Que equivalía a

Altissimum planetam tergeminum observavi.

Esto es: "He observado que el planeta más distante es tricorpóreo".

El trinominado boletinista del *Monitor* ha descubierto que la salvación de la república, "LA DEL ALVA SERÍA". En *Don Quijote* lo profetizó Cervantes.

10 de enero de 1894

[114]

El Deber de los Deberes.

El Tiempo ha formulado la crítica más irrefutable del empréstito: *¿Qué urgencia de pagar al Banco Nacional tiene el Gobierno? ¿Por qué se empeña en que pronto quede concluído el ferrocarril de Tehuantepec?*

Esto es incontestable. Esto no tiene vuelta de hoja. Al deudor no le urge nunca pagar. Al acreedor sí puede urgirle que le paguen su crédito; pero no es ése el caso que estudiamos. Es éste: al Banco no le urge, no debe urgirle, no puede urgirle reembolsar su dinero, porque el Banco es rico, y sobre todo, porque el Banco es Nacional. ¿Qué se llama nacional en toda tierra de cristianos? Nacional es lo que pertenece a la Nación, e interpretando de un modo liberal (católico liberal, se entiende) la definición antes dado, nacional es lo que pertenece a todos, como la luz, como el aire, como algunas damas. A cualquiera le parece naturalísimo que le den un cigarro del país. ¡Como que es suyo y por eso lo llaman del país!

La nación fue hecha por Dios, y por Él dada a los conservadores para que la guarden. El Banco es nacional, y por lo mismo se debe todo a la nación. No puede ser conservador, reteniendo caudales en sus cajas, porque ha nacido al amparo de un gobierno liberal, y contrayendo implícitamente el compromiso de ser liberal hasta la médula de los huesos. He aquí por qué le pide *El Tiempo* liberalidades. ¡A dar, amigo Banco, a dar, que vienen dando!

Objetan los escépticos que el teatro Nacional, no obstante así llamarse, pertenece al Sr. D. Agustín Cerdán. Pero ésta no es una razón: es la denuncia de un abuso. El Sr.

Cerdán ha detentado la propiedad de la Nación. La prueba de que dicho teatro nos pertenece en justicia, es que perdura, por influencia atávica, el instinto de entrar gratis al teatro. Algo, en el fondo de nuestro ser protesta contra la usurpación. Tal y no otra fue la causa de que fracasara la "Sociedad Anónima de Conciertos".

El Banco es nuestro con mayor razón que el teatro. Es nuestro casi como nuestras son las bancas de la Alameda.

Las bancas de los paseos son para que hagan ejercicio los mexicanos; el Banco Nacional es para los mexicanos; los bancos de palos son para los mexicanos.... ¡Todos, cual más, cual menos, tenemos algo de banqueros!

Queda probado, en consecuencia, que el susodicho malhadado Banco, no tiene derecho alguno de cobrar. Más evidente es todavía que el Supremo Gobierno tampoco tiene deber ninguno de pagar.

Levantémonos a la esfera de las especulaciones filosóficas. ¿Qué es deber? Tu lo has dicho: ¡el deber es Deber! ¿Quién jamás dijo que deber es pagar? Desde el momento en que se paga, el deber ya no existe. No solamente le habéis herido o conculcado: no, lo habéis matado. ¿Y perpetrar este nefando, proditorio asesinato es lo que intenta el Sr. Ministro Limantour? ¿Quiere salirse de la inflexible línea del deber? ¿Quiere pagar? Pues si paga reniega de su nacionalidad: un ministro que paga no es ni será un ministro nacional.

Eso sí, distingamos: hay dos Limantoures. Ya quedó demostrada esta verdad cuando tratamos del Ministro Metafísico. ¿Limantour debe al *Tiempo* suscripciones? ¡Pues que las pague todas juntas Limantour! Ese es Limantour "el pagano". ¡Tened presente aquello del HOMO DUPLEX, que dijo nuestro gran padre San Agustín! ¿Limantour debe al Banco? Pues el deber de Limantour es no desviarse del deber y cumplir su palabra; la palabra deber que es sacratísima. ¡Deber y deber siempre! Ahí tenéis al otro Limantour, a Limantour "el redimido", como dijo el citado y glorioso padre de la Iglesia.

¡Ah y si Limantour fuera cristiano verdaderamente! Entonces diría al Banco:

—¿Cómo quieres que te pague, si los prestamistas son judíos y los judíos crucificaron a Nuestro Señor Jesucristo? ¡Sí, ustedes, ustedes lo crucificaron!

—¡Pero si eso pasó hace muchos años!— le contestarían.

Y él replicaría, como él del cuento:

—¿A mí qué me importa? Yo hasta ayer lo supe.

Ved, señores, como la metafísica y el cristianismo, de consuno se oponen a que pague Limantour. ¡Nada de paganismo! Y ¡banco y baraja! Mañana hablaremos de Tehuantepec.

11 de enero de 1894

El Otro Ismo.

¿Por qué se empeña el Gobierno en que se termine pronto el ferrocarril de Tehuantepec? He aquí la segunda y toral—enteramente toral—objeción contra el empréstito.

No hay, en efecto, necesidad alguna de construir ferrocarriles. Contra pereza diligencia, dice el catecismo; no dice: contra pereza ferrocarril. ¿Qué necesita México, que es pereza por los cuatro costados? ¡Diligencia!

Además, sentado el principio (estos principios siempre están sentados) de que no se debe pagar, sobre todo lo que tienda a allegar recursos pecuniarios. El ferrocarril de Tehuantepec producirá dinero, muchísimo dinero, al Supremo Gobierno. Pero ésta es la cuestión: ¿para qué quiere dinero el Gobierno? Sólo que lo quiera para hacer "calaveradas". ¡Solamente para eso!

Porque ya dijimos que no *debe*, esto es, sí *debe*, pero *debe* asimismo no pagar; ya quedó suficientemente demostrado que el Banco tiene la precisa obligación de dar, porque es un Banco Nacional y aquí, en esta nación, da todo el mundo y nadie presta garantías de ningún género: ¿a qué, por ende, o no por ende, contratar empréstitos, y lo que todavía es peor, pensar después de haberlos contratado, en la manera de pagarlos?

Aceptaríamos lo del empréstito con estas dos condiciones: primera, que el producto de éste no sirviera para pagar nada a ninguno; segunda, que no pagáramos nunca tal empréstito. Con estas circunstancias atenuantes, tal nos resignaríamos a aceptar dinero ajeno.

Pero el Sr. Limantour, burlándose de la metafísica se propone pagar a los que le prestan, y cuenta para ello, entre otros muchos recursos, con los que le proporcione el ferrocarril de Tehuantepec. La metafísica es la ciencia de las trampas. Ciencia nacional, verdadera ciencia económica, y el Sr. Limantour no la conoce, o más bien, es enemigo de ella ¡En qué manos está la Hacienda pública!

Tehuantepec, como todos saben, es un istmo.

La Providencia lo hizo para que separara los océanos y no para que los uniera. Es un enorme *Divorçons*. Así, pues, todo lo que tienda a unir los mares, contraria los designios de la Providencia. El Ministro de Hacienda, ni ministro alguno, pueden, sin cometer pecado grave, abreviar la distancia que naturalmente separa al Pacífico del Atlántico.

¡Pero aquí surge la clave de esta operación financiera!

¡Aquí está el otro ismo! Del positivismo al istmo de Tehuantepec no hay más que un paso.

¿En qué ha de pensar un ministro positivista, sino en construir ferrocarriles y en pagar? ¿Cuando no había en México positivistas había en México ferrocarriles?

¿Cuando los Ministros de Hacienda eran metafísicos, pagaban acaso los ministros? Don Gabino Barreda barrenó aquel orden secular de cosas. ¿Y cuál ha sido el resultado?

La conversión del Gobierno al paganismo; la realización de mejoras materiales que—su nombre lo dice—significan materialismo y nada más materialismo. Ha triunfado resueltamente la materia. ¿Y el espíritu?

El espíritu no adelanta, no se perfecciona en cuerpos bien nutridos. Para que los espíritus progresen, es necesario que no paguen los gobiernos, que los hombres no coman.

Los ferrocarriles destruyen una de las siete virtudes: la diligencia. ¿Cómo hemos de mirar con ojos secos esta desmoralización de la república?

Que los ingleses quemen al Sr. Limantour para espiritualizarlo, como quemaron a Juana de Arco; y que hagan ministro de Hacienda al *Tiempo*. Este, al hablar de finanzas, ha probado que no sabe nada de la materia.

12 de enero de 1894

Millie Christine.

No pude ver a Millie Christine sin hacer un cariñoso recuerdo de los apreciables boletinistas de *El Monitor Republicano*. Como estas gemelas de la Carolina del Norte, los boletinistas consabidos son dos y uno, (y aquí dos y uno no son tres, sino dos y uno, uno, como trino y uno no son cuatro sino trino y uno, uno, según el Ministro de Hacienda metafísico del otro mundo) como las gemelas son negros... digo, yo así me los figuro por lo negra que pintan la situación, como las gemelas piensan lo mismo, hablan lo mismo, sienten las mismas necesidades, la misma hambre, la misma sed, etc., etc. Y como las gemelas Millie Christine son llamadas "LA OCTAVA MARAVILLA DEL MUNDO", llamaremos a los boletinistas la "LA NOVENA MARAVILLA", para que así las maravillas tengan octava y novena como las grandes fiestas religiosas.

También son conocidas o es conocida Millie Christine con el nombre de EL RUISEÑOR DE DOS CABEZAS, pero así no podemos llamar a los boletinistas. Lo único que podemos hacer en su favor, para que continúen las semejanzas, es habilitar de Ruiz al Sr. Alva, y llamar a los boletinistas "el señor Ruiz de dos cabezas". ¡Ruiseñor, imposible!

También llaman a las gemelas, según reza la cartilla, DUAL EN UNIDAD. Este mote metafísico les viene bien a los escritores susodichos. Tiempo ha que pensaba llamarles *Pares y Nones*.

Ahora bien, la identidad de estructura intelectual, característica de todos los boletinistas que en el *Monitor* han sido ¿no quita mucho de su mérito a las gemelas de Carolina?

(¡Pobre Carolina!) ¿No disminuye la rareza del fenómeno? A mi entender más estupendo es el caso periodístico que el teratológico, porque encontrar dos individuos que piensan al unísono, sin la menor discrepancia, que expresen sus ideas, es decir, su idea y su no-idea, en la misma forma y encontrarlos siempre, sin pérdida de tiempo, en cualquier parte, bajo distintos nombres y apellidos, es más raro que hallar dos mujeres unidas por soldadura congénita en la parte inferior de las cuerdas espinales.

El fenómeno que exhibe Mr. Pearson Smith, es un plural muy singular, es el número uno de los números dos; pero el que se exhibe todos los días, desde hace largos años, en la primera plana del *Monitor* (menos cuando canta misa Castelar) es, sin disputa, más indescifrable. Entra al *Monitor* un periodista de criterio independiente, libre de perjuicios, claro, culto, educado en la escuela experimental, y, en cuanto toma la pluma para escribir su primer boletín, ya es otro, o sea, ya es el mismo, ya es el su antecesor, ya es el "preopinante", ya es el que le precedió en el uso de la palabra.

En resumidas cuentas, ya no es él. El director le introduce otras ideas, le entrega su lote de palabras, (igual este a un lote de fichas para el pokart) le da cuerda y aquel nuevo escritor comienza a decir lo mismo que su compañero y lo mismo que todos sus antecesores. Por ejemplo, el inteligente Sr. D. Enrique M. de los Ríos cree que es "el Señor de los Ríos". Y no, ya no es "el Señor de los Ríos", sino el Señor de los Arroyitos líquidos de D. Ramón L. (líquida) Alba. Desde que escribe en compañía de éste, el Señor de los Ríos es el SEÑOR IN ALBIS.

En *El Monitor* no hay ni ha habido Albarranes, Alvas, Ríos ni pirulítos; allí no hay líquidos ni sólidos; no hay personas, sino entes de razón, hay un boletinista inamovible. Ese boletinista es como ciertos personajes de comedias antiguas: el Rey, el Príncipe, un Conde, cuatro dueñas. ¿Qué rey, qué príncipe, qué conde, qué dueñas? Los que ustedes quieran... eso no hace al caso.

Siglos ha, supo el Padre Santo que en cierta ciudad de Italia, todos o casi todos los habitantes cometían no recuerdo qué pecado.

Envió a ella, de misionero, a uno de sus cardenales, para que investigara la causa del contagio y procurara atajar el desarrollo de éste. Pasaron años y el cardenal no volvía a Roma. Mandó a otro cardenal el Santo Padre... ¡y lo mismo! Fue el tercero... ¡y suma y sigue! Para cuarto embajador buscó Su Santidad al más virtuoso, al más inmaculado y venerable del Sacro Colegio.

Caminó el Santo varón a la ciudad maldita y a los seis meses de vivir en ella escribió al Papa:

"Santísimo Padre: Los de este pueblo siguen haciendo lo mismo. Los cardenales que vinieron antes también hacen lo mismo. Yo creo haber dado con la causa del mal. ¡Está en el clima! Porque desde que llegué... yo también hago lo mismo".

La causa eficiente de los boletines monitorianos ha de estar en el clima.

17 de enero de 1894

[117]

Don Ives Sin Tierra.

A los nueve meses de haber concebido una espantosa duda, *El Monitor* la ha dado a luz con toda felicidad.

—¿Será extranjero el Sr. Limantour?—Tal es la duda. He aquí la exclamación:

—¡Sería curioso que no fuera mexicano!— ¡Pues sí señor, sí que sería curioso! El que no es curioso es *El Monitor*, porque se ha estado callado nueve meses y con la duda adentro. No es curioso, pero sí sabe hacer muchas curiosidades como ésta de ¿Será extranjero el Sr. Limantour? ¡Es una positiva "curiosidad" la preguntita!... me dije! ¡Si estaremos hablando en prosa sin saberlo...! ¡Si habrá pagado *El Monitor* contribuciones, timbre, etc., etc. Sin tener obligación de pagar nada "por incompetencia de origen", como se decía en la época de Iglesias! ¡Y *El Monitor* dar y dar, sin atreverse a hacer la preguntita! ¡Oh encantadora timidez! ¡Si será extranjero Limantour! ¡Sería curioso que no fuera mexicano!

Yo al Sr. Limantour no le veo cara del país. Puede ser que sea de la Habana. ¿Cuándo se ha visto un financiero blanco? El financiero legítimo, el que da *vol-au vent*, a la financiera, es prieto. Guillermo Prieto o A. Prieto; pero de todos modos prieto. ¡No es natural Limantour! Naturalito es *Anabasis*. ¿Si será chino el Ministro de Hacienda?... ¡Sería curioso que resultara chino!... ¡Sí, sería realmente una curiosidad china!

El Sr. Limantour tiene, según testimonios fehacientes, treinta y neuve años cumplidos, y refrendados por un plazo indefinidamente prorrogable. Nació en la ciudad de México el año de 54, cuando sabe Dios que habría porque no había Constitución de 57. ¡Quién sabe, en consecuencia, cómo nacería!; pero el hecho es que nació... así... sin Constitución.

Parece que 21 años más tarde el señor Limantour cumplió los 21 años. A la sazón estaba en Roma, circunstancia que ha dado mucho en que pensar a Juan Mateos desde que perdió el habla. En esa Roma hallábase también por aquel entonces, y de Ministro de México, el Sr. D. Jesús Castañeda, hombre que siempre está muy grave, pero que nunca ha estado malo. El Sr. Limantour tuvo el valor de presentarse al Sr. Castañeda y declarar que optaba por la nacionalidad mexicana. La simple omisión de protesta en contrario habría bastado, conforme a la ley vigente, para que se tuviese al Sr. Limantour por ciudadano mexicano, e igual en derechos y deberes a los mexicanos por nacimiento; pero él no omitió nada porque es muy caprichudo. Y lo oyó, proveyó y firmó Don Jesús Castañeda. Ignoro si será mexicano el Sr. Castañeda; puede ser que sea chino también; pero él era ministro.

Parece, pues, que las apariencias condenan al Sr. Limantour y que por ellas, resulta mexicano; pero cuando *El Monitor* duda, cualquiera fe de bautismo, titubea.

Tres defectos trascendentales ha descubierto la oposición en el señor Ministro de Hacienda:

Primero.—Es joven.

Segundo.—Es positivista.

Tercero.—Sería curioso que no fuera mexicano.

Ya han visto ustedes que el primer reparo no es de tanta magnitud, porque, ¡qué caramba! ¡a los cuarenta años malcontados ya le ha salido a uno el bozo! Sería curioso que los Presidentes dijeran a sus amigos útiles:

—En cuanto empiecen ustedes a chochear dénse una vueltecita por aquí para que yo aproveche sus servicios.

A los cuarenta años ya eran fenómenos las Srta. Millie Christine.

Del segundo reparo ya hablamos en el *Ministro metafísico* y volveremos a hablar cuando considere al Sr. Limantour a la luz de la teología, antes de que me la apaguen.

El tercer reparo—¡insisto en que los tres fueron reparos!—todavía no está suficientemente discutido. El Sr. Limantour debe probar por modo irrefutable, que es mexicano. ¿Qué trabajo le cuesta firmar José Ives Morelos y Pavón o José Juan Ixtlachique y Xoconoxtle? ¿Por qué no se manda hacer un flux verde, blanco y encarnado? Si realmente es patriota, mexicano, salga de su ronco pecho un enérgico ¡¡Mueran los Gachupines!!

Sobre todo, señores, hay un medio para que salgamos de la duda. ¿Paga el Sr. Limantour? ¿Sí paga, no? Pues si paga, ya se acabó la discusión: ¡No es mexicano!

Una vez aclarado este punto ya le seguiremos buscando defectos al joven, positivista y baldío Sr. Limantour. Porque a este hacendista le sucede lo contrario que a la mujer de mi amigo León: a ésta le sacan primores traídos de los cabellos. Por fea, lo que se llama fea, la escogió el celoso León. Y nada, ¡que le aplicaron al pobre hombre esa ley de la predestinación tan valientemente defendida en los boletines del *Monitor Republicano*!

—Pero ¡zopenco!— le decía León al amante —¿Qué le gustó a Vd. de mi mujer?

—Pues, caballero, seré franco... ¡las orejas!

¿No ha observado Vd. qué monas, qué chiquitas...?

¡Y en efecto, tenía bonitas las orejas... lo único, LO ÚNICO bonito que tenía! León, advertido, cogió las tijeras y dejó las tales orejas con más picos que una custodia.—¡Ahora, sí! ¡A ver qué pero le ponen a esta monstruosidad!—Y ¡nada! ¡Que le aplicaron por segunda vez la ley de la predestinación!

—Grandísimo canalla— dijo entonces León al temerario número dos —¿qué le ha podido gustar a Vd. de esa estampa de la herejía?

—¡Hombre... la verdad es que LA AGRACIAN MUCHO LOS PIQUITOS!

En habiendo buena voluntad se le inventan cualidades y defectos a cualquiera. Joven.... Ives.... ¡LOS PIQUITOS! Sí señor; ¡LOS PIQUITOS AL REVES!

18 de enero de 1894

[118]

Enlutada misteriosa.

Las gemelas Millie Christine, respetando las leyes del pudor, se exhiben honestamente vestidas. Son el reverso de la Penotti que se presenta en traje de tarjeta postal, sin sobre. Y aunque sea muy respetable la honestidad de esas señoritas, unidas por un lazo indisoluble, también es cierto que estorba a los doctores y curiosos. Yo tengo para mí que ese pudor de cuarenta y dos años por cabeza o sea de ochenta y cuatro años por persona podía hacer algunas concesiones a la ciencia y a la curiosidad. La edad ya de por sí impone respeto, aunque si las señoritas citadas se dedicaran a la política diríamos que todavía son jovencitas. Pero no sólo defiende la edad a esas gemelas: ¡toda su raza las defiende!

Ellas están vestidas de luto por la madre naturaleza y es humanamente imposible desnudarlas. Podrían, por lo tanto, ser impúdicas en grado superlativo: nosotros no lo veríamos, no lo sabríamos... todo pasaría en la sombra, en la obscuridad, en las tinieblas.

Las dos—si son dos—se parecen entre sí como una gota de tinta a otra gota de tinta. De ninguna de ellas podrá decirse: ¡ésta es la más negra! Seguramente por ser fieles a su color, nos dejan a obscuras en lo tocante al misterio de su unidad. Creo en esa Unidad; pero no he visto ni tocado; ignoro como es.

¿No serán estas Carolinas aquellas Carolinas que defendió con tantos bríos España?

La verdad es que, desde aquel incidente diplomático, no ha vuelto a hablarse de las Carolinas. Nada de extraño tendría que se hubieran perdido como tantas otras carolinas, ni tampoco es remoto que anden por el mundo desempeñando papeles de monstruo. El Sr. Cánovas del Castillo, monstruo por antonomasía, pudo enseñarles el oficio.

Mas ¿cómo averiguar estas puridades si las Srtas. Millie Christine continúan, obcecadas, poniéndose un vestido blanco encima del traje de luto que les dio la naturaleza? Es necesario reconocer el itsmo que media entre ambas, para saber a qué atenernos.

Por ahora, lo único indudable es que se ha integrado felizmente la trinidad de los bustos:

el busto de Millie, el busto de Christine y Emiliano Busto, son tres bustos.

En donde acaban los bustos, empieza el misterio. Como quien dice: empieza un boletín de Don Ramón L. (líquida) Alva. ¿Cuál es la línea troncal y cuál es el ramal? ¿Cuál de las dos remolca a la otra? ¿En qué punto pierden su autonomía las altas partes contratantes, o más bien, las altas partes contraídas? Sabemos cómo se hizo la unidad de Italia, cómo se hizo la unidad de Alemania, cómo se hizo la Unión Americana; pero no sabemos cómo se hizo la unidad de la Srta. Cuadrúpedo.

El lazo es indisoluble... no cabe duda. Es mucho más indisoluble que el del matrimonio, porque éste (el del matrimonio) es soluble en alcohol, soluble en palos, soluble en hambre, y tiene otras muchas soluciones, desde la solución de cianuro de potasio hasta la gran resolución de resignarse.

El lazo de las Carolinas es tan recio y macizo como el Colegio Carolino de Puebla. Es un lazo gordiano, tan gordiano con Don Gordiano Guzmán. Pero, ¿de qué manera está tramado? He aquí lo que el pudor nos veda averiguar... no el pudor nuestro, pero sí el pudor fenómenal de Millie Christine.

Don Ramón L. (líquida) Alva, a quien tengo un tanto cuanto olvidado, pero de quién pronto me acordaré en mis oraciones, empieza su boletín de ayer diciendo:

—¿QUÉ ES EL HOMBRE?

¿No podría empezar otro preguntando: QUÉ ES AQUELLO?

Me preocupa más aquello—el misterio del fenómeno, el secreto de ese sistema orgánico bi-camarista—que el hombre.

19 de enero de 1894

[119]

Civet de toro.

Me han preguntado varios clientes si estoy o no porque "se restablezcan las corridas de toros". Por mí que se restablezcan enteramente; y una vez que recobren la salud hablaré de ellas. De las corridas malas prefiero no hablar.

Sin entrar de lleno en materia diré, pues, muy poca cosa acerca del punto sometido a la deliberación de los munícipes. Mi opinión, por ser favorable, en substancia, al proyecto presentado, resulta de peso y no de a peso, porque nadie puede acusarme con justicia de amigo de los toros, ni de amigo del Ayuntamiento.

A mí no me gustan las corridas de toros; pero no porque en ellas fastidien a los toros y suelan fastidiar a los toreros, sino porque cuando las presencio me fastidio yo. El toro y el torero son dos animales que no me inspiran lástima ni entusiasmo. Don Ramón L. (líquida)

Alva ha de llorar en los toros.... ¡Ya me parece estarle viendo! ¡Ya barrunto que va a llorar en uno de sus peores boletines! Pero Don Ramón es hombre muy compasivo y muy metódico. Además, Don Ramón es muy galante. Así, por ejemplo, anteayer, víspera de la Virgen de la Paz, comenzó su artículo diciendo: —"Reina la Paz".

¡No puede darse más exquisita fineza! Si D. Ramón escribiera en Guatemala habría escrito: —"Reina Barrios".

Hombres así, compasivos, galantes y metódicos, lloran siempre en los toros. Pero yo no; soy de otro modo. Precisamente yo soy del palo opuesto al palo de que hicieron al gran Alva.

Ni siquiera me explico la razón de sentimiento que condena las corridas de toros. ¿Para qué sirven los bichos bravos? Al Sr. Alva le servirán para mandarlos a la conquista de Belice. A mí ¡maldita la falta que me hacen! Que los maten de un "volapié" de un "mete y saca" o que los "degüellen": nada perderán la humanidad ni la civilización. Hipérbole y gorda, fue la del poeta que dijo: —Prefiero hallar / Un toro suelto en el campo / Que en Boscán un verso suelto, / Aunque sea en un andamio.

¡Por mí, eche versos sueltos el apreciable Sr. Alva; pero no eche toros!

El caballo sí podría moverme a lástima en las corridas. Pero, vean ustedes: hay caballos más desgraciados. ¡Los hay de tiro, que, como dice *Anabasis*, son *de a tiro*! ¡Arrastran una vida... y unos coches! ¡Parecen casados pobres y con muchos hijos! ¡Llevan a cuestas toda la familia!

El caballo muere pronto en el redondel. Apenas sale del conservatorio, en calidad de primer harpa, cuando pone los ojos en blanco, enseña los colmillos y da el último relincho, como otros muchos jóvenes del Conservatorio. Muere en la lid, como desea el cariñoso Alva que muramos. ¡El pobre caballo de coche alquilón sí que padece! ¡Es la víctima obscura, la víctima retinta del deber!

...Tampoco me enternecen los toreros. ¿Viven? ¡Mejor para ellos, para sus familias y para sus amigos! ¿Mueren? ¡Mejor para la sociedad! Hasta ahora ningún torero ha sido apóstol, gran inventor, sabio, estadista ni poeta. De ninguno de ellos ha recibido grandes beneficios la raza humana ni la raza canina. Expuesto a morir joven está el hombre de suma inteligencia o de extraordinaria imaginación, así como también el que trabaja con exceso; y sin embargo, el Estado no se desvive por cuidarles la existencia. Sólo para el torero —ser notoriamente inútil—queremos que el Estado sea solícito, acucioso, paternal. La vida de ese bárbaro nos parece preciosísima; permitir que se exponga a perderla nos parece una barbarie.

Y, en fin de cuentas, no ha de ser tan grave el riesgo que corren los toreros, puesto que contados son los que perecen. Desde la invasión de las bicicletas, más peligros corremos los cegatones y los distraídos que los toreros. Yo estoy pensando ya en colgarme un farol de la nariz, para que me vean los de las bicicletas.

Muchos mueren atropellados o de bala perdida o de gendarme y para ésos no se invoca la maternal protección de las autoridades. ¡El torero es inviolable!

Por mí, que se haga la voluntad de Dios en el torero.

Y éstas son, mis queridos parroquianos, las razones que tengo para no oponerme a que haya toros en México. ¡Otra es... que los hay! ¡Vaya que no! ¡Por ahí andan!

25 de enero de 1894

[120]

Manto roto y catedral.

Leo en un colega muy apreciable:

"Aquí no hay crisis ni obstáculos que nos impidan llenar nuestor Gran Teatro, cuando en él se posa una Compañía digna de ser oída.

La que hoy tienen en Nueva York en opinión del *Freund's Musical Weekly* es la mejor y más numerosa, la más homogénea de cuantas han visitado el Nuevo Mundo, y aun superior a cuantas cantan este invierno en los primeros teatros de Europa.

¿Por qué habíamos de rehusar a nuestros amigos un éxito pecuniario, mejor aún que el obtenido con la Patti y Tamagno?"

El articulista se refiere a la gran Compañía de ópera que Abbey y Grau trajeron últimamente a Nueva York, a la Compañía en que figuran la Melba, Madame Calvé, la Eames, la Scalchi, la Nórdica, los dos Reské, Lassalle, Mancinelli, el Maestro Bevinnain, etc. Esta es la Compañía que quiere que "se pose" en el teatro Nacional y que cante el *Don Juan* de Mozart. "¡*Aquí no hay crisis ni obstáculo!*" Esto es enteramente gráfico; y para ser enteramente nacional lo único que le falta es llevar por apéndice una excitativa al Ayuntamiento o al Gobierno, para que subvencione esa *troupe* que no es tropa sino todo lo contrario.

No censuro los deseos personales del articulista y le alabo su buen gusto: Si he tomado por texto las palabras que escribió es porque caracterizan nuestro modo de ser.

En efecto, nada nos importa que el cambio esté al noventa por ciento y que nuestros pesos para los hermanos Reské y sus compañeros valgan nada más dos francos y setenta céntimos; nada nos importa que el gobierno se haya visto obligado a rebajar los sueldos de sus servidores ni que el comercio se halle por ahora en un *impasse*; en suma, nada nos importan los *vencimientos* de ninguna clase, porque AQUÍ NO HAY CRISIS NI HAY OBSTÁCULOS que nos impidan ir al teatro, pagando a quince duros la butaca, cuando cantan la Melba, Sofía Scalchi y los Reské. Para los Reské tienen siempre dinero nuestros más distinguidos millonarios y hasta nuestros pobres más solemnes. Para el gobierno, para la Nación es para lo que nunca tienen dinero nuestros ricos. Andan por ahí más de cien mil embozados recelosos, sin ocupación ni medio honesto de vivir; pero esos que se ocultan bajo una mala capa y que son buenos bebedores del Erario, no ayudan al gobierno en sus apremios, no fomentan la agricultura, no se emplean en la industria, son demasiado nobles, demasiado hidalgos para emplearse en cualquier cosa; gotean a pujos las contribuciones que se les exigen, a cambio de seguridades y de poder reproductivo y sólo salen a la calle en noches de ópera y sólo se desembozan para entrar al teatro.

El centavo es el *snob* del peso de oro. No tiene para pan, no tiene para pagar el alquiler de la casa, no tiene para zapatos ni para vestido; pero, en tratándose de oír cantar muy retebien, exclama: ¡AQUÍ NO HAY CRISIS! ¡No HAY OBSTÁCULO! Para eso está en el Montepío el señor Conde de Regla; para eso está Hernán Cortés en el empeño; y para eso están los usureros ambulantes.

¡Perezca todo; pero el arte sálvese! Y después de que el arte se salve ¡sálvese el que pueda!

¡Mantengamos vivo y ardiente el ideal, el ideal, de *il bel canto*, el ideal de Bell, el ideal de la *capata*, el ideal de los viajes de recreo!

Para un establecimiento de beneficencia bien organizado no hay dinero; para veinte mil vagos, para cien mil sanguijuelas, si lo hay. Porque nos gusta la limosna que hace ruido, aun cuando esto solo sea el que produce la moneda al dar en la baldosa o al caer encima de otras; la limosna que oye cantar un ¡*muchas gracias*! o ¡DIOS SE LO PAGUE! la limosna que ve el drama, fingido la mayor parte de las veces como fingidos son todos los dramas. ¡De ficciones señor, de eso vivimos! ¡Ese es precisamente el ideal!

No digáis a los capitales que vayan a la Agricultura para hacer obra patriótica. No; decid a los capitales que vengan a la capital y que vayan al teatro.

Nosotros tenemos una economía política nacional: economía que no economiza gasto alguno para complacernos; economía que tiene, entre sus leyes fundamentales, ésta por ejemplo: en México hay dinero siempre que hay revolución, lo que traducido a romance llano significa: "para que circule numerario es preciso robar a los que lo poseen". Cada revolución es un *Circulez, messieurs, Circulez*, dicho por lo contrario de un gendarme.

Dado esto, no encuentro inconveniente para que vengan los Reské y cobren por dejarse oír un ojo de la cara. Los tuertos serán, únicamente, los que no concurran. Porque, Bécquer lo dijo: —¡Dios mío, qué sordos / Se quedan los tuertos!

Hasta me atrevo a suponer que el Honorable

[104]

Ayuntamiento subvencionará la compañía. ¿No dijo el otro, es decir, éste, o sea, el que pasó y volvió a venir, no dijo en su *Memoria* que estableció los conciertos en el Zócalo porque el pueblo tenía hambre *y era preciso divertirlo?* Aquí el que no come se divierte. Porque las diversiones son alimenticias. Y ya que no en funciones digestivas, ejercítese el pueblo en las funciones acrobáticas.

¡Aquí no hay crisis! ¡No hay obstáculos!

26 de enero de 1894

[121]

¡Sale el Alba!

Me propongo por ejercicio piadoso hacer cada ocho o quince días un resumen de los trabajos hechos por el señor Don Ramón Alva, pariente, por lo Ramón, de Ramón Valle; y por lo Alva, del lucero de la mañana. No tema, sin embargo, que me proponga plantarle una fresca a este su pariente matinal; yo sólo quiero, como dije arriba, presentar en resumen, los trabajos de Alva. ¿No son famosos y hasta archifamosos los trabajos de Hércules? ¿No hay en imágenes un Señor de los trabajos? ¿No pasamos trabajos todos los mortales, inclusive el señor Alva, que también es mortal, aunque boletinista del venerable *Monitor Republicano?* Pues ¿por qué han de quedar en el olvido los trabajos del muy ilustre Don Ramón sacerdote, levita y hasta casaca de botón dorado de la tres veces santa libertad?

Ya que no me es dado, porque soy hombre, dar a luz las *Obras Completas* de este Ilustre Varón de Indias, séame lícito, al menos, publicar las escogidas, ¡y no son pocas como las escogidos, sino muchas como las llamadas a misa en las iglesias! Séame lícito componer un florilegio con los trozos selectos de Alva el Triste. Para mayor claridad, les pondré notas.

AUTOBIOGRAFÍA

"Las ideas del que esto escribe, sus principios y sus esperanzas, son los mismos hoy que se acerca al ocaso de la vida, que hace veintisiete años, que después de sostenerlos con la espada, tuvo la honra de ingresar a la Redacción traído por uno de sus buenos e íntimos amigos y uno de los escritores de mayor nota por su claro talento, el Sr. Lic. José María del Castillo Velasco, que siempre bondadoso, quiso asociarlo a sus trabajos periodísticos". —(*Monitor.* —*Año XLIV.* —*Núm.* 13)

NOTA. —El autor no oculta sus años: se acerca al ocaso de la vida, es decir, se está poniendo—como los astros—y pronto perderá su apellido. ¡También anochece el Alva! Fue SACERDOTE y CAUDILLO: sacerdote en la prensa; caudillo en la pelea. Y no ha pasado día por él. ¡Está lo mismo que hace veintisiete años! ¡Primer prodigio! ¿No cree la posteridad que podríamos y deberíamos llamarle Alva el Inconsútil o Alva el de la túnica de Cristo?

RELIGIÓN.

"Respecto de los destinos del espíritu del hombre para más allá de la tumba, no hemos emitido todavía nuestra opinión; nos hemos conservado en el terreno filosófico-histórico, cuyos elementos son: la lógica, la ética y la historia, sin pasar al de la metafísica, y menos, mucho menos aún, al misterioso e impenetrable mundo de la teología, cuya puerta no creemos estar abierta a nuestros limitados alcances". —(*Monitor.* —*Idem, idem.*)

NOTA. —Todavía no habla D. Ramón sobre el más allá. Tiene un candado en los labios. Por ahora, se conserva, se conserva en "el terreno"; pero se cree en los destinos "para más allá de la tumba", y hace bien, porque para más acá ya no hay destinos. Sus alcances son "limitados". Los puede comprar cualquier agiotista en cualquier cosa.

PREDESTINACIÓN.

"¿Qué es el hombre?

¿Creéis que todo lo puede, que todo lo preve, que todo lo alcanza?

¿Creéis que está a su arbitrio cambiar la naturaleza y el destino de los hombres y de las cosas? ¿Creéis que puede cambiar la roca granítica en oro, la flor en un ser animado cualquiera; hacer el metal; dar vida nueva al cadáver descompuesto; hacer del niño que exhala el primer vagido al nacer, un hombre que piensa, que discurre, que ama y sufre, que quiere y desea?

¿Creéis que está a su arbitrio cambiar las simpatías y antipatías de su corazón, amar lo que repugna y repugnar lo que ama?

¿Creéis que puede llegar a la realización de las aspiraciones y deseos de su voluntad, en todo tiempo y en todas las cosas?

Entonces hacéis bien en no creer en la predestinación humana". —(*Monitor.* —*Año XLIV.* —*Núm.* 15)

NOTA. —Alva cree en la predestinación. Sabe que no lo puede todo, que no todo lo preve, que no todo lo alcanza: que no puede cambiar la "roca granítica en oro"; que no puede "hacer metal", y por todos los anteriores considerandos cree en la predestinación. Hace bien. Nació predestinado a boletinista del *Monitor Republicano* en el año XLIV de este siglo, o sea, de ese periódico.

TRISTEZAS.

"La vanidad humana que en todo tiende a manifestarse, tiene que sufrir indecible tortura cuando se ve obligada a rendirse ante la imposibilidad de las cosas, y huye del centro donde antes orgullosa se ostentara. El empleado que estaba acostumbrado a habitar casa de cierta renta y a dar algún convite a sus amigos y tener palco en el teatro y portar alguna alhaja en su persona, no puede resignarse a que se le vea carecer y prescindir de ciertas comodidades y costumbres de su posición, de las vanidosas apariencias con que halagaba su amor propio; y pretextando motivos de salud, o gusto por disfrutar de los placeres de la apasible vida del campo, emigra de la ciudad para establecerse en alguna población de los alrededores, donde por corta renta, tiene una casa cómoda, y donde por la distancia y la falta de medios de transporte a ciertas horas de la noche, está a salvo de ser importunado por las visitas y se abstenderá de ir al teatro, cosas que originan gastos que por la reducción del sueldo no está en aptitud de erogar". —(*Monitor.* —*Año XLIV.* —*Núm. 19*)

Nota. —"Alva no porta alhaja en su persona". Alva ha vivido, vive o vivirá en alguna "población de los alrededores".

Geografía

"Escontzin es un nombre que resuena todavía dolorosamente en las simas del Sacro-Monte, del Popocatépetl y del Ixtaccíhuatl. En las llanuras las cruces solitarias parecen exhalar todavía olor de sangre y el viento repetir los ayes y los gemidos de las desdichadas víctimas de la horrorosa catástrofe". —(*Monitor.* —*Año XLIV.* —*Núm. 21*)

Nota. —Creen algunos autores que Alva se refiere al Monte de las Cruces y que lo llama *Sacro*, porque supone poéticamente que es de hueso (*hueso sacro*) recordando los muchos huesos que hay en él enterrados. Las simas del Pico de Orizaba, del Ceboruco del Nevado, etc., no salieron en este pequeño mapa, en razón de que Alva las guarda para cuando trate del último descarrilamiento del Ferrocarril del Valle.

Viajes.

"Los coches de primera clase podrían servir de segunda y también de tercera en algunos ferrocarriles extranjeros donde se cuida más de compensar los gastos de los pasajeros con las mayores comodidades que puedan proporcionárseles en los asientos, y desahogo. Los de segunda apenas podrían tolerarse en tercera clase por lo incómodo de los asientos y la estrechez del coche". —(*Monitor.* —*Idem, idem.*)

Nota. —Estas observaciones traen a la memoria las *Notas sobre Inglaterra* de Taine. Algún crítico observó que Alva no habla de los coches de tercera. Esa omisión le honra, señor crítico: Alva no habla de lo que no conoce y así lo dijo refiriéndose a la metafísica y a la teología; Alva es viajero y periodista de segunda.

Dentro de ocho o quince días continuaré extratando los trabajos de Alva. Y como dijo el mismo en el núm. 13, año XLIV del *Monitor Republicano*: —"Todas las revoluciones tienen un período de iniciación, un período de desarrollo y un período de consumación".

Ahora voy en el primer período de mi obra crítico-biográfica. Cuando lleguemos al de "la consumación" será cuando tenga que pagármela el Sr. Alva.

27 de enero de 1894

[122]

De Agua, Cero.

El Gobierno del Distrito ha expedido un bando que no es un bando nacional (y me apresuro a decirlo para que no se alarmen los amarillos jacobinos), pero que sí es un *memento homo*.

Recuerda ese bando, a todos los habitantes de la ciudad, antiguas prescripciones que prohiben humedecer, de modo irregular, las calles públicas. Ya bastante húmedo está el subsuelo de la capital; y por otras vías, no por lo húmedo, se propone el Ayuntamiento que México desagüe. Ahora (para no referirse sino al proyecto más reciente), quiere el Gobierno del Distrito que los toros sean los que saquen unos cuantos bueyes de agua.

No desagüen, pues, los ciudadanos. Los toros desaguarán.

El ciudadano, empero, no es un ministro metafísico; y, para el caso, es un ministro ejecutor. El ciudadano no acaba en los hombros, como los ángeles de Murillo, aunque viva en el barrio de los Ángeles. El ciudadano, por Rico (de apellido) que le supongamos no cuenta para su desagüe parcial con un Orozco adlátere. El ciudadano, jacobino de nacimiento, no quiere oprimir, sino exonerar y el Estado no quiere que se exonere.

¡He aquí, en su plena y brutal manifestación, la lucha del individuo contra el Estado, produciendo un lamentable estado individual!

Por qué, como dice el Sr. Alva: —"¿Qué es el hombre?"

No es el vaso precioso de la gracia, sino más bien la fuente de las fuentes. El hombre tiene necesidades y aspira a satisfacerlas. Desea vivir con desahogo. Si ponéis a esas necesidades muy legítimas una compuerta de Santo Tomás y la cerráis ¿qué habréis hecho de los derechos del hombre, base y origen de nuestras instituciones liberales?

He aquí el lado flaco, la parte húmeda de esa disposición de policía fijada ahora en todas las esquinas. Sabia es la primera prescripción que dice así:

"1° Se prohibe a toda clase de personas arrojar en las calles y plazas, basuras, tiestos, piedras, *o cualquiera otra cosa*, bajo la pena de $1.50 cs. de multa por la primera vez, doble por la segunda y triple por la tercera, sin perjuicio de pagar el daño que se cause".

El Gobierno del Distrito sabe que los mexicanos somos muy tiradores, razón por la cual estamos casi todos muy tirados a la calle, y por lo mismo, con paternal solicitud prohibe que tiremos basuras, tiestos, piedras o CUAL- QUIERA OTRA COSA. En esta CUALQUIERA OTRA COSA, como en la denominación de OBJETOS VARIOS, están comprendidas los relojes, el dinero, los zapatos viejos y las colillas de cigarro. Quiere el Gobierno que guardemos todo.

Pero si sabia es la primera prevención no lo mismo diré de la segunda... de la que prohibe... etcétera, etcétera... "bajo la pena de pagar una multa desde $1.50 hasta $5 o el arresto que corresponda".

El principio es bueno, pero si no lo reglamentan bien, será imposible que lo veamos bueno y sano.

El hombre es un istmo que da paso a las aguas, y no un resumidero que las guarda. Es de carne el hombre, con excepción del Sr. Alva, que es de pescado. Ahora bien ¿podrá vivir, podrá beber, podrá comer en las condiciones a que el Gobierno del Distrito le condena?

No digo como los romanos que ese impuesto es repugnante. Vespasiano al establecerlo dijo a Tito: "El dinero no tiene olor". Pero si hago constar que Vespasiano, el frugal Vespasiano, el que se levantó para morir, exclamando: "¡De pie debe morir un emperador!" Vespasiano levantó columnas que inmortalizan su nombre y en las que halla consuelo siempre el afligido.

Aquí no ha habido más Vespasiano que el Sr. Baeza y no todas las tropas pueden ir a hacer sus operaciones en la Plaza de Armas.

Ni en la tierra clásica de la libertad, ni en Inglaterra, puede entrar cualquiera a la Cámara de los Comunes.

¿Qué se deduce de esto? La necesidad de que el MUNICIPIO (LIBRE O NO LIBRE) que aumente sus columnas.

De otra suerte resultará que ese *Memento, homo* se convierte en *acuérdate de que no eres hombre más que dentro de tu casa.*

No se podrá cumplir en ese caso la disposición de policía; y tras el *Memento, homo* tendrá que entonar el Gobierno del Distrito algún MEA CULPA.

31 de enero de 1894

[123]

La dorada medianía.

Entre las disposiciones vigentes para el aseo de las calles, disposiciones recordadas hace pocos días a los vecinos de la ciudad por el Gobierno del Distrito, figura ésta:

"10ª Cuando se hallare basura o inmundicia en la medianía de una calle, serán responsables de infracción de estas disposiciones, los vecinos de uno y otro frente, entre tanto se averigua quién es el responsable".

El Tiempo dispone del ejército como de cosa suya pidiendo que se le mande a sembrar café, algodón, azúcar, etc., o a arar la tierra: el Gobierno del Distrito dispone de todo el vecindario convirtiendo a cada uno de sus individuos en gendarme. De esta gendarmería obligatoria y gratuita no habló el señor Vallarta en sus "votos particulares", ni procuró acomodarla al precepto constitucional que reza: "nadie está obligado a prestar trabajo sin su pleno consentimiento y sin la debida remuneración". Sin duda el Gobierno del Distrito cree que aquí no se trata de "prestar" trabajos, sino de "dar", de "regalar" trabajo.

"Todo mexicano nace libre" (artículo constitucional) "Todo mexicano nace gendarme" (Ley de Reforma).

Para este reglamento de policía, lo importante no es dar con el culpable, sino dar con la multa. No hay causa sin efecto (presupone sabiamente), no hay humo sin fuego, no hay inmundicia sin inmundo; pero como la ciencia positiva se desentiende de las causas finales, por considerarlas inasequibles al entendimiento de los hombres; como la investigación de la paternidad está prohibida, el Reglamento no investiga la paternidad o maternidad de la inmundicia, no inquiere la causa primera de la basura. *Pater is est quod nuptias demonstrat,* o de otro modo, el padre de la criatura es el vecino de enfrente.

Los gendarmes son seres metafísicos destinados a la vida contemplativa. ¡Respeta los éxtasis de esos santones! Ellos no tienen que cuidar al vecindario, éste es el que debe cuidarlos, porque para eso le pagan o para eso le pegan. Los gendarmes, representantes de la autoridad y por lo mismo representantes de Dios, según el criterio teológico, no pueden entregarse a faenas indignas de su condición. Ya antes los borrachines eran los encargados de barrer las calles. Ahora para el Reglamento —¡y puede ser que tenga razón!—todos los vecinos de esta corte son borrachos, a todos les toca barrer las calles y levantar las inmundicias de sus prójimos. Con esto se eleva el nivel moral de la entidad-gendarme, cuya existencia positiva niegan los escépticos.

—Papá, ¿qué cosa es el guano?— pregunta una señorita en la comedia *Gavan Minard y Compañía.*

—El guano,— contesta el interpelado —es una indiscreción de ciertos pájaros.

Los vecinos de la ciudad de México están muy obligados a levantar las "indiscreciones" de ciertos pájaros de cuenta. La ley los hace responsables de todos los desarreglos intestinales, particularmente de los que padezca el apreciabilísimo gendarme.

Pero como la ley es equitativa y salomónica no castiga a un solo inocente. No: castiga a dos inocentes. Al de SOL y al de SOMBRA, al vecino de esta acera y al vecino de la otra acera. Así entiende que no corre el peligro de equivocarse, porque sumando a dos inocentes se obtiene, cuando menos, la mitad de un culpable. Además, así está segura de penar al verdadero vecino de enfrente. Porque ¿cuál es el vecino de enfrente? Lo pregunta uno en la acera sur, y lo mandan a la acera norte, y precisamente en la acera norte dicen que el vecino de enfrente está en la acera sur. Cogiendo a los dos se toma el término medio.

Los señores gendarmes pueden seguir sus melancólicos paseos. Los señores vecinos son los que tienen el deber de pasarse el día y la noche en el balcón, en la ventana, en el zaguán de la casa o en la puerta, abriendo tamaños ojos para que no se les escape ni mínima infracción de policía, e imitando a Jehovah que en uno de los días de la creación se entretuvo en separar las aguas menores de las aguas mayores.

Con todo el vecindario en la calle o en puertas y ventanas y azoteas, la ciudad tendrá el aspecto animadísimo que tiene nuestra avenida principal en la mañana del 16 de Septiembre. Y por añadidura, se dará trabajo a mucha gente, a toda la gente, suprimiendo la vagancia y la holgazanería.

No dice el Reglamento si la "medianía" de la calle ha de tomarse en el sentido longitudinal o en el diametral, por lo largo o por lo ancho. Pero esta omisión envuelve otra ventaja, nos proporciona el placer doméstico de adivinar esa charada en nuestros ratos de ocio. Tampoco advierte lo que ha de hacerse cuando la basura o la inmundicia no esté en la "medianía" de la calle sino en la esquina o en alguna acera. Tal vez en ese caso debemos dejarla estar; porque lo importante es que las bestias no manchen su calzado.

Pero, en las dudas, yo aconsejo a mis lectores que cuando miren la inmundicia, hállase ésta donde se halle, le den parte al gendarme. Y si no quieren dar parte, que lo den todo.

1 de febrero de 1894

[124]

Rifa zoológica.

Ha circulado un importante impreso que dice así:

Un Congreso Independiente en la República Mexicana. — Se podrá obtener, si las Municipalidades todas de que se componen los Distritos de la República, en lugar de dejarse imponer las candidaturas por los Jefes Políticos, armoniosamente convienen: en que poniendo cierto número de candidatos iguales cada Municipalidad, por ejemplo: cuatro, cinco o seis etc., se haga una rifa con toda equidad, entre los diversos candidatos designados por las entidades municipales, comprometiéndose todos a nombrar y apoyar con toda energía al favorecido por la suerte.

Éste es el único medio de levantar el espíritu electoral tan decaído. Sólo creando interés, y en un movimiento general en la República, se obtendrá algo.

No se trata en lo más mínimo de innovar la ley electoral vigente, sino simplemente convenir los electores en el medio propuesto para su elección.

Se suplica en nombre de la Patria, a todo el que reciba este papel, dé a conocer la idea a sus conciudadanos, por los medios que estén a su alcance, y al que tenga posibilidad, reimprima estas líneas y las reparta".

Yo, aunque todavía no soy "Veterano de 48", no le puedo negar nada a la Patria: doy a conocer la idea, reimprimo las líneas y reparto bendiciones.

La receta para "obtener" un Congreso Independiente me parece buena, si bien creo que daría mejores resultados agregándole tomate y chile verde. Como ustedes habrán visto, esa idea tiene varios puntos de contacto con la de la rifa zoológica.

Entra determinado número de animales ¡y el que salga, sale! Esto es inocente y divertido. Así puede resultar agraciado hasta el señor *Anabasis.*

Lo importante para los municipios es no dejarse imponer candidaturas. ¡Eso es, que no dejen! Y parece que una vez conseguido esto queda afianzada la libertad electoral. Pero no: el autor de proyecto referido cree que la rifa es absolutamente indispensable. No sólo desea que voten los ciudadanos, quiere que también voten la suerte, el azar, los hados, el destino, la corte celestial y las benditas ánimas del purgatorio. Nos pone en manos de la Providencia y dice: —¡Ruede la bola! ¡A ver qué sale!

Eso sí; la rifa ha de hacerse con toda equidad, jugando limpio y a la vista de público. Nada de carcamán ni de *¿adónde cayó la colorada?* Acaso se nombrará algún interventor, sin goce de sueldo ni ningún otro goce, que garantice la "legalidad" de la rifa.

Y gracias a esa lotería de cartones tendremos un congreso de independientes, congreso que constará de muy pocas personas porque ya quedan muy pocos independientes y cuyas sesiones no serán muy acaloradas en razón de los muchos calendarios que agobian con su peso a los "veteranos de 1810". Las discusiones no se suspenderán por lo avanzado de la hora, sino por lo avanzado de la edad. Y el "veterano de 1848" será "la galería".

¿Cuántos años habrá pasado el autor del proyecto madurando su idea? ¡Cuántas vigilias ha de haber sufrido para concebir y dar a luz su rifa zoológica-parlamentaria! Aquí es el caso de exclamar: —Si Dios, el sumo bien, / la suma ciencia, / Toma nota de asuntos tan sencillos, / ¿Vivirán con su anuencia / Los que ven deslizarse su existencia / Coleccionando cajas de cerillos?

Otro esfuerzo más y el autor de la peregrina idea de este sorteo, convierte el sufragio en una gran Lotería Nacional. Que haya tantos candidatos como números entran en el globo para la lotería del diez y seis de Septiembre y que cada cual cuando le pregunten: —Decid, niño, ¿cómo os llamáis?—

No obedezca el precepto de Ripalda que dice:

—Responderá su nombre, Pedro, Juan, Francisco, etc.

Sino que conteste, por ejemplo:

—Setenta y siete mil setecientos setenta y siete.

Muy mexicano es esto de la lotería. Aquí todo lo fiamos al azar. Por eso mismo en Puebla quieren algunos municipios que no haya tres insaculados para sustituir al Gobernador, sino que haya tantos insaculados cuantos diputados hay a la Legislatura. Es decir, no les gusta la lotería de tres números y un solo premio: quieren la lotería de muchos números, para que muchos tengan bola en mano.

Entiendo que la Lotería de Beneficencia puede reemplazar con ventaja los comicios.

3 de febrero de 1894

[125]

Sota a la puerta.

Quejábase alguien de que, en sesenta años, los pares de Inglaterra nada han hecho; y a esto responde el autor de *Fifty Years of the House of Lords:*—"Perdón,... han creado algo... legan a Inglaterra—el... Alderman".

La Cámara de Lores que aquí llamamos Ayuntamiento está a punto de crear algo... de dotar a México de un... sota-alcaide.

El sota-alcaide existía ya, como todo lo que inventan los Ayuntamientos; ya estaba en la baraja; pero no se llamaba *Sota* sino simplemente Alcaide segundo o segundo Alcaide. Yo le decía Alcaide segundo porque se dice Felipe Segundo y no Segundo Felipe.

El muy Ilustre no encontró bueno que un Segundón, noble al fin, desempeñara tales oficios en Belén. ¡Abajo pues el número de orden! (Noten ustedes qué afición tienen todos los Ayuntamientos a cambiar las nomenclaturas y la numeración, particularmente si ésta es de orden.) Corrió el albur y.... ¡Sota a la puerta, vieja!

Hay, sin embargo, algunos demócratas en el cuarto seno del Ayuntamiento; hay filántropos, hay igualitarios; hay enemigos de la pena de muerte y los azotes; hay defensores celosos de la dignidad humana, y uno de éstos protestó contra el denigrante Sambenito de esa sota colgada al torneado cuello de un alcaide.

De aquí la discusión que fue reñida. ¿Os acordáis de la famosa cuestión de los ROSQUETES? ¡Esa fue un timbre de gloria, un timbre de a diez centavos, para la muy ilustre corporación Municipal! Entonces el único representante del estado llano, el único que existe y ha existido siempre en el Ayuntamiento, mi simpático amigo Pedro Ordóñez,

se opuso con todo el peso de su cuerpo y de su palabra, a que el infamante nombre de ROSQUETE, cayera sobre el núbil ciudadano que suele distraer sus ocios en el pescante de los coches alquilones. Y no hubo ROSQUETES ni rosquillas ni mamones aquel año, porque todos somos iguales ante la ley, ¡ante la patria y ante Dios!

La cuestión del *Sota-Alcaide* es la segunda controversia trascendental que se suscita en el Ayuntamiento. No extremo el elogio: es digna de Bizancio.

¿A un hombre que ya tiene la desgracia de que le apelliden Alcaide será justo infligir la pena de que le llamen SOTA?

Un edil, inspirándose acaso en el pulquérrimo reglamento para el barrido y limpieza de las calles, propuso que, así como hay necesidades mayores y necesidades menores, haya también un Alcaide Mayor y un Alcaide Menor. Pero a tan sabia proposición se oponen argumentos de peso. Desde luego hay una copla que dice: —Sr. Alcaide Mayor / No prenda *osté* a los ladrones.

Y precisamente el Alcaide está obligado a tener bien sujetos a los ladrones. No se me objete que la copla dice Alcalde y no Alcaide, porque yo digo Alcaide y eso basta.

Además ¿cómo en pleno reinado del jacobinismo podríamos declarar que hay mayores y menores? Los únicos menores, de oficio, son los jueces, porque de los jueces no hace caso nadie. Pero, si del Alcaide mayor se burlan los betlemitas avispados ¿qué no harían con el menor?

Para suprimir las secundinas o los secundinos en la cárcel, no queda más recurso que apelar a las Sotas. Antiguamente un ricohombre tenía para sus coches cochero y Sota. Vino la Reforma y se fue el Sota. Si aparece hoy en la cárcel sustituyendo al Alcaide segundo, ¿no se ofenderá el Alcaide número uno, suponiendo que lo han convertido en cochero?

Tras esta grave duda viene otra: ¿a qué familia de Sotas debe pertenecer el Alcaide renovado? Queda exceptuada la familia de Oros. Esa familia no entra nunca a la Cárcel. También se exceptúa la Espada, porque siendo la Espada el mate principal le toca de derecho al Alcaide único, al verdadero Alcaide. Se turnarán, pues, en el servicio. Sota Alcaide de Copas y Sota—Alcaide de Bastos, el Sota-Alcaide que se emborrache y el Sota-Alcaide que apalee. He aquí un grave inconveniente.

Si hoy se dan ejemplos de segundos Alcaides bien malillos ¿qué será cuando el segundo Alcaide sea la mismísima *malilla*?

Sin duda por tales consideraciones no quiso el Cabildo aceptar de plano la nueva nomenclatura. Apenas se pronunció en aquel recinto la palabra SOTA, un clubman gritó: —¡caballo!— y un imperialista bien conservado dijo: —¡Rey!—

Las opiniones se dividieron—cosa muy rara en el Ayuntamiento, y hasta hubo temores de que se formara un grupo oposicionista. Algún edil propuso que se llamara al segundo alcaide *Subalcaide*. ¡Y vean ustedes! ¡Ese fue el único que dio con el nombre castellano! Porque *Subalcaide* según el *Diccionario de la Academia*, es el "Substituto o teniente de alcaide".

Lamento haber olvidado el nombre de ese concejal que sabe su idioma. No crean ustedes que eso es tan corriente en los Ayuntamientos. ¡No señor! A los Ayuntamientos no les da el naipe por ahí. Por donde les da a veces es por la sota.

15 de febrero de 1894

[126]

¿Quién es ella?

Yo creo que nos estamos oxihidrogenando. Abro un periódico de Veracruz y leo lo que sigue, remitido de Alvarado:

"Ayer tarde, el señor Ministro de Bélgica pasó en el vapor 'Golondrina' por la barra de este puerto.

En piraguas, inmenso público lo acompañaba, vitoreándolo cada momento.

El entusiasmo del pueblo alvaradeño ha sido grande".

Muy distinguido caballero es el señor Ministro; muy simpático es el estado europeo que representa; pero no me explico ese entusiasmo del pueblo alvaradeño, ni ese 'inmenso' gentío, ni esas "piraguas". Esta escena parece un acto de ópera: la entrada de Cuauhtémoc triunfante, después de haber vencido y dado muerte a Hernán Cortés en las suntuosas ruinas de Palenque. Hay mucha "emotividad" en Alvarado.

Tomo otro periódico muy bien educado y apreciable: *El Nacional*. Éste narra el percance de un marido que se encontró a su esposa en "*chalet* deshabitado"... pero no tan deshabitado como hubiera sido conveniente. Es triste el caso. ¡Es un soneto triste! Una mujer habitada en una casa deshabitada ante un marido que se queda habilitado, inspira siempre serias reflexiones. Pero *El Nacional* no sólo reflexiona: cae en el delirio. Oídle... canta:

—"La historia es muy corta; pero de ser exactos los hechos, ¡cuánta significación extraña!

La honra de un hogar aquilatándose en los tribunales; la virtud de una mujer hasta hoy inmaculada, rodando por el fango entre los murmullos de la gente; la dignidad de un esposo pisoteada por el ladrón de su honor y la tranquilidad de su hogar. ¡Todo un cielo de felicidad por tierra y como única perspectiva, la desesperación por toda la vida para el esposo, y para los culpables, primero el infamante banquillo de los acusados y después del estigma de una condena!"

¿Será cierto?... No queremos creerlo, porque deseamos que el ángel de ese hogar conserve blancas sus alas para hacer la ventura de su dueño.

¿Seré cierto...? ¡Quién lo sabe! Esa es una historia que no queremos aceptar como verídica, porque si así fuera, tras de ella está el infierno de los más crueles remordimientos.

¿Que habrá de verdad en esa historia?...

Siento mucho no poder tranquilizar al autor de ese párrafo. Pero no hay que darse a la pena. Puede ser que no sea cierto.... Si de aquí a la otra puerta se miente tanto, de aquí al "*chalet* deshabitado" ¿qué será? ¡Quién sabe!... ¡Yo tampoco quiero creerlo! En fin, no hay que apurarnos.... ¡Dios dirá!

Dejo el periódico y pensativo me pregunto: ¿Por qué habrá tomado tan a pechos el articulista esa... interrupción del orden constitucional en la familia de un extraño? El entusiasmo que produjo el Ministro belga en Alvarado y la pena que causan al *Nacional* los infortunios de un marido que desea guardar el más riguroso incógnito, me parecen parientes. ¡Hay hiperestesia en el aire, caballeros!

De aquí a preguntarme: ¿Quién será el marido? No hay más que un paso... el Paso de Ovejas. La anécdota viene envuelta en muchos papeles y entre muchas pajas como un plato de Sèvres, lo cual no impide que el plato salga roto. Ella; es una joven hermosísima... de 22 años... inexperta... pertenece a familia distinguida... vive o vivía en una "pintoresca habitación de barrio aristocrático"... se casó con un "hombre a quien no amaba" y... ¿qué había de suceder? Él... él no tiene señas, es uno de tantos. El amante carece también de particularidades. Los amantes generalmente son peores que el marido.

Pica la curiosidad esa historieta a lo Tallemant des Réaux y dáse uno a inquirir quién es la señorita del favor y el disfavor. Hay muchas jóvenes guapas que andan por los alrededores de México y de los 22 años, casadas con hombres a quienes no aman o a quienes podemos sospechar que no aman. El ¡amo! acaba muchas veces donde empieza "el amo". Todas esas señoras, entre las cuales habrá muchas que están el día de hoy tejiendo unos manguitos de abrigo para sus esposos, comienzan a desfilar por nuestra memoria y a sufrir, sin saberlo, en su ser moral y físico, la más minuciosa de las inquisiciones.

¡Hasta las mamás de esas jóvenes salen a lucir sus trapos viejos en tan solemnes ocasiones! Malicia mediante, en cada una de ellas vamos descubriendo ciertos puntos negros y, atando cabos, por naturalísimo tenemos que hayan permitido el que alguien viole el noveno mandamiento, de uso interno y masculino. A poco, sólo nos queda *l'embarras du choix*. No preguntamos como el periodista: "¿Será cierto?" ¡No señor! Nosotros preguntamos:

—¿será ésta? ¿será ésa? ¿será aquélla?— El

repórter descubrió una adúltera: nosotros, en diez minutos, descubrimos ciento una.

A muchas—también malicia mediante—les vienen las señas como anillo al dedo. En el corro de la familia o en el corrillo callejero, cada cual presenta su candidato a la deshonra. Y como también se pica el amor propio de los descubridores, éstos, para sostener la candidatura que propalan, desentierran antecedentes de familia, hilan detalles descosidos de la vida íntima, explican rarezas que parecían inexplicables, comentan con perfidia los hechos más inocentes y hasta inventan cosas que no han pasado, pero que con toda "buena fe" creen que pudieron haber pasado o han pasado, toda vez que resultó adúltera y perversa la mujer discutida.

Esta es una lotería de la malevolencia pública en la que hay muchos premios y muchísimas aproximaciones. Buenas esposas hay (¡de todo hay en la viña del Señor!) que sin culpa ninguna, han puesto en ridículo (¡cuerno, y qué ridículo!) a los señores sus maridos durante los cuatro primeros días de esta semana.

Por ejemplo, dí ayer con un amigo que vivía antes en San Cosme.

—¿Qué tal,— le dije —vives tan satisfecho todavía en tu casita pintoresca?

—¿Pintoresca?

—Sí, hombre, ¡encantadora!

—Yo no vivo en San Cosme; yo hace muchos años que no vivo en San Cosme; me repugnan las casas pintorescas... ¡yo vivo en los potreros de San Lázaro!

—¡Zambomba! ¡Qué barbaridad! ¿Cómo demonios has ido a sepultarte a ese desierto, teniendo mujer tan joven y tan guapa?

—¿Joven ella?

—Claro que sí. No cumplirá los 23.

—¡Que no ha de cumplir! ¡Si anda pisando los cuarenta!

—¡Caramba! ¡Pues está bien conservada!

—Te equivocas. ¡Le dieron las viruelas!

¿Y supondrán ustedes que con esto quedó libre de toda sospecha aquel mi amigo? ¡Nada de eso!

Yo, al despedirme, dije para mí:

—Este me oculta la verdad. Tiene mucho empeño en probarme que no es él... que no puede ser él.... No hay duda; ¡éste es!

El entusiasmo que despertó el ministro belga en Alvarado, me parece menos pernicioso que la inconsolable pena del repórter, descubridor de un adulterio anónimo.

16 de febrero de 1894

[127]

Vida alegre y muerte ídem.

Aquí en confianza, lector, ¿usted no ha cometido nunca ningún crimen? ¡No, pues lo siento! Lleva usted muy mal camino. No morirá tranquilamente, ni provisto de todos los auxilios espirituales y temporales. Para morir en calma, para morir bien, sin temores y con muy fundadas esperanzas de obtener la gloria eterna, se necesita haber matado a alguno. Los criminales viven bien, sin más contratiempo que el de las ligeras zozobras causadas por las persecuciones de la policía, zozobras y sobresaltos no jamás comparables al susto del pacífico burgués que no tiene con qué pagar la renta de la casa. El delincuente no sólo es honrado, como el de Jovellanos, sino honorable y digno de recibir todo género de honores y desempeñar cualquier encargo público, antes de que una sentencia lo inhabilite para ello. El hombre honrado vulgar y medianucho no puede desempeñar nada... ni el reloj.

Vean ustedes qué diversidad de muertes: la del que tiene conciencia y bolsa limpia es horrorosa. Ese pobre se enferma, vende hasta el último trasto para comprar medicamentos, sufre física y moralmente lo que no es decible, y muere ¡ay!—aquí entra bien el ¡ay!—entre los dolores y las congojas más inaguantables. ¡Soflama lo de la muerte del justo que en estampas nos pintan los virtuosos! El justo no tiene almohada, ni colchas limpias, ni canas bien peinadas, ni los ángeles bajan por su alma, ni unos niños de cabellos de oro le besan la mano. Así morirá el Justo Sierra cuando llegue el año de gracia de 1999; pero así mueren todos los justos. Muerte de justo, la del criminal.

Por lo que toca a la vida espiritual nada tiene que pedir. Es el único que muere cronométricamente, sin que se le adelante ni se le atrase el reloj de la vida. Un punto de contrición o un punto y coma de atrición da al alma la salvación, y el criminal no sólo dispone de ese punto final o de este punto y coma, sino de todos los puntos suspensivos que separan la sentencia del cadalso y de todo el paréntesis que abre la puerta de la capilla y que cierra la hoja comba de la guillotina. El carro de un vicario puede hacer que yo, cristiano viejo, muera sin confesión, impenitente, si el último fin para que fui creado me coge de improviso y por la noche y en invierno. Para el homicida no hay catarros parroquiales. Ese muere siempre con sacerdote al lado y después de que le aplican todas las indulgencias necesarias.

En lo moral y en lo físico es un muerto envidiable. Ese hombre casi muere por convicción. Un humorista francés ha demostrado que es fácil persuadir a un criminal de que debe ser guillotinado. Expira sin dolores, sin calambres; ante un concurso inmenso que le compadece y casi casi le ama; desempeñando el primer papel en la última tragedia.

Y no para aquí nuestra filantropía. Después de hacerles muy llevadera la existencia a los señores criminales mejorando las condiciones de las cárceles, (mejores en Europa que nuestros hoteles principales) hemos tratado de endulzarles la mente con toda la azúcar de la ciencia moderna. Leed, si no, lo que dice un diario neoyorkino:

"En vista de los resultados nada gratos ofrecidos en las prisiones de los Estados Unidos por la electro-ejecución, algunos sabios americanos han pensado en sustituir el bárbaro procedimiento eléctrico, por otro, que se llamaría la *gas-ejecución.*

Según esos sabios, nada más sencillo ni más seguro.

El reo estaría en su celda, herméticamente cerrada, y hasta ésta se haría llegar el gas del alumbrado por medio de una fuerte presión.

Como el gas del alumbrado es anestésico y asfixiante, el desdichado pasa de la vida a una especie de somnolencia, que no tarda en matarle.

Para desposeerle de su olor desagradable, se piensa en perfumar el gas, a fin de que sea lo más grato posible el último momento del condenado.

Este procedimiento de la *gas-ejecución* no es nuevo. Se usa ya en París por la Administración para desembarazarse sin sufrimiento de los perros que se encuentran y que no tienen amo".

¡Se necesita ser muy exigente para no darse por bien servido! La frase "morir como un perro" está borrada ya de los vocabularios europeos. Morir como un perro parisiense, como un perro sin amo, es decir, como el perro más feliz, ¡qué inmensa dicha! Morir alumbrado ¡oh ideal del bebedor!

La piedad "fin de siglo" perfuma el gas que ha de asfixiar al delincuente. Éste exhala el postrer aliento diciendo como la esposa del "Cantar de los cantares":

—¡*Circuidme de perfumes porque languidezco de amor!*

¡Oh grato aperitivo de la muerte! ¿Quién al leer esto no desea cometer algún homicidio ligero, con bastante agua y poca sangre?

Luego los ángeles bajan y se llevan el alma perfumada, fresquita, recién salida de la peluquería, a la gloria eterna.

¿Deja el criminal una huérfana? ¡Mejor! ¡Ya le dejó una posición! Porque también es mentira lo de la "Hija del ajusticiado", pasando la pena negra en este mundo.

Ahí está Sidonia, la hija de Vaillant. Todos se la disputan en París. Le han salido madre en lugar de salirle las viruelas. Es la niña mimada de la buena suerte. La duquesa d'Uzés quiere adoptarla, y todas las duquesas, todas las marquesas, todas las condesas, anhelan cubrirla de encajes y de blondas y diamantes.

¿Le pasa esto acaso a la huérfana de un hombre honrado? ¿Qué le va a pasar? ¡Lo que le pasa es un carruaje por encima!

Un dibujo de Forain nos presenta a un pordiosero hambriento y haraposo, llevando de la mano a una chiquilla que es la imagen del hambre. Y dice la leyenda:

—¡Ay, hija mía! ¡No hemos conseguido ni un mendrugo...!

—Dime, papá, ¿por qué no tiras una bomba?

¡Esta es la nueva "Moral Práctica!"

17 de febrero de 1894

[128]

Hablemos de escultura.

Y ¿para qué negarlo? Yo no pretendo la plaza vacante de profesor de escultura.

Oigo, sin pena, hablar de varios candidatos que se la disputan, y no se altera mi desdén olímpico.

No; no quiero ser escultor. ¡Pase de mí ese cáliz de alabastro!

He consultado el Presupuesto, que es mi breviario y a la vez mi libro de cocina; el Presupuesto que ha sido siempre un gran "desequilibrado"; el Presupuesto, moderna Arca de Noe, en la que se salvan dos animales de cada especie; y el ramo sexto, en el ramo de no... etcétera, etcétera, encuentro este renglón que para quitar las tentaciones es más eficaz que una mujer con zapatones:

	Cuota diaria	Asignación anual
Un profesor de escultura, ornato y modelo	$ 3.29.—	1,200–85.

Y el Presupuesto no dice toda la verdad: calla la sisa del descuento. No: por $880.85 centavos anuales no me atrevo a ser sabio. ¡Pase de mí ese cáliz de alabastro!

Prefiero ser en la Academia "Cuatro Mozos". Ese empleo tiene la asignación anual de $963.60 cs. Deducid el descuento y quedarán $909 mal contados. Prefiero ser, repito, Cuatro Mozos.

En vano buscaréis en ese ramo sexto, en el ramo de rosas con espinas, una partida más para otro profesor de escultura. Ese profesor de los dos ochos es el único. No han creído posible encontrar dos. El Presupuesto sólo ha tenido para la escultura esa malísima partida.

Hay otro profesor de ornato, porque nos gustan mucho los adornos, y ése gana algo más que el de escultura: $1,500.15 cs. Le adornaron el sueldo, sabe Dios porqué. El de escultura, ornato y modelo (de paciencia) el que dirige toda una gran sección de la academia; el que necesita artista consumado y haber recorrido los museos de Europa, gana lo mismo que el mayordomo y $300 menos que el profesor de dibujo tomando del natural. Es un honor el que recibe, no es un sueldo. Un honor castellano, un honor como aquel honor de que hablan en el entremés de *Pancho y Mendrugo:*

—¡Ah! ¡Mi honor vale más de cien ducados!

—¡Ya te conformarás con dos pesetas!

De "escultura, de ornato y de modelo...". ¿Y qué queréis que hiciera contra tres?

¡Qu'il mourut!

En balde viene a mí el espíritu de Pheidias. En vano se me aparece Grecia la escultórica. ¡Oh Artes bellas, perdonad que os sea infiel!

¿Qué puede hacer un escultor en tales condiciones? Cultivar el desnudo, estudiar en sí mismo la anatomía de las formas, mostrar su estómago como un modelo de grabado en hueco.

Si le lleváis un buen modelo, "un modelo de carne, se lo como".

El escultor en México hará la estatua de la sardina, la estatua de la espina dorsal, hará canillas, calaveras y animitas, pero no hará ninguna Venus, ningún Heraklés, ningún Melkart.

El distinguido profesor de escultura que murió, tenía dinero, pero ¿en dónde hallar ahora escultores con dinero? Y así se necesita... y con tres eses: sabio, sobrio y sin familia.

Por algo, como habréis observado, tienen estos artistas afición a hacer bustos. No se imaginan hombres con estómago. Un busto—no siendo Emiliano—es el ideal. Carece de la parte baja y miserable de la materia corpórea. De busto son los ángeles de Murillo.

Rara vez hacen una figura de cuerpo entero. Y cuando la hacen casi siempre le dejan cerrada la boca.

Notad también que cuidan de dar algún empleo a sus criaturas. El Juárez que está en el Palacio Nacional tiene el encargo de ir apuntando los nombres de los empleados que entran a la Oficina del Timbre. Está sentado como el Sr. Iturbide en el vestíbulo del Congreso.

Hidalgo, el que vino de Roma, a donde se va por todo, hace oficios de portero en la Secretaría de Comunicaciones.

Ninguno de ellos se dedica a la estatuaria.

Y sin embargo, ¡hay candidatos a la cátedra vacante! ¡El arte existe!

Entre esos candidatos figura el nombre de un buen artista: el Sr. Calvo.

Este nombre me parece el más adecuado para el caso, no sólo porque quien lo gasta no ha de tener ni un pelo de tonto, sino porque un Calvo ya se aproxima al ideal del escultor, al clásico desnudo.

Por mí, repito, no hay inconveniente en que le den la plaza al que la pida.

No; muchas gracias... no la quiero. Una plaza de toros es mejor.

20 de febrero de 1894

[129]

Los hombres de bronce.

Leyendo mi *Universal* de ayer di con esta noticia que me parece estupenda: hay o ha habido "hombres de bronce". El Sr. Orrin, con quien acabo de tener instructiva y larga conferencia, no les conoce. Una señora del género humano y masculino, que conoce a todos los hombres, tampoco ha oído hablar de ellos.

Yo he visto al hombre-pez, al hombre-mono, al hombre-pájaro; pero no conozco ni de vista al hombre de bronce. Y sin embargo, ha habido o hay en el siglo diez y nueve hombres de bronce.

Para no quedarme con la duda en el cuerpo, desde luego me dirigí a mi buen amigo Don Leopoldo Batres, perito en ciencias arqueológicas, para tomar algunos datos relativos a la existencia de esos monstruos. El Sr. Batres tampoco los conoce. El se ha encontrado mujeres de piedra, como la diosa del Agua, pero no ha visto jamás hombres de bronce.

El Sr. Casarín hizo dos hombres de bronce: los guerreros aztecas. Pero suponía y con fundamento que Dios no había pensado nunca en hacer otros semejantes. Se vanagloriaba de haber sido original. Y no sólo eso: allá para sus adentros temía que no fueran tales hombres sus guerreros, sino monos.

Don Alfredo Chavero, docto en humanidades y en arqueología, ignora como los que he citado antes, la existencia de esas fenomenales criaturas.

Sobre este punto está pelado al rape el distinguido devoto del rapé.

¿Quiénes son esos hombres de bronce y en dónde se les encuentra? Seguramente, estamos delante de una figura retórica, o lo que es lo mismo, delante de la estampa de la herejía. El hombre de bronce (por el color) es un individuo cuyo rostro es comparable a una tortilla bien tostada. Figuraos un chocolate de agua espeso y endulzado con bilis: es, en romance, el hombre de bronce. Por eso hay hombres de bronce que "se cortan", y hombres de bronce que echan mucha espuma.

Mas, cuentan otros que con denominación tan peregrina, no sólo se connota el color de los semblantes, sino el carácter de los individuos. Hombre de bronce, en el sentir de los que opinan de ese modo, es el que no adelanta, el que no evoluciona, el que no progresa, el que se está en la vida erre que erre, el que no se apea de su asno, el que cree y afirma eternamente que su mula es su macho.

¡He aquí una innovación en el idioma! Porque antes a esos obstinados se les llamaba, en castellano, testarudos, tercos, cabezudos, majaderos. Ahora, y por un eufemismo muy gracioso, se les llama "hombres de bronce".

—*A mí naiden me convence. ¡Soy muy bruto!*— dice uno de los tontos que Bretón exhibe en *Dios los cría y ellos se juntan.* Hoy los que son así modifican la frase y suelen contestar: *A mí ninguno me convence. ¡Soy de bronce!*

—Pues hombre— replicaría cualquiera a quien tal repusiese —lo que ha de ser usted es hombre de carne.

Y en efecto, los hombres de bronce son muy

pesados; ¡pero muy pesados! Por de contado que no son como creen, hombres de bronce. La madre Naturaleza no da bronces: en la "Esmeralda" los venden. La naturaleza hace tontos; pero tontos que crecen, y se desarrollan y envejecen; tontos que maman primero y luego comen, y por último van a servir de alimento a los gusanos. Esos hombres invariables han olvidado a sus nanas, a sus novias, a sus mujeres, a sus amigos... hasta la gramática.

No me atrevo a creer que a los sesenta años bien cumplidos le tengan miedo al coco, aunque... ¡quién sabe! Tampoco me imagino que tengan opiniones inconsútiles. Ellos dicen como nosotros: *no hay más bronce que años once, ni más lana que no saber que hay mañana*. No son producto de la aleación del cobre y el estaño o el zinc. Son de carne y de carne flaca y pecadora.

"Ser de bronce", en español significa "ser duro e inflexible y apiadarse dificultosamente". Serán así los que claman—¡Soy de bronce!— pero eso no es lo que quieren decir.

Para la generalidad de las gentes no son de bronce, sino broncos. Pero a ellos les suena bien la palabreja y presumen que ser de bronce es ser una gran cosa.

Tomemos la frase en la acepción que la dan esos apreciables caballeros (son ecuestres) y estudiémosla.

El hombre de bronce es el que no ha aprendido nada. Ése va a Europa como la petaca de Pérez Gálvez, o de otro modo, cruza el mar para marearse, como los tabacos de la Costa. No lee, porque la escuela de primeras letras fue para él una especie de *Bella Jardinera* en la que de pies a la cabeza lo vistieron. Cuando mucho se echa un remiendo o un zurcido: ropa nueva nunca compra; ropa limpia no la usa.

Él se ha plantado.

Es el indio que se echa y duerme en la solana.

Tiene reloj el hombre de bronce; pero está parado.

Tiene pluma, porque en la escuela lo emplumaron, pero no la muda.

Es un rumiante.

Hombres de bronce eran los que negaban la rotación de la tierra. Porque para el hombre de bronce nada se mueve, y nada hay nuevo. Todo lo sabe. Y el tren marcha, se aleja, arrastra a las naciones, y el hombre de bronce se queda tendido al pie de un alcornoque; diciendo: —De aquí no pasa ningún tren.

Víctor Hugo contestaba a un marqués que le decía: —Has desertado de tu partido, del rey. ¿Qué te sucede?— Que he crecido.

Los hombres de bronce no crecen. Se quedan chatos y chaparros. Nacieron para vivir siglos de siglos bailando los enanos en el limbo.

A veces alguno de ellos resulta enano de la venta y grita:

—¡Traidores! ¡Habéis crecido! ¡Traidores! ¡Ya no sois niños! ¡Traidores! ¡Desertasteis de la niñez y ya sois jóvenes! ¡Traidores! ¡No habéis perseverado en la ignorancia! ¡Nosotros no cambiamos! ¡Somos como el Caballito de Troya! ¡Vosotros sois venales! ¡Nosotros nunca nos vendemos!

Y lo último es lo que tiene mucha gracia. Porque precisamente lo más fácil, en teniendo con qué, es comprar un bronce.

21 de febrero de 1894

[130]

Los pesos en depósito.

El Monitor ha encontrado un cómodo expediente para que el Gobierno pague los cupones de la deuda sin sufrir las vicisitudes de los cambios. El medio consiste en depositar el importe del cupón, en pesos mexicanos y aguardar, para situarlo en Europa, a que la plata suba y por lo mismo el cambio baje. "Así se contribuiría—agrega—a hacer bajar ese cambio que hoy está por las nubes y que de un día a otro, estará a ciento por ciento".

Muy bien me parece. Pero ¿por qué el gobierno ha de ser el único que ponga en planta este proyecto y que aproveche sus ventajas? El comercio, la industria y hasta los ricos holgazanes tienen asímismo, que situar fondos en Europa. Les llegan vencimientos de los que no puede librarles ni el valer reconocido, heróico de los pesos mexicanos. También ellos salen perdiendo en el cambio. ¿Por qué, pues, no han de decir a los almacenes, a los bancos, a las fábricas: —Te debo diez mil pesos y aquí están. Puedes pasar a recojerlos cuando esos diez mil pesos valgan 50,000 francos o 2,900 libras esterlinas?

No se me diga que el compromiso contraído obliga a pagar en día determinado y en tal o cual plaza. Cuando el peso mexicano está en el Paso a 52 centavos, no es de día, no es ningún día, es de noche. Y para un buen patriota, para un jacobino, para un "hombre de bronce" no hay más plaza que la plaza de armas.

Aceptando el sistema económico propuesto por *El Monitor* se pierde el crédito, pero no se pierde el dinero. Todo se salva menos el honor.

La idea me gusta, vuelo a decirlo, me fascina; pero como es imposible contentar a todos y a los acreedores también, presumo que a éstos no ha de agradarles muy de veras. Yo, pongo por caso, arriendo una vivienda en la 1ª calle de S. Francisco núm. 12, esquina de San Juan de Letrán, frente al jardín Guardiola. Soy gonzalista. Conservo como reliquia de aquella administración y como único caudal, unos cuantos millares de monedas de níquel. Amen de ser gonzalista, soy de bronce. Por manera que para mí no hubo baja del níquel ni *débâcle* del níquel. Sigo niquelado.

Llega el día de pagar la renta de la casa y entrego al propietario—sobrentiéndese que en níquel—la mensualidad vencida. ¿No acepta mi moneda? Pues la deposito dicha suma en algún banco y digo al dueño de la casa: Aquí la tienes. Cuando los décimos de níquel valgan la décima parte de un peso fuerte, ven y cobra.

El Sr. Alva manda hacer zapatos. Previene que se los hagan muy holgados, para escribir a gusto. Mas he aquí que le resultan estrechos y le oprimen. El zapatero, a quien Don Ramón L. Alva pagó adelantado el precio de la obra, dice al muy apreciable boletinista: —Dejo depositados los botines en el Monte de Piedad; cuando le vengan a Usted, vaya a ponerselos.

¡Esto se llama economía política! México está obligado a pagar con monedas de oro en tales o cuales plazos y en tales o cuales plazas. Pero, lo repito, no ha llegado el día de pagar, porque es de noche. *El Nacional* propone en serio lo que yo propuse en broma hace poco menos de un año: no pagar. *El Monitor* propone pagar metafísicamente. Su sistema económico se asemeja muy mucho a la receta para hacer caldo de pollo por el sistema homeopático: se cuelga un pollo en el muelle de Veracruz para que la sombra dé en las ondas; el paciente toma una taza de agua del mar en Liverpool, y ¡y se divierte!

Esto es sencillo, es económico, y es trascendental, porque, según el consabido *Monitor*, determinará la baja de los cambios, esto es, el alza de la plata. Logrado ese gran fin, podrá aplicarse a México-económico lo que hoy se dice de México piadoso: *Non fecit taliter omni nationi.* Habremos salvado a la India, a Italia, al Austria y a casi toda América. Porque los cambios suben y la plata baja, según piensa el colega, única y exclusivamente para arruinarnos y por decreto absoluto, terminante de los S.S. Bleichroeder y C.ª Que México no pague y—¡eso es claro!—la plata inmediatamente subirá. El mundo, pues, está pendiente de nosotros. Nuestra honradez lo mata. No paguemos y las liras de Italia acompañarán el himno inmenso, que la humanidad reconocida, nos consagre.

Tiene razón *El Monitor*: no paguemos hasta que la plata suba la higuera reverdezca y San Juan baje el dedo. Imitemos a Leonidas:

—¿Queréis nuestros pesos? ¡Pues venid a tomarlos!

22 de febrero de 1894

[131]

El vecino Sigüenza.

El Sr. Sigüenza, natural y vecino de la ciudad de México, tiene la inapreciable dicha de vivir en la calzada chica del Campo Florido. Esto a raras personas acaece y por eso lo califico de ventura. Pero no todo es florido en la calzada que cité: en ella también florecen los facinerosos y es el caso que cuatro de estos seres invisibles para la vigilante policía, asaltaron en una de las pasadas noches al Sr. Sigüenza. Iba solo Sigüenza. Iba sin Góngora. E iba tan solo que no llevaba ni un centavo en el bolsillo. ¡Cuál, pues, no sería el asombro de los cuatro libres ciudadanos al encontrarse con un burgués de bandera amarilla desarmado y vacío, cuando ellos le buscaban de bandera colorada y con carga!

D. Gonzalo Sigüenza estaba cerca de su casa; pero seguramente tampoco en ella había armamento.

—Préstame un peso.

—Aquí no tengo nada.

—¿Y en tu casa?

—Todos bien, muchas gracias.

Seguramente en casa de Sigüenza todos disfrutan de cabal salud.

Ello es que los ladrones, al reconocerle, exclamaron a una:

—¡*Pues de veras nos pegamos chasco! ¡Si es Don Gonzalito nuestro vecino! ¡Vamos a acompañarlo hasta su casa para que no lo roben!*

Y escoltado Sigüenza por tan magnánimos amigos llegó a la puerta de su hogar.

Observen ustedes la hermosura de este idilio. Los ladrones no sólo respetan la pobreza de Sigüenza; le baten marcha. A la luz de la luna, desfila el grupo a cuya cabeza marcha el hombre casi feliz, el que sólo tiene una camisa. Cuatro bandidos desbravados le acompañan para que otros no le roben el metal de la voz ni el oro de su noble corazón. Sigüenza les da todo lo que puede darles: la mano, las gracias y las buenas noches. Ellos no entran al domicilio conyugal (todos los pobres son casados) no lo profanan con su planta. Saben, sin duda, que aunque la casa está alquilada, sigue estando vacía. Se alejan satisfechos al fulgor de la luna transparente, y Sigüenza, sin rencores para el pasado ni temores para el porvenir, se acuesta y duerme a pierna suelta. ¡Esto es idílico!

Al día siguiente y en el mismo sitio sucedió lo que reza la siguiente gacetilla:

"Cipriano González, que vivía en la primera calle del Niño Perdido, se retiraba rumbo a su domicilio, cuando fue acometido por cuatro hombres que, puñal en mano, le intimaron rendición, exigiéndole les entregara su sarape y algunas monedas de plata que llevaba en el bolsillo. González opuso resistencia y luchó con los que querían robarlo; los asaltantes se le echaron encima, le arrancaron a viva fuerza el sarape, se apoderaron de las monedas de plata que llevara, y le infirieron una lesión en la región precordial izquierda, huyendo en seguida.

El infeliz Cipriano, manándole la sangre de la herida que recibiera, se presentó al gendarme más inmediato participándole lo ocurrido, y éste lo condujo a la Inspección y de allí al hospital.

Ayer dejó de existir el pobre hombre que fue víctima de la ferocidad de los bandidos que lo robaron".

Las señas son mortales. Los cuatro trovadores que dieron una agradable serenata al buen Sigüenza, son los cuatro asesinos que mataron a González. Sigüenza no corrió tan grave riesgo. Estoy seguro de que si hubiera tenido sarape, lo habría dado a los ladrones. Un hombre a quien llaman Don Gonzalito sus vecinos, no resiste jamás.

Pero vamos al caso: ¿cómo es que aún no da la policía con los asesinos de Cipriano? La calzada chica del Campo Florido no es la ciudad de Londres. El Sr. Sigüenza ha de tener pocos vecinos y le veo cara de hombre muy honrado. Vecinos de Sigüenza eran los que fueron escoltándole la víspera, dolidos de su gran desvalimiento. Nada más natural por consiguiente, que preguntar a mi señor Don Gonzalito: ¿Quiénes son los vecinos de alma noble que esta noche mataron a Cipriano?

Es claro que Sigüenza titubearía antes de contestar a la pregunta. Un hombre a quien acabamos de salvarle la única camisa, los únicos calzoncillos, el respetable pantalón y la bien ventilada levita, no entrega de buenas a primeras a sus salvadores. Sólo un hombre de bronce no es agradecido. Y Sigüenza será de hueso, pero no es de bronce.

Claro, repito, que titubearía el Sr. Sigüenza. Pero, pasado ese momento de vacilación, entiendo que Sigüenza cantaría, no bien, no como Tamagno, pero sí con alguna afinación. Y si el señor Sigüenza no cantara por no estar en voz, tampoco su silencio sería una gran calamidad como lo fue el Silencio de Sieyes. Cuatro vecinos de la calzada chica del Campo Florido, no son una arenilla perdida en la inmensidad del desierto. Cuatro vecinos de ese sitio son casi la mayoría del vecindario.

Pueden haber volado; pero sus nombres, señas y particularidades deben estar ya en el registro de la policía. La policía no es Don Gonzalito; la policía no tiene nada que agradecer a esos facinerosos. Será muy torpe si no da con ellos.

Y vean Vds. como resulta falso aquello de que un beneficio no se pierde jamás. La camisa de Sigüenza les va a costar la vida a esos caritativos asesinos.

24 de febrero de 1894

[132]

Banco, banquillo y banquete.

Los lectores del *Universal* conocen ya el soneto triste de un ex-cajero del Banco Nacional en Guanajuato. Acusan a este señor de que es muy distraído y de que emplea irregularmente los pronombres posesivos. Pardea algo la gramática de ese caballero y no son sus cuentas, en opinión de sus acusadores,

tan brillantes como aquellos que los conquistadores daban a los indios a trueque de piedras preciosas. Y sin embargo, parece que la opacidad de dichas cuentas no han sido óbice para que el Sr. cajero haya hecho cambios tan ventajosos como el que cité. Y esto, téngalo ustedes en cuenta, no soy yo quien lo dice: lo asevera la acusación y el juez teme que sea cierto.

Impuestos están también los lectores de *El Universal* de que salió a cenar ese señor cajero. Mediante fianza y confianza quedaron abiertas para él las puertas de la cárcel y pudo tan distinguido economista concurrir a la cena con que le festejaron sus amigos. (Hay amigos que hacen fiestas). Pero el obsequiado salió a cenar y se lo almorzaron: primero se lo almorzó *El Universal* en salsa picante y luego se lo almorzó el juez, volviendo a encarcelarle. (Huy jueces que se arrepienten de lo que hacen).

Lo que no saben—por lo menos contados sus detalles—los lectores de *El Universal*, es que un periodiquito de Guanajuato se ha indignado contra este diario que yo *plateo*, cuando dispongo de vagar y buen humor. Se ha indignado el periódico (¡lo haré grande!), el famoso periódico de Guanajuato. Varias causas motivan tal enojo. La primera el que "la prensa de la Metrópoli (*Metrópoli llaman a México los literatos provincianos*), juzgan órgano de la opinión, no *sólo local*, sino de toda la República"; y sea la segunda, el que extrañemos lo del banquete al ex-cajero por "una parte de la juventud dorada" de Guanajuato.

Meteré mi cuchara. Yo no creo que la prensa de la "Metrópoli" "júzguese órgano" (por esdrújulos no queda) de la opinión de toda la República. "La República" ha probado que tiene varias opiniones. Acá damos nuestro parecer los periodistas, sin organizarnos, como cae. Tampoco es cierto que creamos ser "intérpretes" de los guanajuatenses. ¡No, señor! Los guanajuatenses, con pocas excepciones, hablan castellano y no necesitan intérpretes. A un caso de que lo necesitaran, no sería *El Universal* el que apeara de oficio a la *Voz del Comercio* (llámase así el periódico aludido... que digo "se llama" porque no me consta el hecho).

La consabida *Voz*, aunque no sepa el castellano, sí es intérprete y órgano de los comerciantes guanajuatenses y no guanajuatenses, porque así lo reza el título que gasta, *Voz del Comercio*, es decir, grito pelado de una gran parte de la humanidad.

Lo que "enojó" (?) a este diario metropolitano, en cuyas columnas pongo yo mis "platos", también a mí me parece raro. El Sr. Buchanan será hombre muy honrado y de buen apetito; pero mientras su causa esté *sub judice*, no hay motivo de júbilo que justifique el banquete con que sus amigos le obsequiaron.

Ese caballero salió en libertad bajo de

fianza, cuando le dieron esa fiesta; metafísica y moralmente (¡no hay que olvidar moral ni metafísica!) continuaba preso, y no bajo su palabra de honor, porque ésta continuaba retirada de la circulación, más bajo garantía pecuniaria. Tan es así que el Buchanan no pudo hacer la visita de digestión: en cuanto el juez volvió en sí, hubo de ponerlo nuevamente a buen recaudo.

Tampoco estaba preso el Buchanan por haberse batido en duelo caballeroso, defendiendo su honra, ni por causas políticas ni por travesuras amorosas: las distracciones de que le acusan no son inocentes ni excusables. Las flaquezas que le atribuyen son muy gordas. Han dicho de él que, por exceso de limpieza, limpiaba la caja muy frecuentemente. Y todo ello no es gracia, ni donaire, ni chiste.

Pudo, por consiguiente, la "juventud dorada", esperar mejor ocasión para dar a tan distinguido economista una pública muestra de su afecto. Ni los ríos ni los hombres deben desbordarse.

El hecho de que la juventud aludida sea "dorada" no influye en mi criterio. Al contrario, infúndeme recelos. Aquí la *Maison Dorée* fue teatro, o fonda, de un suceso escandaloso. No es oro todo lo que reluce.

¡Hasta "plateados" suele haber entre la "juventud dorada" de muchos pueblos o naciones!

La de Guanajuato será, sin duda, muy honorable; pero *se precipita* mucho. Por eso el Sr. Buchanan pasó del Banco al banquillo y del banquillo al banquete.

Deseo sinceramente que vuelva a desandar el mismo camino y que no se desdore por su causa la consabida "juventud dorada".

27 de febrero de 1894

[133]

Pronunciamiento de los pesos en depósito.

El Monitor anda trascordado y equivoca la verdadera significación de estos dos verbos: *insultar* y *pagar*. Dice primeramente que lo insulté al combatir su ya célebre proyecto de "los pesos en depósito". Esto es enteramente falso. Me dio risa el proyecto y nada más. Cuando me río en el *Rey que rabió*, no insulto al autor de esa zarzuela. Puede ser que el colega escribiese su artículo para que llorásemos, pero no puedo llorar.

He releído lo que dije al *Monitor*, y no doy con el insulto. No es injuria, por ejemplo, suponer que el venerable Sr. Alva se mande hacer zapatos holgados para escribir a gusto. Yo escribo en pantuflas. Si le hubiera dicho al Sr. Alva: —A los pies de Vd.— esa sí sería una ofensa. Pero me referí sencillamente a los zapatos, zapatones o chancletas del incorrupto Sr. Alva, y no veo en qué he podido lastimarle. Muy al contrario, lo que yo deseo,

como dije entonces y repito ahora, es que al Sr. Alva ni los zapatos le lastimen.

Sin embargo, si en esa prenda de calzado está el insulto, la retiro y dejo al Sr. Alva sin zapatos.

¿Consistirá el agravio en haber dicho yo que es disparate eso de los pesos en depósito? ¡Pues no es disparate, ni yo dije tal! Es trampa a secas.

Dice *El Monitor* que no me encuentra la gracia. ¡Ya lo creo! ¿Cómo la ha de encontrar, si yo no la he perdido? Mi gracia es "Recamier", para servir a Dios y a ustedes. Y la gracia de *El Monitor* es Ramón Alva, hombre que no ha perdido ni la gracia del bautismo.

Además, vea el *Monitor*: ¡Cuando a un individuo se le cae la peluca, maldita la gracia que le hace tal percance! Los que sueltan a reír son los testigos del suceso. Haga de cuenta el *Monitor* que a él se le cayó la peluca y saque la consecuencia.

Lo que no está bueno es que como consecuencia de haber dicho un disparate, el *Monitor* saque otros a lucir. Ahí van esos:

"Dijo un escritor francés que en París *l'esprit court la rue*; pero en esa Redacción se ve que no ha entrado la chispa volteriana ni siquiera la sarcástica de Rabelais, sino que allí se confecciona una chispa de brocha gorda que introduce la confusión y no convence ni al escritor que se combate, ni al lector para quien se escribe".

¿Conque Voltaire era un hombre de chispa... así... *de chispa*?... ¿Conque la chispa de Rabelais era "sarcástica"... digo, chispa muy chispeante? ¿Y conque a esta redacción no han entrado esas *chispas*, y por lo mismo confeccionamos—como lo oyen ustedes, *confeccionamos*—una chispa "de brocha gorda" que no convence?

Vamos por partes: las chispas no convencen: queman. Las chispas no son de brocha gorda ni de brocha flaca. Y nadie confecciona chispas, porque, en castellano, únicamente confeccionan los boticarios; y en galicismo, las modistas.

Por lo demás, estoy de acuerdo: en el *Universal* no escribe Voltaire, que tenía su chispa, digan lo que digan, ni Rabelais que era muy maldito y muy zumbón. En el *Monitor* sí hay chispas de buen juicio y un excelente fusil de chispa: el Sr. Alva.

A ver si ese fusil caza esta liebre: ¿cuál fue el escritor francés que dijo—¡como suena!— *l'esprit court la rue*?

Pasemos ahora del capítulo de los zapatos al capítulo de "Perdónanos nuestras deudas".

"Dijimos— leo en el *Monitor* —que en la imposibilidad de seguir haciendo en Europa el pago trimestral del cupón de la Deuda Nacional, quizá convendría que aquí se depositara en los Bancos el importe de ese cupón, mientras pasa esa crisis financiera determinada por la depreciación de la plata, pero más que todo por la clausura de las casas de moneda de la India.

Al opinar así, teníamos en cuenta que se daba una garantía a los tenedores de créditos mexicanos, pues *en realidad se les pagaba* y se les inclinaba a entrar en arreglos con el Gobierno".

¡Está visto, señores: no sabe el *Monitor* lo que es pagar! Si deposito en un Banco la mitad de lo que le debo a mi acreedor, aunque el *Monitor* diga que le pago "realmente le pago", lo real y medio y cuartilla es que no le pago ni un centavo. Eso no es pagar: es pegar chascos.

El *Monitor* tampoco da en el clavo cuando habla de cupones. Los traduce al español, firme en sus trece y convencido de que una libra esterlina equivale a cinco pesos.

No reflexiona que tenemos de traducir los cupones al inglés y convertirlos al protestantismo. De manera que si debemos en Berlín un millón, oro, y aquí damos—no depositamos—un millón, plata, el hecho es que no pagamos. Lo que llama cupón el *Monitor* no es tal cupón, sino cupé. Ni a *trois quarts* llega.

¡Bonito medio de *inclinar* a nuestros acreedores a entrar en arreglos con nosotros!

Lógico y honrado, sería entrar primero en arreglos, y después, conforme a éstos, reducir o aplazar el pago de tales o cuales réditos. Pero como propone el *Monitor* la operación quirúrgica-económica es lisa y llanamente una declaración de quiebra, vestida de fantasía.

Y aquí aparecen nuevamente los zapatos de siete suelas del Sr. Alva. Yo se los quito... vean ustedes... siempre no;... yo me los cojo, los deposito en mis pies, y en seguida le digo al Sr. Alva: —¡Conque ahora sí... entraremos en arreglos!—

¿Le parece esto bueno al venerable y piadoso Don Ramón?

¡Ni depositar parte de lo que se debe, ni pagar menos de lo que se debe, es pagar como se debe todo lo que se debe, *Monitor!*

Yo deposito a mi novia en casa de mi tía. ¿Por eso ya... es decir, ya... o— ¡hablemos claro! —por eso ya soy un futuro perfecto de padre de familia?

Como el *Monitor* no entra en polémicas, según dice, sino con aquellos que son de su mismísima opinión, me quedaré con esta horrible duda.

¡Es lástima que no entre en polémicas! Seguramente nació para decir sermones.

* * *

Post-Data. El *Monitor* dice que algunos periódicos ministeriales han dicho varios disparates sobre el pago de la deuda. ¡Y en efecto, y en efecto! Pero pierda cuidado: ya hablaré de ellos. No llevan farol. Esto es, no pasan. —*Vale.*

28 de febrero de 1894

[134]

El Proyecto Asiático.

Un colaborador de *El Nacional* publicó el viernes en aquel colega una carta abierta titulada: "El Cambio y el Servicio de la Deuda.— El remedio radical". Ese apreciable colaborador escribe con soltura y corrección; no es, sin duda, ningún sandío de los que pululan por ahí ganosos de "ilustrar" a las masas y dirigirlas desde las columnas de un periódico; se ve que le animan rectas y patrióticas intenciones; pero, desdichadamente, el *Imparcial*,—así se firma —se forja demasiadas ilusiones. No tome a mal que sazone éstas en salsa humorística. Al autor lo estimo y considero; pero de su proyecto no puedo menos de reírme, así como también río de mí mismo por los cinco y rabiatados asonantes en *lo* que acabo de endilgar.

El *Imparcial* supone que nuestra salvación económica está en desarrollar nuestras relaciones con Asia y en apoderarnos de sus mercados. Dice en consecuencia:

"Ante esta situación, lo natural, lo lógico es, que pensemos los mexicanos en el modo de adquirir directamente esos mercados. Para conseguir ese propósito, necesario es hacer todos los esfuerzos posibles. Muchos y más acertados medios puede emplear el Gobierno Mexicano; pero entre otros nos parece que no está de más indicar los que de pronto nos ocurren.

Débese comenzar por enviar una misión diplomática a China; por integrar el personal de la ya existente en el Japón, escogiendo para una y otra Jefes competentes e idóneos; por nombrar en uno y otro país cónsules y agentes comerciales escogidos, y dictar las instrucciones correspondientes precisas y claras, para hacer la propaganda de México, y poder crear intereses mutuos entre aquellos países y el nuestro, despertando la codicia de los banqueros y comerciantes chinos y japoneses con la idea del provecho que les resultaría de recibir directamente nuestro peso y nuestras barras de plata, a menor precio del que pagan ahora a los ingleses y norteamericanos.

Nuestra plata en barras la recibirían más barata que la de los Estados Unidos, siendo como es el costo de nuestra producción minera menor que la del país vecino, donde el jornal se paga en oro.

En cambio de la plata, México recibiría las manufacturas y productos chinos y japoneses, como el té, porcelanas, muebles, sedas, etc. Claro es que el consumo que nuestro país ofreciera no sería bastante; pero México buscaría la salida en los mercados de los Estados Unidos de Europa y de las Américas del Sur.

Para poder competir con ventaja en los gastos de transporte para Europa, con el tráfico por el canal de Suez, México establecería almacenes de depósito de aquellas mercancías en el Istmo de Tehuantepec, una vez abierto al tráfico. Una o dos líneas de navegación por vapor entre el Istmo y los puertos de China y el Japón serían indispensables para el desarrollo del comercio con aquellos países, así como otras líneas que se establecieran entre el Istmo y Europa".

Del *Imparcial*, puede bien decirse, parodiando a Víctor Hugo: *Il animait trop la chine, c'est ça qui l'a tué.* Su proyecto entra en la literatura decadentista, enamorada de todos los exotismos y principalmente de todo lo japonés. Por desgracia para el articulista no todos los habitantes de la República son como el inspiradísimo poeta José Juan Tablada, a quien cautivan las cosas y quisicosas del Japón. A cambio de nuestra plata que, depreciada y todo, cuenta aún con toda mi estimación, tendríamos biombos, abanicos, idolitos, tazas, sedas, té, muñecos, y cien mil otras monadas que hechizarían a Edmundo de Goncourt. Por supuesto que semejante mercancía, no encontraría compradores en el país, quedando, a la fin y postre, más depreciada que la misma plata; pero ya el *Imparcial* previo esta objeción y dijo que en tal cosa la buscaríamos salida en los mercados de los Estados Unidos, Europa y la América del Sur. Es decir, quiere que México se convierta en un gran almacén de objetos chinos, y el gobierno de México en un comerciante en objetos chinos. Nosotros surtiríamos al mundo entero de juguetes y monadas. Seríamos, en resumen, el *commis voyageur* del Mikado, y del emperador de China.

El Gobierno diría por ejemplo a los Sres. Bleichroeder y Compañía presentándoles cinco granos de té en un hermoso platón chino:
Aquí tienen ustedes cinco millones de pesos. No valdrán nada; pero huelen muy bonito.

Los Gobernadores de los Estados se vestirían de mandarines y nosotros andaremos de trensa o coleta, con lo cual nos resultará la ventaja de poder alquilarnos cualquier día para toreros. He aquí el *kakemonos* de nuestro porvenir.

Este proyecto es inmejorable para el Japón. Ese país exporta por valor de cerca de ocho millones de *yens*, en té. Nosotros le compramos toda la exportación y hacemos que nuestro pueblo beba té en lugar de pulque. Con el sobrante les damos un buen café a nuestros ingleses.

¿Qué están caros los casimires europeos? Pues vestimos de seda. ¿Que cobran por un sombrero quince duros? Pues salimos con la cabeza pelada quitándonos las moscas con gracioso abanico japonés. Ya el budismo ha entrado a la comunión de nuestras religiones literarias; ya hay quienes se arrodillen ante un *magot* de porcelana; hasta veo mexicanos que parecen japoneses: ¿por qué no estrechar nuestras relaciones y dar al Japón toda nuestra plata a trueque de encantadoras chucherías?

Por el medio propuesto, queda el Japón a salvo de las quiebras. Nosotros apechugamos con ellas; nosotros pagaremos los platos rotos en el camino del Japón a México y de México a Europa. Que a nuestra cuenta carguen todas las fragilidades japonesas.

Realizado ese plan oiríamos entre los hombres de negocios diálogos como los ya famosos de Ollendorff. X, propietario de una fábrica de paños, le dice a Z, comerciante mexicano:
—Me debe Vd. doce mil pesos. ¿Tiene Vd. doce mil pesos?
Y Z le responde:
—No, señor; pero tengo un biombo y cuatro quitasoles.

Diálogo conyugal:
La mujer.—¿Me das el gasto?
El marido.—No; pero toma cuatro cohetes chinos.

Crea el *Imparcial* que, pintorescamente hablando, su proyecto es muy bueno.

Creo como él, que "la Providencia no colocó a México en vano en el camino marítimo que conduce de las cultas regiones habitadas por la raza blanca a las misteriosas, interesantes y lejanas comarcas que puebla la raza amarilla".

No; la Providencia no ha de habernos colocado en vano ni en Banco. Lo malo es que nos deje la blanca y que en las "misteriosas, interesantes y lejanas comarcas" tampoco hay *amarillas.*

1 de marzo de 1894

[135]

La resurrección de la Patti.

Las sorpresas del telégrafo son más interesantes y hasta más jocosas que *les Surprises du divorce.* (¡Por Dios, señor cajista, abra usted bien los ojos, no piense en su suegra, y deletree correctamente *Surprises du di-vor-ce*!).

Hace dos noches nos comunicó el cable la dolorosa noticia de que Adelina Patti había muerto en Sheffield. Naturalmente, deploramos todos el fallecimiento de la diva. ¡Cómo que le debemos minutos de éxtasis inolvidables!

Los detalles del triste suceso eran conmovedores. La Patti—exclamaban los que están picados de viruela romántica—¡murió cantando, como el cisne! ¡Voló su alma en una nota!

La prensa—con excepción del *Tiempo*—lamentó la irreparable pérdida que el arte acababa de sufrir; y en el hogar, a la hora de la cena, empezó a discutirse acaloradamente la edad de la Patti. Nació el 19 de Febrero de 1843, según el *Gran Diccionario del siglo XIX.* Murió el 28 de Febrero de 1894, según la Agencia Cablegráfica y Telegráfica Mexicana.

Veinticuatro horas después, la misma Agencia trasmitía el siguiente mensaje: "No fue Mme. Adelina Patti la que murió en

Sheffield, sino Madame Patey, que a la sazón cantaba *oratorios* y otros trozos de música sagrada".

¡Canario! Para equivocar a la Patti con Madame Patey se necesita tener orejas de asno. Yo entendía que la Patti—algo más que una reina en la época presente—estaba a salvo de cualquier *quid pro quo*. Porque, de seguro no ha de ser un solo telegrama el que anunció a Europa, el mundo entero, la muerte de esa gran emperatriz del canto. Serán cientos, miles, los que con lujo de pormenores den cuenta del funesto acaecimiento. De manera que no habrá confusión posible cuando tal suceda, ni mala letra a que achacarla, a menos que, y este es el caso actual, quien nos envíe el mensaje, esté en el limbo.

Resulta ahora que no hubo defunción sino precisamente lo contrario: navidad. Nació la Sra. Patey a la gloria, probablemente a la avanzada edad de sesenta años. En un instante y gracias a un simple error ortográfico, consiguió lo que no había, ni habría logrado cantando oratorios y otros respetables trozos de música sagrada: conmover a las multitudes, arrancar gritos de dolor e inspirar versos aquende el atlántico. Yo creo que la Sra. Patey debía salir a dar las gracias. Esto nos proporcionaría el honor de conocerla. No le pediríamos que cantara ningún oratorio. No; en México los oratorios son particulares. Pero, en cambio, veríamos con la que ganamos.

Este suceso debe servirnos de útil enseñanza. Y cuenta que pudo tener trascendentales consecuencias. A haber estado en sesiones el Congreso, Juan Mateos habla de la muerte de la Patti, en plena cámara, aprovechando, para honrar la memoria de la diva, el discurso que no pronunció cuando se discutía la inamovilidad de la magistratura.

El mejor día nos llega la noticia de que se murió el Papa, y luego salimos con que el mensaje decía así: "Ayer murió mi papá. —El Agente".

El cable no es verídico. Pone en práctica el sistema de quita y pon, preconizado por la *Voz de México*.

Martes: León XIII está muriéndose. —Miercoles: León XIII goza de cabal salud. Está decidiendo: ¡comedme! —Jueves: Gladstone ha renunciado. —Viernes: No ha renunciado ni renunciará Gladstone. —Sábado: ¡Hay Melilla! —Domingo: ¡Siempre no hay Melilla!

Lo único cierto, de toda certeza, que traen las noticias de la agencia es lo de *El Paso, Texas.* —*Pesos Mexicanos... 48 centavos*.

En lo demás hay mucho de: ¿ya lo viste seco? ¡míralo mojado!

6 de marzo de 1894

[136]

El Ministerio de Hacienda y las profecías de la Madre Matiana.

Hubo un tiempo en que la *Voz de México* era una señora respetable. Ya era de edad provecta y hasta provectísima por aquel entonces, porque habéis de saber que esa matrona jamás tuvo sus quince, nació vieja y la nodriza, en lugar de darle el pecho, le daba rapé o un cigarrito del Antiguo Estanco. La *Voz*, en aquellas épocas felices, estaba como la Sra. Pagliari cuando nosotros la conocimos. Era una *Voz* pretérita. Pero en cambio, ¡qué santidad la de su conducta! ¡Qué paliacates los de sus redactores! ¡Qué pelucas! Daba gusto leer aquellos artículos sobre el espiritismo. De ellos el que más me gustó a mí fue el número veintinueve mil quinientos tres. ¡Era macho ese artículo!

Pero todo cambia, menos el Sr. Don Pomposo Verdugo. Muy pocos meses hace, la *Voz* se lanzó al mundo. Ahora se pinta; sus noticias gastan sombreros grandes, llamativos; ha mudado de cabeza y parece que en la mudanza perdió el seso. ¡Pero, señora, si ya no estamos para eso! ¡Qué "ÚLTIMA HORA", ni qué ÚLTIMA HORA! ¡A rezar el Rosario y a acostarse en punto de las nueve! ¡No lleve usted su santanismo hasta pretender salir, como señora Santa Ana, con una novedad interesante! Calvita estaba usted mucho mejor.

La prueba de que ungüentos y tinturas no rehacen la juventud, es que la *Voz*, a pesar de los vestidos viejos con que se ha hecho trajes nuevos, lo único que ha logrado es parecerse a la Madre Matiana. Esta beata fue autora de ciertas "Profecías" que no se cumplen nunca, en lo que se distinguen de las prendas empeñadas, porque éstas se cumplen siempre. Y la *Voz* es autora de vaticinios y noticias igualmente falsos.

La venerable comadrona, que ya no es de este mundo por lo visto, anuncia que el Gobierno se propone matar de hambre a los empleados, a los militares, a las viudas, y todo para cubrir a toda costa los cupones de la deuda. Hace ya muchos días que periódicos autorizados por el Ministro de Hacienda y por la Comisión de Presupuestos desmintieron esa noticia, echada a volar por algunos médicos pobretes con el fin de producir en el gremio de los presupuestívoros, diarreas, misereres y algunos casos de eclámpsia. Después el señor Ministro de Hacienda con mano suave, suavísima, con la más suave de las manos, curó la herida abierta por aquella noticia penetrante. El *Diario Oficial* fue esa mañana el diario más simpático. Un escribiente besó en la calle de Santo Domingo a D. Darío Balandrano.

La *Voz*, empero, no se ha dado por enterada y continúa anunciando las rebajas. ¿Sabe esa buena señora que, a más de la música del octavo, hay un octavo en el decálogo? ¿O también esto es música para ella? ¿Está vigente ese octavo o lo echó la *Voz* al SEXTO de los papeles que no sirven? Estamos en días de vigilia con abstinencia de carne; la *Voz* come de pescado y, si sigue mintiendo con la boca llena, muy fácil es que no la pase bien, porque para mentir y comer pescado se necesita mucho cuidado. Hay infierno, matrona. ¡Sí, hay infierno! Lea usted "Los Pecados de la Lengua" y arrepiéntase. Pero sin demora, porque no tiene mucho tiempo que perder.

Ya que el colega se resolvió a ser embustero, mienta con novedad y gracia, cuando menos. (Embustero, se entiende, en materia de vaticinios hacendarios.) Sepa la *Voz* que las economías proyectadas por el Sr. Limantour, son más serias de lo que ella supone. Se trata de reducir a los empleados a un común denominador.

El puchero de la patria necesita muchos huesos. Y una vez deshuesada la administración pública, las oficinas caminarán sin el menor tropiezo. Se ha observado que los gordos son malos oficinistas. Para ellos no hay más que medio día de trabajo; de las tres de la tarde en adelante, rumian. Parecen diligencias; pero no son nada diligentes. Además, un gordo está expuestísimo a las congestiones, y el mejor día se va con las dos últimas pagas de marcha, dejando a la viuda inconsolable, en brazos de Gayosso. Esas pagas de marcha son una pérdida para el Erario. La pérdida de esas pagas, la sensible pérdida del empleado, y la pérdida de su mujer, son tres pérdidas que sufre al mismo tiempo la Nación.

El Sr. Limantour, en consecuencia, ha decidido rebajar a los gordos. La administración se compondrá de flacos sin flaquezas, de flacos que en teniendo un espárrago en el estómago, ya pueden estarse derechitos. No se empleará en ninguna oficina pública a un hombre con suegros, y al efecto el señor Ingeniero Orozco, apoderado general de San Expedito, procederá a hacer el desazolve de las familias. Por de contado quedarán suprimidos los pagadores. Con esta medida la Tesorería ahorra casi el doble de lo que importa la quincena. La consigna es inflexible; no se paga a nadie. Los que tengan algún crédito, que no lo pierdan y que lo cuiden mucho. Las viudas pensionistas que se casen. Y los que no estén conformes con estas sabias y justas economías, que vayan a sembrar café con leche.

Para los empleos de Hacienda se preferirá a los hacendados. Estos pueden servir de balde y dar algo encima.

El ejército queda reducido a la mitad. La mitad inferior de cada cuerpo, esto es, el busto, se destinará a la caballería. ¿Para qué quiere piernas el que va a caballo? Con piernas se formarán los batallones de infantería.

¿Le parecen bien a la *Voz* estos ahorritos?

Pues anúncielos. Son tan ciertas como las que ella ha profetizado.

7 de marzo de 1894

[137]

Por un pico.

Entre gentes que pasan por sensatas (como pasan muchas cosas en la vida) entre hombres que tienen dinero (aunque no por su culpa) y entre hacendistas de no malos bigotes, corre temerosa de que la prendan, esta opinión: los tenedores de bonos mexicanos son los que han producido la baja del metal blanco.

El poder de esos tenedores será, sin duda, dado tal parecer, maravilloso. Esos no han de ser tenedores, sino tridentes, y no de cualquiera, sino de Neptuno. Sólo esa arma de la mitología tuvo poder para encrespar los mares o apaciguarlos a su antojo. ¿Quién había de decirnos que los Sres. Bleichroeder y Comp. son omnipotentes y árbitros sumos en el mercado monetario universal?

Una mañana Mr. Bleichroeder, después de haber tomado por desayuno una taza de té con medio vaso de catalán, echa sus cuentas alegres de este modo:—necesito comprar a mi señora un traje nuevo para que el Jueves Santo salga a visitar los "monumentos". Además, necesito zapatos. Para que tales desembolsos no desequilibren mi presupuesto, hago que México me dé catorce millones en lugar de siete, y no hay más que decir.

El Sr. Bleichroeder coge y declara que los pesos mexicanos valen 48 centavos en el Paso. (Ustedes me dirán si la palabra "coge" no está nada correctamente en este caso.)

El vil metal, al que nunca mejor que hoy le viene ese calificativo denigrante, baja la cabeza y obedece. La India protesta. Pero ¿qué gobierno, qué hombre público, qué jacobino del callejón de *Cincuenta y siete* (llamado por otros el callejón de *Sal si puedes*) ha oído nunca las protestas de una india? Las relaciones comerciales se alteran; pero esto es eminentemente moralizador, porque las únicas relaciones lícitas, las que en honestos y felices matrimonios se resuelven, son aquéllas que no provienen de interés mezquino, en una palabra, de comercio, sino los que nacen del amor puro, o sin puro.

Todos los países se conmueven, particularmente los que están en el área de la plata; mas ¿para qué estamos un cuaresma si no para conmovernos, desempecatarnos y ayunar? Los sabios ven de conjurar el cataclismo que amenaza al mundo; los economistas celebran conferencias en las que no se economizan los discursos, puesto que sólo en la discusión del bill—Sherman, según fundados cálculos de un yankee se pronunciaron

VEINTE MILLONES de palabras, es decir, se pronunció todo el diccionario de Babel; los gobiernos y personalmente los monarcas, procuran intervenir en el conflicto; el mundo, como habían vaticinado el profesor Milewski y Feer-Herzog, se divide en dos medias naranjas: la de oro y la de plata; América y Asia unidas, se declaran independientes; el patrón oro queda limitado a Europa y las colonias inglesas, excepción hecha de la India; ¡y todo porque México debe un pico y el señor Bleichroeder necesita comprar un par de botas y un traje nuevo para la señora!

La penetración de nuestros economistas callejeros, no puede ser más digna de alabanza. Ellos han dado con la verdadera causa de esta maraña de resultados lastimosos. No es la excesiva producción de oro, no es la abundancia de plata, no es incidentalmente, la política económica de la Gran Bretaña, las que han determinado esta baja del metal blanco. ¡No señor! La causa eficiente de tamaño desbarajuste, es una simple humorada del Sr. Bleichroeder. De modo que la depreciación de la plata puede ser asunto de un "pequeño poema" de Campoamor: causa insignificante, microscópica; fin y trascendencia enormes. *La Novia y el Nido. La Lira rota.... ¡El peso depreciado!*

Pero, bueno: yo entiendo que el Sr. Bleichroeder ha contado sin la huéspeda. Creo que los susodichos tenedores no pasan de medias-cucharas.

Cuando uno presta dinero a alguien, lo que principalmente le interesa es que ese alguien tenga con que pagarle. Si a ese deudor le deben otros, aconsejamos a éstos que le paguen. Si es sastre, decimos a todos nuestros amigos que corta y cose trajes con primor. Le prestigiamos, en suma, de cuantas maneras se nos ocurren. Nos importa que gane y medre, para que pueda pagarnos capital y réditos. Si facilito cualquiera cantidad en numerario a quien comercia en cerillos, lo hago porque sé que lucra vendiendo cerillos y por ninguna de las nueve cosas (cosas llaman los cristianos rancios a la misa, a la confesión y a otros sacramentos) andaría yo diciendo a todo el que quisiera oírme:

—No compre Vd. cerillos a fulano. Esos cerillos son como los hombres de bronce: no dan fuego.

Desde que le presté me considero socio suyo. Yo mismo le compro cerillos, aunque no ardan. Porque me ardería mil veces más el que no me pagase.

Las medias-cucharas de Mr. Bleichroeder, por aspirar a servirse con el cucharón, proceden según el vulgo, de otra suerte. A esos acreedores nuestros lo que les urge es que nos quedemos a un pan pedir. Están empeñados en que nunca les paguemos, porque al que no tiene con qué el Rey le hace libre. Rompen el juguete para ver lo que tienen dentro.

¡Vean ustedes con que gracia juegan los hacendistas callejeros a "un favor y a un disfavor!" Por una parte, declaran a nuestros acreedores omnipotentes; y por otra, borricos.

8 de marzo de 1894

[138]

La lengua de Coquelin.

Es necesario darse prisa para saber bien el francés. Sería muy triste que Coquelin nos encontrara en castellano.

—A mí me pasa— decía ayer un miembro recién destetado del Jockey Club —que entiendo bien el francés cuando estoy sólo— A este apreciable azulejito le estorban los bultos. Él habla bien cuando no le oyen. Y entiende lo que dice. Pero delante de las personas grandes le da vergüenza, porque es muy corto de genio.

Otros dicen que comprenden perfectamente el francés cuando no se les habla muy aprisa. Ensillan el francés de paso, no al trotón.

Y tampoco faltan los que conocen ese idioma del pé al pá y lo hablan siempre que se ofrece; pero no saben el "francés de las comedias". ¡Éste ha de ser otro francés!

Algunos, en su mayoría hombres graves, confiesan francamente su ignorancia. En sus tiempos nadie aprendía idiomas. ¡Eso era más patriótico! Y más moral, porque ahora los muchachos tienen unas lenguas...

A uno de esos hombres respetables le oí preguntar el domingo último en la Pastelería de Deverdun:

—Señorita... en conciencia, ¿el *pâté de foie gras* es de pescado?

¡Juro que la anécdota es histórica! Hay hombres que comen sin traducir lo que les sirven.

Otros, en cambio, traducen todos los platillos. A mí me han perdido Sopa bizca (*Potage bizque*). Pintada asada (*Pintade rôtie*). Crespones con confituras (*crêpes aux confitures*). Timbaletes de mulas (*Timbalettes de moules*). Callo asado en canapé (*Cailles rôties sur canapés*). Carotas, Patas de Italia, Fuera de Obras... ¡y Desiertos!

No puede negarse que esos parroquianos tienen rudimentos de francés; pero son rudimentos algo rudos y un poco más pulidos se requieren para entender lo que diga Coquelin.

Un inglés no se anda con escrúpulos: compra la comedia en la Contaduría y se pone a leerla en la butaca mientras los actores representan. Así no ve, pero entiende y no se burlan de él los cómicos. Tampoco son raros los mexicanos que imitan al inglés y ahí tienes ustedes un medio muy sencillo de leer la *Dama de las Camelias* por cuatro pesos cincuenta centavos, sacando, de ganancia, una regular conjuntivitis.

Los espectadores terribles son aquellos que no saben el francés y quieren enterarse de lo que está pasando.

—¿Qué dijo ese?— preguntan.

—Es Vd. soberanamente bruto.

—¡Caballero...!

—Eso dijo.

—¿Que soy bruto?

—No, usted no, su padre.

—¿Cómo mi padre...? ¡Deslenguado!

Y le revienta un ojo al oficioso intérprete.

Yo en esos casos me hago el sordo. O me río como bobo.

—¿Qué ha pasado?

—¡Yo, qué sé!

—¡Ah! como Vd. se reía....

—Si es que yo me río de todo.

—Pues de mí no se ríe ningún zopenco...

Y ¡zas! ¡Aquella noche me arrimaron un cachete que todavía el carrillo me arde!

¡Son muy ocasionadas a lances personales esas representaciones de Coquelin! Los hombres que pagan cuatro duros por entrar al teatro, se ponen irascibles cuando no entienden la comedia. Paran las orejas para oír bien y así les quitan la vista a los de atrás. Creen que si oyeran comprenderían. Se ponen muy serotes y cuando el vecino suelta la carcajada toman ésta por una ofensa personal.

—¿Puede saberse de qué se ríe usted?

Hombre, de Coquelin....

—Es que si yo no me he reído, es porque no me gustan payasadas, pero no porque no entienda.

—Es Vd. muy dueño.

—Y Vd. parece excesivamente cosquilludo....

—Caballero ¿me dejará Vd. oír la representación?

—Es que no tolero indirectas ni risitas....

—Pues yo me río cuando me da la gana.

—¡Señor mío!

—¡Que ya me carga!

Y vuelven la cara los de las bancas delanteras; y empieza un chipi-chipi de ¡chist! ¡chist! y se agria el gusto y da uno el espectáculo.

Personas conozco que van al teatro, cuando la representación es en francés, "a ver si entienden". Piensan que eso de entender es asunto de buena suerte, de azar, de lotería. ¡Vaya!... ¡Soy muy amigo de un profesor de francés, nombrado por el gobierno, y que aceptó ese puesto para tener una oportunidad de aprender la tal lengua!...

En la zarzuela española se corren menos riesgos. La Penotti no hablaba bien el español pero todos la entendían. Ella es franca por delante; franca por detrás; no oculta nada. Nunca tendrá que decirla el público, lo que cierto médico a un enfermo:

—Si tiene usted calentura, no me la oculte.

Cuando la Penotti tiene calentura no la oculta.

Ello es que algunas zarzuelas sí me parecen ininteligibles; pero el público las entiende y aplaude.

Al señor Estrada y Cordero también lo entiende el público hasta cuando habla en francés. Su francés no tiene complicaciones ni dificultades. Lo pronuncia el como Dios manda, como está escrito. En resumidas cuentas, lo habla como debe ser, en castellano.

Coquelin es muy distinto. ¡Qué diferencia entre este actor y Don Manuel Estrada y Cordero! Coquelin representa como si estuviera en su casa, a la pata la llana. ¡Eso no tiene gracia! El señor Estrada por el Padre, y Cordero por la madre, y Tortolero por el espíritu santo, representa como si lo estuvieran ahorcando.

¡Dios quiera que cuando venga Coquelin, no me toque vecina de enfrente con sombrero ni vecino del lado sin francés!

9 de marzo de 1894

[139]

¡Canario!

Ignoro si con mala intención titula *El Universal* una de sus secciones como sigue: Tribunales del País. He oído decir despectivamente *cigarros del país, zapatos del país, casimires del país*... y esta frase que me parece significativa: *Para ser del país no está tan mala.*

Tal conjunto de observaciones me induce a creer que si el país, como dicen, es muy rico, lo del País, como dicen otros, es muy malo.

Ahora bien: leyendo los Tribunales del País o los Tribunales del País encuentro lo siguiente:

En el mismo día, el jurado reunido en el primer salón condena a un hombre, por el robo de un canario, a cinco años de cárcel; y el jurado reunido en el segundo sentencia a otro hombre, por homicidio, a cinco años seis meses de prisión.

¿Querrán decirme ustedes si para bien de los canarios se hicieron la Constitución de 57, las leyes de Reforma, los derechos del hombre, la guerra de Independencia, la otra guerra de nuestra segunda independencia y las guerras civiles que tanta guerra nos han dado?

La tranquilidad de los canarios vale para el Código lo mismo, aproximadamente que la vida de un hombre. El que posee un canario puede dormir tranquilo; su propiedad es sagrada. Al comerciante le robarán miles de pesos los banqueros que quiebren, le hipotecarán sus casas al propietario, y al cabo se las robarán los usureros; el agio dejará sin fincas al hacendado, y ni el banquero cuya bancarrota ha sido fraudulenta, ni el Corredor de mala fe, ni el prestamista rapaz y sin conciencia, irán, en pena de su delito, a pasar cinco años en el establo de Belén. ¡Pero que toquen el canario de cualquier ciudadano, y la mano de la justicia caerá inflexible sobre el mortal iconoclasta que hurtó al pájaro canoro! El pájaro... ¡he ahí el objeto y fin de nuestras instituciones democráticas!

Así, pues, cuando sintáis tentaciones de apropiaros un canario, desechadlas. Por seis meses más de cárcel podéis matar a vuestro papá suegro... ¡y *ça soulage!* Después de haber sufrido sesenta meses de prisión, ¿qué os importan seis más? Y en cambio, habiendo dado muerte a un semejante, habréis satisfecho alguna venganza, u obtenido por algunos días o algunos años, bienestar, dinero, tranquilidad de espíritu; habréis hecho acaso, acaso, un servicio positivo a la humanidad, a la patria, a la familia; seréis, en todo caso, célebres, famosos. ¿Qué periódico publica retratos de ladrones de canarios? Ninguno. El homicida sí ve su efigie en los diarios de más circulación. Ése excita la conmiseración del público. Ése oye que le llaman honrado los defensores de oficio. Ése tiene familia a la que hace mucha falta. Ése, cuando peor le va, es un pobre enfermo, una inocente víctima de la gran neurosis.

El Código— me objetarán —no protege deliberadamente y con excesiva solicitud a los poseedores de canarios: lo que se propone es penar muy duramente, y para escarmiento de pícaros, el robo en casa habitada.

—Está bien— repongo yo —pero la casa habitada no es la casa de la igualdad. La mujer ajena debe tener precio más subido que el canario ajeno. Entre una gallina y un aderezo de brillantes, siempre hay cierta diferencia. Ponéis al jurado en la triste condición de absolver a todos los ladrones domésticos y a todos los que entran a las casas con el objeto de llevarse lo que encuentren mal puesto, o de aplicarles un castigo superior y con mucho al delito cometido. Es una ley de bronce y muy pareja, aunque nada *pareja,* esta *lex dura.*

¡Por robo de un sarape acaban de sentenciar a otro individuo a cinco años de cárcel!

Malo es que en las casas habitadas roben. Pero la ley debe tener en cuenta que casi nunca roban en las casas deshabitadas porque éstas, generalmente, están vacías. Tienen que abundar, pues, los robos en casa habitada, y variar mucho en cuantía, intención y trascendencia. No hay que medirlo todo con igual rasero.

Los canaritos son muy dignos de respeto: no lo niego. El Sr. Alba ha de tener algunos canaritos en su casa. Yo no me figuro al Sr. Alba sino dando de comer a sus canaritos o pidiéndole la pata al loro que ha de tener colgado en la cocina. Pero ¡cinco años de cárcel también inspiran respeto! Más que los canaritos y más que Ramoncito.

En ese punto, sí el Código me huele a Torquemada.

20 de marzo de 1894

[140]

A los adoquines, Sr. Alba.

El señor Alba habrá extrañado mucho que yo no haya dicho nada de él en los últimos días. Puede creer hasta que le he olvidado.... Discúlpeme el señor Alba... estuve enfermo... me vinieron después muchos quehaceres... no he tenido positivamente ni un minuto que dedicar al señor Alba; pero esté bien seguro de que no lo he olvidado.... ¡Para mí es inolvidable el señor Alba! Perdóneme, pues, y mande lo que guste a este su obediente servidor.

¿Ustedes no han visto al señor Alva cuando come de vigilia? Yo tampoco lo había visto; pero en la semana mayor tuve esa dicha. El señor Alba cuando come de vigilia es verdaderamente digno de las mayores alabanzas. No hay bobo fresco mejor que un boletín del señor Alba en Jueves Santo. No parece de Alba, sino de pescado blanco.

En esos días se le aclara el entendimiento al distinguido predicador de la Santa Iglesia de Letrán. Le dan a su inteligencia una blanqueada, la resanan y la cojen algunas cuarteaduras. Y el Sr. Alba sale, de camisa albeando por las calles, hecho un dije.

¡Que galante está entonces! Al hablar de los ministros que tuvo el Sr. General Díaz en su primera administración, murmura armoniosamente estas palabras:

"Lerdo se fue, y vinisteis vosotros a ocupar los lugares que habían dejado vacantes el tirano y sus favoritos. La decoración del escenario político cambió. En vez del cuadro que representaba a Lerdo vestido de frac negro, rodeado de sus últimos ministros pensativos y cabizbajos, quedó otro donde se veía al caudillo rodeado de soldados que hacían resonar las baldosas de los pavimentos de patios y escaleras con sus espadas y acicates y que subían y bajaban para trasmitir órdenes, como los ángeles de la escala de Jacob."

El "cuadro" que "representaba a Lerdo vestido de frac negro, rodeado de sus últimos ministros, pensativos y cabizbajos", es un buen cuadro de Pésame. En él, Lerdo se parece a Juárez... en el frac. Y el otro cuadro, el de los nuevos ministros, que eran soldadones y parecían ángeles, no puede ser más acabado. Ni el mismo Sr. Alva está más acabado.

Yo recuerdo que los primeros ministros del señor General Díaz fueron hombres civiles como Tagle, Benítez, Vallarta, Ramírez, Ruelas, Pankhurst, etc. Pero el Sr. Alva usando una licencia poética, y a reserva de expedirles más tarde una licencia absoluta, les da de alta en el ejército. Quedamos, pues, en que el soldadón Don Protasio Tagle y el Lic. Don Justo Benítez, que es un ángel, subían y bajaban la escalera de Palacio, convertida en escala de Jacob: el Sr. Tagle —*Arrastrando su alfange por la arena;*— y el Sr. Benítez —*Con la sonrisa dulce, tierna y grata / Del blanco serafín de la Annunziata.—* ¡Bonito cuadro... muy bonito cuadro!

Ante él exclama el nato Don Ramón. ¡Cuánta esperanza! ¡Qué hermoso porvenir! ¡Qué dichosa *éra* para la república! (No olvidar que *éra* lleva acento en la *e*. Es de las *éras* de las verduras. —*¿Qué fueron sino verduras / De las éras?*)

"El cambio de hombres— prosigue el Sr. Alba —fue absoluto. ¿Y las cosas? Las cosas volvieron a su estado de costumbre".

Y, efectivamente, tiene razón el Sr. Alba y nadie se había fijado en ese punto: *las cosas volvieron a su estado de costumbre.* ¡Ahí está el Caballito de Troya en donde el Sr. Lerdo lo dejó! Es más: creo que las cosas no volvieron a su estado de costumbre, sino que se quedaron en su estado de costumbre. Son como *las cosas* del Sr. Alba: inamovibles e invariables.

"Los hombres de Tuxtepec— continúa la misa de alba —están ahí todavía con su caudillo encumbrado en la Presidencia". ¿A dónde es ahí, Sr. Alba? Hablaba Vd. de allí, del gabinete, de las secretarías de Estado. ¡Pues no, eso sí que no, los hombres de Tuxtepec no están *ahí!* No son hombres de Tuxtepec el señor Mariscal, ni el Sr. Romero Rubio, ni el Sr. Fernández Leal, ni el Sr. González Cosío, ni el Sr. Limantour, ni el Sr. Hinojosa. Los más de ellos nunca han estado en Tuxtepec. Son mexicanos, Sr. Alba, y sólo usted llama a los mexicanos, tuxtepecanos. Está Su Paternidad como el de la *Gallina Ciega:* topa con cualquiera, le pone de frente, luego de perfil, le ve las manos, los pies, la punta de la nariz, frunce las cejas, agria el gesto y exclama: —¡Hum... hum... *tuxtepecano neto!*—

Sr. Alba, el estado mental de Vd. es... ¡*inquietante!* Esa idea fija, que a su merced se le ha clavado, me inspira ciertos temores. Hay que distraerse, amigo y señor Alva. Se está Vd. enfermando como aquel muchacho que, golpeándose el pie con un martillo, decía entre lloros:

—¡Ay, ay, ay!
—¿Qué te duele?
—Que me estoy haciendo un callo.

Usted se está haciendo un callo muy tuxtepecano, Sr. Alba.

¿Por qué no habla de otra cosa? Por ejemplo. ¿No observa Vd. qué polvo hace? En las calles de Santo Domingo es verdaderamente insoportable. Y es porque los adoquines que compra el Ayuntamiento son como *bizcochos de muerto.* ¡*Ejusdem farinae,* Sr. Alva! A esos adoquines, cuando algo arrecia el aire, les sale polilla. Han de haber sido, en otros tiempos, boletines. ¿Por qué no habla Vd. del adoquinado, Sr. Alba?

27 de marzo de 1894

Huevos pasados por agua.

De que el Sr. Don Ricardo Orozco, ha dado como Ingeniero, pruebas de grande ingenio, duda no me cabe. Ahora que no puedo ya perjudicarle, puesto que hecha quedó la subscripción solicitada, doyme a alabar esa ingeniosidad que le singulariza.

El Sr. Orozco parte de esta verdad: lo maravilloso, atrae, fascina a muchos, a la gran mayoría, a la masa, a los pobres y a los ricos, a algunos inteligentes y a todos los incontables ignorantes. Presentar un proyecto de saneamiento conforme a la ciencia es perder el tiempo; porque la ciencia es el patrimonio de los "científicos", y los "científicos", según algunos periodistas populares y algunos "bronces" de reloj descompuesto, son muy ignorantes. La ciencia es una invención de los "científicos"; es una empresa subvencionada, está vendida. Para hablar en la Cámara, para discutir en la prensa, para tener acceso a la cátedra, no se requiere leer ni mucho menos estudiar.

¡Cómo se ha de rebajar un hombre público, un jefe de partido, un tribuno, un estadista, estudiando como cualquier estudiantillo! ¡No! El ya estudió hace muchos años y hasta obtuvo primer premio de aseo. ¿Cómo tampoco, ha de convertirse en lector? De ningún modo. Los lectores son los que están por abajo de él, los que el "ilustra". Un periodista no lee; escribe. Y para dirigir un periódico lo único necesario es subirse al pescante y coger las riendas. ¡Nada de ciencia! ¡Basta de perfumería!

El Sr. Orozco, dando cuenta de estas condiciones del "medio" en donde busca reales, (usando de indiscutible derecho) dio de mano a la ciencia por estéril y se hizo a la vela en el Océano desconocido. El misterio: ¡he aquí su fuerza! Sanear la ciudad por secretos procedimientos, en la sombra, contra la opinión de todos los doctos, ha de ser muy sencillo se pensaron muchos.

Tenía ese plan de saneamiento todo el atractivo de una conspiración. Era además, un pronunciamiento contra la autoridad, contra la autoridad científica, contra la tiranía de dos y dos son cuatro, contra el despotismo de que en todo cuadrilátero circunscrito la suma de los dos de los lados opuestos es igual a la suma de los otros dos. ¡Qué más señor! Era un milagro. ¿Y quién puede negar razonadamente los milagros? Era algo como la penca de maguey que el pueblo quiso adornar en la Lechería.

Desde el momento en que D. Ricardo Orozco se volvió brujo, le llovieron admiradores y dinero. Brujo es lo opuesto a bruja; esto es axioma.—¿Que no es fácil sanear la ciudad en pocos días y a poca costa? ¿Que no hay agua, y que si la hay, no correrá como se necesita porque el sistema de atarjeas es primitivo en México e imperfectísimo? Pero, señores, ¿y el huevo de Colón? ¿Saben ustedes en poder de quién está ese huevo de Colón? ¿Saben ustedes si lo tengo yo? ¿Saben, por último, de lo que es capaz un huevo de Colón?

Y el público no tuvo nada que objetar, porque, en efecto, eso del huevo de Colón es concluyente. Y sobre todo, el Sr. Orozco tenía y tiene de su parte el gran ¡QUIEN SABE!... ese ¡QUIEN SABE!... nacional, irreductible, eterno, que ha hecho todas las revoluciones y que ha enriquecido a todos los empresarios de garitas; ese ¡QUIEN SABE!... en el que todos confiamos para pagar la renta de la casa y al que México fía su porvenir.

¿Por qué no? ¡Quién sabe si el caballero Don Ricardo Orozco tendrá algún huevo de Colón!

Desde luego, el proyecto se ajusta a todas las prácticas nacionales. Tardará Orozco en realizarlo cuarenta días, esto es, una cuaresma. ¿Hay algo más nacional en un país donde los huevos pasados por agua se hacen en el tiempo que la cocinera gasta en rezar un credo? No cuenta con la aprobación de los ingenieros oficiales. ¿Hay otro indicio más nacional de que el proyecto es bueno?

Y personas respetables, serias, ilustradas, fueron tomando acciones en la subscripción, como si entraran a la lotería. ¡A ver si sale! Y si no sale... ¡a ver qué sale!

No puedo menos de reconocer la inventiva, la vis cómica, el arte de enredar la fábula dramática, que ha desplegado el estimable Don Ricardo Orozco. No deja nada que desear la función de aficionados dirigida por él. La comedia de magia tuvo muy buen éxito.

Y vean ustedes a cuánto llega el poder de lo maravilloso, el "poder de las tinieblas"; yo mismo, que no puedo creer en los milagros del Sr. Orozco, si me preguntan cuál será el resultado de la empresa, responderé también:

—¡Quién sabe...!

Y hasta el Sr. Orozco—en el fuero interno cuando menos—ha de decir cuando le interroguen acerca del estado de sus trabajos:

—¡Pues quién sabe...!

28 de marzo de 1894

[142]

Carne fría.

Cuando vi anunciada la apertura de un teatro de Variedades, desde luego censuré in petto el nombre dado a la nueva sala de espectáculos, porque ¿hay acaso algo más monótono, más opuesto a la idea que envuelve la palabra "variedad", más invariable que una reunión de escandalosos? Lo propio en el galerón del Seminario llamado pomposamente, ya hace años, "teatro de América", que en el nuevo salón de Betlemitas; la concurrencia grita, escandaliza, bebe y riñe. Todas son "variaciones" sobre el mismo tema: varia-

ciones de embriaguez, obligadas a revólver o solos de garrote con acompañamiento de cuchillos.

Las mujeres que dan la función en el foro, tampoco varían, son las mismas, aunque con distintos nombres. Mujeres que no cantan o que cantaron hace mucho tiempo, viejas las más o prematuramente envejecidas; actrices que han ido rodando la escalera y desfigurándose a fuerza de trastazos; pobres excolombinas de Roman Comique un instante halagadas por la suerte, caídas luego en poder del hombre que las daba lecciones de solfeo con una matraca, y por último, sujetas a los capataces de teatro y a las exigencias de alguna tarasca prestamista. Caen en esos teatros como en carros de deshecho, y en ellos, dando tumbos, van caminando a la fosa común.

El público también es invariable. ¿Veis a aquél? Pues hace quince años murió en el manicomio. Era un alcohólico que tocaba bien el piano. ¿Y ese otro, buen mozo, alto, fornido, de sombrero ancho con toquilla de plata? A ese lo mató un amigo dándole un navajazo. Aquel flaco, pálido, gris, vestido de ratón, es el que está en San Juan de Ulúa extinguiendo su condena. ¡Todos son muertos o desaparecidos! Desaparecidos y muertos que siempre reaparecen o resucitan con diversos nombres.

¿En dónde están, pues, las variedades ofrecidas? La insolencia, la bofetada, la riña, el hospital... ¡todo es viejo! ¡Siempre la misma alegría forzada, hecha al calor de una gran lámpara de alcohol, y que al enfriarse deja ver las arrugas de la carne mala y el color amarillo de los dientes manchados por el tabaco!

Los franceses se divierten de otro modo en sus cafés cantantes: brincan, saltan, ríen, besan, abrazan... y hasta parece que aman. En México se patea, se magulla, se blasfema... y se saca la pistola. No despierta el vino alegrías, sino insolencias, odios, cóleras, venganzas. Por eso los teatros de mala muerte—y este nombre sí que les conviene—viven poco. Acaban por ser teatro de una tragedia, de algún crimen, y el público los deja o los clausura la autoridad.

Ya según leo en la prensa—trátase de clausurar el flamante salón de variedades. A mi entender esto es más triste y escandaloso todavía que el espectáculo mismo. Verdad que los mexicanos beben, al parecer, vino Peleón, dada la afición que tienen a los pleitos; pero creo que desde el descubrimiento de América hasta la fecha, quiero decir, desde que se descubrió el teatro de América, hasta que se inventó el de Variedades, algo ha de haber progresado nuestra policía. Si aún no logra darse a respetar, si aún no consigue que la tomen en serio los reñidores de levita, si clausurando ciertos cafés, teatros o tívolis, por la razón de que en ellos suele haber escándalos, declara francamente su impotencia, lógico es deducir que debe comenzarse por clausurar esa inútil policía.

Si ella necesita, para prestar grandes servicios a la sociedad, que no haya ebrios, que no haya escándalos, que no haya mujeres perdidas, ni ladrones ni criminales ni tumultos, bueno será guardarla en papel de china para cuando vuelvan a amarrar a los perros con longaniza. Precisamente para lo que está la policía es para hacer que se guarde el orden y que no haya escándalos en donde el orden corre peligro de alterarse y en donde el escándalo es frecuente. Para admirar desde la acera de enfrente los salones de Mr. Trench en noche de baile, la policía sobra completamente.

Es deplorable que abdique y claramente diga: —Yo no sirvo para nada. Que no haya Tivoli Central, que no haya Capellanes, que no haya teatro de Variedades porque me asustan mucho los escándalos.—

Clausuraremos también los incendios, porque es deficiente el servicio de bomberos.

Lo necesario es que con todo rigor se haga cumplir lo mandado por bandos y reglamentos de policía. Lo necesario es que la policía se tome en serio a sí misma para que así la tomen los demás. Convénzanse los guardianes del orden de que a las gentes grandes, comunmente, no les gusta jugar al toro sentadas.

29 de marzo de 1894

[143]

El peso en libra.

El domingo pasado me vio un peso. Pasaba yo de largo sin haberle reconocido, cuando él dijo:

—¡Vamos! ¿Conque también tú me desconoces? ¿Conque no quieres saludarme?

Yo no desprecio nunca a mis amigos cuando les hallo en la desgracia. De modo que, volví la cara, sonreí al pobre peso, y, por no perder la costumbre, le tendí la mano. Yo creo que el Sr. Alva habría hecho exactamente lo mismo.

Ahí estaba el tal peso; ahí estaba... de gorra, como en todas partes; algo sucio y hasta me pareció que con la montera de lado. Ahí estaba aquel peso, que si pesara en los bolsillos de *Anabasis* le quitaría a este distinguido hombre de luto un gran peso de encima. Ahí estaba ese peso que en el Paso no pasa, aunque le pese, como en el pasado.

Largo rato charlamos de sus cuitas. Y la verdad, se encuentra el poderoso caballero en duro trance. No le preocupa ya el haber venido a menos: a él lo que le duele es el patriotismo de ciertos mexicanos y la economía política de ciertos escritores. El peso, como es público y notorio, nunca ha tenido patria. Ha sido cosmopolita, humanitario símbolo único de la fraternidad universal. Estaba habituado a ser pariente de todo hombre. Para él no había fronteras. La misma gloria de D. Gerardo

López del Castillo, primer actor nacional, jamás le entusiasmaba. ¿Cuándo nunca fue un peso a saludar a D. Gerardo López del Castillo?

Mas héte que, de la noche a la mañana, truécase el peso en la bandera de la patria. Así como Don Ramón L. Alva piensa (sin retruécano) que la república toda es Tuxtepec, así la economía política de Don Gerardo López del Castillo, o sea la economía política verdaderamente nacional, ha decretado que toda la plata del mundo es mexicana. Baja el metal blanco; vale el peso 47 centavos en el Paso, y al punto los grandes patriotas, los grandes López del Castillo claman indignados:

—Protestamos contra esa alusión vil y cobarde a la gloriosa guerra de cuarenta y siete.

Y he aquí al peso casi obligado a pronunciar discursos cívicos, a hacer décimas, a bailar el jarabe y a concurrir a los paseos en Santa Anita.

Está *amolado*, como él dice en lenguaje familiar, lo han puesto en *mole*.

Surge de pronto un ilustre señor de Zacatecas, uno de los muchos zacatecanos que dicen ¡Jesús! siempre que hablan del Sr. Aréchiga, un economista que no economiza tiempo ni palabras cuando se trata de disparatar, y ese amable, excelente financiero, propone que formemos una liga de descamisados, una liga de *Sans culottes*, para que no necesitemos camisas ni calzoncillos europeos. Ese antropófago dice con todo aplomo: *Nosotros nos bastamos a nosotros mismos*, idea nueva, consoladora, original, en un pueblo que hasta hoy no se ha bastado sino para aporrearse con los bastos nacionales.

Detrás de ese zacatecano que bastea, viene un yankee feroz: Ése propone que se anexen a México los Estados de la Unión Americana, que estén por la plata contra el palo de oros con que Inglaterra nos sacude el polvo. ¡Señores, éste es un atentado internacional, un *casus belli*! México no está hoy para conquistar; es un país casado, con familia, de muy buenas costumbres. Le basta, como puede probarlo el apreciable Sr. Zacatecano, la extensión de tierra que posee. Hasta le sobra algo de sábana... le sobran algunas leguas de *sábanas* o desiertos. No desea que vengan a vivir a su casa los tíos, ni los cuñados, ni cuñadas de la república vecina. ¡Nada de anexiones! ¡Bastantes *anexos* manda a la Secretaría de Relaciones el honorable Don Matías Romero!

...El peso, al referirse a estos proyectos, fruncía el ceño como si las espinas del nopal se le clavaran. De todo— me decía —van a culparme; y bien sabe Dios que no me meto en nada.

Esto es muy cierto: el peso no se mete a donde no lo llaman. Es tan modesto que casi a fuerza entra a las casas. Nunca ha tratado al buen señor de Zacatecas. No ve sino de cuando en cuando al Sr. Alva. ¿Qué culpa tiene el pobre de que le traigan en bocas y so pretexto de favorecerle, inventen planes desastrados?

Crean ustedes que me ha causado verdadera lástima. Lo veo triste, amilanado.... Casi ha perdido todo su valor.

30 de marzo de 1894

[144]

Los mercedarios de San Ángel.

Las palabras dirigen el mundo. Un párrafo del *Monitor Republicano* me ha recordado este axioma. Dijo algún diario que los mercedarios del ex-convento del Carmen, quejábanse en San Ángel de que la empresa del Ferrocarril del Valle les tomaba el agua a que tenían derecho. Y el *Monitor*, centinela avanzado de la Reforma, comentó la noticia preguntando:

—¿Con qué hay mercedarios en San Ángel? Pues ¿y las leyes de Reforma?

Querido *Monitor* ni antes de la Reforma hubo mercedarios en el Carmen ni los ha habido después de la Reforma. En el Carmen había carmelitas. Y ahora hay mercedarios, pero no mercedarios de hábito blanco y cruz roja sobre el hábito, sino mercedarios "de agua", ciudadanos que solicitaron y obtuvieron del Ayuntamiento respectivo sendas mercedes de agua. Esos ciudadanos son los que se quejan de un despojo y contra ellos invoca usted las leyes de Reforma.

También hay carmelitas en San Ángel, pero no carmelitas del género masculino, no carmelitas tonsurados y de correa ceñida a la cintura, sino Carmelitas guapas o no guapas, jóvenes o viejas, que usan faldas.

La palabra mercedario —y por cierto que la Academia aún no ha legitimado esa palabra— sólo connota para el *Monitor* la idea de fraile. Salta el tapón de su liberalismo embotellado, luego que suena ese vocablo. Y brincan, al impulso de un resorte, las leyes de Reforma, pidiendo el castigo de los que osan conculcarlas.

No sería extraño, que alguna vez dijera escandalizado el *Monitor*: "No sólo hay conventos de monjas, conventículos, en la capital de la República. También, para mengua de las instituciones liberales, hay religiosas en los escaños de la Cámara. Y citaremos una: Sort de Sanz".

El miedo al fraile es natural en la niñez del liberalismo. Es el miedo al coco en su forma política. Mas cuando las sociedades avanzan, ese temor pueril va desapareciendo. Explicable es que se esté en guardia contra las órdenes monásticas y contra el sacerdocio en Estados, como el francés, que aún se hallan vinculados a la Iglesia, y en los que intereses vivos, banderías militantes, tremolan como estandarte de contienda civil el lábaro religioso. Pero el fraile exclaustrado, entre nosotros; el descalzo,

no por votos, sino por falta de botas y botines; el clérigo de capa caída; el que mal come del altar; y las monjitas setentonas sólo ocupadas en rezar y en pedir el pan de cada día ¿qué miedo pueden infundir jamás a hombres barbudos, armados, y señores del poder?

Cada año, a raíz de la Semana Santa, se renuevan las mismas lamentaciones. Se habla de que en tal o cual pueblo de indios sacaron en andas, por las calles, una imagen. Y parece que esto nos orilla al abismo, porque ¿qué hará el ejército si continúan saliendo las imágenes? Parece que en cada una de las tres caídas se descalabra la república. Y si llega a salir un Santo-Entierro, los liberales de la vieja guardia piensan que el pueblo lleva en andarillas, el cadáver de Don Miguel Lerdo de Tejada.

Toda esa literatura política está pasada de Moda. Ya nadie cree que por el sombrero acanalado puede escurrirse la libertad de la Nación. Permítase ahora a los sacerdotes el uso de sus trajes respectivos, y veréis como nadie se aprovecha del permiso, porque ese sombrero de canal, es muy incómodo, y desde que vemos (sin razón, por más señas) en la cabeza de Don Bartoló, el del *Barbero de Sevilla*, es un sombrero que está en solfa; permítase que gasten sotana los clérigos, y no la gastará ninguno de ellos, por miedo a los pilluelos que se burlarían de la sotana.

Algunas de las leyes de Reforma fueron de momento, de oportunidad, de conveniencia y eficacia contingentes. Esto es lo que aparenta desconocer o desconoce el *Monitor* cuando habla de liberalismo, así como ignora, cuando de la actual situación política se trata, que el plan de Tuxtepec, no fue Constitutivo, sino sencilla y francamente revolucionario. Los procedimientos revolucionarios no pueden ser jamás procedimientos de Gobierno.

—¡Ya no sois tuxtepecanos netos!— dice como reproche el *Monitor* a los que mandan.

Bueno ¿y qué? ¿Por qué ya no gritamos ¡*mueran los gachupines*! hemos dejado de ser independientes?

Nosotros no somos de Dolores; no somos Lolos, como quisiera el Sr. Alva que lo fuéramos; ni tuxpecos, sino mexicanos.

—Ya no gritáis: ¡abajo los conventos!— vuelve a decir airado, *El Monitor*.

—¡Pero señor, si no hay conventos! ¡Si esos aborrecidos mercedarios de San Ángel, son pacíficos y apreciables ciudadanos que defienden la integridad de sus mercedes de agua...!

De agua es de lo que se trata, *Monitor*. ¿Por qué se indigna tanto su merced?

31 de marzo de 1894

El Mingo.

Los editorialistas del *Universal* y *Monaguillo*, han hablado ya de Mr. Parker y de su proyecto; pero Mr. Parker es Mayor, y a un Mayor son debidas grandes consideraciones. Toda misa mayor de tres padres: por eso me agrego al editorialista y a *Monaguillo* para celebrar el santo sacrificio de este Mayor Parker.

La anexión del Colorado a México no puede menos de ruborizarme. Es muy satisfactoria para nuestro amor propio, esa escena de *Divorçons* representada en los Estados Unidos; debe halagarnos mucho que una de las simpáticas esposas del tío Samuel rompa los vínculos indisolubles que la unen a ese opulento industrial para darnos su Mano y Cª; esta conquista amorosa nos enorgullece con justicia; pero... por mí lo digo... yo me pongo colorado.

Los veintisiete Estados solterones que hay en la República, los veintisiete celibatos en que México se divide, no pueden ver sin emoción que se arroja en sus brazos, y con el color muy encendido, otra nueva entidad federativa. Este es un cuento colorado que no podemos referir a las señoras.

Ahora bien, ¿nos conviene tener casa chica? Esa nueva prometida de la República, ¿será aceptada con beneplácito por las que ya de antiguo están enlazadas al país? Ha de tenerse en cuenta que la laguna de Texcoco no es el Lago Salado, aunque lo parezca, y que no profesamos la religión de los mormones. En China, en Turquía, en el Japón, etc., etc., cada hogar es un gallinero y cada marido es todo un gallo; pero en México los gallos no se casan: los pollos son los que hacen esa tontería.

Tomar un nuevo estado, es lance serio. Supongamos que se nos anexa el Colorado ¡todo es suponer! ¡También el Sr. Orozco supuso que el sistema de atarjeas es perfecto en la Capital de la República y supuso que el agua baja sola sin que ninguno la arree! Y varios ciudadanos de suposición, supusieron que por supuesto, suponía muy bien el apreciable D. Ricardo Orozco. Supongamos que se nos anexa el Colorado.

Desde luego nos veríamos en el caso de aquel amante pobre y tímido a quien le preguntaban:

—¿Por qué no le dices a ella que la quieres?

—Porque si me dice que sí, ¿qué hago?

Es imposible que el Senado de la Unión dé otro decreto parecido al que acaba de dictar, conforme al cual, puede el ganado mexicano de las poblaciones fronterizas pastar en territorio de los Estados Unidos, siempre que nosotros correspondamos con mejores pastos o más bien, con pastos, esa fineza de nuestros vecinos.

El Senado de la República del Norte permitirá que, sin derecho a libre reimportación, el Colorado pase a México. Pero sigamos suponiendo que consiente... que es un Senado muy consentidor, ¿qué hacemos con el Colorado? ¿En dónde ponemos el Colorado?

La Federación tiene sobradas casas, sobradas familias que sostener. Si el Colorado quiere vivir con nosotros es indudablemente porque está pobre el Colorado. Cuando se nos anexa algún pariente en nuestras respectivas casas es porque ese pariente anda algo escaso de recursos. Si un pueblo se anexa a tal o cual provincia, es porque dicho pueblo es fuerte y porque la tal provincia le conviene. En derecho internacional a esa clase de robos se les llama anexiones. Mas si una provincia *se* anexa a la nación vecina, es porque la consabida provincia, debe inferirse que se encuentra débil e inhábil para ganar la subsistencia. En él *se* está la diferencia substancial que hay entre anexiones y anexiones.

A mí me agrada el buen deseo de Mr. Parker. Éste es un humanitario. No tiene patria. Ha sacudido esa preocupación que es un estorbo para la fraternidad universal. Ciudadano del mundo, para él no hay fronteras; considera su nacimiento como un simple accidente... como un accidente de la señora su mamá. —¿Cuál es mi patria?—dice —¡Pues el lugar en que se acuñe plata libremente!— ¿Y esta respuesta no os trae a la memoria a aquellos heterodoxos perseguidos que refugiáronse en Holanda, porque allí era inviolable la libertad de pensamiento? ¿La libertad de acuñar no es, por ventura, la libertad de conciencia fin de siglo?

Pero aunque sea muy digno de alabanza el cosmopolitismo de Mr. Parker, precisa averiguar si nos conviene el don que tiene voluntad de hacernos. ¿Le conviene al Estado el Colorado? Pienso que no: el Estado, no quiere más queso. ¿Le conviene a la Iglesia? ¡Mucho menos! La Iglesia no quiere más coloraditos.

¿A quién le conviene, pues, el Colorado? ¡Adivinen en donde cae el Colorado!

El Mayor dice —produce mucha plata el Colorado pero no tiene libertad para acuñarla. Pasemos a México en donde la acuñación es libre y México consumirá los $58.000,000 que producimos anualmente.

El Mayor no ha pensado en la menor. Ésa es la que le niego. Aquí no consumimos plata. La plata es la que nos tiene consumidos. Por haber creído que la minería es nuestra industria única, echamos toda nuestra industria en una mina.

Así, pues, los pesos colorados, como los pesos blancos, tendrán que salir, después de mudar de aires en México, rumbo a Europa y al Asia. Y en el Paso queda indeleble el recuerdo de nuestra guerra de 47. Allí se perpetua esa cifra nefasta: 47 centavos.

¿Y para ver tal situación habrá desarmado la Unión el Mayor Parker?

Esté seguro de que sobre la plata pesa el

destino manifiesto y de que los pesos nacionalizados valdrán lo mismo que los nacionales. Sí: tan manso es el pinto como el colorado.

4 de abril de 1894

[146]

A pastar, vecinos.

Está durmiendo en la Cámara de Senadores y esperamos en Dios que pase en esa cama buena noche, un proyecto de tratado entre los Estados Unidos y México. Ese proyecto es de origen norteamericano, peor aún, texano. Conforme a él podrá el ganado de las haciendas fronterizas, de uno u otro país, atravesar la línea divisoria e ir a pastar en donde buenos pastos halle, no pagando al volver al sitio de su origen ningún derecho de importación.

Los sacerdotes armenios—así llama Juan Mateos a nuestros Senadores—no han discutido tal proyecto; pero el Senado de los Estados Unidos, ganoso de estimularnos, decretó ya la libertad de pastos yankees para el ganado mexicano. Espera, pues, que, en debida reciprocidad, lo mismo hagamos.

Ya el Sr. Limantour expresó a nuestro Ministro en Washington, que el Ejecutivo no se consideraba facultado para conceder a los ganaderos norteamericanos la franquicia que esperaban; mas, puesto que el proyecto no se ha puesto al debate en la Cámara de Senadores, y allí duerme, bueno es, por si despierta, hacer algunas observaciones.

El sentido común basta para comprender que un diputado tejano jamás se desvive por el bien de México. Así pues, el diputado autor de ese proyecto no trata de beneficiar a los de Texas, abajo, sino a los de Texas, arriba. Escasean los pastos allende y aquende la línea divisoria, pero más allende que aquende; en nuestra frontera los jefes de las fuerzas federales han tenido que comprarlos a subido precio y acopiarlos, previendo que aun aumente la escasez; el yankee, *quia nominor leo*, se aprovecharía de la licencia que le concediéramos, con menoscabo de nuestros intereses, y es de temerse que el ganadero nacional por tímido, por pobre, o porque hay familias desgraciadas, nunca sacara la menor ventaja de este tratado de amistad y pastos.

Lo único que lograríamos sería ver de bulto el sueño profético de las siete vacas gordas y las siete vacas flacas: siete vacas gordas de los Estados Unidos, y siete vacas flacas mexicanas.

El convenio no es de *dando, dando*. El yankee dice —dame tus pastos y yo, en cambio, me los tomo.— O de otro modo: —Fumaremos un cigarro; yo lo fumo y tú escupes.

Cierta vez, entre el famoso Gedeón (*calino* en francés) y un buen amigo suyo, compraron un paraguas. Y el amigo le dijo a Gedeón:

—Para que ambos lo usemos, dividamos el tiempo por mitad: yo lo usaré en tiempo de aguas y tú lo usarás en tiempo de secas.

Este es en resumidas cuentas, a mi juicio, el tratado que nos proponen los americanos.

Amén de ese ligero inconveniente le hallo otro y aun otros. Mucho trabajo, dinero y sangre nos ha costado el que comprendan los americanos cuál es la línea divisoria. Son muy cegatones; no la ven; y como tienen, por añadidura,—positivamente por añadidura—pies muy largos y zapatones mucho más grandes que los pies, suele sucederles que cuando tienen el tacón en territorio de ellos, alcanzan con la punta de la bota el centro de Chihuahua o de Coahuila. No hay que abrir nunca la puerta a los aires del Norte.

Yo no digo que el yankee haga contrabando. Para hacer contrabando se necesita precisamente un bando y el yankee no conoce bandos mexicanos. Conoce una banda nuestra: la del Octavo; pero bandos no, y sin duda por eso los infringe con la inocencia más encantadora.

En tesis general, por lo que llevo dicho antes, es preferible no hacer muchos tratados con la nación vecina. Si a mí, *Recamier*, me propusiera el Banco Nacional celebrar con él algún tratado que había de redundar en beneficio de las altas partes contratantes, a mí, *Recamier*, me daría mucho en qué pensar esa oficiosidad del Banco Nacional.

En los litigios internacionales, la Justicia es Una; pero el Juez... es otro.

Los fuertes se hacen de confianza, como vulgarmente dicen, y se despachan con el cucharón. Y como de dos que se quieren bien, con uno que coma basta, mientras más nos queramos los Estados Unidos y nosotros, menos comerán nuestros ganados.

No sucederá; pero bueno es ponerse en todo y tratar de impedir que esos ganados, sean ganados por los yankees y los pastos perdidos para México.

5 de abril de 1894

[147]

Mensaje al gusto.

El artículo 63 de la Constitución, previene que al abrirse cada período de sesiones en el Congreso de la Unión, pronuncie un discurso el Presidente del Poder Ejecutivo, dando cuenta a las Cámaras del estado que guarda el país. Se entiende que éste ha de referir únicamente los hechos políticos o administrativos que hayan ocurrido durante el receso de los legisladores; no todos los accidentes u ocurrencias de la vida en México.

Los periodistas enemigos del Gobierno, de todo Gobierno y del buen juicio, quieren que ese discurso sea a la vez el editorial, la crónica y la gacetilla de los tres meses y medio corridos desde la última clausura del Congreso.

De aquí el que le encuentren y señalen numerosas omisiones.

En efecto, el Ejecutivo no externó en el mensaje su parecer acerca de Coquelin y Juana Hading. No dice nada de la "Pantomima Acuática", y calla como un muerto lo que se refiere al Teatro de Variedades.

El *Monitor*, al ir examinando el discurso presidencial, echa de ver que, en lo tocante a Belice, no habla para nada de los "muchos artículos concienzudamente escritos" contra el tratado. Realmente, se dejó en el tintero esos artículos. Le salió mal al Presidente su revista de la prensa. ¡Que lo reprenda el redactor en Jefe! El Sr. Presidente estaba obligado a decir: "Señores Diputados, Señores Senadores:

Hay en el mundo un *Tiempo* y en el *Tiempo* uno a quien le llaman perro, el cual afirma que Belice es suyo. Hay en el teatro Principal un Alva y en el *Monitor* hay otro Alva y este Alvino asegura también que Belice le pertenece. Ponga fin Vuestra Soberanía a ese conflicto entre perros y gatos aclarando quién es el verdadero dueño de la colonia que poseen verdaderamente los ingleses"

Y no para todo aquí, porque si el Presidente en su mensaje está obligado a hacer una revista de la prensa de oposición, no hay motivo ninguno para que deje de hacer otra revista de la prensa ministerial. Saldrá el discurso largo; pero ameno y —Todo lleno de remiendos / De diferentes colores.

Pasando luego al ramo de Gobernación, el *Monitor* dice y comenta:

"Trátase en seguida en el informe de la Salubridad Pública, y después de hablar de las estufas de desinfección que se trajeron para el servicio de sanidad de los puertos y en la frontera del Norte, de las reparaciones del lazareto en la isla de Sacrificios, y de los Congresos Médicos internacionales que se reunieron el año último en Washington y en Chicago, dice que se observa notable mejoría en el estado sanitario de la Capital y sus alrededores, respecto del que guardaban en los primeros meses del año anterior, debido sin duda tanto a las mejores condiciones meteorológicas como a las medidas higiénicas que se han puesto en vigor y que comienzan a ser mejor comprendidas y practicadas.

Respecto de medidas higiénicas, queda todavía mucho, muchísimo por hacer, y el Consejo Superior de Salubridad deja bastante que desear en sus encargos, tal vez por falta no de buena voluntad sino de tiempo y de personal; pero sea de ello lo que quiera, el resultado es que no sólo en ese sentido deben procurarse verdaderas mejoras, sino que los hospitales y casas de beneficencia están necesitadísimos de mayor atención y cuidado, y por otra parte *el número de defunciones es con seguridad sensiblemente igual al de los últimos años anteriores, a pesar de que el aumento de la población no justifica tal hecho*".

Yo no entiendo lo último. Si es sensible el número de defunciones; muy sensible que ése

es acaso el número más sensible; pero no es "con seguridad sensiblemente igual al de los últimos años anteriores". *El Monitor*, por un exceso de liberalismo, quiere igualdad en todo y para todo. Acuda a los números, a los números sensibles y hasta a los números llorones para convencerse de que en los primeros meses del año anterior murió más gente que en los primeros meses de este año. Y eso es lo que dice el mensaje. *El Monitor* no sólo se refiere al año próximo pasado sino a los años anteriores, y exclama: —Hoy como ayer, mañana como hoy / Y siempre igual ... / ¡Tifo, enterocolitis, neumonías / Perniciosas... la mar!

Respecto a que el aumento de la población no justifique el hecho de que la mortalidad continúe siendo "sensiblemente igual" a la de los años anteriores, convenido. La mortalidad debía de ser mayor. Y ese hecho, no tan sensible, es el que se registra en el mensaje; ése, precisamente, que es menor.

Perfectamente dice *El Monitor*: "Queda todavía mucho, muchísimo por hacer". Claro que sí. Tenemos todavía mucho que hacer. Pero supongo que el colega no esperó jamás que en tres meses y medio se terminara el desagüe del valle, se purificaran las aguas, se construyeran nuevos hospitales y se lograra que cada hijo de vecino observase las reglas de la higiene.

Siempre ha de observar lo mismo que hoy; después de cada mensaje del Presidente, ha de quedar todavía mucho por hacer.

Ese mensaje no es el fin del mundo ni el *non plus ultra* ni el *Ite, Missa est*. El Monitor desea quizás que el Presidente diga: "Señores Diputados, Señores Senadores:

¡Se acabó la muerte! ¡Ya no hay Infierno! ¡Llueven pesos! ¡Todos estamos sanos! ¡Todos somos felices! Viva la Pepa! Y ¡que bajen al Patriarca y todo se vuelva gozo!"

¡Sí, señor! A mí también me gustaría mucho ese mensaje. ¡Pero no hay!

6 de abril de 1894

[148]

Un señor Velázquez.

Me permito servir a ustedes, como quien sirve una aceituna, este párrafo del estimable *Monitor*:

"El Gobernador Sr. Rabasa. — Sin comentarios publicamos ayer un telegrama que firmado 'B. Velázquez' recibimos de San Cristóbal Las Casas, Chiapas, en el cual telegrama se decía que el Gobernador Rabasa y el Secretario General, habían sido acusados ante el Congreso local".

Con este motivo *El Universal* nos pregunta lo siguiente:

"¿Existe el Sr. B. Velázquez, signatario del telegrama? ¿Conoce a dicho señor? ¿Tiene referencias de él como corresponsal honorable?

En contestación diremos que no tenemos seguridad de que sea el signatario del telegrama un Sr. Velázquez, que alguna vez nos ha escrito, y que por eso mismo nos abstuvimos de publicar íntegro ese telegrama, pues en él se decía, cuál era el motivo de la acusación".

La respuesta del *Monitor* es absolutamente "corneliana".

Existe en San Cristóbal *un señor Velázquez* y éste *un señor Velázquez* ha escrito *alguna vez* al *Monitor*; pero el *Monitor* no tiene *seguridad* de que dicho *un señor Velázquez* sea el Velázquez sin *un*, pero con *B*, que firma el telegrama.

La honradez, la buena fe, la veracidad, la respetabilidad del *un señor Velázquez* queda fuera de duda. ¿Por qué? Porque *un señor Velázquez* ha escrito *alguna vez* al *Monitor*. El hombre que "ha escrito *alguna vez* al *Monitor*", debe ser por fuerza, ilustre, venerable, íntegro y docto. Acaso, acaso ese *un señor Velázquez* sea *un tal Shakespeare*.

Si fuera un *dos Señor Velázquez* cabría suponerle duplicidad, doblez o algún otro defecto. Pero es *Un* y, con ello da prueba plena de su integridad. "Ha escrito *alguna vez* al *Monitor*", o sea, no es un haragán, no es un ocioso, sabe donde le aprieta el zapato a Don Ramón L. Alva, conoce los derechos y deberes del ciudadano, en una palabra, ¡"ha escrito" "alguna vez" al *Monitor*!

Las señas, como verán hasta los ciegos, son mortales. Rotule cualquiera del siguiente modo el sobre de una carta:

"SEÑOR DON UN SEÑOR VELÁZQUEZ
SAN CRISTÓBAL LAS CASAS [CHIAPAS]" y la carta llegará sin tropiezo a su destino.

¿Quién pondrá en duda lo que afirme un caballero tan distinguido entre los UNOS? No preguntes qué posición ocupa o qué oficio ejerce: "ha escrito alguna vez" al *Monitor* y... ¡ça suffit!

Lo grave, lo arduo y temeroso, es la terrible duda Shakespeariana en que se halla el de Letrán. ¿Ese *uno* (el Sr. Alva habría escrito: "ese *huno*") es el *otro*? ¿Ese Velázquez que escribió una vez, es el Sr. Velázquez que escribió otra vez? Si el *Monitor* tuviera la seguridad de que los dos Velázquez son la propia e indivisa persona, habría publicado el telegrama íntegro, porque *Un* le debe toda fe,... sencillamente por el hecho elocuentísimo de que *Un* le ha escrito al *Monitor* alguna vez.

No siendo clara la identificación de la persona, tomó el colega una medida Salomónica: la de mutilar el telegrama.—Se publica— dijo —la mitad del mensaje, porque éste viene firmado por Velázquez; y la otra mitad no se publica por ignorarse si el signatario Velázquez es un tal... un tal Señor o un tal Velázquez, conocido en el mundo político y en la república de las letras por haber "escrito *alguna vez*" al *Monitor*.

Precisamente en la mitad amputada se quedó el veneno; mas como el de Letrán procede equitativamente en todo, nos dio ayer la mitad de ese veneno diciendo que la parte omitida contenía el motivo de la acusación.

De esa manera da al *Monitor* a sus pacíficos lectores un agradable pasatiempo en el que sabiamente se combinan la ciencia política y el arte de las charadas o acertijos. ¡Adivinen Vds. cuál será el motivo de esa acusación que no puede puntualizar el *Monitor*, porque el caso ha de ser grave y porque sabe Dios si este Velázquez no es *Un Señor Velázquez* como el otro!

Lo más probable es que el Sr. Rabasa se haya comido en mantequilla negra a un hijo suyo.

Me figuro oír diálogos como éste:

—¿Ya sabe usted lo del gobernador de Chiapas?

—No ¿qué ha hecho?

—¡Ah!... es espantoso... ¡verdaderamente horrible!

—Pero...

—¡Chist!... Oiga usted...

(*Le habla al oído*).

—¡Caracoles!

—Como usted lo oye.

—Pero, ¿quién lo dijo?

—Pues ¡quién había de ser! ¡Velázquez, hombre!

—Ése mismo.

—¿Y quién es *ése*?

—¿Qué quién es Velázquez?... ¡Pues está usted en Babia! Velázquez es nada menos que *un señor Velázquez*.

—¡Pues no caigo!...

—El mismo que escribió *alguna vez* al *Monitor*, diciéndole que había devuelto una libranza...

—¡Ah! ¿*Ese* Velázquez?

—El mismísimo. ¡Ya verá usted si no es de buena fuente!...

Y en efecto, de buena fuente es *Un señor Velázquez*. Pero ¿será *ese* Velázquez? ¿Sera otro? He aquí la horrible, la espantosa duda.

Por lo pronto hago la siguiente aclaración: hace algunas semanas había *un señor Velázquez*, diputado, joven, muy simpático y con varias etcéteras. Entre esas etcéteras figuraba su piocha. Ahora bien, ese *clubman* y político se llamaba Don Eduardo Velázquez.

Ahora anda por las calles un señor Velázquez sin etcétera, es decir, sin piocha. Pero tampoco ese otro señor Velázquez es el famoso *Un señor Velázquez*. No; ése es el joven diputado Don Ex-Eduardo Velázquez.

¿Quién es Velázquez el que le escribió *una vez* al *Monitor*? ¿Conocen ustedes a *Un señor Velázquez*?

Los grandes genios y los grandes Velázquez son desconocidos.

7 de abril de 1894

El chocolate del perico.

Tiene razón *El Tiempo*: un ministro positivista no es el que necesitamos en el departamento de Hacienda. Para la cartera que está desempeñando, realmente desempeñando, el Sr. Limantour, se ha menester un ministro metafísico, ¡qué digo metafísico! Un ministro teólogo, ¡qué digo teólogo!, ¡un ministro taumaturgo! Tampoco el Lic. D. Roberto Núñez está bien para Oficial Mayor de Hacienda. En ese puesto debía estar Roberto el Diablo. Y con un ministro Santo, milagroso, y un subsecretario endemoniado capaz de hacer cualquiera brujería, estaríamos en cobro de toda crisis financiera.

¡Tiene razón *El Tiempo*! Habrá que oírle, porque él, en cuestiones de Hacienda, habla con toda la autoridad de un hacendado.

Un ministro que estuviera en relación directa con la causa de las causas; un ministro profeta de los que vemos en los "Monumentos" de Jueves Santo; un ministro revelado, un ministro tuerto que tuviera un ojo aquí y otro en el otro mundo, habría previsto, visto mejor dicho, el precio a que la plata había de llegar. ¡Eso lo ve cualquiera alma de Dios! Preguntad, si no, a qué tipo se cotizará el peso mexicano en El Paso, Texas, el día 1° de Julio de este año, y veréis cómo el *Tiempo*, que es una alma de Dios, contesta con todo aplomo esa pregunta. El Sr. Limantour debe también consultar en todo a ese colega, y a éste deben consultar los comerciantes, los industriales, los banqueros y todas las naciones europeas.

El diario aludido es como Dios: ve todo lo que ha de suceder en la sucesión de los siglos, y no puede equivocarse. Disfruta de la presciencia divina. Y el Sr. Limantour, positivista o no, es hombre nada más.

A haber sabido que el *Tiempo* mira en lo futuro, todos, previa merced del beatísimo colega, estaríamos nadando en oro, porque no hay fluctuaciones bursátiles para quien sabe lo que tiene por fuerza de ocurrir.

"Pero lo que es sorprendente— habla el diario católico —es que *El Universal* pretenda hacer creer al país que *el gobierno ha realizado estupendas economías*; cuando a su vista está que las decantadas economías consisten tan sólo en el *chocolate del perico*".

A renglón seguido, el colega asegura que no se han hecho reducciones en el ramo de guerra.

Aquí también tiene razón mi maestro. Un periódico ministerial, un calandrio, un vendido, le contestaría que en el mismo *Tiempo* se han publicado decretos del Ejecutivo, por los cuales quedan considerablemente reducidos el personal y haberes del Ejército; citaría, por ser reciente, el que se refiere a los gendarmes del Ejército; y por último hablaría de la economía consultada por la Comisión de Presupuestos, para el ramo de Guerra y que sube a doscientos mil pesos.

Eso no es nada. Eso es el chocolate del perico. Aquí los pericos gustan mucho en chocolate. Perico hay al que doscientos mil pesos y el cuerpo de gendarmes del Ejército no le bastan ni para el mamón de cada día. ¿Qué es medio millon para *Anabasis*? Nada: ¡medio!

La verdadera reducción del ejército consiste en conservar únicamente el batallón de inválidos, que es el de veras reducido, y suprimir todos los demás. Hay que reducir no sólo los cuerpos del ejército sino los cuerpos de los soldados. "Y para hacer esas economías— añade el *Tiempo* —ha faltado energía". Sí; muy bien dicho: ha faltado energía... y hasta cuchillo.

El Sr. Limantour, que no ha querido ser ni un San Rito de Casia en lo civil ni un Herodes en lo militar, no sirve para el caso.

En lo que sí barrunto que el colega desafina (porque no siempre ha de tener templado su violón) es en el párrafo que sigue:

"¿Y si le pidiésemos que nos explicara cómo es que se gastan setenta mil pesos en *granadas rompedoras*, siendo así que algunos empleados se quedan sin comer? Es preciso, contestaría el financiero tuxtepecano, presentar grandes espectáculos bélicos, a fin de echar tierra en los ojos al público, e infundir terror a nuestros enemigos".

¿De verdad cree *El Tiempo* que se gastaron setenta mil pesos en *granadas rompedoras* el día del simulacro? Si en efecto se hubieran gastado, el Ministro, apelando a los propios argumentos de *El Tiempo*, podría replicarle que esos setenta mil pesos son la décima parte del chocolate del perico... el terroncito de azúcar para el chocolate del perico. Pero ¿*El Tiempo* cree... de veras?... Hombre, es encantadora la inocencia; pero hasta cierta edad.... ¡Setenta mil! ¡En granadas rompedoras!...

¿Que no se gastarían en granaditas de China... para el perico?

En el simulacro se gastaron de tres mil quinientos o cuatro mil pesos y el material de instrucción que se consume en dos meses y medio, sobre poco más o menos.

De modo que aquí vuelve a salir el perico, pero no aquel del chocolate, sino otro.

Perdía un tahur todos los albures que jugaba, y dándose a los diablos y renegando de su mala suerte, dijo al dueño del garito:

—¡Con cien mil demonios! ¿Cómo he de ganar si me está aturdiendo con su maldita charla ese perico que tiene colgado en el balcón?

—¡Pero, señor, si es de palo!...

17 de abril de 1894

La salud de esos señores.

En una ciudad donde se expende leche adulterada, vino salicilado, cognac falsificado, etc., etc., es muy consolador que haya algo legítimo, algo auténtico, algo garantizado por el Gobierno: ese algo es la prostitución. En cualquier fonda, café o tienda, puede el comerciante envenenarnos; los comestibles, los artículos de primera necesidad se venden *sans garantie du gouvernement*; pero si queremos pecar en agradable compañía, podemos hacerlo sin temor alguno: el Gobierno garantiza la pureza de la prostitución.

Para que los viciosos, los crapulosos, los escandalosos no expongan su interesante salud a ningún contratiempo, la ciudad paga un ejército de agentes llamados de sanidad, los cuales llevan su celo por la moral pública hasta el punto de no creer que una señorita es honesta sino después de haberla tocado, visto y sometido a la más minuciosa de las inspecciones.

Esos agentes, esos prácticos, como llaman en los puertos a ciertos empleados de la Capitanía, esos introductores de embajadores, persiguen a muerte y sin piedad el contrabando. Que se haga contrabando en la frontera, que se haga contrabando en las Aduanas, que se nos entre por la garita el contrabando; pero que no se haga contrabando en la prostitución, porque peligran las instituciones. Circule moneda falsa enhorabuena; pero que no circule ni una sola mujerzuela si antes no ha sido examinada y recibida por la muy cariñosa y conocedora autoridad. Y si para perseguir el contrabando es necesario a veces afrentar a una mujer honrada, sufra ella su vergüenza con abnegación. Lo importante es que la prostitución no se adultere.

Poco importa que gracias a los caños descubiertos, a las hediondas atarjeas, a las aguas estancadas, a las inmundicias que se amontonan en algunas calles, atrape cualquiera persona de buen vivir alguna fiebre que la mate. La sanidad vela nada más por la gente de mala vida. Tiene altos fines gramaticales, como, por ejemplo, el de impedir que se cometan galicismos. Y fines religiosos; no quiere la muerte del pecador.

¿Veis esa nariz que está siempre torciendo alguna esquina? Hay en su triste aspecto aquello, — *¡Que vive poco, que ya se va!*

Es una nariz ruinosa. Más bien dicho, es la cáscara de una nariz.

Pues bien: todo un ejército de agentes cuidará de que ese estornudo paralítico, ese dedal de una ex-nariz, no nos dé el último adiós.

¿Veis a ese borrachón que roba a su padre, apalea a la esposa, deja sin comida a los hijos, estafa a los amigos? Pues para procurar, en lo posible, que pueda él pecar impunemente, hay policías, inspectores, médicos, peritos, pagados por el gobierno y que hacen para bien

de ese individuo repugnante y asqueroso, lo que ningún criado decente haría por ninguna paga: tan vergonzoso y sucio es.

Ahora bien: si el vicioso disfruta de tales honores y prerrogativas, ¿por qué no disfruta de las mismas la viciosa? Todas nuestras leyes, todos nuestros códigos, tratan a la mujer con los debidos miramientos. Nada más los inquisidores de la Sanidad la condenan a suplicio infamante. Pero hago ahora punto omiso de esa pena, e insisto en preguntar: ¿por qué no se cuida de la pecadora? Se me dirá que, pues abrazó ella tal oficio, aténgase ella a los resultados. Pero lo mismo digo del vicioso: —Pues abraza a la viciosa, aténgase a las consecuencias.

Para impedir en lo posible que se enferme el que paga por pecar, hay la misma razón que para impedir que se enferme la que peca por la paga. Y supongo que los S.S. Agentes no encontrarán ni más ni menos vergonzoso que lo que hacen ahora, el entregarse a estudios de ambos sexos.

18 de abril de 1894

La permisión.

Hay un proyecto del cual ya hemos hablado, para la construcción de una plaza de toros; y ese proyecto no merece la aprobación del *Monitor*, porque según él, "lo malo del proyecto, para nosotros, es la erección de ese redondel a corta distancia de la Tlaxpana, del lado del Panteón Americano, pues como la práctica lo ha demostrado, esa bárbara diversión de los toros, sólo sirve para desarrollar en el pueblo, instintos feroces, habituarlo a la vista de la sangre y excitarlo a la desobediencia de la autoridad y a la comisión de toda clase de abusos".

En el anterior párrafo debe de faltar algo... por ejemplo, un jueves. Cuando alguno de los que forman la Compañía Alva, o lo que es lo mismo, la redacción de *El Monitor Republicano*, escribió estas palabras en cabeza de oración: "lo malo del proyecto, para nosotros, es la *erección* de ese redondel a corta distancia de la Tlaxpana, del lado del Panteón Americano, pues como la práctica lo ha demostrado...".

Supuse yo que iba a seguir de esta o semejante manera; "pues la práctica ha demostrado que no es bueno *erigir* redondeles a corta distancia de la Tlaxpana, del lado del Panteón Americano"; pero no sucedió así, porque el articulista pertenece sin duda a "la comisión de toda clase de abusos" lógicos y gramaticales.

Y como no sucedió así, quedo perplejo; ¿por qué será mala la *erección* de un redondel a corta distancia de la Tlaxpana, del lado del Panteón Americano? Cierto que *El Monitor* dice: eso es malo, "para nosotros", y por ahí puede colegirse que lo malo estriba en que el redondel quedará lejos de *El Monitor Republicano*. Pero desecho esa interpretación por dos motivos: porque en *El Monitor* hay altruismo y porque hay tranvías en la ciudad.

El colega, a no dudarlo, toma en cuenta razones de derecho internacional. ¿Podría acarrearnos un conflicto la *erección* del redondel "del lado del Panteón Americano"? ¿No correrán algún peligro, en tan bárbara diversión, los yankees muertos? ¿No tendrán los piés fuera de las tumbas, en riesgo de que la multitud les pise un callo?

Recuerdo a este propósito que, ha pocos días, pasé "a corta distancia de la Tlaxpana, del lado del Panteón Americano", y vi no pocos calzoncillos, camisetas, calcetines y pañuelos tendidos a secar, bajo los árboles del cercado cementerio.

Indica esto que los muertos pasan por situación algo difícil, y que lavan en casa la ropa sucia; lo cual, o es el colmo de la diplomacia, o es el colmo de la depreciación de la plata.

No perturbemos con aquella erección el sueño de los yankees y erijamos en otra parte el redondel.

Pero no erijamos un monumento perenne, como el de Horacio. También a ello se opone el *Monitor* en este párrafo:

"La Compañía de Diversiones Públicas seguramente cree que la permisión para lidiar toros va a durar eternamente, pues se propone construir la plaza con piedra, ladrillo y fierro para hacerla, si no eterna por lo menos duradera".

La *Permisión* no es eterna, de único eterno es el Alva. La permisión suele llamarse permiso. La permisión es palabra castellana y palabra francesa, o sea intervencionista, y las intervenciones no son duraderas. La permisión depende del permisor o permitidor, del permitente, de lo permisivo y de lo permitidero. (Conste que estoy hablando castellano... conste que todo eso es puro castellano, aunque yo no lo fumo.) Ahora bien, ¿Cómo la Compañía se permite erigir una plaza con piedra, ladrillo y fierro, para hacerla, por lo menos, duradera?

Lo natural es que solicite permiso para hacer plaza de popotes y lidiar toros de petate.

Durará poco; pero, en cambio, ya ha durado bastante Alva. No será eterno; pero *Anabasis* y Alva son eternos.

Sobre todo, el remedio es sencillo: si la plaza es frágil, diga el Ayuntamiento lo que decía cierto dómine, antecesor glorioso de mi maestro Alva:

—Niños: ya es la hora de recreación. ¡A jugar al toro! Pero ya saben ustedes que al toro se juega quietecitos y sentados.

20 de abril de 1894

Crédito al minuto.

En este país, situado a los tres siglos de hidalguía española, y a los setenta años de ilusiones constitucionales, el crédito es uno de los derechos del hombre, una de las prerrogativas del ciudadano: es sagrado, es ilegislable y... ¡está escrito!

El primer día, hizo Dios el crédito, para que en él nadáramos los mexicanos como los peces nadan en las aguas, o para que en él voláramos, como las aves vuelan por los aires. El segundo día, el Supremo Hacedor hizo San Lunes.

Para otras tierras el crédito es extensión de capital, diminución del tiempo, anticipo de capitales circulantes: no aumenta la cantidad de capitales existentes en el momento en que se produce; pero aumenta la potencia productora de esos capitales. Para México, es decir, para *Anabasis*, para Alva, para San Isidro Labrador, para Juan Diego, el crédito se decreta, el crédito es de orden supremo, el Gobierno lo expide en uso de las facultades extraordinarias que la Divina Providencia le ha otorgado; el crédito es el refugio de los pecadores, el *Consolatrix aflictorum*; el crédito se improvisa, como un brindis; el crédito sale para todos, como el sol; en una palabra, el crédito es la vaca chichona nacional.

Un editorialista de *El Universal*, puso el dedo en la llaga cuando dijo con referencia al banco agrícola:

"La combinación descansa en la ilusión que cada cual de ellos (los agricultores) se hace, de prestarse a bajo rédito el dinero de los demás; pero como todos están en el mismo caso, es manifiesto que no habrá fondos sino para una minoría de los interesados, y que los demás perderán con el sistema".

Tengamos— dicen —un banco llamado Agrícola. (Le llaman así como pudieran llamarlo banco de San Vicente de Paul o banco de San Juan de Dios, el padre de los pobres). Ese banco prestará dinero con las mayores facilidades y en excelentes condiciones para el que haya menester del préstamo. ¿Y por qué prestará así? Porque se llama Agrícola y porque es un banco nuevo. En él hará el capital, voto de castidad y voto de pobreza: voto de no reproducirse, voto de dar todo a los menesterosos. Los que en vano acudimos a las puertas del opulento o del avaro, tendremos allí una mano siempre abierta, derramando billetes de circulación forzosa. ¡He aquí la gran combinación! ¡He aquí la verdadera y única Lotería de Beneficencia Pública, la lotería de cuyo globo salen premiados todos los números! ¡He aquí la sopa de los conventos, nacional, laica y gratuita!

¿En qué fiamos para esperar tales mercedes de ese Banco? En dos razones poderosas: en *a ver si paga* y en *quién quita*....

El agricultor no para mientes en si tiene o

no crédito. Lo que le interesa es tener Banco. ¿Hay Banco? ¡Pues hay crédito! Porque los Bancos, según dichos señores, prestan el dinero; pero el crédito lo dan. Mejor dicho, reconocen el crédito de que todos estamos investidos, no recuerdo si por algún decreto del Congreso de Apatzingan, por artículo de la constitución de 55 o por cualquier otro artículo de mi ilustre maestro D. Ramón Alva.

Cuando a un desastrado hijo de vecino nadie le fía en su barrio, se muda a otro. Para él lo importante no es tener crédito, sino que no le conozcan en la tienda. Y a eso le regocija que algún nuevo abarrotero se establezca en la esquina de la calle, lo mismo que alegra a los agricultores de *Anabasis* la fundación de un Banco nuevo. Ya sabe que le darán garbanzos y frijoles al mismo precio que en la tienda contigua; pero tiene la consoladora esperanza de no pagar ese frijol ni esos garbanzos.

Fúndese el Banco— exclaman —y tendremos crédito.— O lo que da lo mismo: —Casi puedo decir que tengo coche: ¡Ya compré un chicote!

Aguardo a que vuelvan de los toros los que van a los toros. Y hasta puede ser que haya quien diga entonces: —Es verdad, no me prestan; pero tengo crédito. ¡Ahí está el Banco! ¡Ahí está el crédito escrito en letras de oro! Conservemos esa sagrada fórmula, así como hemos guardado en el *sancta sanctorum* las fórmulas democráticas. ¿No en los tiempos más calamitosos, en las épocas de miseria más aguda, hemos dicho con estupenda alegría: ¡qué ricos somos! Ved nuestras minas, ved nuestra agricultura. ¡Y naturalmente, la agricultura y la miseria estaban por los suelos!

Guardad, pues, el *crismas* del crédito. Puede ser que os sirva para la extremaunción.

21 de abril de 1894

[153]

El celibato diplomático.

Realmente no sabía yo qué actitud tomar el día de hoy. La noticia—dada por *El Tiempo*— de que el Sr. Espinosa de los Alegranes "y su pequeño hijo", no están conformes con el tratado de Belice, me preocupaba y con harta razón; pero también influían de modo poderoso en mi ánimo estas palabras tomadas del apóstol Alva, en su epístola de ayer:

"No nos fijamos, nosotros sólo en el presente transitorio, tan cubierto de sombras y tan lleno de desgracias; nuestras miras se extienden al porvenir; no trabajamos sólo por las actuales generaciones, que caminan a hundirse en el sepulcro de los tiempos; trabajamos también por la dicha y por el porvenir de las futuras generaciones, y quisiéramos que fueran fructuosos nuestros afanes y trabajos, no sólo para los que han de ver la luz donde la vimos nosotros, y donde han de descansar nuestros míseros restos, sino para toda la humanidad, a la que más amamos, mientras más pasan los días sobre nuestra cabeza y mientras más estudiamos en las indelebles páginas de la historia lo trabajoso de su marcha y lo amargo e interminable de sus dolores".

Cuando el Sr. Espinosa de los Alegranes, dice hablando de Belice: "el que esto escribe, si mañana o pasado por la gran desgracia se ofrece una guerra extranjera, será uno de los primeros, en unión de mi pequeño y querido hijo, en empuñar las armas para defender a todo trance los sagrados derechos de la integridad Nacional, pues bien comprendo que seríamos sacrificados inmediatamente, pero moriríamos con gusto, en aras de nuestra amada e idolatrada patria"; cuando el Sr. Espinosa de los Alegranes—repito—"y su querido y pequeño hijo" quieren morir por la patria en las Termópilas de Belice y el Sr. Alva desea hacer feliz a toda la humanidad, el caso no es para reír, sino para enternecerse, para llorar y para decir a vez en cuello: ¡qué hombres y qué épocas! Y eso sin contar con que el citado *Tiempo*, hablando de la sentencia de los redactores de la *República*, cuenta lo que pasaba en tiempo de Pericles.

¿A cuál asunto dar la preferencia? ¿Al sacrificio del Sr. Espinosa de los Alegranes o al apostolado del Sr. Alva? ¿En qué frente imprimir el primer ósculo? No todos los días tropieza uno en la prensa con Pericles, con Leónidas y con el nuevo redentor del mundo.

Ante esos grandes ejemplos de virtud, ¡cuánto más monstruosa nos parece la conducta del Sr. Verdeja, miembro de un comité de Salud Pública que es retoño del que hubo en París, cuando el Terror; alguacil de una Inquisición que no respeta faldas y Guarda sellos del Registro Público *in partibus infidelium*! ¡Qué ridícula vemos la retirada de los diez mil valientes pesos, que hoy no quieren ya lanzarse al precipicio, al Caulincourt del Ayuntamiento, por Don Ricardo Corazón de León!

Quisiera pararme como un signo de admiración, ante esos hechos y esos hombres ejemplares, pero el oficio me obliga a continuar leyendo los periódicos y en el servicio telegráfico doy con este mensaje:

"París, Abril 22. —El Presidente Carnot ha firmado un decreto por el cual se prohibe a los Ministros, cónsules y agentes consulares de Francia en el extranjero casarse sin el consentimiento previo del Ministerio de Relaciones, so pena de destitución.

Dícese que esta medida ha sido dictada a consecuencia de los matrimonios de Mr. Jules Patenótre y del Conde de Baunay con señoritas Americanas".

No censuro la fraternal disposición de M. Carnot—¡*un padre noble*!—simplemente digo que es nueva, flamante, original, en los anales de la diplomacia. En lo sucesivo, los franceses que a la vez sientan vocación a la carrera diplomática y vocación al matrimonio (que es para ciertos hombres y para ciertas mujeres una carrera de baquetas) tendrán que tomar estado, antes de ofrecer al Estado sus servicios. Y aun así tal vez no satisfagan los deseos de M. Carnot... tal vez tengan que sujetar a sus señoras a la inspección de un Verdeja, no inmoral, sino moral, que las apruebe y las declare aptas para pertenecer al cuerpo diplomático. Porque el Sr. Carnot, seguramente, no sólo quiere impedir que los ministros y cónsules de Francia casen con "señoritas americanas", sino, en general, que se casen sin solicitar de su gobierno el previo reconocimiento de la víctima. El Ministerio de Relaciones Exteriores, se trueca en ministerio de relaciones interiores, o el Ministro de Negocios Extranjeros, como en Francia le llaman, se convierte en Ministro de Negocios conyugales. ¿Qué se entiende por Secretaría de Estado?—diríamos acá. La que interviene en los secretos de cualquier estado, como el estado del matrimonio, *verbi gratia*.

Al fin del siglo, las misiones diplomáticas se han vuelto verdaderas misiones, con misioneros célibes y castos. Mas tengo para mí que la última virtud es la que M. Carnot no garantiza.

—Querido amigo— decía una dama a un caballero —me han dicho que es usted enemigo del matrimonio.

—¡Oh, sí, señora!

—Pero si todos pensaran como usted, se acabaría el mundo.

—¡Oh, no, señora!

He aquí el caso aplicable a los diplomáticos franceses. ¿Porque no puedan casarse los ministros se acabarán los cuerpos diplomáticos? ¡Oh, no, señor, de ningún modo! Del "creced y multiplicaos" quedó insubsistente el "creced" para la *degenerescencia* "fin de siglo", pero subsiste el "multiplicaos", e, a lo menos, el "procurar como pueda cuanto en sí pueda", de Ripalda.

El Sr. Patenôtre, el Señor Padre Nuestro,—en castellano—no habría contraído matrimonio si hubiera estado vigente la actual ley; no sería padre legítimo; mas no por ello dejarían de llamarle algunos niños, y con justo derecho, Padre Nuestro.

¿Qué ha remediado, pues, M. Carnot? Supongo que, conocedor experto de la influencia que ejerce la mujer en el marido, prohibió el matrimonio a los agentes diplomáticos para que éstos no consulten con la almohada los negocios de Estado.

Pero M. Carnot, sin duda, no se acuerda del esclavo Terencio: no tuvo en cuenta el *Homo Sum*. ¿Y qué mujer es más temible (*aunque cualquiera mal haga*) la propia o la ajena? Yo creo que en todo caso es preferible una fosa a perpetuidad, la esposa vitanda, la mujer legítima.

No sabe M. Carnot a lo que está expuesto un solterón, ministro en Guatemala.

Lo que ha hecho la ley es convertir al Gobierno francés en otro suegro. Y que haya un cadáver más no importa al mundo; pero que haya un suegro más en cada matrimonio, sí debe de importar mucho a los casados. Cualquiera señora a quien corteje un diplomático francés, tendrá, si quiere, que sonreír a éste y sonreír por cable a M. Carnot. ¡He aquí la inspección de sanidad moral puesta en vigor por la república francesa!

25 de abril de 1894

[154]

El pobrecito criminal.

Una persona que me conoce mal, ha tenido la paciencia de dirigirme una carta, suplicándome que abogue en favor de los pobrecitos rateros y de los tiernos reincidentes, amenazados por la última iniciativa de Justicia. Es muy verdad, como asevera tal persona, que yo suelo interesarme por los criminales cuando éstos son víctimas de la prensa y tienen la desdicha de que un *repórter* los condene; es muy verdad que cuando la pena establecida en el Código, resulta por circunstancias especiales, no proporcionada al delito, me conduelo del reo, pero todo ello no indica que sea yo un filántropo *à outrance*, ni que crea mucho en las probabilidades de ciertas redenciones. Soy amigo de Platón, pero más amigo de la verdad, y la verdad que si hemos de ser mansos en extremo con los delincuentes bravíos, nos devorarán a pocas dentelladas. De modo que no daré gusto a la persona caritativa que me escribe. En algo no voy conforme con la iniciativa, pero dejo ese algo para el capítulo siguiente, con el fin de interesar al lector.

El pobrecito criminal, el desgraciado joven, que mató a su padre y tantas lástimas inspira por ser huérfano, hasta el ratero que vive de su trabajo y con peligro de la vida, no me enternecen, no me entusiasman. En estos puntos soy duro de corazón. Ni las señoritas que, según la prensa, acaban de sufrir un minucioso registro, me conmueven. Estoy contra las disposiciones que previenen dichos registros; pero el caso concreto que dio lugar a la polémica y al juicio pericial, no me preocupa. Tengo adentro un ¡quién sabe! que siempre pide la palabra cuando estoy callado, y que habla aunque no se la concedan.

"¡Qué suerte correrán los rateros— dice la carta referida —si la autoridad política les manda a cumplir su condena a las obras de Tehuantepec!"

Efectivamente, no es muy salubre el istmo de Tehuantepec; no es un Paraíso; no es el lugar escogido por la oriental "Compañía de Diversiones" para establecer teatros, hipódromos, circos y termas; nada tendrá de raro que perezcan, víctimas del clima, algunos delincuentes confinados a esa región malsana; pero—¡qué diantre!—tan de carne y hueso como los pícaros y ladrones son las gentes honradas y misérrimas que para ganarse el pan de cada día trabajan hoy en tan mortíferos lugares, y no se me alcanza la razón oculta por la cual ha de cuidarse preferentemente la vida y la salud del ser nocivo y no así la del pobre útil y honesto. De que muera o acabe de morir un hombre corrompido, a que perezca el bueno y apto, preferible es que sucumba el corrompido. El *¡perezcan los débiles!* no es, como barruntan los filántropos, dogma o precepto del positivismo. Los débiles perecen más fácilmente que los fuertes, desde el principio del mundo.

Serán enfermos los criminales; pero a los atacados de enfermedades contagiosas se les aísla; a los que tienen probabilidades de procrear hijos enfermos, se les vedan los goces del matrimonio y la paternidad; y no para que ellos disfruten de la vida a su sabor ponemos en peligro la nuestra. Tampoco me parece envidiable la condición del soldado, ni la del minero, ni la del que limpia albañales, ni la de muchos otros infelices que están siempre en riesgo de morir; también a los escritores se nos empobrece la sangre, se nos cansa la vista, se nos pierde el estómago y el hígado, se nos agota el cerebro y nos desequilibran todas las funciones trabajando; ¿por qué motivo el criminal ha de ser predilecto de las sociedades, hijo mimado de la suerte, favorito de todos los gobiernos?

Se escandalizará el autor de la carta si le digo que muchos criminalistas modernos—y hablo de los grandes—están porque al reincidente se le proporcione trabajo en climas insalubres, para que la colectividad sana ahorre sus fuerzas útiles, dejando que se cumpla la ley necesaria de eliminación.

El endemoniado Cruz dice en *La loca de la casa*: "la compasión, según yo la he visto, aquí principalmente, desmoraliza a la humanidad y le quita el vigor para las grandes luchas con la naturaleza. De ahí viene, no lo duden, ese sentimentalismo que todo lo agota, el incumplimiento de las leyes, el perdón de los criminales, la elevación de los tontos, el poder inmenso de la influencia personal, el esperarlo todo de la amistad y de las recomendaciones, la falta de puntualidad en el comercio, la insolvencia...".

Y adelante añade: "la ley de renovación debe cumplirse. El náufrago que se ahogue, el enfermo que se muera y el árbol perdido sea para los que necesiten leña".

Todo ello está adrede exagerado; pero oculta gran fondo de verdad. Spencer también dijo mucho antes: "La pobreza de los incapaces, la miseria de los impotentes, la eliminación de los perezosos y el crecimiento de los fuertes con menoscabo de los débiles, son resultado de una ley general, justa y benéfica".

No en virtud de esto suprimimos la caridad bien entendida, ni la compasión: lo que sucede es que no estamos por aniquilar el género humano en bien de los nocivos y los débiles.

He aquí por qué no satisfago los deseos de quien me escribió la carta dicha. Un cocinero filántropo sería mal cocinero.

26 de abril de 1894

[155]

Su majestad el nombre.

La revolución que destronó a Don Pedro en el Brasil fue de carácter netamente nuevo. (Tal vez el *Nacional* no vaya de acuerdo con el calificativo, porque ayer reprobó el que llamara yo flamante la disposición que veda a los diplomáticos y cónsules franceses, contraer matrimonio sin previo consentimiento de su gobierno; y, en prueba de que es vieja, me cita a cierto ministro que "cayó en desgracia de Guillermo II de Alemania, por haberse casado sin licencia", a lo que yo replico: ignoro si tal ministro—el cual, por más señas, tenía un perro—cayó del valimiento imperial por dicha causa o por otras que yo me sé; mas como nunca dije que era inaudito el caso de que un diplomático disgustara, tomando mujer, al soberano, sino que es nueva la prohibición expresa, escrita y general de que traté, el ejemplo aducido nada prueba). La revolución que destronó a Don Pedro en el Brasil— vuelvo a decir —fue de carácter netamente nuevo. Casimir Périer dijo refiriéndose a ella: *les coups de châpeau ont remplacé les coups de fusil.* Efectivamente, de cortesía hizo gala el pueblo y de resignación el buen monarca. —Adiós, que usted la pase bien y muchas gracias.— Caballeros, no hay de qué.

Y el mismo día en que D. Pedro se quedó sin corona, el presidente de la república francesa dio a D. Pedro las palmas de oficial de academia.

No puede darse nada más burgués; hasta el Don antepuesto al Pedro es de la burguesía. Aquel emperador no fue Pedro I, ni Pedro II, ni Pedro el Grande, ni Pedro el chico: fue Don Pedro.

Con la república llegó para el Brasil la tragedia. Aquel Don Pedro de buena alma había nacido para presidente de una república pacífica. Peixoto, Mello, el general Hipólito, nacieron para déspotas.

¡Ya es república el Brasil! ¡Perfectamente!

La palabra *república* suena agradablemente a todos los oídos latinos. Pero no es lo mismo comer que tener el menú en la mano. Y los brasileños, desde que tienen la preciosa dicha de vivir en república, están como el portugués que lloraba de hambre en día de júbilo oficial, y amonestado por algún alcalde que le reprochaba tamaño desentono y desacato, respondía:

—¡Si no lloro! ¡Si es un chorro de gozo!

Contra la monarquía no se luchó; pero por la república contra la república, por un nombre contra otro nombre, ¡cuánto se ha luchado! Todavía en telegrama de ayer se leen cosas como las que siguen:

"Despachos recibidos de Ribeira, refieren las atrocidades cometidas por el General peixotista Hipólito, después de sus últimos triunfos en el Estado de Rio Grande do Sul.

Hizo degollar a todos los prisioneros.

Por lo demás, eso de degollar a los prisioneros, es cosa muy común—por ambos partidos—en el Estado de Rio Grande do Sul, lo mismo que en el de Paraná.

Después de que Gumersindo Saraiva ocupó a Lupa, hizo degollar al Coronel Serra y a otros prisioneros que habían faltado al compromiso tomado anteriormente, de no volver a hacer armas contra la revolución".

¡Señor, y hay quien reprocha a Castelar no querer inmediatamente la República para un país no apercibido a recibirla!

El general Hipólito "hizo degollar a todos los prisioneros"; ¡ça me rend rêveur! ¿Será esa la igualdad? No encuentro razón justificada para indignarnos contra el Czar de Rusia y no indignarnos contra el general Hipólito. Y pienso en aquel pobre y buen D. Pedro que lloraría mirando a su Brasil libre, republicano... y degollado.

Después de tales desenfrenos, ¡qué despotismo habrá por fuerza de ejercer el gobernante! ¿Y la República? La República, toda paz, toda fraternidad, ahí está escrita; y esas nueve letras que han entrado con sangre a la nación, representan la única conquista a fuerza de cruentos martirios y de estupendos esfuerzos alcanzados. ¡Nueve letras... una palabra... un nombre... un *do* de pecho!

"Se ha observado atinadamente que en el curso de los tiempos, el adorno precede al vestido. Las hordas de salvajes que se someten a vivos sufrimientos para adornarse con soberbios tatuajes, soportan temperaturas excesivas, sin buscar la manera de moderarlas. Humboldt dice, que un indio del Orinoco, al que su bienestar físico nada le preocupa, trabajará durante quince días para comprarse los colores que, según piensa, le embellecerán; y que una mujer, al paso que no vacilaría en salir de su cabaña, sin la sombra de un vestido, no se atrevería, por no faltar muy gravemente a su decoro, a mostrarse sin pintar. Los viajeros observan, que en las tribus bárbaras, los vidrios y las cuentas de colores, se venden mejor que las cotonadas y los paños gruesos". (Spencer, *La Educación*).

¿No será la república el tatuaje del Brasil? Y sin embargo, todos sufrimos la esclavitud del nombre, como el Brasil sufrió la otra esclavitud. Hasta nos rebelamos contra aquellos que intentan emanciparnos de esa servidumbre. Todos pagamos caro los vidrios y las cuentas de color, y por hacer la rueda, como el pavo, hacemos lo que el capitán Speake vio hacer a un africano: "Cuando el día estaba hermoso y despejado, paseábase altivo envuelto en una capa de piel de cabra, pero en cuanto soplaba el aire húmedo, se quitaba la capa y, ya desnudo, resistía la lluvia tiritando". (Spencer).

El nombre, la palabra, el adorno, ¡qué triunvirato de tiranos!

Aun a nosotros los demócratas nos conmueve que el Conde de Talleyrand Perigord, esté ahora preso en París por falsificación de firma y convicto y confeso. Nos asombra porque él se llama así: Elías de Talleyrand Perigord, y porque es el hijo mayor del príncipe de Sagan.

¿¿Un Talleyrand??... ¡¡Un Talleyrand!!... ¿¿Una república el Brasil??... ¡Sí, una República!

27 de abril de 1894

[156]

Un deber desconocido.

Se nos ha aparecido un deber nuevo.

"El proyecto del Sr. Orozco— dice *El Nacional* —será bueno o malo y dará o no los resultados que su autor se propone; mas *todos deben* ayudarlo. El interés de la ciudad lo exige. Si al fin fracasa, *bien*; mas que no tenga ni el pretexto de decir que no se vio secundado".

Por lo que a mí toca, en lo referente a ese deber, declaro que no firmo el pagaré.

Yo no *debo* ayudar al Sr. Orozco. Debo, si su proyecto no redunda en perjuicio de mis intereses legítimos, no oponerme a que él procure realizarlo. Pero, ¿qué obligación tengo de ayudar a quien no conozco, en una empresa que no me gusta y que acaso, acaso, puede causar algunos daños? ¿Qué obligación tengo de pasar por tonto? ¿El "interés de la ciudad" exige, que hombres de ciencia, como tantos hay entre los que desaprueban totalmente ese proyecto, me tengan por majadero, ya que lo exiguo de mi peculio no permite que me tengan por dadivoso potentado? No; no *todos deben* ayudar al Sr. Orozco. *El Nacional* no es infalible y cuando dice, "el interés de la ciudad lo exige", se arroga facultades que no son de su incumbencia. *El Nacional* no es siquiera municipio.

Probablemente, si hablo o escribo al Sr. Ricardo Orozco le diré o le escribiré: *Soy servidor de Vd.* Pero esa frase es una fórmula social, una fórmula homeopática que no tiene, en substancia, nada verdadero; no soy servidor de Don Ricardo Orozco, ni tengo de ayudarle por obligación.

El Nacional dice con mucho aplomo: *"Si al fin fracasa, bien"*. ¿Cómo *bien*, colega? ¡Mal, muy mal, rete que mal! La resignación de mi cofrade, recuerda este diálogo entre un deudor y su acreedor:

—¡Canastos! ¡Me ha hecho usted perder veinte mil duros!

—Norabuena, señor, yo trabajando.

—¡Qué norabuena, ni qué norabuena! ¡Noramala!

"Si al fin fracasa, bien"; más que no "tenga el pretexto de decir que no se "vio ni secundado".

¿Y qué nos importa que el Sr. Orozco recurra a ese *pretexto*? ¡Que diga él lo que quiera! ¿Le parece poco *secundamiento* el de los $20,000 que pidió y le dieron? ¡Bonito sería que regaláramos nuestro dinero y nuestro trabajo, o que dijéramos lo que en conciencia no podríamos decir, sólo para que no tuviera *ni pretexto* el Sr. Orozco!

Lo dicho: protesto contra el incalificable *deben todos*. Deben todos, sí; pero no deben al Sr. Orozco.

Algo exacto, a pesar de todo, hay en lo que publica *El Nacional*; algo que quiso decir y no lo dijo. Se insinúa en el artículo que algunos mal intencionados "contrarían las obras, poniendo presas en las atarjeas y derribándolas en el canal, abriendo boquetes en éste y de otras mil maneras, al grado de que ha sido necesario pedir que sean vigilados los trabajos por la Gendarmería Montada".

Después de la retirada de los diez mil (que se redujo, por fortuna, a infeliz intentona) pudiera creerse que las palabras anteriores preparan el camino para otra retirada. Pero, si no fuera así, si en efecto—lo que es inconcebible—hubiera gentes de alma atravesada que atravesaran piedras, monolitos, presas y hasta cárceles, en el camino de las aguas encantadas, el autor del proyecto, que no tiene pelos en la lengua, debe hablar claro, muy claro, y pedir auxilio a la justicia. Paso porque guardara el sigilo de la confesión en todo lo relativo a su proyecto; pero no paso porque oculte hechos punibles que la autoridad debe y quiere impedir. El Ayuntamiento se compone de personas honorables.

Para cerciorarse de que si el agua corre o no corre por las atarjeas, la simple vista es suficiente. Si hay piedras, no las oculta el Sr. Orozco. Y si él cree que las hay, dígalo. Tampoco es necesario saber de ingeniería para cerciorarse de que una piedra es una piedra.

Más tarde, el silencio actual del Sr. Orozco sería fecundísimo en palabras. ¡Que no venga el delirio de persecución tras el delirio de grandezas!

Todos nos alegraremos de que el proyecto resulte útil y benéfico, aunque la ciencia desgreñe. Pero los preparativos de un melodrama, después de los primeros actos de una comedia de magia, son motivo a sospechas que nada tienen de consoladoras.

¡Quiten piedras!

28 de abril de 1894

[157]

Caldo de huesos.

El señor E. Vázquez, acaba de publicar un folleto titulado "La Plata y México". Entiendo que al señor E. Vázquez ha de haberle costado como cincuenta pesos (plata) la impresión de su trabajo. Es, por lo mismo, en alto grado meritoria, la conducta del señor E. Vázquez, y crea este caballero que me duele el no conformarme a sus ideas. Hago plena justicia a la intención, y la mando al infierno porque ahí van las buenas intenciones.

Quiera Dios que este dictamen mío, no moleste al señor Vázquez. ¿Ya me voy escamando? Caí de la gracia del *Nacional*, o mejor dicho, se me cayó la gracia a mí, en concepto del *Nacional*, porque serví en salsa picante un parrafito del colega, acerca del proyecto Orozco; y con ese motivo, el agraviado escribe: "Yo tengo para mí, que *M. Recamier* ha perdido un poco el delicado paladar que hacía su cocina tan sabrosa". ...Esto es posible... pero también corren otras versiones. Un viajero inglés, sagaz observador, profundo economista, y literato eruditísimo, ha dicho en su importante libro sobre *La Groenlandia desde los tiempos más remotos hasta nuestros días*, que generalmente no les gusta a los pavos la salsa en que los guisan. Yo tengo para mí que esto ha de ser cierto y no recuerdo que ninguna codorniz haya hecho sinceras alabanzas del cocinero que la aderezó.

He aquí por qué mucho me temo que no le guste mi salsa de hoy al Sr. Vázquez. Y eso que voy a tomar el folleto por la cola. Empezaré por lo último. Y si lo mismo hubiera hecho el Sr. Vázquez tal vez a estas horas (son las 9 y cuarto a.m.) ya sería inmortal. Bretón de los Herreros dice en *Un tercero en discordia*: —Haga usté al drama un remiendo / Los tres actos refundiendo / Y empezando por el último / Y se hace usted inmortal.

Empezaremos por el último acto. Propone el Sr. E. Vázquez para sacar de apuros al gobierno:

"1° Reducción de los sueldos mayores de $100 en un 25, 33 y 50 por ciento. Cuando la nación está en la miseria, tiene perfecto derecho para (*¿para dejar en la miseria a todos? ¡Ah no!...*) para pagar a sus servidores sueldos menores que los que les pagó cuando estuvo en la abundancia. Forma un irritante contraste la abundancia relativa del servidor de la nación, con la miseria de la nación que le paga".

En efecto, Sr. Vázquez, ¡esto no tiene ni nación! Es relativa la abundancia de los servidores de la República, porque todo en el mundo es relativo, pero es abundancia. Hay en las oficinas personas con familia, que ganan ciento veintitantos pesos con descuento y usted dirá si esto no es irritante. Claro que lo es. Esas personas por lo común beben pulque, porque no alcanza la abundancia para vino, y el pulque es irritante, irritantísimo. Reduzcamos a setenta duros los ingresos de ese funcionario y será menos irritante la abundancia.

El servidor de la nación ha de ser abnegado. Para eso está, para servir a ustedes. Y si no tiene dinero, que sirva de candelero. ¿Pues qué se llama servidor? ¿Acaso Dios trata con mimo a sus amigos? Muy al contrario les envía desgracias y calamidades como a Job. Por eso al que en la mayor miseria y hecho el oprobio de los hombres, se quejaba de la suerte, le decía un canónigo:—¡Así trata Dios a sus amigos!— Y él replicaba: ¡con razón tiene tan pocos!

Que imite el Gobierno a Dios y ya verá que servidores tiene. Pocos, pero escogidos.

Con harta justicia dice el Sr. Vázquez que la nación tiene perfecto derecho para pagar a sus servidores sueldos menores. Sí, puede hacer con los sueldos de sus servidores lo que Sancho con las monteritas. Y todo se reduce (esta palabra *reduce*, le gusta mucho al Sr. Vázquez) a que los servidores no tengan necesidades mayores sino necesidades menores.

Pasaremos a la segunda estación:

"11.° *Lynchamiento*" (¿Qué...? Ah, no, aguárdese usted....) "Licenciamiento de una parte de ejército que lo consienta".

Yo creo, Sr. Vázquez, que va a consentir todo el ejército de alférez para abajo. Es increíble lo obsequiosos que son todos los soldados. De manera que resultaran muchos miles de licenciados aptos para dedicarse a todo género de pleitos.

Usted con ellos, Sr. Vázquez, es más humano que con los *servidores de la nación*, porque dice... copiaré íntegro el inciso, que es bastante incisivo:

"11° Licenciamiento de una parte de ejército que le consienta, sea cual fuera su clase, y entregándole en propiedad, *terrenos baldíos o proporcionándole trabajo seguro*".

Esto es, como dice Vd., "licenciamiento". El de los empleados era el *lynchamiento*.

¿Y qué no pudiera Vd. licenciarme?... Eh... Sr. Vázquez. ¿No pudiera Vd.?

¿Qué son los terrenos baldíos sino terrenos que se dan de balde? El Sr. Vázquez me da mi terrenito, y quedamos a mano. Y si no me da mi terrenito, que me dé *trabajo seguro*. Eso es precisamente lo que buscan casi todos, y lo que muy pocos encuentran. En los Estados Unidos hay ahora miles de obreros, que piden trabajo, aunque no era seguro, y el gobierno, por más que hace, no haya medio de proporcionarlo. Que los mande a México y aquí el Sr. Vázquez les dará trabajo. Cuando menos, menos, les dará el trabajo de venir.

Y, quién sabe.... Acaso después les grave la salida y así creará una nueva fuente de recursos. El Sr. Vázquez, en materia de gravámenes propone cosas graves. Véase ésta:

"Un impuesto de exportación sobre la plata, tanto para retener algo de ella en la circulación interior, cuanto para gravar nosotros la salida, *supuesto que la India grava su entrada*".

¡Eso es! ¡Así se queda sin entrada y sin salida! Y no entró por un callejoncito y salió por otro callejoncito, y cuentan otro cuento más bonito, sino que se quedó en el callejoncito. ¡Nada más natural que gravar la salida cuando la India grava la entrada! Cuando le tapan a uno la boca nada más natural que.... Sí, ya entiendo perfectamente, Sr. Vázquez.

Y, como dice usted al concluir: "Con esas medidas de economías y de nuevos impuestos el gobierno vivirá desahogado".

Exactamente. Con eso, y llamarse Bras ¿para qué más?

El Presidente no vivirá desahogado; los ministros no vivirán desahogados; los magistrados, los diputados, los senadores, los funcionarios, los empleados, no vivirán desahogados; pero el Gobierno, vivirá desahogado. El Gobierno es el caballito de banda a banda que no come ni bebe ni anda.

De ahogos salimos con este Sr. Vázquez.

1 de mayo de 1894

[158]

El Sr. Limantour y la Srta. Gréville.

El Sr. Limantour, según mis noticias, se propone dar gusto al *Tiempo*. Lo celebro. ¡Que cumpla su deber! ¡Que ayude a Orozco y que dé gusto al *Tiempo*!

Hasta hace pocos días el diario clerical no había reparado en que el Sr. Limantour y la Srta. Gréville no son iguales. Pero ayer reparó el *Tiempo*, como era de esperarse, y creo que la desemejanza mencionada va a desaparecer dentro de poco. En cuanto el Secretario de Hacienda lo consiga, será todo lo que se llama un Secretario.

Hasta hoy—dicho sea con franqueza—no lo ha sido. Para él hay secretos. No tiene doble vista. Y, como dice el *Tiempo* con muchísima razón: un ministro positivista, es decir, un ministro que sólo ve lo que hay, lo positivo, lo verdadero, lo de carne, lo de números, no sirve para el caso. El Sr. Limantour ha de tener lo que llaman los teólogos la presciencia (*praescientia*) el conocimiento de las cosas futuras. Ésa era antes facultad privativa de Dios, el cual vio desde *ab aeterno* todo lo que había de suceder; pero desde la desamortización, desde que no hay bienes de manos muertas, la prerrogativa antes divina entró al dominio de todos los ministros de Hacienda. En consecuencia, el Sr. Limantour, pues no la tiene, está falto, y fallo a oros. La nación no se conforma con un presupuesto científico: quiere un presupuesto prescientífico.

El Sr. Limantour—observa El Tiempo—"no *previó las condecoraciones en brillantes a los héroes de Querétaro y del dos de Abril*".

En efecto, esas condecoraciones *en brillantes* van a dejar a la nación en cueros. Dos condecoraciones desequilibran el presupuesto mejor equilibrado. Aquí es el caso de aplicar la sagaz observación de una esposa que hurgando en los bolsillos del marido, descubrió que en la calle había gastado el vándalo, seis reales.

—¡No me lo ocultes! ¡no me lo niegues! Tú tienes querida.

Pero el Sr. Limantour si no previó las *condecoraciones en brillantes*, sí presupuestó —¡que fea palabra!—el gasto que originan; porque hay en el Presupuesto una partida "de imprevistos de guerra" y a cargo de esa partida han de pagarse las susodichas condecoraciones. El *Tiempo* no ve; nada más preve, y por eso no vio la ley de referencia ni la partida de que ella habla. Los imprevistos en un Presupuesto son las previsiones de El *Tiempo*.

¡Grandes y milagrosas previsiones! Cuando los pesos mexicanos llegaron a valer cuarenta y ocho centavos en el Paso, el *Tiempo* que había estado mudo como un poste, dijo a voz en cuello: ¡*lo preví!*

También dijo otro:

—Creo que esta noche van a dar de palos.

—¿Por qué lo dice Vd.?

—Porque me acaban de dar una paliza.

¿Por qué no hablaría el santo varón, el *Tiempo* santo, en época oportuna? Ha de ser pariente o allegado de aquel famoso bodeguero de Jerez, a quien el rey fue a visitar. Probó el Soberano los vinos que le dio el bodeguero, y ya salía muy satisfecho y muy ufano, cuando le dijo el amo de la casa:

—¿Agradaron mis vinos a su Majestad?

—Supremos son y otros más ricos no he catado.

—¡Y eso que tengo bien guardado otro Jerez todavía mejor que todos ellos!

—¿Sí? Pues guárdalo para mejor ocasión.

Esa ocasión propicia es la que no halló el beato colega para hacernos partícipes de sus previsiones. Y, realmente, vale más creer que el Ministro de Hacienda no preve, si previera y callara como El *Tiempo* de maldita la cosa serviría su previsión.

Afortunadamente, como dije arriba, el Ministro de Hacienda va a enmendarse: va a prever. Pensó primeramente en tener de secretaria o ninfa egregia a la señorita Gréville. Pero la señorita Gréville no ve sino lo que preve M. Guibal. Y M. Guibal podría despacharse con la cuchara grande, escamoteándoselas a los tenedores. Ha preferido, por lo mismo, educar su facultad magnética, y proceder por auto-sugestión.

El Sr. Limantour se dormirá. Esto es muy sencillo. Con que fije la vista en la sábana santa que sale de las prensas del Sr. Agüeros, quedará sumergido en sueño hipnótico.

Ya dormido verá lo que piensan los reyes de la Bolsa, y los grandes estadistas como Lord Rosebery, Guillermo II, *Anabasis*, Alva, etc. Con tales datos podrá hacer cálculos fundados.

Sin embargo, barrunto que aun así será deficiente la previsión del señor Ministro. Porque podrá saber lo que piensan otros y escribir en una pizarra, para que no se le olvide al despertar, pero no sabrá lo que piensa Dios y en algo ha de estar pensando su Divina Majestad. De modo que al señor Ministro no le bastará ser la Srta. Gréville: necesita urgentemente ser Santa Teresa de Jesús.

Santa Teresa, por el apreciable conducto del Sr. D. José María Vigil, combatió (o defendió... lo mismo da) con muy buenos argumentos la reelección de Don Benito Juárez. En aquel tiempo escribió Guillermo Prieto jacarandosos versos titulados: "Santa Teresa y Vigil". ¿Porqué no ha de servir ahora para resolver el problema de la plata y para nivelar los presupuestos?

Ayune el Sr. Limantour, haga penitencia, entre a un convento, y despache en sus éxtasis religiosos, los asuntos de Hacienda.

Si la maceración y la penitencia le dañan la salud, eso no le importa al *Tiempo* que ama al prójimo como a sí mismo.

"El Sr. Limantour— dice el colega —nos es indiferente.... Si nosotros fuéramos sus amigos le aconsejaríamos que cuidara un poco su salud...". Pero como no lo son, no le aconsejan nada. Esto es, nada más le aconsejan que adivine.

De manera que, ayune, ore y azótese.

O bien—¡otro expediente se me ocurre!—no haga de Santa Teresa ni de señorita Gréville. Haga de M. Guibal. Duerma a los acreedores de México y sugiérales la idea de que no cobren y de que nos den dinero.

Y haga suertes también como M. Guibal. Al *Tiempo* le gustan los Ministros de Hacienda prestidigitadores. Ya los ha habido en otras épocas; pero no limpios de manos.

Haga él sus suertes con limpieza y cosechará aplausos del *Tiempo*.... Aunque bien puede ser que sí adivina, hipnotiza acreedores, y hace suertes, el *Tiempo* lo tenga por endemoniado. ¡Todos somos coheteros para el *Tiempo*!

3 de mayo de 1894

[159]

Los médicos en Roma.

"*Siete mil médicos*— dice El *Fígaro* —*se reunieron en el Congreso de Roma*". A millón de microbios por cada uno, y cuenta que, según la microbiología, tal cifra queda muy por abajo de la exacta, resulta que la ciudad eterna tuvo la honra de ser visitada, el mes de Marzo último, por siete mil millones de microbios.

No creo que hayan quedado descontentos los romanos. ¡Es una bonita cifra! No será un *lleno* completo; pero sí una entrada más que regular.

"*Nunca como en aquellos días—* añade *El Fígaro —fue tan malo el estado Sanitario de Roma*".

Párese aquí el lector a meditar sobre las excelencias de la hospitalidad romana. La escocesa, tan célebre, no la supera ni la iguala. ¿Qué hace Roma cuando tiene la honra y la satisfacción de que siete mil doctores la visiten? Pues lo primero que hace, es dar a esos facultativos lo que pide el Sr. Vázquez para cuarenta mil hombres del ejército: trabajo seguro. No la detienen consideraciones de salud; Roma toda se enferma y recibe a los médicos como es costumbre recibirles: en la cama.

De esa manera, los médicos no sienten la nostalgia, la *morriña*, que diría Doña Emilia Pardo; desde el primer momento de su vida en la ciudad de los pontífices, oyen quejidos, ayes y sollozos; aspiran con inefable complacencia el aroma del ácido fénico vertido en las alcobas mortuorias y se estremecen de placer ante el hermoso cuadro de una agonía romana. Hay enfermos, hay muertos, hay entierros... ¡oh dicha! ¡están como en su casa!

¡Al médico, lo que pide! ¡Bravo, Roma!

Otro observador (y éste de que hablo pertenece al cuerpo del delito, al cuerpo facultativo que fue a Roma) el Dr. D. Gregorio Mendizábal, escribe al *Nacional* que casi todos los congresistas eran calvos.

¡Imaginaos qué deslumbrante aspecto ofrecerían cinco mil calvos en las ruinas del Coliseo! Yo, Gobierno, habría resuelto que se juntaran en el Peloponeso.

No les habría venido mal cantar el coro de la bendición de los puñales. ¡Figuraos! ¡Cinco mil calvos médicos cantando y dos mil médicos de medio pelo oyendo el coro!

Ahora— pregunto yo —¿estos congresos médicos internacionales son para propagar las enfermedades y las pestes en las clases menesterosas, y difundirlas en las grandes poblaciones?

¿O bien enviamos a ellos comisiones para que trabajen a favor de la creciente inmigración de toda clase de epidemias?

Hago estas preguntas no para que me las conteste nadie sino por hacer algo. Ya sé que el objeto y fin para que fueron creados los congresos internacionales es un secreto. Cuando muramos, lo sabremos.

Próximamente se reunirá en Amberes otro congreso de calvos internacionales.

Y en México también proyectan convocar un congreso de periodistas, algo así como una asamblea de perros y gatos.

¿Quién pone en duda, viendo esto, la utilidad de los congresos?

Esas manifestaciones de calvicie son, cuando menos, imponentes. Sobre todo, desde un punto de vista elevado.

Ya veréis cuantas cabezas lisas, mondas y lirondas se juntan en el Congreso de Perio-distas. Porque en la prensa hay algunos calvos; y muchísimos que están rapados a navaja.

4 de mayo de 1894

[160]

La nueva pantomima acuática.

Así como Bossuet escribió la *Historia de las Variaciones de las Iglesias Protestantes*, podría cualquier otro Bossuet que esté desocupado, escribir la "Historia de las variaciones (*obligadas a clarinete*) del proyecto Orozco". No es mi ánimo zaherir en lo más mínimo a los señores ingenieros que patrocinan el proyecto; pero como un... ¡iba a decir: como un loco hace ciento!—como un traspiés siempre va seguido de otro traspiés—las honorables personas aludidas han llegado hasta a perder la brújula.

Leo el dictamen firmado en 9 de Marzo último por los Sres. A. Anguiano—Y de la Peña Ramírez—Enrique Crabtree—Juan Mendoza y Roca—y hallo lo que sigue:

"La idea del Sr. Orozco es, a todas luces benéfica, clara y FÁCILMENTE REALIZABLE, y llama la atención que a ninguno le hubiese ocurrido antes, aprovechando las aguas que constantemente y en todos tiempos se han estado perdiendo sin aprovecharlas en la limpia de la ciudad".

¿Ya lo ven ustedes? El proyecto del Sr. Orozco es como coser y cantar, el huevo juanelo. "Llama la atención que a ninguno le hubiera ocurrido antes".

Bueno: pues un mes y seis días después de escrito lo anterior, las mismas honorables personas, dicen en su "Exposición al H. Ayuntamiento":

"NUNCA CREÍMOS de una manera absoluta que las propuestas del Sr. Orozco tuvieran pleno verificativo, ni que pudieran ejecutarse en el corto tiempo que se fijaba, vista su notabilísima importancia, ni que aun realizadas que fueren, constituirían ellas un sistema perfecto de saneamiento".

Esto ya no es coser y cantar. Aquello de "fácilmente realizable" queda insubsistente. Se fue quien lo dijo. Y ahora si parece menos raro que "a ninguno le hubiese ocurrido" lo que a Narciso, digo lo que le ocurrió al Sr. Orozco.

En este paso, los distinguidos signatarios del dictamen y de la exposición al Ayuntamiento, imitan a San Pedro y niegan al profeta. *Nunca creímos*, etc. ¡Le cantó el gallo a Don Ricardo Orozco!

La segunda "Exposición" firmada por los ya dichos caballeros, en Abril 30 de este año, dice textualmente:

"La Junta de accionistas *ha visto con positivo sentimiento* que la H. Corporación Municipal no se haya penetrado todavía lo bastante *de la bondad* del proyecto cuya realización

[143]

perseguimos, ni de las razones que *fundadas en hechos más que en principios científicos* hemos procurado evidenciar en nuestra anterior exposición; pues lejos de eso, en sus resoluciones se da a comprender claramente el espíritu principal que la domina, cual *es el exacto cumplimiento de lo pactado con el Sr. Orozco en lo que sin duda la H. Corporación Municipal está en su más perfecto derecho*".

Yo también advierto, "con positivo sentimiento" que me he "penetrado todavía lo bastante de la bondad del proyecto" o que éste no me ha penetrado, o no me ha entrado ni me entra; pero me disculpo. Afirmaron primero los respetables ingenieros que el proyecto era "fácilmente realizable"; mes y cuenta después dijeron que *nunca habían creído* que las propuestas del Sr. Orozco tuvieran pleno verificativo ni que pudieran realizarse en el corto tiempo que se fijaba y ahora agregan: "Si el resultado no fuera completo, los trabajos que se hayan hecho para obtenerlo, además de representar una suma mucho mayor que el depósito que se pide, serán un testimonio patente del empeño de la Municipalidad, para favorecer todo lo que se dirige a hacer un servicio positivo en favor del bien público".

¡No me penetra la bondad de este proyecto! Ven con "positivo sentimiento" los exponentes que el Municipio quiere "el exacto cumplimiento de lo pactado con el Sr. Orozco"; no creen que sea de fácil realización; y acaban por decir que, si el proyecto no da buen resultado, el Municipio habrá hecho patente su "empeño para favorecer" todo, que al bien público se encamine.... ¡Pues, no me penetra la bondad de este proyecto!

Los párrafos preinsertos forman unidos una pieza dramática. En el primero está la exposición: todo es llano, sencillo y feliz. En el segundo, está el enredo. En el tercero, se complica el embrollo. Y a este paso, vendrá en el cuarto la catástrofe.

Ahora resulta que no debemos fijarnos en sí cumple o no cumple lo pactado el Sr. D. Ricardo Orozco, sino en que el Ayuntamiento muestre celo por el bien de la Ciudad; ahora resulta que debemos tener al Sr. Orozco por uno de tantos artesanitos mexicanos que se comprometen a hacer tal o cual obra por tanto más cuanto, en señalado número de días, y que siempre la entregan mucho después de vencido el plazo y tras de haber cobrado, en anticipos sucesivos, el doble de la cantidad que estipularon.

Y ni siquiera resulta eso, porque ni el Ayuntamiento ni los ingenieros saben lo que entregará el Sr. Orozco. El se comprometió a hacer el saneamiento de la Ciudad; pero ya estamos en que no ha de ser eso lo que haga. Pero, dicen los exponentes, "¡no hay que fijarse en el exacto cumplimiento de lo pactado!"

¡De manera que si mando hacer un traje y me entrega el sastre, en lugar de traje, un par de botas, debo quedar contento y satisfecho!

No me entra la bondad de este proyecto.
9 de mayo de 1894

[161]

Los martirios de los Agentes de Sanidad.

Lejos de mí el propósito de reagravar la condición aflictiva en que se hallan algunos exagentes de sanidad; pero también lejos de mí la conmiseración de que están dando muestras algunos periodistas. Resuelvan los jueces quiénes son los culpables, castígueseles, con el rigor debido y, como dicen muy bien los Sres. Castellanos y Medina, defensores ambos de Verdeja: suspéndase el juicio periodístico ínterin falla el tribunal. Ese juicio anticipado suele ser tan pernicioso como la prisión preventiva. A nosotros escritores, tócanos, puestas ya las cosas en el punto en que están, discutir si esa intervención o inspección del Estado en los asuntos más íntimos del individuo, si ese celo por el bien y por la salud de los viciosos, constituyen un deber y se ajustan a la conveniencia social; y dado caso de que deber o conveniencia haya, ver de estudiar las disposiciones que lo reglamentan y la manera y forma de aplicarlas. Yo fui el primero que en la prensa a raíz del suceso, protesté contra el reglamento, contra la intrusión de las autoridades en todos los accidentes de la vida, y contra lo inicuas que son para mujeres (o hembras) las disposiciones en litigio.

El *repórter* procede como el autor dramático. A lo que tiende es a interesar, a conmover, a graduar la emoción del público en escala ascendente. Para esto levanta el andamiaje de un reportazgo con extremada laboriosidad, introduce episodios tiernos o patéticos, enreda la fábula, prepara lo que llaman "golpes de teatros". Una de sus preocupaciones es la de crear "el personaje simpático". Éste puede ser la víctima inocente o el criminal arrepentido. Lo necesario es que inspire, cuando no amor, piedad, perdón; que enternezca: que haga llorar a la galería.

En el caso presente, el personaje simpático estaba indicado por la naturaleza de las cosas: era la virgen arrastrada al lupanar... digo, a la inspección. Personaje simpático era también el joven defensor, todo rectitud, todo nobleza, todo indignación, como esos abogados que aparecen por mandato de la Providencia, en algunos dramas de Bouchardy. Personajes odiosos eran los agentes, los alguaciles, los cuadrilleros, los... sifilinos mágicos.

Y escribo *eran*, hablando de los personajes simpáticos y de los personajes odiosos, porque, en realidad, no me refiero al hecho, que está *sub júdice*, sino al drama reporteril, y en éste, ha mudado el carácter de los personajes.

Nos tenía preparada los autores una sorpresa. Las víctimas de ayer quedan en el segundo plano de la obra, y los que ahora, causando lástimas, se llevan toda la atención del público, son los señores ex-agentes prisioneros.

Véase cuán conmovedora es la escena que copio de un periódico de ayer:

Pasa en la cárcel. El *repórter* (vestido de luto, para lo que se ofrezca) examina e interroga a los presuntos reos. Uno de ellos, uno de los que hasta ahora nos habían pintado con las tintas más negras, dice, entre lágrimas e imprecaciones:

"La verdad es que si fuera yo hermano de alguna de las ofendidas, ni con la vida me pagarían quienes las atropellaron en su honra. Yo las conocí en su casa al ser nosotros conducidos por el Juez, para que nos carearan con ellas. Al verlas, me flaquearon las piernas, sentí vergüenza, y en seguida tal indignación por la magnitud de la culpa, que me vino basca, pedí un vaso de agua y me senté anonadado en una silla. ¡Oh, Dios mío, si yo no soy capaz de haber hecho eso! Me lo mandaron, por eso procedí. Soy de buena familia; que digan el general Loera y el Sr. Buch cuál ha sido mi conducta, que digan quién soy. Y por esto, en la casa, conmovido, le dije al Juez: 'Señor, me desdigo de todo lo que he declarado; no es verdad.' La verdad es que a estas señoritas es ahora la primera vez que las conozco; son honradas, señor, son honradas".

El otro agente, "un padre noble", como dicen los franceses en tecnicismo de bastidores, repone lo que sigue:

"¡Ah, yo tengo una hija, y considero qué sería ahora de ella si hubiera sido una de las víctimas! Siento miedo cuando pongo a ella por caso. Yo sería capaz de darle un balazo a quien la ofendiera en su honra, como hemos ofendido a la señora y a las dos señoritas; pero no ha sido culpa de... ni mía".

Esto es, "el sublime", que diría un retórico. Las piernas vacilantes, la indignación y la vergüenza; el vaso de agua, los conatos de náuseas, la pistola; el invocar la memoria de la hermana, el amor santo de la hija, la justicia del cielo ¿no es todo ello de gran fuerza dramática?

Ahora bien, ¿contra quiénes la sociedad va a revolver sus iras? Porque esos caballeros de la Santa pasaron ya por el camino de Damasco, fueron instrumentos ciegos de la fatalidad, víctimas de un superior que acaso es víctima de un dios. Exclaman como el Tenorio: *¡Culpa mía no fue...! No fui yo, ¡vive Dios! fue su destino.* Aunque sería más propio que dijera cada uno de los dos agentes: *No fui yo, ¡vive Dios! fue* MI DESTINO.

Ambos tienen vergüenza, indignación, "basca" y familia.

El Tiempo, de ayer, nos dice que son víctimas de la justicia Tuxtepecana.

Esto es muy serio: si el *repórter* puede darles la popularidad, puede *El Tiempo* llevarles a los altares.

Aquí se entra gratis al martirologio.

10 de mayo de 1894

[162]

Pirrimplín.

El que goza de privanza en el público es, en la actualidad, Pirrimplín. Carteritas ha llegado a la "degenerescencia", como dirá cualquier novel escritorzuelo que presuma de sabio y hable del último libro de Max Nordau, sin haberlo leído; *Fra Diavolo*, caricatura del *Snob*, tipo del pisaverde pobre que se provee de trajes en las prenderías, continúa gastando los zapatos viejos que le dan los *clubmen* e imaginándose guapo, rico y donjuanesco: sólo Pirrimplín de los tres personajes urbanos y callejeros a quienes celebra la popularidad; de los tres que mañana correrán en romances de truhanerías y en la novela picaresca, dado que en las letras reviva *Periquillo*; de los tres que ya andan en solfa y dan efigie a la carátula y nombre a la música de tres danzas muy retozonas y muy lindas del joven compositor Don Salvador Morlet; sólo el famoso Pirrimplín, vuelvo a decir, ha sufrido una gran trasmutación.

Es hombre hecho, si bien no puede ser hecho y derecho, desde que fue hombre al agua, en ese regocijo de la chiquillería bautizado con el nombre de "Pantomima acuática". No es ya ese espantapájaros un vagabundo; no vive de la caridad; no se gana la subsistencia a fuerza de malicias; ha reaccionado contra el medio, acaso contra la ley de herencia, y aspirando a ser artista, artista-acróbata, artista-clown, artista-saltimbanqui, ya es trabajador.

Carteritas representa la burguesía acomodada de la vagancia, su *tercer estado*, el estado llano: él en Francia habría sido partidario de Mr. Thiers, rentista en pequeño, lector... o repartidor del *Constitucional*. Pertenece a la vagancia moderada, de levita, conservadora de las "buenas formas", republicana, pero no demagoga o jacobina. En *Fra Diavolo* retoña la vagancia del bufón válido de algún príncipe; la señoril, la palaciega. Pirrimplín es el truhán propiamente dicho, el *gueux*, el de los *Misterios de París*, el de *Nuestra Señora*, el de la masa sin yema de huevo (para hablar en simbolismo, como *La de San Quintín*) el de las noches al raso, el deforme del pueblo y para el pueblo.

Por esto mismo, por su origen y su facha, por sus propensiones y sus entronques, Pirrimplín estaría condenado, más que otros, a la impenitencia final de la vagancia; a lucir lo deforme de su cuerpo, pegado, como hongo, a la cancela de una iglesia, pordioseando; a morir en un asilo, en el quicio de alguna puerta o en la cárcel; y Pirrimplín, reaccionando contra el medio, Pirrimplín, revolucionario y reformador entre los de su fuste, ha aceptado el trabajo, lucha por la vida y de lo que cifra su vergüenza y su miseria ha hecho el instrumento de trabajo, el arma de combate.

PIRRIMPLÍN arriesga su vida en la contienda, porque el régimen hidroterápico no le ha sido prescrito por ningún médico, y aunque digan dueñas que el agua a que se lanza es agua tibia, eso no quita al riesgo muchos ápices: un baño de agua caliente cada noche debe de ser... debilitante. PIRRIMPLÍN no nació para montar a caballo ni para travesuras y destrezas acrobáticas; más prefirió el peligro a la abyección, el trabajo a la indigencia, y se dijo animoso: ¡pecho al agua!

Si todos los mexicanos le imitaran; si nos fuera dable desamortizar los brazos muertos; si no hubiera ociosos, mal entretenidos y limosneros, bien avenidos con su ruin y desastrada condición; si no vivieran gracias a la caridad o a merced de la casualidad muchos, muchísimos, aun de los que pasan por "personas" y traen el pordiosear disimulado, otra sería la suerte de esta tierra en la que sestean tantos y tan ínclitos varones. Porque aquí los Pirrimplines se echan en brazos de la caridad privada o se echan en brazos del Estado, pero siempre se echan; el poeta se echa en sus versos, y dice: ¡que me mantenga la nación!— el aristócrata sin dinero se echa en su apellido y exige al Gobierno una curul; el oficinista se echa a dormir.

El militar se echa sobre sus laureles y cobra y pide y si le niegan algo, echa por el atajo de los pronunciamientos; y muchos que no pueden echar pelo ni echar canas al aire, se echan sobre lo ajeno tan bonitamente.

Pirrimplín el echado y el deshecho se echó al agua y se hizo al trabajo. Ése dio muy buen ejemplo a los perezosos y a los vagos, a los parásitos y a los limosneros; a los que piden, con franqueza, por amor de Dios, y a los que, más o menos, disimuladamente, pordiosean.

¡Enano, tú eres grande!
11 de mayo de 1894

[163]

La cuestión de los "Platos".

Mi amigo y compañero *Monaguillo*, replicando a no sé qué periódico, explicó el carácter y defendió los fueros de este humorismo (le llamaremos así para no echarnos a la rebusca de otro nombre) que por acá nosotros cultivamos. A mí me toca ahora contestar a uno de tantos consejeros que le salen al periodista de cuando en cuando, y que me endilga, bajo el velo del anónimo—¡bonita frasecilla, aunque algo usada!—una remozada Epístola de San Pablo, a cuyos preceptos he de avenirme para pasármela tan cristiana y tan sabrosamente con el público. A la vez, casi, que esa epístola, cayó en mis manos el último libro de "*Clarín*", último hasta el día de la fecha, diez y seis de los corrientes, pues a Dios gracias, aún vive y dará libros a la estampa, el erudito, sabihondo y amenísimo crítico español. Está impreso el libro en la "Librería de Victoriano Suárez, 48, Preciados, 48" (en la Villa del oso y el madroño hay nada menos que ¡¡cuarenta y ocho Preciados!!) y trae en la portada los siguientes títulos:

Madrid, 1894.

PALIQUE POR LEOPOLDO ALAS (CLARÍN)

Y de perlas me viene ese PALIQUE, porque en la página 207 trae, bajo el rubro de *Palique del Palique*, algo así como el *Plato del Plato*, o, de otro modo, la respuesta categórica a la epístola de mi incógnito San Pablo. La copio al pie de la letra, y sin devanarme los sesos, con gran provecho del lector—quien gana dándole yo liebre por gato—contesto cumplidamente y uno por uno, los cargos a mi raquítica persona enderezados por el autor de la carta supradicha.

*   *   *

"Cosas pretenden de mí, bien contrarias en verdad, mi médico, mis amigos, y los que me quieren mal... que también suelen llamarse mis amigos. El romance de Moratín puedo hacerlo mío, no porque la propiedad sea un robo, sino por lo pintiparado que me viene.

También a mí los médicos... espirituales me dicen: ¡No trabaje usted tanto! Es decir, no escriba usted tanto, no desparrame el ingenio (muchas gracias) en multitud de articulejos... no escriba usted esas resmas de críticas al pormenor; haga novelas, libros de crítica seria... de erudición... y sobre todo, menos articulillos cortos.... ¡Esos paliques!... Pobres paliques. Como quien dice: ¡pobres garbanzos!

Otros exclaman: —¡Eso, eso, venga de ahí!... vengan *paliques*; palo a los académicos; palo a los poetastros y a los novelis... *tastros* o *trastos*: en fin, palo a diestro y siniestro. Algunos de los que esto piden deben de creer que palique viene de palo.

Yo quisiera dar gusto a todos; pero, mientras cumplo o no cumplo con este ideal, procuro satisfacer los pedidos de los editores de mis cuartillas humildes. Porque aquí está la madre del cordero, como decía un químico, explicando el gasómetro en el Ateneo de Madrid, al llegar a no sé qué parte del aparato.

Si se me pregunta por qué escribo para el público, no diré como el otro: 'que se pregunta por qué canta el ave y por qué ruge el león y por qué ruge la tempestad... que también ruge —etc., etc. 'Mentiría como un bellaco, si dijese que no puedo menos de cantar, quiero decir, de escribir, que me mueve un *quid divinum*. El *quid* está en que no sé hacer otra cosa, aunque tampoco esto lo haga, como fuera del caso. ¡Si yo sirviera para notario! Entonces no escribiría, a no ser papel sellado. Me ganaría miles de duros declarando que ante mí habían parecido D. Fulano y D. Zutano que conmigo firmaban, y otras cosas así que no son de la escuela sevillana ni del Intermezzo de Heine, aunque no sean originales, a pesar de constar en el original, o dígase *matriz*. Pero, no señor; no sirvo para notario. Acabo de presenciar unas oposiciones a cierta notaría vacante en mi pueblo. ¡Qué humillación la mía! ¡Qué sé yo, ni podré saber nunca de aquella manera de doblar y coser el papel (y cobrar las puntadas) ni de pestañas y márgenes y... y no hay que darle vueltas; no sirvo más que para *paliquero*, en mayor o menor escala; la diferencia estará en citar o no citar a los *hermanos Goncourt*, como decía una graciosa caricatura del *Madrid Cómico*, en ponerme serio con los serios y escribir párrafos largos y hasta algo poéticos, si cabe, o no ponerme serio ni *adjetivar*; pero al fin seré siempre un *paliquero* más o menos disimulado. Así nací para las letras, así moriré. Desnudo nací, desnudo me hallo, ni pierdo ni gano, como dice Sancho.

Lo que no admito es que se sostenga, como se ha sostenido, que quiero formar escuela. Lo que quiero formar es cocina. Una cocina económica, pero honrada. Yo no soy rico por mi casa ni por la ajena; *pulso la opinión*; como los diputados; y por conducto de los empresarios de periódicos veo que la opinión quiere *paliques* y hasta los paga, aunque no tanto como debiera... pues allá van. ¿Qué mal hay en ello? 'Que me gasto'. ¿Qué me he de gastar? Más me *gastaría*, si me comiera los codos de hambre".

Vean ustedes cómo *Clarín* resuelve en plata la cuestión de los *Platos*.

Ya trataré en serio... casi en serio, el mismo asunto. Aguardo para subscribirme y hasta para entristecerme, el último boletín del último romano... digo, del último de los Alba.

16 de mayo de 1894

[164]

Otro empréstito. Una Cruz veterinaria.

Cavilando, cavilando, *El Tiempo* descubrió los móviles que determinaron el informe del Secretario de Hacienda. Sr. Limantour habló en la Cámara de diputados *para inducir a nuestros acreedores a que subscriban la parte del último empréstito que aún no se ha logrado colocar*.

Diga francamente el colega a cual de sus redactores le cupo en la cabeza tamaño despropósito. Queremos ver esa cabeza. Ha de ser fenomenal.

El Sr. Ministro de Hacienda expone con toda lealtad, con absoluta buena fe, el estado de la hacienda pública, señala sus gravísimas dificultades, no oculta ni uno solo de los puntos negros de la situación, y todo eso lo hace *para inducir a nuestros acreedores a que subscriban la parte del último empréstito que aún no se ha logrado colocar*.

¡Es gran cabeza la de ese redactor del *Tiempo*! ¡Gran cabeza y gran joroba!

Que abra otra vez la boca ese ciudadano, para que veamos cuántos años tiene.

Y nos da gusto, y abre la boca y suelta lo que sigue:

"Empieza el ministro por decir que se han realizado economías positivas por más de siete millones de pesos, en los diversos ramos de la administración pública; pero sin hacer referencia *a los aumentos que ha habido en otros ramos y que deben importar mayor cantidad*".

Cualquiera que castellano hablara, hubiese dicho: *que deben de importar*. Los *ramos* no *deben* importar mayor cantidad. Este es otro de los deberes nuevos que han ido apareciendo en estos días. *Deben de*, quiso decir el buey del *Tiempo*.

Mas, dejando aparte ese pecadillo venial, responda el colega: ¿cuáles son los aumentos que ha habido en otros ramos y que deben de importar más de siete millones de pesos? Para hablar del presupuesto, lo primero que se necesita es leerlo. Y el *Tiempo*, cuando escribe *sobre* el presupuesto, se sienta *sobre* el presupuesto. Así, calcula a ojo de buen cubero y le sale el tiro por la culata.

No, San Antonio el Cabezón, no ha habido aumentos de más de siete millones ni de menos de siete millones ni de muchísmo menos de siete millones en *los otros ramos*. Lo que ha aumentado, por superior decreto del Altísimo, es el servicio de la deuda. Mejor dicho, lo que ha disminuído es el valor del peso mexicano. Pero esta baja de los pesos mexicanos no es resultado de ninguna iniciativa del Sr. Limantour. Existe por acuerdo económico de Dios, quien, según el criterio de *El Tiempo*, no nació para Ministro de Hacienda.

"Ni explica el citado funcionario— continúa hablando el fenómeno —qué ventajas *resulten* (*sigue padeciendo la gramática*) a la Nación de que se gaste v. g. *en condecoraciones en brillantes* lo que se economiza con la supresión de la *Escuela de Veterinaria*".

¡Por ahí le duele! Realmente *El Tiempo* está de malas. Para él es sagrada la veterinaria. A ella fía la salud pública, entendiendo por salud pública la salud de sus apreciables redactores, que son públicos. Pero ¿cómo sabe que la *cruz en brillantes* costará lo que se ahorra con la supresión de la Escuela de Veterinaria? ¿Y en qué parte del Presupuesto de Egresos vio la partida crítica? Y que seguramente ha de decir así: *Para una cruz en brillantes* $57.570,30.

A los pobretones una cruz de brillantes les parece un Potosí. Pero los pobretones del *Tiempo* tienen a mano, para salir de dudas en lo que atañe al valor de tales joyas, a los obispos y arzobispos que gastan cruces de brillantes, sin que de ello resulte ningún bien a la Iglesia Católica.

Supongamos, empero, que la cruz mentada nos ha dejado crucificados o con la cruz a cuestas: el Sr. Limantour no la presupuso nominalmente en el Presupuesto, y cabe dentro de él sin aumento ninguno. No se votó, para adquirirla, un gasto nuevo. Y, créanos San Antonio el Cabezón: no será aquella cruz la causa de nuestra ruina económica.

El monstruo del *Tiempo* pertenece a la escuela de los economistas cursis, anexa a la escuela de veterinaria. Cree que entre un presupuesto doméstico y él de una Nación no hay diferencia. El día en que él compre un brillante de California, se desequilibra, se arruina. Y el día en que le supriman al veterinario, se muere.

17 de mayo de 1894

[165]

Don Antonio.

No es tipo real ese del coronel retirado que presenta Federico Gamboa en la *Última Campaña*— dicen algunos. No hay quien prefiera la indigencia casi, y, más que la indigencia, la deshonra de hacer oficios de *convidador* en un garito, a vender a una compañía yankee terrenos en la frontera. No hay quien se decida a hacer la infelicidad de su hija, con tal de no casarla con el hijo, muy estimable y muy simpático, de un francés invasor.

Este es un error. Ahí están, sin ir más lejos, los señores que protestan contra el tratado de Belice. Ahí están el Sr. Espinosa de los Alegranes y su pequeño hijo Isaac. Esos protestantes que naturalmente colaboran en el *Tiempo* porque ahí campea el ex-protestante Reyes (alias *Anabasis*) no saben a punto fijo hacia donde cae Belice; pero protestan.

Esos coroneles o no coroneles, pero en todo caso *retirados*, se opusieron a los ferrocarriles, se oponen a la depreciación del peso mexicano, tomándola por insulto a la nación, combaten el libre cambio en nombre de la naciente industria que siempre está naciente y nunca acaba de nacer, a manera de aquel larguísimo canónigo hoy muy digno prelado, de quien decía un mónago viéndole salir de catedral: "veo padre y padre y que no acaba de salir"; creen a pies juntillas en las promesas de Ricardo Orozco, porque son promesas nacionales; leen el *Tiempo*; hacen tiempo en los portales, en la Alameda y en el Zócalo; cobran sueldo y reniegan del gobierno.

¡Lo que conozco, cielo santo, al Don Antonio de la *Última Campaña*! ¡Las veces que lo he visto gesticular en las galerías de la Cámara, protestando contra el proyecto antipatriótico de reconocer la deuda inglesa! ¡Y los artículos que ha escrito el buen señor, ¡y que corren impresos!, acerca de la baja de la plata! Él ha dicho: —¿No quiere Europa nuestros pesos? ¡Tanto mejor! ¡Así se quedarán todos en casa!— Él propone que nos vistamos de casimir del país y que gastemos zapatones de cuero del país, que cueros sobran donde tantos van en cueros; él piensa que México se basta a sí mismo, como lo prueban Chapultepec y Churubusco; "ÉL y siempre ÉL", como dice Víctor Hugo, ha lanzado y lanza sus anatemas a la ciencia y al progreso.

Pues, si no hubiera un ejército de esos coroneles ¿viviría *El Monitor*? ¿Viviría *El Tiempo*? ¿Viviría *La Voz*? ¿Para quién si no para ellos, hace pares de boletines diariamente mi inolvidable amigo Don Ramón L. Alva? ¿Para quién tocan las bandas de la guarnición en el kiosko del Zócalo? Don Antonio es eterno, es el devoto de San Antonio el Cabezón, el partidario de Don Antonio López de Santa Anna, y, como reza el dicho: *Don Antonio siempre el mismo.*

Creemos a veces que van a desaparecer los hombres, los patriotas de ese palo. Pero ¡quiá...! ¿No ha advertido el sagaz *Observador* que cada año aumenta el número de los defensores de Churubusco? En diez suegros hay nueve u once Don Antonios. Porque ésta es otra particularidad de ellos: nacen suegros. Se les muere a muchos la mujer; pero hijas, hijas fecundas siempre tienen.

Haced memoria del trabajo que ha costado divulgar el estudio de los idiomas extranjeros. Don Antonio se opuso a que aprendiéramos el francés, a que aprendiéramos el inglés... Si quiere hablarnos, ¡aprenda el gringo nuestra lengua! Don Antonio tampoco ha sabido nunca ortografía. Esa es ciencia nueva, peligrosa. Y él, mucho menos quiere que leamos. ¡No señor! ¡Nada de ideas de extranjis! ¡Ideas propias! ¡Sentido común y mucho patriotismo! Sentido común, o, lo que vale tanto, la medicina casera, cuando enfermo, comprar billetes de lotería, cuando cesantes; desear que caiga el gobierno, para ver lo que sale; y leer *El Monitor* en la mañana.

Don Ramón Alva, sea Vd. franco: Usted se llama Don Antonio.

18 de mayo de 1894

[166]

Café con tostada.

Cuando más, el Sr. Limantour tendrá la culpa de haber aceptado el grave cargo de Secretario de Hacienda en tiempos tan difíciles como los que atravesamos (EVANGELIO DE HOY, SEGÚN "EL TIEMPO").

Transcurrido un año ese derecho (el de extracción del café), *se aumentó. Y ya se trasluce la intención de aumentarlo aun más; PUESTO que el Ministro de Hacienda al hablar de las fuentes de ingresos que podrán aumentarse para cubrir el déficit, hace alusión al desarrollo que va tomando esta* "SIMPÁTICA INDUSTRIA" (EPÍSTOLA DE "EL TIEMPO" A LOS CAFRES).

El Evangelio de hoy, hermanos míos, claramente os da a ver que culpa y grave, es la de aceptar la Cartera de Hacienda en épocas difíciles. Todo fiel cristiano está muy obligado a huir de los lugares en donde no hay dinero o cosa que se lo valga, y del arca vacía el justo se aleja. En épocas de bienandanza y de rejuego, cuando el río va revuelto o cuando se puede pescar a bragas enjutas, santo y bueno que un hombre de conciencia acepte al ministerio de donde han salido algunos ricos que en el mundo han sido. Lo dijo el Estagirita: si te fueres a profundis—no dejes de aprovecharte —cógete cuanto pudieres—y di que te lo dijo un loco.

En esta hermosa estrofa, del más puro decadentismo, condensó el Estagirita los deberes de un Ministro, según el evangelio que predica el Santo *Tiempo* de carnestolendas. Poco interesa que, al ingresar al gabinete, sea hacendista el Secretario de Hacienda: lo interesante es que, al salir, ya sea hacendado. Y poco importa que no tenga crédito privado el que haya de regentear el crédito público: lo importante es que con los créditos de la Nación forme su crédito. ¿Está en ese caso el Licenciado Don José Ives Limantour? No, ciertamente. El mismo evangelio *temporal* citado arriba, añade que, "sus esfuerzos (los del Ministro) tienden a salvar de la crisis al país y que, "en cuanto a intenciones, es uno de los mejores ministros de Hacienda que hemos tenido". Con "buenas intenciones" y esforzándose "por salvar de la crisis al país" ¿no es *culpa* grave, como dice *El Tiempo*, aceptar la cartera, "en épocas difíciles"?

En la misa de San Ives reza el *oficio* del Santo que "aunque fue abogado no fue ladrón". ¿Querrá el Sr. Limantour imitar a su patrono bienaventurado hasta en economía política?

Patriotismo el del *Tiempo*, el del apóstol de las gentes: habría aceptado la cartera de Hacienda en épocas de bonanza, porque si para lo que eres no eres, ¿para qué eres, Pérez? No habría cometido nunca la gran culpa que echa en cara a Don José Ives Limantour. ¿La cartera llena? Sí, de mil amores. ¿La cartera vacía? ¡Jamás.... Jamás!

La epístola de hoy, hermanos muy queridos, os enseña a mentir, piadosamente y con toda devoción, al paso que os enseña a interpretar, conforme a reglas claras y precisas de teología crítica, el significado de la palabra SIMPATÍA. No habló el Ministro de la industria cafetera, al tratar "de las fuentes de ingresos que podrán aumentarse para cubrir el *déficit*". La frase es copiosa, porque tal como quedó (véase la cita) entiéndese que el aumento del ingreso ha de obtenerse por medio de nuevo recargo del derecho de exportación, y lo que dijo el Secretario del despacho, fue que el rendimiento del impuesto aumentaría, naturalmente, en proporción al desarrollo y mayor rendimiento de la industria. Ved, pues, como se ha de mentir con la verdad, cristianamente y con toda la mala fe propia del caso.

Y admirad ese PUESTO de aguas frescas que se levanta en la mitad del párrafo. Hay intención de aumentar el gravamen, PUESTO que el Ministro llama *simpática* a la industria. ¿Pues qué quiere decir simpática, hermanos míos?

Cuando *Anabasis* le dice a alguna moza de su barrio: ¡Carambas, y qué simpática es Vd.! —¿para qué la quiere? Entre hombre y mujer y entre Ministro (palabra del género masculino) y la industria (palabra del género femenino) toda simpatía se traduce en recargo de gravamen. Esto lo enseña y lo subraya *El Tiempo* en su reciente epístola a los cafres.

Meditad, mis hermanos, en el OFICIO de este día y estremeceos si alguna vez os llama *El Tiempo*: MIS SIMPÁTICOS LECTORES.

19 de mayo de 1894

[167]

Desagravio al *monstruo*.

Nada menos que todo un primer artículo serio, muy serio, cejijunto, de cuello parado y corbatín, me dedica *El Tiempo*. ¡Tanto honor!... Comienza por decirme que le causan placer en vez de enfado mis artículos. ¡Eso es precisamente lo que yo deseaba! Y, pues se me avisa, continuaré dando placeres al colega. Dice además, que me duelen las censuras al Sr. Limantour, porque "él es el que paga las quincenas". Sí que las pagará; yo no lo dudo; pero a mí no me las paga.

Yo hago un *Plato*, se lo entrega al Sr. D. Ramón Prida, y éste me lo paga. También *Anabasis* hace sus cazuelas, se las ofrece al Sr. Agüeros, y éste le da por ellas lo que valen.

Saltará el *Tiempo* con que soy diputado. Sí; en mis ratos de ocio soy diputado. Pero no creerá, supongo yo, el articulista, que cada diputado para cobrarse la quincena, tiene la obligación de escribir un artículo encomiando los hechos y dichos del Secretario de Hacienda. ¿Cuándo ha leído doscientos y tantos artículos diarios en alabanza del Sr. Limantour?

Dejemos las quincenas en la Tesorería y vamos al plato. Es falso que defienda yo al Sr. Limantour. No, caballero, no hay de qué. Lo que hago es burlarme del *Tiempo*, porque tengo carácter muy alegre, muy zumbón, y porque el *Tiempo* dice muchos despropósitos.

Dice el articulista que le injurio cuando le llamo *San Antonio el Cabezón*. ¡A lo que han llegado los Santos! ¡Enojarse un católico porque le comparo a un Santo!

Y que le injurio cuando le llamo *buey*. ¡Hombre, así llamaban a Santo Tomás de Aquino!...

Y cuando le llamo *ignorante*. Pues ignoraba yo que no lo fuese.

Y cuando le llamo *pobretón*.... ¡Asunto concluído!... No volveré a decirle pobre ni de espíritu. No quiere él verlo por más que diga el catecismo: ¡Bien aventurados los pobres de espíritu, porque de ellos es el reino de los cielos!

Una palabra es la que más le ha ardido: la palabra MONSTRUO. Dice el editorial: "le llama, admírense ustedes, le llama MONSTRUO". Así, con letras gordas escribe el *Tiempo* la palabra.

Francamente, cuando llegué al "le llama... le llama, *admírense ustedes*"... me entraron calosfríos. Pensé que se me había escapado alguna atrocidad. De modo que al leer: "le llama MONSTRUO", a pesar de las letras gordas, respiré. MONSTRUO, así le llaman en España a D. Antonio Cánovas del Castillo, mala la comparación y mejorando la presente. ¿Por qué, pues, tanto enojo?

Es verdad que cuando hablo del *Tiempo*, lo hago muy a la "pata la llana", sin requilorios ni perífrasis. Los arrieros cuando van aguijando sus caballerías les gritan ¡arre! ¡arre! y otras cosas: no les dicen, con el sombrero en la mano —"Señoritas mulas, háganme ustedes la gracia, si no les es molesto y si el decoro lo permite, de apretar el paso".

No vaya a entender el caviloso *Tiempo* que comparo a sus redactores con las mulas. No; las que me parecen *mulas* y muy *mulas* son las razones que ellos dan. Mula, es en germanía de comercio, lo que no sirve, lo que no se vende.

Dicho esto, dejaré que el colega vaya al grano.

"En cuanto a que ese aumento del *servicio de la deuda* provenga de superior *decreto del Altísimo*, tampoco es cierto. El aumento principal de ese ramo del presupuesto es consecuencia del desastroso empréstito del año pasado. Y ese empréstito, no lo hizo *el Altísimo*, sino el Sr. Limantour, contra la opinión de toda la gente sensata".

Es muy feliz mi contrincante. Para él no ha habido baja de la plata; para él están ahora los cambios tal como estaban hace algunos años... y lo único que hay horriblemente malo, es el empréstito que hizo el señor Limantour.... ¡Ah y "la cruz en brillantes!"... ¡Es claro! No aumenta el servicio de la deuda el que nuestros pesos anden por los suelos. Antes bien, lo disminuye. En la cruz de brillantes está el quid.... ¡Un *quid divinum*!

Y si no, diga cualquiera, ¿no es divino lo que dice El *Tiempo*?

Ya que se enseria, desearía que me puntualizara cuánto aumenta el presupuesto de 94–95 el empréstito último, cuánto la cruz *en brillantes* y cuánto la situación de fondos en Europa, por el alza de los cambios. Sin duda lo último, eso último de que el señor Limantour no tiene la culpa, ha de ser insignificante, despreciable, ínfimo.

Al *Tiempo* lo que mucho le preocupa, es lo siguiente: ¿por qué hoy necesita el Gobierno más dinero?

Eso es, ¿por qué?

¿Por qué, hace algunos meses, los libros europeos que hoy cuestan dos pesos, costaban diez reales?

Eso es ¿por qué?

Por el señor Limantour, no cabe duda.
22 de mayo de 1894

[168]

La *interpretación del Quijote*.

Se ha publicado en Madrid un libro muy curioso cuyo título es: *Interpretación del Quijote*. Ocúltase el autor de dicha obra bajo el pseudónimo de *Polinous*.

¡Este *Polinous* es en realidad, muy *Anabasis*! Sírvanse ustedes, para su deleite, la etimológica disquisición que abajo copio:

"Imaginemos que un padre cariñoso desfigura a su hijo hermosísimo, para substraerle a la crueldad de sus contrarios, que le rapa el ondulante cabello, descompone el delicado rostro, arquea las piernas antes erguidas y cubre con un traje de payaso la blancura de la piel y la elegancia de la forma.... ¡Qué hijote! exclamará entre dolorido y satisfecho al verle en salvo a toda costa. Así debió de exclamar Cervantes, el siempre jovialísimo autor, cuando contempló al hijo de su maravillosa fantasía trocado en caricatura, pero libre de la muerte!"

Y así, como ese párrafo del *¡Qué hijote!* es todo el libro. Nace en la Mancha el ingenioso hidalgo para significar que todos nacemos con la mancha de la ignorancia; si madrugada, advierte que el "genio busca el día, y aun se anticipa al alba, a los tiempos"; si caza, enseña que es bueno el indagar y el razonar; si enderaza a los cabreros el famoso discurso de la edad de oro, es porque éstos "son las cinco razas: la mongólica, la semítica, la negra, la cobriza, la malaya", y están a la redonda de las pieles, o en la ancha faz de la tierra, oyendo a la raza aria que encarna en "Don Quijote"; sus duelos y quebrantos son los malos tratos que da el mundo a los hombres superiores; la Tolosa y la Molerina, mozas del mesón, representan: aquella, la *Historia Sagrada*; y ésta, la *literatura profana* "que cuando no tiene ideales muele a más moler por sacar harina, salga lo que saliere"; el remendón de Toledo, padre de la Tolosa, es "el primado de España"; el ama y la sobrina simbolizan el tiempo en que los curas dominaban; el vizcaíno que le parte la oreja a Don Quijote es el "representante de la tradición, el defensor de los privilegios señoriales y frailunos"; el ventero que le arma caballero, es alegoría del editor, "padrino y amo de la venta"; y el libro en que apuntaba el mesonero la cebada y la paja dadas a los arrieros, cifra o imagen de las oraciones (paja y cebada) "con que se nutría el entorpecido entendimiento del público".

Y ¿qué sospechan ustedes que se propuso Cervantes al escribir su *Don Quijote*? Pues, al decir de *Polinous*, echar por tierra los libros sagrados y cuantos emanen de éstos, y defender la libertad, la igualdad y la fraternidad.

Lo peregrino es que *Polinous* escribe limpia y elegantemente el castellano; luce copiosa erudición literaria; y hasta buen talento se le echa de ver, de cuando en cuando. Bien dicen que un loco hace ciento: el ingenioso hidalgo, fallo a Seso, ha hecho centenares de locos que se llaman Cervantistas y que disparatan de la manera más alrevesada y más graciosa.

A esos hombres de buena fe y harta paciencia, propóngome dirigirles varias preguntas de interés: ¿No hay en el *Quijote*, claras alusiones al SEÑOR DEL ALBA y a ANABASIS? La hermenéutica cervantina, hasta hoy, que yo sepa, no ha ahondado el punto. E interesa averiguar qué opina Cervantes de *Anabasis* y de los otros filisteos. Claro que, en el *Quijote* o ¡Qué hijote! se habla de ellos. *Polinous* lo dice: "se anticipa al *alba* y a los *tiempos*".

Cervantes, si mal no recuerdo, comenzó así un capítulo de su obra: "La del alba sería...". ¿Lo ven ustedes? Terminantemente se trata aquí de la del Alba. Sancho Panza, por lo de sancho y lo de panza, que no por alguna de las cualidades escuderiles y otras que tenía, bien puede ser imagen de *Anabasis*. Y aquel andante caballero, que *tenía en el cerebro una gran frialdad que se le cuajó dentro*, ¿no será el mismo y pintiparado Sr. Alba?

Nada afirmo. Someto esos problemas a la decisión de los señores cervantistas; traslado mis conjeturas al sutil *Polinous*, y si él u otro me contestan, publicaré con gusto la respuesta.

29 de mayo de 1894

[169]

MOA.

El Sr. Alva cree que debemos lanzarnos a las elecciones "para tomar un participio activo, sin temor al poder". Creo que tiene razón el Sr. Alva. Nos hace mucha falta un participio, y más que un participio, un sustantivo. Hay participios que nunca ha podido tomar el Sr. Alva. Se le resisten, y él tiene que entrar a sangre y fuego en la sintaxis para abrir paso a las ideas.

Supongamos ahora que el apreciable boletinista—alternativa quiso decir participación y no participio. Puestas así las cosas o palabras, declaro que ha dicho una gran verdad. Pero esa verdad de hoy no es la verdad de ayer en el *Monitor Republicano*. Ayer decía ese diario (que no es diario o los lunes no son días): "absteneos ¡oh liberales! de votar". ¿Cómo es que ahora dice lo contrario? ¿Vuelve, por el camino de Damasco, a la verdad? ¿Aparece en él ese *hombre nuevo* que apareció en San Agustín? ¿Está sinceramente arrepentido?

Yo lo dificulto. Los arrepentimientos del *Monitor* son pasajeros... y pasajeros de tercera clase, a juzgar por el mal trato que les dan. Pertenece él a cierta sociedad que, según *Gyp*, fundó en París una duquesa, con el nombre de "Congregación del arrepentimiento momentáneo". Se arrepintió de haber sido juarista, de haber sido lerdista, de haber sido zamaconista y, por regla general, cuanto candidato él se da, le sale malo. De aquí, tal vez, el que, escaldado, ya no abraza ningún partido, limitándose a decir, como la *Consuelo* de Ayala: "¡Qué espantosa soledad!"

¡Ya no hay hombres! —piensa el *Monitor*. Eso mismo dicen todas las señoras ya entradas en años que se quedan sin casar. Y si no hay hombres; si los bichos para quienes escribe el Sr. Alva, están como los galleguitos que iban mil y solitos, ¿para qué lanzarse a los comicios?

Un periódico de combate como el *Monitor* no debe decir únicamente: —¡a votar caballeros!— Debe decir: —voten ustedes a fulano, mengano y perengano.— Para eso está; para dirigir las masas, para aconsejarlas. Precisamente sus lectores quieren, y con justicia, que él señale a los hombres dignos de entrar al Parlamento, a la Suprema Corte, etc., etc. Si el *Monitor* no alza sobre el pavés a esos desconocidos para la muchedumbre, ¿cómo ésta ha de mirarles?

Pero ¿ha visto alguien que el *Monitor* ensalce a alguno? No me refiero a los prohombres del poder, a los tiranos. No quiero yo que reconozca virtudes en un gobernante, aunque las tenga. Aludo a esos otros hombres que "no faltan", según el Sr. Alva; a los que—sigo copiándole—"respetan la Constitución y siguiendo el espíritu de los tiempos, están penetrados de la importancia que tiene para el destino de los pueblos, el sólido establecimiento de las instituciones y se afanan porque la Constitución recobre y conserve su perdido imperio".

¿En dónde están esos hombres "que no faltan", Sr. Alva? Usted lo sabe y nosotros no: ¿por qué se calla? "Se acercan los días", como dice usted, se acercan los días, se acercan con sus noches, y de esos labios respetables ni una palabra sale. ¿Lo habrán cortado a usted la lengua? ¿Tendrá vuestra merced un candado en la boca? ¿Es usted D. Ramón L. Alva o San Ramón Nonato?

¡Ay, qué este silencio de otro Sieyès agobia a la República! Pues no se *ilustra* al pueblo ni se le guía ni le señalan a los hombres en quienes puede confiar, no se le estimule a luchar en los comicios. Tal como está esa invitación, parece que convida a jugar al pan y queso, a la gallina ciega... a la *momita*.

Dígasenos por caridad, en dónde están esos salvadores a los que tanto y tanto amamos, sin tener la honra de conocerlos. ¡Fuera modestia, y fuera capas, Don Ramón!

Al terminar Coquelin el gracioso monólogo OUNE HISTOARE JAOLIE, decía lo siguiente:

—*Commen vo trouvez cette jaolie histoare?*

—*Mais ... trés jolie, en verité, c'est ... c'est trés jolie.*

—*Eh bien! il est de Moa.*

Sospecho que si se le pregunta a Don Ramón por dónde está alguno de esos grandes hombres "que no faltan", lo oiremos que responde:

—*Eh bien! c'est* MOA.

30 de mayo de 1894

[170]

¿Hay hombres o no hay hombres?

Se están dando alarmantes casos de anarquismo "sobre agudo" en la redacción del *Monitor Republicano*. Hace pocos días el señor que desde hace muchos años se llama D. Ramón L. Alva, salió con sus once ovejas y nos dijo:

"Y para que la Constitución rija y se cumpla, es necesario que los depositarios del poder público sean hombres que la respeten los primeros, que siguiendo el espíritu de los tiempos estén penetrados de la importancia que tiene para el destino de los pueblos el sólido establecimiento de las instituciones que se han dado, y se afanen porque la Constitución recobre y conserve su perdido imperio.

Esos hombres no faltan; pero se encuentran fuera del mundo político; *porque el pueblo ha dejado que el poder sea quien haga las elecciones de sus representantes, porque ha abandonado el campo electoral en las épocas en que debiera estar ahí firme, armado de su derecho* para emitir su voto a favor de quien le indique su conciencia que pueda desempeñar debidamente los deberes que los gobiernan, los que legislan, los que juzgan, contraen para con el pueblo mismo desde el momento que entran a desempeñar sus respectivos cargos.

Se acercan los días en que deben verificarse las elecciones. *Los ciudadanos deben prepararse para tomar en ellas un participio activo sin temor al poder. Ese es un deber que hay que cumplir* para alejar de los puestos públicos a los que en vez de representar sus derechos, han dejado que el poder se los arrebate".

Como se ve el maduro señor Alva le echa la culpa al pueblo. "Esos hombres no faltan" —dice. Por ejemplo—añade *in petto*— ¿qué no les gusta a ustedes el que haaabla?

Recamier (servidor de ustedes) acusó al Sr. Alva de ir contra la política del *Monitor*. Con efecto, dicho periódico viene predicando desde hace mucho tiempo la abstención electoral. Él quiere que la montaña vaya a él, entre a las oficinas de la Administración y respetuosa y amablemente diga a un empleado: ¿me hará usted la merced de suscribirme al simpático *Monitor Republicano*?

El Sr. D. Enrique de los Ríos, desfacedor de los entuertos que suele causar al buen sentido Don Ramón L. Alva, dijo el día último de Mayo, que, efectivamente, el *Monitor* había predicado la abstención electoral, mas que ese fue allá cuando los partidarios del Sr. Lerdo trataban de reelegir a éste.

El Sr. de los Ríos, dígolo en honra suya, no lee, sin duda, *El Monitor Republicano*. Si lo leyera habitualmente, sabría que no sólo en aquella vez, sino en todas las épocas de elecciones posteriores a la que cita, *El Monitor* ha dicho al pueblo: —¡no votes ni te afanes, que es en vano!— Puedo citarle dos o tres mil boletines que eso mismo aconsejan.

La honrosa ignorancia del Sr. D. Enrique M. de los Ríos le hizo prorrumpir en este llamamiento a los comicios:

"*Aconsejamos al pueblo que ejercite sus derechos, y muy principalmente el derecho electoral*, como uno de los medios de salvar al país de las garras del militarismo entronizado, y de restituir a las instituciones, su imperio y su prestigio".

"Entonces— concluye refiriéndose a la reelección del Sr. Lerdo —la abstención era salvadora; hoy está siendo la muerte de la libertad".

Pero los boletinistas son en el *Monitor Republicano* lo que los pepinos, las aceitunas, la mantequilla y los rábanos son en las comidas. Son *hors d'oeuvre*. Los platillos substanciosos están en la gacetilla.

El verdadero *Monitor*, "el verdadero pueblo", el *Mero petatero*, aparece en el siguiente final del suelto publicado el domingo último:

"Nosotros para que lo sepa de una vez *El Universal*, tenemos la seguridad de que hay quien se atreva a aceptar la candidatura para Presidente de la República".

Pido la palabra para exigir una satisfacción en nombre del respetable Sr. Alva. Este constitutivo personaje ha dicho en letras de molde que "esos hombres no faltan". Y el *Monitor*, en buenos términos, le dice que falta a la verdad, que no hay tales carneros, que no hay hombres. Además, dice, *Nosotros creemos*, y como Alva, no cree en eso, resulta que sus compañeros de redacción no le tomaron en cuenta, y casi le tratan como perro en barrio ajeno. Esto no es justo; el Sr. Alva tiene errores; pero también tiene canas; y no merece que de él hablen despectivamente los señores gacetilleros del *Monitor*. *Nosotros creemos....* ¡Pues no señor! Alva no cree, Alva dice que esos hombres no faltan; y Alva no es Perico el de los Palotes.

También el Sr. de los Ríos ha dicho claramente, que es un deber ineludible, deber sagrado, el de batirse en la contienda electoral. ¿Están pintados los dos apreciables boletinistas en la redacción de *El Monitor Republicano*? ¿El gacetillero lleva en ella la batuta?

Yo sospecho que quien no se atreve a elegir candidato, por temor de que salga burro, es el colega. El debe saber que la voluntad de la persona no hace al caso en este asunto. Podemos votar por quien queramos, quiera él o no quiera, y podemos decir al pueblo: da tu voto a fulano o mengano, porque ése te conviene. No son válidas las renuncias a que alude *El Monitor*, ni son renunciables los cargos de elección popular.

El colega cree que somos muy tímidos y muy poco patriotas. Me atrevo a asegurar que si se dirige al señor Alva y le dice:

—¡Don Ramón, que ya no hay hombres! ¡Que se acabaron los valientes! ¡Nadie quiere la Presidencia de la República!— Don Ramón, venciendo su ingénita modestia y con el estoicismo de su gran carácter, replicará al instante:

—¡Pues por mí ni ha de quedar! Aquí estoy yo. Que no pase de mí ese cáliz. Yo lo bebo. Hágase en mí la voluntad del pueblo. A grandes malos, grandes remedios; y a caballo dado, no se le ve el colmillo.

4 de junio de 1894

[171]

Burón falsificado.

Para esta noche anuncian los carteles el beneficio de Don Ricardo López Ochoa, actor mexicano; y en esa función, según rezan los mismos, se representará *La Escuela de las Coquetas*, "HACIENDO EL BENEFICIADO UNA IMITACIÓN EXACTA DE D. LEOPOLDO BURÓN".

Entendámonos apreciable señor López Ochoa: ¿qué se propone usted, tener gente en su beneficio o no tenerla? Supongo que lo primero, porque el actor es mortal aunque aspire a la inmortalidad, y los mortales comen. Vd. querrá halagar al público, atraerlo con toda clase de honestos incentivos, a fin de que no queden vacías las localidades del teatro.

Y ha tomado el peor camino para conseguirlo. Don Leopoldo Burón, como torero, es demasiado cómico; y como tal cómico, es más torero de lo necesario. No le niego aptitudes para descabellar un drama; hasta digo que suele *matar* bien, y poner banderillas de fuego a Echegaray; pero con eso y todo, vale más que no le imite usted. Aquel hombre es inimitable. Por mucho que usted se esfuerce, no resultará completa la ilusión que nos hagamos.

He visto al Sr. Burón en la *Vida es Sueño*, en *Hamlet*, en *Otelo* y en muchas otras piezas. Siempre es el hombre que habla en décimas, aun cuando esté hablando en prosa; siempre es el Padre Dolores que enclavija las manos y alza al cielo los ojos; siempre es el infeliz que está aguardando el último acto para morirse de golpe y porrazo. El Sr. Burón tiene una voz; tiene dos ojos —en blanco— tiene un modo de andar, un modo de quitarse los guantes, un modo de torear a su interlocutor, que son suyos, enteramente suyos, y que ninguno jamás igualará.

Pero doy por hecho que el apreciable Sr. López Ochoa logra ser Burón el otro. ¡Hombre, eso no tiene nada de agradable para el público! Conque haya un Burón basta para dar al público por compurgado. Seguramente el Sr. López Ochoa ha creído que somos unos bárbaros y que nos las pirramos por Burón. No, ¡caballero! El Sr. Burón sale ileso de la república, porque en ésta se respetan mucho las garantías individuales. Pero tal vez no la pase lo mismo, el actor que nos dé un Burón falsificado. ¡Éste es el colmo de las falsificaciones!

Tal vez no le cueste a Vd. mucho trabajo Sr. López Ochoa, representar tan mal como Don Leopoldo; pero hay trabajos que no estima ni recompensa el público. Por ejemplo, si en la zarzuela anuncian; "esta noche ladrará el Sr. Cires Sánchez tan concienzudamente como *Anabasis*", no crea Vd. que por ello se llene el teatro.

A Vd. agradeceríamos que imitara a cualquier buen actor o al que dijo y desapareció: pero ¡a Burón!

Ya ve Vd. lo que le pasa al Sr. Orozco por querer imitar a los aguadores. Desde que él anunció que iba a convertir a México en puerto de mar... ¡nada!... ¡ni agua!... ¡Ni siquiera llueve! El único líquido que está corriendo en la ciudad es el sudor.

No imite Vd. a nadie Sr. López Ochoa. Aunque bien visto, imitar a Burón es la mayor de las originalidades. A ninguno hasta ahora se le había ocurrido.

¡Que pocos se dedican a falsificar la firma de Carteritas!

Vd. va por ese camino que conduce a la gloria, pero que no lleva a la riqueza. Quizá forme discípulos que hagan imitaciones muy exactas de las estampillas falsificadas y de las pesetas de estaño, que no pasan. Pero no hay que anunciarlo. Guarde Vd. al público la sorpresa de ver a Burón cuando menos la tema. Los gregoritos se dan sin aviso previo.

5 de junio de 1894

[172]

Cáscaras.

La horchatera frescachona, de brazos y cuello desnudos, limpia, ataviada con corales falsos y con cuentas de vidrio; la horchatera que se parapetaba tras una trinchera primitiva, entre flores rojas y amarillas, cántaros y tinajas; la horchatera de jícara lustrosa no es la horchatera *fin de siècle*. Ésta de hoy, es el *trait d'union* entre la *gata* y la *araña*. Se pinta y gasta botitas bronceadas de tacón alto. Tiene amigos estudiantes, de los que no estudian; lee *El Fandango* y, por las noches, concurre a bailes. Durante sus vacaciones ¡ay, muy cortas! sirve de mesera en los cafecitos del Factor, en los fonduchos de Corchero o cumple el precepto latino de "enseñar deleitando".

Por de contado que no voy, con tal motivo, a invadir los dominios del Sr. Alva escribiendo un artículo contra la inmoralidad reinante. ¡Viva la horchatera como le plazca y buena pro le haga! Si voy contra el ilustre Ayuntamiento que ha convertido nuestra plaza principal en un parián de horchateras.

En Verano y en Otoño cuando hace calor y cuando hace frío, la plaza está cubierta de tiendas de aguas frescas. Parece plaza de pueblo en día de *tianguis*. De esas tiendas sale, particularmente en las primeras horas de la mañana, nauseabundo olor de cáscaras podridas. El hecho es raro, pero ello es que también huelen a aguardiente los sucios puestos de aguas frescas. Las mujeres que los atienden, son por lo común poco devotas de la limpieza. Se levantan greñudas, lamentando la crudeza de la suerte. Y frecuente es oírlas canturrear obscenidades o decir palabras que el *Tiempo* mismo, no se atrevería a estampar en su edición literaria de los domingos.

¿Qué motivos tiene el muy ilustre Ayuntamiento para dar tan mal trato a la plaza llamada de Armas? No perdona medio de afearla. Deja que perezca de anemia su jardín; la entrega a los vendedores ambulantes, a los titiriteros, a los charlatanes que pregonan sus panaceas o drogas desde el pescante de una mala carretela; la llena de barracas y pegostes: en una palabra, la convierte en basurero. No dudo que cuando llegue el día de la justicia, cuando los "indios verdes", los guerreros aztecas de Alejandro Casarín, tengan que abandonar sus pedestales fúnebres, el honorable Ayuntamiento dará asilo en la plaza a esos infelices desterrados. En ella guarda todos los trebejos, todo lo inservible.

¡Con harta razón suspiran los ancianos por aquellos tiempos en que la estatua de Carlos IV se alzaba frente al Palacio Nacional! Y por épocas posteriores a aquellas, y en las que, limpia la plaza, servía para las evoluciones militares.

Ya no como antes, en las noches calurosas, van las familias al jardín de esa plaza en busca de aire fresco. Ahora van los galanes de las horchateras y tal cual barceloneta que hace ejercicio antes de acostarse. En las horchaterías se rinde culto al amor, suenan rasgueos de guitarra, y suele verse a algún *Anabasis*, de chaleco desabrochado, abrazando amorosamente a alguna ninfa.

Tampoco van niños al jardín por las mañanas. Los árboles de capa caída o de capa empeñada, no dan sombra. Nada más los que protestan contra el tratado de Belice, siguen inamovibles en las bancas de hierro, leyendo el *Monitor Republicano*.

En vano vuelve la primavera y retoñan los árboles y se cuajan de flores los rosales y se hincha de fragancia el aire: por aquellos sitios de tristeza y desolación sólo pasa el polvo en densas nubes. Está dejado de la mano del Ayuntamiento y el Ayuntamiento está dejado de la mano de Dios. Chascan las hojas secas bajo nuestras plantas: mas no porque pisamos la hojarasca del bosque en la estación de invierno, sino porque esas hojas son cáscaras resecas y mal olientes que pródigas esparcen las señoritas horchateras.

Y pasa la Semana Santa y pasa el Cinco de Mayo y pasa el día de Corpus, y pasa el quince de Septiembre, y viene el invierno "con sus nieves, cano", y Noviembre con sus alfeñiques y jaleas, y Diciembre con sus pasteles y sus peregrinos, y hoy, como ayer y mañana, como hoy y siempre igual, en toda época hay puestos de aguas frescas, tenduchos y barracas de feria, afeando la plaza principal.

Téngala el muy ilustre Ayuntamiento por patio de su casa y mándela barrer. El Sr. Alva que se lee a sí mismo en una de las bancas del Zócalo, será el que más agradezca ese favor.

6 de junio de 1894

[173]

Una carta del Sr. López Ochoa.

"Distinguido señor *Recamier*:

Difícil es para un *pinche*, no de la cocina literaria, sino del arte dramático como yo, poder presentar, siquiera sea al olfato, un *platillo* de mal condimento a cocinero tan afamado como usted. El que usted me ha ofrecido esta tarde, contenía un poco de picante; pero a pesar de ello, las manos maestras que lo han confeccionado, me lo han hecho saborear.

No me culpe usted, sino a ese *montón de tontería humana*, (aunque yo no opino igual) como dice mi tocayo; no por el público en general, sí por el vulgo que va a todas partes... porque sí; y como ese vulgo es el que forma las reputaciones *vulgares*, y el que llena todas las diversiones, y es el que no en una, sino en varias temporadas ha aplaudido al actor español Don Leopoldo Burón, a pesar de los ataques de la prensa, a él es el que tengo que conquistar con mi reclamo.

Yo, en este caso, necesito al espectador que goza a mandíbula batiente, con *La Vía Libre* por ser más numerosos y porque no soy cocinero inteligente para condimentar platos con receta de Bretón o Shakespeare, para llamar la atención de los gastrónomos: tengo que hacer cocido a la española para tener mayor consumo. La gracia, el arte, está aquí, en saber imitar ese cocido, y si anuncio la imitación, es porque no se me juzgue de tan mal gusto que deje el riñon broché por un plato de lentejas.

En nuestro *restaurant* se ofrecen platos a la Sardou, a la Tamayo o a la Echegaray, y no tiene simpatizadores más que en un corto número de personas de buen paladar. En otros

[154]

restaurants, dan guisos a la Pina Domínguez, con música a la puerta, y la venta se efectúa a gusto del propietario.

Vd. mismo confirma, que he logrado mi objeto, pues se ocupa de mi festín sin querer. Si no le hubiera llamado la atención mi excentricidad, no hubiera Vd. hecho plato de mi carne.

Hace poco tiempo condimenté un pastel de Drama Nuevo, mal hecho, a mi modo, y a pesar de la salsa de Luisa Casado, no conseguí más que el aplauso y la aprobación de unos cuantos parroquianos, entre ellos muchos de *gratis*, pero la venta fue escasa.

Sé que la cocina francesa es la mejor; he probado sus guisos, y aunque poco he aprendido de ella, gozo haciendo ensayos.

Creo que es mejor, o menos malo, falsificar la moneda de poco valor, porque la justicia me dará menor castigo; falsificando las onzas, me condenaría a muerte.

La noche del Miércoles quiero mucho comprador aunque sea a costa de que yo no coma a mi gusto. Hay días excepcionales, y éste es uno de ellos. Si alguno se indigesta, que me perdone, pero hay momentos en que se necesita gritar: 'Sálvese el que pueda'.

Si no consigo mi propósito, le ruego a usted, que después del banquete, me tire los platos a la cabeza, en desagravio del buen gusto.

Sepa usted que soy el más humilde de sus admiradores: que estoy arrepentido, y de haber llegado a tiempo, hubiera recibido el consejo; y que le agradezco infinito que se haya ocupado de mí, pues ello hará que algunos curiosos se acerquen a la contaduría.

Usted es generoso, y perdonará este desliz, en vista de la intención.

Quedo de Vd. A.S.S. —RICARDO LÓPEZ OCHOA".

*   *   *

Muchas gracias, Sr. López Ochoa. Me ha aderezado usted un "plato" y limpio lo paso de las manos de usted a la mesa del público. Va con alabanzas a mi persona y todo, así como va el *roastbeef* con papas. Lo que deploro es haber tenido razón; pues oigo decir, que la sombra de Burón para usted tuvo mala sombra, o sea que el *no-yo* de Burón atrajo muy escasa concurrencia al beneficio. Ya verá el Sr. López Ochoa, como a la fin y postre, (frase hecha adrede para *Recamier*) el *montón de tontería humana*, no es tan tonto que se le vean los pesos duros, y como la prensa no anda por los suelos.

De que Burón gustó y muy mucho, pruebas tengo. El que habla, le aplaudió en *La Muerte Civil*, allá cuando Nestosa y la Alverá querían. Y entonces no tenía yo pelo de tonto; o por lo menos, aún no me salía a la cara, pues recuerdo que apenas a duras penas, me apuntaba el bozo.

Después no me gustó el Sr. Burón... ni el cuento del ogro, que se le parece... y así esta-

mos. Es más, tampoco me gusta Burón traducido al italiano: Roncoroni. Me cargan los Roncoroni en todos los idiomas, aunque echen de su ronco pecho sapos, versos y culebras.

A Vd., Sr. López Ochoa, no tengo el placer de conocerle. Sin embargo, ya que nos carteamos, correré a Vd. traslado de lo que dice Catulo Méndez en su último libro sobre Wagner. Dice Méndez, que para igualar a los grandes, lo mejor es no imitarlos, sino ser de otro modo. Pues bien, Sr. López Ochoa, suponga Vd. que Burón es grande y sea Vd.... de otro modo.

Dígolo en beneficio de Vd., ya que su beneficio fue tan malo.

8 de junio de 1894

[174]

Que se lo cuente a su abuela.

El Ex-Alférez Iturbide ha desenvainado la pluma que le sirve para sus épicas campañas, y montando en su bridón de guerra (y de carrizo) aparece campante en la república vecina. Este ex-joven, desgraciado en sus empresas políticas y en el baccarát; este ex-joven, que va envejeciendo sin haber llegado a ser un hombre hecho; este ex-alférez menos bizarro y menos masculino que la monja alférez; este ex-príncipe que ha devorado en silencio la paja húmeda de los calabozos, lanza desde la lanza de San Baltazar sus más terribles anatemas contra el gobierno mexicano. No se sabe si con ayuda de vecinos repican los agustinos, ni si con pluma de algún pillín escribe cartas D. Agustín; pero si es un hecho que el ex-alférez, el ex-príncipe, el ex-joven Iturbide no está conforme con su situación. Monseñor quiere su papa.

El muy sensato *Universal*—(mil gracias compañero.—No hay de qué) recordó hoy mañana en un artículo que Mayo es, nuestro calendario político, el mes de las traiciones. "En Mayo— agrega —*Su Alteza* traicionó al Sr. General Díaz, que le hizo el favor de querer hacerlo hombre y de admitirlo bajo las banderas republicanas".

Sobre este punto presento mi voto particular. El ex-alférez Iturbide no escoge deliberadamente el mes de Mayo para sus *santiaguitos* periodísticos. Cierto que, hace tres años, en Mayo fue aquel *santiaguito* que acabó en Santiago. Pero no es igualmente cierto que en Mayo último haya tronado la segunda *chinampina* del ex-príncipe.

Ésta reventó en el número de Junio de la *Revista Norteamericana (North American Review)*. Y en las postrimerías de Mayo como en Junio, el ex-alférez obra fatalmente; cede a la influencia que en él ejerce la proximidad del día de San Juan y que le desarrolla instintos bélicos. Cada año Monseñor se viste de soldado.

¿Cuál es su plan? Los planes y las planas del ex-joven, son ininteligibles. No tiene carreras, porque las únicas carreras que le gustan, son las carreras de caballos; no tiene oficio, porque el único oficio que le acomoda es el de *virreyero*; no tiene propósito de morir en la demanda, porque ¿sobre qué se caería muerto el ex-joven príncipe Iturbide? Lo único que tiene Monseñor es gana de mamar. Por eso chilla.

Para él no han pasado los años; para él no ha llovido desde entonces; cree que es joven, cree que es príncipe... más aun, se imagina que es el regio infante y que le llevan a la Alameda en carretela, cubierto por la sombrilla de su nana, (*nana como lo escribo y no naná*).

Ya otra vez lo he dicho: el plan regenerador de este gran príncipe, ese plan que echará raíces hondas en el seno de la juventud poco estudiosa, es un plan halagüeño.—Quiere Iturbide convertir en una gran sala de billares el Salón de Embajadores... recortar los retratos de los presidentes que adornan esa misma galería; desprenderles los brazos y las piernas para clavárselas después con alfileres, convirtiendo cada figura en un gran títere; hacer un buen boliche en el Senado; y todos los días, ¡*Diez y seis de Septiembre*! ¡todos los días *Cinco de Mayo*! ¡todos los días, tambores y cornetas! ¡todos los días desfile de la tropa! ¡todas las noches fuegos artificiales! En los teatros, ¡comedias de magia, nada más! ¡y mucho circo! ¡muchos toros! ¡la dicha, el progreso, el porvenir de México!

¿Qué ley es aplicable al ex-alférez y a sus cómplices? La ley de Herodes, la ley de Herodes nada más: la degollación preventiva.

El desterrado por su gusto, a la tierra del gin-cock-tail, intenta dar un jaque al Presidente. Quiere armarse. No se propone volver a México por su honra: Iturbide desea venir a México por su hotel. Y un periodista jacobino, algo alarmado, dice hoy: "Si al abuelo, a pesar de ser el libertador, se le fusiló en Padilla, ¿qué esperanzas quedarán a su descendiente?"

Las de ir a juntarse con su padre, con Padilla padre, ¡Oh jacobino!

15 de junio de 1894

[175]

Esos son otros valientes.

Nuestro ilustre *Monaguillo*, el primero de los Monaguillos, publicó el viernes un artículo titulado "El Último Valiente". ¿Quién se niega a sostener un héroe? Dice: "Mirad a los Estados Unidos, nación más experimentada que nuestra República, arrastrando la cadena de las pensiones a los héroes, a las mujeres, a los hijos, a los nietos y a los bisnietos de los héroes. En México ha sido preciso que todos los esfuerzos nacionales se unieran para hacer vivir a este interesante grupo social".

Yo le diré a Vd., amigo *Monaguillo*, en esto de los héroes como en todo, hay familias desgraciadas. He conocido veteranos de la independencia, veteranos auténticos, no veteranos de afición o póstumos, que pedían limosna para comer. He tratado a héroes de Churubusco que murieron en el asilo de Mendigos. La mayor heroicidad de tales héroes era la de vivir y no tirarse del balcón a la calle. Ahora no se dan muchos casos como los arriba referidos, pero es porque los héroes han ido sucumbiendo de inanición.

De manera que no hay que echárnosla de lado y decir: ¡estos héroes nos arruinan! ¡gastamos mucho pero mucho, en héroes! De los héroes vivos no hablo ahora. Tal vez sí resulte costosa para el erario esa viveza. Tampoco trato de los héroes de lance. Héroes legítimos, y mujeres, hijos, nietos y bisnietos, de héroes no maman y beben leche en la república. Una nieta del cura Hidalgo está aislada en un establecimiento de beneficencia de la ciudad de Puebla.

Frecuentemente leerá usted en los papeles públicos, que la hija del glorioso general X o la nieta del insurgente Z o la sobrina del inmortal Y, están a un pan pedir. Y piden pan y no se los dan. ¿Esto es arruinarse por las familias de los héroes?

¡Qué más... el ex-alférez D. Agustín de Iturbide, nieto de héroe, alquila actualmente su apellido en los Estados Unidos y sirve de amanuense a un viejo verde que escribe cartas de amor y contra ella!

Usted, *Monaguillo*, no conoció a la Viuda Alcalde. Don Matías Romero sí la conoció. Ella le hubiera dicho a usted que muchas viudas pasan las de Caín. Si le preguntan a una viuda de héroe cuál es su estado, responderá seguramente:

—¡Deplorable!

La nación les da, discursos, poesías y el himno nacional, pero poquísima pecunia. La precisada Viuda Alcalde, primero le arrancó a Don Matías Romero un faldón de la levita que una orden de pago. Y vea Vd. que Don Matías Romero no es ingrato con las levitas, ni las abandona por quítame allá esas pajas.

Lo que damos al héroe y a su distinguida familia es poesía a pasto. Diez o doce veces al año sube Manuel Lizarriturri a la tribuna y dice: —Yo no vengo a llorar por los que han muerto. / Vengo a regar sobre su tumba flores. // Y hasta que no le quitan la regadera no para.

En los Estados Unidos las pensiones militares cuestan ciento sesenta millones de pesos. Y hubo quien disfrutara de pensión—esto es histórico; lo tomo del informe oficial—"por haber perdido... la vista cuando la guerra de Secesión". Otro gozaba de igual prebenda, "porque ya no podía leer sin anteojos". En Enero de este año, se suspendió el pago de 6,500 pensiones de esta clase.

Pero el partido Republicano, que fue el que aumentó inconsideradamente las pensiones y todo el presupuesto de guerra, no lo hizo con propósitos bélicos—sino para acabar con el excedente en los ingresos que hacía inútil, fiscalmente considerado, el aumento de los derechos aduanales. "Su objeto— dice D'Avenel —era transformar radical y prontamente una situación sobrado próspera, en otra no precaria, pero sí apurada un tanto cuanto".

Nosotros no estamos en el mismo caso. Más bien estamos en el caso de la Viuda Alcalde. Por lo mismo no creo que debamos enriquecer a las familias de los héroes. Y no creo que debamos, porque debemos, sí, debemos mucho.

Sin embargo, tampoco hay que jactarnos de harto espléndidos y dadivosos con los héroes de primera, segunda, tercera, cuarta, quinta e sexta mano. —No cuestan mucho los que / dura muerte / Tiene sepultos bajo losa fría, / Sino aquellos que tienen buena suerte / ¡Y viven todavía!

18 de junio de 1894

[176]

Iturbide el de la Alferecía.

El periodista yankee D. Agustín de Iturbide, contratado por una empresa que exhibe en Nueva York y otras ciudades a los más distinguidos ex alférez (o ex alféreces) de trueno y ya tronados, excita hoy la curiosidad pública. Conviene, pues, hacer la historia de personaje tan mal comprendido por sus contemporáneos. Para comenzar recurriré a fuentes yankees, que son las fuentes en que bebe agua. *El Herald* de Nueva York correspondiente al 14 de Enero de 1866 (puede leerse la traducción del artículo a que me refiero en el tomo 7° página 831 de la "Correspondencia de la Legación Mexicana en Washington durante la intervención extranjera") habla de la familia Iturbide y dice:

"El Archiduque Maximiliano de México no habiendo tenido hijos de su matrimonio con Carlota de Bélgica, ha estado buscando un heredero para su trono para el caso en que acontezca su muerte natural o se le obligue a dejar el palacio de los Moctezumas. Él, o más bien su amo en París, se ha fijado en uno de los miembros de la antigua familia Iturbide, descendiente del Emperador del mismo apellido".

Habla en seguida el *Herald* de los antecesores del niño Agustín, y refiriéndose luego a los Iturbides que vivían a la sazón, agrega:

"Uno de ellos (*Ángel, padre del niño Agustín*) casó con una Srta. Green de Georgetown. Parece que Agustín (*el hermano de Ángel*) y Ángel regresaron a México y han desempeñado empleos bajo el gobierno de la República. El primero parece haberse adherido al Imperio establecido por Maximiliano, pues se habla de él en el *Almanaque de Gotha* para 1865, como vicepresidente de la Orden Nacional de Nuestra Señora de Guadalupe que fue fundada durante el gobierno de Iturbide y restablecida per medio de un decreto del Gobierno provisional de México en Junio de 1863. George Augusto Sala, escribiendo de México en 1863 describe a Agustín (*el hermano mayor de Ángel*) diciendo que es un hombre alto, angular, entre cincuenta y sesenta años de edad, de tez amarillosa como color de granito, vestido con una chaqueta ordinaria, cubierto por el enorme sombrero jarano y paseando tranquilamente en la calle de San Francisco con un cigarrito en la boca y un gran paraguas blanco debajo del brazo. Dícese —añade—que su conversación es notablemente amena. A él se le atribuye el dicho de que un mexicano armado es un ladrón; dos o tres mexicanos armados forman una guerilla; y muchos, un ejército. Ha dicho también que sus compatriotas se dividen en tres clases: primero, la de mujeres; segundo, la de niños; y por último, la de mexicanos. Hasta Diciembre de 1865, Agustín (*tío del niño*) estuvo en París alojado en un hotel español de tercer orden.

Ángel (*padre del niño Agustín*) ha estado en la Capital de México durante muchos años. Sala lo describe de la siguiente manera: *Es un príncipe muy diminuto, de carácter alegre, muy instruído, que habla el inglés como un hijo de Albión y que se bebe dos botellas de Jeréz seco en un rato, lo cual es excesivo en atmósfera tan rarificada como la de la mesa central, la de Río Frío*".

Uno de los periódicos de París, citado por el *Herald*, al anunciar la adopción de Agustinato por el archiduque, dice que cuando el Sr. Hidalgo, ministro de Maximiliano en París, llevó al que ahora es ex-alférez la noticia "encontré al presunto heredero del trono de México en el banquillo de castigo, por falta de aplicación en sus estudios".

Estos son los únicos datos que contiene el *Herald* acerca de las aptitudes y talentos del niño Agustín. Es fiel espejo de su inmediato antecesor, en lo de ser "un príncipe muy diminuto, de carácter alegre, que habla el inglés bien y bebe bien". En lo de "instruído", sí no le ha imitado. Desde niño pintó muy mal para el estudio, como se ve por la graciosa actitud en que se hallaba cuando le visitó el Sr. Hidalgo.

Como yo he regenteado durante largos años el restaurant de Iturbide, conozco bien la historia del distinguido fundador de mi cocina, y me propongo servirla en varios platos. Advierto, sin embargo, que le perdí de vista y aun de oídas, desde que le dio aquel terrible ataque de alferecía que le hizo inopinadamente mudar de aires. Ya pido informes a Delmónico, sobre ese lapso de la vida pública de mi antecesor.

Y respecto a los antecesores de éste, diré a la *Voz de México* para que se calme: al citar a "Padilla, el padre", no referí, como ella piensa, al emperador Iturbide, persona de mi estimación, sino al Padre Padilla, famoso en los anales eclesiásticos. Así lo entendieron todos, menos la mansa *Voz* que está echada en Belén. Y raro es que no lo haya comprendido, porque ella conoce mucho al Padre Padilla. Lo visita a menudo y hasta dicen que es de su familia.

21 de junio de 1894

[177]

El pulque es libre.

Habló ayer *El Universal* de las infracciones de policía a diario cometidas por los dueños y parroquianos de expendios de pulque. En efecto, las cometen; pero no pienso yo que sean ni en lo más mínimo culpables. No; esos ciudadanos ejercitan un derecho, derecho consagrado por la tradición, derecho mantenido por el uso, derecho que respetan las autoridades. La tradición y la costumbre enseñan que está permitido obstruir el tráfico, escandalizar y cometer toda clase de abusos dentro y fuera de las pulquerías. Hay quien presume que el culto a Baco está, en concepto de la autoridad, reconocido y aceptado por nuestro Pacto de familia.

Es verdad que de cuando en cuando salen a luz algunos reglamentos viejos, con cuantos zurcidos y remiendos, que penan las consabidas infracciones. Los visires de la policía oyen los dichos reglamentos, juran guardarlos y hacerlos guardar, y, fieles a su juramento, los guardan luego bajo siete llaves. Esos reglamentos son teológicos. Han tenido varias encarnaciones como Rama; pasan de gobernador a gobernador como una reliquia respetable, como el Zancarrón de Mahoma. Cuando se publica por milésima o diezmilésima vez la prensa calla, la sociedad se tranquiliza, ¡el oráculo ha hablado! Los visires hacen nuevas genuflexiones y se van a tomar, con su gran séquito, el sacrosanto aperitivo Peter Gay. El mismo gendarme mata el tiempo, en vez de matar perros rabiosos, leyendo esos interesantes editoriales de D. Ramón Alba que fija el superior Gobierno del Distrito en las esquinas. Y mientras lee el gendarme silabeando, roban a un transeúnte, perece atropellada alguna vieja y los ciudadanos ebrios, en solemne cónclave, beben a la salud del reglamento.

Esto ya forma un cuerpo de jurisprudencia como el de Inglaterra; hace ejecutoria de modo que los ciudadanos están en su plenísimo derecho para embriagarse en las pulquerías, para celebrar *meetings* en las aceras, para escandalizar a todo el barrio. Los reglamentos de policía son el reverso de los boletos de empeño: no se cumplen jamás. El día en que se cumplieran habría probablemente un terremoto. A los visires les interesa que haya ebrios escandalosos, que haya riñas, que haya

homicidios, para dar pruebas de su actividad y su energía. El pulque mantiene la criminalidad y la criminalidad mantiene a los visires. Esas inundaciones de pulque fertilizan los campos de la policía urbana, así como las inundaciones periódicas del Nilo fecundan el Egipto.

Ahora, argumentando como suelen argumentar los defensores de los toros, podemos decir: y si le quitamos su pulque al pueblo, ¿qué le damos en cambio? ¿Le daremos acaso la fe, la esperanza, el amor al trabajo? ¿Le daremos el bienestar que no puede obtener...? ¿Por qué permitimos los toros? Porque al pueblo le gustan. Pues, por igual razón, démosle pulque.

Entiendo que tan contundentes razones son las que se da la policía para ser tolerante y hasta obsequiosa con los ebrios. Los saluda, los acompaña a sus respectivas casas, y si ellos se encaprichan en brindar con ella no rehusa. Se desvive por complacer al pobre pueblo.

¿Creéis acaso que hay bomberos para apagar incendios? ¡No, señor! Hay bomberos para dar al pueblo que es soberano y reina y no gobierna, el gusto de que los silbe. Es bueno que haya incendios como es bueno que haya toros, para que el pueblo se divierta. Y los bomberos son los picadores del incendio.

Cuando aparece un reglamento prohibiendo la portación de armas, ¿suponéis que se trata de desarmar a los ciudadanos? ¡Nada de eso! Se trata de proporcionarles un placer que está, ni más ni menos, en armarse para violar un reglamento.

Cierta gran dama decía al comer fresas en leche:

—¡Qué bien saben! ¡Lástima que el comerlas no sea pecado!

Pues bien, los reglamentos de policía hacen pecados para que el pueblo saboree la delicia de cometerlos diariamente.

Dejad tranquilo al pulque. Es nacional y más que constituyente: reconstituyente.

22 de junio de 1894

[178]

Las elecciones del domingo.
Intervención de tropa armada.

"Tuxtepec no sólo ejerce la más terrible de las tiranías, sino que hace alarde cínico de ella. El domingo pasado, día en que el pueblo estaba llamado por la ley a los comicios, el poder hizo una manifestación insultante de su fuerza, para impedir que los ciudadanos se acercaran a las tres veces santas urnas electorales. Desde las primeras horas de la mañana, numerosos grupos de gente armada comenzaron a recorrer las calles, desobedeciendo al proceder así, el más terminante de los venerados artículos constitucionales. Particularmente en las calles que desembocan en la plaza de Armas, que es el centro de todos los abusos puesto que en ella se alza el llamado Palacio Nacional, era insoportable el ruido de tambores, clarines y atabales, como en los más solemnes días de su alteza serenísima.

¿Para qué ese lujo, esa ostentación escandalosa de fuerza y de opresión? ¿Teme ya el despotismo, la cólera del pueblo? ¿Ha visto cómo aquel tirano Baltasar, tan bien cantado por mi inolvidable condiscípulo el Dr. Don Manuel Carpio, el *Mane Thecel Fares* que pregona el ya cercano advenimiento de la libertad y de Tuxtepec y la Constitución y la Reforma? Diga lo que diga, la prensa asalariada, la soldadesca que invadió las calles el domingo, prueba de modo concluyente los temores del gobierno y la decisión que tiene de contrastar por medio de las armas los embates de la opinión, ya bien sensibles. La tiranía es cobarde. Lean los que nos gobiernan *La Moral Práctica* y allí encontrarán ejemplos contundentes que prueban la verdad de nuestro dicho.

Todavía, sin embargo, más triste y más funesto que el hecho denunciado es el que ahora vamos a señalar, no sin vergüenza: las patrullas que recorrieron la ciudad el día de los comicios no eran todas de la gendarmería montada y de las tropas de la guarnición. Vimos muchísimas compuestas de jovencitos y de niños, arrancados sin duda por la mano brutal del cesarismo a las escuelas, a las aulas oficiales. Se armó a los estudiantes menores de edad para que éstos coartaran el sufragio libre. Se puso el fusil del pretoriano en manos de los alumnos de Minerva. ¡Ni Diocleciano en los nefastos días en que la Constitución de Roma fue víctima de los más odiosos atentados, llegó a corromper así a la juventud y a prostituir a la niñez que se educaba en los planteles de la enseñanza pública!

Con dolor vimos agobiadas esas frentes por el duro casco y en las manos, todavía débiles, del precoz infante, la homicida espada, el cañón que vomita el exterminio y la terrible lanza. Los niños son los tiernos pajarillos, los arroyitos líquidos que con sus trinos y murmurios alegran la floresta, cuando el sol cae sobre la verde grama y el balador ganado salta y retoza en los apriscos apacibles perfumados por el olor de los geranios y de las campánulas; los niños son las esperanzas que sonríen a la hora en que se duermen los pastores bajo el manto de la igualdad que proclamaron nuestros padres en 57 y mientras la silenciosa estrella de la tarde asoma en los confines del Oriente; las niñas son las flores entreabiertas, las yemas de los nardos otoñales, el canto de las mariposas en cuyas alas inconsútiles resplandece la luz de lo Increado....

No, no podrán los hombres de Tuxtepec, cegados por la ambición, ser nunca absueltos de ese crimen, y así como la sangre de las Catacumbas mancha las manos de Lady Macbeth que vemos en Nerón, el envilecimiento de la infancia salpicará de lodo el rostro de Tuxtepec y sus sicarios.

¿Qué hacía entre tanto el pueblo? No acudió a las casillas; la farsa electoral logró efectuarse a favor de la fuerza; siguieron nuestros consejos los ciudadanos animosos y una vez más, de aquellas sacras urnas que guardaban el óleo de la democracia, salieron los nombres de los favoritos, de los bufones, de los sicambros del gobierno, ungidos por la mano de la dictadura. Tiene razón el caimiento del espíritu público: entronizado Tuxtepec en todas las funciones republicanas, cierra el paso con batallones de inocentes niños, al derecho y al voto de la nación. El pueblo, el verdadero pueblo, no acudió al falaz llamado de sus opresores; el pueblo, el verdadero pueblo, estaba en los baños. ¡Ejemplo estoico que habla con elocuencia muda al porvenir!

¿Qué significa para el observador esa actitud? ¡La abstención! El pueblo se purifica, se fortalece, y absorto en la contemplación del derecho, *hace el muerto* en las ondas quietas de la alberca. ¡Guay de la tiranía cuando él despierte!

¿Veis esas aguas sosegadas en las que nadan las nereidas de ambos sexos? Pues así como las cataratas se forman de los hilos de agua que filtran por las paredes del estanque, así de esas albercas mansas y apacibles, saldrá el torrente avasallador que descuaje los árboles cuajados y que ha de sentarse libre y soberano sobre las ruinas de la oligarquía, ¡mostrando en una mano la oliva de la paz, en otra la balanza de la justicia y en otra la bandera de la patria! —RAMÓN L. ALVA".

Por la copia.

25 de junio de 1894

[179]

Casimiro Périer.

Recamier levanta hoy la sesión de humorismo en señal de duelo. Cuando preocupan al mundo todos los sucesos de Francia, la personalidad de mi conspicuo amigo el Sr. Alva mengua en proporciones. Ahora todos nos preguntamos: ¿quién será el nuevo Presidente de la República francesa? De esa elección, sin duda alguna, depende en mucha parte, no sólo la paz interior de Francia, sino la paz europea.

De los candidatos "el que lleva la cuerda", como diría irrespetuosamente un *sportman*, es M. Casimiro Périer. Y en realidad es el que más garantías ofrece. Francia necesita en la presidencia a un hombre que sepa moderar a los exaltados y reprimir con mano vigorosa a los socialistas fanáticos; a un hombre de seso, madurez y ciencia, que libre a la República de perderse en las borrascas de la demagogia. El demagogo, el jacobino, el palabrero, es en Francia como en México y como en todas partes, la sarna de la democracia. Los políticos de café, de club, de pandilla, los políticos de ideas remendadas y de frases hechas, los que se arrodillan ante una trinidad de principios tan irreal como la trimurti india, son los trastos viejos de la República. Casimiro Périer no tiene con ellos punto de contacto. Tampoco lo tienen, es verdad, ni Challemel Lacour ni Dupuy; pero Challemel Lacour es más ideólogo, no tiene ligas más fuertes con la que podría llamarse *política republicana literaria*; y Dupuy es menos listo, menos práctico y ducho que Périer.

Éste no es completamente antipático para los aristócratas, ni sospechoso para los liberales. Su nombre suena bien en algunos barrios elegantes. Como aquel vividor que decía: *"yo soy católico... en la persona de mi señora*— así podemos decir que Périer no es antipático a ciertos aristócratas... en la persona de su abuelo. Por de contado, esto no significa que Périer sea complaciente con los orleanistas ni de principios dudosos. No; es lo que fue su padre, (su padre fue el segundo de los Casimiros Périer) un hombre honrado y leal, un político serio, un republicano sincero".

En el Ministerio presidido por él hasta fines de Mayo último, Ministerio que fue, acaso afortunadamente, de breve duración, Périer ha probado su cordura y su pericia. Porque no estamos acostumbrados— escribía Francis Charmes el 14 de Mayo —a un gobierno que sabe lo que pretende y que lo dice, M. Casimir Périer nos maravilla.... Los gobiernos anteriores se aconsejaban unos a otros como las sombras se asemejan entre sí. Mientras más cambiaban más difícil era distinguirlos. Aquello era pintar de gris sobre lo gris. Cuando se reflexiona en el número y en la calidad de los hombres que se han pasado de mano a mano y de carrera la antorcha amarillenta del poder, se cree que alguna fatalidad política pasaba sobre ellos.... Resumiendo, en aquel período de nuestra historia los ministerios no tenían carácter propio ni duración. Las circunstancias no son las mismas y proceden los hombres de manera diversa. Venga lo que viniera, redundará en honra de M. Casimir Périer el haber roto la rutina inveterada y establecido un gobierno original, o lo que vale tanto, un gobierno con propia individualidad.

Duró poco el gabinete Périer; pero realmente puede decirse que no cayó, sino que se dejó caer para caer con gracia. En cinco meses de vida ese ministerio tuvo que contestar 25 preguntas y 23 interpelaciones. Y tan hábilmente y con tanta fortuna caminó Périer, que fingió caer derribado por los socialistas, quienes muy luego celebraron su victoria, y no hubo tal caída ni tal triunfo, sino prudente, rápida y habilidosa retirada. Tal parece que el destino lo preparó en previsión de los funestos hechos que hoy lamentamos.

Périer aparece como el enemigo franco del socialismo y como el hombre que más tacto político, más vigor y destreza ha mostrado en los últimos tiempos. Es más: su retirada puso de manifiesto la impotencia del radicalismo. Llamados al Elíseo los radicales prominentes, ninguno de ellos pudo encargarse de la formación de un ministerio y todos, sucesivamente, se excusaron. "Nunca— dice *La Revue des Deux Mondes* —dio un partido mayor ni más palmaria prueba de impotencia".

Tal caída es triunfal sin duda alguna. "Casimiro Périer— dice un sagaz observador —presenta con vigoroso relieve los carácteres fundamentales del estadista: juicio sano y recto; carácter firme y decidido; elocuencia clara, precisa y concisa de sumo efecto en la Cámara; y por último—el humor inalterado de quien siempre está en guardia y pronto a responder".

El Ministerio Dupuy no es más que una prolongación del Ministerio Périer. Es como el hijo de éste, hasta por la edad de los Ministros casi jóvenes, los más de 30 a 35 años. Esos jóvenes no son jacobinos radicales, sino *científicos* como se dice por acá. Son hombres de ciencia y de carácter. M. Dupuy, desde su ingreso a la Jefatura del Gabinete, dio a la Cámara un programa de política moderada. Es sucesor de Périer; pero no creo que sea el sucesor de Carnot.

Para eso el que está maduro, el que más lo merece y el que da a Europa y a Francia las mejores garantías, es Casimiro Périer. Dupuy, a quien rechazan los radicales, no puede tener apoyo más que en los "republicanos de Gobierno", como acertadamente convinieron en llamarse los del grupo *científico*; y esos "republicanos de gobierno", desde la caída o retirada de Périer, aprobaron reunidos en el Palais-Bourbon y casi por unanimidad, la siguiente orden del día: "El grupo, rindiendo el debido homenaje a los grandes servicios que el Ministerio Casimir Périer ha prestado a las doctrinas y principios del gobierno republicano, se declara resuelto a no sostener más que al gobierno que, por su composición y su carácter, le dé las mismas garantías".

La cuestión de ministerio se convierte ahora en cuestión presidencial. Si las Cámaras proceden con sabiduría triunfará la candidatura de Périer, apoyada por los "republicanos de gobierno".

27 de junio de 1894

[180]

Papas al telégrafo.

La Agencia Cablegráfica se queja de que varios periódicos aprovechan, publicándolos, cuantos mensajes recibe ella, y no la pagan ni un ochavo por este servicio. La Agencia tiene derecho de quejarse. Pero la Agencia, con el fin de sorprender a los que espigan en ajenas mieses, emplea este procedimiento: "inventa un mensaje, lo rellena de informes absolutamente falsos, de nombres imaginarios, etc., etc.". El periódico al que va el tiro, reproduce tontamente el despacho y lo comenta, diciendo: "Vean ustedes qué bien informado estoy y el buen dinero que me cuesta darles gusto. Cuando se descubre la verdad, cuando se averigua que el periódico bien informado, (en concepto de él mismo) fue víctima de una mistificación y que procedió de mala fe, el público hasta llora de risa". (*Echo du Mexique. —Jueves 28 de Junio de 1894*).

En seguida, refiriéndose a telegramas relativos a la muerte de M. Carnot, la Agencia afirma que ha dado varios detalles *absolutamente falsos, hijos de su imaginación.*

Bueno pues yo creo que al público no le dará mucha risa la farsita que celebra con tanto la susodicha Agencia. El público compra el *Monitor* (el *Monitor* es diario que se vende mucho) para leer telegramas de verdad y no telegramas de mentirijillas. El *Monitor* paga a la Agencia para que ésta le dé noticias auténticas, recibidas del extranjero, y no confeccionadas *at home*. De modo que la Agencia se burla del *Monitor* y se burla del público; pero como el público es, en resumidas cuentas, el que paga, el verdadero conde, éste hace a Lázaro.

El lector no da su dinero a la Agencia, por interpósita persona, para que la Agencia se entretenga en dar gregoritos y en escribir coplas como ésta: —En el principio del mundo / Cuando todo estaba opaco, / Salió vendiendo tabaco / El glorioso San Raimundo, / Y dijo al oído a Eneas: / —¡Calla, tonto, no lo creas, / Que todo es albur y gay! / Con casaca verdegay / Vámonos al Coliseo / A rezar por los difuntos. / ¡No vayan a dormir juntos / Los hijos del Zebedeo!

La Agencia nos dice ayer: el Coronel Corliat de quien hablé, no existe; yo lo inventé. La embajada de Italia está en la calle de Penthiévre: yo la trasladé, para reírme un poco, a la calle Pergolése. El general Saussier no ha presentado nunca su candidatura a la presidencia: yo le levanté ese falso testimonio. También dije, por chiste, que Benjamín Constant era otro candidato, y Benjamín Constant es un pintor.

El cadáver del presidente Carnot no llegó a la estación de Lyon a la hora que dije, sino a las 6 y media p.m.; no lo trasladaron, como aseguré, al embarcadero de Vaise, que es el destinado a MERCANCÍAS, sino al de Perrache; el arzobispo no dio la absolución... también ésa fue una graciosa mentirilla mía.

Pero, Señora Agencia, por Dios vivo, ¿le parece a Vd. bien "jugar al pan y queso" con el cadáver de M. Carnot? ¿Cómo la puso a Vd. tan de buen humor el trágico suceso de Lyon?

No era sin duda para que Vd. cantara como en la "Vida Parisiense": —¡Broma me pide el cuerpo ya!

Esto se llama engañar al público y maldita la gracia que tiene. Serán las de Vd. falsificaciones veniales, falsificaciones de timbres de a cinco centavos, pero son falsificaciones. Porque los cinco centavos que da un caballero particular por leer los telegramas del *Monitor*, no son falsos, y como los telegramas sí lo son a veces, según canta la Agencia, resulta el trato desventajoso para el caballero.

Una Agencia de ese género debe ante y todo y sobre todo, tener reputación de fidedigna; no de chistosa.

Ahora no sabremos cuándo está Vd. de día de inocentes y cuándo no, cuándo habla en serio y cuándo para reírse del público.... En fin, hasta me asalta esta consoladora duda: ¡Si no habrá muerto M. Carnot! ¡Sí será otra mentirijilla de la Agencia!...

28 de junio de 1894

[181]

Emparedados.

Tengo algunas dudas geográficas. Los europeos dicen que América está al otro lado, en la acera de enfrente. Bueno: ¿ésta en que estoy, es la acera de enfrente?

El *Diario del Comercio*, periódico de Bolivia, aconseja "QUE EMPAREDEN a las monjas de la Concepción comprometidas en el último escándalo". Así lo dice un telegrama fechado en Sucre el 30 de Junio.

Bueno, pues por eso pregunto: ¿ésta es la acera de enfrente?

Yo me había formado otra idea de la joven y libre América. Me gustaba por sus selvas vírgenes, por sus mares vírgenes, por su industria virgen, por sus minas vírgenes, por sus libertades vírgenes, por sus espadas vírgenes... en suma, por todas las virginidades que reconocemos y cantamos en los países de las once mil vírgenes. Tenía de América una idea muy virginal.

Las noticias de Bolivia, hacen que cambie de criterio. Y como ya llueven sobre mucho Paraguay... desconfío de la virgen América.

No; ésta no es la acera de enfrente. Este no es el mundo nuevo.

Los emparedamientos son del mundo viejo, del que tiene la vergüenza de haber creado la inquisición y no tuvo la honra de poner la libertad en manos del un poco enérgico Doctor Francia. Hasta la palabra emparedamiento indica la época a que pertenece lo que ella connota. *¡Ça sent le renfermé!* —diría un francés.

Cuando en Bolivia pide un diario conservador que emparenden a las monjas escandalosas, es porque Bolivia está en el viejo mundo y en el año del haz de leña. Eso no tiene nada de mundo nuevo, nada de virginal, nada de "María" ni de "Atala". Al saberlo nadie se entusiasma ni canta con el poeta: —¡Virgen del mundo! ¡América inocente!

Esta inocencia es la de la princesa que por un exceso de pudor había permanecido callada, y lo primero que dijo fue una picardía.

¡Valiente modo de entender los votos perpétuos tienen en Bolivia!

A lo que sospecho, en ciertas partes de este Continente no hay bien nacidos ni mal nacidos, sino momias del tiempo Virreinal, resucitadas por artes del demonio. Los que ya vivieron del otro lado del mar, están volviendo a vivir de este otro lado. Por eso vemos condottieri italianos, aventureros españoles, piratas portugueses, encomenderos, inquisidores, etc., etc.

Y así este nuevo mundo es el viejo en su peor época. ¡Hombre... si eso se nota hasta en la falta de policía!

Ya que Colón lo descubrió ¿no será conveniente que otro Sr. Colón lo cubra en parte?

2 de julio de 1894

[182]

Brindis de Salas y los Villamelones.

Conocen ya mis parroquianos lo ocurrido en el teatro de Puebla, con motivo del Sr. Brindis de Salas. Parece que este Sr. Brindis, o de Brindisi, que toca el violín lo mismo que toco yo la puerta de mi casa, es decir, con dominio y con maestría, convirtió la sala del espectáculo en una verdadera cena de negros. El público quiso que Brindis brindara, digo, que tocara; mas como el mencionado violinista no pertenece ya, por razones de luz o de color, a la Compañía Alva, que toda es claridad, el actor Buxens se encargó de expresarlo así, muy claramente, al auditorio, y de decir algunas cuantas claridades que ofendieron en mitad de la raza al Sr. Brindis. Cree este caballero que puede tocar en todas partes: y no es cierto; hay partes en que no le es lícito tocar sin permiso del dueño o empresario.

He dicho que tal cree, porque él no hijo de la blanca Albión fue al teatro ya armado de violín, lo cual indica que estaba preparado el gran tiberio y que los amotinados contaban con el triunfo. Para ver y oír a Josefina Roca y para ver a Paca Martínez, no se necesita violín; el violín no sirve de bastón; y si alguien replica, que por ser ese el instrumento del Sr. Brindis, carga éste con él a toda hora, le digo que la consecuencia es falsa. Don Manuel María de Zamacona dijo hace años en Washington, al presentar sus cartas de retiro, que era "instrumento de la Divina Providencia". Y la Divina Providencia no anda siempre con Don Manuel María de Zamacona, debajo del brazo. Don Ramón L. Alva no lleva al teatro su violín.... En fin de cuentas, los que aquí entran de violín al teatro, tampoco llevan violín forzosamente.

Por tanto, creo que en Brindis, hubo premeditación.

Luego que los Villamelones veían en la plaza de toros a Manolito Vázquez, comenzaban a gritar: —¡Que baje Manolito!—¡Que toree Manolito!— Pero Manolito se presentaba desprevenido en los tendidos; no llevaba capa, ni banderillas, ni muleta, ni estoque. Era una víctima de su popularidad. El Sr. Brindis fue al teatro con trastos de matar y todo. Estaba, pues, en el secreto, y era cómplice de los Villamelones angelopolitanos.

El juez debió haber sido enérgico; pero... el hombre es débil. La cafrería democrática aclamó a Brindis, arremetió furiosa contra Alba y—ésta es la más negra, Sr. Brindis, mejorando lo presente—contra la encantadora señorita Roca, que, al sentir tal meneo, rompió a llorar. ¡Digo a ustedes que para hacer llorar a una roca, se necesita mucho... pero mucho!

Yo recomiendo al juez Villamelón, de Puebla, que lea el capítulo de Taine relativo a la presión ejercida por las galerías en las deliberaciones de la Asamblea Constituyente. (Orígenes de la Francia Contemporánea). Si se permite que las galerías ejerzan esa presión en el teatro y modifiquen a su antojo los programas, no habrá orden ni legalidad posibles. Para Vd., señor juez Villamelón, el programa impreso, el cartel o como Vd. lo llame, ha de ser sacrosanto como lo es para Alva (D. Ramón) el plan de Tuxtepec. Vd. ha jurado hacer cumplir ese programa. El público no tiene facultades para reformarlo o trastornarlo. Cuando el programa no anuncia que hay Brindis, nadie brinda.

Supongamos que la antojadiza galería ve al elocuente Sr. Mateos en una butaca y comienza a gritar: —¡Que hable Mateos!— Supongamos que se presenta en un palco segundo el famoso corista llamado ahora Tiburón y de quien dije ha tiempo que tiene boca de balcón corrido: el público al verle—sigo suponiendo—clama en el paroxismo del delirio: —¡Que enseñe los colmillos Tiburón!— Supongamos, por último,—pues Dios sabe a donde iríamos a parar de suposición en suposición.—Supongamos, repito, que en las tandas dice la gente de trueno a grandes voces: —¡Que salga Anabasis vestido de china poblana y que baile un jarabe!—

¿No es deber de la autoridad el reprimir con mano vigorosa esos escándalos? ¿No son éstos, ataques a las garantías individuales?

El Sr. Alba—no el de la V y L líquida—pudo exclamar con Cicerón: —¿Ubinam gentium sumus? ¿Estoy en Puebla o en Nigricia?— El público al pedir al Sr. Brindis, procedió como el público de los toros cuando pide un embolado que no está en el cartel.

A mí nadie me quita de la cabeza que Buxens es un mal actor; pero aplaudo lo que dijo sosteniendo el trámite de Alba. ¡Oh violín, cuántos crímenes se cometen en tu nombre!

4 de julio de 1894

[183]

Plato de Vigilia.

Reina—con permiso de los irreductibles constitucionalistas—reina, no preside, grande ansiedad en muchos honorables padres de familia que tienen entre sus hijos a la patria. La vigilia de las elecciones es la más solemne de todo el año parlamentario, año que tiene setecientos treinta días visto cuando empieza, y trescientos sesenta y cinco minutos cuando acaba. Algunos señores creen que no es vigilia la que se reza en el sábado que precede bianualmente al segundo domingo de Julio; y que la vigilia propiamente dicha comienza, para los no favorecidos por el voto público, el siguiente día quince de Septiembre. Llamaremos, pues, vísperas solemnes, solemnísimas, a las que mañana se celebrarán.

Comienza el rezo litúrgico de ese día, con esta sentencia evangélica: *Multi Sunt Vocati pauci vero electi.* Muchos son los llamados y pocos los elegidos. Sentencia evangélica he dicho: pero también se la puede llamar sentencia de muerte.

Muchos son los llamados, en verdad, porque aquí, ¿quién no está llamado a ocupar una curul en el Congreso? Este hijo mío, pongo por caso, este chiquillo tan avispado y atrevido que de coro recita las fábulas de Iriarte ¿no lleva camino de llegar a diputado? Yo así lo creo y ya lo he recomendado a varios gobernadores que me conocen por mis "platos". Pero ¡los elegidos!... ¡Cuán pocos son! Y sobre todo, ¡cuán inamovibles! El pueblo dice cada dos años a los candidatos lo que el hostelero contestó al finchado portugués que, enumerando todos sus apellidos y sus títulos, pedía albergue:

—No hay posada para tantos.

En las Cámaras sucede lo contrario que en el matrimonio: cuentan que los que están dentro de éste, quieren salir, y los que están fuera de él, quieren entrar. Ahora bien, de las Cámaras, nadie quiere salir, y a las Cámaras todo hijo de vecino quiere entrar. Una vez que el Diputado o Senador toma posesión de la curul, ésta se vuelve, no adherencia ni apéndice de su cuerpo, sino parte principalísima de él mismo. De manera que un legislador no reelecto, es un hombre incompleto.... ¡Y mañana es el día de las amputaciones!

Supongo que en este instante hay en la República incontables ciudadanos, cuyos corazones laten como el de aquel a quien ya le abren la boca para sacarle alguna muela. México es ahora una gran fonda: todos quieren LA LISTA. ¿Y qué es eso?— preguntará con sus once ovejas el piadoso Señor Alva, que está parado a las once de la noche del 15 de Septiembre de 1857. —PUES LA LISTA, Señor Alva, es un curioso fenómeno de hipnotismo: es la verdadera sugestión de la voluntad. ¿Qué contestaría Vd. si le dijeran que iba a votar por mí en las elecciones? Respondería que eso no es posible. Pues sí es posible, Sr. Alva. Usted es una parte integrante de ese gran *medium* que se llama pueblo.

Teológicamente considerada, la lista es la presciencia. Dios— dicen los teólogos —vio desde el principio todo lo que ha de suceder y todo ha de suceder como Dios lo vio, sin que por ello se entienda que no existe el libre albedrío.

Ahora, saque Vd. la consecuencia, Señor Alva.

Prácticamente, LA LISTA, es la lista de la lavandera, la lista de la comida, etc., etc. Cuando no está uno en LA LISTA es porque ya se acabó, porque ya se la comieron, porque ya no le quedan ni los huesos.

¡Imagínese, pues, el vivo anhelo con que será buscado ese precioso documento! Es un documento humano, el positivo documento humano, que diría Emilio Zola.

Muchos representantes del pueblo, en el último período de sesiones no se limitan a votar la afirmativa, con la mayoría; no dan el *sí* a secas, sino que dicen:

—Sí, señor, con mucho gusto, con muchísimo placer, con entusiasmo, de todo corazón, para servir a ustedes.

Este no es el *sí* natural de los primeros días: es el *sí* sostenido.

Sin embargo, hasta esos mismos obsequiosos ciudadanos tienen pánico. ¿Sabéis lo que es tener pánico?— decía un valiente general. —Pues tener pánico es entrar en una batalla.

El pánico parlamentario y doméstico es ver llegar el día de las elecciones. Las primarias son gratuitas; pero las secundarias suelen costar un ojo de la cara.

Yo creo que algunos de nuestros primeros libre-pensadores, algunos honorables ateos y otros excomulgados, le encienden desde hoy su vela a San Antonio.

6 de julio de 1894

[184]

El pobre señor Santo.

Es muy conmovedora la situación del distinguido asesino, Cesare Santo. Mientras otros anarquistas, aún no adornados con la corona del martirio, pasean tranquilamente por las calles de Londres seguidos por la respetuosa policía, él se encuentra sin dinero, absolutamente sin dinero, en la cárcel de Lyon. Así lo dice el célebre Sr. Santo en una carta a Mr. Casimir-Périer.

El notable asesino de Mr. Carnot quiere que el gobierno francés le mande francos de porte, algunos francos. No se siente bien con la bolsa vacía; *ama* la vida alegre, las mujeres guapas, el buen vino, el *whisky,* el pockart (*poker*), y acaso, acaso, las novelas del antes moral Sr. Ohnet. En la prisión, lejos del seno de la familia, apartado de los amigos, a mucha distancia del club y del teatro, como lirio agostado, inclina melancólicamente la cabeza el Sr. Santo, suspirando por el país donde florecen los naranjos.

Para ser completo, sólo eso le faltaba al Sr. Cesare: mendigar. Ahora sí se acerca al SALTABADIL de *Le roi s'amuse,* al que—como dijo Gambetta—hospeda a cualquiera, le entrega a la hija, le asesina, y luego vende el cadáver.

Ignoro si al distinguido Sr. Santo le agradan la música, las canciones, las serenatas y las barcarolas. Si le gustan, sería conveniente que las autoridades de Lyon le llevaran a la ópera. (En México los presos no van a la ópera, sino a los toros). Tal vez se suavizaría el carácter de ese precoz asesino. La música, las fieras domésticas...

No sabe el Sr. Périer lo amargo que es la nostalgia de un preso sin dinero. He aquí por qué todo el esfuerzo de la filantropía tiende a mejorar las condiciones de las cárceles, a convertirlas en verdaderos palacios construídos conforme a los preceptos de la higiene, y a los dogmas de la estética. El régimen penitenciario no es un régimen dietético, sino todo lo contrario. Créanlo todo, lo más sano que hay, lo que se necesita para vivir muchos años con cabal salud, y de buen humor, es matar a alguien.

Los pobres no pueden recurrir a la ciencia de los médicos famosos, ni comprar medicinas caras, ni alimentarse bien, ni tener el espíritu tranquilo; en cambio un criminal, en las grandes penitenciarias, todo lo tiene... Hasta para morir es conveniente ser criminal, porque un hombre honrado puede morir sin confesión, de golpe y porrazo, pero un ajusticiado no, ese tiene junto al sacerdote hasta el último instante.

¿Y quién tiene más derecho que Cesare a todas esas comodidades? El no es un homicida vulgar, un ganapán del crimen, un *cursi* del asesinato. Cesare llama la atención de todo el mundo, es el hombre del día. Tiene que dar audiencia diariamente a mil y mil *repórters,* fotógrafos, corresponsales, literatos, artistas y personas de la más alta y culta sociedad.

No puede estar mal vestido, ni de mal semblante, ni de mal humor; y, para no estar así, necesita dinero. M. Casimir-Périer no sabe lo que es la pobreza; él no comprende cuánto sufre un caballero tan bien relacionado como Santo cuando se ve sin un centavo.

Pero entiendo que, a pesar de eso, mandará dar una paga de marcha al Sr. Santo. M. Casimir-Périer es un completo *gentleman*....

¡Es muy espléndido M. Casimir-Périer! Y, sobre todo, como supongo que dirá Santo:

—No podrá olvidar que me debe a mí la presidencia....

9 de julio de 1894

[185]

Éste era un pato.

Leo en *La Voz de México,* que el señor Orozco nos ha enseñado un "ingenioso, sencillísimo y utilísimo juego" que consiste en "hacer retroceder a las aguas en sentido contrario de su corriente, *por la simple razón de haber sido el Sr. Orozco, íntimo confidente de los lagos, durante 26 años que ha vivido en su seno".*

No hay sintaxis en el párrafo preinserto; no se ve claro el pensamiento del autor ni "la simple razón" (bastante *simple* es, en efecto) de que el Sr. Orozco haya vivido 26 años en "el seno de los lagos", siendo confidente íntimo de éstos, me parece bastante para que retrocedan las aguas "en sentido contrario de su corriente", lo cual le parece al apreciable articulista, "ingenioso, sencillo y utilísimo *juego";* pero si no hay sintaxis en el párrafo, sí hay en cambio esta noticia inaudita, estupenda, prodigiosa: el Sr. D. Ricardo Orozco es un anfibio.

No hablo ahora del proyecto de saneamiento ni me propongo molestar en lo más mínimo a sus partidarios. Mientras la milicia, que en México es la que resuelve todo, no decide si corren o no corren las aguas del Sr. Orozco, yo guardaré el oro del silencio. Mas no por ello leo con ojos secos la asombrosa nueva: ¿con qué el Sr. Orozco es confidente íntimo de los lagos? ¿con qué ha vivido 26 años en su seno?

Ya me explico algunas de las coloraciones del Sr. Orozco. No impunemente flota un flux durante 26 años en el seno de los lagos; no impunemente sobrenada, durante el mismo lapso de tiempo, un sombrero hongo, en las turbias ondas de Texcoco, Chalco y Xochimilco: al fin se cubre de musgo el ala del fieltro, el casimir del traje adquiere tintes entre plomizos y verdosos, y el ciudadano dueño de esas prendas sale del agua con los papeles muy mojados.

Dígolo en el supuesto de que D. Ricardo Orozco no se desnudara al sumergirse, hace 26 años, en el seno de los lagos. Yo creo que no se desnudó porque los canoeros, los pescadores, los músicos que tocan la guitarra, las ninfas (o *ninfeas*) que, coronadas de amapolas, bailan el jarabe; las que cultivan las chinampas, las que traen hortaliza, y en una palabra, cuantos recorren la superficie de los lagos, recuerdan haber visto sombreros viejos y trapos sucios en el agua; pero al Sr. Orozco desnudo, ninguno de ellos lo vio nunca.

El no tiene aspecto de sirena... yo no sé que cante: ni de nereida, ni de náyade, ni de tritón, delfín u oceánida; no es de la familia de las Pegeas, de las Potamides, de las Helionomas, de las Limnades, ni de las Hipocampas: es simplemente, como diría la *Voz*, Orozco, de la familia de los Orozco.

Gracias al articulista, ahora sabemos que este Orozco se singulariza por ser el único ejemplar conocido del hombre lacustre. Y dado esto, no sería raro que fuera también hombre palúdico.

Lo indudable es que, desde joven, fue hombre al agua.

Durante veintiseis años ¡cuántas mudanzas! ¡cuántas revoluciones, cuántos cambios de gobierno! ¿Y qué hace Orozco entretanto?

¡Nada... y nada!

Vive, ínterin el globo se conmueve, en el húmedo seno de los lagos. De seguro saldría de cuando en cuando a flor de agua, a tomar el aire y a hacer el muerto o a hacer planchas. Pegado al seno, precisamente al seno, no ha de haber permanecido tantos años: se hubiera muerto de empacho el buen señor.

¡Y lo que sabrá, lo que sabrá el Sr. Orozco de cómo aman los patos a las patas, de por qué es tan fecunda la antiguísima estirpe de los *juiles*! ¡Qué confidencias tan hermosas le habrá hecho el lago de Texcoco!

Un hombre así, un hombre lacustre, un hombre que en Inglaterra habría renovado la escuela poética de los *laguistas*, y que en México inventó, más de cinco lustros antes que Mr. Orrín, la pantomima acuática, es un fenómeno del que debemos enorgullecernos. En otros países sería una perla... un ostión cuando menos. Bastaríale imprimir unas tarjetas que dijeran lo que sigue: —RICARDO OROZCO / *Confidente íntimo de los lagos*— para adquirir la más ruidosa popularidad.

...Si la noticia de la *Voz* es cierta, está fresco mi amigo D. Ricardo Orozco.

10 de julio de 1894

[186]

Suicidios y elecciones.

En la Carolina del Norte, no tan ardiente como la Carolina del Sur, que fue la madre del Colegio Carolino de Puebla, ha terminado un proceso célebre, que voy a resumir someramente.

El hecho criminoso ocurrió en la *insigni* pequeña población de Orangeburg, como quien dice, en el pueblo de los naranjos... o en la tierra del *Naranjito*.

Es el caso que cierta mañana aparecieron tapizadas las esquinas con avisos como éste, impresos en colosales tiras de papel: GREAT ATTRACTION / CONFERENCIA. — SUICIDIO. / POR EL DOCTOR THOMPSON.

El anuncio rezaba que el Dr. Thompson narraría las malandanzas y desventuras de su vida; estudiaría asimismo la cuestión del suicidio desde el punto de vista filosófico y desde el religioso; indicaría los procedimientos más seguros que la ciencia nos da para quitarnos la existencia de una manera fácil, agradable, buena, bonita y barata.

Terminada la conferencia, se sometería al voto del público la proposición siguiente: ¿Debe matarse el doctor Thompson, dadas las circunstancias de su vida y el estado de alma en que se halla?

De votar el concurso por la afirmativa, como es natural en todo Parlamento que se respeta, el doctor Thompson, acatando la ley, se levantaría la tapa de los sesos delante de la concurrencia.

La votación se haría por escrutinio secreto. El producto de la función, en caso de suicidio, serviría a las cinco huérfanas cuyos padres estuvieran más necesitados, de la ciudad de Orangeburg.

Excusado es decir que tal anuncio causó gran alboroto en todo el pueblo. Atropellábase la muchedumbre en la puerta del teatro, a la hora del espectáculo, y los gendarmes yankees, con la integridad que les caracteriza, repartían garrotazos a diestra y siniestra.

El doctor Thompson se presentó en el escenario rigurosamente vestido de negro, como si se hubiera perdido ya a sí mismo; grave—¡ya lo creo, muy grave... a punto de morir!—y casi casi tan silencioso como mi buen amigo el Lic. Arroyo de Anda, el día en que habló contra la magistratura inamovible. Había en el público rostros mortalmente pálidos, ojos asustados.... La misma cara del doctor Thompson estaba como un papel.

Comenzó la función, para esparcir el ánimo de los espectadores, con algunas de esas cancioncitas en inglés, que hacen reír de buena gana a los comerciantes en vela de estearina, cuando están muy borrachos. Después un distinguido aficionado tocó en el tambor el *spirto gentil* de *Favorita*, arrancando lágrimas con la misma soltura y desembarazo con que arrancaba muelas, fuera del teatro.

A seguida de estos patéticos preámbulos, rompió a hablar el doctor Thompson. Los que hayan oído el monólogo *De veine*, dicho por Coquelin, oyeron ya a Mr. Thompson:

Yes, Sire, yes, j'avais devenou triste considerable. ¡Aoh, j'avais vraiment pas de chance!

El Dr. Thompson refirió sus infortunios: no había enfermo que no se le muriera, motivo por el cual recetaba siempre en papel de luto; amaba sin esperanza a una joven bíblica, conocida en el mundo de las letras con el significativo y dulce nombre de *Mis funda de paraguas*, la que a consecuencia de una bancarrota o, más bien dicho, de la ruptura de la banca en que ella había depositado los fondos de su persona, lo fundamental que poseía, perdió el habla y la mayoría compacta de los dientes; era padre de un gato y de una perra —en los Estados Unidos se dan estos fenómenos frecuentemente para alimento de la prensa—y había leído los cincuenta y nueve tomos publicados de la *Historia de las Razas del Pacífico*, obra del afamado contratista y empresario Mr. Bancroft, dueño de los almacenes de historia hecha más completa que hay en la república del Norte.

Sería prolijo enumerar las desventuras de aquel rigor de las desdichas.

Corrió el llanto por las canales de irrigación que algunas institutrices y *repórters* ostentaban en sus mejillas color de ambar, y dama hubo que, condolida, subrepticiamente, envió una esquela al Dr. Thompson ofreciéndosele para esposa, ama de llaves y profesora de anatomía, provista por la naturaleza del esqueleto necesario. El doctor contestó concisamente: —¡Es tarde! El matrimonio no entra en el programa.

El conferencista fue muy aplaudido. Recogida la votación, en medio del silencio más amovilista, resultaron— dice el periódico de Orangeburg —325 cédulas por la afirmativa y 324 por la negativa.

El doctor respetando el sufragio popular como todos los ciudadanos de la República modelo, tomó un *rewólver* prestado graciosamente para la solemnidad, por la casa "Broadbury and Sons", de San Francisco, ventajosamente conocida por la calidad de las armas, lo módico del precio, y los innumerables suicidios para los que sus *rewólvers* han servido— saludó cortesmente a sus galantes favorecedores, y a la una, a las dos, a las....

¡Un grito a tiempo se escapó de los labios del escrutador! En el fondo del sombrero que sirvió para recoger la votación, y ocultas en un pliegue (porque el sombrero era de un yankee, y estaba, por consiguiente, muy usado y con diversas capas de las mejores grasas) que daban cuatro cédulas.

Tres de ellas eran por la negativa. ¡Por dos votos había salvado la vida Mr. Thompson!

En ese instante uno de los más influentes peluqueros se arrojó sobre el escrutador. Había visto que éste se había sacado de una manga aquellas cédulas.... Y, en efecto, le arrancaron el frac y vieron con muy noble indignación, que la manga derecha tenía ligeramente pespunteadas doscientas cédulas por la negativa.

El tumulto fue indescriptible y Mr. Thompson habría muerto lynchado si no hubiera tenido la precaución de cerrar la llave del gas, dejando a obscuras el teatro.

Gracias a esa medida, enérgica y sencilla, gasta ahora en París alegremente el dinero de sus apreciables comitentes.

El escrutador fue condenado a cadena perpétua con suicidio permitido.

Tal es la historia, que con lujo de detalles, cuenta el periódico angloamericano. Al leerla, he exclamado:

¡Yes, Sire, yes, je souis devenou triste considereble!

El sufragio libre es una mentira; el fraude electoral en todas partes aparece; no hay elecciones; la Constitución de 57 se ha perdido. Me siento triste como el Sr. Alva y como el nuevo joven Villaurrutia. ¡Las instituciones se van!

12 de julio de 1894

[187]

Pintar venado.

Uno de los enemigos del estudiante es el billar. ¿Se han fijado ustedes en los chicos menores de quince años, que juegan ranfias, guerra o carambolas? Da grima ver ese batallón de escolapios prófugos, estudiando geometría sobre el tapete verde de una mesa, mientras duermen los libros bajo el forro de hule, y los padres pagan, a costa de grandes sacrificios, la educación no recibida por los hijos. Da grima ver esas caras, en las que todavía no apunta el bozo, ya manchadas por la atmósfera mal sana de los cafés y por el abuso de las bebidas alcohólicas.

El billar es para ciertos muchachos como el vestíbulo de la prostitución. Allí contraen el hábito funesto de la ociosidad, primera forma del vicio, que enmohece la actividad intelectual y deja en el ánimo la simiente de las perversidades. El chicuelo que *pinta venado* se va enredando en una maraña de costumbres dañosas que, así como las zarzas y la mala yerba perjudican los plantíos, le estorba el desarrollo de sus facultades físicas e intelectuales. Poco a poco la que primero fue inocente escapatoria, se convierte en vicio verdadero que, de no corregirse y castigarse a tiempo, echa por tierra todos los afanes del padre y del maestro. La diversión se vuelve imperiosa necesidad que orilla a toda clase de bajezas.

El muchacho se habitúa a pasar las horas en el café, suponiendo que en él, sacude el yugo de la autoridad paterna, se emancipa de la escuela y da los primeros pasos en el camino de la independencia verdadera. Estos primeros pasos coinciden con el primer cigarro que se fuma a costa de intolerables náuseas y con las primeras copas tomadas a escondidas, en la *sacristía* de alguna tienda.

Luego que el jovencito se acostumbra a substituir el estudio con la carambola, tiene que adquirir dinero, bien o mal, para satisfacer sus nuevas necesidades. Empieza por quedar a deber al *rayador*, por endrogarse con sus amigos y vender los libros de texto que tal vez la madre le compró, merced a privaciones y a penosos ahorros.

Esos libros suelen quedarse empeñados en el billar y allí perderse. Hay actualmente en

México una especie de Casino, en calle céntrica, a donde pueden acudir los que deseen comprar barato todos los libros de asignatura. En sus salones se reune durante el día y las primeras horas de la noche, una parte de la juventud estudiosa.

Cuando se le agotan al estudiante los recursos citados, apela a los pequeños hurtos domésticos. En su casa, espantan, porque se oyen de noche pasos de pies descalzos por la sala, desaparecen objetos que estaban muy bien guardados y se pierden las llaves de los roperos con más frecuencia que de costumbre. De cuando en cuando, se nota que han robado algo, libros, un anillo, el dinero que estaba sobre la tapa del buró; y los criados son los que sufren las consecuencias... del inmoderado amor al billar que siente el señorito.

De estas raterías caseras, al primer robo grave, no hay mucha distancia. Y... por esos billares se camina al banquillo de los delincuentes.

Una disposición de policía prohibe a los muchachos de corta edad la entrada a los billares, cantinas, etc., pero la policía tiene muy buenas disposiciones para todo y no ha llegado a hacer nada. El policía, como el marido aquel, "es el último que lo nota".

A mi entender, los serios periodistas que día a día publican largos boletines, lamentándose de que no se cumple el plan de Tuxtepec, serían útiles a la sociedad si con igual afán pidieran el cumplimiento de muchas disposiciones de policía. Que se apeen de su asno, o, digo, de su bridón de combate; dejen de arremeter contra molinos de viento y persigan algún fin útil y práctico.

13 de julio de 1894

[188]

Esas son otras Bastillas.

Después de celebrar piadosamente el catorce de Julio, bueno y santo o santo y bueno es quitarse de encima unas cuantas arrobas de prejuicios sobre lo que en realidad era la Bastilla. Gentes hay que tienen a esa prisión por la cárcel de las cárceles, por el suplicio de los suplicios. Y no hay tal.

Desde luego en la Bastilla no se comía mal. Marmontel, que estuvo preso en ella, dice que comía opíparamente; pero Marmontel gozaba de favor cerca de algunos poderosos. Dumonrier, que tenía esas prerrogativas y al que, por lo tanto, puede creerse, dice en su *Vida*: "En la Bastilla se come bien; cinco platillos en la comida y tres en la cena, sin los postres". Cada prisionero tiene derecho a una botella de vino diaria.

La clausura de los presos estaba lejos de ser tan rigurosa como en las cárceles modernas. En 1719, cuando el joven duque de Richelieu fue encerrado por tercera vez en la Bastilla, las damas pusieron en moda el pasear frente a la prisión para ver a su "ídolo" que desde la terraza les sonreía. Latude sostuvo relaciones amorosas... y metafísicas, desde lo alto del torreón que ocupaba, con dos muchachas que iban a suspirar "al pie de la ventana". En determinados días, los presos recibían visitas (La Porte—*Memorias*); se juntaban para jugar a la pelota, a los bolos, a la barra (Ravalson—*Archivos de la Bastilla*); tenían una regular biblioteca, fundada al principio del siglo y aumentada considerablemente por Luis XVI, (Funck-Brentano—*Revista Histórica*, 1° de Junio de 1890); y cuando el delito que purgaban no era grave, les permitían salir a la calle de cuando en cuando, y hasta pernoctar fuera de la cárcel.

(En estos precedentes históricos se apoya el Alcaide de Belén para sostener su inculpabilidad en el asunto Ibáñez. ¡El custodio, en cambio, no se echa en brazos de la historia, sino en brazos de la lógica! Él dice que entendió la orden de este modo: Ibáñez *sale con sombrero a tomar sol*. Y el custodio, cumpliendo su deber, derecho lo llevó al *sol* de los toros).

Por de contado, lo que llevo dicho respecto a relativa lenidad en el régimen interior de la Bastilla, no significa que aquel sitio fuese precisamente un sitio de recreo, ni siquiera un sitio de coches. Sí prueba que los novelistas han exagerado mucho los tormentos imaginarios de la Bastilla. Lo peor era que nadie sabía el tiempo a que estaba sentenciado ni el delito de que le acusaban. Vivían en esa ignorancia y en ese cautiverio años tras años, como si ya en aquel entonces hubiera habido juicio por jurados. Pero la Constitución de 57... digo (¡este Alva me salta donde menos pienso!) el reglamento de la Bastilla prevenía que en las primeras veinticuatro horas de arresto se tomara declaración al acusado. Esto no se cumplía al pie de la letra. Esto, señores, nunca se ha cumplido.

Durante el reinado de Luis XVI, sólo tres o cuatro individuos insignificantes fueron encerrados por largo tiempo en la Bastilla. A doce gentilhombres bretones que estuvieron allí detenidos durante dos meses, se les puso un billar para que se entretuvieran. Antes de éstos, estuvieron allí presos Rahan, Cagliostro y demás personajes comprometidos en el asunto del collar. El marqués de Sade, que les precedió en la Bastilla, tenía para su uso particular una bodega surtida de los mejores vinos.

La Bastilla, pues, tenía mala cara, pero no alma tan negra como se la pintan, como ha sido cárcel de nobles y de escritores, éstos últimos en desquite de haber vivido en ella privados de libertad (como Doña Inés) mintieron a fuer de buenos escritores al hablar del cautiverio.

El 14 de Julio de 1789 no había más que 7

prisioneros en la Bastilla... a uno por cada pecado capital: cuatro falsarios; un loco, encerrado por loco en Vincennes el año de 1782 y trasladado a la Bastilla en 84; De Salagos, preso a demanda de su padre, "por crímenes atroces y notorios"; y Tavernier, encarcelado gubernativamente por sospechas de haber tenido participación en el complot fraguado para asesinar a Luis XV. Éste, en rigor, era el único preso político que había.

La libertad de esos siete ciudadanos no es la que alegra al mundo el 14 de Julio. En esa fecha se celebra todo lo bueno que la libertad ha dado al mundo y todo lo grande que tuvo la Revolución Francesa. Ese día, sobre todo, es el de Francia.

Por eso una buena mujer, que ya murió, francesa ella, camisera ella y muy católica ella, me decía:

"En París este día comulgan todos en la mañana. Por la tarde hay procesión. Sale el arzobispo debajo de palio y el Presidente va detrás de él, con todos los ministros".

16 de julio de 1894

[189]

Casi veinte años después.
Historia de un pantalón.

Pronto se verá—en audiencia secreta a lo que presumo—un proceso célebre. En él intervienen como actores principales un conocidísimo sastre y un extranjero elegante, muy inteligente, que residió no pocos años en México, volvió a Europa en 79 y ha regresado a esta capital. La audiencia será secreta, según pienso, porque el asunto es... escabroso. No se trata de faldas sino de... todo lo contrario... de un pantalón.... ¡Conste, Miss, que he pronunciado esa palabra en tono casi imperceptible! ¡Schoking!

El sastre afirma que hace dieciocho años tuvo la honra de tomarle al extranjero medida de las piernas, de la cintura, del vientre y de hacerle un precioso pantalón, al que acaso debió, en aquellos días, horas de grata expansión y hasta algunas conquistas amorosas. Añade el sastre que su cliente le quedó a deber seis pesos, los cuales, en el trascurso de los dieciocho años, no han podido menos de producir dos pesos más. En consecuencia, exige el pago de ocho duros. ¡Es consolador hallarse con un sastre que ha pasado la tercera parte de su honrosa existencia pensando en su ausente pantalón!

El extranjero se niega a pagar los ocho pesos demandados por razones que son también de peso. Paso a exponerlas; pero advierto, ante todo, que, en lo sucesivo, llamaré Adolfo al demandado para evitarme rodeos y circunloquios. Ese nombre es bonito y goza de excelente reputación en las familias cursis.

Adolfo no tiene la privilegiada memoria del constante sastre. Mientras que éste, en la calma del hogar, a la luz de la veladora color de rosa, pasaba las noches pensando en aquella prenda de su corazón que fue, a la vez, decorosa prenda de vestido; mientras ni la imagen de un saco ni la idea de un chaleco podían arrancarle a la muda contemplación que le absorbía, el voluble Adolfo olvidaba en la moderna Babilonia el fresco, ventilado pantalón y al autor de los días del pantalón.

Triste es decirlo; pero ésa es la verdad: hay hombres que olvidan sus pantalones.

Disculpad, empero, el olvido de este nuevo Eneas. Se puede ver un viudo inconsolable y no contraer jamás segundas nupcias, porque "nunca segundas partes fueron buenas"; pero no se puede ser fiel eternamente a un pantalón. La sociedad y la naturaleza se oponen a ese voto de unión perpetua. Cuando el pantalón se va, inmediatamente hay que dar, no la mano, sino la pierna a otro. No podemos andar en calzoncillos —¡Oh, perdón, perdón, Miss...! ¡Oh, Schoking!... ¡Schoking!— Tenemos que cubrir las apariencias. Un caballero no es un sans culotte.

Ahora bien, ¡figuraos cuántos pantalones habrá cambiado Adolfo en dieciocho primaveras, y, sobre todo, en dieciocho inviernos! ¡Cuántos habrá olvidado en la precipitación de su carrera por el mundo! El honrado sastre observa la vida desde un punto de vista burgués, está por la indisolubilidad del matrimonio, sabe lo que son pantalones, pero no sabe lo que son pasiones.

Todo podía esperar Adolfo menos que en las playas de la joven América le aguardara un pantalón con las piernas abiertas. —¿Quién es— pregunta —este pantalón mío que no conozco?—Lo más grave es que no conoce tampoco al autor de esa prenda. Ignora por qué motivo no le cobraron los ocho pesos en litigios durante los tres años transcurridos desde que vino al mundo el pantalón que él —Adolfo—salió de México. Y se amarra los pantalones y está resuelto a no pagar.

Yo le concedo la razón. Necesitaría emprender un trabajo laboriosísimo, un trabajo de benedictino, casi un trabajo antropométrico, para identificar el pantalón. Tendría que reconstruirlo, por medio de la anatomía comparada. Ese trabajo requiere una vida entera y la total pérdida del juicio.

Pagar, sin ese exámen retrospectivo, es echarse atado de pies y manos en brazos de Inglaterra. Por algo existe la prescripción, por más que no la conozca el caballeroso juez que ha acogido la demanda, si Adolfo pagara ese pantalón histórico y monumental, mañana le cobrarían una levita, un chaleco, un pomo de mostaza, una subscripción a la *Orquesta*, todo cuanto quisieran o inventaran los ingleses morenos nacionalizados.

—No tenemos la culpa— alegarían —de que Adolfo sea flaco de memoria.— Y, si causara ejecutoria el caso, todos los ciudadanos mexicanos quedarían obligados a tener una memoria tan gruesa, tan resistente, tan voluminosa como las *Memorias* de D. Matías Romero, a quien envío muy atentamente mis... recuerdos.

Sociológicamente considerado, el hecho es consolador. Prueba, contra el común sentir, que el mexicano no es versátil, ni inconstante, ni olvidadizo; que hay serie en sus ideas y que persevera en sus propósitos. Ese hombre es sastre, ha consagrado una gran parte de su vida a un pantalón. Esto consuela.

Otra cosa demuestra la ocurrencia referida: el sastre vive mucho.

Horacio dice: "El hombre pasa; la obra queda". Pues bien, ha sucedido lo contrario: el pantalón pasó, y el sastre queda.

19 de julio de 1894

[190]

Max Nordau y Juan Diego.

Decían antaño que de médico, poeta y loco, todos tenemos un poco. Hoy diremos que son pocos los que tienen algo de médicos, muchísimos menos los que tienen algo de poetas; pero que, en cambio todos somos locos. Esto es lo que saco en plata (peso 51 cs.) de la *Degenerescencia* de Max Nordau. Ya el señor Lombroso, a quien tantos, tantos de los que admiran, no tienen el honor de conocer, me había dicho que ni el delincuente ni el hombre de genio están en sus cabales. Ahora el Sr. Nordau demuestra de manera contundente que, aunque pobres, también hay locos de la clase media, locos que no tienen reputación de grandes criminales ni son genios.

Estamos malos, no hay remedio. No somos malos, no; lo estamos. Se roba, como se estornuda, necesariamente. Cuando le quiten a Vd. el reloj en la calle y Vd. lo observe y tenga la gloria, a pocos concedida, de atrapar al ladrón, lo que debe hacer, es decirle: —Señor, ¿qué tiene Vd.? ¿Está Vd. malo? ¿Padece con frecuencia esos ataques? ¿Quiere Vd. carbonato? ¿Un poco de bromuro?... Y si lo matan a Vd., diga Vd.—¡Jesús!—como si hubiera estornudado el asesino.

Los que se deleitan con la música alemana también están enfermos. Seguramente padecen del oído. No sería remoto que fuesen sordos.

Los decadentistas.... ¡locos! Los anarquistas... ¡locos! ¡Es muy agradable haber llegado a esta conclusión: todos estamos dementes! Ya todos, absolutamente todos, somos iguales; ya todos somos hermanos.... ¡Ésta es la positiva fraternidad universal!

Ahora bien, puesto que iguales somos, ¿por qué no se nos trata como a tales? (A algunos nada tratan como a tales o todos o ninguno). Por ejemplo: aquel simpático y distinguido caballero sufrió una enfermedad cuyo primer síntoma fue el parricidio. Yo padezco la monomanía de escribir artículos. ¿Por qué a aquél lo curan en la cárcel, a expensas del gobierno y a mí me dejan en la calle?

Creo que puedo quejarme y entablar querella ante la respectiva autoridad.

Porque si todos estamos enfermos, si todos estamos locos, si el mundo entero es un gran hospital—mal atendido como todos los hospitales—¿qué razón existe para que haya enfermos privilegiados que se curan por cuenta del Estado, en el manicomio o en la cárcel, y locos, fuera del presupuesto, que vivimos y nos curamos sin auxilio alguno?

Reflexionando sobre el punto, se me ocurre una duda: ¿esta enfermedad universal que vino a substituir a la fraternidad universal, será un hecho positivo? Si todos estamos locos, como afirman los psicólogos modernos, ¿por qué he de creer lo que unos locos dicen y no lo que dicen otros? ¿No tendrán los sabios la monomanía de decir que todos estamos locos? ¿No tendrán los psicólogos la monomanía de creer que todos los demás estamos locos?

Esta duda me tranquiliza, porque eso de ser loco sin colocación y sin sueldo no es muy agradable. Y tener que matar al padre o a la esposa para que el Gobierno se convenza de que está uno loco de verdad y le conceda el sueldo respectivo, es más desagradable todavía.

Si la ciencia, como es de presumirse, está en lo cierto, que se cierren, es decir, que se abran las cárceles; que se clausuren todos los manicomios y que cada loco viva de su trabajo, porque no hay empleos ni dinero para tantos.

Hace algún tiempo fui, en la comitiva de un Ministro, a inaugurar no recuerdo qué mejora en el hospital de San Hipólito. Mientras se pronunciaban discursos, alusivos al acto, en un salón, yo discurría por patios, corredores y pasadizos, observando las caras, actitudes y gestos de los pobres enfermos. Por supuesto no iba solo.... Temo la ira de los dioses; pero más temo todavía la furia de los locos. Me acompañaba un caballero muy discreto, a cuya guarda me confió el director del hospital. Mi guía, en lenguaje claro y llano, me iba especificando las diversas demencias de que adolecían los asilados.—Éste tiene el delirio de grandezas. Ése el de persecución. Aquél se imagina que está bailando con su novia. —Y así me fue mostrando a casi todos.

Ya nos retirábamos, cuando dije a mi tan obsequioso acompañante:

—¿Usted es el Administrador?

—¡Ah, no señor... de buena gana lo sería¡

—Pero sí estará usted empleado en esta casa.

—Pues, mire Vd., lo que se llama empleado, no precisamente. Yo estoy aquí porque ese es mi deber; porque me lo manda el mismo Dios....

—¿Sí?... —¿Cómo es eso?...

—Se lo diré a Vd. ya que estamos solos, y

le ruego que no lo repita a nadie: ¡*Soy Juan Diego!*

Cuando cerré el libro de Max Nordau, se me vino a la mente la imagen de aquel pobre y pacífico monomaníaco. ¡Si también Max Nordau será *Juan Diego*....

20 de julio de 1894

[191]

¡Pero, Señor Alva...!

Pero, Sr. Alva.... ¿No habíamos quedado en que sabía Vd. a cómo están las peras y el día en que vive? ¿No prometió Vd. hacerse cargo de que escribía para el *Monitor Republicano*? Pues entonces por qué se pone Vd. el casco de cartón, la armadura de Don Gerardo López del Castillo e imaginándose que está representando en el Teatro de Invierno, suelta Vd. estos versos:

"Fuisteis a depositar coronas de flores sobre la tumba del gran reformador".

¿Qué significa ese tributo de la grandeza viviente a la grandeza muerta, el poder que se ostenta en toda su majestad, al poder caído en los obscuros senos de la muerte?

Ved lo que hay de misterioso siempre detrás de los espesos velos que nos ocultan el porvenir, y ved lo mudable que son las cosas humanas. El amigo de hoy se torna mañana en enemigo, y el enemigo de ayer va mañana a depositar flores en el sepulcro del hombre a quien aborreció, como si en otro tiempo fuera el más fiel y afectuoso de sus amigos.

Hoy Juárez es para vosotros un grande hombre, digno de los más respetuosos homenajes de los contemporáneos, y de la inmortalidad de la historia. Ayer cuando os alzabais en armas contra él, era un tirano abominable, a quien era necesario derribar del pedestal "desde donde, como roca de granito, parecía desafiar los terremotos y las tempestades".

Aparte de que en la anterior tirada de versos hay algunos cojos, otros larguiruchos, varios corcovados, y andan los consonantes a la greña y menudean las asonancias y superabundan los ripios, la idea de la composición, amén de ser vulgarísima, pugna con el carácter y la historia del *Monitor Republicano*. Usted no ha nacido ayer, amigo Alva; no, ni antes de ayer; usted nació hace muchos años: por lo mismo le obliga saber que el *Monitor* dijo pestes de Juárez, le llamó tirano, déspota, traidor a la Constitución, etc., etc., todo lo cual no empece que hoy le enzalce, y loe por boca de Vd. y por otros picos de oro. La flecha de Vd. ¡oh antiguo joven partho! da en el pecho del *Monitor Republicano*.

Ese periódico ama a los muertos y odia a los vivos. Y no replique el Sr. Alva que le ama a él, y él no es difunto. No, Sr. Alva, Vd. no es muerto, pero tampoco es muy vivo: por eso aprecia a Vd. el *Monitor*.

El diario que se honra publicando lo que a Vd. se le ocurre, fue enemigo de D. Benito Juárez. Dice como el soldado de la anécdota: —¿Qué quiénes son mis enemigos?... Pues, en primer lugar, mi coronel, ¡sea quien fuere!

Y no fue enemigo de Juárez por pasión política, ni porque se creyera intérprete de ingentes necesidades y aspiraciones nacionales, sino por sistema, porque él es así... porque, en atención a que es así, lo compra el público.

Entre los señalados por Vd., amigo Alva, como enemigos de Juárez, muchos le combatieron por creerle ya innecesario en el gobierno, y porque se juzgaban poseedores de planes políticos y administrativos más convenientes y eficaces, en aquella sazón, para la sociedad, que los de D. Benito.

Esto es natural y lógico. Por grande que sea el mérito de un hombre, es imposible que el gobierno de éste satisfaga a todos, que no suscite contradicciones y antagonismos, que sea perfecto de toda perfección. Usted, señor Alva, se paró el 5 de Febrero de 1857 a las diez y minutos de la mañana, pero el progreso no se para. Del seno de toda administración buena emergen los elementos de otra que ha de substituirla. Si Juárez hubiera visto a todos los liberales postrados a sus pies cantándole un *te deum* no habría dejado su administración,—y sí dejó—fuerzas vivas, patentes, que renovando el país, conservan y aumentan la vitalidad de éste.

Al glorificar a Juárez el 18 de Julio, no se glorifica la totalidad de sus actos como gobernante, porque él no era infalible, ni de todos los actos de su gobierno es responsable, porque no fue un autócrata. Se glorifica lo que hay de esencial y culminante, al propio tiempo en la vida de Juárez, lo que le singulariza, lo característico de su personalidad histórica, lo que le ganó el título de benemérito, así como al celebrar a Colón celebramos el descubrimiento de América y no las travesuras y picardigüelas que el navegante genovés hiciera en sus verdes años, ni su saber como filósofo, ni su ingenio artístico, ni su destreza en el manejo de las armas.

Por eso los que contingentemente fueron enemigos de Juárez-gobernante en un momento de la historia, pueden y deben ser devotos de Juárez-libertador, de Juárez-reformador. No hay que echarles en cara ese tributo a la verdad histórica y esa manifestación de patrio amor.

Sobre todo, *El Monitor* que no está en el caso de ellos, puesto que al combatir y denigrar a Juárez nada propuso y no expresó aspiraciones y necesidades nacionales; *El Monitor* que fue enemigo del benemérito sólo por sistema y porque el atacar a todo gobernante es su negocio, no debía hacer hoy alarde de tanto respeto, de tanto amor a D. Benito, agraviando a los que tras haberle combatido en épocas determinadas, como Presidente, llevan ahora lauros y coronas a la tumba del reformador y del patriota.

Amigo Alva, usted debiera levantarse a la hora que marca su apellido y hojear la colección del *Monitor Republicano*.

23 de julio de 1894

[192]

De la Moral y del Moral.

Para *oportunismo*, el de la oposición. Un ministro de notoria honradez y de buena voluntad, resiste a la seducción de ciertos viejos tentadores que están y han estado siempre enamorados de la Hacienda pública, a la que anhelan por amor al arte, desnudar, como a la casta Susana y como a los viandantes que pasaban Antaño por Ríofrío; un ministro concienzudo persigue a los que se llevan en sendos cántaros, "algunas gotas perdidas en el Océano del Erario", como llamaba a los miles y miles de pesos que robó al Tesoro, un político reaccionario conocido; un ministro prudente y previsor no emplea en sus oficinas y dependencias sino a personas de reconocida probidad y aptitud comprobada, pone en la calle a los inútiles y en la cárcel a los reos de peculado: esto es bastante para que los fariseos se escandalicen y clamen, poniendo el grito en el cielo: —¡Oh escándalo! ¡Oh vergüenza! ¡Panamá tenemos!—

De modo que ese ministro y el gobierno todo, para no escandalizar a las personas timoratas, para no tener la vergüenza de castigar a los desvergonzados, debieran haber dicho: —¡Siga la danza! ¡Siga el Panamá! ¡Todo en silencio!

No estoy por ese clandestinaje tolerado. Precisamente porque escarba en la Administración, porque la expurga y limpia y fija y da esplendor, merece el gobierno plácemes y la cooperación de todos los buenos ciudadanos; precisamente porque descubre vicios, robos y desfalcos, da prueba de solícito y moralizador. No entiendo a los que gritan: —¡Señor! ¡qué inmoralidad!... ¡Están metiendo a los ladrones en la cárcel!...

El gran argumento de los fariseos es el que sigue: —Pues robos ha habido, robos hay.— Esto no es perfectamente lógico. Pero yo soy escéptico... he sufrido mucho, como dice un personaje de sempiterno mal humor, en alguna de las Comedias Breves de Chavette, y robos hay y habrá, digo también, proque soy muy escéptico... porque yo he sufrido mucho....

Pero no a todos los enfermos se les caen las narices. Esta mañana recibí una tarjeta que dice así en letras bastante gordas: Mr. simpson—Pedícuro. Pero no he recibido nunca una tarjeta que diga, sobre poco más o menos: Fulano de tal, ladrón recibido en las oficinas del Gobierno.

Hay peculadistas que viajan de incógnito, y hasta ahora no ha bajado ningún ángel del cielo a señalar con una cruz las casas de aquellos que son largos de uñas y muy anchos de mangas. Ni un Ministro, ni todos los Ministros pueden a hora fija y en día dado, destapar todos los robos que se cometan o hayan cometido en las oficinas recaudadoras, pagadoras y tributarias. Un robo no se descubre como se destapa una sopera, morales y nostálgicos fariseos.

Cuando el Sr. Inspector de Policía aprehende al Chalequero o a otro criminal de bien sentada reputación, a nadie se le ocurre protestar ni decir indignado: —¿En dónde están los otros Chalequeros? ¿Por qué no aprehenden a los otros Chalequeros? ¡Hay por el mundo muchos Chalequeros!...

Basta ver que son perseguidos los delincuentes y que se ejerce escrupulosa vigilancia para prevenir los delitos; basta que ponga el gobierno manos en la obra del saneamiento.

A hacer milagros ni *Anabasis*, que fue santo antes de resbalar, estuvo nunca obligado.

Los escándalos del Panamá en Francia no afrentan al gobierno francés ni a las instituciones liberales; lejos de eso, enaltecen a aquél y a éstas, porque merced a la República, fueron descubiertos, y gracias a la honradez y a la energía gubernativas, castigados. La República no ha prometido librar al hombre ni de la culpa original. No vende santos bonitos y baratos. Pero la República basada en la Justicia, castiga al criminal por alto que se halle y eso no pueden hacer las monarquías, sin perder su prestigio y su autoridad, vinculados en las personas, en la dinastía. El Sr. Grévy, por complaciente o ñoño, puede irse a su casa.

Un soberano no puede irse a su casa sin llevarse a cuestas o a la zaga, monarquía y todo. Siga el gobierno escandalizando a los que se asombran y asustan de que no todos seamos perfectos; de que hay gente viciosa y mal entretenida; de que la Administración, en todas sus esferas, no esté ocupada por coros de ángeles y serafines. Y no haga caso de los que se cubren el rostro y dicen: —Soy Moral y por eso me escandalizo.

Si no me engaño, del Moral era un bandido.

25 de julio de 1894

[193]

La lista de Pi y Margall.

El Consejo del Partido Federal Español ha dirigido una larga proclama a la Nación: proclama en la que brillan y campean los más hermosos ideales, proclama alada, musical, proclama que puede servir de letra a un coro de ópera. ¡Ay, señor Pi Margall, muy admirado y muy honrado Presidente de ese Consejo y Signatario de la proclama referida!... ¡Ay, señor Pi y Margall, demócrata de corazón y de conciencia, recto espíritu, profundo pensador...

y cuán cerca de Madrid están los cerros de Úbeda y cómo les agrada a ustedes discurrir sobre ellos!

El programa del Partido Federal—a la vista lo tengo y ocupa seis columnas largas y compactas de periódico grande—está dividido en secciones que llevan los sendos títulos siguientes: —*Queremos los federales en el orden humano. / Queremos en el orden político. / Queremos en el orden administrativo. / Queremos en el orden económico. / Queremos en el orden social. / Queremos en el orden internacional.*

¡Y cuántas cosas quieren el Sr. Pi y Margall y sus amigos!

Quieren transformar la faz del mundo sobre poco más o menos, comenzando por España, siguiendo por Portugal, hasta llegar "a la creación de un poder que a la vez dirima las discordias que entre las naciones surjan, evite la guerra y haga posible el general desarme". *"Aun a la constitución de la humanidad en un todo orgánico—agrega el manifiesto—queremos contribuir con nuestras escasas fuerzas".*

¡Ya es querer, señor Pi y Margall!... Y sigue la proclama: *"Por de pronto*, desearíamos que Portugal *se prestara* a ser una de las regiones de la Península".

Por de pronto, es decir, para abrir boca, por matar el tiempo, mientras pasa la lluvia. Por de pronto, que Portugal se preste; luego, a regenerar y constituir el mundo.

¿No veis destacarse sobre la bruma de esas idealidades, la figura demacrada y canija del famoso hidalgo Don Quijote? ¿Eso es dar un programa político o fantasear alguna estupenda escena de otro *Mágico Prodigioso?* Entristece ver a Castelar metido a fraile y tal vez atacado de monomanía semejante a la que sufrió Carlos V en sus postrimerías; pero también inspiran lástimas los andantes y pobretones caballeros, de alma noble en cuerpo enjuto, que corren a desfacer agravios y a redimir a la cautiva humanidad.

¡QUEREMOS!... ¡QUEREMOS!... Ese ha sido el vicio de los liberales españoles, la enfermedad de los pueblos latinos, el pecado original que nos legaron nuestros primeros padres y del que ni repetidos bautismos de sangre, han logrado borrarnos la indeleble mancha. De niños, queríamos la luna, la pedíamos, y siempre nos contestaban complacientes: si sois buenos, el domingo que viene os la daremos. ¿Acaso está la palabra IMPOSIBLE en lo que Cánovas del Castillo llamaría *Diccionario interino* en la lengua española, así como llamó *Constitución interina* a saber: Dios y él, cuál tontería? No; la palabra IMPOSIBLE es herética: niega los milagros.

En el "orden humano" nosotros queremos, como Pi, que los hombres sean ángeles. En el orden político queremos todos ordenar y que ninguno nos ordene nada. Queremos todas libertades, todos los derechos, y no queremos reconocer ni los deberes ni los pagarés.

Yo, humilde cocinero, les diré al Señor Pi Margall y a sus amigos, que en el plato o programa que nos brindan no hay carne ni substancias nutritivas: todo es salsa. La experiencia me enseña que cuando en "la lista" de una fonda se anuncian muchísimos platillos, generalmente todos los que hay son pocos y malos. Pide el parroquiano esto o lo otro, y el mozo le contesta: —Eso ya se acabó. Pida Vd. otra cosa.—

Pues bien, esa "lista" de Pí, esa CARTA.... Magna, no dice lo que hay realmente en la cocina. No hay tiempo para que los federales españoles hagan esa multiplicación de los panes, esa pesca milagrosa; para que transformen el agua en vino y corrijan las pruebas del Génesis, a fin de que la creación salga correcta, sin erratas.

Sería mejor que en lugar de contarnos el cuento de todo lo que ellos quieran, nos contaran las habas de lo que pueden. En política, comunmente, los programas son malos; y estos programas de función monstruo son peores.

Puede ser que Portugal no *se preste....* Puede ser que el *Todo orgánico* no se constituya.... Puede ser que no venga Stagne.... ¡En fin, hombre ilustre y liberal honrado, puede ser que Vd. quiera... y ella, no!

27 de julio de 1894

[194]

Un esqueleto de Concha.

Jaramillo y *socios*—así llaman algunos periódicos a los que, según el jurado, asesinaron a Concepción Hernández—tienen la vida pendiente de un hilo. Los jueces populares examinaron pruebas, testimonios, oyeron la voz atenorada de la defensa y la voz de barítono que modula tan majestuosamente el Ministerio Público; pero no examinaron el esqueleto de la occisa. Ese grave esqueleto no fue aprobado ni oído en juicio. Está suspenso.

Falló el jurado, y, conforme a ese fallo, la casa que gira bajo la razón social de Jaramillo y socios, fue sentenciada a sufrir la última pena. (La "última pena", en el criterio materialista de los teólogos que aparecen como responsables de la Gran Droguería llamada Jurisprudencia, es la muerte.) Mas, he aquí, o he más allá, que le faltaba a la sentencia el hueso sacro: el esqueleto no había dicho nada. Era *inamovilista* el esqueleto.

La justicia, representada por algunos arqueólogos (pues, en efecto, la justicia es cosa de arqueología) se dirije a los huesos atribuídos a la que en vida se llamó Concepción Hernández y respetuosamente les pregunta:

—¿Sois de Concha?

Muy dramática, dentro de la escuela romántica, es la escena que va a representarse. Recuerda la aparición del espectro de Banquo en el festín de *Macbeth*, la de la sombra del rey de Dinamarca en la plataforma de *El señor*, y conmueve como el último acto de *Lucrecia Borgia* y el final de la *Huérfana de Bruselas*.

Primero la escena es muda. El esqueleto se presenta desnudo, aunque sin ofender a la moral ni a la decencia, ante los señores Peñafiel, Batres y Maycot. Le aplican una inyección dinamogénica e, incontinenti, pide la palabra.

Antes de concedérsela, alguno de los arqueólogos que forman ese consejo de los tres, interpelará en la forma que sigue, al compareciente: ¿Quién eres, di, desnuda calavera, / Crédito del que fue, prenda de alguno, / Que, por ser una prenda de cualquiera, / Nunca por suya te querrá ninguno?

No hay calavera que oiga sin abrir la boca los anteriores versos de Zorrilla. Mas—he aquí lo grave—¿qué palabras saldrán de esos labios descarnados para ir a morir en las orejas paradas de la Ciencia?

La lógica de la Jurisprudencia es inflexible: si ese esqueleto no es el de Concepción Hernández, Jaramillo y socios no son asesinos de Concepción Hernández. Porque ése que está presente, ése es el esqueleto que mataron ellos. La Hernández, sin embargo, ha desaparecido—objetarán los incrédulos—. Bueno; pero también *Anabasis* ha desaparecido y nadie dice que haya muerto.

La Sra. Hernández no puede haberse llevado su esqueleto al otro mundo. Éste se queda en la puerta de la eternidad, como el paraguas se queda en la puerta de la antesala. Si, pues, los restos encontrados no son los de la presunta occisa, Jaramillo y socios tienen derecho a los honores, empleos y cargos públicos de que les ha privado la sentencia.

Y hay razones para barruntar que el esqueleto no es ni ha sido nunca de la Hernández. El Juez lo presupone; por eso nombra a dos arqueólogos para que lo identifiquen. El Juez presiente que ese esqueleto es el de la reina Xochitl o el de la princesa Papantzin. De modo que no sólo Jaramillo y socios, sino también la historia patria, están interesados en que ése no sea el esqueleto de la Hernández.

¿Quedarán dudas a los jueces después de que sentencien los arqueólogos? No, indudablemente. La arqueología es como la mujer de César: ni sospechas hay de ella. No podemos todavía identificar bien a los reos, identificarlos por métodos científicos; pero la identificación de los cadáveres ha progresado considerablemente. El día en que para identificar a los presuntos reos se les mate previamente y luego se les monde para dejar el esqueleto limpio, no habrá equivocación posible. Para un arqueólogo, es llano y sencillísimo reconstruir, estudiando un solo hueso, no solamente el esqueleto a que perteneció, sino toda época, toda una civilización.

Hace dos meses, sobre poco más o menos,

apareció una mano suelta en uno de los buzones del correo. Si la autoridad hubiera consignado esa mano a los arqueólogos en turno, ¡cuánto habría ganado el erario! Era un signo providencial, como la mano baldía o mostrenca, que trazó las palabras cabalísticas en el festín de Baltasar. La arqueología y la quiromancia, de consuno, enseñaban que esa mano era el anuncio de un próximo desfalco. Era la mano de Dios o la mano de D. Lino.

La ciencia tiene razón: consultad, jueces, con los huesos.

Ahora bien, pongamos que el seudo esqueleto de la Hernández resulta ser el de la princesa Papantzin. Jaramillo y socios vuelven al comercio, quedando expeditos para recibir los honores y ejercer los cargos públicos que la Nación quiera confiarles. En cambio, hay en la cárcel un Sr. Pérez o Estrella, el cual fue sentenciado por homicidio. No mucho tiempo después de que le sentenciaron, apareció, convicto y confeso, el verdadero autor del crimen proditorio que estaba pagando y continúa pagando el Sr. Pérez o Sr. Estrella. No cupo duda; era inocente el susodicho Pérez. Pero como la justicia no puede equivocarse ni se puede juzgar a nadie por un delito que la justicia ya declaró obra de otro, el verdadero asesino quedó libre, y el pobrecito Sr. Pérez sigue preso.

¿Merecen más fe los esqueletos que los hombres de carne y hueso? ¿Las pruebas jurídicas son de menos peso que las inducciones arqueológicas?

La verdad es que ante mí: —¡Señores, me lo dijo un muerto!—No hay quien pida la palabra en contra.

Y ya verán ustedes cómo el esqueleto, cuando los arqueólogos le pregunten si es de Concha, contestará sencillamente:

—No caballeros, soy de hueso.

31 de julio de 1894

[195]

Los hijos vengadores.

El Jurado acaba de condenar a siete años de cárcel a un hijo vengador. Muere el padre de éste a manos de un asesino miserable; la policía aprehende al homicida; el Jurado le absuelve inicuamente... y el hijo se hace justicia por su mano.

Por fortuna el criminal herido de muerte por aquel hijo vengador, no sucumbió sino hasta pasados días que exige el Código para considerar como delito de lesiones el delito de homicidio. Sin esta demora de la caritativa y buena muerte, Matías González habría salido condenado a muerte.

Las frases todas que del reo se citan son terribles y trágicas: Shakespearianas, Esquilianas. Cuando mata con refinada crueldad al que le asesinó al padre, exclama: *"Ya que no hay justicia en este país, yo me la haré por mano propia".* Cuando le llevan de nuevo a la prisión, ya sentenciado por el tribunal del pueblo, dice: *"¡Si lo volviese a ver, lo mataría!"*

Eso lo aplaudiríamos en el teatro. Eso es altamente dramático. Habla Orestes, habla Hamlet. Presenciamos la escena culminante de las *Coéphoras.* Creemos oír estas exclamaciones de Esquilo:

"¡Al fin lo conseguí! De pie estoy y él está en tierra.... Agoniza; silbando le sale la sangre por la herida y su onda negra me salpica... ¡rocío más dulce para mí que para el cáliz de las plantas en germinación la lluvia de Zeus!"

¿No se os figura ver también a Hamlet cuando halla a Polonius de rodillas, orando, y no le mata, aunque sea propicia la ocasión, porque si muriera ese hombre en tal instante tal vez salvaría el alma?

El teatro antiguo y el teatro moderno presentan grandes y admirables ejemplos de estos hijos vengadores. El arte les ennoblece y les convierte en héroes.

No les creen vengadores, sino justicieros. Y vosotros, burgueses, que os doléis de esas víctimas de la fatalidad, que aplaudís los domingos por la tarde en el teatro Hidalgo al hijo justiciero, condenáis a siete años de prisión o a muerte en el jurado, a ese mismo simpático protagonista de los dramas que tanto os enternecen.

¿Cuándo tenéis razón? Para el esposo ultrajado que mata a la mujer adúltera, "a la hembra del país de Nod", a la bestia humana, que cede a sus instintos concupiscentes, tenéis las manos llenas de indulgencia. Para el que asesina al cómplice de ella, al seducido las más veces, al que es hombre y de nada humano se halla exento, vuestro pleno perdón siempre está pronto.

Para el que recibe un bofetón en el carrillo y en el amor propio y lo contesta con disparo mortal de su revólver, sólo abrigáis profunda admiración. Todos ellos son muy cumplidos caballeros, todos mataron por deber ineludible y hasta santo. Pero un hijo que mata al asesino de su padre, y que le mata cuando desespera de la justicia humana organizada legalmente; cuando mira que el homicida queda impune; un hijo vengador, un hijo justiciero, sólo os arranca una sentencia de muerte o la aproximación a ese gran premio.

Yo, en vuestro lugar, habría votado como concurrente al teatro Hidalgo. No puedo admirar a Orestes, admirar a Hamlet, admirar a Andrés Cornelis, y condenar a ese González.

Verdad es que no vengó éste a su padre, sino a su padrastro y padre putativos. Pero no solamente *pater is est quod nuptias demonstrat;* no solamente es padre el que materialmente engendra, padre es el que amor filial merece, padre (sigamos poniendo ejemplos de teatro) es, en el *Drama nuevo,* Yorick para Edmundo, como hermano es Orestes para Pílades.

A ese cariño, instigador principal de la venganza, hay que añadir otro sentimiento: la ira, la indignación contra la injusticia. El asesino confiesa su delito, y sin embargo, el tribunal lo absuelve. ¿Por qué? Porque mató impulsado por la negra honrilla, porque hubo riña y en ésta, palabras que le ofendieron el amor propio, porque estaba ebrio.... El vengador no puede apelar de nuevo a los tribunales.

El Código le cierra toda puerta. En tales casos, los yankees *lynchan.* González mató consciente y deliberadamente, como condena a muerte un tribunal.

El caso es sugestivo. ¿Cuándo tiene razón el buen burgués: cuándo aplaude al hijo justiciero en el teatro o cuando le condena en el jurado?

1 de agosto de 1894

[196]

El padre de la criatura.

Leo en la *Aspiración Nacional:*
"EL UNIVERSAL".
"Bajo el rubro de *Plagio,* publica *El Universal,* el siguiente párrafo en su edición de la tarde del lunes:
A... se titula una poesía firmada *Williams* que publicó el domingo la *Aspiración Nacional.* Pues bien, esa poesía no es A... ni O... ni de *Williams,* ni fue escrita para la *Aspiración Nacional* en Junio de 1894. Se titula "Tras los montes", es de nuestro compañero Manuel Gutiérrez Nájera, y ha sido publicada infinidad de veces en los periódicos de la República y en los de la América del Sur.
Con que A... robar a otra parte Sr. *Williams".*

* * *

El mismo periódico refiere, en su edición matutina del martes, que el General Villada, Gobernador del Estado de México, ha removido a varios Jefes Políticos de Oaxaca.

* * *

Los Sres. Lic. Vázquez de Tagle y General Montesinos, han dirigido al propio periódico, una carta a que imparcialmente da publicidad, rectificando un error en que incurrió, al dar noticias del asunto Omaña Llamas. Dicen aquellos señores que no fueron ellos, padrinos del Sr. Omaña, quienes rehusaron el arbitraje, que ellos mismos propusieron, sino los padrinos del Sr. Llamas, que no lo consideraron procedente.

* * *

"En la casa del jabonero", bondadoso colega, "el que no cae resbala".

¡Pues no entiendo! El cabo de los dos párrafos copiados me produce el mismo efecto que cierto cabo ignorante de la lengua francesa, el cual, no entendiendo lo que Napoleón le preguntaba, y aleccionado para responder a preguntas diversas de las que le hacía el Emperador, concluyó por contestar la siguiente; —¡Está Vd. loco o yo estoy loco!— diciendo con aplomo y convicción: —Uno y otro, Sire.

Los versos que firmó *Williams* no son de él; *pero* el Lic. Vázquez Tagle y el General Montesinos propusieron el arbitraje en el asunto Llamas Omaña. *Williams* es plagiario; *pero* en *El Universal* apareció una errata.

El apreciable colega llama tal vez erratas a los robos. Este es un flamante decadentismo. Mañana acaso dirá en su sección de tribunales: el Jurado sentenció a Pedro Jiménez a cuatro años tres meses de prisión, por *errata* en casa habitada. Y de todo esto se deduce que no es ladrón el que roba lo ajeno como *Williams*; porque hay cajistas que ponen haches en lugar de erres y Oaxaca por México. Por lo tanto, que pongan presos a los impresores y que pasen los robos a la comisión de estilo. ¡*O ma tête*!... ¡*O ma tête*!

Disgusta a la *Aspiración* que *El Universal* llame las cosas por sus nombres. Desea que a los rateros les diga *errateros*. Y es probable que no se habría enfadado si en lugar de llamar plagiario a *Williams* hubiera dicho: *el Sr. Williams se distrajo* llevándose una cosa que no es suya.

Respeto los vínculos de amistad y de cariño que unen a la muy apreciable *Aspiración* con el distraído caballero *Williams*. Ha sido una verdadera desgracia que ese joven, autor de una A. y de varios puntos suspensivos, haya cometido la errata de apropiarse lo ajeno. Pero no creo que tal consideración obligue a amar a Williams y a aborrecer a los cajistas de *El Universal*.

Ese Código Penal que equipara los plagios con los errores de imprenta, no está sancionado todavía.

El Universal pensó, sin duda, que ese Williams era un intruso que había engañado a los redactores del colega. No sospechó que fuese alguno de ellos, y estoy cierto que todavía no quiere sospecharlo, aun a pesar del calor con que defienden al plagiario los susodichos redactores. Si de *El Universal* dependiera, con mucho gusto diría al amable Williams: "Caballero, esos versos son de Vd.". Pero desgraciadamente no son de *El Universal* y por lo mismo no puede darlos a nadie; tienen dueño.

El proloquio vulgar dice: "En la casa del jabonero el que no cae, resbala"; pero no; "en la casa del jabonero el que entra se roba los jabones".

Aquí ha pasado lo que en el *Anillo de hierro*. Salió el dueño de los versos plagiados por William, y dijo:

—William Beldfort, el padre de la desposada soy yo.

2 de agosto de 1894

La supresión de los abogados.

Don Pedro Dorado, catedrático en la Universidad de Salamanca, varón doctísimo en derecho y devoto en filosofía del método experimental, ha escrito un buen estudio sobre "La Causa de Valera", que tanto preocupó la atención pública en España ha pocos meses, dando motivo a curiosas polémicas entre juristas y letrados. El Sr. Dorado—¡que ojalá fuese Pedro Regalado por lo que de oro tenga su apellido!—propone varios problemas importantes de administración de justicia penal. A reserva de referirme a otros que también nos interesan, voy a resumir lo que el jurisconsulto salamanquino dice acerca de la supresión de los abogados en los juicios, tanto porque este punto es grave, cuanto por haberlo yo tratado ligera y humorísticamente en estos "Platos".

Que hable el Sr. Dorado y que los Bardos le oigan.

Vergonzosa y absurda llama a la lucha que se entabla entre la defensa y el representante de la sociedad "en la que el uno ha decir forzosamente que es blanco lo que el otro dice que es negro, y viceversa; con la diferencia curiosísima de que el mismo que en funciones de defensor ve o aparenta ver las cosas de una manera, con sólo cambiar de asiento y pasar al de la acusación las ve o aparenta verlas de un modo totalmente opuesto". Este fenómeno, Sr. D. Pedro se explica por lo que se llama en hipnotismo *transfert* o sugestión, y en fisiología por la influencia que ejercen los asientos en la parte que injustamente llamamos sensible del cuerpo humano.

Dice el Sr. Dorado, que si se quiere cortar de raíz el mal, hay que atacarlo en su raíz, o como digo yo, en el hueso sacro, para que la administración de justicia penal no sea como el resultado de un juego de tira y afloja, de un regateo entre dos partes cuyos intereses se consideran antagónicos, de un juicio que quiere representar el verdadero punto de equilibrio entre dos fuerzas que luchan desesperadamente; sino la consecuencia de una investigación paciente y reflexiva, a la que no lleva el investigador propósito ninguno de hacer daño a otro, sino muy al contrario, deseo firme de procurar todo el bien que sea posible. La administración de justicia penal no significa una contienda entre dos intereses opuestos, el de la sociedad y el del reo, en la que tanto cuanto gana el uno tiene el otro que perder, estos dos intereses son solidarios, y gana y pierde el uno, tanto cuanto pierde o gana el otro. Por lo tanto, los funcionarios del orden judicial no pueden tener prevención alguna contra el delincuente, no pueden proponerse hacerle ningún mal, ni menos causarle males innecesarios; ni a la sociedad puede tampoco convenirle producir perjuicios a sus miembros, aun cuando hayan sido criminales, porque se los causaría a sí misma. Ninguna necesidad hay, por consecuencia, de garantir al procesado contra los abusos de los jueces, de proveerle de defensor contra los ataques de éstos; porque los jueces no atacan, antes bien, ellos deben ser el mejor escudo para proteger los derechos del ciudadano.

La intervención, pues, de los abogados en las causas,—intervención que tuvo su razón de ser históricamente, cuando junto al concepto de la pena como un mal se hallaba el del absoluto arbitrio del Juez y los poderosos hacían así del castigo una arma política contra los ciudadanos menos fuertes—no tiene hoy fundamento serio y debe desaparecer.

A la razón fundamental apuntada, a los combatientes en esta situación lo que les importa, como a todo el que lucha, no es que triunfe la verdad sino su éxito personal.

El Sr. Dorado cita este hecho: en la causa de Valera, después de pronunciado el veredicto, el abogado defensor dijo que no volvería a ponerse la toga (esto de la toga y de la dignidad es también un recurso de que se echa mano muy a menudo; pero que no tiene más valor que un *flatus vocis*) para informar en asuntos criminales. ¿Por qué sería esto? ¿Por qué el éxito no fue el que esperaba el abogado, o porque creyese que el veredicto era injusto? Si era por este último, en primer lugar, no tiene el abogado facultad para juzgar, como tal abogado, de la justicia de un veredicto, como tampoco las tiene para juzgar de una sentencia: lo que a él le toca es acatar uno y otra, y utilizar contra ellos los recursos que las leyes concedan; y en segundo lugar, si el veredicto dictado en aquella causa era injusto, no por eso se ve la razón para que un abogado abandone su puesto; antes bien, parece que la hay más poderosa para que continúe en él, a fin de impedir que se sigan cometiendo entuertos.

El autor atribuye esa subitánea resolución a eso que se llama la *honrilla profesional*.

Ya tendré ocasión de extractar lo que dice el Sr. Dorado respecto a la competencia del jurado para entender de causas basadas en problemas técnicos, de medicina, por ejemplo.

Ahora, conste que yo no soy quien propone que echan a la calle a los agentes y a los defensores. No me arañen los padres y las madres de familia. Del Sr. Don Pedro Dorado —y no lo digo por dorar la píldora—es la idea, y aun la forma. Yo me lavo las manos. Esto nunca hace daño, distinguido Sr. Fuentes Muñiz.

7 de agosto de 1894

[198]

Jugar con fuego.

Creo que los enemigos del nuevo cuerpo de bomberos, cuerpo que está en alma todavía y penando en el ojo de una llave, no le han estudiado desde su natural punto de vista. No se trata de que tales bomberos apaguen los incendios, porque para eso están, cuando *están* de buen humor, los bomberos pagados, los bomberos calandrias, los vendidos. Por lo tanto es ocioso cuanto ha dicho *El Universal* respecto a lo inhábiles que son los jóvenes elegantes mexicanos para las rudas faenas del bombero. Es claro que ningún *clubman* brincará de las faldas maternales a arena tostada por el fuego, ni se arrancará en las altas horas de la noche a los brazos de la esposa, a los brazos del bacará o a los brazos de Morfeo; es evidente que no expondrán su vida, ya enderezada rumbo al Congreso de la Unión, por salvar el frijol o la garbanza de un tendero, a quien, probablemente, ya antes del incendio le llegaba la lumbre a los aparejos; pero el Gobierno del Distrito, señores redactores de *El Universal*, no se propone hacer algo útil (propósito que no está en la esfera de sus atribuciones), sino algo bello, gracioso y agradable, digno de nuestra culta sociedad: en suma, lo que significa el voluptuoso y esbelto cuerpo de bomberos, es la resurrección del extinguido batallón de polkos.

Dije que no sería útil sino bello; pero entiéndase que mi concepto del arte, mi doctrina estética, oblíganme a afirmar que la belleza tiene en sí propia su finalidad, o, lo que vale tanto, que todo lo bello es útil.

Así, por ejemplo, e indirectamente, el cuerpo de bomberos contribuirá a que disminuya en las clases de primera, y aun en las de segunda asimiladas a las anteriores, la afición al juego. Lógico es que un joven bien nacido se aburra por las noches cuando no hay ópera, y consecuencia de ese tedio son las del fuego, las del cancán y algunas otras estrictamente naturales. Un buen servicio de incendios salvará a la juventud de esos peligros. Dótesele de trajes nuevos, de un buen cuerpo de coros, o más bien de coros de buenos cuerpos, preséntese el espectáculo con todo el aparato que requiere, y de seguro, alternando con la ópera de Sieni, producirá excelentes resultados.

¿No sostienen los moralistas que ciertos honestos pasatiempos libertan al hombre de las tentaciones? ¿No juzgan los inmoralistas del mismo Superior Gobierno del Distrito, que cuando hay corridas de toros disminuye la criminalidad? Pues por idénticas razones, un buen servicio de incendios, bien reglamentado, será beneficioso en grado sumo, para la alta sociedad de México.

Se trata de un *sport* y nada más. ¿Quién os ha dicho que se trata de apagar? A las personas bien educadas no se les dice: —¡a pagar!— sino: —¡a deber! Tómese, pues, en calidad de *sport*, el mórbido y flexible cuerpo de bomberos, y se verá lo bello y atractivo que es. Pongamos que no sea de grande utilidad en los incendios. Bueno; pero ¿y en las fiestas nacionales? Desde luego rompe la monotonía del traje masculino. Acá no gastamos uniformes, y éstos, en los teatros, en las recepciones, en los bailes, hacen muchísima falta. Quizás muchos jóvenes no han llegado a casarse porque las damas no han tenido ocasión de verlos con casco. Además, observad que tal como está ahora organizado el cuerpo de bomberos, no presta servicios ni seguridades de ninguna clase al sexo femenino. Suele haber en las casas que arden, señoras y señoritas que no pueden decentemente desmayarse en los brazos de ningún plebeyo súbdito del Sr. Frago.

Los bomberos *polkos* provistos de sales inglesas, se encargarán de recibir tan preciosa carga, y de calmar el susto y el dolor de las cuitadas con bien comprendidas declaraciones amorosas.

Medítese ahora en lo que importa la bella institución para el mejoramiento de la raza humana. Es nada menos que la gimnasia de salón. Y más que eso todavía: notorio es que las carreras de caballos contribuyen al mejoramiento de la raza caballar. ¿Por qué, pues, las carreras de bomberos ya en dirección al lugar del siniestro, ya en sentido inverso, no han de tender al mejoramiento de la raza humana?

Pero sea de ello lo que fuera, repito lo arriba dicho. No hay que buscar tendencia, ajena al arte, en la obra artística. El cuerpo de bomberos realizará belleza. Será bello.

Y para fuegos artificiales... ¡impagable!

8 de agosto de 1894

[199]

¿Será posible?

Ha pasado inadvertido un hecho de suma importancia para la enseñanza pública. Es el caso que existe una comisión nombrada para estudiar si es o no posible establecer la instrucción primaria obligatoria en la cárcel de Belén. Creo que la comisión es uni-personal, acuerdo sabio, gracias al cual se evitarán las acaloradas y enojosas controversias que podrían suscitarse sobre el punto, entre dos o más individuos. El comisionado gana cien pesos mensuales. Es un sabio barato, un sabio compuesto de dos escribientes de a cincuenta pesos cada uno.

Tirar a la calle, o, mejor dicho, tirar a la casa de alguien mil doscientos duros anuales, no es mucho tirar. La persona designada para estudiar el problema arduo que apunté, puede ser y será meritísima, digna de que se la emplee en trabajos útiles, recompensados no con la exigua cantidad citada, sino con otra mucho mayor.

Pero tirar a la calle el buen sentido, es peor que tirar el paraguas por el balcón en tiempo de lluvias. El hombre o la corporación que comisiona a alguno para que estudie si es o no posible establecer la enseñanza primaria obligatoria en la cárcel de Belén, tira a la calle el dinero, tira el buen juicio por la ventana, e intelectualmente se da un tiro.

Porque si no es posible obligar a los presos a que aprendan lo que la ley manda, se acabó la instrucción obligatoria. Los niños sueltos y libres, son menos coercibles que los prisioneros, y si con éstos no es posible aquello, ¿qué será con ésos?

Menos extraordinario me parecería que el comisionado hubiese de ahondar este problema: ¿es posible hacer cumplir la ley de enseñanza obligatoria a los vecinos, por ejemplo, de la casa de los Carretones o de la casa del Pueblo?

Yo no digo que probablemente se establecerá la instrucción obligatoria en la cárcel de Belén; pero sí afirmo que es posible. Y si allí no es posible, ya no es posible en ninguna parte.

¿Qué haríamos si el Sr. comisionado contestara? —Pues no se puede. —Nada, que no se puede— seguiría diciendo —porque el Chalequero tiene sus razones y se ha ofendido el amor propio de uno de los socios de Jaramillo, y la Quevedo vota en contra, y todas las minorías se han coaligado. ¡No se puede!

Si eso nos contestara el único miembro vivo de esa comisión muerta, perdíamos la esperanza que nos queda de que algún día llegue a cumplirse lo preceptuado por la ley. Esperábamos que avanzando la civilización y con ella subiendo la criminalidad, llégase un momento en que todos los no leídos, ni escribidos, o de otro modo, todos los débiles estuvieran presos en la cárcel. Ya en ella, bajo la férula de la autoridad y bajo el látigo de los cómitres, abrirían los ojos en la oscuridad del calabozo, a la claridad esplendorosa de la ciencia.

¡Calcúlese con qué ansia esperamos la decisión suprema del Comisionado! Y éste ha de tardar en pronunciarla, puesto que se le asigna un sueldo de cien pesos mensuales, lo cual indica que el asunto requiere meses de estudio, si no de años.

La contestación que se viene a la boca de cualquiera a quien se haga la pregunta dicha, es como sigue: —Sí es posible. Para dar esa respuesta no se necesita que pase un mes, ni una semana, ni un día, ni una hora, ni un minuto. Cinco segundos bastan. O sea lo correspondiente, según la dotación mensual, a tres milésimos y medio de centavo.

Pues no dio tal respuesta el honorable comisionado es de entenderse que no la tiene por contundente y categórica y—¡se pierde la brújula!—ya no es posible fijar plazo ninguno al distinguido caballero. Necesitará averiguar si la instrucción es posible en el invierno y no es posible en el verano, si podrá darse en los meses, cuyo nombre propio no traiga erre, la influencia que en ella ejerzan las lluvias y los ventarrones, etc., etc. La cuestión será de años y felices días... para el señor comisionado y su familia.

Ahora bien, ¿por qué no, de una vez, se nombren otras comisiones a cuyo estudio pasen otros asuntos más litigiosos que el precitado? Pregúntese a la Ciencia.

¿Será posible impedir que los presos de Belén concurran a los toros?

¿Será posible obligarles a que cumplan sus condenas?

¿Será positivo evitar que se dé el caso de que dichos soberanos prisioneros pongan preso al Alcaide, a los demás empleados de la cárcel y a los centinelas?

¡Nada hay imposible, y, viceversa, no es posible nada!

9 de agosto de 1894

[200]

Botón nuevo en saco viejo.

Un joven periodista de buen talento y sólida instrucción científica, el Sr. D. Luis del Toro, ha entrado en calidad de boletinista a la redacción de *El Monitor*. Así lo dice mi periódico y yo, como todo burgués, creo cuanto dice mi periódico.

Suponed los aprietos y perplejidades en que va a verse el distinguido arqueólogo, D. Ramón L. Alva, para conllevar con el recién llegado la dura carga de los boletines. El *torito* que le han echado es peliagudo.

D. Ramón L. Alva no es precisamente enemigo de la ciencia; pero no la saluda, no la trata. Él es de los tiempos en que todo nuevo diputado lugareño lo primero que hacía, en llegando a México, era dirigirse a la ropería de D. Simón Lara, y comprar en ella un traje a la medida de la mayoría parlamentaria. D. Ramón se compró en cincuenta y seis un machote de boletines, la *Rétorica epistolar*, *Simón de Nantua* y el *Lenguaje de las flores*: con estos libros, aquel machote y una *falsa*, tiene lo necesario para guiar a las masas, instruyéndolas y deleitándolas.

El Sr. Toro es de las nuevas capas, no de la capa española a que pertenece el Sr. Alva, Cándido de apellido y también de nacimiento. No cree en los hombres-ángeles, ni en las mujeres-ángeles, ni en la varita de virtud, ni en la tierra de pájaros azules. Tampoco ha de creer que fuera de Tuxtepec no hay salvación. ¿Cómo, pregunto, se las compondría para no decir enteramente lo contrario de cuanto diga el Sr. Alva? ¿Y qué redacción es esa en la que sus dos únicos miembros encargados de exponer y sustentar la doctrina del diario profesan principios antagónicos, como son los metafísicos y los positivos?

Se dirá que *El Monitor* no hace propaganda filosófica, sino propaganda política; pero el escritor político no es como el pianista que, para tocar bien, no necesita ser de esa o de aquella comunión; el escritor político aplica su criterio científico o metafísico al examen de los hechos y de los actos que interesan a la sociedad. Por lo mismo un escolástico, un ideólogo, tienen de apreciar cualquiera de los actos y hechos antedichos muy de otra manera que un adepto de la escuela experimental. Redacción que no tiene unidad de criterio en lo substancial de su programa, es mesa revuelta, olla podrida, un *picknick (picnic)* de palabras.

La disculpa del *Monitor* está en que procede obligado por una necesidad ineludible. No hay multitud de Alvas en el mundo. No hay más que un alba en el día. O se pasa a las filas conservadoras, en donde, como pepinos en vinagre, hay escritores de frac, con botón dorado y corbatín, a modo del insigne D. Ramón, o si da entrada a los elementos jóvenes y vigorosos, tiene de cambiar esencialmente su programa. Ya ahora ese colega es el *Teatro de Invierno* de la prensa. Su programa anuncia melodramas y culebrones del año treinta. Pero hasta el público de esos mismos teatros de tercero y cuarto orden, va prefiriendo drama y comedias de la época a esas antiguallas impasables. No está remoto el día en que Don Gerardo López del Castillo y el *Monitor Republicano*, si éste no se transforma, tendrán que retirarse a la vida privada.

Porque el *Monitor* no puede resucitar a escritores difuntos para que le hagan boletines, ni a subscriptores difuntos para que los lean. ¿Piensa el Sr. Alva que Tuxtepec es inagotable? ¿Cree que se acabará esta centuria y seguirá él, vestido de centurión, contándonos el cuento de este era un pato, que tras de la pata andaba; y, a los gritos que ella daba, salió del monte otro pato, que tras de la pata andaba; y a los gritos que ella daba, etc.?

No, señor Alva, todo se acalva en este mundo.... Quiero decir, ¡todo se acaba, señor Alva!

Hay, sin embargo, algo muy peligroso para el joven e inteligente boletinista, y por lo propio, favorable a la integridad doctrinaria del *Monitor*. La influencia que ejerce el clima del lateranense en los escritores, es muy poderosa. Envejece a los jóvenes. —Es tan terrible el influjo / De una mala compañía, / Que un alguacil volvió gato / A un perrito que tenía.

14 de agosto de 1894

[201]

Los baldíos.

Siempre se ha dicho que la cuestión de los terrenos baldíos es de suma importancia para el progreso de la República. Nadie se niega a creer esto ni a admitir en buenas condiciones un terreno baldío. En lo que ha habido varias opiniones, es en lo tocante a la significación recta y genuina del vocablo *baldío*. Algunos, por ejemplo, supusieron que terrenos baldíos son los que el gobierno debe dar de balde. Fundado acaso en esa definición errónea, a juicio mío, un conocido director de periódico llamaba baldíos a los colaboradores, a los entusiastas, a los poetas, a los que aman el arte por el arte, en una palabra, a los que no cobran por escribir artículos y versos; así como también llamaba semibaldíos a los que escriben por una copa de tequila o un boleto para las funciones vespertinas que da de noche, comúnmente, el íntegro D. Gerardo López del Castillo.

Para evitar, en lo sucesivo, confusiones, me parece oportuno restablecer el directo significado de la palabra:

"Baldío (de *balde*) adj. Aplícase a la tierra o terreno común de un pueblo, que ni se labra ni está adehesado, y también a los solares yermos. (Vano, sin motivo, sin fundamento). Vagamundo, perdido, sin ocupación ni oficio".

La Academia, fiel a sus tradiciones, se equivoca al decir que *baldío* viene de *balde*, y esa equivocación nos ha costado caro. *Baldío* viene de *bátil*, que significa "vano, inútil, etc." Pero la Academia no se equivoca en la tercera acepción de la palabra consabida: "vagamundo, perdido, sin ocupación ni oficio".

Ahora bien, aquí entra la verdadera y trascendental cuestión de los baldíos. Entiendo que la cuestión de los terrenos es de poca monta, comparada con la cuestión de los terrígenas. ¿A quién enajenamos a esos caballeros baldíos, perdidos, perdularios, sin ocupación ni oficio que nos asaltan armados con los derechos del hombre y con las libertades constitucionales? Hay baldíos que sólo son "solares yermos". Éstos constituyen la masa, son los soberanos. Pero hay otros baldíos que no sólo asumen la soberanía pasiva sino que la ejercen. Éstos nos privan de la libertad, nos impiden que tomemos tranquilamente un vaso de cerveza, nos atajan el paso, nos aconsejan, nos examinan, nos acarician y nos imponen préstamos forzosos. Todos somos esclavos de no pocas docenas de baldíos, que son señores y amos de las calles. ¿A quién los enajenamos? Algunos de ellos resultan enajenados, entran al manicomio; pero esa enajenación no produce nada al Estado, antes le cuesta. Y Luis XIV tenía mucha razón; ¡El Estado soy yo! El Estado soy, que pago contribuciones; el Estado es Vd., que también las paga; el único que no es Estado, es el baldío, porque ése no paga ni sirve para nada.

Voy a trabajar: un baldío me detiene y me ofrece una copa. Estoy seguro de que esa copa contiene la aproximación al premio gordo del veneno. Pero, si rehuso la copa, el baldío me insulta, me desafía o me suelta un tiro. Tomo la copa, apuro el cáliz, y otro baldío, que me

ve salir de la cantina desde la puerta de una casa de juego, dice a algún compañero:

—Ahí lo tiene Vd.... ¡emborrachándose! ¡Y con quién!... ¡con un perdido!...

Estoy trabajando quietamente en casa. Un baldío se me presenta, sin mandamiento escrito por autoridad competente, allana mi domicilio. Si el portero le dice que no estoy en casa, el baldío cuenta en corros y cantinas que me niego porque soy un tramposo, acosado por flotante ejército de Ingleses. ¡Y el baldío es la opinión pública! ¡El baldío será mañana la historia!

Yo le recibo en bien de mi reputación. Si llueve, carga con mi paraguas; si no llueve, carga con alguno de mis libros; y llueva o no llueva, se lleva para el camino un peso mío.

Será buena la inmigración; pero también es bueno favorecer la emigración de algunos nacionales perniciosos. Deberemos pensar en los terrenos baldíos; pero también es urgente que pensemos en los terrígenas baldíos.

Pero predico en balde. El baldío que vive de balde, disfruta de plena inviolabilidad.

17 de agosto de 1894

[202]

Poesía erótica.

Los piadosos varones que velan por la salud y la seguridad de las respetables personas prostituídas, suelen equivocarse deplorablemente y tomar a muy honestas damas por vergonzantes distribuidoras del placer; mas no paran en éstas sus equivocaciones, que también a lo que pienso, por muy recatas y virtuosas toman a perdidas y pécoras de solemnidad. Un padre de familia, por ejemplo, de los israelitas que se fueron con la legalidad a Guanajuato en el mes de las posadas, no puede pasar, entrada ya la noche, por las calles del Refugio, Coliseo, Independencia, etc., etc., sin riesgo de dar a la esposa e hijos que le adornan una lección de cosas poco edificantes. Ese padre de familia no puede ir con su prole por aquellos lugares convertidos en feria de mujeres, en bazar turco, donde se vende amor manido al menudeo. De buena gana se detendría a contemplar un pavo o una galantina de esas que con el corazón atravesado por la flecha del amor, dirigen miradas voluptuosas a los transeúntes en el portal del Águila de oro; pero cerca de esas carnes frías expuestas coquetamente en los aparadores del Sr. Perezcano, hay busconas y meretrices callejeras que, urgidas por el hambre, son pregoneras de sí mismas, y tienden los brazos escuálidos para asir al primero que pasa, convirtiéndolo en tabla de salvación. Hasta de un puro ardiendo son capaces de asirse en caso dado. Porque en aquellos portales, se ven escenas de hambre y desesperación, que dejan muy atrás a las de aquella famosa balsa de la

Medusa, inmortalizadas por inspiradísimo pincel. Apenas caen las primeras sombras nocturnas, aparecen los tápalos negros que no tapan casi nada, y empieza la ronda de esas tapadas, que siempre están buscando a alguno y jamás saben a quién buscan.

Ora las vemos emboscadas en los zaguanes: ora, calle arriba y calle abajo, pasean dirigiendo frases de cariño a los que encuentran; ya se detienen junto a las pringosas alacenas: ya se recuestan canturreando en el quicio de las puertas; y este repugnante espectáculo es tolerado y permitido por la severa policía, que mira con maternal complacencia las travesuras del amor.

A la policía nada le importa que esas mujeres sean escandalosas: lo que la interesa es que gocen de cabal salud. En la vieja Europa, en la corrompida París, se castiga a la pécora que con ademán provocativo o con una simple palabra llama a alguien; pero estamos en la joven y libre América, en la tierra sagrada de la fraternidad, y tenemos derecho hasta de andar en cueros. Nuestros gendarmes son artistas; tienen música; ¡saben de memoria los idilios de Teócrito!... ¡Vaya usted a exigirles que disuelvan las églogas de callejón y que persigan el clandestinaje de la poesía bucólica!...

Hay que observar a las oraciones de la noche, particularmente los días sábados, los lances de amor y las galantes aventuras que hay en cada calle. Por allí, un aprendiz de sastre ciñe con el brazo la flexible cintura de una graciosa Maritornes; por allá, entre dos oficiales de zapatería, corre al sagrado bosque de naranjos una doncella de quince años... ¡en cada esquina un *caristys*! ¡en cada puerta un idilio! ¡Oh, Mosco! ¡Oh Bion de Esmirna! ¡Oh, Longo!

¿No os parece, esta policía completamente helénica? ¿No os parecería natural verla regida por un Sileno coronado de pámpanos y en cuya diestra luciera el tirso de oro? Pasad por el jardín de Catedral. ¿Es el Cerámico de Atenas? ¡Ese templo ha de ser el de la Venus *Anadyómeda* (*Anadiómene*), y esos huertecillos que lo circundan son los propicios al amor!

Mientras haya un gendarme habrá poesía. Él preside los retozos de las ninfas; él acompaña en la vernácula sampaña (champaña) los epodos de Baco; él sacrifica a Venus las aves inocentes que venden tocineros de segundo orden en el portal del Águila de Oro; él sostiene los vacilantes pasos del anciano ebrio; él representa el gentilismo en su más pura y admirable desnudez.

¡Descuidad, poetas, mientras haya gendarmes habrá amores!

23 de agosto de 1894

Un primer cónsul.

Acaba de morir en Francia un personaje célebre: M. Pierre Legrand, cónsul *in partibus* de México en Brive-La-Gaillarde.

¡Il voulait être consul, c'est ça qui l'a tué! M. Pierre Legrand (Pedro el Grande para sus amigos de México) era un hombre dichoso. Por este motivo en repetidas ocasiones, algunos de sus mejores camaradas de colegio le dejaron sin camisa. ¡Oh, la camisa de M. Legrand era la camisa del hombre feliz! Cuando a la hora del ajenjo entraba solemnemente al café de que era asiduo parroquiano, todos los labios le sonreían, manos afectuosas estrechaban calurosamente las de él. M. Legrand pagaba la cerveza, el Cordial Médoc del joven abogado, el absinto del futuro representante del pueblo.... M. Legrand era el Mecenas de los bebedores. Le comían un riñón aquellos excelentes amigos; pero, en cambio, M. Legrand vivía explotando el hígado de los patos. Los gansos que salvaron al Capitolio, salvaron a M. Legrand de la pobreza. Sus pasteles de hígado de ganso eran famosos en toda la comarca, en toda Francia y en el extranjero Brive-La-Gaillarde, cuna del cardenal Dubois, de Treilhard, Brune, Latreille, Lasteyrie y Féletz, se enorgullecían de haber dado a luz con toda felicidad al ilustre y afable Pierre Legrand.

Desgraciadamente, una nube empañaba la dicha de ese hombre popular. El Alcalde— hombre obeso, conservador y fuerte al dominó —era enemigo de M. Legrand.

Es decir, se permitía lanzarle bromas y burletas de mal gusto, y aun dijo cierta vez, no recuerdo en qué idioma, cuando M. Legrand estaba en lo más álgido de su insonsútil peroración sobre los beneficios de la democracia: "Pastelero, a tus pasteles". M. Legrand se sintió herido en su hígado de ganso. Aquella frase despectiva enconó su odio al odioso representante de la autoridad. ¡Él llegaría a ser un pastelero histórico, un pastelero político, un pastelero diplomático, el Pastelero de Madrigal! ¡Lo había jurado! Él humillaría a ese personaje obeso, a ese doble seis, cuyo chaleco blanco, legitimista, era una protesta contra el nuevo régimen. Llegaría a vestir un hermoso uniforme que despertara la envidia de aquel *Maire* hinchado. Y aquí comienza la odisea de M. Pierre Legrand en busca de una posición social.

Había leído aquel varón ilustre la *Historia del Consulado y el Imperio*, y por republicano convencido, optó por el Consulado. ¡Cónsul! Esta palabra le sonaba a moneda de oro, dando en mármol. ¡Cónsul! ¡Cuánto más eufónica esta palabra que la vulgar y prosaica de *Maire* tan propicia para un infecto *calembourg*! Pero ¿cómo podría llegar a Cónsul el gran M. Legrand? Si viviera en un puerto de importancia como Bordeaux, Saint Nazaire, etc. Pero Dios que hizo pasar los grandes ríos por debajo de los grandes puentes, no hizo que los mares nacieran a los pies de los grandes pasteleros.

Sin embargo, ser Cónsul en Brive-La-Gaillarde tenía doble aliciente. Era ser un Primer Cónsul. Pero Cónsul ¿de qué potencia? De una potencia teologal: de México. El grande volvió los ojos a nosotros con elocuencia gastronómica. ¿No es, por ventura, México, la tierra predilecta de la libertad?

Lo indispensable, ante todo y sobre todo, era adquirir notoriedad. M. Legrand, para alcanzarla, fundó en Brive-La-Gaillarde, una Sociedad de *Sauveteurs*. En el *Sauvetage* creyó encontrar su salvación. Los *Sauveteurs* son, como todos saben, esos filántropos abnegados y gimnastas, altruístas y nadadores que salvan a las suegras náufragas y que apagan la última llama de la última viga de una casa incendiada. Generalmente forman una banda de música y la utilidad de ellos es inapreciable en los desfiles y fiestas nacionales.

Sólo que, en Brive-La-Gaillarde no hay incendios y naufragios. Cada cuatro o cinco años se quema una mala bodega, y así se va embelleciendo la ciudad. Allí no arde más que el entusiasmo en el cívico pecho de los habitantes. Además, el despótico *Maire*, hacía la guerra—¡era todo un guerrero!—a los bomberos voluntarios. En el único incendio que tuvo la honra de verificarse en aquel lugar histórico, cuna del Cardenal Dubois y de los pasteles de hígado, los bomberos voluntarios, por falta de agua y de otros elementos, se vieron precisados a desempeñar un papel pasivo, austero y solemne: contemplaron.

Esto no obstante, el jefe de aquella banda filantrópica, fue creciendo en prestigio; expidió nombramientos de Socios honorarios de la corporación a favor de personas distinguidas de ambos hemisferios. Precisamente un muy notable compatriota nuestro, diputado, contratista, y director de un diario político, fue nombrado presidente honorario de la Sociedad de bomberos de Brive-La-Gaillarde.

Naturalmente, M. Legrand fue designado para Cónsul de la República Mexicana en la tierra del Cardenal Dubois y de las conservas alimenticias. Los bomberos se elevan a considerable altura sobre el nivel de sus conciudadanos. ¡Ya había llegado aquel varón ilustre a la cumbre de sus aspiraciones! Ya se veía pavoneándose con su uniforme consular por las calles y plazas, humillando al ridículo alcalde de trapillo. Él mismo llevó su nombramiento, acompañado de pasteles suculentos a manos de D. Gustavo Adolfo Baz, Encargado de Negocios nuestros, aunque no míos, en París. El Sr. Baz saboreó los pasteles y es fama que se comió también el nombramiento, porque días iban, noches venían, meses pasaban, y el Cónsul no lograba el *exequátur*.

En efecto, aquel nombramiento no fue ratificado. México reflexionó que si bien Brive-La-Gaillarde es notable por sus conservas alimen-

ticias, por sus ladrillos y por sus piedras de molino, no hay razón para que se la dote con un consulado de la República. Y quedó el uniforme, de cuerpo ausente, esperando también el *exequátur*.

¡Ay! Desde entonces atardeció—¡me gusta la palabra!—en la vida de aquel cónsul *Non nato*. Ya ni siquiera exclamaba, como en días mejores: —¿Cuándo habrá un incendio?— Ni en las bombas ni en los pasteles encontraba el menor lenitivo a sus dolores. Y ha muerto de una afección de hígado—¡oh venganza de gansos!—Aquella víctima del *llegar a ser*, aquel Cónsul que no llegó a adornar sus sienes con los simpáticos y perfumados azahares, Brive-La-Gaillarde está de luto.

24 de agosto de 1894

[204]

Pera Gamboa.

Leo en el *Monitor*: "Por la actitud tomada contra los periodistas por el Lic. Gamboa, puede presumirse qué clase de libertad de imprenta desean los del *grupo científico*. Buen caso le hará en lo sucesivo la opinión a ese *grupo*".

El Sr. Gamboa, como dice con verdadero talento el *Monitor*, es licenciado. ¡No hay que culparle! ¡El hombre no es perfecto! Supongamos que el Sr. Gamboa en cumplimiento de lo que llaman su noble misión los abogados que no hablan bien el castellano, defiende ante el Tribunal del pueblo a un presunto reo de robo con violencia... o sin violencia, de un robo cometido poco a poco.

El *Monitor* dirá a la ciudad y al mundo: "Ya puede presumirse qué garantías quieren para la propiedad los del *grupo científico*".

Es, en verdad, una fortuna que el Sr. Gamboa sea abogado y no médico. ¿En qué predicamento quedaría el grupo científico si, por desgracia, y siendo él doctor en medicina, se le muriese algún enfermo a nuestro inteligente y pálido amigo el Sr. D. José María Gamboa? Este sería, sin duda, el golpe de gracia para el grupo científico, que, a diferencia de su antagonista, no es de piedra, no es un monolito, no está hecho de una pieza y se compone de hombres que ejercen sus respectivas profesiones con absoluta independencia y libertad. —"¿Qué ciencia es esa que no cura?"— diría el lateranense. —¿Qué científicos son esos que permiten la coexistencia del paludismo y la gastro enteritis?

Diré al amable *Monitor* que el grupo científico es un grupo. No es un hombre. Y los hombres que forman ese grupo no han hecho votos que les priven de la libertad. No son frailes ni panaderos. Por ejemplo, cuando alguno de los que pertenecen a ese grupo toma un vaso de cerveza, no procede autorizado por el grupo: éste no se reune previamente en

[181]

cónclave para decidir si puede o no puede aquel conciudadano apurar el líquido grato al rey Gambrino. Él va pudiendo sin permiso de la agrupación.

Los compañeros del silencio sí están ligados por votos perpetuos y que les privan de toda libertad. Por eso no hablan. Ya lo hemos visto en la Cámara de Diputados. No fue posible que tomaran la palabra; no aceptaron la discusión. Tenían que consultar hasta los gestos. ¡Eran las piezas de un cronómetro parado! Preguntad a uno de esos caballeros: —¿Lloverá esta tarde?— No podrá responderos, antes de que se reuna la cofradía y el Papa hable. Todo el gremio quedaría desprestigiado si lloviera contra la opinión y el vaticinio de alguno de los hermanos del silencio.

En el grupo científico el hombre es libre. Cuando el Sr. Bulnes, verbi gratia, come hongos, sus compañeros no se creen obligados a tomar emético para combatir el envenenamiento.

Un grupo político, ya sea parlamentario o periodístico o de *club*, se forma, cuando es personalista, por la comunidad de simpatías, afectos, tradiciones o intereses que tiende a poner la dirección de la cosa pública en determinadas manos; y, cuando es científico, por la unidad de doctrina, de principios fundamentales, de métodos y procedimientos que, en concepto del grupo, constituye un buen sistema de gobierno. Pero ese grupo, perfectamente disciplinado en su conducta política general, no les exige a sus miembros la resignación de la voluntad; no les da una consigna para todos los actos de la vida; no les dice si han de ser popularistas en ópera, con Alba o bonapartistas con el Sr. Napoleón Sieni, si deben curarse por el método homeopático o por el alopático o por el método de las chintatlahuas; en una palabra, es un grupo, no es un cientopiés con una cabeza de una sola piedra.

El *Monitor* confunde las agrupaciones políticas con los contratos de mutuo usurario. Hay un número desconocido que presta ideas para todos los usos posibles a ciertos asociados majaderos que, de *mancomún e in sólidum*, se comprometen a cumplir los requisitos del contrato. ¿El Sr. H.—miembro del grupo—admira a la Srta. Méndez, artista de la zarzuela? ¿Pues todo el grupo admira a esa apreciable cantatriz, y eso da la medida de su criterio estético? ¿El Sr. Z. excesivamente es narizón? Pues ese señor se sale de las filas. Habrá que cortarle las narices.

No, ilustre colega. Los grupos políticos y las madréporas no son cosas iguales. Y el Sr. Gamboa tiene derecho a ejercer su profesión. No la dejó a la puerta "del grupo", como se deja un paraguas mojado. Y de si acierta o yerra en sus asuntos de abogado, sólo él es responsable. El grupo no le asesora, ni él reparte sus honorarios en el grupo.

25 de agosto de 1894

¿El dinero es dinero?
¿Cuántos son veintisiete?

El *Tiempo* reproduce un artículo económico del *Nacional*. Artículo económico he dicho y me quedo corto: debí decir artículo muy económico, nada gastador de razonamientos que algo valgan ni dadivoso de conocimientos que cueste algo adquirir. Artículo de verdadera economía. Artículo de gran necesidad.

Allá se las hayan con el contrincante los que en este diario tratan las cuestiones de Hacienda. Si yo me *inhibo* en el asunto—como dice cierta ocasión la Sra. Pardo Bazán —o si yo me entrometo—como se dice en castellano—es porque al susodicho artículo trae dos afirmaciones que me preocupan, por lo cual desde luego las someto al dictamen de los mayores en saber. Vamos por partes.

El Universal dijo que en México falta más el crédito que el dinero. Para probar su aserto expuso entre otros argumentos el que sigue: datos numéricos, de rigurosa exactitud, relativos a las existencias en metálico y a la circulación fiduciaria de bancos, demuestran que, entre el 30 de Junio de 93 e igual fecha de 94, ha habido, en las primeras, un aumento de diez millones de pesos, en números redondos; y en la segunda, otro aumento de un millón cien mil pesos.

"De dichos datos— decía *El Universal* —resulta igualmente que la total existencia en metálico en dichos establecimientos, en 30 de Junio de 94, era de veintisiete millones setecientos mil y pico de pesos, y la circulación de sólo veintinueve millones cien mil; es decir, que la circulación sólo excede a la existencia metálica, en un millon cuatrocientos mil pesos.

Las cifras tienen una elocuencia contundente, ante la cual arría banderas el sofisma, y se bate en retirada el razonamiento especioso; y los anteriores guarismos traen aparejadas conclusiones ineludibles, que es fuerza aceptar y que nos apresuramos a exponer y comentar.

Esa cifra de veintisiete millones de metálico, atesorada por los Bancos, representa tan sólo "una parte del capital disponible en el país para empresas de todo género".

Esto parece exacto, contundente. Veintisiete millones son veintisiete millones en todas partes. Pero el *Nacional*, con aplauso del *Tiempo*, vota contra las matemáticas y dice que si el *Universal* hubiera estudiado en todas sus faces el hecho de la existencia metálica que tanto le alucina, habría hallado en los mismos balances de los Bancos, la explicación de ese hecho, en el capítulo de las *cuentas corrientes acreedoras*, que son *forzosamente depósitos* en cuenta corriente a *disposición del acreedor*; y añade que los millones referidos son depósitos de banqueros, comerciantes o agiotistas que espían ahí la oportunidad de emprender viaje al extranjero con tiempo favorable o radicarse en alguna hipoteca sobre fincas de la calle de Plateros y cuadro o manzana adyacente a ella, de la capital.

De todo lo cual resulta que cuando un peso está en depósito, ese peso ya no es peso, así como los jefes y oficiales que en depósito, continúan siendo nominalmente jefes y oficiales; pero no continúan firmando nóminas por el mismo haber que antes cobraban. No niega *El Nacional* la existencia en metálico apuntada, lejos de ello, la supone mayor; pero sí niega que los veintisiete millones sean *recursos o capitales disponibles*.

El Universal, en resumen, dice:

—No falta dinero sino crédito. Veintisiete millones de pesos están matando el tiempo o escribiendo versos en las cajas de los Bancos.— Y su impugnador repone:

—No, no hay tal dinero. Hay veintinueve millones y medio de pesos, en espera de que salga un tren, para marcharse a Europa, o de que pase alguna casa de la calle de Plateros por la esquina de Capuchinas y el Puente del Espíritu Santo. Hay veintinueve millones y medio de pesos; pero no hay dinero. Y no hay dinero porque cada peso está espiando.—

De modo que cuando el dinero acecha algún negocio productivo para darle caza; cuando aguarda "tiempo favorable para emprender un viaje al extranjero", o sea, cuando espera a que pase el cordonazo de San Francisco; cuando es de "comerciantes o agiotistas" no es dinero. Es dinero de *cuentas corrientes*, muy corriente, tramado de algodón.

Atónito me deja esta doctrina. ¿Será aplicable también al género humano? Por ejemplo, esos hombres que esperan en la esquina a que pase algún tren de la Colonia, ¿no son hombres mientras aguardan la llegada del *wagón*? Esas mujeres que "espían" a sus vecinas para atraparlas en algún descuido, ¿no son mujeres mientras dura el espionaje?

Un comerciante dice: —tengo tanto en caja. Cuente usted el dinero para cerciorarse de que no le miento.— Hago lo que me pide; reconozco que dijo la verdad; mas aparece el *Nacional* y arguye así: Se ha equivocado usted. No tiene la cantidad que usted contó; porque como va a gastarla en pomos de perfume, en cohetes para el 15 de Septiembre y en boletos para el beneficio de la Srta. Méndez, resulta que realmente no la tiene.

Yo entiendo que *El Universal* tiene razón: veintisiete millones, son veintisiete millones. Y esos veintisiete millones en metálico, están en los Bancos, y a disposición del *público con crédito*, porque no se han retirado a Yuste, ni son ermitaños, ni han hecho votos de clausura y castidad, y aspiran a crecer y multiplicarse. Lo que falta, pues, más que dinero es crédito. Pero uno es uno y diez son diez: no cabe duda.

Contra esta verdad matemática protesta ¿quién dirán Vds.? (y aquí entra la segunda afirmación que me espeluzna). ¿El apreciable articulista?... ¿*El Nacional*? ¡Quia! ¡No, señores! ¡*La Nación*!...

Dice el colega: "Vamos nosotros a suplir la negligencia o descuido del órgano de San José el Real, sirviéndonos de su propia tesis para impugnarla *en nombre del país*, que rechaza esa burla comparable solamente al suplicio de Tántalo". ¿*El Nacional* habla en nombre del país? ¿*El Nacional* es la representación nacional? Señor Aldasoro, un diputado es un diputado, no todos los diputados, ni el representante de veintisiete estados, dos territorios y un Distrito. Uno es uno y veintisiete son veintisiete. Y si la nación dice que veintisiete millones no son veintisiete millones, la nación es analfabética.

29 de agosto de 1894

[206]

¿Se puede andar?

Un periódico financiero opina que no sabemos andar. Por supuesto que ese "no sabemos", se refiere a los mexicanos, al común de mártires, no a los redactores de *El Universal*, ni mucho menos a mí, que no uso jamás el "nos" periodístico para que no me confundan con cualquier obispo y me den una mula. "No sabemos andar los mexicanos". Tal dice un semanario financiero que es, por lo mismo, competente en la materia.

Y lo raro es que yo, aunque sin finanzas, digo lo mismo. Tengan ustedes la bondad de ver y examinar atentamente los tacones de las botas. Todos hacen muecas, se van de lado... a todos les falta un cuadril. No sabemos andar, por más que digan. Hay ratos en que las parejas—porque nosotros andamos casi siempre aparejados—ensayan, al parecer, cuadrillas o *lanceros* en la calle. ¡Nada anda a derechas! ¡Todo está torcido!

Pero antes de resolver en el asunto, dando con el remedio de este vicio, propongo una cuestión previa: ¿Podemos andar? ¿Es posible andar con este Ayuntamiento... digo, con estas calles? ¿Ustedes saben lo que ha hecho el Ayuntamiento de 1894? ¿Ustedes han visto un Ayuntamiento que se esté más quieto, sin hacer ruido ni meterse los dedos en la boca? ¿Saben de otro que haya dado menos que decir? Él recibió la ciudad como en depósito y va a entregarla con los mismos adoquines, con los mismos baches, con los mismos precipicios y con los desperfectos y averías ocasionadas por el tiempo. ¿Se puede andar bajo el Ayuntamiento de 94 sobre los pavimentos de 49?

¿Se puede andar entre las turbas y gavillas de billeteros que hacen cada día más difícil la circulación? ¿Se puede andar por las calles de Plateros sin que le cierren a uno el paso los *coyotes*? ¿Se puede andar sin caer en una cantina? ¿Se puede andar sin que le pidan a uno dos reales y un cigarro cuando menos?

Hay limosneros titulados, con bufete abierto y con clientela propia; hay limosneros vagamundos que se nos meten por entre las piernas; y hay limosneros amigos—¡Aquí a cualquiera cosa llamamos amistad!—que se nos cosen a los faldones de la levita y nos siguen y se interesan por nuestra salud y nos tratan con mucha familiaridad, y nos dicen Pedrito o Juanito o Francisquito, etc. ¿Será posible andar cuando a cada paso se tropieza con esos limosneros clandestinos?

No sólo no sabemos andar, sino que no podemos andar. Va Vd. de prisa, a todo escape, a tomar el tren que va a salir, y uno de esos amigos borrachones, tranquilos, reposados, que salen a tomar el sol o un *bitter,* le llama, le ase por el brazo, le detiene. ¿Para qué? Pues para informarse amablemente de como están la esposa, los hijos, los hermanos, los primos y los parientes políticos de usted. En cambio de esa amabilidad, tiene usted que recorrer, por orden cronológico, la parentela del interpelante enterándose de los achaques que padece ese retazo de la humanidad doliente. ¡Entretanto el tren parte, la hora vuela... *fugit irreparabile tempus!*

¿Se puede andar por la gran vía con tales tropiezos y otros que no enumero por elegancia? Por los suburbios, ¿se puede andar? Aquí no hay que un modo fácil de andar: andar en coche.

30 de agosto de 1894

[207]

Los literatos del Siglo XX.

René Doumic, en excelente estudio que publica la *Revue des Deux Mondes,* habla de los que serán insignes escritores en el siglo veinte. Con delicadísima ironía habla de los presuntuosos o desequilibrados que recurriendo a los procedimientos más extravagantes e inventando las voces más disparatadas, pretenden apartarse del *vulgum pecus,* fundar escuela, constituir la novísima literatura, y con todo aplomo, desfachatez o insania, se juzgan superiores a los grandes maestros de la poesía moderna... es decir, para no ofenderles ni en un ápice, de la poesía de antes de ayer.

Precisamente acaba de publicarse en París un libro titulado: *Retratos del siglo próximo* y este es el que dio margen a Doumic para la sana y bien sazonada crítica de que hablo. Ciento cuarenta y uno son los grandes literatos y poetas franceses cuyos retratos figuran en la colección... ¡y todos admirables! Todos superiores a Víctor Hugo, por supuesto.

Nadie conoce a esos caballeros, con excepción de algunos *iniciados*... iba a decir de algunos bienaventurados. ¡Ah, pero ya los conocerán en el entrante siglo los que vivan! ¡Y son ciento cuarenta y uno por ahora! En los siglos de Pericles, de Augusto y de Luis XIV, reunidos, no hubo tantos. Figura entre esas glorias de Francia Ivan Gilkin, "un Rafael negro", según el autor del libro; P.N. Roinard, "el que subió a las cimas desde las cuales se ve en su armonía total la humanidad con sus microcosmos sociales"; Víctor Remouchamps, "el que escribió las *Aspiraciones* y hace *Calembours* dos veces al año"; Elskamp, "cuyas divinas poesías serán luz de los siglos", etc., etc.

René Doumic, estudiando a estos seres excepcionales que por hoy viajan de incógnito, observa en todos ellos la particularidad característica, esencial y trascendente de que nunca han escrito nada.

"Son— dice —los autores de un poema anunciado, de una novela en preparación, de un volumen de versos, esperado con impaciencia". "Piensan trazar el plan de un cuentecito. Han prometido media página.... Los timbres literarios de algunos, son los de ser coleccionadores de estampas japonesas". Pero ¿no dicen los poetas que los mejores versos son los que no se hacen? Pues de esos "mejores versos" tienen muchos los poetas del siglo XX. "A Mallarmé no se le discutía antes de conocer su *Florilegio.* Estar inédito es ser fuerte".

Esos grandes "estetas", "dikastas", etc., no trabajan. Cuando la madre les echa al mundo "ya han vivido cerebralmente la vida de un hombre y ejercitándose literalmente en todos los géneros". A poco de nacer ven "el periplo de las vanidades terrestres". Han penetrado los arcanos del esoterismo, escrutado las tradiciones orientales, interrogado las modernas metafísicas". ¡Y todo ello sin trabajo, sin esfuerzo!... En tanto que otros se queman las pestañas y envejecen estudiando y recorriendo el mundo. "M. Edmond Barthélemy conoce como a sus manos a Roma, Tebas y Bizancio, y está cierto de que si de improviso lo trasportaran a Constantinopla, pasearía sin extraviarse por toda la ciudad, sólo con recorrer los planos de Bizancio, que sabe él de memoria".

¿Ni para qué han de trabajar?... Marc Legrand yendo camino de las oficinas de un diario, para escribir las ocurrencias del día, va perseguido por el terco y acucioso Lafontaine. Llega a la redacción; toma la pluma... ¡y Lafontaine que no se mueve! Hasta que al fin hostigado ya, dice al pegoste: —"Vamos, escribe en mi lugar".

Edmond Constances se propone "poner en acción una palanca, que ha de contribuir con su contingente de fuerza al eterno movimiento humano. Según él, una de las piedras que costará mayor trabajo levantar, ora sea por el sitio que ocupa, ora por su estructura propia, es la mujer". A esto observa René Doumic que, "en efecto la estructura propia de la mujer ha influido siempre en los destinos de ésta; pero hasta hoy a nadie había ocurrido el levantarla por medio de una palanca, sistema nuevo cuyos resultados será curioso presenciar".

Los futuros grandes hombres se parecen todos en el supremo desdén con que miran la gloria, el triunfo, el apoteosis. Edmond Cousturier "muy raras veces consiente en escribir algo". Raymond de la Tailhède se ha retirado a su castillo de la Marmande, en donde vive con los poetas de la *Pléyade* y con Cervantes, lejos de los zafios Contemporáneos". "Los que no poseen castillos— dice Doumic —tienen su torre de marfil" y en ella se refugian.

Esto es grave, porque como apunta el escritor de la *Revue*, muchos de esos jóvenes a fuerza de ser jóvenes han envejecido, y sin haber *debutado* pasarán a la categoría de antepasados. Por lo mismo ruego a M. Cousturier que "consienta en escribir" y a M. de la Tailhède que salga de su castillo de la Marmande.

¡Sí, grandes hombres, ya es tiempo!

31 de agosto de 1894

[208]

Lo que falta es levita.

EL AMIGO FRITZ.—¡Valiente amigo de Valente!—Azorado todavía por las depredaciones que en el teatro Principal, han cometido algunos indios granaderos, cree que hace falta en la zarzuela un director artístico. Pues por mí, ¡que lo fundan! Pero soy escéptico, ya lo he dicho otra vez—he sufrido mucho... no creo en la eficacia de los directores artísticos. Éste es el caso de la levita vieja que necesitaba botones nuevos; y por lo tanto ya es un caso resuelto; lo mejor es ponerles levita nueva a los botones.

Escasean mucho en el mercado los directores artísticos. Hay directores de ferrocarriles, directores de bancos, directores espirituales, directores espirituosos que se evaporan en un abrir y cerrar de ojos; pero director artístico, sólo hay uno, que es Don Gerardo López del Castillo. Éste no ha sido comprendido; sobre todo, cuando habla no se le comprende. Y también habrá que ponerle una levita nueva a ese botón de director artístico.

¡Ay!—y digo ¡ay! porque siento que me han pisado alguna parte muy sensible—también tuvimos otro director artístico, que era algo así como el padre del género humano, como el fundador de las "grandes familias que poblaron el Nuevo Mundo".

Este patriarca, a quien Dios bendijo en su descendencia; este hombre feliz, cuyos hijos nacieron todos ya casados, era el que redactaba aquellos programas inolvidables, dramáticos y trágicos que, no hace mucho, nos instruyeron, deleitándonos, en los entreactos del teatro Arbeu y en las veladas del hogar: era el Sr. Casado por antonomasia, padre de la inspirada y entusiasta Luisa. No morirá aquel curso de literatura dramática e historia. Los años pasarán y siempre repetiremos esta frase memorable, impresa, no en letras de oro, por desgracia, en uno de esos programas, venerandos: "El drama de esta noche terminará con el último acto".

¿Pudo acaso decir con tan heroico aplomo, cosa igual, el autor de los *Granaderos*? ¿Pudo asegurar que apuraríamos el cáliz hasta las heces? Y sin embargo, sucedió. Es verdad que hubo al último enérgicas protestas, elocuentes rebuznos, maullidos arrebatadores... casi una segunda audición de los *Granaderos*.

Mas ¿no cree el AMIGO FRITZ que la indignación tuvo esa noche mucha calma? ¿No hemos oído aplaudir la llamada traducción *Cavallería Rusticana*, que fue una verdadera caballería o caballada? ¿No gustan los *Payasos*? Pues, amigo FRITZ no se necesita un director artístico; lo que se necesita es un público de buen gusto. Yo no me encargo de hacerlo porque estoy muy ocupado; pero mediante una buena subvención, pienso que popularmente podría dotarse a México de ese artículo de primera necesidad.

No hay cómico de la legua que no se juzgue con tamaños para ser un director artístico. Para él nada vale el autor de cualquiera pieza: él, el cómico, crea el papel, dirige la batalla, la gana y cobra. Si hay silbidos, silban al autor; pero si hay aplausos, aplauden al cómico.

El Sr. Monteleone, por ejemplo, es un autor retirado, un actor que ha caído en desuso. Pero el Sr. Monteleone cree que sabe hacer comedias. Porque las ha hecho, sí señor, y hasta las ha deshecho. Pero no se da cuenta de que hay diversos modos de hacer obras dramáticas. Unos las hacen solos, comúnmente, y éstos son los autores; y otros las hacen trizas delante del público, y éstos son los cómicos.

Y con estos granaderos no hay director artístico que valga. Se necesitaría un director artístico de bronce. Y—¡ay!—¡me volvió a doler lo mismo!—los hombres de bronce tienen mala sombra.

4 de septiembre de 1894

[209]

La introducción al wals.

Los lectores verían entre los despachos telegráficos publicados ayer, el que sigue:

"URUGUAY.

Un incidente ridículo.

Montevideo, Septiembre 2. —El *Diario de Montevideo* criticó la voz de un cantante, diciendo que "se parece a la voz de un fonógrafo americano, a consecuencia de lo cual, un empleado del Consulado americano pidió explicaciones al redactor de aquel periódico.

Este paso justamente calificado de ridículo, ha dado mucho que reír a expensas del quisquilloso yankee".

Cincuenta y siete palabras ha gastado el cable para darnos la noticia importantísima de que en Montevideo (Uruguay) hay un yankee ridículo, dependiente del Consulado Norteamericano. Supongo que esta nueva no tendrá, por ahora, transcendencia grave en el mercado monetario ni en la guerra de China y el Japón.

Ahora bien, para pagar a los uruguayos en la misma moneda, propongo que se les envíe, siempre que ellos lo paguen, el mensaje siguiente: "México, Septiembre 4. —*El Monitor Republicano* publica hoy un boletín del Sr. Ramón L. Alva, probando las ventajas de ser bruto".

Podrá haber mentido el cable en lo tocante al yankee quisquilloso; pero no mentirá al comunicar la supradicha opinión del Sr. Alba. Dice este letrado:

"El misterio envuelve con espeso velo todo cuanto se refiere a nuestro origen y a nuestro destino. Seguimos como el bruto los instintos de nuestras necesidades, y *como él vivimos* y como él nos perdemos en los abismos de la muerte. Y mientras el bruto en las regiones mismas donde nace tiene cuanto ha menester para la conservación de la existencia, el hombre tiene necesidad para ello de luchar con los obstáculos que le opone la Naturaleza misma y las mismas pasiones y mala voluntad de los hombres".

Este rasgo de filosofía calderoniana, extraído de las décimas de la *Vida es Sueño*, puesto en novenas por el apreciable Sr. Alva, sirve de introducción a otros escogidos trozos de música, cuyo común *leitmotiv* es una queja en MI MAYOR LANZADO AL SOSTENIDO TUXTEPEC.

Son curiosas estas introducciones a los boletines o a las mañanitas del muy tristón y distinguido Sr. Alva. Como ciertas melancólicas introducciones de wals, nos sumergen en hondas meditaciones, nos hablan de los seres amados ya perdidos, y cuando más propensos a llorar estamos, salta el endemoniado tres por cuatro y doce.... Sí, señor, doce parejas, cuando menos, empiezan a bailar en el salón. Creímos al escuchar los primeros acordes de la orquesta que íbamos a oír, una serenata, una balada, suspiros, lágrimas, y héte que de improviso brinca el wals y graciosa y lúbricamente se columpia en hamaca de hojas y de flores.

El Sr. Alva, en el preludio de sus boletines, es fúnebre, elegíaco. Nos imaginamos que va a cantar el oficio de difuntos... o la *Golondrina*. Oíd, si no, los primeros compases del ayer publicado:

"Nada hay más desgraciado que nuestro espíritu, ni nada más pobre que nuestro corazón. Fruto inconsciente el hombre de una ley conservadora de las especies, a la que está sujeto todo cuanto tiene vida, venimos al mundo a sufrir todas las necesidades que nos ha impuesto la Naturaleza criadora. Niños aún, cuando no podemos darnos cuenta todavía de nuestro origen y de la causa de nuestra existencia, llevamos ya sobre nosotros todo el inmenso peso de los dolores y desdichas que forman el patrimonio de la humanidad.

No podemos comprender, por más que buscamos, cuál sea la razón de nuestra existencia, ni alcanzamos a penetrar cuáles hayan sido los fines de nuestra creación.

¿Para qué venimos al mundo? ¿Qué necesidad había de la existencia de una especie infeliz, y además de infeliz sujeta a todas las inspiraciones del mal y arrastrada por ellas a los abismos del dolor cuando no del crimen?"

Esto es del *Libro de Job*, de la *Parerga* y *Paralipomena* de Schopenhauer, de Hartmann en su *Filosofía de lo Inconsciente*, del poeta Leopardi, o lo que es más probable, del poeta Plaza. El Sr. Alva es muy desgraciado; muy pobre de espíritu el Sr. Alva; ha venido al mundo a sufrir todas las necesidades, absolutamente todas las necesidades, que impone la naturaleza; cuando era niño—¡uy, uy, uy, uy!—ya mamaba, digo, ya llevaba sobre sí "todo el inmenso peso de los dolores y desdichas". ¿De dónde vino el Sr. Alva? ¿Para qué vino el Sr. Alva? ¿Qué necesidad había de que existiera el Sr. Alva? En vano le pregunta aunque sin interpelar, por excepción, al *Diario* del Gobierno. No se contesta; calla; nada sabe. Y entristeciéndose más y más a cada paso, compárase con los brutos y deplora el ser, con mucho, inferior a ellos. Porque los brutos, según el Sr. Alva, no tienen que luchar para vivir, no trabajan, no sudan, son felices; en tanto que él—Alva, Ramón— tiene, "para alimentarse, que cultivar la tierra" (son palabras suyas); "y para preservarse de los rigores de la intemperie, tiene que edificar la casa y que hilar la tela". ¿Quién nos había de decir que el Sr. Alva es sastre, albañil, peón de hacienda y boletinista en una pieza?

No trataré de consolar al Sr. Alva manifestándole que también las bestias luchan por la vida; déjole creyendo lo que los animales no trabajan; mas concluida la lectura de esa "introducción al boletín", que consta de mil ciento veintiocho palabras, me pregunto: ¿Qué conclusión va a presentar el Sr. Alva? ¿Irá a decirnos que está resuelto a suicidarse? Nada de eso.

El apreciable articulista deduce de los considerandos anteriores que en México hay miseria y que el Gobierno de Tuxtepec es mal Gobierno.

Cincuenta y siete palabras nos trasmitió el cable para darnos cuenta de que en el Uruguay vive un yankee quisquilloso; y mil ciento veintiocho ha empleado el Sr. Alva para manifestarnos que en México hay pobres y que él se considera más desgraciado que los animales. Le acompaño sinceramente en su dolor.

5 de septiembre de 1894

[210]

El Ministro de Hacienda no es enérgico...
¡Ah! ni hábil.

El Sr. Secretario de Hacienda carece de habilidad y de energía. *C'est ça qui le tuera!* Un ministro enérgico, un ministro hábil, todo lo que se llama un ministro de Hacienda, comienza por no pagar a sus acreedores. Así lo reza el evangelio de hoy, según San Lucas... digo, según *El Nacional.* Dice el colega, aludiendo a la baja de nuestros valores en Europa: "Y no con todos los países sucede lo mismo". (No, ¡*non fecit taliter omni nationi!*)

La Argentina, después de su crisis, incalculablemente de mayores alcances que la nuestra, logra mejores cotizaciones que nosotros. El 7 de Agosto corría en Londres su 5 por ciento a 61 y medio y su 6 por ciento a 64. Y recuérdese que su Gobierno suspendió sus pagos e impuso a sus acreedores una reducción de intereses. Tal vez a esta conducta enérgica y hábil de su Ministro de Hacienda, debe aquella nación las consideraciones que le guardan sus acreedores.

¡Oh! si el Sr. Limantour hubiera sido enérgico y hábil, si inspirándose en las sanas doctrinas de filosofía vaticana que profesa el *Nacional* los días de fiesta religiosa, hubiera contestado con un categórico *non possumus* a las heréticas demandas de los acreedores; o si, menos eclesiástica, pero más nacionalmente, hubiera opuesto un *no se me da la gana* a las exigencias de los que se atreven a creer que México es país pagano, ¡otro gallo nos cantara y no nos gallearían los *maestros cantores* de la prensa hamburguesa! Habrían subido nuestros valores, porque el valor se nos sube hasta a los ojos cuando nos decidimos a pagar a lo valiente. Hay que ser enérgico y hay que ser hábil, y estas dos cualidades son las que faltan al Sr. Limantour, según el evangelio de San Lucas.

Para que nos guarden consideraciones los acreedores, hay un medio infalible: no pagarles. Esta es la doctrina del *Nacional.* Otros autores, discípulos adelantados del anterior, opinan que, para merecer de los acreedores toda casta de miramientos y respetos, hay un medio infalible: el de pegarles. Éste es más enérgico y requiere mayor habilidad. Pero el colega se conforma con el primero, con el de no pagar, y acaso tenga razón, porque esto en puridad, resume el otro: no pagar, pudiendo hacerlo aunque a costa de algunas privaciones, es lo mismo que comenzar pegando un floretazo para concluir pegando un buen topillo. Generalice el Sr. Limantour, generalice, que en México todo hombre de gobierno generaliza, y desde luego echará de ver cuán sustancioso, conveniente y económico (sobre todo económico) es el austero y severillo plan de hacienda que preconiza admirablemente el *Nacional.*

¿Quiere que le guarden "toda clase de consideraciones" los empleados de su ministerio?

Pues sea enérgico y hábil: no les pague.

Energía se necesita, ¡ya lo creo! Pero no sólo energía en el ministro, sino energía en los acreedores, para domar sus instintos, sus apetitos, su apetito, sus pasiones y decidirse heroicamente a alterar su sexo, gracias a un trueque de vocales, pasando del masculino *hombre* al común de dos, tres, cuatro, ocho, diez o quince *hambre*... según la familia con que la Providencia haya dotado a cada uno.

Cuanto a la habilidad, he de advertir que no encuentro sitio en donde colocarla. No me parece que se requiera ser muy listo para decir: ¡No pago! Lo dicho, dicho: ¡que no pago! Por lo menos trato a algunos que no inventaron la pólvora y que emplean, con vario éxito, el método preconizado. Es más: atrévome a decir, que ese método es general, y no graduado, ni de brigada, sino general de división; ¡qué digo, general de división!, ¡generalísimo!

Para lo que se requiere, probablemente, la habilidad que admira *El Nacional,* es para librarse de que los acreedores burlados no le metan a uno en la cárcel o le llamen tramposo, cuando menos. Hay hombres que no se resignan, que no comprenden "il Sacrifizio" como "Traviata"... en suma, hay acreedores respondones.

Muchos deudores se creen con la energía suficiente; pero no todos tienen la suficiente... habilidad.

El Sr. Limantour es débil y no es hábil... de ideas antiguas... metafísicas... no profesa la religión del deber... es incapaz de extraer hábilmente hasta lo más sencillo... ¡hasta un pañuelo! ¿Qué clase de Ministro de Hacienda ha de ser éste, tan apocado, tan pusilánime... y pagano?

Lo extraño es que en una nación compuesta de doce millones de habitantes, de los cuales cerca de dos millones andan algo descompuestos y diez millones están parados, no se haya podido descubrir, para las actuales circunstancias, un Ministro de Hacienda hábil y enérgico. Sobran aquí señores con perro, y perro bravo, es decir, señores que reciben a cualquier cobrador echándole los perros, y que cuando este es obstinado y se encapricha en volver, le echan el perro. Esos son hombres enérgicos. Esos administrarían bien la hacienda pública.

Aquí sobran los hábiles que niegan su firma, hombres de tino que tiran de la manta y desaparecen como Garabito el de la *Redoma Encantada.* Esos levantarían el crédito de México, y, sobretodo harían subir nuestros valores. No habría nadie en Europa que no dijese entonces de nosotros: —¡Valientes hacendistas, los hacendistas mexicanos! ¡Se necesita mucho valor... para hacer lo que ellos hacen!

El Sr. Limantour no es capaz de eso. No vacilo en declararlo incapacitado.

6 de septiembre de 1894

[211]

Con el alma en un hilo.

Con el alza de los valores mexicanos es punto menos que imposible vivir en esta capital. Sí, sépalo el economista que ante ayer escribió en *El Nacional* este grandioso disparate: "El Banco Nacional; ¡he ahí al enemigo"!—como diría el Sr. Bulnes, parodiando a Víctor Hugo. Sí; sepa que la frase célebre a que alude, no es de Víctor Hugo, sino de Gambetta, y sepa que han subido considerablemente los valores mexicanos. Se nos ha subido el valor a la cabeza y la mostaza a las narices.

Hay una verdadera epidemia de hombres valientes. Tan es así, que en un exámen de medicina, preguntado el alumno por el sinodal sobre la causa de que ciertas enfermedades del hígado se desarrollen más en los soldados mexicanos que entre los soldados de otras naciones, y no pudiendo contestar, tuvo con el examinador este curioso diálogo:

—Vamos, señor alumno, no hay que atarantarse. Los soldados de otras tierras no viven como los nuestros, en cuarteles insalubres; se alimentan mejor, etc., etc. ¿Por qué se enferman los soldados mexicanos?...

—Porque son más valientes.

Esta difusión tan repentina del valor ha hecho que todos tengamos miedo.

Antes de tomar un vaso de cerveza en el café de la Paz, tomaba yo antiguamente algunos *sandwichs*. Ahora en vez de tomar *sandwichs* tomo siete docenas de precauciones.

—¿Fría o al tiempo?— me pregunta el mozo.

—¡Fría! ¡Muy fría!

Un chocolate, un honrado chocolate, puede causarnos una muerte súbita. De improviso una bala perdida se nos aloja en el cerebro, y de la mano a la boca se nos cae la sopa.

Desde que el Gobierno del Distrito, con toda la energía de que es capaz, prohibió la portación de armas, todo buen ciudadano usa pistola.

Como la plata ha bajado, nosotros nos hemos convertido en *buscadores de oro* y nuestros placeres son tan peligrosos, como lo fueron antaño los de California.... Nada; ¡que ya no hay clases! En los *bars* más aristocráticos y céntricos lo único que se toma es *bala rasa!*

Para entrar a una cantina se necesita ser un héroe. Primero, se entreabre la puerta y se pasea la mirada inquisidora por aquel templo consagrado a Marte. ¿La paz reina en Varsovia? Pues, entonces, se sube uno el embozo hasta las cejas, se lanza con la velocidad del relámpago sobre el mostrador, pide un vermouth sin pólvora, lo bebe de un sorbo, y sin desembozarse; ¡paga y... huye!

Yo salgo todas las mañanas con cara de páscuas, muy risueño, como si me hubiera sacado la lotería... o esta maldita muela que me está molestando desde anoche. Lo primero que hago es estrechar la mano de mi portero, el cual, generalmente, está a esa hora dando bola a los zapatos del vecino. Salgo a la calle rebosando benevolencia, sonriendo.

Por supuesto, no fumo en los lugares públicos. ¿Cómo he de llevar el puro y la sonrisa en los labios? Saludo a todo el mundo; al que me tiende la mano, yo lo abrazo; al que me abraza, le doy un ósculo de paz; y al que me pisa le digo afablemente: —favor que Vd. me hace, caballero.

Yo presumo que al verme tan risueño, han de creer que soy muy cosquilludo, es decir, que apenas me da el aire, siento cosquillas hasta en las plantas de los pies. Pero, no me importa. Lo que me interesa es salvar la vida.

Y a pesar de estas precauciones, ya he pasado algunos sustos.

—¿De qué se ríe usted?— me dijo uno de los ciudadanos Nerón que por ahí andaba.

—De nada, señor, de nada, soy "tencuito".

—Y ¿por eso me mira usted torcido?

—No, no señor.... Eso es porque soy bizco.... Como de chico me cayó el sereno....

—¡Bruto es lo que es usted!

—Precisamente.... Pero por parte de padre nada más....

No, no gana uno para sustos en esta capital de Tartarín, Mourzonk y Compañía.

Al subir al tranvía, me descubro como si entrara a la iglesia, hago intención de tomar agua bendita, me quedo en calcetines para no dar un fuerte pisotón, y entro diciendo lo que decían los criados viejos al prender la vela: ¡Ave María Purísima! Saludo al cochero, le pregunto por la señora cochera y la demás familia, y, si es preciso, hago de mula y tiro del *wagón*.

—¿Quién es aquél señor?— me preguntó anoche un amigo.

—¿Aquél?... Pues en mi tiempo se llamaba Pérez; pero por lo que puede suceder, yo le digo ahora Don Pelayo.

—¿Y ese otro?

—¿Ése? No lo conozco, pero no lo toques. Ha de ser Orlando el furioso.

¡Valiente vida estamos llevando en esta tierra!

8 de septiembre de 1894

[212]

El reglamento de cantinas.

Las autoridades, incansables en la noble tarea de concebir y dar a luz, todos los reglamentos, bandos, etc., que para el mejor servicio de policía sea necesario, se ocupa actualmente en redactar un reglamento de cantinas, fondas, cafés y demás sitios de combate. Los buenos efectos que ha surtido el reglamento de pulquerías, puntualmente observado, hasta por los mismos gendarmes, la animan a elaborar con todo esmero el reglamento de cantinas. El escándalo de la Maison Dorée, trajo como natural consecuencia, la saludable y enérgica medida que prohibe la portación de armas. Hemos cosechado ya los frutos de ella. Los escándalos de la Fama Italiana y Monte Carlo producirán el bando sobre cantinas. *A quelque chose malheur est bon.*

No puedo todavía formar un juicio exacto acerca del nuevo reglamento que sólo en parte mínima conozco; y por lo tanto, me concreto a enumerar algunas de las prevenciones generales... ¡perdón!, no generales, ¡coroneles!— que contiene.

El dueño o los empleados de cualquiera cantina— dice el bando —tienen la obligación de exigir a todo parroquiano que entre en ella, un papel de conocimiento, certificado de buena conducta y constancia de no haber desempeñado jamás ningún cargo público.

Las cantinas quedan equiparadas a los bailes de máscaras: es decir, un empleado nombrado por el municipio, o sea un corista de la Compañía Sieni y pagado por el cantinero, registrará en la puerta a los entrantes y les decomisará las armas, caso que las lleven. El registro ha de ser muy minucioso. Se dejará al paciente en calzoncillos para cerciorarse de que no tiene en la faja algún cuchillo y si, en efecto, se halla desarmado, se le permitirá que pase, no sin exigirle que deposite su paraguas o su bastón en el vestíbulo.

A los hombres armados, por la naturaleza, de buenos puños, se les pondrá, antes de que entren a la cantina, la camisa de fuerza.

Únicas bebidas cuya venta se tolerará por las autoridades: —Pajarete. / Perfecto amor. / Lacryma christi. / Grosella. / Zarzaparrilla. / Temperante.

A pesar de estas sabias precauciones el gobierno teme que haya aún escándalos, riñas y conatos de homicidio en los susodichos lugares, de hombres públicos, y por lo mismo, extraoficialmente, aconseja a los dipsómanos que frecuenten las pulquerías. Estas ya están reglamentadas, y como dice muy bien el Sr. Gendarme al Sr. Comisario, y repite el Sr. Comisario a su inmediato superior, en las pulquerías ya no hay ni un escándalo, ni un ebrio, ni aglomeración de gente, y puertas, mostradores, etc. están como el Sr. Gobernador muy cuerda y atinadamente lo dispuso.

Tampoco va ninguno armado a esos que me atreveré a llamar casinos-democráticos, porque como es notorio, está prohibida la portación de armas. Y si no, pregúntenlo ustedes por cordillera al Sr. Gendarme; nadie carga pistola ni arma blanca ni instrumento punzante o contundente.

El único punto negro que aún quedaba en nuestro servicio de policía era éste de las cantinas; pero gracias al celo de los legisladores de la ciudad, va a desaparecer esa espinilla.

Tendremos, merced al nuevo reglamento, cantinas del tamaño de una plaza de toros, o más bien dicho, de los tamaños de una plaza de toros, con enfermería y la correspondiente dotación de ambulancia, con farmacia y con capilla.

En todas habría una buena orquesta—también de la empresa Sieni—por aquello de que la música las fieras domestica.

De esa manera, sin rencores para el pasado ni temores para el porvenir, podremos tranquilamente paladear las delicias del pajarete y la grosella.

11 de septiembre de 1894

[213]

El fuero leonino.

Se ha creado... así, se ha creado—porque no lo creó nadie—un nuevo fuero. Éste es un fuero de apellido, un fuero que no tiene nombre, un fuero que no ha sido bautizado. *El Universal* llama a ese fuero: "fuero por analogía". Y yo, para no quedarme atrás, lo llamo: fuero por sintaxis.

El estimable Magistrado que reclama para sí ese privilegio, o sea, ese fuero, que estaba fuera de toda previsión humana, funda su exigencia en este razonamiento: "los Magistrados del Tribunal Superior deben tener fuero; aunque sea por analogía, porque si las leyes vigentes en el Distrito no lo establecen, en los Estados sí es general el fuero de los funcionarios de esa categoría".

Desde luego apunto dos peligros, y hago fuego: es el primero, la creación de un fuero más; es el segundo, la circunstancia de que ese fuero es general. Ese fuero general, ese novísimo general fuero, tiene los inconvenientes y peligros del fuero civil, sumados a las desventajas y amenazas del ¡fuera abajo! militar. Si el Sr. Magistrado León, provisto ya por su apellido de las prerrogativas que le da el *quia nominor leo* y poseedor también del "Fuero Juzgo" llegó a adquirir el "fuero por analogía", que es general, y a darlo, asimismo, por Sintaxis, a sus respetables compañeros de Tribunal; el Sr. León, a fuer de gran fuerista, habrá renovado en México las luchas de "religión y fueros", y si, en su fuero interno, cree el Sr. Magistrado que eso es bueno, de fuero digo, que él está fuera de sí.

¿Qué fuero es éste de procedencia grama-

[189]

tical y propensiones militares? Este fuero graduado de general, ¿de dónde viene? En puridad, es un fuero metafísico, un fuero que no existe. El Sr. León lo invoca; pero también invocan a Vishnú en la India; también invocan los poetas a las musas, y ni las musas ni Vishnú existen.

Dice que hay en los estados ese fuero. Y esto es cierto. Y lo sabemos. Por esa causa a los que de ellos vienen les llaman *fuereños* en la Capital. Hay fueros fuera de la Capital, como hay camotes en Querétaro y muéganos en Puebla. Pero no pretenda el Sr. León que por analogía se den chirimoyas en el jardín del Zócalo, no pretenda que, por analogía, dé uvas el Sr. Don Simón Parra. El señor León es León de apellido; pero no ruge por analogía.

Ni fuero, ni aproximación a fuero le toca al apreciable Magistrado. Pero no está desaforado, aunque desaforadamente pida amparo; no está desaforado, porque no ha habido desafuero. No tiene fuero y esto es todo y ¡fuera capas!

Hasta ahora ningún autor había tratado de esta posesión por analogía. ¿Qué es el fuero en sentir del Sr. León? Pues el fuero, en concepto de ese Magistrado, es algo análogo al caldo de pollo homeopático: se proyecta la sombra de un alón de pollo en la bahía de Liverpool y se toma una taza de agua de mar en Veracruz. Ese es el caldo. Se envuelve en el manto de la inmunidad a los magistrados de Tlaxcala y la sombra de esa inmunidad protege a todos los magistrados de la República. Ese es el fuero del Sr. León.

Descendamos ahora de las alturas brumosas de la metafísica, de la nube en que marcha victorioso el fuero suprasensible, y estudiemos el punto suspensivo, a la luz melancólica del crepúsculo. Lo que en realidad establece la doctrina del referido magistrado, es la apropiación por causa de utilidad privada. El mira un fuero, y se lo apropia sin decir más. ¿Por qué? Pues lisa y llanamente, porque es León y la parte del león le corresponde.

Nada más, que a este fuero leonino del Sr. León, le falta el mismo requisito que faltó a la Campanilla eléctrica de Lucrecia la romana; en un sainete francés. En éste aparece Tarquino... con las intenciones que ustedes saben y accionan de una manera... un poco brusca. Lucrecia, ofendida, retrocede y dice:

—Caballero, si da Vd. un paso más, oprimo este botón y llamo a la servidumbre.

—Señora— responde Tarquino —la campanilla no se ha inventado todavía.

13 de septiembre de 1894

De otros valientes.

El Capitán Riffau, que vino a México cuando la intervención, le ha dicho a Paul Bourget, que para encararse con la muerte, para llegar al cadalso, para ver impasibles a los que van a fusilarles, no hay hombres más valientes que los mexicanos. Ni el estoico árabe tiene la misma sangre fría. "Frente al pelotón pronto a hacer la descarga,— dice el capitán —los mexicanos demuestran más valor que hombre ninguno".

Parece que esta nota cazada al vuelo por Goncourt, e incluída en el último tomo de su *Diario*, halaga mucho el amor propio nacional. Con fruición la copian los periódicos y con placer la leen los suscriptores. El valor del ajusticiado, enorgullece y entusiasma al público.

A mí— debo decirlo —no me conmueve ni me admira la calma del que sube al patíbulo. Si es un Arteaga, si es un Salazar, si es un Mejía, si es un Miramón o cualquiera otro de aquellos que por lealtad a una causa, por amor a un principio, o por cumplir la palabra empeñada, aceptan la muerte antes que la traición o la cobarde fuga, pago a la víctima expontáneo tributo de respeto.

Pero si es un bandido, un malhechor, un criminal el que impasible aguarda, ante el pelotón, la voz de ¡fuego! lo que me inspira ese infeliz, es lástima.

Sí, mueren con mucho valor casi todos los que en México mueren fusilados. Pero eso que llamáis "valor" en ellos, ¿es el valor en realidad? No; es la inercia de la ignorancia, es el desconocimiento absoluto de lo que la vida vale, es la atrofia congénita de los sentimientos.

Esos hombres no tienen noción alguna del deber, no se creen prendidos a la familia ni vinculados a la sociedad, no sienten la infamia que les cae y que chorrea sobre la descendencia de ellos mismos: mueren como han vivido, sin ideal, sin voluntad, sin miedo y sin amor.

Se echan, por la última vez, en el patíbulo.

Aureliano Scholl se resistía a creer que Rosales el asesino, se fugó de la cárcel de Belén a favor de la confusión y alboroto de la fiesta, baile o velorio, con que, en unión de los otros presos, celebraba su última noche de capilla. "El último día de un sentenciado a muerte" no acaba en baile—decía él. Pero en México sí termina algunas veces de ese modo, M. Scholl.

A muchos reos hay que despertarles para que no pierdan el último tren y salgan de la vida a la hora anunciada en los carteles. Tienen el sueño pesado, cenaron bien, y de buena gana pedirían por favor una hora más, no para vivir, sino para continuar durmiendo.

Hay otros reos que marchan animosos al cadalso, porque tienen la certidumbre de que van a alcanzar la gloria eterna. Piensan que de la cárcel pasarán al cielo, en brazos de los ángeles, y el cielo es un lugar en donde no trabaja nadie, un país en el que las semanas sólo tienen dos días: domingo y lunes.

La mujer... ¡verá lo que hace!... Los hijos.... ¡Dios los cuidará!.... Queda el compadre.... En fin, no porque uno se muere acaba el mundo.

¿Es valor esa pasividad bestial? Mirad también a los que ven morir, a los que presencian el fusilamiento: la misma calma inalterable, la misma indiferencia.... Comen, beben, roban al descuidado espectador y ven el cuadro con la más completa familiaridad. Hoy es ése el fusilado... mañana será otro, del que están allí viendo morir.

Si Goncourt quiere apreciar el valor de los mexicanos, pregunte a ese su amigo por muertos como los de Arteaga y Salazar, por hechos heroicos como los incontables que registra la historia de nuestra lucha con los invasores.

14 de septiembre de 1894

[215]

Ratas en conserva.

El Distrito Federal acaba de dar una alta prueba de altruismo, lo cual tiene altísima significación en las alturas: para hacer bien y buena obra a los *fuereños* que nos honran con su presencia y con su dinero en las festividades de Septiembre, dispuso que los *ratas* conocidos, los *ratas* titulados, los *ratas* profesionales y especialistas, fueran a celebrar el grito de Dolores y sus consecuencias, en la "húmeda paja de los calabozos".

Esto es lo que las señoras devotas llaman "un retiro espiritual".

Ignoro con qué fiestas conmemorarían, en el maternal seno de la cárcel, el aniversario de la Independencia; no sé quién de ellos pronunciaría el discurso cívico ni cuál poeta—porque entre los *ratas* hay poetas—recitaría las octavas decimales (pues las reales ya están retiradas de la circulación) en honor de los héroes que está acabando de desenterrar nuestro querido amigo Eduardo Velázquez.

Pero el hecho digno de fijar la atención es el que sigue: hay en la capital *ratas* conocidos, titulados, profesionales, inscritos en los libros de *maîtrise*, y a éstos se les permite consagrarse a sus tareas durante todo el año, con excepción de los días 14, 15, 16 y 17 de Septiembre. Se procede con ellos de modo totalmente diverso del empleado con los perros: a éstos los enseñan a morder a los individuos de la calle, a los *fuereños*: y a respetar a los de casa.

A los *ratas* les permiten robar a los de casa; pero a los de afuera no. Ahora me explico porqué se obstinan todos en tener fuero, en ser *fuereños*.

Sin embargo, no es oro todo lo que reluce ni todos los *ratas* son conocidos del Gobierno del Distrito. Es un hecho que, a pesar de la *razzia*, hubo en los días en que tenemos patria, considerable número de raterías. Hay, pues, *ratas* oficiosos, *ratas* homeópatas, que ejercen la profesión sin título, *ratas* que no entran a la ratonera, ni el día 15 de Septiembre.

¿Qué debemos desear? Pues, necesariamente, que extienda más y más el círculo de sus relaciones el Superior Gobierno del Distrito o la señora Inspección de Policía. Y otros, que el retiro espiritual y patriótico del mes en que repican recio, se convierta en una tanda de ejercicios permanente.

Ahora me asalta una duda: ¿serían *ratas* verdaderos los que hospedó el Distrito Federal, o los *ratas* auténticos, los que robaron en honra de la Independencia, serían los que se quedaron fuera de la ratonera?

¿Qué señas tienen los *ratas*? ¿Usan reloj? ¿Llevan billetes de banco en la cartera? ¿Tienen fuero?

Ya que son conocidos de la autoridad; ya que están registrados, no, por desgracia, ante el Juez Enrique Valle, que es el encargado de las defunciones, sino ante el Juez Briseño, a cuyo cargo están los matrimonios y sus resultados, bueno fuera que se diese la mayor publicidad a los nombres, a los domicilios, a los itinerarios y a las señas particulares de esos honorables miembros del partido conservador de los relojes ajenos.

Para evitar confusiones en lo venidero, el que sea *rata* que lo diga. Así tendrá derecho a las cuatro noches de posadas con que le obsequia anualmente la ciudad. Disfrutará de un descanso que bien merece, y no por ello se entorpecerá la marcha de los negocios, el progreso del partido, porque—ya le hemos visto—aunque los *ratas* estén presos, andan por las calles.

19 de septiembre de 1894

[216]

Pax Tecum.

"Estamos acostumbrados a que el honor y la dignidad nacionales, sean hollados por cualquier advenedizo". Palabras tomadas de *El Tiempo*, correspondiente al día de ayer, que amaneció lluvioso.

El estamos que el colega pone en cabeza de párrafo, es plural calumnioso. Estamos, es decir, están acostumbrados *El Tiempo* y sus amigos, a que cualquier advenedizo afrente a ciencia y paciencia de ellos, el honor y la dignidad nacionales.

Tan acostumbrados están a poner el otro carrillo (de la patria) cuando alguien da a ésta un buen cachete, que ya el hábito ha formado en sus mercedes una segunda naturaleza, y no sólo soportan con absoluta mansedumbre los ultrajes a México, sino que los prohijan, los celebran y acrecen el caudal de esos agravios con otros flamantes, de cosecha propia.

Por acá no hay ninguno que tenga esa mala costumbre, y nos duele cualquiera ofensa hecha a la patria, y procuramos castigar al que la hace. ¡Cada cual tiene sus costumbres!...

El Tiempo dice que, como si no hubiera negocios pendientes con las demás naciones, "el Ejecutivo se ocupa en dar cuenta de las dificultades existentes con Guatemala"

Es, en efecto, muy extraña manía esta de preocuparse en protestar contra desmanes y usurpaciones de los guatemaltecos antes de intervenir en la guerra chino-japonesa. Poco importa que Guatemala haya ejercido actos de soberanía en territorios de México, al oeste del Usumacinta y el Chixoy, destruyendo establecimientos mexicanos y cometiendo otros actos vituperables.

Eso no es nada; no; no es nada lo del ojo. No ameritan hechos tales que el mensaje presidencial los traiga a cuento, "como si no hubiera negocios pendientes con las demás naciones".

"Siempre hemos sido— asienta el colega —enemigos de la guerra". "¡Oh, sí, señor! El *Tiempo* es manso. ¡Es un buen tiempo!..". "Y más— añade —tratándose de una nación como Guatemala que es débil comparada con México y que podría atribuirnos miras de engrandecimiento territorial".

Efectivamente, hay que tener en cuenta el *qué dirán*. ¿Qué dirá Guatemala? Ella tan interesantemente débil, tan *blandamente bella*— como dice el amigo Fritz —¡Si se imaginará que somos descorteses con las damas! ¡Si supondrá que tendremos miras de engrandecimiento y que para engordar, como las pelotas, a golpazos, abusamos del candor y de la mansedumbre de esa joven Ifigenia, sólo culpable de haber sacado fuera de la sábana la extremidad color de rosa de la uña del dedo meñique del pie izquierdo... ¿Qué dirán las naciones extranjeras?

"La guerra con Guatemala no es popular en México". Popular es la ópera. "Reprobamos enérgicamente— continúa diciendo —el paso que quiere dar el Gobierno, por los males sin cuento que nos traerá". Y concluye afirmando que, según sospecha, "trátase de distraer la atención pública del interior, para fijarla en el exterior, en tanto que en el interior se lleva a cabo alguna gran empresa".

¡Oh, sí, hay gato encerrado en el asunto y perro suelto en Chiapas! ¡Siempre que en México se prepara alguna gran empresa... hay guerra con Guatemala!

¿Cómo no ha de reprobar *El Tiempo* con toda la energía que sólo usa en tales casos, la actitud digna del Gobierno? Es su costumbre... no lo puede remediar.

20 de septiembre de 1894

[217]

Ripios españoles.

Acabo de proporcionarme la honra y el gusto de leer dos poesías escritas en España, en la Villa y Corte, por el poeta Don Antonio Grilo. La primera lleva este título:

EL TORO
Acuarela–agrícola.

¿Por qué *acuarela–agrícola*, Sr. Grilo? Lo mismo pudo usted decir paisaje acuático o retrato-cornupeto. Toros acuáticos si hay: los que lidian en Bucareli cuando llueve.

Veamos el primer cuarteto: —Tiene la paz del mar....

Aguarde usted... comparar a un toro con el mar es algo atrevido; aunque este mar sea como usted lo indica, el mar Pacífico. Será un eufemismo gracioso para llamar cornudo al mar; pero siempre es atrevido. —Tiene la paz del mar: noble y sereno / En la ribera del tranquilo río, / Oculta su pujante poderío / De su grandeza y su arrogancia lleno.

El Sr. Grilo pasa sobre las aguas serenándolas. Puso en paz el mar y tranquilizó el río. Todo convida a dormir la siesta... hasta la vulgaridad de los ripios de este cuarteto ramplón: —Como turba del mar el hondo seno / La tempestad con ímpetu bravío, / Así, acosado en su indomable brío / No reconoce límite ni freno.

También es muy vulgar este cuarteto y también me parece demasiado fuerte comparar un toro bravo con el mar en borrasca, pero lo puntiagudo es lo que sigue: —¿Quién *no prefiere*, a verle ensangrentado, / Ante la vocinglera muchedumbre / *Batallar y morir* desesperado, / Del establo en la *quieta* mansedumbre / O con el *yugo* de *fecundo arado* / Borrar del circo la feroz costumbre?

¡Caramba! Prescindamos de todos los defectos que a la vista están; prescindamos de que el Sr. Grilo, en su afán de tranquilizar todo y a todos, aquietó a la mismísima mansedumbre; prescindamos de que fecundó el arado, etc., etc.... lo grave es la pregunta: *¿Quién no prefiere?*... ¡Pues yo, Sr. Grilo, yo... yo no prefiero!

Yo no prefiero borrar del circo la feroz costumbre con el yugo de fecundo arado o del establo en la quieta mansedumbre. Si el Sr. Grilo desea verse uncido, que se vea; si quiere que le salgan cuernos, que le salgan; pero estos gustos son muy suyos... no los imponga a los demás hijos de Adán.

La otra poesía se llama "el ideal", y... por ahí verán ustedes: —De mi vida nada sé: / ¿Qué intentas saber de mí? / Por ti todo lo olvidé; / Todo lo dejé por ti; / ¿Qué más quieres que te dé?

Pues, algo, porque hasta ahora no aparece ningún regalito. Todo lo olvidó Vd., Sr. Grilo; todo lo dejó; pero ¿qué le dio? También es raro que no sepa Vd. nada de su vida. Si dirá Vd., ¡mi vida a... la gramática!... —El pasado quedó atrás / (*¡Mire usted qué raro!*) / El presente huyó volando; / Yo no respiro jamás / (*¡Jesús María y José!*) / Yo no vivo *nada más* / *Que cuando* me estás mirando.

Sr. Grilo.... ¡Vamos! ¡Esto sí ya es pelarse a rape! No sea Vd. así. Pase lo de que no respira Vd. jamás; pero el *nada más que cuando*; ¡por mi vida que no pasa! —Por un calvario sombrío / Subo con mi cruz a cuestas / Y es tan hondo el amor mío / Que pueden formar un río / Las lágrimas que me cuestas.

Aquí comienzan las tres caídas del Sr. Grilo. Va con la cruz a cuestas, mas para no quemarse el cutis, se preparó un calvario *sombrío.* Ahora, antes de que lo crucifiquen, tenga la bondad de explicarme este logogrifo. —Es tan hondo el amor mío / Que pueden formar un río / Las lágrimas que me cuestas.

Podría decir el Sr. Grilo: "es tan hondo el amor mío que se parece al *tiro* de una mina vieja", o "es tan hondo, que se necesita tener mucho resuello para bajar hasta el fondo de él"; pero, "es tan hondo, que *pueden* formar un río mis lágrimas"... No se entiende. Mejor sería decir: "es tan caudaloso... es tan llorón"... es tan líquido....

Pero, en fin, al Sr. Grilo, no hay que pedirle cosas claras. Él es obscuro por naturaleza. A ver, por ejemplo, ¿qué significa este ripio? —En la ardiente calentura, / *Con lágrimas por despojos,* / Ver siempre en la sombra obscura / Surgir aquella figura / Y brillar aquellos ojos.

A ver, ¿qué significa eso de *lágrimas por despojos?* Ese verso es el convidado catorce. Está allí para que no sean cuatro los versos de la quintilla, sino cinco. Y allí va otro: —No me convence el arcano / Impalpable de la ciencia, / Pues, de tus ojos cristiano, / Mi Dios es tu inteligencia / Que me lleva de la mano.

¡Un arcano que no convence, siendo impalpable (y hasta infumable, Sr. Grilo) un cristiano de ojos; una inteligencia que es Dios y que es niñera, porque lleva al Sr. Grilo de la mano para que no se caiga!... —Tú eres mi culto bendito; / De mi pasado contrito / Voy de tu imagen en pos... / Tu mente es el infinito, / Y tus pensamientos.... ¡Dios!

¡Y tu cuerpo la mar... y olé, Salero! —Guárdete el cielo, mujer / (*¿No sería mejor decir: señora?*) / Pues, desde que vivo en ti, / (*¡ah! ¡es su mamá y todavía no / nace el Sr. Grilo!*) / *Libre de todo mi ayer* / Tú sola has hecho de mí / Lo que yo soñaba ser.

Seguramente el Sr. Grilo soñaba ser un pésimo poeta.

21 de septiembre de 1894

¡Tome usted subvenciones!

Yo no me opuse en el Ayuntamiento a que se subviniera con mil trescientos pesos al señor Sieni; y no me opuse por varias razones; la primera, porque no soy Regidor.

Tampoco en la prensa manifesté opinión adversa a ese gracioso donativo, entre otras causas, porque dicha suma no era mía. Pero sí supe con disgusto que el muy apreciable señor Sieni, autor de varias glorias italianas y único empresario que nos visita con toda regularidad, había llegado a desempeñar, previa protesta, las funciones de subvenido.

Las subvenciones, querido señor Sieni, son completamente perjudiciales para toda empresa artística, literaria o periodística. Como no hay peor cuña que la del propio palo, ni peor palo que el palo de Campeche, el público de México, compuesto casi en su totalidad, de honorables subvencionados por el Gobierno, silba o desaprueba a todo aquel que obtiene la protección del Estado.

El secreto de la buena suerte que tuvo en días mejores, la Ópera Popular, está en el nombre que se dio. Porque el nombre es todo. ¿Por qué se respeta? ¿Por qué se soporta? ¿Por qué se paga espléndidamente a algunos caballeros? Porque son populares; es decir, porque ellos, en su "rebautización"—como dice un amigo mío—decidieron llamarse populares.

Poco importa que una agrupación de individuos, sea una cafrería: llámese democracia, y nadie dirá nada.

Ahora bien, señor Sieni, desde que usted entró a la categoría de subvencionado, el público le vio con malos ojos. Ve uno salir a Signorini y al punto dice para sí... o para no, para no faltar a la costumbre:

—¡Caramba, qué gordo está!

—¿Cómo no había de estarlo?— responde el vecino capaz de oír hasta el volido de una mosca —¡como que está subvencionado! Él se lleva los dineros de la Nación.... Está gordo, por eso estamos flacos.

Hace un año aplaudimos a la Pettigiani. Pero hace un año la Pettigiani era de la oposición, era el tribuno del pueblo, era el Don Ramón Alva de entonces. Ahora observamos que está depreciado el metal de su voz. ¿Todo por qué? Pues porque tiene el cuño mexicano.

Vean ustedes al Sr. De Anna. Él era italiano, antes de la subvención, antes del parto de los montes, antes de que el Ayuntamiento diera a luz un ridículo ratón de mil trescientos pesos depreciados. Pero, después de la subvención, el donairoso Sr. De Anna, ya no es italiano. Lo visteis en el Nevers de *Hugonotes.* Era un nevero... un De Anna de Santa Anita.

¡Mil trescientos pesos!— dice el Sr. Alva cuando no va a la ópera, es decir, todas las noches. —¡Esta Compañía no es una Compañía, es una cuadrilla!

Las notas de Emiliani nos parecen notas diplomáticas. Un sí bemol nos irrita, nos indigna: es el sí de un diputado.... El sí de los niños, como hoy se dice.

Naturalmente, la nación ha protestado. Ya sabéis que le acaban de robar al Sr. Sieni mil setecientos pesos. Pues ese no es robo, ese no es delito, ¡no, señor! Ni habrá jurado que lo castigue. ¡Es la reconquista! ¡Es la revancha! La ciudad recobra, con el rédito legal, los mil trescientos duros que le arrebataron.

Yo no digo que el Honorable Ayuntamiento sea el autor de esa reconquista. Tampoco lo dice D. Ricardo Orozco. Pero sí veo en este suceso la protesta de la ciudad. Mil trescientos dolores de cabeza le va a costar a Sieni la subvención de que gozó con la mirada. Porque estamos pagados, es verdad; volviera ya a nuestro poder la Alsacia y la Lorena; pero ¿y el ultraje? ¿y el oprobio?

Sr. Sieni, usted ha herido el decoro nacional. Usted es el Vampiro del erario público. ¡Usted es Guatemala!

27 de septiembre de 1894

[219]

¡Pega, pero paga!
La exportación del valor.

Dos caballeros—según leo en una gacetilla —riñeron y se golpearon hace algunos días. Uno de ellos debe al otro quinientos pesos, y éste mismo, lastimado en su honra y en la cara, aunque no en el bolsillo del chaleco, reta al otro exigiéndole una satisfacción antropofágica, en el terreno de las armas. El ofensor es caballero armado. Lo demuestra el hecho de haber tenido en su poder quinientas águilas, ignoro si napoleónicas o aztecas. El otro es caballero-candelero, o sea, caballero pobre, si bien dispuesto a armarse un cualquier lance, para vengar agravios recibidos y desquitarse de recibos no pagados.

Pero es el caso, que dicho caballero armado y dadivoso, brusco para cobrar y más creyente en el valor de la moneda que en el valor heroico de los que andan demonetizados, no aceptará el cartel de desafío, si antes no se le salda aquel piquillo. Los duelos con pan son menos, según reza el adagio, y los adagios son la sabiduría de las naciones cambiada en perros chicos, o, como decimos por estas tierras, en centavos.

A mi entender, le sobra la razón a ese señor. Entre pegar y pagar no sólo hay la diferencia de una vocal; ¡no señor! hay un océano de por medio. Supongamos que mata a su deudor. No cobra ni se pone en cobro por tal acto. Lo único que cobrará probablemente es miedo al comisario y a los tribunales. Los quinientos del pico le habrán costado más que un ojo de la cara. Y si a él lo matan, ¡carambola! ¡La vida de un hombre que puede facilitar a algún su amigo quinientos pesos del cuño mexicano, vale más, mucho más de media talega! Con tan funesto resultado no le pagan; no, lo apagan. Y no hay ninguna ley, ni divina ni humana que nos fuerce, a que cuando recibamos un sablazo, nos resignemos muy cristianamente a recibir depués una estocada.

El deudor pretende demostrar, según presumo, que es buen tirador, y por partida doble. Seré claro: que sabe tirar con toda gallardía el dinero ajeno y que tiene desplante singular para irse a fondo, prendiendo a su adversario en la brocheta.

Este es un caso parecido al de cierto inglés —los ingleses son en todas partes iguales— que, percibiendo cierto mal humor, despedido, a lo que él conjeturaba, por su vecino de butaca, dijo a éste:

—Caballero, ¿no advierte Vd. que huele mal?

—Vd. lo advertirá, pero yo no.

—Lo preguntaba, porque hay una medicina eficacísima...

—¡Señor mío... no me venga Vd. con medicinas! He aquí mi tarjeta.

—No,— replicó el inglés, muy cachazudamente —no me bato. Si yo muero en el duelo, Vd. continuará oliendo muy mal; y si Vd. muere, es evidente que olerá peor.

En estos días de revueltas intestinas, e intestinos revueltos con cognac, hay que tomar muy serias precauciones antes de conceder un préstamo. Que previamente diga el favorecido si tiene mucho honor en caja y una pistola en el empeño. Que lo examine el médico e informe si es bilioso o sanguíneo. A mí me gustan los linfáticos. Yo no vacilaría en darle a un linfático la mano de la hija de cualquier amigo.

Si el que pide es sanguíneo, huid de él.

Será un error; pero existe. Muchos creen que lo mismo da pagar con valores que pagar con valor. Y no es exacto. Entre el plural y el singular de esa palabra, hay otro abismo, otro océano... y no el Pacífico.

Las complicaciones económicas que han traído los valientes, son muy graves. Habría, a mi juicio, para librarnos de ellos, una medida salvadora. ¿Por qué el Sr. Don Carlos Gris, apóstol de la exportación y de la agricultura, no propone la exportación en latas o cuñetes, del valor mexicano? China lo necesita en las actuales circunstancias. Podríamos, así mismo, situar una parte de ese valor en la frontera Sur de la República. Aun suponiendo que allá la coticen a cincuenta y un centavos, siempre sería útil, no para vencer, pero siquiera para morir.

Para la circulación, no lo necesitamos; ¡no hace falta!

28 de septiembre de 1894

Algunos restos de Iturbide.

¡Ay! D. José María Lafragua era un republicano honesto e intachable, ¡ay! en aquellas épocas remotas, en las que nadie hablaba idiomas extranjeros, él sabía de memoria su CHANTREAU; ¡ay! no dobló jamás sus cuellos inflexibles ante la usurpación y el despotismo: empero ¡ay! que malos versos escribía.

He leído su canto "A Iturbide". Seguramente estaba ese poema enterrado en el panteón de San Diego. *El Nacional* piadosamente lo exhumó, y helo aquí, majestuoso, de levita larga y sombrero alto.

¡Oh *Iturbide,* qué grande eres! ¡Más de trescientos versos te componen!

El poema—ODA le llama el autor—está escrito en diversos metros, varas, leguas y kilómetros. Hay en él trozos bailables de muy buen efecto. Mas no pretendo ahora ejercitar en él mi crítica. De lo que intento hablar someramente—esto es,—como hablaría el Sr. Somera si viviese—es de las notas.

En la primera dice el Sr. Lafragua: "Por una COINCIDENCIA EXTRAORDINARIA entró en México el general Iturbide el mismo día en que cumplió 38 años; DE MANERA QUE NOS DIO EL SER POLÍTICO EL MISMO DÍA EN QUE RECIBIÓ LA VIDA".

La coincidencia fue, en realidad, extraordinaria, porque público y notorio es que cuando cumple uno 38 años no entra en México; entra uno en treinta y nueve. No tiene nada de ordinario el que Iturbide nos haya dado el ser político en el día de su santo.

No fue esa una ordinariez, sino fineza y galantería exquisita de la suerte. Que México hubiera dado algo a Iturbide en el cumpleaños de éste, nada de insólito habría tenido. Que él diera es lo estupendo, extraordinario.

Pero, permítame el Sr. Lafragua que le haga una advertencia: aun más maravillosa que la casualidad referida, es la noticia de que Iturbide recibió la vida, el día en que cumplió treinta y ocho años.

¡Ni en Portugal nacen criaturas de esos inmensos tamaños! Ya comprendo por qué, según el *Ahuizote,* Lafragua hablaba con horror del *Mal de mère.*

En la tercera nota, el hábil diplomático asienta que Iturbide fue superior a Bolívar, a Napoleón y a Washington, porque abdicó en Tacubaya una corona, que pudo fácilmente conservar.

El punto es litigioso. Si Iturbide no pudo conservar la cabeza, ¿cómo presume el Sr. Lafragua que le habría sido facilísimo conservar la corona? El mismo poeta no cree que era muy sólido el trono del Emperador Agustín 1° y, condenando a éste, dice en tono familiar, muy propio de la oda: —¡Olvídese *Agustín,* nunca *Iturbide*!

¿Cómo, pues, AGUSTÍN había de conservar una corona, que sus "graves faltas" le arrebataron?

Yo no me resisto a creer que Iturbide sea superior a Bolívar y a Napoleón. Mas, cuanto a Washington, no acepto el argumento que aduce el notario... el poeta Sr. Lafragua en la tercera nota:

"Washington— dice —no se halló en este caso (*en el de abdicar*); y así no puede asegurarse lo que hubiera hecho".

¡Muy bien, hombre de Dios!

Por ese método, quitándole y poniéndole letras a nuestro padre Sr. San Francisco, ¡viene a resultar igual a nuestro Señor Jesucristo! Yo mismo resulto superior a Homero, porque Homero no se vio en el caso de escribir "Platos del Día"; pero, si se hubiera visto, sabe Dios si le habrían resultado peores que los míos.

Lo verdaderamente sensible es que el muy respetable Sr. Lafragua, se viera alguna vez en el desastrado caso de hacer versos. ¿Por qué no abdicaría como Iturbide?

29 de septiembre de 1894

El Gobierno de las aguas.

¡Coincidencia extraordinaria! El mismo día en que Don Agustín de Iturbide entró en México y en los treinta y nueve años, a la cabeza del ejército trigarante, el Sr. Ingeniero Don Ricardo Orozco dirigió al Ayuntamiento una comunicación, nota o epístola, en la que terminantemente manifiesta que no es responsable del aguacero torrencial caído en México a las 4h. 35 m. p. m., del día 26.

Es de celebrarse que el Sr. Orozco haya hecho esta noble y leal aclaración. En efecto, desde las primeras horas de la mañana del día 27, circularon rumores alarmantes respecto a la responsabilidad que podía resultar a Don Ricardo Orozco, de los funestos incidentes de la víspera.

El mundo sabe quién es Orozco; sabe que domina las aguas, las matemáticas y el piano, y dado el equilibrio inestable en que le ha puesto su muy querido compañero Don Roberto Gayol, "pérfido como la onda", (Véase Shakespeare) era posible que en un momento de coraje hubiese roto las hostilidades y las nubes, descargando sobre la antes quieta soberana de los lagos, un soberano chaparrón guatemalteco. El mundo sabe lo que es Orozco y Orozco sabe lo que es el mundo.

Vino, pues, muy a tiempo, la proclama dirigida al Cabildo por Su Señoría. Ha sosegado los ánimos, ha aquietado las conciencias, y la paz reina en Varsovia.

El Sr. Don Ricardo Orozco es un irresponsable. "Me consta por mí mismo— dice el Sr. Orozco —que el aguacero comenzó a las 4 h. 45' p. m.".

Ustedes notarán que Don Ricardo Orozco sabe de buena fuente la noticia: la sabe porque él mismo se la comunicó a sí mismo; la sabe de la mismísima fuente de las aguas.

A mí también *me consta por mí mismo* y por mi mismo sombrero al propio tiempo, que a las cuatro y cuarenta y cinco minutos de la tarde comenzó a diluviar en la ciudad.

Pero de estos hechos aislados, de estas coincidencias extraordinarias, no se desprende en modo alguno que el Sr. Don Ricardo Orozco o el que habla, sean culpables del último chubasco. Supimos que llovía; pero no estuvo en nuestra mano evitarlo. Lo único que en aquel momento de estupor estuvo en mi mano, y precisamente en la derecha, fue un paraguas.

Ahora bien, ¡oh jóvenes hispanos! ¿Podía el Sr. Orozco, con flux gris, batir las cataratas de la atmósfera? ¿Le era dable oponerse como un dique a las inundaciones periódicas del Nilo? ¡Ah! ¡Yo bien sé que él dispone del *Tiempo* y aun de Agüeros; pero no de los aguaceros ni del tiempo! Habría podido ¡quién lo duda! ejercer venturosamente ese dominio; mas, víctima de los dioses y las hadas, que no de las potencias coligadas, desde su isla de Santa Elena, desterrado del agua, más que de la tierra, ve cómo sube la marea y cubren las olas el suelo en donde duermen sus mayores y también Don Francisco Gochicoa.

He aquí por qué se limita a decir como Boum-Boum:

—¡Mil bombas!

Mil bombas habían sido necesarias para desaguar la ciudad en esa noche; y sólo dos, según el mismo Orozco, estaban funcionando en San Lázaro.

"A las 8 p. m. estuve en San Lázaro— dice el joven ingeniero. —De San Lázaro me dirigí a San Antonio Abad".

¿Lo veis, lo veis, oh jóvenes hispanos? ¿Qué más podía haber hecho D. Ricardo Orozco?

¡Dadas ya las ocho de la noche, ir a San Lázaro, y en seguida ¡ahí es nada! a San Antonio Abad; hundirse en el lodo, desafiar heroicamente la neumonía, el catarro, la perniciosa y el valor de los ebrios y los ladrones nacionales!... ¡Y todo para qué! Pues, para nada.... ¡Para encontrar dos bombas funcionando!

"En vista de lo expuesto —dice el Sr. Orozco al final de su epístola... para mi evangelio —declino toda responsabilidad por las consecuencias de este caso de inundación, y por lo que pueda sobrevenir, sin tener yo el Gobierno de las Aguas, así como la acepto siempre que, incondicionalmente, se me deje el gobierno de ellas".

¡Señores, por mis zapatos... por este sombrero nuevo que he comprado... désele a Orozco el Gobiernito de las Aguas!

En último caso, que le den el gobierno de Aguascalientes.

3 de octubre de 1894

Salomón en juicio.

"Tú no puedes comprender porque tú no eres padre"— dice Morasini en la *Conjuración de Venecia*. Y alguien que oía el drama— cuenta *Fígaro*—escribió a su mujer diciéndola: —Dime con toda franqueza si soy padre de mis hijos, porque yo tampoco he comprendido.

Ahora el caso es más grave. A medida que se ahonda el problema de nuestra filiación va más oscureciéndose. ¿Quién fue nuestro padre? ¿Nos apellidamos Hidalgo o nos apellidamos Cortés?

Como se ve, de cualquier modo resultaremos perfectos caballeros. O hidalgos o corteses. Esto es, siempre bien nacidos, bien educados, de buen trato. Pero no puede negarse que la duda es horrible. Y sobre todo, algo afrentosa para nuestra madre.

Nos quedaremos con la hidalguía o con la cortesía; pero entre tanto, nuestra señora madre está perdiendo el crédito.

Yo, como diputado, me veo en el caso de pedir la palabra para alusiones personales. Entré a la Cámara, bajo el concepto de que se me iba a dar una hija hecha y de que iba yo a ser padre de la patria. Vino el Sr. D. Francisco G. Cosmes, y avisó que el verdadero padre de la patria era Cortés. Salieron otros, y desmintiendo al Sr. Cosmes, afirmaron que el padre de la patria era Hidalgo. Y nadie, absolutamente nadie, en la polémica, se ha acordado de mí, hasta el día corriente.

De modo que, amén de no saber quién es mi padre, ignoro por completo quien soy yo. Como hijo, no sé a quien debo el ser. Como padre, me quedo sin mi hija. ¿Soy padre de la patria? Si padres de la patria son los diputados ¿Cortés, a qué Congreso perteneció? ¿Hidalgo fue mi padre? Él era cura; y a todos los curas se les dice padres. Pero no todos los padres tienen hijos. De lo cual se desprende que el Sr. Hidalgo puede no ser el padre de la patria. Y en tal caso, ¿por qué no había de serlo Hernán Cortés? Aceptado esto, resultará la patria cortesana. Pero lo que aquí no sale, lo que no resulta de este embrollo, es qué cosa soy yo, padre aceptado y recibido de la patria. ¡Padre sin hijo, hijo sin padre, diputado sin paternidad, expósito Valdés, Zamora, Lorenzana!...

Si ha de ser por mi gusto, yo prefiero descender de Hidalgo. No por la hidalguía rústica, sino por Cervantes. Porque ¿quién fue el padre del famoso Hidalgo? Pues Cervantes. Siendo yo hijo de Hidalgo, sería indudablemente sobrino de la lengua castellana. Esto sería para mí muy conveniente, porque podría tratarla con confianza.

Es necesario, es urgentísimo, aclarar si descendemos del Cura Hidalgo o de Cortés; si somos hijos de cura o de soldado. Cuando M. Vitet fue electo académico en Francia, escribió al Secretario de la Academia, una carta que empezaba así:

—"Descendía yo de la diligencia de Arcachon, cuando supe la grata nueva". Y cierta vez en que el mismo inmortal dijo en la tribuna: —"Nosotros los que descendemos de los Cruzados",...— otro le replicó: —"¿Pues no nos dijo usted que descendía de la diligencia de Arcachon?"

A mí me tiene con cuidado ese recuerdo, porque ¡si fuera resultando que no descendemos de Hidalgo ni de Cortés, sino de alguna diligencia!...

En mi opinión, lo más prudente es respetar el *status quo*. Somos hijos de Adán hidalgos y corteses. Algunos hay que son hijos de Adam, Picio y Compañía. Pero no hagan ustedes caso.

Nuestro padre está en los cielos.

Y tenemos madre.

9 de octubre de 1894

[223]

Los partidarios de Bandera Azul.

El *Monitor* cuando inventa la pólvora... ¡la inventa! Ha descubierto y vuelto a cubrir con la tupida sombra del misterio, un secreto de Estado y del despacho de Hacienda y Crédito Público.

"El Ministro de Hacienda— dice —ha hecho una distinción entre servidores y partidarios". Protestando mi más distinguida consideración (estilo de relaciones exteriores) al Lic. D. José Ives Limantour, me permito afirmar que esa distinción no es hija legítima del distinguido Secretario de Hacienda.

Hizo esa distinción nuestro padre que está en los cielos, sea Cortés o sea Hidalgo.

Ser servidor y ser partidario, no es la misma cosa. Hasta se dan casos de que los servidores, lejos de ser partidarios, sean enemigos. Ahí tienen ustedes al soldado que encabeza así la lista de sus enemigos: "En primer lugar, mi Coronel, sea quien fuere". ¡Ahí lo tienen ustedes! ¡Para que lo vean!

Yo no soy partidario del Sr. Orozco, y soy un servidor siempre que le escribo alguna carta.

Antes, mucho antes de que, según el *Monitor Republicano*, hiciera el Sr. Limantour la distinción de marras, yo tenía servidores y no he tenido ni tengo partidarios.

"El servidor— continúa hablando el de Letrán —puede no tener camisa, puede presentarse con el traje sucio y hecho jirones, puede ser un gran abstinente. El partidario debe tener coches, lacayos, acudir a la Reforma a contemplar las puestas de sol y presentarse en un palco en las noches de ópera"

He aquí los deberes de los partidarios.

De una plumada y con la mayor desenvoltura, el *Monitor* me vuelve enemigo por fuerza, del Gobierno. Yo soy partidario suyo; pero debo, según el *Monitor*, tener coches, lacayos, acudir a la Reforma, contemplar puestas de sol y presentarme en palco (me supongo que primero) todas las noches de ópera. DEBO, está bien; pero no puedo.

Debo, ¿pero con qué pago? Para cumplir ese deber estricto, se me obliga a deber a todo el mundo. Y yo quiero deber; pero no puedo. Porque aunque deben todos permitir que deba, no pueden o no quieren permitirlo.

El colega no dice qué sueldo disfrutan los partidarios. Les señala deberes, deudas o lo que sea, y sólo a los servidores les reconoce libertades; la libertad de no tener camisa, la libertad de andar desarrapado y sucio, la libertad de no embriagarse cuando no tenga ganas de beber. Resueltamente, por lo mismo, el servidor se halla en mejor condición que el partidario, cargado de deberes y deudas. Señor Limantour, soy servidor de usted.

Pero es el caso, que de lo dicho por el *Monitor* puede y debe (poder de servidor y deber de partidario) colegirse lo siguiente: en la Secretaría de Hacienda hay empleados servidores, hay empleados partidarios. Porque el Secretario de Hacienda, sólo puede hacer distinciones (vulgo, preferencias) entre los empleados de su ramo, de su ramillete o su *bouquet*. Empleados servidores: Camilo, ¡el padre Camilo de veintitantos Secretarios de Hacienda, Camilo el Sedente, Camilo la personificación de la inamovilidad económico-política! Empleados partidarios... abrid una interrogación que se cerrará en el infinito. ¿Quiénes son?

Empleados de la Secretaría de Hacienda que tengan carruaje, lacayos, puertas de sol y palco en la ópera, no hay... ya se acabaron.

Seguramente el error del colega nace de esto: de que él se piensa que los hacendados son empleados de la Secretaría de Hacienda. ¡Y qué hacendados!... Los dueños de una o varias haciendas de henequén.

No, mi muy estimable *Monitor*, esas son otras haciendas. Un hacendado no es un hacendista, ni un hacendista es un empleado. Yo, y no una vez, sino muchas veces, he ido a la Secretaría de Hacienda y Crédito Público: ahora bien, no he visto en ella escribientes ni meritorios partidarios con carruaje, lacayos, puestas de sol y palco en la ópera. Son de a pie esos señores, ¡DIGO QUE SÍ, como el Sr. Pallares!

Consúltese al ex-robado Sr. Sieni; ni los oficiales, ni los escribientes, ni los meritorios del Ministerio de Hacienda, tienen palco en la ópera. Puestas de sol sí tienen, porque el sol se pone para todos; pero palco, y palco de bandera azul, ¡digo que no!

El Sr. Limantour sí tiene palco, y el Sr. Limantour debe ser partidario de sí mismo; pero el Sr. Limantour no tiene palco por la hacienda pública sino por su hacienda privada. Y él, no es plural, no es Limantours, es Limantour.

Supongamos, empero, (me gusta mucho la palabra *empero*) que hay algunos empleados de Hacienda ricos, próceres. Bien. Yo presumo que al exigirles la protesta no se les ordenó que dieran todo cuanto poseían a los pobres, ni que hicieran el voto de pobreza. Hay un ligero error en confundir a los empleados de Hacienda con los apóstoles, si bien es cierto que algunos de ellos se parecen a los evangelistas conterráneos.

Yo no conozco a esos empleados próceres; pero los admito en la categoría de hipótesis.

De ningún modo los mencionados caballeros forman la mayoría. Y si ellos son los partidarios del Gobierno ¡partido por la mitad está el partido! Digo de él lo que dijo Tornel en la tribuna de la Cámara, viendo entrar al salón a Don Juan Nepomuceno Almonte, acompañado de un amigo:

"Interrumpo mi discurso mientras entra a la Cámara el general Almonte con todo su partido".

Yo, partidario del gobierno actual, aunque no empleado, ando a pie y no tengo palco en la ópera. Yo, servidor del Sr. Limantour, tengo camisa. No soy, en consecuencia, ni servidor, ni partidario. Yo ¿qué soy?

Todo un partido.

11 de octubre de 1894

[224]

La resurrección de Don Tomás.

Se publica actualmente en Madrid una obra titulada *Teatro Clásico Moderno*. Tengo a la vista el primer volumen de la colección, y leo en la portada estos renglones:

"Manuel Bretón de los Herreros.—Juan Eugenio Hartzenbusch.—Antonio García Gutiérrez.—Tomás Rodríguez Rubí".

Yo tuve un tío que solía dormirse en el teatro, aun cuando no se representase drama alguno de mi estimable, y espero que difunto amigo, D. Luis Mariano de Larra. Se dormía, pongo por caso, mientras el galán requebraba a la dama a espaldas del marido, y despertaba —sigo suponiendo—cuando el barba aparecía en la puerta de la sala, enlutado por la prematura muerte de su abuela.

—¿A qué vino ése?— preguntaba el tío.

Y eso mismo pregunto al ver salir entre personas de tan notoria respetabilidad, a D. Tomás Rodríguez Rubí. ¿A qué vino ése? ¿Por dónde entró? ¿Quién le dijo?—D. Tomás, ¡Arriba, hombre! ¡Pase usted!

No es clásico Don Tomás; no, ni romántico. Las comedias no son como el vino que mejora cuando envejece. Las de Don Tomás están viejas y son malas. Se les han caído los dientes, el cabello, las alas del corazón, etc. etc., pero no se les han caído los disparates ni los ripios. ¿Me dan ustedes algo peor que la *Trenza de sus cabellos*? Ese drama de pelu-

quería, huele a postizos, a pomada rancia. Trenza de medio pelo es la de ese señor flebotomiano metido sin la venia de nadie a autor dramático.

¿Y qué dicen ustedes de *Isabel la Católica*? ¿Y de la *Rueda de la Fortuna*? ¿Y de la segunda parte de la *Rueda de la Fortuna*? ¿Y de *Borrascas del corazón*?

Algunas veces se me ha ocurrido preguntar qué parentesco tiene Rodríguez Rubí con Pérez Escrich. Ese Rodríguez y ese Pérez deben de ser parientes próximos, con la añadidura de que al Sr. Pérez no le sobra el Escrich, y si quiere otro Escrich, yo le doy el mío que es muy pesado; pero al Sr. Rodríguez se le desprende el Rubí. ¿Qué está haciendo un rubí en esa pechera?

Villergas, que era crítico de los buenos cuando no le cegaba la pasión, cegado y todo por el odio, dijo muchas verdades al Sr. Rodríguez. Y verdades amargas. Sólo Don Antonio Gil y Zárate las oyó peores.

¿Cómo, pues, no extrañar que figure el nombre de ese seudo poeta entre los maestros del teatro español contemporáneo? Don Manuel Bretón de los Herreros, Hartzenbusch y García Gutiérrez han de haber protestado ante el juez competente. ¡Escribir la *Marcela*, *Los Amantes de Teruel* y el *Trovador*, para verse al lado de Don Tomás Rodríguez Rubí! ¡Oh ingratitud humana!

Comprendería que figurase en esa colección el nombre de Zorrilla, porque Zorrilla a pesar de sus grandes defectos deja un drama romántico, el *Traidor, Inconfeso y Mártir*, que es modelo en su género.

En la primera parte de *El Zapatero y el Rey*, hay también innegables bellezas. Pero Rubí no es clásico ni romántico, ni escribió cosa alguna digna de memoria. No podemos ni siquiera ponerle entre los poetas menores. Es de los peores, de los pésimos.

Pase que cuando se aplaudía *Carlos II el Hechizado* y se soportaba *Guzmán el Bueno*, aplaudieran algunos la *Rueda de la Fortuna*, obra la menos maleja de Rubí. Pero hace luengos años que murieron esos buenos señores. Tampoco gustan en los días corrientes las comedias de Scribe. Y los que coleccionan obras clásicas no son exactamente iguales a los que guardan ropa vieja.

Dejen los editores al Sr. Rodríguez en la grata compañía de Gil y Zárate o en la de Don Patricio de la Escosura. ¡No le pongan, por Dios vivo, junto a Bretón de los Herreros y Hartzenbusch!

13 de octubre de 1894

[225]

La liga de las mujeres.

No es lo mismo la liga de la mujer que la liga de las mujeres. La liga de la mujer—por de contado que depende esto de las dimensiones... y dígalo si no, el Sr. Tamagno o el Sr. Signorini, que es también tamaño—pasa muy justamente por una de las prendas que codicia todo rendido amante de una dama. La liga de una mujer dio origen a cierta orden caballeresca muy famosa, a la orden de la Jarretierra (así traduce la palabra el docto hablista D. Juan Valera, individuo de número y bandera azul de la Real Academia de la Lengua). La liga o Jarretierra referida, en pasando a ser el símbolo o emblema de la orden, llevó este mote que aún conserva: *Honni soit qui mal y pense*, lo cual, en buen romance y según mis entendederas, significa: ¡Maldito sea el que piense que son flacas!

La liga de las mujeres no tiene en manera alguna, los atractivos enunciados. Desde luego es temible... muy temible. Precisamente en lo que descansa la seguridad del hombre, es en lo difícil que es para las señoras y las señoritas (más particularmente para las señoras) ligarse, unirse y oponer a la suma debilidad del sexo fuerte, la suma de las debilidades femeninas. Si las mujeres no riñeran entre sí, el hombre estaría, casi totalmente, desarmado.

La liga que proyecta un estimable periodista, tiene por fin el oponerse al desarrollo de la traidora enfermedad llamada duelo. Las mujeres que pertenecieran a ella se comprometerían a no tender la mano, a no entregar el corazón, a no sonreír siquiera al infelice o al desalmado que se hubiese batido en desafío, o prestado su ayuda para el lance. Cree el articulista que en la mayor parte de los casos, los hombres se baten por dar gusto a las damas, por sus lindos ojos y para ganarse los favores de ellas. Poniéndolas pues, en contra de los duelos, imagínase haber de un golpe suprimido el mayor número de éstos.

Yo creo que en nuestra sociedad burguesa y densamente católica, la mujer honrada, la mujer del hogar, la que puede modificar el medio en donde viven los caballeros capaces de batirse, no es amiga del duelo. Lo condenan sus creencias, sus cariños y hasta sus mismos intereses.

La mujer mexicana no quiere que su marido o que su hijo sea un cobarde, ni que se deje abofetear o escupir; pero tampoco le agrada verlo convertido en caballero andante, desfaciendo agravios y desnudando a cada paso la tizona. La madre y la esposa no son románticas. Las distingue, por el contrario, un gran sentido práctico. Generalmente, contrariando la voluntad de ellas, somos periodistas políticos, miembros de club o de casinos, y llevamos por eso mismo, una vida ocasionada a lances personales. Jamás celebran que como padrinos perdamos el tiempo en concertar un desafío ni creen que la amistad a ello nos obliga. La mujer dice: *Primero soy yo*, y si es buena, jamás nos estimula o nos obliga a ir al "campo del honor".

No digo yo que haga mal papel ante una dama, el que haya probado su valor y su des-

treza en algún combate singular, por causa caballeresca y noblemente. Si ella es católica, hará *in petto* sus reticencias lamentando que tan cumplido caballero, doncel tan animoso, se haya hecho reo de la espantable excomunión. Mas, presumiendo que ya el simpático pecador se arrepintió y que su culpa fue perdonada por el sacerdote, cede al prestigio que da el valor a quien le tiene. El heredismo no es extraño a este fenómeno.

Nunca, sin embargo, en la mujer mexicana, honrada y buena, la admiración a la valentía y al pundonor llega a tal grado, que la fuerce u obligue a provocar duelos ni a apadrinarlos.

Recuerde el articulista los duelos notables verificados en México. Cuando una mujer ha sido causa de ellos, rara, muy rara vez esa mujer fue la esposa honesta, ni la madre, ni siquiera la amiga recatada. En casi todos ellos figura la querida. Más se baten por una mujerzuela que por una mujer digna de respeto o de amor, o de ser hasta quijotescamente defendida. De cien veces en noventa y nueve, cuando un marido se bate por su esposa, es cuando ésta ya no merece más que desprecio o castigo, cuando ya es una adúltera. Se baten, los que disputan la posesión de una mujer que no les pertenece a ninguno de ellos, sino a un amigo, que es la víctima. Se baten, los que arman pendencia en un garito o lupanar, azuzados por hembras deshonestas. Pero, salvo raras excepciones, ninguno se bate estimulado por una dama de las que pueden asociarse con fines nobles y ejercen influencia en la sociedad.

A éstas no hay que decirles: —despreciad al espadachín, al camorrista, al provocador, al baratero— porque ya les desprecian. Ni tampoco se les puede exigir que al hombre honrado, al buen caballero, a quien irresistible fuerza moral le lleva a un lance de honor, le estigmaticen y condenen para siempre. La religión católica, tan terrible para con los duelistas, les levanta, empero, la excomunión, cuando confiesan el pecado. Las damas de la Liga ni esa facultad de perdonar tendrían.

Respecto a las que sí orillan a lances personales, los provocan, excitan a los adversarios, y se gozan en verles con las armas en la mano, diré que esas mujeres suelen formar asociaciones, gremios, mas no precisamente con el fin de extirpar vicios sociales. Ésas no pueden pertenecer a la Liga. Tienen ligas; pero se deshacen de ellas y las dan con la mayor facilidad del mundo.

18 de octubre de 1894

[226]

Toros domésticos.

Los tribunales franceses han resuelto, en el ruidoso asunto Max Lebaudy, que los toros son animales domésticos. Yo creo que los tribunales franceses han barajado las especies. Hay toros mansos y toros bravos: pero no hay toros domésticos.

La Sociedad Protectora de los Animales, a cuyas instancias la justicia prohibió en París las lides taurinas, que domésticamente se verificaban en la casa del Sr. Lebaudy (hombre, entre paréntesis, tan enriquecido por el azúcar que hasta padece de diabetes) pudo haber fundado su solicitud no en el maltrato que recibe el toro, sino en las cornadas a que se exponen los toreros. La Sociedad dice: nuestras leyes prohiben maltratar a los animales domésticos; el toro es animal doméstico; luego las corridas de toros están prohibidas por la ley.

A este razonamiento le falta algo, porque insisto en que no hay toros domésticos. A lo menos, yo no he visto ningún toro real y verdadero, ningún toro en sentido positivo, que no en sentido figurado, paseando por los corredores de una casa o tirando de la carretela de los niños. Puede ser que en París hasta los toros sean muy corteses y muy finos, de excelentes modales y agasajadores; mas entiendo que siempre han de tener resabios de familia y que no habrán renegado por completo del honor castellano.

Por eso he dicho que la Sociedad Protectora debió fundar su petición en el maltrato que los toros dan al hombre cuando pueden. Porque hay hombres indómitos, hombres feroces, hombres selváticos: pero también hay otros que entran en el número de los animales domésticos. No hay más que preguntarlo a las señoras. ¿Qué son los criados? Son domésticos. ¿Y son hombres los criados? Sin disputa. Las que pertenecen al sexo hermoso son las criadas. ¿Un criado es un animal? Incuestionablemente. Ahora bien, las señoras, con admirable buen sentido, cada vez que les nace un niño, participan a sus amistades que ya tienen un criado más a quien mandar. El hombre en consecuencia, y por el *consensus* general, es simplemente un animal doméstico.

Toro doméstico, falderillo doméstico, gato doméstico, pero, de todos modos, animal doméstico.

Yo soy amigo incondicional de los animales domésticos. Y un torero parisiense, un torero amigo de M. Max Lebaudy, debe de ser un animal doméstico. El torero español, el que no suelta la capa, el que no cree ni puede creer que son los toros animales domésticos, ese sí es animal bravo.

De aquí mi antipatía a los toreros y la ternura que me inspiran los excelentes amigos de M. Max Lebaudy. El hombre animal doméstico—es un factor de civilización. Ése estudia, trabaja, inventa, da hijos a la humanidad, escribe libros... El hombre-animal bravo, impide la circulación urbana, [templa] agua con sangre—porque la sangre de los mexicanos es aguada [con] el vino que se expende en las cantinas; explota a los domésticos y corrompe las familias. Él es el indio bravo de las ciudades que se creen civilizadas. Pertenece al grupo de los Pieles Rojas y de los naricesrajas. Hay que ir contra él en masa, organizando cacerías verdaderamente civilizadoras. Contra él el revólver, el Rémington. Contra él el puñal, el garrote.

He aquí por qué, en lugar de la Sociedad Protectora de Animales, no invocaría la ley de 50 que prohibe el maltrato a las bestias domésticas, sino las ventajas que redundan a la comunidad, de proteger hombres domésticos. No creo que los amigos de M. Max Lebaudy sean hombres útiles. Pero pues sólo aceptan combate con bichos bien educados y corteses, presumo en ellos, cuando menos, el instinto de sociabilidad. ¿No son bravos? ¿No son valientes? ¿No son antropófagos? Pues merecen mis simpatías y mi respeto.

20 de octubre de 1894

[227]

Partir la diferencia.

Esto es serio: Sabe persona bien informada que en la cuestión de límites pendiente entre Guatemala y México—conste que pongo a Guatemala en primer término, porque soy todo un caballero, aunque a pie—los comisionados guatemaltecos, no pudiende—¡claro que no pudiendo!—estar de acuerdo con los mexicanos defensores intransigentes de los suyos, proponen que, en obvio de litigios y de trámites, SE PARTA LA DIFERENCIA, quedándose la república en que reina, por su apellido y por otras cosas, Reina Barrios, con la mitad del territorio nuestro que ambiciona, y nosotros con la mitad de lo que poseemos justamente y Guatemala nos disputa sin razón.

Dije arriba que esto es serio, y ahora añado que esto es chusco.

De manera, señores y señoras, que estamos a partir un piñón con Guatemala. A partir un piñón, que, de contado, es nuestro.

Conque yo tengo una casa. No... no se alarmen ustedes es un suponer... ¡es un decir! —Yo tengo, hipotéticamente, una casa. El vecino de enfrente—mi vecino es un tendero—cree, porque es muy hombre o porque es muy salvaje—que de mi casa le pertenecen, que son suyas dos piezas fronterizas a su tienda.

—¡Hombre!— le digo yo —no sea usted bárbaro; a todos consta que esta casa es mía. Yo la adquirí; yo la vivo— así dicen los propietarios —desde hace años. ¿De dónde le viene Bartolo el *me*, si no es casado?

—¡Bueno!— replica entonces mi contrario —Yo no quiero pleitear; soy buena gente; transijo en obvio de dificultades. Vamos, pues, a partir la diferencia. Yo digo *porque sí*: —¡mías son dos piezas!— Pues se fue quien le dijo. Me quedo con una, usted con otra... y tan contentos.

¡Señores, esto es robar en despoblado! No se trata de un juicio Salomónico, sino de lo tuyo y de lo mío. Nosotros decimos: —estos pies que me ven ustedes, son mis pies.— Y Guatemala dice: —esa mula de ustedes es mi macho.

Supongamos que la graciosa República, en vez de ser corta de genio y pretendido apoderarse de una faja o lengüeta de terreno que nos pertenece, hubiera querido sacarnos la lengua toda y afirmado que Chiapas y Oaxaca son de ella.

En ese caso, compartir la diferencia, Guatemala quedaría dueña de Chiapas. Pues... ¿y nosotros? ¡Como digan dueñas!

Corta de genio, pero larga de manos es la vecinita. Y desde que he sabido la noticia estoy en ascuas, dudando si este peso solterón que bosteza de tedio en mi bolsillo, es mío, absolutamente mío, o si de él cincuenta centavos son de Guatemala, por la ley de "partir la diferencia". ¡Me parte la tal ley de medio a medio!

Mi peso, en realidad, es medio peso. Por el Paso no pasa en cien centavos. De modo que no tengo un peso, sino cuatro reales. Y si esos cuatro reales son de Guatemala, ¿qué me queda?

Sólo me consuela el pensamiento de que acaso—es un suponer también, una hipótesis —Reina Barrios quiera partir conmigo la diferencia. ¡Y con él sí que parto! Me da la mitad de su caudal... y tan contentos.

Seguramente los honorables representantes de Guatemala en la Comisión Mixta de límites, suponen que una Comisión Mixta ha de formarse, para que haya mixtura verdadera, de hombres cuerdos y hombres locos, y que los locos han de sobreponerse a los sensatos. Han de creer que México va a dar mucho de sí, y a darles a ellos que nacieron, sin duda, en Jueves Santo. Y no *dará de sí* ni *porque sí*. Sepan cuantos los que la presente leyeron, que este dicho vulgar es muy exacto: Uno es uno... y otros son los soldados del uno.

23 de octubre de 1894

[228]

Ponson.

El Tribunal ha declarado que Ponson no estaba loco cuando cometió el homicidio por el que fue procesado. Más bien dicho: el Tribunal reconoce que Ponson está demente; mas ignora si lo estaba cuando aquello acaeció, y por lo mismo, no lo declara irresponsable.

Siento decir al Tribunal, que nunca, nunca logrará salir de dudas. No hay introspección posible en este caso. ¿Puede con certidumbre y en conciencia, decirme alguno de los respetables Magistrados, en qué pensaba Ponson el día 4 de Mayo de 1879, a la una y cuarenta *post meridiem*?

Los Magistrados—según leo en la prensa diaria—creen que aquel homicidio pudo ser el primer acto de locura ejecutado por Ponson; pero seguramente entienden que, para ser loco ante la sociedad y ante la ley, es preciso que haya pasado el acto.

O de otro modo: el Tribunal declara loco a los locos recibidos, a los que ejercen la profesión, a los que ya se han dado a conocer en actos públicos oficiales y solemnes. A Ponson le tiene por demente clandestino, por loco homeópata, sin título, *sans garantie du gouvernement*.

Desde aquel día del homicidio está demente. Esto es incuestionable. Lo afirman todos los peritos.

En su familia ha habido muchos locos. De modo que la predisposición a la locura en él, queda perfectamente averiguada. Además, es sobrino de Ponson du Terrail y un sobrino de Ponson du Terrail, tiene por fuerza que perder el juicio.

Pero los Magistrados, hombres de conciencia, dicen con suma justificación:

—Sí; está loco; es natural, naturalísimo que está loco; tenía casi por fuerza que volverse loco; su crimen no es explicable sino como acto de locura; pero ¿estaría loco el día tantos de tal mes y de tal año a las siete y veintidós minutos de la noche cuando hizo su primera y gran locura?

He aquí lo que, a mi juicio, nunca sabrán acertivamente los nimios y escrupulosos Magistrados. Porque la aparición de la demencia no se anuncia como la llegada de un buque de guerra, a cañonazos. ¡La sombra velará siempre con su tupido manto aquel misterio!

Ahora bien: el Sr. Ponson queda en el manicomio, en calidad de alienado. Pero no está absuelto del delito por el que se lo procesó, ni lo estará hasta que, reloj en mano, diga y demuestre a qué hora precisa enloqueció.

Hablando con franqueza, si este Sr. Ponson recobra el juicio por su gusto, esta será positivamente una locura.

Le conviene seguir fuera de sus cabales. Él no sabe lo enojosos y largos y sutiles que son los juicios o procesos del sin causa llamado ramo criminal. No sabe las espinas que tiene ese ramo para los reos y los presuntos reos. Haga lo que el señor su tío: renuncie para siempre al uso de la razón.

Para los que no estamos locos o padecemos la demencia en prólogo, el fallo del tribunal es importante.

Nos aconseja la prudencia tener un primer acto de locura muy solemne, pero sin derramamiento de sangre.

Concluído ese acto público, el sustentante deberá inscribirse en el registro de los locos de ciudad y pedir el diploma respectivo.

Ya armado con este documento, puede lanzarse al crimen sin temor. Pero no olvide que la locura, en opinión de respetables Magistrados, comienza por el segundo acto: "Habiéndose observado que en el año anterior el primer baile de máscaras estuvo pobremente concurrido, el Alcalde de Lagos ha dispuesto que este año se comience por el segundo baile".

No sé si la jurisprudencia cerebral sentada por los señores Magistrados, se extienda a casos de otro orden.

Por ejemplo: cuando oigo el primer acto de una comedia, ¿es porque estoy en la función o todavía no estoy en la función?

¿*Guillermo Tell* no es *Guillermo Tell*, sino hasta que pasa el primer acto?

Humildemente lo pregunto para ir morigerando mis costumbres.

24 de octubre de 1894

[229]

El fuero de los periodistas.

Recibí de golpe la noticia. *El Monitor Republicano* la da sin preámbulos. Otro diario la espeta a boca de jarro en un ímpetu de indignación. Parece imposible; pero es verdad... ¡triste verdad! El redactor de *Don Tranquilino*, periódico bitrimestral de Morelia, está en la cárcel.

No conozco personalmente al redactor de *Don Tranquilino*. Ignoro si es *Tranquilino* o abstinente. Pero cayó en mis manos el primer número del periódico dicho, si no igual en tamaño al *Herald* ni al *Journal des Débats*, ni al *Noticioso*, sí de las dimensiones que podría tener la edición económica, o sea, el hijo menor de *La Garbancera*.

Naturalmente, no puede uno reprimir la indignación cuando un gendarme de provincia, un lugareño, un zafio, y por añadidura, un instrumento del poder despótico de la nefanda tiranía, en una palabra—¡pero palabra gorda!—Tuxtepec, como dice mi amigo el Sr. Alva; no puede uno reprimir su indignación, digo de nuevo, cuando un gendarme se permite hacer cumplir los reglamentos de policía, nada menos que a un redactor de *Don Tranquilino*:

No puede uno, pero pueden dos, y ese *dos* aquí está. Dos, en Noviembre o cerca del dos de Noviembre, valgo yo.

Los periódicos ultra-radicales, ultra-oposicionistas y ultra-alvas, exclaman: "¡A lo que ha llegado la libertad de la prensa!"

Entendámonos, jóvenes Anacarsis... digo, jóvenes *Anabasis*... quiero decir, ancianos Alva. ¿Qué es un periodista?

¿Es un ser sobrenatural, un semidiós, un inviolable, un héroe superior al mismo Aquiles, puesto que ni en Talón puede ser vulnerado? Entiendo que no lo es. Conozco periodistas que comen, beben, y que están sujetos a las debilidades humanas consiguientes. Y conozco, asimismo, a varios individuos que entran gratis al teatro, que no pagan jamás al cantinero, que concurren a todas las inauguraciones de ferrocarriles, y que se llaman periodistas y son vagos.

Ya *Monaguillo* ha hablado de los que escriben *Tranquilinos* cada vez que viene a México una compañía de ópera. Hay otros que publican *Tranquilinos* para tranquilizarse de balde en las trastiendas. Y pregunto: ¿esto de tener un *Tranquilino* bi-anual, bi-trimestral o bi-mensual, da el privilegio de violar impunemente todas las leyes divinas y humanas, el Código Penal y los reglamentos de policía? ¿Con eso puede cualquiera vivir a costa del país? Si cada ciudadano da a luz un *Tranquilino*, sobran las leyes, sobra la policía... lo único que no sobra para aquellos que no sean ciudadanos, son las trancas.

La sociedad se dividiría en dos clases: la de los nombres con *Tranquilino* y la de los hombres con tranca o con garrote.

Raro es que esos mismos periódicos tan celosos guardianes de los fueros periodísticos, sean los que peroran y declaman contra los fueros de los diputados y contra todas las prerrogativas, todos los privilegios. Nos queda un fuero peor que todos: el fuero de los señores publicantes, el fuero de los que se dicen periodistas. Y este es peor que todos, como dije, porque no todos pueden llegar a diputados, ni a altos funcionarios públicos, ni a príncipes, ni a embajadores, ni a monarcas; pero cualquiera puede dar a la estampa una vez al año o una vez en la vida un *Tranquilino*.

No; esa inmunidad no tiene nada de tranquilizadora. Ya había una jurisprudencia para los de levita y otra jurisprudencia para los de sarape. Ahora falta una jurisprudencia para los *Tranquilinos*. Más bien dicho, para estos no hay jurisprudencia, no están sujetos a la ley, están montados en la ley.

¡Valiente fuero! El de los valientes no es tan malo.

Y con la añadidura de que no hay quien tenga autoridad para desaforar a esos fuereños tan desaforados. El fuero de los *Tranquilinos* es inamovible.

27 de octubre de 1894

[230]

Los restos se multiplican.

El esqueleto de Concepción Hernández se encuentra en un estado deplorable y en circunstancias bien difíciles.

Primeramente ignora quién es, y esa falta de estado civil le apena mucho. Los esqueletos pierden la memoria, y en tal virtud, por no decir en tal defecto, le es imposible recordar su verdadero nombre. En segundo lugar, tampoco sabe con certeza a qué sexo pertenece. Unos lo llaman hembra y otros macho... con la edad se pierde el sexo.

¿Qué hará ese esqueleto baldío, cuando el ángel se ponga una trompeta entre los labios y llame a juicio? ¿Con qué cara se presentará ante el Juez Supremo? El día de la resurrección de la carne, ¿qué carne le tocará?

Aquí hay que repetir los versos de Zorrilla: —¿Quién eres, di, desnuda calavera, / Crédito del que fue, prenda de alguno, / Que, por ser una prenda de cualquiera, / Nunca, por suya te querrá ninguno?

Entre arqueólogos y médicos anda ese mísero esqueleto cual si anduviese entre abogados. —Tú eres piedra (*Petrus*)— dicen los arqueólogos. Y los médicos, imitando a Don Joaquín Cardoso que observaba en su casa, a la hora de comer, el reglamento de la Cámara, piden la palabra para un hecho y dicen muy formales: —Este es hueso.

¡Qué pronto han llegado las generaciones venideras para el esqueleto de Doña Concepción Hernández! ¡Tan joven y ya tan fósil!

Ustedes sabrán incuestionablemente, que a algunos muertos les crece la barba. En ese hecho se funda la inmortalidad de los bárbaros. Sabrán asimismo, que a otros respetables desaparecidos les crecen las uñas. Pero, sin duda, ustedes no sabían que a algunos esqueletos les salen los dientes. Y este es el caso de la señora Concepción Hernández.

No le salieron dientes naturales.... No... *non bis in idem*. Le salieron dientes postizos.... ¡una dentadura automática! Hay un Spyer en el otro mundo, en lo incognoscible, en lo suprasensible, y ese Spyer es el autor de la flamante dentadura que luce ahora el esqueleto.

Pero lo más curioso y peregrino, es que no sólo le salieron dientes a Concepción Hernández, sino también otros diversos huesos. Los Sres. Batres y Maycot aseguran que sobran huesos en uno de los pies del esqueleto. Le pasó a la difunta lo que a un reloj que di a componer. Al devolvérmelo me dijo el relojero:

—Aquí está el reloj. Lléve usted esas rueditas que le sobraron.

Por supuesto, el reloj no andaba; pero no anda tampoco Concepción Hernández.

...¡Será ella! ¿Será la reina Xóchitl? ¿Será el rey que rabió? No abre la ciencia la boca sin enseñar los dientes de alguna nueva y espantosa duda. Ya hay quien se atreva a decir que los restos hasta hoy innominados, bien puedan ser los restos de la Corregidora. Pero no admito yo que se les llame restos. Restos que van aumentando por capital y réditos vencidos en el oscuro seno de la tumba; restos a los que salen dientes y otros huesos, no son restos, señores, son verdaderas multiplicaciones.

Ahora bien— digo yo para concluir —¿tiene la sociedad vivo interés en que se averigüe a ciencia cierta si esos huesos fueron de una llamada Concepción Hernández? Supongamos que en vez de desenterrar a esa infeliz, hayan desenterrado a la Malintzin o a uno de los más remotos antecesores de D. Gerardo López del Castillo. Eso no prueba que la Hernández viva o que los ángeles la hayan trasladado, con casa y todo, a los Elíseos campos.

Serán todos esos huesos muy honrados, pero la Concepción Hernández no parece. Jaramillo y socios—¡Vaya una razón social de fuste y gracia!—no han de presentar osamentas ni fósiles para vindicarse, sino carne. A Jaramillo y socios no se les puede haber perdido la mujer comanditaria, como se pierde un alfiler. Hay pruebas de que ellos cometieron el asesinato. Y no importa que ese esqueleto sea mostrenco; nadie ha dicho que los muy estimables asociados dieron muerte al propietario legítimo de esos huesos expósitos, sino a una mujer que se llamaba Concepción Hernández.

Puede haber error en el lugar señalado como sepulcro clandestino de la víctima, y me parece más práctico rectificar el señalamiento de éste, que medir la pelvis, fósil o no fósil, no se sabe si de hembra o de varón.

Se le ha atorado un hueso a la justicia.

1 de noviembre de 1894

[231]

Temblores complementarios.

En la vida, como en las tragedias de Shakespeare, lo dramático y lo cómico se codean, el clamor se alza al propio tiempo que la bufonada agita sus cascabeles. Drama, y terrible, fue el del terremoto. De tamaño temblor nos acordaremos más que de Tamagno tenor. Pues bien, a pesar de lo grave y serio del suceso, no faltaron en él, según malas lenguas, episodios chuscos.

Un boticario avaro veía caer, en el instante del sacudimiento, los pomos, trastos y redomas de sus drogas. Lleno de espanto, y acongojado por la pérdida que le ocasionaba aquel derrumbe, fijábase en los rótulos de los frascos volcados e iba con lastimera voz enumerándolos a gritos, lo cual, oído por las viejas que se habían arrodillado en el quicio de la puerta, hizo creer a éstas que el farmacéutico rezaba la letanía, a la que fervorosas y cuitadas, contestaban en coro.

—¡Oleum resinarum!— exclamaba afligido el boticario.

—¡Ora pro nobis!— respondían las viejas.

—¡Subnitratum magnesiarum!

—¡*Miserere nobis*!

—¡Aceite de San Jacobo!

—¡*Parce nobis dómine*!

*   *   *

Don Gerardo López del Castillo armado de punta en blanco representaba el *Don Juan Tenorio*, y a la hora del cataclismo, decía estos versos, dirigiéndose a las estatuas del Comendador Don Luis y socios: —Yo fui vuestro matador / Como es sabido y notorio....

Aquí le interrumpió uno de la galería, vociferando: —¿Qué está temblando, señor?

López del Castillo impávido: —¿Y qué le importa un temblor / Al bravo Don Juan Tenorio?—

*   *   *

En la cantina de Wondracek estaba un parroquiano muy borracho. De repente dijo asustado y bamboleándose: —¡Caramba! ¡Pero que buena la he cogido!

En estas, oye los gritos de ¡tiembla! ¡tiembla!—ve salir en tumulto a los bebedores, y tranquilizándose al saber lo que ocurría, vuélvese al mostrador y dice al cantinero, que estaba de rodillas, por más señas: —¡Ah... no era yo el borracho!... Déme Vd. otra copa.

*   *   *

A un joven, de no mala figura, que se llama Jesús, le había asaltado en aquellos momentos un inglés, recibo en mano:

—¡Es usted un tramposo! le decía.

—¡Yo no pago facturas en la calle!

—Es que jamás está Vd. en su casa.

—Mañana pase Vd.

—Que ya no quiero. ¡Que ya estoy aburrido! Ahora mismo....

—¡No arme usted escándalo, indecente!...

De pronto el cobrador cae de rodillas.

—¡Jesús, perdóname!

—Bueno, está bien... levante usted.

—¡Jesús, ayúdame!

—Con mucho gusto... en todo lo que pueda.

(La historia no refiere si pasado el temblor siguió la gresca).

*   *   *

En la Cámara se habla del terremoto:

—Fue aquello horrible. Parecían las casas de barajas.

—Señores, por Dios santo, no hay que achacar todo a Barajas; Barajas no tuvo nada que ver con el temblor.

*   *   *

Es curioso, es sugestivo y habla muy alto en favor de nuestras costumbres: todos dicen lo que estaban haciendo a la hora del temblor, ¡y ninguno, absolutamente ninguno estaba haciendo nada malo!

*   *   *

¿Será este terremoto una consecuencia de los que acaba de haber en la Argentina? Incuestionablemente. De la Argentina, en los últimos años todas las desgracias. El *krak* de allá causó la quiebra de Baring Brothers, la baja de los valores centro y sud americanos, el retraimiento del capital extranjero.

No lo duden ustedes: ese temblor es argentino. Ha de haber venido por la cordillera de los Andes. Mejor dicho, nos lo enviaron por cordillera.

¡Fue otro *krak*!

6 de noviembre de 1894

Un concierto casero.

El Ilustrísimo señor Don Ramón L. Alva no externa aún su teoría geodinámica sobre los terremotos. Monseñor Alva *se recueille*. Empero, como todo se trasluce, ha llegado a precisarse la posición exacta que guardaba el señor Alva a la hora del terrible sacudimiento.

Alva, después de haber derramado sus lágrimas por la mañana en el panteón de Santa Paula, emprendió cabiz bajo a la una *post meridian*, el regreso a los que él llama sus petates... digo mal, sus penates. Pasó por la bizcochería de Santo Domingo, lugar que le recuerda los más románticos de sus amores, y comprado que hubo el pan de muertos se dirigió a su casa, sita, como era de esperarse, en la plazuela de la Soledad.

En ese pobre, pero honrado albergue del Tranquilus Suetonio Mexicano, alzábase sobre la mesa de la sala una tumbita que Alva aderezó desde la víspera con todos los fúnebres arreos propios del caso. En esa tumba yacía un ejemplar de la constitución de 57, edición del más antiguo Galván.

Después de comer, Alva, acompañándose con la vihuela y en traje de carácter, entonó ante el monumento funeral la *Casta Diva*.

En seguida, a instancias del auditorio (compuesto de personas de edad provecta) prorrumpió con poderosa entonación dramática en la frase de *Otelo*:

E tú comme sei pálida, stanca e muta e bella. E ¡morta! ¡morta! arrebató verdaderamente al público.

Ha de saberse que este Sr. Alva da a menudo conciertos caseritos. El es casero por naturaleza *de nación*. Su literatura es casera, su filosofía es casera, sus boletines son caseros... por poco él no resultó *casero*. Y en las amenas fiestas de que hablo luce el muy estimable Sr. Alva las raras habilidades que posee, ejercitándolas en el seno de la familia, ínterin llega el día anhelado de ostentarlas en las altas esferas de la vida pública.

Ante un grupo de amigos íntimos, representantes de la opinión pública, que se sienta a tomar el sol en las bancas de la plaza, Alva toca la flauta, la vihuela, declama sus más tiernos artículos de oposición, lee algunas páginas de su obra inédita, *La resurrección de Bertoldo*, y canta, cuando el tiempo lo permite el

¡Y esta es la vida, y al mirar el féretro!... la plegaria de Moisés, o aquellos versos tan sentidos que siempre hacen llorar a las Maurubios: —Ya va el sol moribundo su frente / Sumergiendo en las ondas del mar, / Ya la noche se acerca impaciente / Con sus sombras el campo a enlutar. // Todo calla, ni un eco siquiera / Interrumpe del mundo el dolor, / Solitaria la luna en la esfera / Vierte triste su dulce fulgor.

Este *vierte triste* lo dice Alva, como Gayarre decía el *spirto gentil* de *Favorita*.

La tarde del día de finados el concierto de nuestro querido D. Ramón tenía de revestir mayor solemnidad; primero, por la prematura muerte de la Constitución de 57, y luego, porque muchos creen que el día 2 de Noviembre es el día onomástico del Sr. Alva.

Fúndase tal creencia en que el justo varón antes nombrado, no parece del mundo de los vivos. Hasta algunos hay que tienen al señor boletinista por contemporáneo de D. Carlos María Bustamante y presumen que *El Monitor* está ahora publicando las obras póstumas de ese Alva tan piadoso y tan sencillo. D. Ramón, como ya sabemos, no celebra su santo el día de muertos; pero sí conmemora la Constitución de 57; porque si bien es cierto que la constitución física de Alva es la Constitución de 24, no lo es menos que su constitución moral es la de mil ochocientos cincuenta y siete.

Pasó la tarde entre canciones tristes y responsos, entre lecturas devotas y pavanas; de cuando en cuando la graciosa fámula recorría la sala, llevando ancha bandeja bien provista de rodeos, pepitorias y copas de pajarete y malvasía. ¡Vino la noche; después vino la vela! y cuando Alva de rodillas ante la tumba, decía con voz llena de lágrimas:

Mármol en quien Doña Inés, etc., un grito de terror se escapó de todos los pechos; bamboleóse la casa.... ¡Tuxtepec pasaba!

Alva, impasible, sereno como la verdad y grave como el tifo, se levantó, pasado el terremoto, y escribió el sumario de su boletín:

Los temblores de antes y los temblores de hoy.—Quiénes deben temblar.—La constitución de la materia y la Constitución de 57.—El entierro de la Corregidora.—Lo que significa.—El Czar de Rusia.—Nuestra actitud.—¿Qué sucederá?—Veremos y diremos.

7 de noviembre de 1894

[233]

Castelar, Sumo Pontífice.

La personalidad del Sr. Castelar (del cual soy muy devoto) es una personalidad que se desborda, que se sale de madre, de padre, de toda la familia. El YO del Sr. Castelar es un YO TAMAGNO, un yo que cuando habla rompe las vidrieras por el sacudimiento que produce, un *yo* que no cabe bajo la cúpula de San Pedro.

Ha hablado Don Emilio con el Papa y no hay manera de atajarle la palabra. ¡Ya tiene ovillo para muchos días!—Yo *le dije*... Yo *le pregunté*.... Yo *le advertí*.... —Y cuando cuenta lo que el Papa dijo, contestó o repuso, el Sr. Castelar pone palabras suyas en la boca de León XIII. Porque, vamos a ver: ¿de quién creen ustedes que son las frases que abajo copio?

"Es necesario que la Iglesia vuelva a sus orígenes, hacerla que retorne a su cuna, a sus fuentes, a sus tradiciones".

Castelar dice que son palabras del Papa y yo digo que son palabras de Castelar. ¡Se les ven las clavijas, caballeros!

"El Papa— continuó copiando —no dice como el Abate Maury, 'Jesucristo es el primero de los *sans culottes*'; pero no está muy lejos de pensarlo".

El que no está lejos de pensar tal cosa, es Castelar, ¿cómo ha de ser Su Santidad tan jacobina?

En mi concepto, D. Emilio viéndose ante el Papa, se creyó Papa, y al Papa lo creyó *repórter*. Oíd como lo pinta:

"—Prodigioso de juventud, de conservación de salud, de vigor moral y de fibra.

Hemos abordado todos los asuntos: religión, política, socialismo y cuestión social, geografía, paz, guerra, relaciones con los Estados. En todo y siempre tiene el Papa ideas personales, nuevas, originales. Si me atreviera a emplear la palabra, diría que el Papa es un demócrata, un espíritu avanzado. Habladle de la diplomacia, y os responderá con un conocimiento perfecto de Europa, como un Metternich. Habladle de la expansión del movimiento religioso, del catolicismo, y os mostrará en la Carta del Nuevo Mundo las conquistas católicas como un geógrafo.

Abordad, en fin, los problemas sociales, la cuestión social. Sin caer en la utopia socialista y colectivista, el Papa asombrará con sus razonamientos a muchos políticos y a más de un socialista".

De esta parrafada, Castelar quiso retratarse. Pues que, señor Don Emilio ¿es Vd. el primero que habla con León XIII? ¿Ha inventado o hallado usted un Papa, desconocido para toda la humanidad? ¿Ha descubierto usted la América el año de gracia de 1894? Honra y decoro de la Iglesia es el Pontífice León XIII, por su saber, por su habilidad política, por su cordura; pero no es lo que usted dice. Eso es Cánovas, en opinión de Cánovas: eso es Castelar, en opinión de Castelar.

Y es que el grande orador se mira retratado en toda alta personalidad que tenga enfrente, máximo si esa personalidad es aparatosa y ejerce sumo sacerdocio. Por eso mismo, en lugar de contarnos minuciosamente lo que León XIII dijo, Castelar vuelta a decir:

"Yo fui quien firmó la paz religiosa con los obispos; yo los reconcilié con el Gobierno. Y yo he sido también quien ha realizado luego en España lo que parecía una utopia: *el sufragio universal*.

Cuando abordé el primer problema, Bismarck estaba irritado contra mí, y llegó a mis oídos, por conducto del Conde Hatzfeld, que había dicho: *Castelar está loco*.

Yo contesté a Hatzfeld: Deje usted hablar a Bismarck. Déjele usted dirigir su campaña del Kulturkampf. *El irá a Canossa*. Y efectivamente, Bismarck fue a Canossa".

Y por eso también lo único que se desprende de esa entrevista con el Papa, narrada por Castelar, es que León XIII *se inspiró* en la política de D. Emilio. Bismarck es un infeliz. Castelar y León XIII saben lo que traen entre manos.

Yo—¡perdón, Sr. Castelar por este plagio!—yo apostaría cualquiera cosa a que D. Emilio, cautivado por las pompas vaticanas, acaricia la idea de llegar a Pontífice algún día. ¡No; no está lejos de pensarlo! Le agradaría ese puesto para retiro, en la vejez. ¿Una corona?... ¡Jamás! Pero ¡Una tiara!... ¿Y por qué no?... Él no es papá.... Puede ser Papa. El siempre ha escrito encíclicas y siempre ha hablado *urbi et orbi*, a la ciudad y al mundo. El es amigo de bendecir... y también de fulminar anatemas... ¡los anatemas de la Historia!

¡Ser Papa!... ¡Reconciliar el Vaticano con el Quirinal, como antes reconcilió a los Obispos con el Gobierno!... ¡Vestirse de blanco!...

El Conde Hatzfeld diría: *Castelar está loco.* Pero... ¿por qué no?

8 de noviembre de 1894

[234]

Tengo y no tengo.

A un comerciante muy honrado, muy verídico y que por supuesto murió pobre, le preguntaban:

—¿Tiene Vd. terciopelo verde?

—Tengo y no tengo.

—¿Cómo es eso?...

—Tengo porque... aquí lo tiene Vd., y no tengo, porque está chafado.

Nosotros tenemos muchas cosas chafadas. Hay Observatorio Meteorológico; pero cuando tiembla... está chafado. Es bueno para observar los temblores tímidos, modestos, cortos de genio, los temblores de buena educación. Un terremoto brusco, insolente como el último, produce ataques de nervios y hasta síncopes en los sensibles, muy sensibles seismógrafos del Observatorio.

No culpo a su muy inteligente director, ni a sus dignos empleados; pero lamento que cuando ocurre un fenómeno de gravedad e importancia del citado arriba, la sensiblería de los aparatos, la fuga de una bala, el eclipse de la luz eléctrica, y sabe Dios qué otros accidentes más, impidan que rigurosamente se le estudie.

La arqueología también está chafada. Ignoro si la Arqueología o la Anatomía, pero una de estas ciencias subvenidas y oficiales está chafada, caso de que no lo estén las dos. Es verdaderamente lamentable que todavía no podamos averiguar si la presunta Concepción Hernández fue hembra o macho; si la enterraron en posición *acrúpida* (vulgo, en cuclillas) al sur del terreno que antes ocupaba la isla "Iliacac", cuando Tzilacatzin rechazó los bergantines españoles enviados de Tlatelolco para someter a los Nonaloa; o si la dieron sepultura, ha pocos años, Jaramillo y socios.

Entiendo que lo más atinado sería decir a Jaramillo: —te perdono la vida con tal que digas la verdad. ¿Ésta es Concha, o es una momia *acrúpida*, como las que se hallan en las huacas del Perú, en los túmulos de los Aymarás y en los tlaltetl de Nonalca?

El interés de la ciencia está por encima de todo.

Jaramillo no se deshonrará confesando que él enterró a la Hernández. Lo mismo hizo Desgrieux con Manon Lescaut. Y en virtud de esa confesión noble y explícita, terminará la guerra entre Capuletas y Montescos (así traducían antes) entre Horacios y Curacios, entre Peñafiel y Batres.

Hay otra institución que me parece también algo chafada, el Conservatorio Nacional de Música. Tenemos y no tenemos Conservatorio. Tenemos, porque ahí está, en la que fue Universidad. Y no tenemos, porque no conserva nada.

El instinto de la propia conservación hace que los mexicanos no se dediquen al *bel canto* ni a la música de cámara. Ese mismo instinto de conservación hace que el músico, en cuanto algo sabe, huya del Conservatorio y busque el pan en la orquesta del teatro, en el coro de las iglesias, en los tabucos de cuya puerta cuelga este rótulo: "Música para Bailes".

¿Qué conserva el Conservatorio? No el amor al arte, no el culto a la belleza, no las buenas tradiciones, no el buen gusto: conserva a algunos profesores en conserva, y a algunas señoritas, Esperanzas de oficio, no tan mal conservadas felizmente.

¿Y qué produce? No produce: cuesta. No es productor sino consumidor.

También tenemos Academia de Bellas Artes y no tenemos Bellas Artes. ¡Ya ni arte coreográfico tenemos! ¿A dónde está Tranquilino Herrera? Artista se le llama al peluquero. Hay hombres que se dan sus artes para robar al fisco lo que pueden. Pero pregúntese a cualquiera si está dispuesto a trabajar por amor al arte, y de seguro contestará que no, que nunca. Artistas para Academia no se encuentran. Pero, eso sí, tenemos Academia.

¿No sería más cuerdo establecer un Conservatorio de Bellas Artes y una Academia de Música y de Canto?

10 de noviembre de 1894

[235]

El Banco Metafísico.

El Tiempo que pone a sus amigos como Dios puso al perico, dice que uno de los miembros del Sindicato Agrícola, habló de esta manera:

. . . .

"Procuramos los miembros de la Comisión, y parece fui yo, hacer entender a los Sres.

Limantour y Romero Rubio, que no debía el Gobierno admitir como elemento principal para la Constitución del Banco Agrícola, la cuantía de las acciones que representaban los Síndicos, puesto que sólo se había QUERIDO CORRESPONDER A LA INDICACIÓN DEL PRESIDENTE DE LA REPÚBLICA, al dar representación seria y respetable, capaz de tratar con el Gobierno habiéndose obtenido esto evidentemente, por la calidad de las personas que componen al Sindicato del Banco Agrícola".

¡Hombre... eso no puede ser! ¿Con qué no hay que fijarse en... pequeñeces... en acciones... en dinero... cuando se trata de bancos?... ¿Con qué lo único que se necesita, y eso por corresponder a alguna indicación del Presidente, para constituir un Banco, es que se junten con el fin de ir a Palacio en busca de graciosa concesión, varias personas de calidad, respetables y serias?

Los bancos, por lo mismo, son como las solteronas que para salir de noche sólo necesitan la compañía de un caballero serio, entrado en años y de honestas costumbres, que use levita negra y sombrero alto.

Desde que el decembrismo formuló su famosa teoría de "los hombres de la talla", ¡no las habíamos vuelto a oír tan gordas!

En el teatro francés de hace treinta años había siempre un actor que desempeñaba los papeles de "padre noble".

Con esos papeles, ya mojados porque ha llovido mucho desde entonces, quiere el *Tiempo* hacer billetes de banco.

Un padre noble, esto es, un militar retirado, un diplomático cesante, un ex-chambelán, un caballero grave que pueda lucir en procesiones y honras fúnebres la cruz de Guadalupe: ¡he aquí lo único que se necesita para establecer un banco! ¡Esa es la garantía que ofrece al público una formal institución de crédito!

No, señor *Tiempo*... del Rey que rabió y Mari-Castaña, no sólo de caras serias vive un banco. Es muy higiénico, para los doctores, que periódicamente se reunan congresos de Higiene en diversas capitales de la república, y es muy saludable para los bancos, el tener dinero en caja. El Sr. Limantour no fue otro "Curioso Impertinente" ni el Sr. Romero Rubio un nuevo "Entrometido en las Máscaras", al inquirir "la cuantía de las acciones que representaban los Síndicos".

Lo peregrino sería que antes de dar una concesión bancaria, el Gobierno hiciese una averiguación acerca de si fuman o no fuman, beben o no beben, están casados o no, los que la piden.

Un banco no es una institución decorativa, no es una especie de gobelino o un retrato al óleo de algún abuelo de peluca. No basta que los banqueros sean excelentes padres de familia, virtuosos congregantes de San Luis Gonzaga y caballeros que por su seriedad y por sus años, sean eximidos de llevar casaca roja al baile de Don Sebastián Camacho y pueden sustituirla con la modesta capa veneciana.

Tampoco basta que sean ricos. Es necesario que garanticen con determinada suma de capital exhibido, las operaciones de crédito que hagan.

Mi distinguido amigo el Sr. D. Francisco Espinosa es bastante serio: pues bien, aunque lo fuese por partida doble, si no hubiera dinero en las cajas de la Tesorería General, no sería Tesorero por absoluto falta de tesoro.

En cierto Club aristocrático, dicen de los que juegan *Sur sa parole*, "a la palabra":
—*Esos son de dedo tieso.*

¡Pues los bancos de dedo tieso no son bancos!

Triste es decirlo; pero así es: en donde no hay harina todo es mohína. Los bancos necesitan numerario, como las tiendas de abarrotes necesitan abarrotes. No puede racionalmente decirse a una institución de esas:
—Ya tienes la bendición de tus buenos padres. ¡Ahora, anda y prospera!

Aunque ponga usted señor *Tiempo*, en los billetes retratos de personas calvas, serias, de peluca, esos billetes no circularán si la caja está escueta.

¿Háse visto persona más seria que *Anabasis*? Sale el burro. Pues bien, *Anabasis* no puede emitir billetes de banco.

Una cosa son los artículos de la fe, y otra cosa la circulación fiduciaria.

En materia de bancos el *Tiempo* sólo entiende del suyo, que es un buen banco de errar.

14 de noviembre de 1894

[236]

La derrota.

Cierto apreciable diario está ventilando en la actualidad una de las cuestiones más arduas, más complejas, más pavorosamente graves de las que hoy preocupan a los pensadores contemporáneos: ¿cuál es el significado de la palabra *Derrota*? Creo que nunca la prensa había abordado un asunto de tamaña trascendencia.

Dice el colega:

"Es cosa bien sabida—y sería punible que lo ignorase cualquiera de los periodistas que trabajan en la Prensa— que la principal acepción de la palabra *derrota*, es la que se le da en milicia, significando, por lo mismo, la fuga desordenada en un ejército que ha perdido la batalla y que procura salvar sus restos, perseguido en todas direcciones".

Confieso mi pecado: yo no sabía esa cosa bien sabida. Más bien dicho, la supe allá en un tiempo, pero teniéndola por mal sabida, la olvidé. Y como ahora resulta que mi ignorancia es punible ando que no me llega la camisa al cuerpo. ¡Dios mío! ¿Qué va a ser de mí?

"Derrota, ¡ahora sí que no olvido lo que es! Es la fuga desordenada de un ejército que ha perdido la batalla y que procura salvar sus restos, perseguido en todas direcciones".

Cuando no lo persiguen en todas direcciones, no hay derrota.

Cuando huye y el enemigo le sigue, espoleándole la retaguardia, no es un ejército derrotado, será tal vez un ejército triunfante.

En Sedán no hubo fuga desordenada del ejército francés. En Sedán no hubo derrota.

En lo sucesivo cuando hable de alguna derrota de Guatemala, no diré derrota, sino *rota*, así como dicen los buenos hablistas: "la rota de Villalar, la rota de Roncesvalles, etc.".

¡*La rota de Guatemala!*... Esta frase tiene cierto sabor clásico... y de muy mala educación.

Abrigo, sin embargo, algunas dudas, y las abrigo porque hace mucho frío.

Por ejemplo: tengo un amigo pobretón, muy infeliz, que nunca se ha fugado, que no puede fugarse porque lo arraigaron sus acreedores; y este amigo, a pesar de la definición precisa e infalible del vocablo "derrota", en mi concepto y en el de cuantos le conocen, está muy derrotado. Podría también decir que está muy roto; pero los desgarrones y zurcidos de su traje, no son más que un detalle, un accidente de la miseria que le trae tan derrotado.

Otra duda más grave conturba mi ánimo. ¿Por qué al oír vocear en calles y plazas —"*¡la derrota de Guatemala!*"— se alarmó la ciudad, suponiendo que ya el ejército guatemalteco corría y corría perseguido en todas direcciones?

Nunca supuse que la ciudad de México tuviera tanto cariño a Guatemala. Si yo oigo gritar "*¡la derrota de Guatemala!*" no me alarmo... ¡quiá, no señor... me alegro mucho!

En el fondo, esta controversia política, gramatical y de *boutique*, suscitada por la voz *derrota*, tiene dos grandes enseñanzas.

La primera es que algunos periodistas mexicanos belicosos, animosos, nietos de Cortés, ni comprenden una derrota sin previo y formidable choque de ejércitos, sin fuga, sin desorden, sin sangre... ¡mucha sangre! Para ellos no hay derrotas morales: todas sus derrotas son inmorales. Nacieron el día de San Juan; meció su cuna el soplo huracanado de las revoluciones lejanas ¡ay! sí, muy lejanas de los pequeñuelos que dormían el sueño casto y apacible de la infancia; pronunciaron, allá en sus verdes años, arengas cívicas y poesías patrióticas; cantaron ¡y de qué modo, cielo santo! el Himno Nacional en las escuelas.... ¿Cómo queréis que admitan las derrotas diplomáticas? ¡No; correr y correr hasta topar con pared, eso es derrota!

La segunda enseñanza que desprendo es la que sigue:

En opinión de aquellos mismos periodistas el mexicano es un menor *ad vitam*, un inocente que no ha perdido ni perderá jamás la gracia del bautismo; un virgen; un expósito que exige todos los cuidados de la sociedad y del gobierno. Es preciso cuidar de que no le engañen los granujas vendedores de periódicos. No sería malo que detrás de cada mexicano fuera un gendarme, para vigilar que ese mismo granuja, al darle el vuelto, no le diera algún *quinto* contrahecho. Hay personas que gastaron uno, dos, tres o cinco centavos en comprar un periódico creyendo que iban a hallar en él detalles de la fuga en desorden del ejército guatemalteco—¡Y se engañaron! ¿Qué dice la sociedad? ¿Qué hace el gobierno?

Pero hay más todavía. A tarde y mañana pasa por enfrente de mi casa un mamonero que vocea asi su mercancía:

—El que coma este pan no morirá... ¡no morirá!

¡Y hay tantos que le compran! ¿Qué hace la sociedad? ¿Qué hace el gobierno?

15 de noviembre de 1894

[237]

Quince frailes y pico.

Con sorpresa, y no con mucha indignación (¿para qué he de mentir?) leí en un diario, que al entierro del coronel Ortiz, en Morelia, concurrieron en traje de carácter, quince frailes franciscanos. No me indigné, porque opino con Don Francisco Zarco, que la ley que prohibe a los frailes y a los clérigos el uso de sus hábitos, debe derogarse en martes de carnaval.

Mi muy querido Juan Mateos, sí ha de haberse indignado. Le conozco. Ha de haber exclamado parodiando una redondilla del *Zapatero y el Rey:* —A los quince buscaré / Y ni en entierro ni en baile / Ha de quedarme ni un fraile / Que pueda tenerse en pie.

A mí lo que me causó la noticia, fue sorpresa: ¡quince frailes franciscanos en Morelia! ¡Sí estarán creciendo y multiplicándose, contra lo preceptuado en sus reglas!...

No duró mucho mi asombro. Al día siguiente el mismo periódico rectificó la noticia, diciendo que nada más un fraile franciscano concurrió al entierro.

Esto me recuerda lo que de Santa Teresa de Jesús decía uno de sus apologistas: "Tal gustaba de mortificarse la santa, que gustándola mucho el chocolate, sólo uno tomó en toda su vida, y ése no lo tomó, porque le cayó una mosca".

No se me alcanza cómo un fraile franciscano pudo parecer QUINCE FRAILES FRANCISCANOS. Del padre Fischer, que era muy alto, decía uno de sus discípulos: —Cuando va saliendo por la puerta de la iglesia veo padre y padre y que no acaba de salir.— Pero no veía ese burlón discípulo quince padres Fischer; no veía toda una Comunidad: veía un padre muy largo, interminable... un padre eterno.

El ver quince en donde nada más hay uno, sólo es dado a los que, a pesar de sus malas capas, son muy buenos bebedores.

Sin embargo, voy a alegar las circunstancias atenuantes en defensa de ese señor que ve visiones. En Morelia es muy fácil confundir a cualquier padre de familia con algún padre de la iglesia, y a los Franciscos con los franciscanos. Recuerdo que visité esa capital cuando gobernaba el Estado de Michoacán el General Jiménez, a quien acusaba por aquel entonces la prensa clerófoba. Y el *Combate, in cápite*, de ser muy tolerante con los frailes y de permitir a éstos el uso de sus hábitos. Cierta mañana en que el General y yo conversábamos sobre lo necio e infundado de aquel cargo, díjome él:

—¿De qué tiene trazas ese señor que viene ahí?

—Sin duda que de *padre*.

—Pues voy a presentárselo a usted: Don Fulano de tal, Magistrado del Supremo....

—Aquel otro, sí de seguro, es fraile— dije yo, poco después.

Pues nada de eso. Voy también a presentárselo:—Don Mengano, diputado a la Legislatura....

Y como esos dos caballeros particulares, fueron pasando muchos otros de capa y esclavina, jueces, profesores, abogados, médicos, etc.

—Como usted verá— me decía el general Jiménez —yo no puedo impedir que esos señores gasten capa ni que tengan aspecto de prebendados o canónigos; así como tampoco hay razón para que obligue a la gente de iglesia a andar en cuerpo.

Quince de esos señores—pienso ahora— bien pueden parecer quince frailes franciscanos. Sobre todo en un entierro, porque presumo yo que en los cortejos fúnebres han de ir más gravedosos y más serios que de costumbre.

Pongamos por caso, sin embargo, que no en Morelia, sino en México salen por esas calles quince dominicos, o quince teatinos o quince mercedarios. ¿Ustedes creen que yo me asustaría? Pues, ¡no señor! Estoy seguro de que no por eso se interrumpiría la circulación de los ferrocarriles ni se perderían las conquistas de la libertad, ni se vendría abajo "el actual orden de cosas", como dicen los periodistas de la pelea pasada.

En primer lugar, si hoy se considera a los sacerdotes y a los frailes el uso de sus sendos hábitos, ninguno de ellos aprovecharía gustoso la sentencia. También ellos darían sus leyes de Reforma, ¡que habían de usar el sombrero de teja o acanalado! Dejaríanlo para tocado peculiar del Don Basilio del *Barbero*.

Mas suponiendo que por su cuenta y riesgo, desafiando las bromas y las burlas, salieran en tal guisa a la vía pública, seguidos por la chiquillería alborotadora que hoy sigue a los chinos y a los turcos, ¿qué cataclismo sobrevendría? ¿La pérdida de nuestra nacionalidad? ¿Un nuevo terremoto?

Ya han pasado los tiempos de la demagogia y de la blusa colorada. No hemos de decir que

Catilina está a las puertas de Roma porque un sacerdote de sotana y de manteo esté en la puerta de Santa Catalina. Cuando uno es niño, cree en el coco. Después... lo hace.

16 de noviembre de 1894

[238]

La producción del hambre.

"El Gobierno— dice un periódico respetabilísimo, partidario del Estado-Papá y hasta del Estado-Mamá, recientemente descubierto por *El Nacional* —debe procurar no tan sólo (no, no tan sólo, ¡un poco acompañado!) el *ensanche* de la instrucción primaria, sino también *producir* hombres de ciencia, que honren a su patria".

¡He aquí un Estado productor de hombres científicos en un país que no consume ciencia y que deja a los sabios consumados enteramente consumidos por el hambre!

Estoy contra la producción de hombres de genio, y estaré contra ella mientras no tengamos un Asilo de Mendigos monumental, como lo exigen las necesidades públicas. Venero, admiro a los que saben el sanscrito; pero me parece que estorban, porque o viven a expensas del Gobierno, o comen de caridad o mueren porque no tienen que comer.

En materia de arqueología que no haya más que un solo sabio. Desde que hubo dos empezó el desacuerdo y aún no sabemos si Jaramillo mató a un hombre o mató a una mujer o "mató el sueño", como dice Shakespeare. Es bueno que el arqueólogo esté solo. Y que sea célibe para que no produzca, honestamente, más arqueólogos.

Hacer sabios es atentar contra derechos adquiridos. Ya cada ciencia tiene un representante inamovible (y sin suplente) en el concierto (obligado a clarinete) de la democracia mexicana. No más sabios, porque realmente, ya el pobre y asendereado Presupuesto de Egresos no tiene posada para tantos.

¿No sería mejor, más práctico y más útil establecer la Universidad de Zapateros?

Yo necesito un zapatero; usted necesita un zapatero; casi todos necesitamos un zapatero y casi ninguno encuentra un zapatero bueno a su medida.

En cambio, nadie necesita un sabio: yo, si lo necesito, llamo a cualquier joven de las Mensajerías urbanas, no marítimas, y le digo sencillamente: —Trae un sabio.

¿Qué, respetabilísimo colega— le hablo al periódico, no al sabio —para que haya algunos caballeros sin caballo, capaces de traducir al castellano antiguo el *Ramayana*, hemos de pagar los míseros contribuyentes una paga de marcha a la inmortalidad? Para que México diga, señalando a tres o cuatro doctos en hebreo: —éstos son mis timbres de gloria, ¿hemos de pagar más timbres los no sabios?

¡Cría sabios, oh Estado, y te sacarán los ojos!

México, amigo mío, no necesita más arqueólogos: necesita adoquines... y otras cosas. De sentido común, señor colega, de eso tiene hambre y sed esta república. Mamá-Estado—la descubierta en un arranque de locura por el independiente Nacional—no tiene el deber de enseñar estampas a sus hijos ni de contarles cuentos muy bonitos. El que quiera ser sabio, con su pan se lo coma; pero no con el pan de los demás.

—Cultivad la literatura griega y la del Lacio; cultivad las lenguas muertas; cultivad las que llamaban humanidades, muy inhumanamente, nuestros progenitores ilustrísimos....

No, mis queridos jóvenes, no hispanos ¡no encaminéis al templo de Minerva vuestros pasos! cultivad el café, cultivad la naranja, bendecida por nuestro padre Carlos Gris que está en todas partes; cultivad el tabaco, el zacatón... y nunca, nunca, nunca leáis editoriales de periódico. Trabajad, aunque el hacerlo os cueste mucho trabajo; trabajad, para no caer en la tentación de escribir versos.

El Estado no es Mamá; el Estado no es nodriza; el Estado no es Hospicio. El Estado soy yo; el Estado es usted, lector amigo; todos nosotros somos el Estado. Cuando pedimos dinero al tal Estado, que está en estado de sitio eternamente, nos pedimos dinero a nosotros mismos. Y no han caído en la cuenta de que esta es la verdad muchos periódicos, y por lo mismo están dale que dale con esta frase de estampilla:

—Da, Gobierno—¡Ay... nosotros pagamos la estampilla!

Las truchas salmonadas que tuvimos la gloria nacional de saborear un jueves santo, nos costaron un ojo de la cara; la arqueología nos cuesta otro ojo de la cara; y la prehistoria, la literatura, la alquimia, el ocultismo de D. Lino Nava, las fugas del Conservatorio y las de algunos que manejarán fondos públicos, nos cuestan muchos ojos de la cara. Por eso está el país tan cacarizo.

¡Y todavía queremos sabios en latín y exposiciones internacionales!

No, Mamá-Estado, no: café con leche.

22 de noviembre de 1894

[239]

La levita.

D. Enrique Gaspar escribió una comedia, mala según los críticos, pero muy sugestiva a mi entender, y que se llama *La levita*. Yo voy a hacer otra levita que resultará peor. O para hablar como Dios manda, voy a ponerle forros a la levita del Sr. Gaspar.

¡Oh levita, cuántos crímenes se cometen en tu nombre!

Un ciudadano, libre, independiente en lo que cabe, (no todos alcanzan la fortuna de llegar a *dependientes*) comete un robo. Ese ciudadano tiene camisa (es lo único que tiene) pero no tiene levita, ni *jacquet*, ni saco. El gendarme lo aprehende, el comisario le insulta y lo consigna al juez en turno. Al día siguiente la prensa de todos los colores, desde el color de bilis hasta el color de cielo, anuncia que ese ciudadano, Lucas de nombre y Gómez de apellido, robó a otro ciudadano distraído, en la plazuela de Juan Carbonero.

Ningún escritor serio, moral, católico y presupuestívoro; ningún periodista jacobino inmoral y clerófobo; ningún defensor del pueblo; ningún cortesano de la buena sociedad, protesta contra la difamación o la calumnia de que está siendo víctima ese pobre Don Lucas, Gómez de apellido.

Porque en efecto, aun la justicia no condena a ese señor. Todavía no resuelven los arqueólogos si es hombre o si es mujer o momia acrúpida.

Debemos dejarle, como a Jaramillo, en su buena opinión y fama. Acaso sea inocente.... Tal vez resulte un santo, un mártir.... ¿Por qué pues, ni los defensores magnánimos del pueblo ni los adoradores sin fortuna del *mundo* aristocrático, protestan contra la vil difamación que cometen, dañando a Lucas Gómez, la prensa y los voceadores de periódicos?

Supongamos ahora que un gentilhombre roba a otro. ¡Suelen acontecer estas gentilezas! Sin disputa, su delito es mayor que el cometido por aquel ensabanado de Juan Carbonero. El Código lo estima así. Y amén de la agravante que le toca, por ser persona instruida, tócale al gentilhombre la de haber procedido, con más alevosía y mayor ventaja que el hambriento y desarrapado Lucas Gómez.

Pero tiene levita el gentilhombre, y esta circunstancia, que es agravante como dejo dicho, se convierte para él en atenuante. ¡No le toquéis! —¡Honra de los Monteros, quién diría / Que os vierais arrastrada por el lodo!

Es muy curioso que los mismos periódicos y hasta los mismos caballeros que aplaudieron con entusiasmo al Diputado Bulnes cuando habló de la ley de los descamisados y de la ley de los hombres de levita, sean hoy los que se indignan porque la prensa no reconoce ese fuero de sastrería, que está fuera del sentido común.

No, señores míos, la levita, vuelvo a decirlo, no es una atenuante, es una agravante. En el que roba, lo principal no es la manga, sino la mano. Y precisamente la buena sociedad y hasta la simple sociedad, deben castigar con dureza a aquel de sus miembros que delinque. Somos condescendientes... muy condescendientes... tolerantes... muy tolerantes... y la tolerancia de cultos, señores míos, no ampara a los que rinden culto al crimen.

Casos se dan de que salga de la cárcel después de haber cumplido su condena, un estafador de levita y sus amigos celebren el suceso con un banquete en cualquier tívoli, invitando para él a buena parte del "México elegante".

¡*Pobre...*! decimos los más intolerantes. Y, no señor, ¡qué pobre ni qué pobre! ¡Pobre sociedad!

Y aquí pongo punto a los forros de la levita. Mañana, Dios mediante, le pondré los botones.

23 de noviembre de 1894

[240]

Al por mayor.

Decía hace poco *El Universal*, y con mucha justicia, que en México hay carreras de caballos, pero no hay caballos; hay corridas de toros, pero no hay toros ni toreros; y hay regatas, pero no hay agua. Esto es enteramente exacto. Acá, para un guiso de liebre, la liebre es lo de menos. Lo esencial es el gato. Y vuelvo a mi tema: éste es el país del tengo y no tengo.

Puede formarse una especie de Ollendorff típico de nuestras costumbres.

—¿Tiene usted que comer?

—No; pero tengo unos botones de brillantes para cuando me inviten a algún baile.

Nuestra grandeza nos arruina, la riqueza de nuestro suelo nos tiene en la miseria, y atacados de megalomanía, vivimos soñando en levantar palacios, en construir acueductos monumentales, en el milagro, en la maravilla, en lo imposible.

¡Sí, señor! El Sr. Malo, digo, el Sr. Orozco, proyectó hace años iluminar toda la república por medio de inmensos reflectores eléctricos colocados en la cima del Popocatépetl; el Sr. Malo Orozco quiso desaguar la ciudad sacando el agua con una escudilla, como aquel niño que vio San Agustín y que pretendía vaciar el Oceano con una concha; y el Sr. Orozco... digo, el Sr. Malo, quiere que convoquemos a una exposición internacional.

Un cojo quería correr y un inglés le decía:

—"No puedes andar y quieres correr".

Eso mismo ha de decir al Sr. Malo cualquier yankee.

Vale más que nos conformemos con una exposición de estampados, o con una exposición de cigarros o con una exposición de motivos del Código Penal.

Pero la manía de hacer todo en grande se impone a todo linaje de consideraciones.

Y si no, vamos a ver: se fundó en México hace cuatro o cinco años una "Sociedad de Beneficencia Universal". Trataba ésta, según de nombre se colige, de hacer la caridad al mayoreo, de hacer bien y buena obra a todos los humanos. Naturalmente, no hubo posada para tantos, no hubo recursos para aliviar las miserias de toda la humanidad.

¿No hubiera sido mucho más cuerdo, mu-

cho más útil y más práctico, fundar una asociación para socorrer a los pobres de la trigésima segunda calle de Mina?

El mismo Sr. Orozco... digo, señor Malo, quiso hace pocos meses convertir la calzada de la Reforma en un pequeño París, con Sena y todo. Soñó en la importación de la torre Eiffel y de la estatua de la Libertad. Acaso no estuvo lejos de su pensamiento hacer a México puerto de mar.

Y ¿qué había de suceder?... La calzada de la Reforma quedó como antes del parto de los Montes, con sus guerreros aztecas y sus grandes hombres convertidos en prensa papeles de chocolate. No vinieron las Thermas, ni el Parthenón, ni el Coliseo, ni la pirámide de Cheops, ni el mar, ni la aguja con que zurcía Cleopatra los calcetines de las nubes.

La Ciudad habría agradecido más al Sr. Malo que inventara un sistema cómodo y barato para regar la calzada de la Reforma.

Pero todos tenemos algo de Orozco. Orozco es el hombre representativo de nuestra raza, el símbolo de nuestro carácter.

O para dejar descansar al Sr. Orozco, Malo es nuestro símbolo. Nuestro carácter es muy Malo.

El más antiguo *Juvenal* nos decía ayer, en su agradable charla consuetudinaria, que el proyecto Malo tiene la bondad de no pedir subvención alguna al Gobierno.

Se equivoca de medio a medio el más antiguo *Juvenal*. Hay diversas maneras de pedir, como hay diversas maneras de matar. La exposición proyectada nos expone a una irrupción de mercancías libres de derechos. Y nos importa que el distinguido Sr. Malo no se convierta en importador privilegiado. Esto sería muy malo, Sr. Malo.

27 de noviembre de 1894

[241]

Quieren chocolate.

Los guatemaltecos han reflexionado muy detenidamente que... siempre Chiapas y Soconusco les pertenecen. Si en un momento de precipitación renunciaron a sus derechos sobre esas tierras, ahora, arrepentidos, quieren retrotraer la cuestión a su época inicial... retrotraer, esto es, retrollevarse o retrocogerse lo que más les acomode.

El *Diario de Centro América* trae acerca del particular, un artículo instructivo. Dice el colega que Guatemala ha sufrido y continúa sufriendo las consecuencias de nuestro "carácter absorbente". ¿Sabían ustedes que teníamos ese carácter? ¿No, verdad? ¡Pues, vivir para ver!

En mi pobre opinión, a México no le ha gustado nunca Guatemala, y por eso no piensa, ni pensó jamás, en absorberla. No sabríamos qué hacer con Guatemala, ni en qué recámara ponerla. Si me la regalaran, yo la cedería a cualquier establecimiento de beneficencia. No nos sirve. Es como uno de esos obsequios ridículos que hacen los fuereños y que nada más de estorbo sirven.

Pero veamos por qué se retrollevan los guatemaltecos a Chiapas y Soconusco: "ya es tiempo— dice el articulista —de que la cuestión tome su verdadero puesto y se la dé su verdadero carácter". Sí; hay que ir a lo verdadero. ¡Todo verdadero y tres verdaderos en dos líneas de glosilla!

Chiapas y Soconusco, según el buen parecer del dicho *Diario*, no pertenecen a México ni a Guatemala, sino a Centro América. Pero como pertenecen a Centro América, son de Guatemala, porque Guatemala es Centro América. O más claro, Costa Rica, el Salvador, Honduras y Nicaragua deben armarse y emprender la reconquista de Chiapas y Soconusco; luego que la pongan cima, dar Chiapas y Soconusco a Guatemala, que es el verdadero centro, el verdadero fondo y el verdadero Mayer de la verdadera Centro América; y luego que hayan dado Chiapas y Soconusco a Guatemala, darse ellas a la misma Guatemala, que es el yo y el no yo y el casi yo de la verdadera Unión de los Amigos.

Esta es la política sencilla, fácil y barata del general que sólo reina en barrios.

Dice el colega que nosotros, "abusando de la fuerza (¡hombre, yo no me creía tan fuerte!) arrancamos a Guatemala las provincias de Chiapas y Soconusco". ¿Se acuerdan ustedes? ¿No, verdad? Pues yo tampoco. Ni memoria hay en México de aquella cruenta guerra de conquista. Si arrancamos Chiapas y Soconusco a Guatemala, ha de haber sido aquella una extracción sin dolor. Los chiapanecos vinieron a nosotros, y ahí les tienen ustedes tan contentos.

No parece que estén decididos verdaderamente a entrar al verdadero fondo de la verdadera funda centro americana. A estacazos demuestran su amor a los guatemaltecos. Bien es cierto que los guatemaltecos manifiestan sus simpatías a los de Chiapas robándose lo que encuentran más a mano.

Ellos siguen la máxima de San Cayeta, el cual dijo: "No es malo robar". Pero ya les haremos ver nosotros que San Cayeta no dijo tal y que el libro citado por sus señorías lo que dice es lo siguiente: "Y contestó San Cayetano: es malo robar".

El *Diario de Centro América* dice, en resumen, que México debió haber tratado la cuestión de límites, no con Guatemala, sino con Centro América. ¿Y quién es Centro América y dónde se la encuentra? Para entablar negociaciones diplomáticas con ella, habría sido necesario crear una Secretaría de Relaciones suprasensibles.

Nosotros no podemos señalar nuestros límites con el Salvador ni con Nicaragua, Costa Rica y Honduras. Nuestra vecina de la calle Sur A. 2 es Guatemala.

Y se lo vuelvo a decir: para absorberla no nos gusta. Mejor un aperitivo.

28 de noviembre de 1894

[242]

El Banquito.

El Tiempo ha descubierto una igualdad curiosa: la del proyectado Banco Agrícola y la Caja de Ahorros para los empleados de Hacienda.

"¿En forma— pregunta —de varios 'banquitos aislados' se puede hacer lo que no se puede hacer en forma de un gran banco sólido, serio y que sería un paso gigantesco dado para el progreso nacional?"

. . . .

Exige la nación que lo que se ha dado a los empleados, se otorgue también a todos los demás gremios nacionales, por las mismas, mismísimas, profundas, filosóficas y desinteresadas razones que se les concede a los primeros.

Y si no, ¿cómo pudo el Sr. Limantour iniciar la creación de ese banquito y caja de ahorros sin romper la unidad de la marcha gubernativa?

Eso es: ¿cómo pudo no romper la unidad de la marcha administrativa? Aunque, bien visto, puede ser que la haya roto.

La nación exige que lo que se ha dado a los empleados se le dé a todo hijo de vecino, y los exige, porque lo exige, porque es nación y porque no hay tu tía. Una exigencia del *Tiempo* es, innegablemente, una exigencia nacional. Hasta bien puede suceder que una exigencia del *Tiempo* sea una exigencia del espacio.

Pero permita el labrador colega que disfrute yo la honra—como dicen dos miembros respetables de la Academia de Ciencias Exactas, correspondiente de la de Madrid—permita que disfrute yo la honra de apearle por las orejas de su rucio.

Entre ese Banco Agrícola que, según el *Tiempo* cristianísimo, "SERÍA UN PASO" y, en mi humilde opinión, no tendría un peso; entre ese Banco Agrícola, repito, y la Caja de Ahorros referida, hay ligeras, más importantes diferencias. El Gobierno ha pensado, ignora por cuál razón, que el capital es adminículo indispensable para un Banco.

Cree que los bancos no pueden salir a la calle sin dinero. Con buenas intenciones—se dice él—puede empedrarse el infierno pero no se puede emitir billetes que representen un valor en numerario. Representarán el buen deseo de algunas personas distinguidas y honorables; representarán *Los Polvos de la Madre Celestina*; pero no pesos fuertes del cuño mexicano.

Esta doctrina es la causa primera de fracaso sufrido por la Cámara Central de Agricultores. Las mieses de oro, desventuradamente no son de oro ni los argénteos arroyuelos son de plata. Los tenedores de billetes no se aguardan a que Dios mande el agua y dé el maíz.

La Caja de Ahorros fía en la buena intención y en las buenas costumbres de los asociados; pero fía más en el dinero que guarda. No será una caja de dulces, sino una caja de Cajero. No romperá con su peso "la unidad de la marcha administrativa", porque hay poquísimos empleados que ahorren sumas relativamente considerables; no romperá, pero mucho menos, quebrará.

Preferible es un *banquito aislado* en el que pueda uno sentarse, a un Banco de arena.

Ahora bien, amigo *Tiempo*, usted piensa que el Gobierno se opone a que los agricultores funden una caja de ahorros, a que ahorren los agricultores. ¡Nada de eso, señor! ¡Que ahorren! ¡Que ahorren! Luego que ahorren, compren caja; y en cuanto tengan caja, pongan Banco.

Lejos de impedir esto, es lo que les aconseja, es el requisito que les pone: ver en caja los *ahorros* que garanticen la solidez y crédito del Banco.

Para cultivar la santa economía, para que cada cual tenga su hucha, no es necesario que el Gobierno otorgue nada. Lo que se requiere es pedir a Dios que nos libre de malas tentaciones, que robustezca nuestra voluntad a fin de que guardemos en la alcancía los cuartos que podríamos malgastar.

A los empleados de Hacienda no les ha concedido el Sr. Limantour esa virtud: se les ha recomendado y les ofrece medios adecuados para que les resulte lo más fructífera posible.

¿Cómo se ha de oponer el Gobierno a que un hacendado de tierra caliente fume, por ahorrar, cigarros de la "Mascota" en vez de tabacos de "La Prueba?"

Reúnanse los agricultores, junten sus ahorros, préstense mutuamente a interés módico; nadie se los prohibe; pero no intenten traspasar sin dinero, una concesión bancaria, ni establecer sin capital bastante, un banco.

—Bueno— se me dirá —pero ¿cómo pudo el Sr. Limantour "iniciar la creación de ese banquito, sin romper la unidad de la marcha administrativa?"—

¡Ah! ¡Esto sí yo no lo sé! ¡Es extraordinario! ¡Sobre todo, después del terremoto!

29 de noviembre de 1894

[243]

Lengua francesa.

A juzgar por el libro que tienen de texto, según dicho de la prensa, los alumnos de las escuelas oficiales, no aprenden el francés, sino otra cosa. Les pasará lo que a aquel inglés de Julio Verne que, pensando aprender no recuerdo cuál lengua, aprendió el chino.

La verdad, la verdad... no me parece tan estupenda la noticia. Conozco a muchos jóvenes que estudiaron en la Preparatoria dos años de latín, dos años de francés, dos años de inglés, y que no hablan inglés, ni hablan francés, ni entienden el latín.

Para la enseñanza de los idiomas no son muy útiles las escuelas nacionales. Harto consigue el alumno con poder traducir al metafísico de turno en la clase de lógica y el Ganot y el Pelouze y luego el Ortolán, etc., etc.

Y la razón es obvia: son tantas las materias que tiene que cursar y tan disímbolas, que no le queda tiempo ni cabeza para los idiomas, no puede ejercitarse hablándolos, y lo único que pretende es salir del paso lo menos mal que le sea dable.

Más jóvenes mexicanos han aprendido el inglés en los *five o'clock*, bailando Boston, en las oficinas de los ferrocarriles, que en la escuela. Para la enseñanza del francés, y de otras cosas, son más útiles que la Preparatoria las coristas de ópera bufa, las modistas y otras señoritas que, a pesar de sus años y su aspecto, no son señoras propiamente hablando.

Conozco a un abogado distinguido que estudió sus dos años de inglés, como previene el plan de estudios (que es un verdadero plan de Salamanca) y no puede sostener una conversación de dos minutos, con ningún súbdito de Su Majestad Británica.

Pero usted habla inglés— le decía su compañera de mesa en una fiesta de embajada.

—*A little*, solamente, señorita.

—Hábleme Vd. sin miedo— replicaba la inglesa.

Y el abogado, tras quince minutos de meditación, dijo en la lengua de su compañera... es decir, no precisamente en la lengua, en el idioma:

—¿Tiene Vd. el paraguas blanco de su padre?

—No, Sir.

—Entonces tendrá la cachucha azul del marinero.

—¿............................?

—Pues déme Vd. la pluma del maestro.

¡Figuráos la estupefacción de la señora al oír esas frases incoherentes!

Y lo grave es que, sobre poco más o menos, así andan el inglés y el francés de muchos que ya acabaron su carrera. Saben decir lo que le pasó al Sultán Mahmoud *by his perpetual wars abroad and his tyranny at home*; pero no saben pedir una servilleta.

El que haya aprobado la Junta Directiva de Instrucción Pública ese método para aprender el francés tan rematadamente malo, me parece... algo fuerte; pero no increíble.

En esa junta hay varias personas respetables... que no saben francés. No es de su tiempo. No se usaban blondas en tiempo de Epaminondas.

Tampoco me asombra que en todo el libro estén confundidos los pronombres posesivos *nôtre* y *vôtre* con los adjetivos posesivos *notre* y *votre*. Por estos barrios eso de los posesivos está muy desbarajustado. Hay quien confunde a cada paso lo nuestro y lo vuestro con lo suyo. Ahí está Guatemala sin ir más lejos; porque bastante lejos está.

Que al traidor le llame *traite* el libraco de marras y al tonto, *fou*, es muy dura cosa; pero acaso el autor era aquel mismo que decía:

—Paso que al pan lo llamen *pain* y al vino *vin*; pero ¿al sombrero *chapeau*? ¡Eso no lo puedo pasar!

Sobre todo, señor, ¿por qué hemos de oponernos a la creación de un francés nacional? Éste no rompe "la unidad de la marcha administrativa".

30 de noviembre de 1894

[244]

¡Preparen, apunten, fuego!

Un simpático e ilustrado semanario describe la entrega de bandera al Batallón Zaragoza, y dice:

"Inmediatamente el Coronel, pasando a retaguardia del Cuerpo, dijo:

—Soberana enseña de la Patria, emblema de nuestro honor y precio de nuestra sangre, religión y culto. Amor y orgullo del soldado.

Los Jefes, Oficiales y tropa del Batallón Zaragoza protestamos, al amparo de tu sombra augusta, que serás el centro de nuestra unión y el símbolo de nuestro fuero; que mientras tengamos vida te conservaremos inviolable y respetada; y que en este altar vivo que presides desde hoy, recibirás siempre la ofrenda de nuestra existencia y el culto ferviente que nuestros padres nos enseñaron a tributarte. Y en prueba de que así lo protestamos, ¡preparen armas, apunten, fuego!"

Me parece muy bien la alocución preinserta. Es bonita, levantada, patriótica. Además, creo que es de rúbrica. La prescribe la Ordenanza en el ritual, para entrega de bandera. Así me lo acaban de decir dos jóvenes que saben algo de banderas.

Mas aunque sea de ordenanza el estribillo, ¿no sería conveniente suprimir las palabras: *Y en prueba de que así lo protestamos, preparen armas, apunten, fuego?*

No me convence la prueba. No es prueba plena. Y la frase le cae al discursito como a cualquier Santo Cristo le caería un par de pistolas.

¡Preparen, apunten, fuego!... ¡Eso no es probar que se protesta!... ¡eso es probar la pólvora! —Y en prueba de que yo pago / Lo que pierdo, cuando juego, / Verán ustedes lo que hago: / ¡Preparen, apunten, fuego!

Insisto en que eso no es prueba. Está bien que se haga la descarga, pero que la hagan fuera del discurso. Al comenzar la alocución

no dice el Coronel: "¡Armas al hombro!" En su peroración habla de buena armonía, de patriotismo, de amor, de generosidad, etc., etc.; y al final de ella, suelta un "¡Preparen, apunten, fuego!" que parece un "¡Fuera abajo!"

Esta literatura de general Boum Boum es demasiado estrepitosa.

La descarga, como ya dije, debe correr por cuerda separada. No queda bien anexa, como prueba, al expediente. Para probar que el fusil Mondragón es excelente, *¡Preparen, apunten, fuego!* Para probar que los soldados han de tributar a la bandera el culto ferviente que sus padres les enseñaron, *¡descansen armas!*

Ese Credo revuelto con balas me parece de mal gusto.

Mucho temo que en este país de valientes se generalice tan singular fórmula de protesta. El mejor día se presenta un nuevo diputado, es decir, un viejo diputado que va a servir otra vez, (porque con los diputados pasa lo que con los años, de los que decía D. Pedro Antonio de Alarcón: —Año nuevo, ¡qué sandez! / Anuncia hoy el añalejo / Sin ver que es un año viejo / Que va a servir otra vez.) // y este diputado, al decir: "Sí protesto", dispara su revólver, en prueba de amor a la Constitución.

Ya se ha observado que en la noche del 15 de Septiembre, al dar las once, muchos disparan sus pistolas, lanzan tiros al aire, y como en México hay incontables caballeros que se quedan en el aire, o que se dedican a hacer castillos en el aire, suelen ocurrir desgracias personales.

El *preparen, apunten, fuego*, no sólo es de la ordenanza militar, sino también de la ordenanza civil y de la ordenanza criminal. Está en nuestras costumbres. Somos tiradores. Tiramos dinero, tiramos gobiernos, tiramos la casa por la ventana, y cuando no tenemos qué tirar, tiramos tiros. —Y en prueba de que le ruego / Venir a tomar la sopa, / ¡Bébase usted esa copa / O preparo, apunto y fuego!

Esta es la fórmula que emplean las personas bien educadas cuando están en la cantina e invitan a alguno a comer. Es persuasiva, es elocuente; pero entiendo que el ejército no debe aceptarla para protestar amor a la bandera.

Que haya bandera sin ¡fuego!

5 de diciembre de 1894

[245]

Asuntos urgentes.

He dicho alguna vez que en el gobierno del Distrito pasa por cosa cierta que el hombre es un espíritu puro; un ser sin necesidades, sin apetitos; un ángel cuyo cuerpo acaba en los hombros como el de ciertos querubines pintados por Murillo. El Gobierno del Distrito cree que es conveniente, necesario, el desagüe parcial de la ciudad, el desagüe del Valle, pero no estima que el desagüe de los ciudadanos sea indispensable o digno de atención. El tiene entendido que cuando sale uno a la calle y toma el aire y tropieza con los billeteros y marcha con dificultad por entre animadas turbas de mendigos y aspira los malos olores que despiden las pulquerías, sobre todo después de las cinco de la tarde y después del famoso reglamento que, sin duda, ha de estar en el empeño, porque aún no se ha cumplido, cuando sale uno a cobrar cuentas incobrables o a correr como galgo tras el precioso pan de cada día, (que cada día, por cierto, está peor) no tiene necesidades que cubrir, ni diligencias que evacuar y puede aplazar la liquidación de negocios urgentes, perentorios, para cuando regrese al domicilio conyugal, a la casa paterna, al cuarto del hotel o a la posada.

Reconoce el Gobierno del Distrito que el ciudadano tiene la necesidad de comer y la necesidad de beber; pero no le reconoce otras necesidades, las opuestas; no conoce el reverso de la medalla de este asunto.

Y está en un grave error ese Gobierno. El hombre es flaco, y aunque el hombre sea gordo, o, mejor dicho, más todavía, si el hombre es gordo, está sujeto a las flaquezas de la humanidad. Esos que veis pasar tan de prisa, tan impacientes y distraídos por la acera, esos que parecen, por lo ruin de la traza, pobres diablos, tienen algo adentro, como Chénier. Y como dijo Zenea: —¡Señor, señor!... El pájaro perdido / Puede hallar donde quiera, etc....... / Y el hombre, el rey que al Universo envías / Armado para entrar en la contienda / No sabe al despertar todos los días / (*Si tendrá que acogerse a alguna tienda*).

Porque esto, precisamente, esto que digo en el último verso, parodiando y profanando un célebre cuarteto, es lo que pasa en la Ciudad de México. El Gobierno de Distrito ha concedido un monopolio vespasiano al Sr. Baeza, dueño de la mosquea, situada en la Plaza de Armas. Fuera de esa mosquea, no hay salvación. ¡Ya no hay columnas de Hércules ni columnas de las otras! ¡El perro vagabundo callejero, goza de más libertades que el hombre, el rey... y todo lo que sigue! En la química oficial deshidratar está prohibido.

Y como es imposible desobedecer a la Madre Naturaleza, como no hay sofismas que valgan contra la fuerza de los hechos; el ciudadano a quien acomete de improviso o no de improviso, una imperiosa necesidad de las que persigue, por clandestinas el gobierno, se ve en la triste disyuntiva de morir con el agua al cuello o de entrar a una tienda (o sea cantina) en donde hay refugio para los pecadores y consuelo para los afligidos. Esas cantinas son los templos del verdadero y caritativo Vespasiano. Esas son... lo que las tablas suelen ser en los naufragios.

Pero resulta de esto que el Gobierno subvenciona indirectamente las cantinas, les envía parroquianos por necesidad, y protege un vicio desastroso. Porque, nadie pasa sin hablar al portero; ninguno sale de ahogos sin tomar antes una copa. Ahora bien, si un individuo tiene la difícil facilidad de que hablan los poetas; si se ahoga en un vaso de agua; si su retentiva no es muy grande y con frecuencia tiene la necesidad de desahogar sus penas en el seno de la cantina o de la tienda, calcúlese la cantidad de alcohol que absorberá por culpa del Gobierno. Y por lo mismo, calcúlese también.... ¿A qué seguir? Este es un verdadero círculo vicioso.

Esperemos; pues de esperanzas vive el hombre, un sincero *mea culpa* del superior Gobierno del Distrito. No está bien esa subvención indirecta de que disfruta el cantinero. Que venga un nuevo Plan de Orozco a redimirnos.

6 de diciembre de 1894

[246]

Pierna de palo.

¡Vuelvo a la carga! En este mismo periódico y en algunos otros, he abogado por los pobres inválidos: Dan lástima esos "quebraditos" que hacen su cuarto de centinela en el Montepío, como si hicieran penitencia, en previsión de su próxima muerte. ¿No podrían reducir esos quebrados a un común denominador, o sea, a un común cuartel, y allí dejarles en paz después de tanta guerra?

Desde luego es curioso que para defender un establecimiento de tan grande importancia como el Monte de Piedad, escojan a hombres enfermos, agotados por la edad, caducos, incapaces hasta para huir, en suma, inválidos. Y luego, parece injusto que la nación pague los servicios de sus viejos soldados con un mendrugo de pan que no les es dado llevarse a la boca si no desempeñan alguna labor, si no trabajan. En México es preferible haber quebrado fraudulentamente que ser el más honorable de los quebraditos.

Otras naciones miman a esos pobres inválidos, que tal vez llevaron a cabo actos de heroísmo, y que en resumen, por su voluntad o contra ella, derramaron su sangre, expusieron su vida y se imposibilitaron para el trabajo por servir a la patria. Da gusto ver a un inválido en París. El Estado le rehace un poco de salud y un poco de buen humor. Los hay mentirosos, fanfarrones, "matamoros"; no falta entre ellos quien se crea seductor todavía; pero ¡qué diablo! también merecen benevolencia y mimo los que han hecho muchas campañas y sufrido mucho en ellas.

Nosotros no podríamos hacer otro tanto, dada la triste condición del soldado mexicano, condición que, por dicho, le hace poco exigente; pero sí podemos hacer algo más de lo que se hace, librando al pobre inválido de las "guardias", no convirtiéndole en mozo de oficina, empleo que le rebaja y que le humilla.

Hoy, el viejo soldado es el hazmerreír de los meritorios de las oficinas; el protagonista de las chanzonetas; en él se ensayan las travesuras; y ese achacoso, ese bufón, ese pobre hombre, fue acaso un valiente, tuvo días de gloria, como tantos héroes desconocidos que resume y embebe la historia en unas cuantas personalidades culminantes.

Si el soldado, como tal soldado, no debe hacer oficios serviles fuera de aquellos que la Ordenanza le prescriba, y nunca a particulares, ¿por qué ha de hacerlos el soldado viejo e inválido, el que ya conquistó su derecho al descanso, y un retazo, un harapo de gloria?

El Gobierno por medio de la instrucción ha procurado y procura levantar al soldado. No me hago ilusiones, no espero mucho de una raza que rastrea y que tiene de ser, por luengos años, la proveedora de carne de cañón. Pero sí espero algo, y ya en la buena disciplina y en ciertos atisbos de limpieza, se echa de ver la eficacia de tal educación. También han contribuido mucho al adelanto del ejército la buena elección de jefes y la brillante oficialidad que está saliendo del Colegio de Chapultepec.

No debe desperdiciarse ningún recurso que tienda a dar al soldado conciencia de su dignidad y a inculcarle la idea de que no es soldado de su capitán o de su coronel, sino soldado de la patria. Por eso me he referido a los inválidos, porque si ve el que empuña las armas por primera vez al que ha pasado ya muchas campañas, y lo ve siendo objeto de mofa y trabajando acaso más que antes, en razón de que tiene las fuerzas ya agotadas, es imposible que le respete, que ame la carrera y que le anime el aliciente de alcanzar alguna recompensa, a menos que él por sí sólo se la tome en el pronunciamiento y el pillaje.

Yo, por lo menos, cuando veo a un inválido, juro morir por mi patria, si es preciso, pero no darle nunca un brazo ni una pierna.

7 de diciembre de 1894

[247]

Los teatros se van.

Es muy triste la situación de nuestros más fundamentales edificios. Como Rioja lo dijo:
—Las torres, que desprecio al aire fueron, / A su gran pesadumbre se rindieron.

Ese teatro Principal, que parecía académico, fue clausurado como el panteón de Santa Paula; el teatro de Vergara, el de la Nación, según los nominalistas y de Cerdán, según las escrituras, el teatro cuyos ecos repitieron la voz de Sarah Bernhardt, la de Adelina Patti y las encantadoras gallináceas de la Srta. Rusquella, cerró sus puertas a la bestia humana que iba a rumiar la cena en varias tandas; se derrumban los muros de ese coliseo,

no porque tiembla, sino porque ha llovido mucho desde entonces; el tablado que pudo sostener al colosal Tamagno, no puede soportar a la graciosa Peraltita; y sólo Arbeu, el teatro más combustible de los conocidos, ha logrado salvarse del desmoronamiento material del arte coreográfico, o sea, según sentir de mi amigo Alva, del arte de los coristas zarzueleros.

A los tradicionales "cómicos en cuaresma", podemos oponer "los zarzuelistas en Adviento".

Pero ¿el temblor del 2 de Noviembre último ha ocasionado este desastre?

Yo me pongo del lado del mango de la escoba, como decía Morny; yo me pongo del lado del temblor. Es un calumniado.

Las cuarteaduras que han hallado en nuestros viejos coliseos, casi romanos, los arquitectos de ciudad; los desplomes que amenazaban al público respetable en el teatro, no fueron obra del temblor. Así lo reza el informe rendido al municipio por los Sres. Ingenieros. Esto me parece altamente honroso para el supradicho movimiento sísmico, y por eso lo consigno.

Ahora bien: sin el formidable terremoto que ha dado lugar a tantas y tan injustas críticas; sin ese providencial sacudimiento que sacudió las energías dormidas del muy ilustre Ayuntamiento; podríamos seguir admirando el himno de la curva que modula tan bien la Srta. Rusquella; continuar aplaudiendo el *Dúo de la africana*; pero ¡ay! bajo la sombra del Manzanillo, y con riesgo inminente de asistir, en la última tanda, al hundimiento de la Atlántida o al último día de Pompeya. Teníamos sobre nuestras cabezas dos teatros de Dámocles. El terremoto, que nos ha librado de ellos, merece nuestra sincera gratitud.

Pero la cuarteadura más notable que el temblor ha descubierto, es la que tiene el Honorable Ayuntamiento.

Éste, no sólo necesita una sacudida vigorosa para hacer algo en bien de la ciudad, no sólo se movió movido por la tierra: pasado el terremoto, y por la fuerza de la gravedad, porque muy graves son algunos de sus miembros, volvió a caer en la inacción, en el nirvana. Las cuarteaduras del cuerpo municipal son incurables.

En cabildo del viernes, se dio lectura al importante informe de los Sres. arquitectos de ciudad; en cabildo del viernes, supieron los ediles que el teatro Nacional amenazaba ruina; y el sábado en la noche y el domingo en la tarde y en la noche, el teatro abrió sus puertas al público, al Ayuntamiento y a la muerte. A ciencia y paciencia de que cada tanda nos aproximaba más y más al cataclismo, el Municipio tocando la lira como Nerón, o el violón, como mi respetado amigo el Sr. Alva, dejó, impávido, que diez o doce mil filisteos, ignorantes del riesgo que corrían y del brutal valor que demostraban, retaran a la muerte, bajo las bóvedas del templo profanado y próximo a desplomarse sobre ellos.

Fue necesario que un poder desconocido decretase la inmediata clausura del teatro, para que los encantos de la Srta. Rusquella no fueran tan fatales para México, como lo fueron los de Helena para Troya.

El terremoto merece mi gratitud y simpatía. Ha abierto más las cuarteaduras municipales y es muy posible que por ellas salgan algunos de los distinguidos regidores, que, durmiendo sobre un lecho de rosas, dejaron a la ciudad en brazos de la muerte.

Le envío mis más cordiales felicitaciones.

15 de diciembre de 1894

[248]

El puente de los suspiros.

No sé quien resultará culpable de la desgracia acontecida en el Naranjal; pero hay en el informe del ingeniero constructor del puente, un párrafo que me hunde en serias reflexiones. Dice el Sr. Cevallos:

"Llamado por las autoridades del vecino pueblo del Naranjal, para encargarme de la construcción de un Puente Colgante de cables de alambre sobre el Río Blanco, concurrí a una Junta de las personas notables de esa localidad, que pretendían hacer construir un puente que ofreciera resistencia hasta para el paso de carretas. Como el principal vehículo de aquel pueblo y sus contornos sea el de acémilas, y como además, un puente tal como el que deseaban, hubiera sido relativamente costoso, por esas razones y por otras aducidas en la Junta, se decidió que el puente fuera exclusivamente para peatones y acémilas. En esta inteligencia, hice los cálculos necesarios y formé el proyecto que presenté a los interesados del Naranjal, en cuyo poder existe desde entonces, haciendo en él las necesarias advertencias, de que el puente podía resistir hasta una tonelada de paso, cosa que también advertí a las autoridades del pueblo con verdadera insistencia, por juzgarlo de capital importancia; llevando mi empeño en evitar una desgracia hasta el puente de estrechar las entradas del puente, de manera que en ningún caso pudieran pasar dos o más acémilas al mismo tiempo, y recomendando que nunca estuvieran sobre él más de cinco acémilas cargadas".

¡He aquí un puente que nació peligroso! Sería una filigrana, una obra digna de Benvenuto Cellini, un dije; pero no era un puente. Tanto honor, tanto bombo, tanto himno nacional, tanto jefe político, para cinco acémilas que pesen juntas y cargadas una tonelada nada más, me parece un derroche de entusiasmo. En la piel de la primera autoridad del Naranjal, sea piel de oveja, o piel de asno como la del cuento, yo habría empacado el puente en una caja cuya tapa dijese, ¡en letras gordas! —FRÁGIL—MUY FRÁGIL—SUMA-MENTE FRÁGIL— y le habría remitido a cualquiera exposición de bordados. La población quería un puente y el ingeniero les encajó un encaje de Bruselas.

Puede ser que en Liliput o en el país de la reina Mab hubiera puentes capaces de resistir hasta una tonelada de peso, pero por muy cortijo o muy villorrio que supongamos al humilde Naranjal, debe presumirse que las necesidades públicas exigen allí algo más.

Sobre todo, señores; ¡eso se avisa previamente! Y no sólo por bando a los naranjaleños y sus adláteres, sino *urbi et orbi*. Yo, por ejemplo, ignoraba que ese puente era para cinco acémilas enjutas. Imaginen ustedes que en tan grave, pero tan legítima ignorancia, voy al Naranjal con diez o doce amigos jinetes en buenos potros jerezanos. Vemos el puente y como es lógico suponer que los puentes son para pasar de un lado a otro, espoleamos nuestras cabalgaduras ¡y al abismo! Nos habría extrañado la estrechez de la entrada, pero de uno en uno o dos en dos habríamos ido pasando, y el puente no ha de tener longitud tan exigua que no permita el que diez o doce caballerías anden a un tiempo sobre él.

Tal como estaba, lo más prudente hubiera sido ponerle puertas y guardar las llaves de estas en las casas consistoriales del Naranjal. El que quisiera hacer uso de él tendría que presentarse en demanda de la llave al señor de vara alta, el cual le preguntaría:

—¿Es usted acémila?

—No, precisamente; pero como si lo fuera.

—¿Cuánto pesa usted?

—No lo sé, a punto fijo.

—Pues veámoslo.

(Y en una romana o ménsula, lo pesaría el alcalde. Excusado es decir, que para el gobernador Ahumada, por ejemplo, siempre estaría prohibido el paso por la puente).

Con tales precauciones y solamente con ellas, pudo no haber sido peligrosa y pérfida la delicada y preciosa labor de hilo, tejida por Penélope y cortada por las Parcas. Ese puente aéreo, puente de hadas, puente de suspiros, ese elegante bejuco, esa leontina, no era para este mundo, —¡*Où les plus belles choses / Ont le pire destin!*

Era la escala de Jacob, era la escala de Romeo o, si queréis, la escala musical: una "fioritura" de la Patti; un verso de Banville, un pañuelo de batista. No era un puente.

—Había en sus redes de alambre "Aquello / Que vive poco, que ya se va".

Pero ¡ay! que esa obra maestra de poesía sutil, ha costado algunas vidas!... ¡Morir por cinco acémilas es triste!

Digamos, a pesar de todo, y parodiando a Víctor Hugo:

¡No maldigáis jamás a un puente que se cae!

19 de diciembre de 1894

Vuelva la espada a su vaina.

El Sr. de Barba Azul tenía un cañón y el Sr. Don Leonardo Márquez tiene una espada.

Hace poco tiempo decía un colega: ¡No hablemos de los muertos!—Está bien; pero con la condición de que ellos no nos hablen. El Sr. Márquez era un cadáver; un General cumplido no refrendado por nadie y al fin perdido en el empeño; ya habíamos echado tierra encima de su cuerpo, y esa tierra, aunque en tiempo de lluvias se convirtiese en lodo, le abrigaba; mas he aquí, amigos míos, que inopinadamente el muerto se incorpora, se levanta, mueve los labios, habla, pide su espada... ¡y nos la ofrece!

¡La espada de Don Leonardo Márquez!... ¡Una espada que pasará a la historia, roja de sangre y que nunca se ha puesto roja de vergüenza, a juzgar por el aplomo con que su dueño nos la ofrece!... ¡La broma es muy pesada, ex General!

Esa espada no pincha ya ni corta; no es una espada, sino un sacatrapos, y trapos sucios, repugnantes; pero no importaría que se hubiera mellado y despuntado esa hoja, ni que la herrumbre de los años la afease, pues aun siendo el arma inútil, admitiríamos la buena voluntad de quien la ofrece: la desechamos por envilecida.

Está perfectamente en la paterna prendería, en el doméstico empeño, ese acero que a pesar de su falta de pavón, refleja aún las trágicas escenas de Tacubaya. El perdonar ni el olvidar, jamás obligan a hacer amistades con el delincuente. Pregunte usted, ex general, al infeliz Maximiliano si aceptaría esa espada.... ¡Oh! y el pálido espectro de aquel débil y rubio soñador que llamaba, angustiado al Lugarteniente del Imperio, desde un claustro de Querétaro, ínterin traicionábalo el Lugarteniente, responderá con indignación que no la quiere. México no anda en busca de un Yago; el abanderado de Otelo le repugna. No ha menester de tigres desdentados ni de lobos decrépitos. Para los que sirvieron con lealtad y buena fe a Maximiliano no tiene odios: a los que a todo traicionaron no puede recibirles con los brazos abiertos, ni fiar en ellos.

No opino como el colega antes citado: hay que juzgar a los muertos, y acaso acaso, sea buena y exacta esta célebre máxima: "hay muertos a los que tenemos de matar". La acción penal puede prescribir; mas no por ello el delito desaparece. El tiempo no es una esponja que se embebe todos los crímenes pasados, dejando limpios a los criminales. La instintiva justicia popular tiene razón, cuando cada año, en Sábado de Gloria, quema a Judas.

Pero usted, ex general, no puede ni acogerse a esa amnistía imposible, otorgada por alguien a los muertos. Usted se ha encargado de probarnos que vive aún y que acecha, que husmea, la propicia ocasión para volver a su país.

Es necesario, por lo mismo, y en bien suyo, convencerle de que se engaña lastimosamente; de que está muerto desde tiempo atrás, y muy bien muerto; o aconsejarle, si obcecado insiste en que está vivo, que se muera.

Es preciso que crea en la paz de los sepulcros y se resigne a disfrutarla.

Porque hay cadáveres desobedientes, rebeldes, levantiscos, que ponen en tela de juicio el certificado de defunción expedido en debida forma por el médico; hay cadáveres que protestan contra la ciencia y contra el Registro Civil; que se encaprichan en volver al mundo para servir de juglares, de amanuenses, de juguete a los espiritistas de medio y cuarto pelo; a esos difuntos quiero reducir al orden, demostrándoles las mil y mil ventajas de su condición. De ellos se dice: —¡Dios mío! ¡Qué tontos / Se quedan los muertos!

No hablaremos de Don Leonardo Márquez; pero que él no nos hable. El silencio es oro, y el oro está subiendo.

Guarde su espada, que quien a hierro mata a hierro muere. Y oculte su vida, como aconseja el poeta; de nuevo acójase a sagrado. No somos como él cree, levanta-muertos, ni nos infunden miedo los aparecidos.

20 de diciembre de 1894

[250]

Esperando el cuartelazo.

Creo fundadamente que ha concluído para México la época de las revoluciones, de los pronunciamientos, de los motines, de los cuartelazos, pero si ha pasado para no volver ese período en nuestra vida política (que es la más impolítica de todas las vidas), no porque ya esté muerta hemos de negar los beneficios que produjo. Sin las revoluciones, por ejemplo, no hubiéramos sacudido la pereza, la modorra, ni desechado la peregrina idea de que México "es el país de las anomalías", apotegma trascendente por cuya virtud se negaba el Gobierno a favorecer la construcción de ferrocarriles, ¡seguro de que éstos, *por anomalía*, acarrearían a la República un sinnúmero de males!

Hicieron algunos bienes las revoluciones. Bienes conozco que, sin las revoluciones, no serían tales bienes de fulano o perengano.

Ahora, cerrado ya aquel ciclo revolucionario, del centro a la circunferencia del país parte un nuevo movimiento revolucionario que empieza ya a surtir efectos saludables. Entramos en el período de las revoluciones geológicas y del pronunciamiento de los edificios. El antiguo régimen, los antiguos teatros, las antiguas iglesias, los portales de la más remota antigüedad, se desmoronan al empuje de las nuevas capas que vienen a pedir sus copas llenas para el banquete de la vida. Los "últimos restos del poder de España" desaparecen de la ciudad; cruje el maderamen de la Nao de China; y hasta—¡acaso por primera vez en este siglo!—suena en el virreinal salón de los Cabildos, entre los señores de vara alta y los ceñudos alguaciles, el QUOS EGO lanzado a los cuatro vientos de la fama por mi discreto amigo Sierra Méndez.

Es Justo—no, Justo no es él, Justo es su hermano—es justo, digo, tributar sincero elogio al Sr. Sierra Méndez "el cuervo nácar de los regidores", diría yo, si no temiese que el calificativo *nácar* no bastara a atenuar el graznido y la negrura de los cuervos. Fui partidario de las Leyes de Reforma que ahora rigen en la República desordenada, sudamericana, de los coches simones, y soy partidario también de la revisión constitucional que se pretende hacer en los portales. Es más: apoyo el proyecto de levantar un Teatro de Ciudad, siempre que ese teatro del Ayuntamiento no esté sujeto al Ayuntamiento, sino que venga a realizar la grande idea del Municipio Libre. Un teatro de Sierra Méndez (que es el autor de tal proyecto) sería bueno, entre otras cosas, porque tendríamos a Coquelin todos los años, y sucesivamente, por entregas, a todas las actrices guapas de París. En un teatro del Muy Ilustre y Honorable, si él lo dirigiere, tendríamos a Burón, con capa y espada, representando algunos dramas *fin de siglo*, pero no *fin de siglo*... XIX. Que levante el Ayuntamiento un Coliseo y deje a Sierra Méndez que dirija el teatro.

El derrumbe de los portales hará mucho ruido y mucho bien y mucho polvo. Pero, volviendo a mi teoría de las revoluciones, ¿se deberá únicamente ese derrumbe al Sr. Sierra Méndez y a los virreyes de la Sala de Cabildos? ¡Ah, no! ¡Hay una mano que se agita en la sombra! Una mano que movió los portales y movió las torres y movió los teatros y movió hasta a los mismos regidores. Por feliz, por genial inspiración llamé al temblor del 2 de Noviembre EL GRAN CALUMNIADO. Sin ese pronunciamiento de las cosas, ¿cómo estarían las casas de Agustinos? Hundiéndose en silencio sobre las cabezas de aquellos grandes protectores de la enseñanza pública que venden libros de texto (algunos detestables) en las alacenas de esa judería de los portales. Sin ese terremoto ¿cómo habría surgido, cual isla hermosa en medio de la mar, la idea de construir un nuevo teatro?

Los grandes alumbramientos vienen precedidos de grandes convulsiones. La ciudad se hermosea cuando tiembla, como tiembla la novia pudorosa al entrar a la cámara nupcial. ¡Temblad, pues! ¡No os hago nada!

La inamovilidad de los viejos edificios, de los portales, de los teatros, es el despotismo de la edad de piedra, o mejor dicho, de la piedra que tiene mucha edad. Contra, va la revolución geológica, triunfando. Pero, seamos consecuentes con nuestras venerandas tradiciones. Aquí la revolución empieza siempre en el cuartel. El que se pronuncia es el ejército. Destruyamos—previo temblor, se entiende— los cuarteles que afean algunas calles y tienen en constante alarma a los vecinos. Que se construyan otros, que no sean conventos. Exclaustremos a la tropa. UN CUARTELAZO es altamente necesario.

21 de diciembre de 1894

[251]

El Calendario de Galván.

Es necesario pagar tributo a la rutina comprando un "Calendario del Más Antiguo Galván". Yo no he conocido otro Galván autor de calendarios; pero éste, el que anualmente aparece, es el Antiguo por antonomasia, y no sólo el ANTIGUO, sino el MÁS ANTIGUO. Cuentan que hubo un Galván, paje de no recuerdo cuál virreina, dueño de una librería y de una imprenta, autor de calendarios y tío del poeta Rodríguez Galván. Parece que ése es el más Antiguo. De modo, entiendo yo, que ese Galván no tuvo padre o era más viejo que su padre, puesto que él fue el más antiguo. Averígüelo Vargas, único hasta hoy que nada ha averiguado.

Bien puede ser que ese Galván no exista ya, aunque su nombre continúe autorizando el santoral, los pronósticos meteorológicos y las efemérides del consabido Calendario: pero si ya murió, ha de haber fallecido ya muy viejo, porque los hombres mansos y pacientes, obradores de paz y calendarios, viven mucho.

Él era de esta Corte; mas no un Ingenio de esta corte.

¿Háse visto algo más soso que el Calendario del Más Antiguo Galván? Por él no pasa día, siempre tiene los mismos trescientos sesenta y cinco las más veces, y trescientos sesenta y seis de cuando en cuando. A él no "le entra" la meteorología: pronóstica, a ojo de buen cubero, como dicen, chubascos, ventarrones y buen tiempo. Cuentan que cuando el MÁS ANTIGUO escribía en su casa el Calendario (bien se entiende que es de hechura doméstica) pronosticaba, pongo por caso, un aguacero para el cuatro de Junio.

—Papá— le decía alguno de sus hijos —¿qué santo es el cuatro de Junio?

—Día de Corpus.

—¡No, papá, que no llueva!... Acuérdate de que tenemos tamalada....

—Está bien.—

Y escribía:

Tiempo sereno.

Casi no hay ejemplo de que se hayan cumplido alguna vez los pronósticos del buen señor; en cambio sabe al dedillo en qué templo está el Circular de Cuarenta Horas y cuándo obliga la abstinencia de carnes. No parece que sea mucho saber; mas ¿qué sabiduría ha producido tanto como la de Galván.

El Sr. Alva sabe mucho más; sabe de memoria el Plan de Tuxtepec; sabe cantar los *Cangrejos* y la *Mamá Carlota*; sabe tocar la guitarra en bailecitos de confianza; sabe pedir y dar posada a los santos peregrinos: sabe romper la olla; sin embargo, el Sr. Alva no ha ganado nunca lo que ganó Galván y continúan ganando sus herederos... porque Galván murió dejando deudos y no deudas.

Y sin embargo, yo le veo a mi amigo el Sr. Alva tamaños para Galván. Podría ser Galván el joven, así como hubo un Plinio el joven. Pero Alva es altruista y se ha dedicado al boletinaje consuetudinario. Se inmola, se sacrifica en aras de la patria.

¿Qué libro ha tenido más ediciones y mejor venta que ese Calendario? De seguro que no tendrá tanta fortuna el *Almanaque de Artes y Letras* por más que salga muy atildado y elegante, con hermosas ilustraciones y divinos versos. El Calendario de Galván, dígase lo que se quiere, es la obra monumental de nuestra literatura. Expone el estado de nuestra cultura intelectual. Es la Constitución de 57 de los calendarios.

¿Verdad que al verlo se imagina uno desde luego una sociedad huraña, rezandera, avara, recelosa, enemiga de toda innovación, empecatada en la rutina? Sí; detrás de ese calendario se adivina un lector de boletines o un padre de familia, suscrito a la *Voz de México*; en suma, un hombre que habla mal del gobierno y procura sacar de éste la mayor ventaja posible; un ciudadano que no cree en la economía política y que presta dinero al doce por ciento mensual.

Véanse los Almanaques de otras ciudades... ya no digo de las ciudades europeas, sino de Buenos Aires, de Santiago de Chile, de Venezuela, de Colombia, de Montevideo... de la diminuta Costa Rica. Algunos hay que parecen ramilletes de flores. El que los forma espiga en la literatura de su patria y en la de otras naciones; pide y paga artículos bonitos, lindos versos, piezas de música, dibujos, etc. Parece que esas gentes entran de buen humor al año nuevo.... Nosotros, no. ¡Ahí está el más antiguo Galván, de chaquetón de cuero, pañuelo de yerbas y palmeta! ¡Ahí está el dómine o el tutor de Rosina!

Vamos, con franqueza... ¿creen ustedes que en un país cuya población está compuesta en su gran mayoría, de analfabéticos, y de lectores del Calendario de Galván, debe el sufragio libre ser... muy libre?

27 de diciembre de 1894

[252]

En su fiesta onomástica—Monólogo.

¿El Sr. Alva está en casa?... Ah, muchas gracias.... Servidor.... No se incomode.... El gusto es mío.

Pues el objeto de mi visita, caballero, es el de desear a usted muchas felicidades. Usted lo extrañará... sí... se lo veo.... Cree que soy su enemigo; pero ¡nada de eso, Sr. Alva! Yo respeto a usted, entre otras muchas cosas, por la inamovilidad de su criterio; por la pasmosa erudición que ostenta en todo lo que atañe a la ciencia del plan de Tuxtepec; por las poesías bellísimas, salpicadas de rocío...; ¡tal vez de lágrimas!... que publica disfrazadas de boletines; en fin, por sus pastorelas, por sus pastorales, por sus pastores, por sus pastos místicos, y ¡vamos! por "los rateros y la policía, la vagancia y la falta de trabajo, las causas del latrocinio, los remedios del mal"... ¡y otros sumarios!

No... mil gracias... no fumo. Pues decía a usted, amigo D. Ramón, que me sería de todo punto imperdonable el no visitar a usted ed día de hoy. ¿Que también me desea usted un feliz año? ¡No, señor, si no vengo a eso! Ya volveremos a vernos, Dios mediante, el primero de Enero.

A lo que vengo ahora... ¡ah picarón! ¡Si el cariño adivina! ¡Si el mérito y el nombre no pueden estar ocultos mucho tiempo! ¡Si aunque usted, por modestia, por el *odi profanum vulgus* del poeta latino, no use su nombre prístino, de pila, bien me sé yo que hoy es día de su santo! ¡Si es usted Inocente, amigo mío! —Si en la cara, si en la ficha, / Si en el modo de mirar, / Y en los pies y en las babuchas.... / ¡No lo puede Vd. ocultar!

¿Cómo no había de haber comprendido desde hace tiempo, ¡mucho tiempo! que Vd. no tiene pisca de Ramón? Por eso Vd. que es muy maldito, porque ¡vaya si es Vd. malicioso! dice que es su patrón San Ramón Non nato, o lo que es lo mismo, un santo que no nació, un santo baldío, sin cédula de vecindad, en fin, ¡sin título!

No, mi amigo y señor Don Inocencio. Hay nombres que a la cara salen. Desde que yo leí el primer boletín de Vd. exclamé con júbilo: ¡Este es Don Inocencio!

¡Si destila cada uno de esos boletines la miel hiblea de aquella obra dramática que se llama, *La noche más venturosa* o *El premio de la inocencia*! ¡Si tiene párrafos que parten el corazón! ¿Se acuerda usted de aquel que empieza así? "Bato, el inmortal cantor de la Farsalia, iba cantando el Plan de Tuxtepec, por la verde, frondosa, enmarañada selva que tenía, como lo manda la Constitución, cincuenta y siete encinas de sempiterno Palo Blanco. ¡Oh húmedos riachuelos, líquidos arroyos, torcazas que escuchasteis el memorable grito de Dolores! ¡Oh matorrales! ¡Oh primavera, juventud del año! ¡Juventud, primavera de la vida!"

¡Ay! Ese boletín, Don Inocencio, me convenció, como era natural, de que el último empréstito era un solemne disparate. Y desde entonces tengo por Vd. predilección... por lo de Bato, por lo de Gila y, en consecuencia, por lo del empréstito.

De manera que mi visita está explicada. ¿Quiere Vd. leerme el boletín de mañana? No, mil gracias... repito que no fumo.

Soy amigo de usted, amigo incondicional; le deseo felicidades, boletines hechos y, sobre todo, mucha agricultura.

No se moleste... ¡quietecito, Sr. D. Inocencio! Hasta aquí nada más, que hay muchas pulmonías. ¡Felicidades, mil felicidades!

28 de diciembre de 1894

[253]

Los diplomáticos no aplauden.

Al *Monitor* le pareció mal que el público aplaudiera el discurso leído por el señor Presidente de la República en la recepción del Ministro de Guatemala. Eso no es diplomático—dice él.

No lo será; pero yo, que fui a la recepción y aplaudí... tampoco soy diplomático. ¿Cree el colega que por el hecho de entrar al Salón de Embajadores, se convierte uno de golpe y porrazo en embajador?

Malo hubiera sido que el señor Mariscal gritase: ¡Bravo! o que el señor Don Emilio de León soltara un ¡Viva! Pero el público es muy dueño de su entusiasmo y puede externarlo en la forma usual y respetuosa en que lo hizo.

No creo que aplausos nacidos del más noble patriotismo, puedan disgustar a nadie.

A todos nos agradó la entereza, la energía, la claridad de las palabras dichas por el Presidente de la República, y todos quisimos dar a entender, con espontáneo aplauso, que ellas expresaban nuestros sentimientos y nuestros propósitos.

El *Monitor* no aplaude por una razón sencillísima: porque no ha aplaudido nunca. No sabe. El silba nada más. Por eso sale siempre con un pito.

Estoy cierto de que los redactores del colega, como buenos mexicanos que son, aplaudieron *in petto* las palabras del Sr. Presidente. Pero en público... ¡imposible! son diplomáticos, sumamente diplomáticos. Mi amigo el Sr. Alva, por ejemplo, a quien suelo bromear, pero a quien estimo y quiero, hablando en serio; mi amigo el Sr. Alva es nada menos que enviado extraordinario y ministro plenipotenciario del primer seno de las almas, esto es, del Limbo.

No hay memoria de que el *Monitor* haya aplaudido. El *Monitor* nunca se ríe. El *Monitor* jamás está de buenas. Siempre anda de sombrero, de capa y levitón negro abotonado hasta la barba. A mí me parece ministro protestante.

Todo es ceremonioso y triste en esa Santa Iglesia de Letrán. Los boletinistas son dos siempre; uno ordenado de epístola y otro de Evangelio, diácono y subdiácono. Se les exige que tengan buena voz para cantar responsos.

Y cuando entra Don Emilio Castelar a las columnas, a las naves del colega, diríase que entra el Arzobispo, de mitra y báculo y capa pluvial, seguido del venerable Cabildo, de los curas, de los familiares, de los seminaristas, de los monaguillos.

Entonces hay incienso en el *Monitor*; entonces hay repiques, entonces suena el órgano; pero tampoco entonces hay risas, porque el Sr. Castelar tiene la misma particularidad: nunca se ríe.

¿Aplausos? ¡Cómo ha de haber aplausos en ese templo protestante! Allí siempre están rezando el oficio de difuntos por el alma de la Constitución, por el alma de Garibay, por el alma de cántaro.

Pero no todos han de ser como el colega que acaba de cumplir dichosamente cincuenta años. Hay jóvenes, gente que se entusiasma, gente que aplaude, personas que todavía no cumplen cincuenta años.

Y cuando el General Díaz expresa, como él sabe hacerlo, ideas patrióticas y levantadas; cuando habla con la elocuencia sana, vigorosa y sin afeites que tiene él, aplaudimos aunque se enoje y se enfurriñe nuestro tío el regañón, el viejo soldado que padece de gota, *El Monitor*.

Eso sí, efectivamente los tres mil o cuatro mil individuos que asistieron aquel día al Salón de Embajadores, según cálculo de *El Tiempo*, no son todos diplomáticos.

El Monitor sí es diplomático. Jubilado se entiende. Diplomático en depósito.

29 de diciembre de 1894

[254]

Los principios.

"Berlin, Enero 1°. —En la población suburbana de Rixdorf, cerca de aquí, ha habido un gran *meeting* socialista, en el cual Singer y Roesichs fueron atacados porque se manifestaban partidarios de hacer cesar las hostilidades contra los cerveceros.

Uno de los delegados acusó a Singer de ser millonario y de no tener la menor simpatía por los obreros.

Singer replicó que sus principios socialistas y lo que ha trabajado y trabaja por la causa del socialismo, cree que son bastantes para que se le perdonen sus millones, que, por otra parte, le sirven para trabajar en pro de la causa socialista".

El telegrama anterior es instructivo. Algunos cándidos entienden que el verdadero socialista ha de dar su dinero a los pobres, como aconseja Jesucristo, e ir a predicar el evangelio nuevo. Esto es un error. El verdadero socialista, como M. Singer, guarda sus millones y reparte entre los menesterosos sus discursos. Los ricos no socialistas tienen el deber de acatar pronta y sumisamente los decretos del socialismo, aunque se arruinen;

[221]

pero los ricos socialistas están exentos de esa obligación, son de confianza, son de casa. Mucho les será perdonado porque mucho han ganado y porque mucho han hablado.

¿Tiene Singer millones?... Pues, ¡qué honra, qué triunfo para el socialismo!

En resumidas cuentas, de lo que se trata es de cambiar el centro del capital; quieren que pase éste de las manos que hoy lo guardan, a las manos de algunos socialistas próceres. Y como dijo perfectamente el Sr. Singer: sus principios bastan para que se le perdone el poseer millones de pesos. Pues, ¿cómo había de sustentar esos principios, sin el principio de todos los principios que es la sopa? ¿Qué fuerza tendría esa doctrina, si la tartamudeara algún hambriento?

Para los miserables, para los indigentes, para los obreros, todo el corazón y toda la palabra; para los ricos de la acera de enfrente todo el odio; para sí toda la riqueza.

¡Ay, y una porción no breve de la humanidad, corre desalada tras las carretelas de esos Merolicos que venden panaceas y ofrecen extirpar la miseria en un abrir y cerrar de ojos! Ellos lucran y medran, exprimen todo el jugo de la fruta y arrojan luego la cáscara al estercolero. De esos Singer cuyos *principios* salvan y redimen todo, muchos hay. Engañan; pero sus principios son sacrosantos y purísimos; oprimen, roban, matan; pero, ¿qué importa si se salvan los principios?

¿Por qué llegó a tal o cual empleo ese Don Fulano, que es, cuando menos, un inepto y que daña y estorba en ese puesto? Pues la razón es obvia; porque tiene principios liberales. ¿Por qué no se persigue a aquel banquero que fraudulentamente quebró, arruinando a muchos que le fiaron sus pequeñas fortunas? ¡Ah! porque es hombre de principios muy católicos.

Lo que he hecho por *mi causa*— dice cada uno —basta para que se me perdone todo lo malo que haga.

Y hay muchos que han hecho esto y lo otro y lo de más allá por la libertad, por la religión, por el ejército, por la literatura, por la patria, en suma, por *su causa*; y por tal causa no se les encausa y ellos siguen causando muchos malos.

Al Sr. Singer le debe mucho el socialismo, y por eso está rico, porque, al revés de lo que pasa con los individuos, los partidarios políticos cuando mucho deben a alguien, le enriquecen con esa deuda. ¿No sería más equitativo que los socialistas y los conservadores y los liberales y los católicos y la ciencia y las artes y la patria, etc. celebrara un convenio con sus respectivos acreedores? Muy conveniente me parecería que llegaran a una liquidación final y que dijeran a cada uno: —Esto hiciste, esto te pago... y ya estamos a mano—

Después de firmado este finiquito, ya serían responsables de sus actos los ex acreedores y no seguirían cargándolos como abonos a buena cuenta. Es preciso saber cuanto nos cuestan los "principios".

5 de enero de 1895

[255]

De capa caída.

Un caballero observador (aunque algo meteorológico) dice en la prensa que el grupo científico, según se desprende del discurso que pronunció el Magistrado Justo Sierra en la velada fúnebre de Peña, va de capa caída. Esta noticia lanzada en pleno invierno, es alarmantísima para el grupo. Pero no hay que creerla desde luego; puede haber padecido algún error el estimable meteorologista: no siempre que Justo Sierra habla en la velada fúnebre de Peña y Peña va de capa caída algún grupo científico o parlamentario.

Grupos con capa sí hay. Los ensabanados de Getsemaní, que formaban el grupo de Don Juan Mateos, lucían la capa que llamaremos primitiva. ¡Capa de verano!

Y de ellos sí pudo decirse, cuando Don Juan habló en la Cámara (siendo Ministro de Fomento el respetable Sr. Don Blas Balcárcel) que iban de capa caída en la política.

Otro grupo hay (o ha habido) que usa (o usó) capa... más bien dicho capote... ¡aquel capote que le dieron en la Cámara varios amigos muy filántropos! Ese grupo llamado "el de los jacobinos", porque sus miembros son de los que se curan todavía con el aceite de San Jacobo, está a la capa. La dejó, como el casto José, cuando mi celebrado amigo Arroyo de Anda pronunció la oración fúnebre de la elocuencia y luego, valerosamente echó a correr; pero ya queda dicho que no quisimos dejar desabrigado a todo el grupo, nada menos que en el invierno de los años, y que, en pago de aquella prenda se le dio un buen capote para cubrir sus respetables restos.

El grupo científico es precisamente el que jamás ha usado capa ni alzacuellos. No le tiene miedo al relente, ni a los constipados, ni a la pulmonía. No es de capa y espada, sino de sombrero y bastón. La única y gallarda capa que a ocasiones usa, es la que sirve para burlar al bicho y encolerizarle. ¡Pero capa de canónigo, capa de alguacil, capa de conspirador jacobino, jamás gasta!

He aquí por qué me permití poner en duda la noticia; por qué no creo de buenas a primeras que esté de capa caída el dicho grupo. Camina desembozado, como siempre, y eso es todo.

Pero hay más todavía: cuando alguno de los que a cualquiera agrupación política viven afiliados, da pruebas de talento, de honradez, de elocuencia, de saber, ¿hay razón para conjeturar que de capa caída está su grupo? ¡Lógico es lo contrario! Están de buenas y de plácemes los amigos del Magistrado Justo Sierra, cuando éste, exponiendo, de pasada, la doctrina de todos ellos, logra un triunfo.

En el fondo de esas malévolas apreciaciones lo que se halla no es la convicción de que tal o cual núcleo intelectual o político corra a su agotamiento y desprestigio, sino el deseo de exterminarlo, precisamente porque sobresale y prepondera. ¿Arrancó el orador aplausos entusiastas, expuso ideas que van conformes con el más noble y más intenso anhelo nacional, supo avasallar la admiración, dio pruebas evidentes de su fuerza?... Pues hay que ir contra él y sus amigos. ¡Ése va de capa caída! Esto es, hablando propiamente: ¡ése va, con la cara descubierta y en alto la mirada, al porvenir!

La capa de Justo Sierra, dado el volumen de él, buenamente podría abrigar a todo un grupo. Pero éste, como dije ya, no quiere capa. Los grupos de ciertas capas sociales, algo ensabanadas, son los que se suben el embozo hasta las cejas cuando salen a la calle.

9 de enero de 1895

[256]

La resurrección de la carne.

Me parece muy justo, muy debido que trasladen los restos de D. Andrés Quintana Roo a la "rotunda de los hombres ilustres"; creo así mismo, que merecen igual honra varios mexicanos insignes, cuyas humildes sepulturas casi nadie conoce; pero me opongo a que de golpe y porrazo nos entreguemos al delirio de las exhumaciones. Cada día aparece un muerto ilustre más en las columnas de la prensa, exigiendo los honores del apoteosis.

Y todos ellos tienen grandes títulos a nuestra admiración, a nuestra gratitud, a nuestro amor; la Corregidora Domínguez, D. Manuel de la Peña y Peña, D. León Guzmán, D. Andrés Quintana Roo, Dª Leona Vicario, D. Manuel Orozco y Berra, D. Ignacio Manuel Altamirano, etc., etc... pero, ¡procedamos con alguna calma, amigos míos! ¡Vamos por partes! ¡Os repito que no debemos entregarnos al frenesí de las exhumaciones!

¡No multipliquemos los restos! Desde que aparecieron los restos que no eran de Concepción Hernández, comenzaron a levantar muertos. Ha sonado *la hora en que se abren las tumbas bostezando*, como dice Shakespeare. Eduardo Velázquez, según leo en el *Nacional*, ha tenido que acudir a la policía para que ésta le cuide la casa, amenazada desde hace algunas noches por misteriosos asaltantes. ¿Creéis que esos asaltantes son hombres de carne y hueso? Pues no hay tal: nada más son de hueso. Esos son restos.

¡Sólo Dios sabe lo que verá en las noches ese Eduardo Velázquez, amigo íntimo de Wenceslao Rubio y dueño del extinguido panteón de San Diego! Patriotas hay, de los levanta muertos, que preguntan a Eduardo:

—¿No tiene usted entre sus restos los de algún cabo cuarto del tiempo de Santa Anna?

Las canillas de los que concurrieron a la acción de la Angostura han alcanzado precios fabulosos. Un diente de un flebotomiano que le ofreció la lumbre al general Guerrero para que encendiera su cigarro, fue vendido en diez reales. Y las almas de esos dientes, de esas canillas, de esos huesos, son las que rondan por la noche la casa de Velázquez.

—¡Eduardo!— claman doloridamente —¡Eduardo! ¡Eduaaaardo! ¿Qué has hecho de mis restos?

¿Por qué no propone alguno en la Cámara la inamovilidad de los cadáveres?

Ya he dicho y vuelvo a decir, que merecen las personas citadas arriba y otras muchas más los honores que para ellas se piden. Pero si hacemos un rosario de veladas fúnebres, una novena de ánimas ilustres, no vamos a tener dolor, ni lágrimas, ni oraciones fúnebres, ni Chopin, ni Beethoven, ni *Yone*, ni versos, ni Lizarriturris para tantos.

O hacemos un día de muertos ilustres o vamos por partes.

Por ahora nos conformaremos con que Don Andrés Quintana Roo y Leona Vicario, salgan de la húmeda sepultura en que yacen olvidados.

Y ya iremos desenterrando, y celebrando veladas fúnebres de esas en que tanto gozan algunos jóvenes poetas con usufructo de levita negra y propensión constitucional a la elegía.

Éstos por llorar en verso endecasílabo y cortante, son capaces de pedir que traslade el no yo de Concepción Hernández a la Rotunda de las Mujeres Anónimas.

10 de enero de 1895

[257]

¡Un tal Jannet!

El Sr. Claudio Jannet, conocido sociólogo, autor de un libro interesante sobre la democracia en los Estados Unidos, redactor de la *Revue des Deux Mondes*, afiliado en el bando católico, está pasando para algunos periódicos, por un *amistoso*, por un empleado de la oficina de contribuciones que dirige D. José Maza o cosa así.

Parece que los periodistas aludidos no saben qué horas son; desconocen el movimiento intelectual; viven creyendo que el mercurio sube en el termómetro porque tiene horror al vacío; y se figuran que sin leer, sin darse cuenta de quiénes son los hombres nuevos en ciencia, en arte, en política, puede escribirse para el público sensato.

Aquí es muy frecuente ese defecto entre los

plumíferos: muchísimos *se plantan*. Y plantados y todo, tienen sobrado desplante.

Los de mayor viveza aprenden de memoria algunos nombres de pensadores modernos, como Spencer, Mill, Taine, y sin haber leído nunca nada de ellos les citan de cuando en cuando para darse un barniz de erudición. Pero fuera de esos nombres que, a fuerza de circular y repercutir, son oídos hasta por los sordos, ignoran todos los demás. Y cuenta que no me refiero sino al simple nombre, porque en cuanto al hombre que le lleva y lo que ese hombre ha hecho, todavía es más crasa la ignorancia de mis respetables compañeros en el periodismo.

De oídas saben algunos nombres menos célebres que el de Spencer; pero hasta miedo les da citarlos, porque dudan de si son nombres o picardías.

Entre nosotros, por desgracia, hay periodistas que entran en campaña con más pobre equipo que el soldado raso: lo que lleva encima y nada más. ¡Ojalá que siquiera llevaran puesto algo de buena calidad! ¡De santos nos damos cuando el escritor trae un fusil de chispa! Ese chispeante suele sentar plaza de sabio.

Algunos se dan a sí mismos títulos de especialistas. El Sr. Gris, por ejemplo, es un señor color de rosa. Ahora se está volviendo colorado contra el gobierno; pero en las otras cuestiones el color de Gris es color de rosa. Su especialidad es el optimismo.

Los especialistas en biografías son los más temibles. De ese género es el inmortal Don Lázaro Pavía, que es del henequén con que hacen a los grandes yucatecos.

Al Sr. Macías le corresponde la especialidad en *canoas* y en *x*. Le quitó la jota a Jalapa. De modo que la dejó sin música. Ahora está la pobre inconocible.

Especialistas en disparates menudean. Audacia sobra. Por lo mismo leemos párrafos como éste: "Un tal Jannet, que nos huele a *amistoso*, escribe en la *Revue des Deux Mondes*, etc.".

El que así escribe imagina que una de las *Revistas* más importantes del mundo, está a merced del primer pelafustán que llega.

Dirá desatinos el Sr. Jannet; pero se presenta con papel de conocimiento digno de crédito para todo hombre que lee.

Fecha no averiguada (véase "Un artículo de M. Claude Jannet" en *El Partido Liberal*, 14 de abril de 1893).

[258]

Puchero doméstico.

El periodista que recibe en su periódico como si recibiera en su casa; que se enoja en su periódico; que bufa en su periódico; que relincha en su periódico; que felicita a sus amigos en el periódico, y que enamora en su periódico, es tipo (sí, es tipo) digno de estudio. El público suscriptor hace papel de confidente. Sabe quiénes son los amigos personales del susodicho periodista, a qué hora comen, qué tal apetito tienen y cuántos hijos les va dando Dios. ¿Se enferma un apreciable abarrotero desconocido para todos, menos para su familia y los apéndices de ésta?, pues cate usted, si el abarrotero fía al emborronador de cuartillas, un párrafo de afectuosa condolencia. ¿Hay una actriz que le entra por el ojo, o vice-versa, al cronista de teatros?, pues lista, apercibida está la diaria gacetilla encomiástica o despectiva.

* * *

El escritor de esa talla está convencido de que escribe para sí, para los suyos, no para el público; derrama en el periódico lo que su *yo* rebosa; no prescinde jamás de comunicar al lector lo que a éste no le importa; y si por desgracia es provinciano, y a mayor abundamiento, recién venido a la metrópoli, nueva calamidad les cae a los molidos suscriptores, porque ahí está ese representante de la opinión pública (que es la más representada de todas las zarzuelas), ahí está ese adalid hablando de su Estado, pidiendo para su Estado, desfogando sus odios a los mandarines del Estado o dirigiéndoles piropos si son de su cariño y devoción.

—Hombre, ¿qué dice usted de Pepe el chato...?

—¿El chato...?

—Sí, aquel que tomaba copas con tío Roque en la cantina de la parroquia.

—Pues que no le conozco.

—Mejor, más vale. Es un tunante, un pícaro. Ese se le metió al gobernador, gracias a la prima aquella que tuvo dares y tomares con el coronel Cantalapiedra, y lo nombraron jefe político de San Diego Pelucho. Pregúntele usted al boticario qué clase de pájaro es el chato. No hay día en que no cometa una arbitrariedad. Yo no sé, la verdad, en que piensa el Centro. Si esto sigue, vamos a tener revolución, porque lo que es al *chato* no lo aguanta la República. Ahora mismo voy a escribir una correspondencia de San Diego Pelucho, contando las fechorías de ese cacique. ¡Ya verá usted la que se arma! En cuanto lea el General Díaz esa correspondencia ¡abajo *chato*!

* * *

Por supuesto que nadie conoce en México a ese señor de nariz roma; pero tal circunstancia no es impedimento para que el periodista consabido ensarte cartas de San Diego Pelucho, poniendo al *chato* como Dios puso al perico. El público llega a desear que le crezcan las narices a ese caballero, que se *amatee*, como dice Juan Mateos; pero nada, el *chato* sigue impávido, y el periodista... lo mismo. A éste no le importa que baje la plata, que franceses e ingleses se vayan a las manos en Siam, que el Gobierno reduzca los sueldos de sus servidores, que el tifo diezme la población y que el cólera amenace. Es un especialista dedicado al saneamiento de San Diego Pelucho, villorrio de cincuenta habitantes y ciento doce marranos.

* * *

Otros, en la prensa, son los cantores de todas las primeras piedras, de todas las bancas, fuentes y aceras nuevas, de todos los arbolitos recién plantados; de todas las mejoras que, por sistema métrico infinitesimal, hace el gobernador de tal o cual "entidad federativa". (La frasecilla última, dicho sea entre paréntesis, les gusta mucho a los aludidos). Algunos de estos cantores son voluntarios, no reciben paga del editor.

Van a la redacción y dicen al amigo de más confianza:

—¡Que no deje de salir mañana este parrafito! Es chico, ocupará una columna. Hay que aplaudir lo bueno que haga Z. en su gobierno. Acaba de ordenar que planten dos eucaliptus a la entrada de la calle real. Esto merece gran elogio porque los eucaliptus hermosean la población, y, además son muy higiénicos. ¡Bien se ve que este gobernador no roba como su vecino! El mes pasado empleó el sobrante de su presupuesto en comprar una docena de silabarios de San Miguel. ¡Es un apóstol de la instrucción!

* * *

Y el párrafo coludo sale haciendo reverencias al señor gobernador. Los dos eucaliptus dan la vuelta a la República en los tranvías con correspondencia que forman los periódicos locales.

Ahora bien pregunto yo —¿los periódicos así, son periódicos u orfanatorios?

¿Paga uno por leerlos o le pagan porque los lea?

Fecha no averiguada (¿verano de 1893?)

[259]

"Rascar después de la muerte".

La facultad médica de San Luis tiene que sincerarse. Ya este asunto Rascón nos va rascando demasiadamente. El coro del *Rey que rabió* cantado por los doctores potosinos se ha prolongado muchísimo y el pobre Sr. Rascón, que ya tenía derecho a descansar, no tiene instante de reposo. Ya lo pinchan, ya lo cortan, ya lo retacean, y los médicos de San Luis, que no logran distinguir una quemadura, de otra mancha cualquiera, ni un trancazo de un rasquido, riñen, disputan, andan a la greña, y cada día opinan de diverso modo, para ver cuál de esas opiniones es la que sale buena.

Nosotros ya "calamos" a los médicos dichos: son melones. Ni la cuestión de Oriente, ni la triple alianza, ni el socialismo, ni el *Home Rule* son cuestiones tan complicadas y tan árduas como esta del tormento-Rascón. Este ya es una charada y si hay nuevas juntas de médicos resultará que Rascón fue incinerado; luego, desincinerado, que lo ahorcaron los ángeles y que lo desahorcaron los demonios.

Lo mejor sería que el Sr. Rascón resucitara para absolver posiciones. Pero esto ya va siendo algo difícil, porque a Rascón lo han puesto los médicos inconocible, lo han decapitado, le han partido el cráneo como quien parte una naranja, y si el difunto, cuando no era aún difunto, estuvo a salvo de tormentos, luego que lo fue padeció lo que sólo Dios sabe en manos de los médicos. ¡Imagínense ustedes cómo se ensañarán los cirujanos en un cadáver, si tan crueles son con los pobres cuerpos vivos!

¡Señor, por algo se muere uno! Se muere por huir: por escaparse de los médicos, y es un atentado que estos caigan como zopilotes sobre el cadáver. ¡Pidan amparo los gusanos!

Tras de los médicos vienen los abogados. Estos discutirán si Rascón tuvo derecho o no para morirse; si un rasquido constituye una violación de la ley de 14 de Febrero de 1823; si los colaterales son altares mayores y si el difunto merece diez años de prisión o la pena capital. De esta manera los restos del Sr. Rascón quedarán repartidos entre abogados y doctores, quedando en paz el Estado de San Luis y subsistente el orden público en ambas facultades.

Don Primo Feliciano—el más feliz de los primos, como lo indica su segundo nombre— rascará algo en la herencia de su pariente Rascón, como primo que es de todo el mundo. Se estrenará el teatro de San Luis con un drama titulado *Rascar después de la muerte*, finalizando el espectáculo con la divertida comedia *Levantar muertos*.

La finalidad—como dicen los filósofos al uso de este caso—puede resumirse en estos términos: los médicos de San Luis deben venir a estudiar y a recibirse en México.

* * *

Por lo que a mí toca, este hecho sugestivo me hará tomar algunas precauciones que garanticen en lo posible la tranquilidad de mi cadáver. No quiero que éste pase de Herodes a Pilatos, del Purgatorio al Infierno, de los abogados a los médicos. Dejaré escrito un papel, declarando *urbi et orbi*, que me he suicidado.

Si muero de tifo o de otra enfermedad cualquiera, no por eso quedará insubsistente el suicidio. Todo el que vive en México es reo de suicidio frustrado. Todo el que muere en México, se suicida.

Fecha no averiguada (¿verano de 1893?)

Sirva Vd. sopa al señor.

La llegada a México del tristemente célebre Don Leopoldo Burón, viene anunciándose por la prensa meses y años antes de que acontezca la catástrofe. Nos preparamos para recibirle cual si nos preparásemos a bien morir. Todos los amantes del arte en bruto se apresuran a pagar sendos abonos en la contaduría del teatro. Hay quien compra gemelos; hay señoras de buen gusto que los tienen a fin de que el marido tenga en casa chillidos y no sienta la invencible necesidad de oír a Don Leopoldo. Todo está listo anticipadamente.

Burón llega, mira y grita.

*   *   *

En cambio, con el tifo no tenemos tales miramientos. No le preparamos nada; ni un plato más en la mesa, ni una media botella de vino, ni un catre de campaña. Le tratamos como a persona de la familia.

Viene y se entra, como Pedro por su casa.

Tamaña falta de cortesía y delicadeza supongo que no le cae bien a nuestro huésped. Bien es verdad que él es francote; se trata a cuerpo de rey y aunque nada le ofrezcamos se lleva cuanto le parece conveniente. Pero ese mismo desparpajo suyo, del que solemos a menudo lamentarnos, nace tal vez del descuido y de la indolencia con que le vemos llegar y de la soltura con que le damos carta blanca para que él se sirva a su antojo. Ya está habituado a hacer su voluntad suprema de morirse de hambre. Y, a mi juicio, debiéramos reglamentar la recepción del tifo, distribuir bien los paseos a que debemos invitarle mientras nos honre con su visita, los alojamientos que han de dársele y hasta los alimentos que se le han de servir. Tan distinguido huésped merece, por lo menos, tantas atenciones y cumplido, como el Sr. Burón, de quien no podemos olvidarnos.

Un año hace, el tifo hizo en México todo lo que se llama un buen abono. Fue el Sieni de las epidemias. Y en aquel entonces se pensó en hacer preparativos para la próxima temporada. Casi no hubo oración fúnebre, elegía, ni gacetilla necrológica que no fuera en alto grado consoladora por las promesas que envolvía. Los médicos dijeron su última palabra, es decir: ¡MURIÓ! Los notarios se vistieron de luto por sí mismos. Y por primera vez, la pálida tristeza pisó, con leve planta, la Agencia de inhumaciones.

*   *   *

Ahora bien, ¿qué se ha hecho? Pase que el Ayuntamiento no haya mandado construir aun tribunas ni arcos, porque éstos y aquéllas se improvisarán en quince días, pero el Consejo ¿qué medidas ha tomado? Los carpinteros ya han tomado sus medidas a varias personas de suposición para hacerles ataúdes al gusto. El día de año nuevo regalaremos cajas de muerto llenas de dulces. *Utile dulci.* El otro día, al pasar por la calle del Cinco de Mayo, vi en el aparador de no recuerdo cuál agencia, un cajón muy bien labrado con este rótulo a guisa de membrete: *Es igual al que llevó el General Don Manuel González.*

¡Es una verdadera tentación! Acaso den esa caja a menos precio del que costó la original. ¿Y a quién no le agrada poseer una de esas preciosidades de ebanistería: dormir en ella el sueño último, lo mismo que un ex-presidente?

El comercio, pues, se ha preparado con la debida anticipación. Tiene un buen surtido de artículos fúnebres de alta fantasía. Los expone en aparadores y vitrinas. Los bautiza con nombres elegantes. ¿Qué más puede pedírsele?

En Córdoba y Jalapa se hacen grandes acopios de gardenias. Las cererías, sujetadas a la inflexible ley de la competencia, mejoran y abaratan sus productos. Hay velas que dan gusto. Y en cuanto a los panteones, nada más puede exigirse de ellos. Cada esquina luce en la actualidad un gran anuncio que dice en letras negras:

PANTEÓN DE DOLORES
¡¡¡GRAN REBAJA DE PRECIOS!!!

¡Hay barata de entierros, quemazón de velas, remate de fosas, rifa zoológica de muertos!

*   *   *

Pero estos preparativos son exclusivamente del comercio: ¿el Consejo qué ha hecho? El vecindario, ¿de qué modo se propone recibir al huésped?

Con pena digo que nada aún hemos organizado. Si el tifo apresura su llegada, sí tendremos barraca de tifosos: el ex-salón del Zócalo. Eso es todo.

En México todos nos creemos inmortales. Inmortal es cualquier endecasílabo viviente, cualquier coplero enjuto de carnes y de inspiración; inmortal es el cómico a quien la muerte no se lleva, porque no necesita limpiadientes; inmortal es el financiero que contrae muchas deudas; inmortal es el médico, autor de varias defunciones; y hasta inmortal se piensa todo aquel que ha vivido algunos años en este valle tan hermoso e insalubre. Nadie cree en la muerte; nadie la teme. —¡Y el tifo, en tanto, sin cesar navega / Por el piélago inmenso del vacío!

Y cuando llegue y desembarque ni una triste bugía Chamberlain, tendremos en casa para salir a recibirle; ni una copa de antídoto que apurar en honor suyo; ¡ni ropa limpia que ponernos en el día de la entusiasta recepción!

El valle sigue desaguando, desaguando; los tubos ventiladores continúan de incógnito; no interrumpen su marcha perezosa las ondas negras que se arrastran por los albañales....

—Disfrutemos por hoy de la vida, / ¿Quién el sol de mañana verá?

Se va la ópera; pero queda en el cartel *Lucrecia Borgia.*

Fecha no averiguada (¿otoño de 1893?)

[261]

Por un olvido.

Da la vuelta a la prensa un hecho de espiritismo sensacional. Es el caso que, por artes psicognóticas o por cualesquiera otras brujerías, el *Mercurio* de Guadalajara oyó lo que dijeron en voz baja, y en el Palacio Nacional de México; el Presidente del Poder Ejecutivo y un gobernador que guarda hasta hoy día de la fecha, el más riguroso incógnito. Volvemos a la política novelesca; a los pasadizos obscuros, a las puertecillas secretas, a la eminencia gris, a los armarios que sirven de escondites, a las meninas y azafatas que sorprenden graves secretos de Estados, a las travesuras de los pajes... a *Las paredes oyen*. El público lanudo cree muy llano que un *repórter* se entere de lo que dice a solas un Presidente a un Gobernador. Y es que el *repórter*, en efecto, ha tomado cierto carácter maravilloso. Es un Merlín... aquel que en las historias cuentan que tuvo por su padre al diablo. Es uno de los tres jorobados. Es el gran demonio. ¿Se coló al saloncito de la Presidencia por el tubo de la chimenea? ¿Estaba oculto en el tintero? Porque ni el Presidente ni el Gobernador incógnito han de haber puesto a nadie en el secreto. ¡Aquí hay *repórter* encerrado!

El Monitor, como buen escéptico, cree en lo maravilloso de la noticia, pero no cree que el Presidente esté resuelto, en realidad, a no admitir su reelección. Porque "no hoy— dice *El Monitor* —sino hace seis años debía haber dejado la Presidencia, a haberse acordado de la solemne promesa del plan de Tuxtepec".

Vean ustedes por lo que es Presidente el Sr. General Porfirio Díaz: ¡por un olvido! ¡nada más por un olvido! ¡No se acordó del plan de Tuxtepec!

Ese famoso plan de Tuxtepec se ha convertido para *El Monitor* en algo así como la paz de Westfalia, como el Congreso de Viena, como la Carta Magna del rey Juan, como los derechos del hombre, como la revolución francesa, como el *fiat lux*, etc., etc.

De él emanan todos nuestros derechos y todos nuestros deberes. Fuera del plan de Tuxtepec, no hay salvación. ¡Sálvese él, aunque perezcan las instituciones! El general Díaz tiene que acordarse siempre de él, aun cuando no se acuerde nunca de la patria, ni de la libertad, ni del progreso ni del orden. Tiene que presentar a la Historia una cédula de cumplimiento del plan de Tuxtepec.

Yo no me acuerdo de ese plan, y sin embargo no he llegado a Presidente. La mayoría de los ciudadanos no se acuerda de ese plan: ¿estará, desde hace seis años en pecado?

Un plan revolucionario desaparece con las circunstancias que le dieron vida. El plan del Cura Hidalgo tampoco está vigente, tampoco es constitucional. Lo olvidó la Nación. Ni éste, ni los anteriores Presidentes de la República continuaron gritando: "¡Viva la Virgen de Guadalupe y mueran los gachupines!" Hemos renegado, pues, del plan sacrosanto de la Independencia. ¿Será más sagrado el plan de Tuxtepec?

Precisamente la restricción de la libertad electoral proclamada en el plan de Tuxtepec; el principio (que no es principio de la NO REELECCIÓN) pugna con nuestra Carta de 57. Y el *Monitor* ha sido siempre acendrado constitucionalista. No veo, pues, lógica en que quiera mejor el cumplimiento del plan de Tuxtepec, que el cumplimiento de la Constitución. No hay promesas que valgan, por solemnes que sean para sancionar un acto ilegal y contrario a nuestras instituciones democráticas.

Si el General hubiera prometido en Tuxtepec o en Palo Blanco, reanudar la tradición monárquica, habría hecho perfectamente en no cumplir esa promesa. Que sea fiel a la libertad, que sea fiel a la patria, y sea infiel en hora buena a todos los planes, más o menos rancheros que desde la independencia a acá se han proclamado.

Agrega el *Monitor* que, sin embargo de todo ello, "*al verdadero pueblo* no sólo le sería conveniente, sino benéfica, una renovación". Eso del *verdadero pueblo* tiene mucha gracia. En él no están los comerciantes, ni los industriales, ni los agricultores, ni los mineros, ni los propietarios, ni los hombres de negocios, ni el ejército, ni los políticos, ni los empleados, ni los trabajadores. Ese *verdadero pueblo* es un personaje mudo, más bien dicho, es un personaje que no sale... un camodin en la navaja periodística. La nación es el pueblo de mentiras. El *verdadero pueblo* no está nunca en casa.

Ya es tiempo de que nos presenten a eso personaje; y ya también es tiempo de que diga qué renovación desea. Nosotros somos el falso Mayer: el *verdadero pueblo* es el verdadero Mayer.

¿Quién será, para el *Monitor* el verdadero Conde?

Fecha no averiguada (¿junio de 1894?)

[262]

El tesoro escondido.

Mi sabio conterráneo Don Ramón L. Argamasilla de Alva, continúa dedicándose a excavaciones históricas en la que se llamó antaño Tuxtepec. El Sr. de Alva cubierto por el polvo de los años, por el polvo de las ruinas, por el polvo de las bibliotecas, por los polvos que trajeron estos lodos y por los polvos de la Madre Celestina, permanece absorto en la contemplación de sus amadas momias y de los jóvenes e intensos esqueletos que le sonríen con exquisita afabilidad. No hay para él "charrita mexicana" ni príncipe Iturbide, no hay para él risas ni juegos ni pájaros ni flores: pasa los días de claro en claro y las noches de turbio en turbio abrazado al cadáver de Tuxtepec.

Esa idea fija puede serle de muy funestas consecuencias. Está nuestro rumiante conterráneo D. Ramón L. Argamasilla de Alva como aquel muchacho que se golpeaba el dedo gordo del pie izquierdo con un martillo y decía gimoteando:

—¡Me estoy haciendo un callo!...

¡Vamos... que no puedo ver con ojos serenos la aflicción de este viudo inconsolable!... ¿Por qué no intenta distraerse el Sr. Alba? ¿No le gustan los toros? ¿No le entretiene la sabrosa historia de "Bertoldo, Bertoldino y Cacasene"? ¿No le cae en gracia *Anabasis*?

Yo, en pellejo del distinguido farmacéutico D. Ramon L. Argamasilla de Alba, iría a la Hacienda de Jajalpa en busca del tesoro escondido. Esas excavaciones no serán más productivas, pero sí más amenas que las emprendidas por el caballero de Alba en Tuxtepec. La historia del tesoro es un verdadero cuento de "Las mil y una noches". Léala el buen Argamasilla y diga luego qué le parece aquel terrible Pedro el Negro, terror de los caminos reales que separan a Zitácuaro de Taxco. Cierta vez ese romántico bandido mató a once Pliegos, parientes todos de D. Luis, el dueño de la Hacienda de Jajalpa. Pasó el hecho hará veinte años sobre poco más o menos; y, sin embargo, no se echa de ver la diminución de la familia Pliego. Otra ocasión asaltó él solo una conducta custodiada por veinte hombres. ¿No cree el piadoso Sr. Alba que estos hechos son absolutamente anticonstitucionales? ¿No estima que merecen un par de boletines?

Póngase ahora en el caso de que descubre el tesoro. El Sr. Alba tiene derecho a descubrir algo, porque es público y notorio que él no descubrió la pólvora. Cinco millones de pesos no le vendrían mal al Sr. Alva. Yo creo que le vendrían a la medida. Para reunirlos nuestro sabio conterráneo, tendría que vivir cinco millones de días, publicar un boletín diario, y no gastar un solo peso en ningún día. No desperdicie, pues, la oportunidad que le ofrece ahora la fortuna.

Bien sé que hará su señoría muchísima falta en la redacción del *Monitor*. Hay muchos Alva; pero no todos saben escribir. Mas ¡qué demonio! ¡No ha de sacrificarse en aras del lateranense, el Sr. Alva! El Sr. Alva no se llama Efigenio, sino Ramón. ¿Por qué, pues, ha de representar el "sacrificio de Efigenio"?

Tampoco estoy seguro de que descubrirá el Tesoro. Hay tesoros muy públicos que no se dejan descubrir. Pero hay que poner los medios.... El Sr. Alva, con la pericia que ha mostrado siempre en todo género de excavaciones históricas y prehistóricas, puede dar con lo oculto y hasta con los once hermanos Pliego, martirizados por el salvaje Pedro el Negro.

El Sr. Alba está obligado por su apellido a hacer la luz. No le falta más que llamarse Auroro para ser el escritor más luminoso de la tierra.

Póngase, pues, el nacional, constitucional y tuxtepecano sombrero de petate, tome un azadón, ¡y al avío!

Yo le deseo que sea más afortunado que Selim. Este perro moro también andaba en busca de un tesoro. Y las señas eran mortales, como las del tesoro de Jajalpa. Tras de mucho remover peñascos y cavar en roca dura, dio con una piedra que decía en letras gordas:

Por aquí Selim

¿No era esto un milagroso aviso de la providencia? Y continuó Selim, más animoso que antes, y descubrió otro rótulo que decía con laconismo cabalístico:

¡PIAN!

¿*Pian*?... Sí, ¡*pian*! Pues *pian pianito* continuaremos trabajando, se dijo Alba Selim, y ¡oh dura suerte! he aquí lo que rezaba el último letrero:

"La letrina del convento".

Fecha no averiguada (¿junio de 1894?)

[263]

La señorita matemática.

El cable, galante con las damas, nos trasmitió ayer 12, este despacho:

Londres. —*En la clase superior de matemáticas de Cambridge una joven señorita, llamada Johnson ganó el primer puesto sobre todos sus competidores hombres.*

Es proverbial la galantería inglesa. Pero no creo que por hidalga cortesía a una dama, hayan cedido los varones a la alumna dicha, los laureles del triunfo. También es proverbial que los ingleses no ceden jamás nada.

Tampoco el presente caso puede compararse con este otro que voy a referir:

Un padre de familia preguntaba a su hijo:

—¿Qué lugar tienes en tu clase?

—El segundo, papá.

¡Vaya! Pues no está malo... no está malo.... ¿Y cuántos chicos hay en tu clase?

—Una niña y yo.

En la universidad de Cambridge cursan matemáticas superiores muchos jóvenes de ambos sexos (como suelen decir) o hablando en términos precisos muchos hombres, muchas mujeres, y una persona de ambos sexos: la premiada.

Estamos, pues, ante una insigne matemática, ante una joven soltera que sabe medir indirectamente las cantidades por medio de las relaciones que entre sí tienen los datos conocidos con los desconocidos.

Según el cálculo de las probabilidades, esa laureada señorita no se casará.

El candidato a marido, el que aun está en la Zona intermedia o Zona libre, busca para mujer a la que sepa hacer muchas y buenas cosas con el trigo; muchas... menos la trigonometría.

Una esposa fuerte en multiplicación es un peligro. Porque la ley de Malthus es ineludible: la familia crece en proporción geométrica y la subsistencia en proporción aritmética. De aquí el peligro de que la señora aplique la regla de tres al matrimonio.

El marido busca en la mujer, la geometría pasiva, desea estudiar en ella, las propiedades de las líneas o superficies, las curvas y los círculos; pero no la quiere geómetra, ni mucho menos le complacería hallar en ella la *geometría activa* (pase la denominación) "la que abraza todas las formas imaginables y todas las propiedades de cada forma".

Le sería muy desagradable ciertamente que ella le diese el binomio de Newton bajo la forma de gemelos.

Lo repito: según el cálculo de las probabilidades, no se casará la afortunada señorita de Cambridge. Ha escogido la línea recta, la corta para llegar al sempiterno celibato.

A Emilio Castelar le extraña mucho que Echegaray sea profundo matemático y altísimo poeta.—Así lo dijo ha días en la Academia. Y en efecto, aunque tengan su música recóndita y esotérica las cifras, aunque la harmonía suma sea la harmonía del universo, aunque en cierta manera, sean los números mímenes el concepto obvio de la poesía, es muy diverso del concepto corriente de las matemáticas.

A Castelar le maravilla que un gran matemático sea gran poeta, porque en el poeta prevalece, quieras que no, el *eterno femenino*, y este no es dado a cálculos y cuentas.

Con mucha mayor razón le asombrará el caso de la alumna de Cambridge. No; no es de nuestra raza esa dama. Las señoritas de la raza nuestra, cantan y no cuentan.

¿Esto es perjudicial o favorable para la humanidad? Entiendo yo que favorable. Hay sobrados hombres y si nos empeñamos en masculiniear a las hembras, es probable que no lleguemos a formar hombres sino hambres. Entre las medias azules (*bas bleus*) y las que remiendan medias, opto por las últimas. Una gran escritora, como Doña Emilia Pardo Bazán, es valiosa presea mientras ve y siente como mujer, y expresa en linda forma lo que ha visto y sentido. Pero cuando Doña Emilia no se conforma con el bocito que le agracia y se pone bigote postizo, peca *contra naturam.* Y sucede que siempre le sale lo mujer por algún lado. Prueba de ello, lo mucho que admira la Sra. Pardo a los Goncourt, esto es, a los que mejor componen sus aparadores y vitrinas, a los dos artistas franceses que poseen más rico almacén de novedades, "artículos de París", plumas, encajes, abanicos, "japonerías" y cachivaches.

Y todavía la Sra. Pardo está a respetable distancia de la señorita matemática.

Para mí, la mujer que suma bien, es la mujer que, ya casada, suma de este modo: Uno y una son tres... *Monsieur, Madame et Bebé.*

Fecha no averiguada (¿primavera o verano de 1894?)

[264]

Menudencias.

No estoy enteramente de acuerdo con algún estimabilísimo editorialista de *El Universal.* Propone el aludido que se supriman todas las fórmulas, todas las frases de estampilla, en comunicaciones y documentos oficiales.

Vean Vds.: si suprimiéramos la estampilla sin frases, podríamos dejar las frases de estampilla. Cierto que las hay melosas, redundantes, cómicas, bombásticas, etc.; pero yo digo, como buen moderado: ¡respetemos las fórmulas!

¿Qué haríamos sin las formas?... — Como dice una de nuestras primeras profesoras de instrucción primaria.

A nosotros nos viene de casta ser hidalgos. Somos rabi-largos. Y por eso el rabo (cola) de nuestras cartas, oficios memoriales o escritos de cualquier otro género, es largo, muy finito y algo chino.

Esta buena educación se echa de ver o más bien, se echa de oír, hasta en las cantatrices: obsérvase cómo ellas al acabar toda aria, romanza o canción, se entregan a los trinos, a los *pizzicatos*, a los gorgoritos... ¡esas son las rúbricas, esas son las fórmulas, esas son las frases de estampilla!

La brusquedad yankee nos repugna. Preferimos ser como Francisco 1° que saludaba a todas las mujeres que encontraba, porque "vale más— decía él —saludar a una perdida que dejar sin saludo a una señora".

Y pasemos ahora a otro género de consideraciones, demostrativo, a mi entender, de la conveniencia, de la necesidad de conservar las frases de cajón.

Si no nos llamáramos CIUDADANOS en las comunicaciones oficiales ¿en dónde, cuándo y a qué hora seríamos ciudadanos?

Si no escribiéramos LIBERTAD Y CONSTITUCIÓN al calce de un oficio ¿en dónde pondríamos la Libertad y la Constitución?

Hubo un tiempo en que la frase de ordenanza era ésta: LIBERTAD EN LA CONSTITUCIÓN. A mí me gustaba mucho la tal frasecilla por lo luterana. ¡Era el libre examen constitucional!... Eso es ¡libertad en la Constitución! ¡Constitución al gusto! Que cada cual la entienda a su manera y donde pizque a cada quisque allí se cosque.

Después quedó abolida esa libertad en la Constitución. Pasó como el DIOS Y LIBERTAD. ¡Y también esta frase de ritual sonaba bien! Era como el matrimonio de la Iglesia y el Estado. ¡Dios y Libertad! ¡Garrotazo y tente tieso!

Cuando se arma la gresca y llueven palos, y cintarazos y puñadas, dice el pueblo: "se armó una de Dios y libertad". ¡Véase qué enérgico significado el de esa frase! ¡Y qué color local! Es mexicana por los cuatro lados.

EL BESO A USTED LA MANO sí me antipatiza. Entre otros inconvenientes que tiene, le hallo el de favorecer el desaseo. Un piadoso burócrata, mi amigo, no se lava nunca las manos, porque él dice: —¡Al cabo me las besan mucho diariamente!

...En fin, hay mucho que decir sobre este punto. Por ejemplo, si acabamos con los rodeos y circunloquios, con las ritualidades, con las mentiras de ordenanza, con las fórmulas de cortesía, con todo lo que sale sobrando, ¿en qué se ocuparán los oficinistas? Si ahora hay más escribientes y oficiales de los necesarios, en cada oficina de la administración y los que hay, según el mismo *Universal*, trabajan poco; ¡cuántos sobrarán el día en que les aligeremos la tarea! Habrá que despedirles... y habrá que decretar el hambre gratuita y obligatoria.

Porque en México el hombre nace para empleado como el ave para volar. Y el verbo volar se conjuga así, administrativamente hablando: yo vuelo, tú vuelas, *il volera*.

Al inscribir a un recién nacido en el registro civil se le dice al gobierno: —Aquí tienes a un nuevo servidor.

Esto es galante, usual, caballeresco, práctico y futuramente verdadero.

El destino quiere que en esta república sólo pueda vivir el hombre destinado o predestinado: Y el único que en ella da destinos, el oráculo de los destinos, es el gobierno.

Dejemos pues que el ciudadano sea ciudadano por escrito, y que gane la subsistencia escribiendo: LIBERTAD y CONSTITUCIÓN.

No seamos como aquel arzobispo a quien le fastidiaban los recaditos muy bordados y pespunteados de las monjas, y prevenía a las mandaderas que le llevaban *cuelgas* en el día del Santo, la mayor concisión. Una de ellas para complacerle, se expresó de este modo:

Tortas. Monjas. Santa Clara.

Y el arzobispo contestó:

—Plato. Receta. Y a la porra.

Fecha no averiguada (¿primavera o verano de 1894?)

Los números que acompañan las notas son el del "Plato" de que están tomados los nombres, términos o referencias que se aclaran o se comentan. Véase el *índice alfabético* para otras referencias a personas, cosas y acontecimientos comentados en las notas a continuación.

1. *Payno, Manuel* (1810–1894). Escritor, político, diplomático. Colaboró en las publicaciones literarias más importantes de la primera mitad del siglo XIX. Su obra más famosa es la novela, *Los bandidos de Río Frío* (1888–1891). Fue Secretario de Hacienda y en 1892 senador.

2. *Baz, Fournier.* No es claro a qué Baz se refiere el autor: ¿Diego Baz (1840–1928); Enrique Baz (partidario de Díaz); Juan José Baz (1820–1887); Gustavo Baz (1852–1904); Emilio G. Baz (1849–1926); Maximiliano Baz; o a todavía otro Baz? Aun cuando Maximiliano, según dice Margarita Gutiérrez Nájera (*Reflejo*, p. 97), asistió al matrimonio civil de su padre, incurrimos en creer que se trata en el caso del educador Emilio G. Baz. Decimos esto porque su nombre acompaña en la misma oración el de Fournier, director del Liceo Fournier, gimnasio que frecuentó MGN como niño de once o doce años (*Reflejo*, pp. 14, 21).

Burón, Leopoldo. Actor español y director de teatro, cabeza de turco de *El Duque Job.* Éste se complace en vapulear verbalmente al español a quien tiene por mal empresario, peor actor y *persona non grata.*

Merolico. Apodo de Rafael J. Meraulyock, judío polaco que fue a México en 1879. Especie de farsante, con verdadera destreza como sacamuelas. Se enriqueció vendiendo polvos y yerbas para todo género de malos; después de juntado buen caudal, desapareció. Al momento de sacar una muela, dramatizaba el éxito de la extracción con un disparo al aire.

Roland, Manon Phlipon, Mme (1754–1793). Dijo al subir al cadalso para ser guillotinada: *"O liberté! que de crimes on commet en ton nom."*

Taine, Hippolyte (1828–1893). Filósofo, historiador y crítico francés que intentó aplicar el método científico a la literatura y a otras manifestaciones sociales y culturales del espíritu humano. Influyó en los *Científicos.*

3. *García, Trinidad* (1831–1906). Partidario de Porfirio Díaz y miembro de su Gobierno. Director del Monte Nacional de Piedad.

Karr, Alphonse (1808–1890). Escritor francés, satírico y humorístico del tipo "boulevardier".

Taboada, Luis (1848–1906). Escritor festivo español. *El Duque Job* escribe en *El Partido Liberal* (20 de mayo de 1892): "la incoherencia de Luis Taboada me hace reír, y en lo cómico es artístico". Autor de *La vida cursi* y otras obras de tipo divertido.

4. *Castelar, Emilio* (1832–1899). Escritor, orador y político español. Presidente de la República (1873–1874). Muy apreciado en Hispanoamérica.

Pelayo. Primer rey de Asturias, m. hacia 737. Con la victoria de Covadonga que ganó Pelayo sobre los moros en 718, se inició la reconquista. En los tres "Platos" (4, 29, 72) en que se encuentra el nombre, parece que se refiere MGN más bien al mismo rey de Asturias que a las obras con este título por Espronceda y por Jovellanos.

5. *Limantour, José Ives* (1854–1935). Político mexicano. Secretario de Hacienda en el Gobierno del Gral. Porfirio Díaz de 1893 a 1911. Tenido por el Jefe del Partido Científico, niega Limantour en sus *Apuntes sobre mi vida pública* (1965; p. 235) que hubiese jamás existido "un tal mentado partido político más que en la imaginación" de ciertas personas.

Romero, Matías (1837–1898). Político liberal, compañero de Juárez y de Melchor Ocampo. Embajador en E.U.A. en 1882 y otra vez a partir de 1893. Ministro de Hacienda, 1892–1893. Amigo de Lincoln y de Seward. Autor y compilador de importantes escritos relacionados a la Intervención francesa.

7. *Bleichroeder* (y Cía, S.S.). Casa de banca en Berlín con sucursal en México.

Iturbide, Agustín de (1783–1824). Coronado Emperador de México el 21 de julio de 1822, abdicó el 19 de marzo de 1823. Fusilado el 19 de julio de 1824.

8. *Mateos, Juan A.* (1831–1913). Escritor, político, novelista, dramaturgo, poeta. Autor de novelas históricas sobre el tema de la Intervención francesa, notablemente de *El cerro de las campanas* (1868) y *El sol de mayo* (1868). Co-autor con Riva Palacio de *Las liras hermanas* (1871).

Temosachic. Al parecer, MGN se refiere a los indígenas de Tomochic, en Chihuahua. La sublevación de estos indios y su exterminación en 1893 por las tropas federales la dramatiza Heriberto Frías en su novela, *Tomochic.*

Teresianas laicas. Alusión sin duda a Teresa Urrea, famosa por sus curaciones maravillosas. Llamada "la Santa de Cabora" por los Tomochitecos y otros de la región.

9. *Agüeros, Victoriano* (1854–1911). Escritor conservador; fundador y editor de *El Tiempo* (1883–1912). Cabeza de turco de MGN.

11. *Orrin* (circo-teatro). Fundado en 1881; desapareció en 1911. Entre las atracciones principales fueron el *clown* Ricardo Bell y la pantomima *La Acuática* de gran aparato.

13. *Marat, Jean Paul* (1743–1793), jefe de la Revolución francesa, asesinado por Carlota Corday.

Robespierre, Maximilien de (1758–1794), fue el alma del Terror durante la Revolución francesa; víctima de su propio programa de violencia.

Algunos periodistas "jacobinos", colaboradores en la prensa de oposición, usaron los nombres de Marat, Robespierre y Danton como seudónimo.

La Patti. Adelina Patti (1843–1919). Excelsa soprano. "La cantante más famosa en el mundo entero durante el siglo XIX" (Reyes de la Maza, II, p. 18). Véase: Herman Klein, *The Reign of Patti*, London, 1920.

Sierra, Justo (1848–1912). Escritor, estadista, diplomático; fundador en 1910 de la Universidad Nacional Autónoma de México. Íntimo amigo de Gutiérrez Nájera y autor de un ensayo importante sobre MGN en *Obras de Manuel Gutiérrez Nájera. Poesía,* 1896, pp. iii–xvii.

14. *Alceste.* El misántropo en *Le Misanthrope* de Molière. Seudónimo de José Manuel Hidalgo (y de Vicente García Torres).

Alva y *Alba.* Blanco predilecto de la sátira de MGN fue el Lic. Ramón L. Alva, colaborador en *El Monitor.* Su hermano, director del *Boletín del Monitor,* había sido colega de MGN en *El Nacional* (1880–1884).

A veces, por razones homónimas relacionadas con propósitos satíricos, MGN sustituye a Alva por Alba. En *Seudónimos anagramas e iniciales de escritores mexicanos,* compilados por Juana Manrique de Lara y Guadalupe Monroy Baigén, se hallan los nombres de Cesáreo Alba (seud. *Isac*) y Francisco de Alba (seud. *Don Petate*).

Rafael de Alba publicó un poema en la *Revista Azul* (23 de sept. de 1894). Organizó una Velada fúnebre en Guadalajara en honor de MGN en que leyó el poema "Ayer Ortiz, ayer Altamirano" (Véase la *Revista Azul,* 10 de marzo de 1895).

Monitor (Republicano), El. Con interrupciones se publicó de 1844 a 1896. Siempre se destacó como órgano del liberalismo intransigente. Sostuvo las leyes fundamentales del país y promovió la introducción de reformas sociales. Periódico en las filas de la oposición durante los Gobiernos de Sebastián Lerdo de Tejada (1872–1876), de Manuel González (1880–1884), y de Porfirio Díaz. Murió el fundador del periódico, Vicente García Torres el 1° de enero de 1894. Su hijo del mismo nombre, ya director a la sazón, siguió en este cargo hasta extinguirse el periódico en 1896.

Enrique Chávarri, redactor responsable, escribía la sección "Charla de los domingos", con el seudónimo de *Juvenal.*

He aquí los integrantes del Cuerpo de Redacción: Ramón L. Alva, Dr. Luis Alva, Antonio Albarrán, Lic. Enrique M. de los Ríos, Enrique F. Martínez, José Manuel Villa y Federico García.

El *Boletín del Monitor,* lo redactaba Dr. Luis Alva hasta su fallecimiento el 1° de diciembre de 1893.

Tiempo, El (1° de julio de 1883 al 3 de agosto de 1912). Periódico católico fundado y dirigido por Victoriano Agüeros que apareció diariamente exceptuando el lunes. Contaba entre sus colaboradores a José María Roa Bárcena, José Sebastián Segura y Manuel Caballero. Este último gozaba de cierto prestigio por el éxito de sus Almanaques. Como periodista cultivaba el sensacionalismo. MGN escribió en su "Crónica dominical" aparecida en el número de *El Universal* correspondiente al 3 de diciembre de 1893 que "La crónica... ha muerto a manos del *repórter*". Observa que tuvo "ocasión de tratar íntimamente al primer *repórter* castizo y auténtico que tuvimos: a Manuel Caballero". En 1907 tuvo Caballero la rara ocurrencia de desenterrar la *Revista Azul* de MGN y Díaz Dufoo con el propósito nada menos que de combatir el Modernismo. Don Francisco González Guerrero dedicó un excelente artículo a este asunto que se publicó en la revista *Metáfora* de Jesús Arellano (No. 13, marzo–abril de 1957, pp. 3–10). Véase también "La 'Revista Azul' de Manuel Caballero" en *Las revistas literarias de México* (INBA, 1963, pp. 76–77).

Universal, El (1888–1897), fundado por Rafael Reyes Spíndola, quien con *El Imparcial* (1896), órgano oficial del *porfirismo,* fue creador del periodismo moderno en México. Ya en *El Nacional* que le resultó un fracaso económico había introducido varios cambios radicales, incluso el de volver al anónimo los editoriales y demás artículos que se publicaban en su periódico. En *El Imparcial* tuvo el editorial un lugar inferior a la noticia. Para el acerbo crítico Victoriano Salado Álvarez (ver *Memorias*) fue Reyes Spíndola "el non plus ultra" del periodismo durante los últimos años del porfiriato. En otoño de 1893 vendió *El Universal* a Ramón Prida que lo dirigió hasta 1897.

16. *Chaverito.* Podría tratarse de Alfredo Chavero (1841–1906). Historiador, dramaturgo, diputado.

17. *Anabasis.* MGN identifica a *Anabasis* como seudónimo de José Ascensión Reyes, colaborador en *El Tiempo.* (Véase el "Plato" de 18 de mayo de 1894).

18. *Belén.* Cárcel pública que fue destruída al triunfo de la Revolución de 1910.

Margarita de Borgoña, Lucrecia Borgia, la Tofana. Mujeres célebres por sus crímenes. Margarita de Borgoña, esposa de Luis X (rey de Francia, 1314–1316), quien la hizo estrangular por adúltera, es también heroína del drama, *Le Tour de Nesle* por Alexandre Dumas (père). Lucrecia Borgia (1480–1519) y la Tofana (m. 1730) tienen fama de envenenadoras. La Tofana, vieja de Nápoles, proporcionó cierto veneno de su invención, que llamaba "Manna de San Nicola de Bari", especialmente a mujeres que quisieran deshacerse de sus esposos.

19. *Corte de los Milagros, La.* Alusión sin duda a la "cour des miracles" que describe Victor Hugo en *Notre Dame de Paris* (1831).

21. *Ponson du Terrail, Pierre Alexis* (1829–1871). Escritor francés, autor de novelas de aventuras; ahora olvidado.

23. *Mendés, Catulle* (1843–1909). Escritor francés famoso como cronista y por el colorido del estilo. Fue muy apreciado por MGN, Rubén Darío y otros modernistas.

25. *Peniche.* Acaso se trate del profesor José C. Peniche F., yucateco.

26. *Ripalda* (El Padre). Jerónimo de Ripalda (1536–1618), autor de la *Doctrina Cristiana,* mejor conocida como el *Catecismo* de Ripalda.

28. "Adiós Mamá Carlota". Versos de combate de Vicente Riva Palacio (1832–1896), compuestos en ocasión de la salida de México para Europa de la emperatriz Carlota con motivo de buscar ayuda para Maximiliano. —Alegre el marinero / con voz pausada canta, / y el ancla ya levanta / con extraño rumor. / La nave va en los mares / botando cual pelota. / Adiós, Mamá Carlota / Adiós, mi tierno amor.

31. *Tocan a degüello. ¡Fuera Santos!* Parece que MGN en el título de este "Plato" se refiere a Santos Degollado (1811–1861). Como político liberal luchó al lado de Juárez por las leyes de Reforma. Cayó prisionero y murió a manos del enemigo el 15 de junio de 1861.

32. *Ortiz de Domínguez, Josefa* (1768–1829). Heroína de la Independencia. Se conoce en la historia como "La Corregidora". Acerca del famoso poema con este título que compuso MGN, se dice lo siguiente en una nota al final de la composición, en *Obras de Manuel Gutiérrez Nájera, Poesía* 1896. "Esta poesía, la última del Sr. Gutiérrez Nájera, fue escrita para ser pronunciada por una señorita al colocarse la primera piedra en el monumento que se está levantando a la Corregidora Domínguez en el jardín de Santo Domingo, de esta capital".

39. Destaca este "Plato" como una anomalía en la serie, por dos razones: 1) es cuento más bien que ensayo satírico; 2) está suscrito con el seudónimo *Crysantema*, que identifica Margarita en *Reflejo* (p. 37) como otra firma de su padre. Los demás escritos que integran la serie aparecen con el seudónimo de *Recamier.* MGN firmó "Las prometidas. Princesa" con distinto seudónimo, sin duda, porque este escrito se distingue tanto de los otros "Platos". Hay que notar que sólo este "Plato" de la serie lleva la fecha de su composición: 29 de julio de 1893.

41. *Keofar,* ópera de Felipe Villanueva. Castillo Ledón le llama reformador (*Imparcial,* 17 de octubre de 1910) y compara "su obra en este arte con la de Gutiérrez Nájera en literatura". (L. Reyes de la Maza, *El Teatro en México durante el Porfirismo,* III, 1900–1910, p. 459).

43. *Prudhomme, Joseph.* Personaje típico de la mediocridad "pequeña burguesa" inventado por Henri Monnier (1805–1877), escritor y caricaturista francés. Autor de *Mémoires de Joseph Prudhomme* (1857).

Rafael (el Señor San). Alusión sin duda a Rafael Lavista, el cirujano que había de operar a MGN antes de su muerte. Margarita caracteriza al Dr. Lavista de "primer cirujano de México" (*Reflejo,* p. 181). MGN le describe como "actualmente el más famoso y hábil de los cirujanos". Sin embargo, al caer enfermo MGN en enero de 1895, ni la ciencia del Dr. Lavista pudo salvarle.

Tovar, Pantaleón (1828–1876). Dramaturgo, novelista, poeta. Para la polémica sostenida por MGN en *La Iberia* con P.T., en *El Monitor,* en 1876, véase Boyd G. Carter, *Manuel Gutiérrez Nájera: Estudio y escritos inéditos,* México, Ediciones de Andrea, 1956, pp. 36–45. De acuerdo con la evidencia aducida en este estudio son P.T. las iniciales de Pantaleón Tovar.

45. Génin, Aguste (1862–1931). Escritor e industrial, nacido en México de padre francés y madre belga. Autor de *Poèmes aztèques* (1890).

47. *Cleveland, Grover.* Presidente de los Estados Unidos de 1885 a 1889, y por segunda vez de 1893 a 1897. Fue durante su presidencia, en 1893, cuando tuvo lugar la baja de la plata y una seria crisis económica en los Estados Unidos. Cleveland atribuyó la crisis al "Sherman Silver Purchase Act" de 1890 que consiguió hacer abrogar el 30 de octubre de 1893.

48. *Lobato, José Guadalupe* (1819–1879). Cirujano. El primero en introducir en México la inyección de claroalbuminante de mercurio para combatir la sífilis.

51. *Jeter de la poudre aux yeux.* Pavonearse con el intento de engañar. *La poudre aux yeux* (1862) es el título de una comedia por Eugène Labiche (1815–1888).

Medusa. "Los náufragos de la 'Medusa' no pensaron en dar ningún banquete". Alusión al naufragio del barco francés, 'La Méduse', cuyos pasajeros perecieron en la balsa en que se refugiaron. *Le Radeau de la Méduse* (1819), pintura de Géricault (1791–1824) se basa en ese trágico naufragio sucedido en 1816 en la costa occidental de África.

Reina Barrios, José María (1853–1898). Presidente de la República de Guatemala en 1892; asesinado en 1898, por Oscar Zollinger, extranjero de nacionalidad incierta.

53. *Partido Liberal, El.* Diario bien escrito que inició su publicación en 1885. Manuel Gutiérrez Nájera colaboró en este diario desde 1885 hasta septiembre de 1894. Los centenares de escritos de su pluma que se publicaron allí los firmó cuando no con su propio nombre, con los seudónimos *Can-Can, El Duque Job* (la mayor parte llevan esta firma), *Gil Blas, Fru-Fru.*

55. *Charcot, Jean Martin* (1825–1893). Médico francés conocido por sus estudios sobre las enfermedades nerviosas.

59. *Frascuelo.* Alias de Salvador Sánchez (1842–1898). Famoso torero español.
Sherman Silver Act, The. Acto proyectado por el Senador John Sherman y votado por el Congreso de Estados Unidos de Norteamérica, encaminado a conservar el precio de la plata entre 1890 y 1893. Según las estipulaciones del Acto, el Secretario de Hacienda tuvo que comprar al precio corriente, 4,500,000 onzas de plata mensualmente.

64. *Rataplán.* El Dr. Mapes recogió este relato en *Cuentos completos* de MGN (pp. 252–253). El estilo de este "Plato" así como el de "Las prometidas. Princesita" no se asemeja al de los demás "Platos" de la serie. ¿Será quizás una traducción? Tiene el sabor de ciertos cuentos de Alphonse Daudet.

67. *La Cabaña del tío Tom; o La esclavitud de los negros.* Drama por Ramón de Valladares y Saavedra, basado en la novela de Harriet Beecher Stowe (1811–1896), titulada *Uncle Tom's Cabin* (1852).

69. La *Caballería Rusticana* es ópera de Pietro Mascagni. MGN le dedica una crónica en *El Partido Liberal* del 30 de julio de 1893.
La *Maison Dorée* era el restaurant de Carlos Récamier, lugar predilecto de Carlos Recamier el apócrifo, autor de los "Platos del día".

71. *Pasteur, Louis* (1822–1895). Químico francés, célebre por sus trabajos sobre fermentaciones, enfermedades de gusanos de seda, la rabia, ántrax, etcétera.

72. *El Cura de Jalatlaco.* Seudónimo de MGN. También título de una zarzuela.

76. *Enrique IV.* Rey de Francia de 1589 a 1610.
Pérez Escrich, Enrique (1829–1897). Novelista español muy leído en Hispanoamérica el siglo pasado.

81. *Acatempan.* "El Sr. Neri y sus trece apóstoles [porque trece son los firmantes de la proclama] van camino de Acatempan a ver a quien abrazan". MGN se refiere al abrazo que se dieron en este lugar Vicente Guerrero y Agustín de Iturbide, el diez de mayo de 1821, al terminar la entrevista que apresuró la Independencia.
canuto (cañuto, canutero). *Mex.* Sorbete de leche, huevo y azúcar que se cuaja en moldes cilíndricos y queda en forma de canuto.

Este "Plato" es buen ejemplo del humor homónimo.

84. *Pagaza, Joaquín Arcadio* (1839–1918). Poeta. En 1895 fue consagrado Obispo de Veracruz. Ingresó a la Academia en 1882. Su libro más famoso es *Murmurios de la selva* (1887).
Como íntimo amigo de la familia Gutiérrez Nájera asistió a la boda de MGN en 1888 y recibió la confesión de MGN moribundo (*Reflejo,* pp. 95, 134, 182, 186).
Porfirio Martínez Peñaloza consigna que las primeras traducciones de Horacio que hizo el prelado "las hizo precisamente a instancias de *El Duque Job*" (Véase: *Joaquín Arcadio Pagaza. Antología poética.* Nota preliminar y selección de Porfirio Martínez Peñaloza. Vol. V. Ediciones del Gobierno del Estado de México, 1969, p. 14).
Plancarte y Navarrete, Francisco (1856–1920). En el particular se trata sin duda de este señor: arzobispo, arqueólogo, protohistoriador. Delegado del Gobierno en la Sección Arqueológica a la Exposición de Madrid (1892).

88. *Parián.* Barrio comercial con numerosas secciones de venta en la Plaza Mayor de la ciudad de México construída después del motín de 1692. Saqueado en 1828, el Parián fue derruído por orden de Santa Anna en 1843.

89. *Pablo y Virginia.* Personajes en la novela romántica de este mismo título por Bernardin de St. Pierre (1737–1814), discípulo de Rousseau.
Tuxtepec (el Plan de). Programa del General Porfirio Díaz que se proclamó cuando éste y el grupo de militares que le apoyaron se pronunciaron contra el Presidente Lerdo de Tejada el 1° de enero de 1876.

92. *El carro de Thespis.* Véase: Horacio, *Ars Poetica,* 276–277: —*dicitur et plaustris vexisse poemata Thespis,/ quae canerent agerentque peruncti faecibus ora.*

94. El epitafio: —Aquí yace un hombre/ que no fue nada, absolutamente nada/ Ni siquiera Jefe Político,— parafrasea el celebrado epitafio de Piron (1689–1773), que reza: —*Ci-gît Piron qui ne fut rien/ Pas même académicien.*
Porcópolis (ciudad de puercos). En el caso se trata de Chicago, famosa en aquel tiempo por su matadero (Stockyards).

95. *Park, Mungo* (1771–1806). Cirujano, viajero, escritor. Autor de *Travels in the Interior of Africa* (1799). Leemos en la "crónica dominical" de *Puck* (*El Universal,* 7 de enero de 1894): "¡Tristes juguetes inventan estos nuevos reyes magos, este rey de la electricidad, este mago de Menlo Park!" Vivió Edison en Menlo Park, New Jersey. Así al escribir MGN, "comprenderá el brujo de Mungo Park...", inventa un juego de palabras, comparando la

brujería de Edison de Menlo Park con la que describe Mungo Park en su libro sobre África.

99. *"¡About, my brains!"* De *Hamlet* (II.ii.). Reza el verso: *"Fie upon't! Foh! About, my brain!"* Cabe notar que la traducción de MGN, "a trabajar cerebro mío" es la correcta, en el caso algo digno de notarse por ser la locución de difícil explicación. Véase *about* en la locución: "Go *about* a thing".

100. *Mecenas atavi caedite regibus*. Horacio (*Odas* I.i.l) reza: —*"Maecenas atavis edite regibus"*.

101. *Efraín y María*. Personajes en la novela, *María*, por el colombiano Jorge Isaacs (1837–1895).

El último Mohicano. Alusión sin duda a *The Last of the Mohicans* (1826), novela indianista de James Fenimore Cooper (1789–1851).

108. *Científicos, Los*. Según Francisco Bulnes, el grupo de Científicos (así llamados por haber dicho Justo Sierra que el Gobierno debía ejercerse por hombres de ciencia), "no es un carro sino un coche completo que sólo tiene cuatro asientos que ocupan Limantour, D. Roberto Núñez, D. Miguel Macedo y D. Joaquín D. Casasús; y cuando la tarde se encuentra despejada, se llevan a D. Rosendo Pineda en el pescante". (Véase: *Científicos* en el *Diccionario Porrúa, Suplemento*, 1966). Véase también: *Positivismo* (nota 111).

109. *Marion de Lorme*. Cortesana que se enamora de veras de un joven de buena familia en el drama de Víctor Hugo, *Marion Delorme* (1829).

111. *Positivismo, El*. Sistema que fundó Auguste Comte (1798–1857), basado en el método experimental. Desarrolló sus conceptos en *Curso de filosofía positiva*, una de las obras fundamentales del Siglo XIX. La filosofía de Comte, divulgada en México por Gabino Barreda, fundador de la Escuela Preparatoria, era la base filosófica de las ideas de los *Científicos*. Estos últimos se sirvieron de la doctrina de Comte como punto de partida para justificar los fines pragmáticos y tecnológicos que se proponían lograr bajo el porfirismo. Véase: *Científicos* (108).

113. *Gavarni, Sulpice-Guillaume Chevalier* (1804–1866). Caricaturista de la sociedad de tiempos de Luis Felipe, rey de los franceses (1830–1848).

122. *Vespasiano*. Cuando Emperador (69–79), impuso en Roma un tributo sobre las letrinas que ocasionó el comentario a su hijo Tito de que: "El dinero no tiene olor". (Véase: Suetonio, *De Vita Caesarum*, VIII. xxiii.3).

131. *Góngora*. Carlos de Sigüenza y Góngora (1645–1700). Notable escritor, filósofo, matemático e historiador mexicano. Notar el juego de palabras: "Iba solo Sigüenza. Iba sin Góngora".

134. *Goncourt, Edmond de* (1822–1896). Dedicó los libros *Outamaro*, 1891 y *Hokousaï*, 1896 al arte japonés.

147. *Belice*. En 1893 (8 de julio) se firmó un tratado entre la República Mexicana y el Territorio de Belice, llamado también Honduras Británica.

148. *Letrán*. San Juan de Letrán. Calle en donde tenía *El Monitor* sus oficinas.

149. *Chocolate del perico*. Véase el modismo: *Toma perico, una sopa de tu propio chocolate*. Se dice de aquel, a quien se le da como por favor lo que le corresponde por derecho.

153. *Hosus sum. ¿Homo sum?* Véase: *Homo sum: humani nil a me alienum puto* (en *Heauton Timorumenos*, 77, por Terencio).

Carnot, Sadi (1837–1894). Presidente de Francia, asesinado por el anarquista italiano, Caserio Santo.

155. *Pedro II* (1825–1891). Emperador del Brasil de 1831 a 1889. Fue hombre reputado por sabio y bueno.

161. *Bouchardy, Joseph* (1810–1870). Dramaturgo francés, ya olvidado, lugubre autor de espeluznantes *"mélodrames des boulevards"*.

162. *Nordau, Max* (1849–1923). Escritor austríaco de origen israelita, autor de la obra *Degeneración* (1895), libro muy crítico de los simbolistas y decadentes en el arte y la literatura.

163. *liebre por gato*. "La copio... con gran provecho del lector—quien gana dándole yo liebre por gato...". Notar primero la antífrasis del modismo, dar *gato por liebre*. Ya en *El lazarillo de ciegos caminantes* (1775–1776) se encuentra el comentario: "El chiste de *liebre por gato* nos pareció invención del fraile".

167. *Prida, Ramón*. En otoño de 1893, Reyes Spíndola, creador del periodismo moderno en México, le vendió a Prida *El Universal*. Lo dirigió este último hasta 1897, fecha en que se le persiguió y se le encarceló, obligándosele a dejar el periódico y huir al extranjero.

169. *GYP*. Seudónimo de Sibylle Gabrielle Marie Antoinette de Riquetti de Mirabeau, Condesa de Martel de Joinville, escritora francesa, nacida en 1850.

MOA: *Moi* (francés).

172. *Trait d'Union*. Periódico francés fundado en México por René Masson en 1849 que se publicó con interrupciones hasta 1892. (Véase: Boyd G. Carter, "René Masson: Founder of Foreign Language Journalism in México", *Mexican Life*, May, 1957).

173. *Tamayo y Baus, Manuel* (1829–1898). Dramaturgo español. Su seudónimo más famoso, *El Duque Job,* lo tomó MGN de *Lo positivo* (1862), obra inspirada en *Le Duc Job* del francés, Jean Louis Laya.

174. *Iturbide Green, Agustín de* (1863–1925). Nieto del Emperador Iturbide. Nacido en Washington, D.C. Por un tratado secreto hecho por Maximiliano con la familia Iturbide, debía ser este niño presunto heredero del trono. Por oponerse a la política del Gral. Díaz tuvo que emigrar a su país de nacimiento. Murió en un convento.

En junio de 1894 publicó un artículo en *The North American Review,* titulado "Mexico under President Díaz" (pp. 715–727) en que censura severamente a Díaz y su régimen y caracteriza a *El Universal* como "a ministerial daily paper" que es "the personal organ of the President" (p. 726).

181. *Atala* (1801). Corta novela de François-René de Chateaubriand que formaba parte de su *Génie du Christianisme* (1802).

185. *Laguistas.* Los poetas Wordsworth, Coleridge, Southey.

186. *Yes, sire, yes, j'avais devenu triste considerable. Ah, j'avais vraiment pas de chance!* En el caso se trata del francés mal hablado por una inculta persona de habla inglesa.

189. Este *"Plato"* fue recopilado por Mapes en *Cuentos completos* (pp. 369–371) con el título de "Historia de un pantalón".

193. *Pi y Margall, Francisco* (1823–1901). Notable político, publicista y personalidad de la República española.

194. *El señor.* Se trata de Elsinor, escenario de *Hamlet.*

195. *Cornélis, Andrés.* Personaje en la novela de este título (1887) por Paul Bourget.

201. *Baldío.* Se dice en la décimonovena edición del *Diccionario de la Academia* (1970) que *baldío* viene de *balda* (del arábigo *batila*) y *balde* de *bátil* (ar.).

203. *Los grandes hombres de Brive.* El pastelero de la historia proyecta el perfil bonachón del personaje de Alphonse Daudet, Tartarin de Tarascon, famoso como cazador de boinas. Los hombres a que se aluden nacieron todos en Brive y llegaron todos a distinguirse: Brune como mariscal de Francia; Dubois, cardenal y político; Feletz, crítico, defensor del clasicismo; Lasteyrie du Saillant, agrónomo; Latreille, uno de los fundadores de la entomología; Treilhard, jurisconsulto.

204. *Bulnes, Francisco* (1847–1924). Polemista y positivista con pareceres supraconservadores. Criticó severamente al Benemérito en *El verdadero Juárez* (1904).

Chintlatlahua (del azt. *tzin* ano; *tlatlauh-*

qui, colorado). Araña que tiene el abdomen rojo, usada para curar el tifo.

207. *Doumic, René.* El artículo de René Doumic a que se alude lleva el título de "Les écrivains français du vingtième siècle". Se publicó en el número de *La Revue des Deux Mondes* correspondiente al 15 de julio de 1894, pp. 447–458. Doumic comenta un librito titulado *Portraits du prochain siècle* por Edmond Girard. En la obra se trata de unos 150 jóvenes egoístas de los cuales muy pocos llegaron a distinguirse en el siglo XX.

208. *Amigo Fritz, El.* Comedia por Emile Erckmann y Alexandre Chatrian. Al escribir, "Pues, amigo FRITZ no se necesita un director artístico; lo que se necesita es un público de buen gusto", no es claro si se refiere a la comedia o a sí mismo, siendo *Fritz,* uno de los seudónimos de MGN.

211. *Tartarin.* Personaje de Alphonse Daudet (1840–1897) en *Tartarin de Tarascon* (1872) y otras obras. Para ciertos críticos es Tartarin tipo compuesto reuniendo rasgos de Don Quijote y de Sancho Panza.

213. *León (El Magistrado).* ¿Se trataría de Francisco León de la Barra (1863–1939), abogado, y Presidente de México del 25 de mayo de 1911 a 6 de noviembre del mismo año?

214. *El capitán Riffau.* He aquí lo que dice Edmond de Goncourt: "Ce soir, chez la princesse [Mathilde], le capitaine Riffaut, qui a vu fusiller beaucoup de gens de toutes les nations, soutenait que les hommes montrant le plus stupéfiant dédain de la vie, devant le peloton d'exécution, étaient les Mexicains" (*Le Journal des Goncourt,* 10 de octubre de 1887, Vol. VII. Paris: Charpentier, 1894, p. 216).

217. *Fernández Grilo, Antonio* (1844–1906). Poeta español cuyo poema "Tu traje azul", publicado en *El Siglo XIX,* el 24 de agosto de 1874, pudo haber influído en la formación estética de Gutiérrez Nájera y de José Martí. En lo tocante a los versos de Grilo, opina Martí lo siguiente: "Si los versos de Grilo pudieran tener colores, los de Grilo serían azules y rosados". (Véase: "Fernández Grilo", *Revista Azul,* III (15 de sept. de 1895, 318). Para el poema "Tu traje azul" y comentario crítico, véase: Boyd G. Carter, *En torno a Gutiérrez Nájera...* (México: Botas, 1960), pp. 231–232.

220. *Chantreau, Pierre Nicolas* (1741–1808). Autor de una gramática española francesa y otras obras de interés. Era miembro de la Academia española. ¿Conviene observar, dada la extensión del poema "A Iturbide", que el apellido, Chantreau se pronuncia como *chante trop*: "canta demasiado" en el sentido de ser palabrero?

Mal de mère. Humor homónimo inspirado en las palabras *mère* y *mer. Mal de mer*: mareo causado por el movimiento de las olas.

Mal de mère: dolor de la madre al parir, en el caso, a una criatura de 38 años.

229. *Anacarsis*. Oriundo de Escitia, pueblo tenido por los griegos por muy bárbaro. Se cree que llegó a Atenas hacia el año 589 A.C. Símbolo de bárbaro que vive en medio de un país civilizado. *Les lettres persanes* de Montesquieu se estructuran sobre *Las cartas de Anacarsis* (una obra helenística).

231. *Krak* (*Krach*, alemán).

232. *Galván* (el más antiguo). Se trata de Mariano Galván Rivera (1782–1876), librero y editor, tío del poeta Rodríguez Galván. En 1826 publicó el *Calendario*, conocido como "el más antiguo Galván". Propulsor de una fecunda obra editorial.

236. *Mamonero*. Tipo popular de vendedor ambulante que vendía mercancías y especialmente mamones, fruto del árbol de aquel nombre; uno de los nombres del papayo.

237. *Fischer, Agustín* (1825–1887). Alemán, convertido del luteranismo al catolicismo. Fue capellán de Maximiliano, luego su secretario particular. *Eminence Grise* del Maximilianismo.

245. *Chénier, Andrés* (1762–1794). Poeta francés guillotinado durante el Terror. Se cita su verso, *Sur des pensers nouveaux faisons des vers antiques,* en apoyo del concepto del "Cruzamiento en literatura", título de un ensayo de MGN publicado en la *Revista Azul,* I, 19 (sept. de 1894), 289–292.
Zenea, Juan Clemente (1832–1871). Gran poeta elegíaco cubano. A continuación se dan los versos de Zenea, tomados del poema "En días de esclavitud", que cita y que cambia *Recamier* conforme a sus fines satíricos: —¡Señor, Señor, el pájaro perdido / puede hallar en los bosques el sustento / en cualquier árbol fabricar su nido / y a cualquier hora atravesar el viento! // Y el hombre, el dueño que a la tierra envías / armado para entrar en la contienda / no sabe, al despertar todos los días, / en que desierto plantará su tienda. /

246. "Pierna de Palo" se publicó por primera vez en *El Universal*, el 24 de septiembre de 1892, como una de las "Cartas de Junius", con el subtítulo: "La dignidad del soldado mexicano: Pobres quebraditos".

247. *Rioja, Francisco de* (1583–1659). Los versos que atribuye MGN a Rioja, son de Rodrigo Caro (1573–1647) y se hallan en el poema, "Canción a las ruinas de Itálica".

248. *Mais elle était du monde, où les plus belles choses / Ont le pire destin; / Et, rose, elle a vécu ce que vivent les roses / L'espace d'un matin....* —Las palabras en bastardilla, del verso que cita MGN, están tomadas del poema de François de Malherbe (1555–1628), *"Consolation à M. Du Périer".*

249. *Márquez, Leonardo* (1820–1913). General conservador al servicio de los franceses y de Maximiliano. Hizo fusilar a los patriotas Juan Díaz Covarrubias, Melchor Ocampo, Leandro Valle y otros. Estas ejecuciones le valieron el nombre de "Tigre de Tacubaya".

256. *Altamirano, Ignacio Manuel* (1834–1893). Margarita Gutiérrez Nájera publicó en *Reflejo* (p. 123) una carta del Maestro a su padre, fechada en París el 22 de octubre de 1889.

257. *Jannet, Claude.* MGN comentó el artículo de Jannet en *El Partido Liberal*, 14 de abril de 1893. El artículo en cuestión, firmado Claudio Jannet y titulado *"Le Mexique sous la présidence du Géneral Porfirio Díaz"*, apareció en la *Revue des Deux Mondes,* Tomo CXVI (15 de marzo de 1893), 340–368. El autor, partidario de la política de Díaz, opina que "un pouvoir absolu est seul possible dans une société pareille; car seul il est capable d'inspirer le respect aux Indiens et la crainte aux éléments turbulens qui y abondent" (349). En otro lugar dice: "Ces résultats, Porfirio Díaz les a obtenus par l'armée qu'il sait la tenir toujours en main."

BIBLIOGRAFIA

Almanaque literario. Espejo del Siglo XIX para 1960. Edición de Antonio Acevedo Escobedo. México: INBA, 1960.

Anderson Imbert, Enrique. *Historia de la literatura hispanoamericana.* 6a edición. Vols. I & II. México: Fondo de Cultura Económica, 1967.

—————, y Eugenio Florit. *Literatura hispanoamericana. Antología e introducción histórica.* Tomo 2. New York: Holt, Rinehart and Winston, 1970.

Baqueiro Fóster, Gerónimo. *Historia de la música en México.* III. La música en el período independiente. Scretaría de Educación Pública. Mexico: INBA, 1964.

Brushwood, John S. *The Romantic Novel in Mexico.* University of Missouri Studies, Vol. XXVI, No. 4 (1954). Columbia: University of Missouri Press.

Carrasco Puente, Rafael. *La prensa en México.* México: UNAM, 1962.

Carter, Boyd G. *En torno a Manuel Gutiérrez Nájera y las letras mexicanas del Siglo XIX.* México: Ediciones Botas, 1960.

—————. *Historia de la literatura hispanoamericana a través de sus revistas.* México: Ediciones de Andrea, 1968.

—————. *Las revistas literarias de Hispanoamérica.* México: Ediciones de Andrea, 1959.

Cockcroft, James D. *Intellectual Precursors of the Mexican Revolution: 1900–1913.* Austin: University of Texas Press, 1968.

Contreras García, Irma. *Indagaciones sobre Gutiérrez Nájera.* México: Colección Metáfora, 1957.

Diccionario de escritores mexicanos, por Aurora M. Ocampo de Gómez y Ernesto Prado Velázquez. Centro de Estudios Literarios. México: UNAM, 1967.

Diccionario de Mejicanismos, por Francisco J. Santamaría. Primera edición. México: Editorial Porrúa, 1959.

Diccionario Porrúa. Historia, Biografía y Geografía de México. Director: Ángel Ma. Garibay K. Segunda edición. México: Editorial Porrúa, 1965. *Suplemento,* 1966.

Fierro González, Margarita. *Revistas mexicanas en que se inicia el modernismo.* Tesis para Maestra en Letras. México: 1951.

Foreman, Dorothy Z. *Modernismo in El Mundo* (1894–1900). Tesis de Ph.D. inédita. Columbia: University of Missouri, 1971.

González Peña, Carlos. *Historia de la literatura mexicana desde los orígenes hasta nuestros días.* Décima edición. México: Editorial Porrúa, 1966.

Gutiérrez Nájera, Manuel. *Cuentos completos y otras narraciones.* Prólogo, edición y notas de E.K. Mapes. Estudio preliminar de Francisco González Guerrero. México: Fondo de Cultura Económica, 1958.

—————. *Obras. Crítica literaria* I. Investigación y recopilación de E.K. Mapes; Edición y notas de Ernesto Mejía Sánchez; Introducción de Porfirio Martínez Peñaloza. Centro de Estudios Literarios. México: UNAM, 1959.

—————. *Obras inéditas. Crónicas de "Puck".* Recogida y editada por E.K. Mapes. New York: Hispanic Institute, 1943.

—————. *Escritos inéditos* (en *El Correo Germánico*). Véase: *Manuel Gutiérrez Nájera: Estudio y escritos inéditos* por Boyd G. Carter. Colección Studium 12. México: Ediciones de Andrea, 1956.

Gutiérrez Nájera, Margarita. *Reflejo. Biografía anecdótica de Manuel Gutiérrez Nájera.* México: INBA, 1960.

Henestrosa, Andrés, y José A. Fernández de Castro. *Periodismo y periodistas de Hispanoamérica.* Biblioteca Enciclopédica Popular No. 150. México: Secretaría de Educación Pública, 1947.

Henríquez Ureña, Max. *Breve historia del Modernismo.* Segunda edición. México: Fondo de Cultura Económica, 1962.

Índice de la 'Revista Azul' (1894–1896), por Ana Elena Díaz y Alejo y Ernesto Prado Velázquez. Centro de Estudios Literarios. México: UNAM, 1968.

Índice de la "Revista Moderna" (1898–1903), por Héctor Valdés. Centro de Estudios Literarios. México: UNAM, 1967.

Índices de "El Domingo" (1871–1873), por Ana Elena Díaz y Alejo, Aurora Ocampo Alfaro y Ernesto Prado Velázquez. Centro de Estudios Literarios. México: UNAM, 1959.

Índices de "El Nacional" (1880–1884), por Ana Elena Díaz y Alejo y Ernesto Prado Velázquez. Centro de Estudios Literarios. México: UNAM, 1961.

Índices de "El Renacimiento" (1869), por Huberto Batis. Centro de Estudios Literarios. México: UNAM, 1963.

Jiménez Rueda, Julio. *Historia de la literatura mexicana.* 6a edición. México: Ediciones Botas, 1957.

—————. *Letras mexicanas en el Siglo XIX.* México: Fondo de Cultura Económica, 1944.

Lazo, Raimundo. *Historia de la literatura hispanoamericana. El Siglo XIX (1780–1914).* México: Editorial Porrúa, 1967.

Lepidus, Henry. *The History of Mexican Journalism.* University of Missouri Bulletin XXIX, 4 (January, 1928), 1–87. Journalism Series No. 27–54. Versión española: "Historia del periodismo mexicano". *Anales del Museo Nacional de Arqueología, Historia y Etnografía,* V (1928), 380–471.

Limantour, José Yves. *Apuntes sobre mi vida pública (1892–1911).* México: Editorial Porrúa, 1965.

Manrique de Lara, Juana y Guadalupe Monroy Baigén. *Seudónimos, anagramas, e ini-*

ciales de escritores mexicanos y modernos. México: 1954.

Mapes, Erwin K. "Manuel Gutiérrez Nájera: seudónimos y bibliografía periodística". *Revista Hispánica Moderna,* Año XIX (enero–diciembre, 1953), 132–204.

Martínez, José Luis. *La expresión nacional. Letras mexicanas del Siglo XIX*. México: Imprenta Universitaria, 1955.

McLean, Malcolm D. *Contenido literario de "El Siglo XIX"*. Sobretiro del *Boletín Bibliográfico* de la Secretaría de Hacienda (México), Num. 313 (15 de febrero de 1965).

Millán, María del Carmen. *Literatura mexicana*. México: Editorial Esfinge, 1962.

Nelle, William Haden. *Satirical Writings in Mexico (1860–1870)*. Tesis de Ph.D., inédita. Lincoln: University of Nebraska, 1955.

Ochoa Campos, Moisés. *Reseña histórica del periodismo mexicano*. México: Editorial Porrúa, 1968.

Perales Ojeda, Alicia. *Asociaciones literarias mexicanas. Siglo XIX*. Centro de Estudios Literarios. México: UNAM, 1957.

Revista Azul (1894–1896). Fundadores y directores: Manuel Gutiérrez Nájera y Carlos Díaz Dufoo.

Revistas literarias de México, Las. I. Ciclo de conferencias del Instituto Nacional de Bellas Artes, organizado por Antonio Acevedo Escobedo. México: INBA, 1963.

Reyes de la Maza, Luis. *El teatro en México con Lerdo y Díaz* (1873–1879), 1963; *El teatro en México durante el porfirismo,* Tomo I (1880–1887), 1964; Tomo II (1889–1899), 1965; Tomo III (1900–1910), 1968. Instituto de Investigaciones Estéticas. México: UNAM, 1963, 1964, 1965, 1968.

Scholes, Walter V. *Mexican Politics During the Juárez Regime, 1855–1872*. University of Missouri Studies, Vol. XXX (1967). Columbia: University of Missouri Press, 1969.

Spell, Jefferson Rea. "Mexican Literary Periodicals of the Nineteenth Century." *PMLA,* LII (1937), 272–312.

Torres, Teodoro. *Periodismo*. México: Ediciones Botas, 1937.

Urbina, Luis G. *La vida literaria en México*. Madrid: Imprenta Sáez Hermanos, 1917.

Walker, Nell. *The Life and Works of Manuel Gutiérrez Nájera*. University of Missouri Studies, Vol. II, No. 2 (1927). Columbia: University of Missouri Press.

Warner, Ralph E. *Historia de la novela mexicana en el Siglo XIX*. México: Antigua Librería Robredo, 1953.

Zea, Leopoldo. *El Positivismo en México*. México: Fondo de Cultura Económica, 1968.

ÍNDICE DE MATERIAS

El corchete indica que al "Plato"
le faltaba título y que el que lleva,
lo inventaron los editores.
Las palabras entre paréntesis
son anotaciones de los editores.

[256]

LOS AUTORES

Boyd G. Carter, Ph.D., catedrático de Lenguas Romances de la Universidad de Missouri —Columbia ha dedicado doce artículos y tres libros al estudio de la obra de Manuel Gutiérrez Nájera: *Manuel Gutiérrez Nájera: Estudio y escritos inéditos* (Andrea, 1956); *En torno a Gutiérrez Nájera y las letras mexicanas del siglo XIX* (Botas, 1960); *Manuel Gutiérrez Nájera: Florilegio crítico-conmemorativo*, con Joan L. Carter (Andrea, 1966). Es también autor de los libros siguientes sobre literatura hispanoamericana: *La 'Revista de América' de Rubén Darío y Ricardo Jaimes Freyre* (Managua, Publicaciones del Centenario de Rubén Darío, 1967); *Las revistas literarias de Hispanoamérica* (Andrea, 1959); *Historia de la literatura hispanoamericana a través de sus revistas* (Andrea, 1968). Ha colaborado extensamente (crítica, estudios, cuentos, poesía) en diversas publicaciones de México, Hispanoamérica, Estados Unidos y el Canadá.

Mary Eileen Carter, oriunda de Winnipeg, Canada, se graduó de B.A. y de M.A. de la Universidad de Manitoba, y de Ph.D. de la Universidad de Chicago. Ha enseñado cursos de latín y de griego en las Universidades de Missouri, Oregon y Southern Illinois.